뉴스의 탄생

지은이 앤드루 페티그리

영국의 역사가. 유럽의 종교 개혁, 책의 역사와 미디어 변화에 대한 전문가이다. 현재 세인트 앤드루스 대학교의 현대사 교수다. 쓴 책으로《르네상스 시대의 서적*The Book in the Renaissance*》《16세기 유럽*Europe in the Sixteenth Century*》《종교 개혁과 설득의 문화*Reformation and the Culture of Persuasion*》등이 있다. 이 중《르네상스 시대의 서적》은 2011년 필리스 굿하트 고든Phyllis Goodhart Gordan 도서상을 받았다. 이 상은 미국 르네상스학회에서 르네상스 학자였던 필리스 굿하트 고든을 기리기 위해 제정한 것으로, 한 해 동안 출간된 르네상스 관련 서적 중 가장 우수한 책에 준다.

옮긴이 박선진

서울대학교 응용화학부에서 학사 학위를 받고, 동 대학교 과학사 및 과학철학 협동 과정에서 심리 작용과 그 물리적 기반에 대한 연구로 석사 학위를 받았다. 과학 잡지《스켑틱》한국어판 편집장을 역임했다. 옮긴 책으로《수학하는 뇌》《최소한의 삶 최선의 삶》《우리 인간의 아주 깊은 역사》《휴먼 네트워크》등이 있다.

THE INVENTION OF NEWS
by Andrew Pettegree

The Invention
of NEWS

뉴스의 탄생

앤드루 페티그리 지음 **박선진** 옮김

How the world came to know about itself

태학사

뉴스가 될 수 있는 모든 뉴스

1704년 영국의 소설가 대니얼 디포는 《위클리 리뷰 오브 디 어페어스 오브 프랑스(Weekly Review of the Affairs of France, 주간 프랑스 사건 리뷰)》라는 정치 저널의 발행에 착수했다.[1] 디포는 소설가로서의 소명은 다소 늦은 나이에 발견한 편으로, 그에게 명성을 안겨준 걸작 소설 《로빈슨 크루소》는 아직 나오지 않았다. 그 전까지 그는 여러 가지 사업에 손을 댔으나 성공한 것은 거의 없었다. 그중 가장 최근에 시작한 사업이 바로 《리뷰》(곧 이렇게 불렸다)였고, 이번에는 그럭저럭 성공한 것 같았다. 몇 달 뒤 디포는 《리뷰》를 전과는 다른 새로운 형태로 발행하기 시작했다. 주로 시사 문제에 대한 에세이 한 편을 일주일에 두세 번씩 연재물로 발행하는 것이었다.

디포는 운이 좋았다. 그가 《리뷰》를 출간하던 당시에는 대중들 사이에서 시사 문제에 대해 관심이 점차 높아지는 중이었으며, 이와 동시에 책을 읽는 사람도 빠르게 늘어나고 있었다. 디포가 이 기회를 마다할 리는 없었다. 1712년, 디포는 당시 호황을 누리던 뉴스 간행물 시장에 뛰어들기로 마음먹으면서 그러한 결단을 에세이에 고스란히 담았다. 그는 "우리는 지금 미디어의 폭발을 목격하고 있다"라고 쓰며 신문이나 공문서, 정치 사설이 드물었던 지난 과거를 회상했다. 이제는 뉴스에 대한 열망이 사회를 변혁시키고 있었고, 디포는 자신이 그 중심에 서 있다는 사실이 더할 나위 없이 기뻤다.[2]

당시 뉴스에 대한 열망과 그에 따른 정치적 논쟁의 격화에 주목했던 사람이 디포뿐이었던 것은 아니다. 하지만 그가 정말로 이것이 전에 없던 새로운 현상이라고 생각했다면 완전히 착각이다. 앞서 60년 이상 지속된 영국 내전은 팸플릿(pamphlet)과 뉴스 보도, 그리고 신랄한 정치 논설의 유통을 촉진했다. 유럽 대륙에서 신문이 처음 등장한 것은 그보다도 40년 전이었다.

디포가 《리뷰》를 시작하기 전부터, 심지어 신문이 탄생하기 훨씬 전에도 뉴스에 대한 욕구는 어디에나 존재했다. "요즘 어떠하신지, 새로운 소식은 없으신지?(How now, what news?)"는 흔한 영국식 인사법으로, 지금은 런던의 연극 무대에서나 들을 수 있다.[3] 여행자들을 위한 상용(常用) 회화집에는 현지인과 곧바로 대화에 사용할 수 있는 이런 문구도 실려 있다. "무슨 소식을 전해주시려나요? 이곳 사람들은 모두 평안하신지, 스페인에서 새로운 소식은 없나요?"[4]

뉴스가 처음으로 상품이 된 것은 디포가 런던에 살던 당시도 아니고 심지어 신문이 발명되었던 때도 아니다. 그보다 훨씬 더 이전인, 인쇄술이 발명된 이후 1450년부터 1530년 사이 80년간이다. 이 무렵 기술 혁신이 일어나는 동안, 출판인들은 당시 필사본 시장의 주류를 이루던 신학 문서나 학술서보다 훨씬 짧고 저렴한 새로운 형태의 서적을 실험하기 시작했다. 뉴스에 대한 기존의 욕구는 이러한 팸플릿과 대(大)판형* 뉴스를 통해 처음으로 대량 판매 시장에 진입할 기회를 얻었다. 비로소 뉴스가 대중 문화의 일부가 된 것이다.

이 책은 1400년부터 1800년 사이 4세기 동안 유럽 뉴스 시장의 발전을 따라가며 변화의 이야기를 추적한다. 정치 엘리트들이 뉴스를 독점했던 중세 시대부터 대략 400년 뒤 대중 정치에서 뉴스가 결정적인 역할을 하기 시작하기까지 상업 뉴스 시장은 큰 발전을 이루었다. 18세기 말 프랑스 혁명과 미국 독립 혁명이 진행되는 동안, 뉴스 간행물은 매일 사건이 전개되는 상황을 전하는 것을 넘어 이 사건들을 특정한 방향으로 이끄는 데 상당한 영향력을 미쳤다. 대중 매체의 시대가 바로 눈앞에 다가온 것이다.

전령에 대한 신뢰

물론 정보를 얻고자 하는 욕구는 어떤 면에서는 인간 사회 자체만큼이나 오래되었다. 사람들은 새로운 소식을 얻기 위해 먼 길을 떠나는 것도 마다하지 않았다. 11세기 웨일스 외곽에 있는 두 수도원은 3년마다 전령을 보내 새 소식을 나누곤 했다. 그때마다 수도원 밖 다른 곳에서 사는 전령은 일주일간 험준한 산세를 넘어 160킬로미터가 넘는 길을 오가야 했다.[5]

튜더 연대기에 실린 이 이야기는 당시의 정보 문화에서 한 가지 중요한 측면을 보여준다. 사실 중세 시대 사람들은 서면으로 전달되는 정보는 그다지 신뢰하지 않았다. 이들은 문자로 기록

---

* 브로드시트(broadsheet)판. 한국의 일반적인 신문 크기.

된 사실이 말로 전해진 사실보다 더 믿을 만한지 결코 확신할 수 없었다. 오히려 정보는 전달하는 사람의 평판에서 신뢰성을 얻곤 했다. 따라서 믿을 만한 친우나 전령에 의해 구술로 전달된 보고는 익명의 서면 보고보다 훨씬 더 믿음직한 것으로 여겨졌다.

뉴스의 신뢰성이 전달자의 신용에 달려 있던 이 오래된 관행은 이후에도 사람들이 뉴스 보도에 취한 태도에 지속적으로 영향을 끼쳤다. 그러나 이러한 초기의 뉴스 문화를 재구성하기는 쉽지 않다. 구술 보고는 본질상 역사가가 참고할 만한 흔적을 아무것도 남기지 않았기 때문이다. 따라서 뉴스의 초기 역사를 연구하기 위해서는 남아 있는 조각과 단편 들을 모아 짜맞추는 수밖에 없다.

시토 수도회를 창립한 클레르보의 베르나르(Bernard of Clairvaux)는 중세 유럽의 가장 거대한 뉴스 네트워크에서도 한가운데 있던 사람이었다. 프랑스 동부의 클레르보를 방문하는 사람들은 베르나르에게 자신이 여행 중 얻은 뉴스를 전해주었으며, 클레르보를 떠날 때는 베르나르의 서신을 가지고 떠났다. 오늘날 베르나르의 뉴스 네트워크는 특별히 잘 알려져 있는 편인데, 그의 서신 중 500편 이상이 현재까지도 남아 있기 때문이다.[6] 일부 측면에서 베르나르는 중세 유럽의 뉴스 문화를 전적으로 드러낸다고도 할 수 있다.

이 시기에 뉴스를 정기적으로 접할 수 있는 것은 권력층만의 특권이었다. 충분히 재력이 있는 사람들만 뉴스를 접할 수단도 갖출 수 있었던 것이다. 그러나 아무리 사회의 정점에 있는 특권층이라도 뉴스를 얻기란 여간 까다로운 일이 아니었다. 그들은 자신에게 소식을 전달하는 사람들이 그들의 이해 당사자인 경우가 많다는 사실을 잘 알고 있었다. 베르나르에게 주교 선거가 열린다는 소식을 전하기 위해 멀리서 여행 온 성직자는 특정 후보 중 한 명을 지지하고 있었을지도 모른다. 해외 주재 대사는 본국의 정책에 영향을 미치기 위해 서신을 쓰고, 상인들은 가격이 널뛰는 시장에서 이득을 얻기를 바라며 소식을 전달할 수 있었다. 특히 상인들은 정보의 가치를 정확히 이해하고 있었으며 잘못된 정보에 따라 행동했을 때 생길 위험도 충분히 알고 있었다. 이 책에서 다루는 역사의 첫 2세기 동안 상인은 뉴스의 주요 소비자인 동시에 가장 신뢰할 수 있는 뉴스 공급자로서 중요한 역할을 했다.[7]

뉴스의 양이 대폭 늘어난 16세기와 17세기에도 뉴스의 진실성을 확보하는 일은 첨예한 문제로 남아 있었다. 16세기가 되어 진정한 의미의 '시장'이 된 뉴스 시장은 상반된 보고와 믿을 수 없는 보고, 심지어 너무 그럴듯한 보고로 넘쳐났다. 생명, 재산, 심지어 왕국의 운명까지도 정확한 정보를 얻을 수 있는지에 좌지우지되곤 했다. 역사상 가장 중요한 사건들도 처음에는 종종 잘못 보고되었다. 1588년 당시 유럽 대륙에서 사람들은 대체로 스페인 함대가 영국 함선을 격파했다고 잘못 알고 있었다. 이 경우처럼, 정확한 뉴스가 전달되기 이전에 루머나 희망 사항이 먼저 유포되어 공황이 발생하거나 축하 행사를 여는 경우가 자주 있었다. 뉴스를 가장 먼저 전해 듣는 일은 물론 중요하다. 하지만 그것은 뉴스가 사실일 때만 그렇다.

이러한 골치 아픈 역설에 따라 뉴스의 역사를 분석하는 두 번째 단계, 즉 확증 탐구가 시작되었다. 앞으로 살펴보겠지만 16세기 무렵이 되면서 뉴스 전문가들은 민감한 정보를 다루는 데 상당히 능숙해졌다. 특종이 될 만한 사건이 발생했다는 첫 번째 징후가 보고되었을 때도 이들은 신중하게 '이 보고는 아직 확인되지 않았다'는 점을 되새기곤 했다.[8] 유럽의 지도자들은 중요한 사건을 가장 빨리 보고받기 위해 큰 비용을 들였지만 조치를 취하기 위해서는 두 번째 혹은 세 번째 보고를 기다리곤 했다. 하지만 모든 상황에서 이런 여유를 부릴 수 있는 것은 아니었다. 1572년 8월 성 바르톨로메오 축일의 학살* 소식이 전파되었을 때는 즉각적인 조치를 취한 프랑스 신교도만이 목숨을 부지할 수 있었다. 이처럼 혼란스러운 시기에 뉴스는 생과 사를 가르는 문제가 될 수 있었다.

뉴스, 루머, 소문

모든 뉴스가 이와 같이 중대하고 한시를 다투는 사건에 관한 것은 아니다. 17세기에 최초의 주간 신문이 발행되기 전부터 돈이 있는 사람들은 어마어마한 양의 뉴스를 이용할 수 있었다. 심지어 저잣거리에만 나가도 따라잡아야 할 이야깃거리가 넘쳐 흘렀다. 디포에게 이러한 풍요로움은 당대 사회의 위대한 기적이었다. 하지만 이를 심각한 골칫거리로 여기는 사람들도 있었다. 이 엄청난 정보의 소용돌이에서 어떻게 진정 의미 있는 정보를 가려낼 수 있다는 말인가? 어떻게 신호와 잡음을 구별할 수 있을까?[9]

뉴스를 좇는 사람은 온갖 루머와 과장, 급속히 공유된 비밀을 헤쳐나가 사리에 맞는 진실을 구축하는 저만의 방법을 고안해야

---

* 1572년 8월 24일 신교파(개신교)의 지도자인 나바르의 앙리와 구교파(가톨릭)인 샤를 9세의 누이 마르그리트의 결혼식이 있던 날 로마 가톨릭교회 추종자들이 프랑스 신교도들을 학살한 사건. 이날부터 약 3개월간 프랑스에서 3만 명 이상의 신교도가 살해되었다.

만 했다. 먼저 이들은 순전히 사적인 정보나 지엽적인 정보는 배제하고자 했다. 물론 우리 조상들도 가족과 이웃, 친구들의 야심, 계략, 불운에 대해, 누가 누구와 결혼했고 어느 상인이 파산 직전에 놓여 있으며 누가 하인과 간통을 벌여 평판이 훼손되었는지 즐겨 수군거렸다. 1561년 독일 남부의 멤밍겐에서는 한 신사의 딸이 원치 않는 임신을 숨기기 위해 마을을 떠났다는 소문이 돌았다. 그러자 딸의 아버지는 이 소문을 퍼뜨린 자를 찾아내기 위해 어리석게도 주민 50명을 수소문했고, 불행히도 그들 중 누구도 이 소문을 처음에 어디서 들었는지 정확히 기억해내지 못했다.[10]

하지만 얼마나 열심히 소비되고 얼마나 많은 사람이 열정적으로 퍼트리든 관계없이, 이런 종류의 가십은 일반적으로 뉴스로 간주되지 않았다. 사람들이 친구, 사업상 동료 또는 이웃에게 "새로운 뉴스라도 있어?"라고 물을 때 뉴스란 궁중에서 벌어진 사건, 전쟁, 전투, 전염병, 또는 왕의 몰락 같은 대형 사건을 일컫는다. 이러한 사건들이야말로 당시 사람들이 서신과 대화를 통해 공유했던 뉴스이며, 시사 문제가 돈벌이 수단으로서 최초로 시장에 진입하도록 촉진한 뉴스다.

드물지만 일기나 가문의 연대기를 통해서도 초기 뉴스의 독자들이 이러한 뉴스 보도를 어떻게 검토하고 평가했는지 확인해볼 수 있다. 16세기 후반 독일의 대도시 쾰른에 살았던 헤르만 바인스베르크(Herman Weinsberg)도 그중 한 명이다. 감히 말하건대 바인스베르크는 굉장히 이상한 남자였다. 그가 죽은 후 그의 가족은 바인스베르크가 당시의 삶과 시대를 담은 방대한 연대기에 자신들의 모든 행동이 기록되어 있다는 사실을 알고 경악했다.[11] 상속받은 저택에서 나오는 임대료로 안락하게 살았던 바인스베르크는 당대의 사건들에 깊은 관심을 가졌다. 그는 도시 엘리트층 무리에는 속하지 못했으므로 친구에게 정보를 얻거나 팸플릿을 사야만 했다. 다행히도 당시 쾰른은 정보가 흘러넘치는 뉴스의 중심지였다. 하지만 모든 정보가 다 믿을 만한 것은 아니었다. 따라서 바인스베르크는 상반되는 보고를 나란히 놓고 서로 저울질하는 방식으로 일반적 견해 또는 '여론'을 가늠하곤 했다. 이 과정에서 그는 무의식적으로 도시의 치안 판사나 유럽 왕족 법정의 방식을 정확히 따라 했다.

때로는 사건의 진상을 파악하기가 불가능한 경우도 있었다. 1585년 노이스의 인근 마을이 놀랍게도 개신교 대주교인 게르하르트 폰 트룩세스(Gerhard von Truchsess)의 군대에 의해 점령되었을 때, 바인스베르크는 대주교의 군대가 어떻게 눈에 띄지 않고 마을에 침투할 수 있었는지에 대해 서로 다른 설명을 12가지 이상 들었다. 그가 인터뷰한 목격자들은 저마다 다른 이야기를 들려주었다. 시 의회는 실태를 파악하기 위해 차례로 전령을 보냈지만, 그들은 마을로 들어가는 것이 금지되었다. 결국 바인스베르크는 진실이 무엇인지는 알 수 없다고 결론지었다. "사람들은 각자 바로 그때 자신이 있던 장소에서 보고 들은 것 이상은 말하거나 알 수 없다. 만일 누군가 다른 사람에게 전해 들은 것이 있다고 한다면 그 이야기는 잘못되었을 가능성이 높다. 그는 이야기의 진상을 알지는 못한다."[12]

뉴스 보도량이 폭발적으로 늘어났다고 해서 그다음부터 상황이 크게 나아진 것은 아니다. 혹자는 오히려 더 악화되었다고 말한다. 사실 기존의 뉴스 전달 방식에 정통했던 사람들에게 뉴스의 산업화, 즉 이윤을 얻기 위해 뉴스가 거래되는 새로운 산업의 출현은 이전에 뉴스가 검증되던 모든 방식, 다시 말해 전달자의 평판과 보도의 신뢰성이 밀접히 관련되는 방식을 위협하는 것으로 보였다. 하지만 급성장하는 대중 시장에서는 뉴스 전달자 개인의 진실성이라는 중요한 고리가 완전히 끊어졌다.

뉴스의 상업화

처음에는 뉴스 공급자 중 수익을 내는 사람은 거의 없었다. 오히려 뉴스는 너무 비싸서 오직 중세 유럽의 엘리트층만이 이를 감당할 수 있을 정도였다. 뉴스를 얻기 위해서는 큰 비용을 들여 전령 네트워크를 구축하거나(유럽의 일부 부유한 통치자도 감당하기 어려울 만큼의 고정 비용이 들었다) 사회에 무료로 뉴스를 제공해야 할 의무가 있는 사람들(봉건주의 시대의 부양가족, 호의, 교회의 경우 동료 성직자 등)에 의존해야 했다. 유럽의 가장 강력한 군주들조차 비용을 절감하기 위해 잘 아는 상인들을 통해 무료로 급한 전갈을 보내기도 했다.

이러한 서비스는 16세기에 들어서야 체계적인 상업화 과정을 거치게 되었다. 뉴스를 팔아 돈을 번 최초의 사람은 이탈리아의 도시 국가에서 교역을 담당하던, 일군의 경험 많고 신중한 상인들이었다. 이들의 고객은 막강한 권력자로서, 이곳 유럽의 가장 수준 높은 뉴스 시장에서 상인들은 고객들에게 매주 수기로 작성한 브리핑을 제공했다. 가장 성공한 상인은 필경사를 여러 명 고용해 일주일에 수십 부씩 써내려가기도 했다. 이러한 '아비지(avvisi)'는 간결하고, 광범위한 분야를 다루며, 놀랍도록 많은 정보를 담고 있었다. 아비지는 초기 뉴스 시장에서 잘 알려지지 않은 놀라운 사실 중 하나다.[13]

아비지는 매우 비쌌다. 하지만 정보에 목이 말랐던 당시 유럽의 통치자와 고문 들은 여러 아비지를 구독했다. 그러나 이러한 뉴스 서비스는 정치적 요구에 따라 가장 값진 정보원에 접근할 필요가 있는 사람들에게만 중요했다. 민중의 대다수는 시장이나 선술집, 또는 시청 앞 계단에서 울려 퍼지는 공식 발표에서 무료로 얻을 수 있는 뉴스로도 충분했다. 이러한 뉴스들 또한 여론이 형성되는 데 중요한 역할을 했으며, 이 책에서 다루는 기간 동안 뉴스 시장의 필수적인 한 축을 구성한다. 당시 유럽의 평범한 서민들은 대화, 서신, 여행자 및 친구 등 그들이 뉴스를 접할 수 있는 곳에서 뉴스를 얻었다.

뉴스 시장의 진정한 혁신은 인쇄 간행물 시장의 발전에서 비롯되었으며, 이러한 인쇄 간행물은 15세기 중반 인쇄술이 처음 발명된 이후에야 비로소 존재할 수 있었다. 인쇄술이 발명되고 반세기 이상 인쇄사들은 중세 필사본 전통에 따라 가장 잘 알려진 책의 판본을 출판하는 데 주력하는 등 매우 보수적인 전략을 채택했다.[14] 인쇄술의 새로운 시장이 열리기 시작한 것은 16세기 이후로, 그중 하나가 뉴스 시장이었다. 뉴스는 나날이 확장되는 저가 인쇄물 시장에 꼭 맞는 대상이었고 얼마 지나지 않아 중요 상품 중 하나가 되었다.

뉴스 보도의 이러한 급성장은 완전히 다른 차원의 변화를 가져왔다. 이때 뉴스 보도는 그보다 먼저 등장한 새로운 형태의 팸플릿이 띠었던 어조, 즉 종교 개혁 당시의 열렬한 비판의 목소리를 그대로 따라 했다. 이러한 종류의 뉴스 보도는 필사본 시절의 신중하고 침착한 어조의 뉴스와는 전혀 달랐다. 뉴스 팸플릿은 정보를 제공하기 위해서뿐 아니라 설득하고 헌신과 참여를 유도하는 목적으로 작성되는 일이 많았다. 또한 뉴스가 역사상 처음으로 유흥거리가 된 것도 바로 이때다. 먼 곳에서 벌어진 재난이나 끔찍한 살인 사건만큼 흥미로운 일이 또 있을까?

이러한 뉴스는 특히 과거의 사회 지도자들에게는 아무런 문제가 되지 않았다. 어쨌거나 이들은 믿을 수 있는 중개상들이 제공하는 기밀 뉴스를 전해 받을 수 있었기 때문이다. 물론 사회 지도층은 이 신흥 시장을 통제하기 위해, 이러한 뉴스 책자가 전달하는 메시지에서 자신들이 호의적으로 비춰질 수 있는 방안을 강구했다. 인쇄소를 계속 운영하고 싶었던 인쇄업자들은 그들 군주의 평판과 권위를 훼손하지 않도록 전장에서의 패배는 보도하지 않은 채 오직 승리와 성공만 보도했다. 군주들에게 기꺼이 협력했던 인쇄업자들은 적절한 문서에 접근하는 데 도움을 받을 수 있었다. 이윽고 궁정 시인과 상당수가 저명한 문필가인 극작가 들은 새롭고 익숙하지 않은 낯선 임무가 주어졌음을 깨닫게 된다. 바로 그들 군주의 무공을 찬양하고 그의 적들을 비난하는 글을 쓰는 일이었다.[15] 이러한 글들 중 많은 수가 인쇄되었다.

이 시기에는 전제적이고 정부의 힘은 약했다고 여겨지곤 하지만, 초기에 인쇄된 책들을 살펴보면 유럽의 통치자들이 시민들에게 자신들의 관점을 제시하고 정책을 설명하는 데 크게 노력을 기울였다는 점을 알 수 있다. 이 역시 뉴스의 역사에서 중요한 부분이다.

당시 유럽의 통치자들은 이미 여론을 관리하고자 했고, 이러한 시도는 뉴스 팸플릿에 애국적 낙관주의의 형태로 반영되어 있었다. 하지만 정확한 정보의 흐름에 의존해 의사결정을 내려야 하는 사람들은 이 때문에 곤란을 겪었다. 상품을 운송할 준비를 마친 상인들에게 중요한 것은 그들의 상품이 목적지에 안전하게 도착하는 일이었다. 현 상황이 어떤지 정확한 진실을 말해주지 않

0.1 전선에서 전해진 낭보. 빈을 침략한 튀르크가 결국 패배했다는 내용을 담은 당시의 뉴스 팸플릿.

는 뉴스 팸플릿은 그들에게 아무 소용이 없었다. 그들은 자신이 얻은 정보에 좀 더 신중한 관점을 취해야 했다.

종교 개혁으로 유럽이 분열되면서 상황은 더욱 복잡해졌다. 개신교와 가톨릭 지지파로 갈라진 뉴스 발행인들은 각각 자신과 같은 편에서 온 뉴스만을 취해 끊임없이 재생산했다. 결국 뉴스는 점점 더 종파적 성격을 띠게 되었다. 그리고 이 모든 것은 사건의 진상을 가리는 왜곡으로 이어졌다.

이런 경향은 사기 진작에 유용할 수도 있었지만, 영향력 있는 위치에서 좀 더 공정한 보도에 접근할 필요가 있는 사람들에게 뉴스 인쇄 시장의 급성장은 큰 장애물이었다. 이런 이유로 16세기 뉴스 시장을 잠식했던 뉴스 팸플릿은 좀 더 배타적인 필사본 서비스를 완전히 몰아내지 못했다. 아비지는 이것에 돈을 지불할 의사가 있는 사람들에게 여전히 수요가 있었다. 필사본 뉴스 서비스는 유럽의 여러 지역에서 19세기 후반까지 비밀스럽게 계속 이어졌다.

신문의 탄생

16세기 뉴스 팸플릿의 인쇄는 뉴스 시장의 발전을 보여주는 획기적인 사건이지만 한편으로 사실과 진실성 문제는 더욱 복잡해졌다. 뉴스 팸플릿 공급업자들은 그리 부유하지 않은 독자층의 쌈짓돈을 두고 서로 경쟁해야 했으며, 따라서 뉴스를 가능한 한 더 흥미롭고 생생하게 묘사해야 할 동기가 분명히 있었다. 이는 뉴스의 신뢰성에 실질적인 의문을 제기했다. 즉 기자가 상업적 이익을 위해 사건을 과장해서 보도한다면 그러한 뉴스를 어떻게 믿을 수 있겠는가?

17세기 초 신문의 출현은 이러한 순환 고리를 바로잡으려는 시도를 보여준다. 유럽의 신생 국가들에서 정부 기구가 점점 더 커지면서 뉴스를 계속 파악할 필요가 있는 사람의 수도 기하급수적으로 증가했다. 1605년에 한 진취적인 독일인 출판업자는 기존의 필사본 서비스를 기계화함으로써 이러한 수요를 충족시킬 수 있으리라 생각했다. 이것이 신문의 탄생이었다. 당시 신문의 뉴스 보도는 필사본 소식지의 초연하고 냉철한 문체를 그대로 물려받았으며, 좀 더 흥미진진하고 장황한 어조로 쓰인 뉴스 팸플릿과는 공통점이 거의 없었다.

신문의 탄생은 그리 순조롭지만은 않았다. 독일의 경우에는 신문이 빠르게 확산되어 이후 30년간 20곳 이상의 도시에서 신문이 창간되기도 했지만, 유럽의 다른 지역에서는 자리를 굳히지 못했다. 예컨대 이탈리아의 경우에는 이러한 형태의 뉴스 간행물을 도입하는 데 한참이 걸렸다. 초창기에 많은 신문이 수익을 내기 위해 고군분투했지만 빠르게 폐간되었다.

신문의 한 문제점은 별로 재미가 없었다는 것이다. 당대 사람들에게 신문의 구독자로 보이는 것은 꽤나 바람직한 일일 수 있었다. 그들은 세상일이 어떻게 돌아가는지 파악하고 있다는 점에서 사회적으로 인정받을 수도 있었다. 하지만 초창기 신문은 읽는 재미가 별로 없었다. 수사 하나 없이 사실만 무미건조하게 나열하고 있어 따라가기 어려웠고 때로는 내용을 도저히 이해할 수 없을 때도 있었다. 세사(Sessa) 공작이 피렌체에 도착했다는 사실이, 세사 공작이 누구고 그가 왜 거기에 갔는지 모른다면 무슨 의미가 있겠는가? 좋은 일이란 건가, 나쁜 일이란 건가? 뉴스를 읽는 훈련이 되어 있지 않은 독자들은 신문을 따라가기 힘들어했다. 뉴스 팸플릿의 질서정연한 서술에 익숙해 있던 사람들은 신문의 이러한 문체가 너무나 생경했다.

뉴스 팸플릿은 이와는 전혀 다른 방식으로, 즉 당대의 서술 관행에 훨씬 더 부합하는 문체로 뉴스를 제공했다. 팸플릿은 당대의 가장 흥미진진한 사건과 전투, 범죄, 대사건에 초점을 맞추었으며, 대개 기술하는 사건이 거의 끝나갈 때쯤 발행되었다. 따라서 팸플릿에는 시작과 중간, 그리고 끝이 있었다. 무엇보다 뉴스 팸플릿은 원인과 결과를 설명하고자 했다. 당시는 어쨌거나 종교적인 시대였으므로, 이런 종류의 뉴스 팸플릿은 도덕에 대해서도 논했다. 군주는 전능하고 악당은 정당한 대가를 치렀다. 자연재해의 불운한 희생자들은 그들의 죄에 벌을 받았던 것이다.

신문의 뉴스 보도는 전혀 달랐다. 이전에 필사본 서비스를 받아본 적 없는 독자에게 신문은 전혀 생소한 형태였다. 각각의 보도는 두서너 문장 이상을 넘지 않았으며, 아무런 설명이나 논평, 해설도 제공하지 않았다. 뉴스 팸플릿과 달리, 독자들은 이 보도가 전체 사건에서 어디쯤 위치하는지, 심지어 보도된 내용이 중요한 사안인지도 알 수 없었다. 이러한 형식의 뉴스는 매우 구체적이면서 상당한 배경지식을 요했으므로 경험이 부족한 독자들에게 거의 도움이 되지 않았다. 가장 중요한 사건이 가장 먼저 배치되는 일은 극히 드물었다. 표제글도 없고 삽화도 없었다. 또한 신문은 구독 방식으로 제공되므로 독자들은 사건별로 기사를 따라가야만 했다. 이는 시간이 많이 걸리고 비싸며, 노력을 들여야 하는 일이었다.

당시 유럽 사회에서 시민 대부분은 이런 방식으로 새로운 소식을 접하지 않았다. 시민들에게 관심을 불러일으키는 대단한 사건이란 오직 자신들의 삶에 직접적인 영향을 미치는 사건만 해당되었다. 평소 궁금증이 많은 사람이라도 팸플릿에서 관심 있는 사건을 다룰 때만 사서 읽을 뿐이며, 그렇지 않을 때면 굳이 팸플릿을 사는 데 돈을 쓰지 않았다. 사건이 전개되는 양상도 이와 비슷하다. 때로는 매우 중요하지만 때로는 다소 지루하다. 뉴스 팸플릿은 이러한 현실을 반영했다. 때로는 현장에서 엄청난 양의 중요한 뉴스가 휘몰아치듯 전해지지만, 때로는 그렇지 않았다.

따라서 17세기 유럽 시민들에게 뉴스 간행물을 주기적으로 구독할 것을 요청하기란 여간 어려운 일이 아니었다. 신문이 왜 그토록 더디게 확산되었는지도 쉽게 알 수 있다. 소비자들은 뉴스를 정기적으로 받아 보아야 할 필요성을 납득하고 신문을 이해하

0.2 1629년의 《뵈헨틀리헤 오르디나리 차이퉁(Wöchentliche Ordinari Zeitung, 주간 보통 신문)**》.** 독일에서 발행된 초창기 신문. 정보로 가득 차 있지만 초보자들은 이해하기 어려웠다.

기 위한 도구를 습득해야 했다. 그러기까진 오랜 시간이 걸렸다. 자신이 나고 자란 마을 밖의 세계에 대한 지식을 갖춘 사람들은 아주 천천히 늘어났다. 이러한 이유로 최초의 신문이 창간된 후 그것이 시민들 일상의 한 부분으로 자리 잡기까지는 100여 년이 걸렸다. 신문은 18세기 말이 되어서야 여론을 형성하는 주요 매체가 될 수 있었다.

신문의 등장이 뉴스 시장에 곧바로 변화를 가져오진 않았다. 실제로 신문은 당시 다양한 매체가 등장해 경쟁하는 상황에서 제자리를 찾기까지 100여 년간 고군분투해야 했다. 인쇄 기술이 서서히 기지개를 켜기 시작했으나 이전의 뉴스 전달 방식은 여전히 사라지지 않았다. 즉 사람들은 대부분 여전히 입에서 입으로 뉴스를 전했다. 뉴스의 전파 방식은 당시 소란스럽고 친밀한 이웃 사회에 숨어 있었던 활력을 깊이 있게 보여준다. 뉴스는 시장에서, 교회의 안과 밖에서, 가족 사이에서, 사람에서 사람으로 전해졌다. 진취적인 시민들은 흥겨운 일이 생기면 노래를 지어서 축하했다. 이 노래 또한 뉴스가 유통되는 주요 경로로서, 유랑 가수들의 주요 생계 수단이 되었다.[16]

어떤 노래는 꽤나 체제 전복적이었다. 치안 판사는 이런 선동적인 노래를 지은 사람을 찾는 것보다는 인쇄소를 폐쇄시키는 것이 더 쉽다는 것을 깨달았다.[17] 당시 연극 무대에서는 당대의 상황을 자주 언급하곤 했으므로 뉴스에 대해 더 많이, 상세히 알수록 이러한 연극을 더 즐길 수 있었다. 대도시에서 연극은 내부자들의 농담과 시사 문제를 언급함으로써 뉴스의 중요한 무대 중 하나가 되었다.[18] 이러한 모든 장소는 인쇄의 새 지평이 열리고 있던 당시의 다양한 뉴스의 세계에서 제각각 중요한 자리를 차지했다.

이처럼 오랫동안 형성된 정보 교환 습관은 새로운 인쇄 매체에 까다로운 기준을 마련했다. 당시에는 공무에서의 통신이 거의 전적으로 집단적 환경에서만 이루어졌다는 점을 명심할 필요가 있다. 시민들은 유명인이 마을을 방문하거나 악명 높은 범죄자가 처형되는 것 같은 사회적 사건을 직접 확인하기 위해 광장에 모이곤 했다. 그들은 시 관계자 또는 왕실 관리 들이 선포하는 공식 명령을 귀기울여 들었다. 그들은 조례나 교서를 읽는 것을 듣기 위해 교회 문 밖에 모였으며, 소문을 퍼트리고 시사 문제가 담긴 노래를 불렀다. 이 시대에 '출판'이란 널리, 구두로 목소리를 내는 것을 의미했다. 책은 단지 '인쇄'된 무언가라는 점에서만 의미가 있었다.[19]

인쇄된 뉴스는 새로운 소비 습관을 장려했지만, 동시에 구전 뉴스를 전달하던 기존 관행의 어조와 스타일을 여전히 받아들이고 있었다. 초기의 뉴스 팸플릿을 읽어보면 온갖 시끌벅적하고 다채로운 거리의 음악을 들을 수 있다. 반면 초기의 신문에서 읽을 수 있는 것은 세속과는 동떨어진 법원의 은밀한 과묵함뿐이다. 이는 분명 모든 사람의 취향에 맞는 것은 아니었다.

뉴스 발행인

이처럼 뉴스 사업의 복잡성 때문에 뉴스로 수익을 내기 위해서는 민첩성이 필요했다. 하지만 이 사업에 뛰어든 사람은 대부분 실망할 수밖에 없었다. 팸플릿 시장은 이미 경쟁이 치열했으며, 믿을 만한 정보에 접근할 수 있는 정보원이 있는 경우에만 성공할 수 있었다. 따라서 최초의 신문 가운데 대다수가 단명했다. 살아남은 신문 가운데 많은 수가 현지 귀족에게 후원금을 받곤 했는데, 이 경우 편집의 독립권은 거의 보장받지 못했다. 디포 또한《리뷰》를 발행하는 동안 영국의 주요 정치인에게 그의 정책을 홍보해주는 대가로 은밀히 후원금을 받곤 했다.[20] 로버트 월폴(Robert Wolpole)*경은 자신에게 비판적인 언론에 대응하기 위해 아예 신문사를 사버리고 자신의 대변인으로 삼았고, 18세기 영국의 최장수 총리가 되었다.

이 기간 동안 신문 발행은 큰돈이 되지 못했으며 수익의 대부분은 고위 간부에게만 돌아갔다. 만일 누군가 신문을 발행해 돈을 벌었다면 그들은 대부분 신문사 소유주였다. 16세기 주문형 필사본 발행업자들이 이제 신문 발행인이 된 것이다. 필사본 뉴스 서비스는 대체로 뉴스에 정통한 한 개인의 사업이었다. 필사

---

* 영국의 실질적인 제1대 총리.

본 발행인으로 명성이 높아지면서 수요가 늘어나면 필경사를 여러 명 고용하기도 했지만, 편집권은 전적으로 발행인 자신에게게만 있었다.

최초의 신문도 거의 비슷한 방식으로 제작되었다. 발행인은 기사를 전적으로 책임졌다. 발행인의 업무는 본질적으로 편집자와 다름없었다. 보고를 취합하고 정리한 뒤 기사를 써서 인쇄하는 것이다. 많은 경우, 편집 단계에 관여하는 사람 중 신문 제작을 전문으로 하는 사람은 발행인이 유일했다. 즉 발행인은 오늘날 '저널리스트' 또는 '기자'로 일컬어지는 사람을 고용하지 않았다. 최초의 신문을 채운 많은 정보는 무료로 제공된 것이다.

발행인들은 당시 빠르게 확장되고 있었던 유럽의 우편 제도를 통해 서신으로 보고를 받았다. 일부 신문은 현지 법원과 밀접하게 관련된 준(準)공식 간행물 역할을 했으며, 발행인은 이러한 법원 관계자들을 통해 공문서에서 믿을 수 있는 정보에 접근할 수 있었다. 발행인들은 얼마 되지 않는 판매료와 구독료 외에 수익을 증대할 수 있는 또 다른 방법을 찾아야 했다. 많은 이가 광고를 비즈니스 모델의 핵심으로 삼았다. 정치인들에게 뇌물, 연금 또는 공직을 약속함으로써 활로를 모색하는 경우도 있었다.

당시 신문의 특성과 편집 방식은 오늘날 우리가 '저널리즘'으로 간주하는 것과 거의 일치하지 않는다. 보도 기사는 그리 길지 않아 논평이나 해석을 남길 여지가 거의 없었다. 18세기에 들어 더 많은 신문이 창간되면서 일부 발행인은 통신원을 몇 명 채용하기도 했다. 이들 통신원은 뭔가 기삿거리가 될 만한 정보를 얻길 바라며 법원이나 증권 거래소를 들락거렸다.[21] 하지만 이러한 통신원들에 대한 기록은 거의 남아 있지 않다. 물론 다채로운 활동을 보이며 두각을 나타낸 통신원도 있었지만 아직 전문 저널리스트의 시대는 아니었다. 이들이 제공한 정보는 특정 신문이 독점 보도할 수 있을 만큼의 가치는 없었다. 통신원 대부분은 사고자 하는 사람이 있으면 누구에게든 정보를 팔았다.

신문이 강한 목소리를 내며 편집권을 발휘하기 시작한 것은 18세기 말 영국에서 언론의 자유를 위한 투쟁이 벌어지고 프랑스와 미국에서 혁명이 시작되는 등 대형 사건이 터진 이후부터다. 바로 이 시점에서야 저널리즘을 직업으로 삼는 일이 가능해진 것이다. 하지만 여기에는 늘 위험이 동반되었다. 프랑스 혁명 동안 유명 정치인 출신 문인들 중 많은 이가 그러했듯, 언론인은 정치적 운명이 바뀌면 언제든지 '문자 그대로' 목이 잘릴 수 있었다. 그래도 이들은 적어도 대중의 열렬한 관심 속에서 살다가 죽었다. 그밖에 다른 언론인에게 더 흔한 위험은 변변찮은 장사 수완 없이 소문이나 좇으며 곤궁하게 삶을 마감하는 것이었다.

권력의 밑천

이 시기 동안 뉴스 시장이 좀 더 발전할 수 있었던 큰 이유는 통신망 구축 덕분이었다. 통신망은 14세기부터 18세기까지 꾸준히 개선되었으며 유럽의 우편 제도 또한 점차 정교해지고 신뢰도가 높아졌다. 뉴스 보도도 더 늘어났으며, 2차 또는 3차의 독립 정보원에게 정보를 확인하기가 더 쉬워졌다. 이런 일들이 가능했던 이유는 훨씬 효율적으로 장거리 서신 교환을 수행할 수 있는 수단이 마련되었기 때문이다.

14세기 초에는 부자와 권력자만 통신망을 유지하는 비용을 감당할 수 있었다. 그 결과, 오직 권력자만이 시민들에게 어떤 정보를 전달할지 결정할 수 있었다. 하지만 18세기가 되면 이제 비교적 평범한 시민도 여행을 하거나, 서신을 주고받거나, 뉴스 보고를 구매할 수 있게 되었다. 정보의 교환은 합리적인 상업적 기반을 토대로 이루어졌다. 유럽의 간선 도로를 따라 매년 수백만 건의 소통이 이루어졌다. 뉴스는 풍부했다. 이제 모든 사람이 의견을 가질 수 있었고, 많은 사람이 자신의 의견을 표출할 방도를 찾고자 했다.

뉴스 비즈니스를 좌우하는 네 가지 주요 고려 사항, 즉 뉴스의 속도, 신뢰성, 콘텐츠 통제, 오락적 가치는 많은 면에서 이 기간 동안 눈에 띄게 변화하지는 않았다. 뉴스 독자들이 이러한 사항 중 어떤 것에 우선순위를 두는지는 시대마다 달랐다. 때로는 직접적으로 충돌하기도 했다. 진실이 거짓말보다 흥미롭기는 어렵다. 뉴스 발행인들은 진실을 외면하고 싶은 유혹에 빠지곤 했다. 그러나 어느 지역에서든, 매체가 무엇이든 이 네 가지 원칙은 뉴스를 수집하고, 팔고, 소비하는 모든 이의 주요 관심사를 압축적으로 표현하고 있다.

이 책이 다루는 시기 동안 우리는 유럽 시민들의 시야가 크게 확장되는 것을 목격할 수 있다. 아메리카 대륙이 발견되고, 아시아로 향하는 새로운 무역로가 개척되면서 멀리 떨어져 있던 대륙을 새로운 시선으로 보게 되었다. 이러한 새로운 발견이 이 시기에 대한 우리의 인식을 형성하는 데 지대한 영향을 끼친 것은 사실이지만, 당시 유럽 내에서 이웃 도시, 수도, 그리고 다른 국가들이 점차 연결되면서 일어난 조용하고 느린 혁명 또한 그 못지않게 중요한 역할을 했다.

1750년 유럽에서 수많은 국가의 시민들은 자기 집 거실에 앉아 주간지를 읽으며 머나먼 곳에서 벌어지는 사건을 흥미롭게 지켜보았다. 이들은 정기적으로 뉴스를 받아 보며 당시 유럽 사회의 주요 인물과 이들의 권력 관계를 익힐 수 있었다. 그보다 400년 전, 이러한 정보는 시민들에게 거의 알려지지 않았다. 당시의 시민 가운데 대다수는 마을에 우연히 들린 낯선 이에게 마을 밖, 또는 성벽 밖의 소식을 듣는 것이 고작이었다. 이들은 자신에게 직접적으로 영향을 미치는 정치적 사건이나 전쟁 외에 성벽 너머의 세계에 대해서는 거의 알지 못했다.

당시의 뉴스는 지금과는 본질적으로 달랐다. 그러나 이처럼 이른 시기에도 정보에 대한 시민들의 갈망을 분명 감지할 수 있다. 비록 당시에 이러한 갈망을 채울 수 있는 사람은 가장 높은 지위를 가진 정치가나 사업가밖에 없었음에도 말이다. 이후 몇 세기 동안 유럽 사회를 현대적인 통신 문화로 이끈 동력도 바로 이러한 갈망이다.

차례

3부 계몽되었는가?

1부

뉴스 발행의 시작

1장

권력과 상상력

신성로마제국의 황제 막시밀리안 1세(1493~1519 재위)는 그리 기민한 통치자는 아니었다. 유럽 곳곳을 누비며 외교를 벌이고 희망찬 왕조 동맹까지 성사시켰음에도 그는 거대하고 분산된 제국에 통치권을 주장하지 못했다. 황제로 선출되기 전부터 저지대 국가*에서는 그에 대한 여론이 좋지 않았으며, 1488년 브루게 시민들은 그가 자신들의 요구에 굴복하기까지 7개월간 인질로 잡아두기도 했다. 항상 빚을 지고 있어, 한번은 독일 채권자에게서 달아나려고 아우크스부르크에서 어둠을 틈타 몰래 빠져나가기도 했다. 막시밀리안은 결코 위엄 있는 황제는 아니었다.

하지만 그는 나름의 승리를 거둔 것으로 보인다. 수많은 역경에도 놀라운 회복력을 보여주며 쉴 새 없이 계략을 꾸민 결과, 그의 손자인 카를 5세는 유럽 땅덩어리의 많은 부분을 포함하는 어마어마한 영토를 물려받게 된다. 막시밀리안은 상상력도 풍부했다. 그는 동시대의

---

* 뫼즈 강, 스헬데 강, 라인 강의 낮은 삼각지 지대 주변에 위치한 지역으로 오늘날의 벨기에, 네덜란드, 룩셈부르크 및 프랑스와 독일 일부 지역을 일컫는다.

어떤 통치자보다도 인쇄 혁명의 힘을 효과적으로 활용했다.[1] 그리고 1490년 그는 통신의 역사에 큰 반향을 일으킬 프로젝트에 착수했다. '제국 우편 제도'를 만들기로 결심한 것이다.

당시 막시밀리안이 통치하는 영토는 조합이 특이했다. 아버지인 프리드리히 3세의 공동 통치자로서 오스트리아 및 남부 독일의 합스부르크 영지를 통치했고, 첫 번째 아내 부르고뉴의 마리에게 얻은 어린 아들 필리프의 섭정으로서 네덜란드를 실질적으로 통치했다. 이후 밀라노 공작의 딸과 혼인함으로써 밀라노 공국까지 통치할 길이 열렸지만, 이탈리아에서 패권을 차지하기 위해서는 숙명적인 라이벌인 프랑스 왕과 지속적으로 전쟁을 벌여야 했다.

이처럼 복잡한 영토 소유권을 유지하며 끊임없이 이동하기 위해서 막시밀리안은 가장 최신의 정치 정보가 필요했다. 이를 위해 막시밀리안은 1490년 프란체스코 데 타시스(Francesco de Tassis)와 자네토 데 타시스(Janetto de Tassis)라는 이탈리아 통신 전문가의 가족 두 사람을 인스부르크로 불렀다.[2] 이 두 사람의 아버지인 알레산드로 타시스(Alessandro Tassis)는 교황을 위한 전령 서비스인 '마에스트리 데이 코리에리(Maestri dei Corrieri)'를 조직한 것으로 명성이 높았다. 이후 프란체스코 또한 밀라노와 베네치아에서 비슷한 서비스를 제공한 바 있다.

이제 막시밀리안은 타시스의 두 아들과 함께 오스트리아 인스부르크에서 브뤼셀에 있는 네덜란드 수도까지 유럽을 가로지르는 정규 우편 제도를 구축하기 위한 계약을 맺었다. 이 계약에는 영구 운영되는 유인(有人) 사무소를 일정한 거리를 두고 설치해야 한다는 조항이 포함되어 있었다. 이때 전령들은 하루에 180킬로미터의 영역을 담당할 수 있도록 평균 시속 7.5킬로미터로 달려야 했다. 1505년에는 막시밀리안의 아들 필리프가 공동 통치자로 거주하고 있는 톨레도와 그라나다를 포함하기 위해, 통신망의 범위를 스페인까지 확장하는 새로운 계약이

1.1 막시밀리안 1세의 초상화 두 점. 알브레히트 뒤러(Albrecht Dürer)의 탁월한 예술적 감각으로 막시밀리안에게 최소한의 위엄을 부여할 수 있었지만, 사실 합스부르크 가문은 인물이 뛰어나진 않았다.

체결되었다.

막시밀리안이 세운 수많은 거창한 계획이 그랬던 것처럼, 이 계획도 부분적으로만 성공적이었다. 제국 우편망이 완전히 작동하기까지는 앞으로 100년이 더 걸리게 된다. 그러나 우리가 이 책에서 보게 될 많은 통신망은 결국 이 우편망에서 시작되었고, 바로 여기에서 상업 뉴스 시장과 정기 연재 뉴스 출판물이 탄생하게 되었다.

막시밀리안이 어떤 계기로 이처럼 중대한 조치를 취하게 되었는지는 알 수 없으나, 그 또한 동시대 르네상스인들과 마찬가지로 이 야심찬 계획을 세우면서 고대인들에게 영감을 받고자 했다. 막시밀리안은 프란체스코 데 타시스의 도움으로 옛 로마 제국의 우편망을 그럴듯하게 모방할 수 있었다. 로마 제국의 우편 제도는 그때까지 알려진 가장 성공적인 통신 체계였다.

세월의 흐름에 옛 로마 제국의 흔적은 대부분 씻겨 내려갔지만 기억까지 지워진 것은 아니다. 사람들의 뇌리에 로마의 통신 체계는 여전히 강력한 통신망으로 각인되어 있었다. 중세 유럽에서 독자적인 뉴스 및 통신망이 구축되는 동안, 그 언저리에는 언제나 로마에 대한 기억이 유령처럼 떠돌고 있었다.

빈돌란다의 유령

로마 제국 시대에 탄생한 모든 제도와 마찬가지로, 로마의 우편 제도 또한 기막힌 상상력과 행정적 야심이 결합된 성과였다. 로마의 도로망은 스페인에서 독일로, 영국에서 소아시아로 뻗어 있는 전장에서 대규모 병력을 이동시키려는 목적으로 설계되었다. 이러한 도로망을 가능하게 한 정보 및 행정 기반 시설의 핵심에는 신속 전령 서비스가 있었다. 비록 기술적 작업 대부분은 공화정 아래에서 시행되었지만 로마의 우편 제도 자체는 아우구스투스 황제의 치세 동안에야 완전히 확립되었다.[3]

전령들은 말이나 마차를 타고 이동했다. 대략 13킬로미터 간격으로 주요 우편 초소가 설치되었으며 세 초소마다 세 곳의 초소마다 야간 숙소가 있었다. 이는 전령이 보통 하루에 이동하는 거리가 대략 40킬로미터 정도임을 의미한다. 매우 급한 소식일 경우 80킬로미터까지 이동하는 것도 가능했겠지만, 이동 거리가 매우 길다면 전령에게 막대한 요금을 지불해야 했을 것이다.

보통은 여행 내내 한 명의 전령이 메시지를 전하게 된다. 원칙적으로 한 전령이 다른 전령에게 메시지를 이어받는 식이었다면 전령들은 더 편안하게 여행할 수 있었겠지만, 많은 메시지가 기밀 사항이라 신뢰할 수 있는 개인이 모든 여정을 전담해야만 했다. 전달된 종이에 적힌 메시지는 그저 전령의 자격을 확인하기 위한 소개글에 불과할 때도 많았다. 진짜 메시지는 전령에 의해 구두로 전달되었다. 그런 후 전령은 답신을 받아 되돌아갔다. 수에토니우스(Suetonius)*에 따르면, 우편 초소를 설립해 사익을 취한 아우구스투스는 그 후 서신이 발송된 날짜를 문서화하기 위해 서신에 정확한 일시를 기입하도록 하는 관행을 도입했다고 한다.

제국 우편 제도는 명시적으로는 거대한 로마의 행정 기구를 뒷받침하려는 목적으로 마련되었다. 하지만 이 제도를 유지하는 데는 막대한 비용이 들었다. 특히 전령이 숙소나 마구간을 찾고 말을 갈아탈 수 있는 휴게소인 '만시오네스(mansiones)'가 설치되는 등 제도가 정교해질수록 더 큰 비용이 들었다. 일반적으로 대중은 이 제도를 이용할 수 없었다. 그러나 제국을 운영하려면 군용 화물을 대량 수송하는 도로망이 필요했고, 바로 이 도로망을 통해 특급 전령 제도도 유지할 수 있었다. 이에 따라 먼 곳의 소도시에 흩어져 살던 제국의 시민들도 이 교통망을 일상적으로 이용할 수 있었고, 놀라운 수준의 서신 통신을 누릴 수 있었던 것으로 보인다.

이 모든 것은 단지 추측에 지나지 않는다. 증거는 대부분 유실된 지오래다. 하지만 로마 제국의 영국 북부 변경(邊境)에 있는 하드리아누스 방벽에서 발견된 놀라운 유물로 당시의 상황을 엿볼 수 있는 기회가 마련되었다. 1973년 고고학자 팀이 방벽에 인접한 병영지 중 한 곳인 빈돌란다에서 일상적인 발굴 작업을 진행하는 중이었다. 이들은 참호를 파다가 고사리와 나뭇조각에 엉켜 있는 가죽과 직물, 짚덩어리를 발견했다. 나뭇조각에는 작고 얇은 파편도 섞여 있었는데, 이 파편들을 자세히 들여다보니 놀랍게도 파편에는 글자가 적혀 있었다. 이후 구덩이에서는 거의 2천 개의 서판이 쏟아져 나왔다. 노섬벌랜드의 혐기성** 토양에서 잉크로 글귀가 적힌 목판이 1천 년 넘게 보존된 것이

그 누구도 밝혀야 시대

---

* 로마 제국 시대의 역사가.
** 산소가 없는 조건에서 생육하는 성질.

다.[4]

이때 발굴된 목판 조각은 로마 제국 북부의 서술 문화에 대해 우리가 알고 있던 사실을 크게 변화시켰다. 영국은 당시 로마 시대에 가장 저렴하고 풍부하며 여러 용도에 사용가능한 글쓰기 재료인 갈대, 즉 파피루스의 생산지에서 멀리 떨어져 있었다. 이처럼 파피루스를 구할 수 없는 곳에서는 나무판에 밀랍을 씌운 후 그 위에 글자를 새겼다. 빈돌란다에서는 이러한 나무판도 상당수 발굴되었지만 대부분 밀랍이 사라져 글자는 거의 읽을 수 없었다.

빈돌란다에서 발견된 나뭇조각들은 이후 다른 발견을 통해 진품인 것으로 확인되었으며, 완전히 새로운 글쓰기 매체로서 당시 일반 대중들이 누리던 일상의 한 단면을 드러내고 있다. 현재 영국박물관에 소장되어 있는 이 서판들은 현지의 통치자와 그의 아내부터 비교적 평범한 주둔병에 이르기까지 100명이 넘는 사람들 사이에 오간 전언을 보

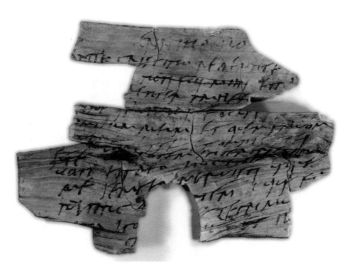

1.2 빈돌란다에서 발견된 목판 조각. 이 조각에는 빈돌란다 현감이 크리스피누스에게 보낸 서신의 초안이 담겨 있다.

존하고 있다.

빈돌란다의 유령은 수수께끼와 비밀을 품은 작고 불완전한 조각에 불과하다. 이 조각들은 제국의 가장 변두리 전초 기지에도 넓고 깊은 글쓰기 공동체가 존재했음을 보여주지만, 이러한 공동체는 로마의 군단병이 아니라 다른 민족 출신의 보조병들에 의해 운영되었음을 기억해야 한다. 로마 제국에서 얼마나 많은 사람이 글을 읽고 쓸 수 있었는지는 알 수 없다.[5] 그러나 빈돌란다의 서판에서 추정하건대 서신 통신이 표준적인 뉴스 전달 수단이 되는 경우, 문해율이 그리 높지 않은 사회라도 정부와 행정 시스템이 구축될 수 있음을 알 수 있다.

로마인들은 물론 권력을 행사하는 데 달인이었다. 제국 우편 제도의 창설은 로마 제국처럼 주둔군이 듬성듬성하게 배치된 넓고 분산된 지역을 통치하는 정부에는 정보를 통제하고 중대한 뉴스를 신속히 전달하는 것이 필수적이라는 인식을 반영한다. 브리타니아는 놀랄 만큼 적은 점령군이 광대한 영토를 다스린 전형적인 사례다. 이는 통신을 통제함으로써 강력한 대규모 군대를 손쉽게 결집할 수 있는 경우에만 가능한 일이다.

로마의 우편 제도는 제국과 함께 사라졌으나 16세기에 접어들어 로마 황제만큼이나 야심만만한 독일 황제에 의해 다시 부활하게 된다. 그러나 중세 유럽의 권력자들은 로마 통신망의 가장 중요한 시사점, 즉 뉴스의 통제가 권력의 핵심이라는 것을 완전히 파악하고 있었다. 중세 시대의 3대 권력자인 교회, 국가, 상인 계급 모두가 이 사실을 잘 알았고 이에 따라 행동했다. 이들 세 세력은 각각 활발한 뉴스 문화를 발전시키게 된다.

수도원에서

교회는 중세 유럽의 위대한 유산 중 하나다. 로마 제국이 쇠멸한 후 교회는 학문을 보존하는 데 중요한 역할을 했다. 성직자가 되려면 본질적으로 읽고 쓸 줄 알아야 했으므로 이들이 초기 중세 사회에서 기록 보관을 담당했던 것도 당연한 일이었다. 교회는 서유럽 전역에 걸쳐 세력을 공고히 다지면서, 기억에 의해 보존·계승된 지식을 서면 기록으로 옮기는 일에 앞장서게 되었다. 그러나 서면 기록의 우월성에 논란의 여지가 전혀 없었던 것은 아니다. 11세기와 12세기, 세속의 권력자와 교회 권력이 여러 차례 맞부딪히는 동안, 평범한 사람은 대부분 구술 보고가 '동물 가죽에 적힌 문자'보다 권위가 떨어진다고는 생각하지 않았다.[7] 양피지에 대한 이 절묘한 모욕은 그것의 다소 아름답지 못한 기원을 떠올리게 한다.

양피지는 당시 가장 흔하게 사용되었던 글쓰기 재료로서, 양이나 송아지의 마른 가죽으로 만들었다. 양피지는 필기가 편하고 글씨가 잘 지워지지 않으며 내구성도 좋았지만, 준비 과정이 복잡하고 비용이 많이 들었다. 가죽은 본래 모양이 불규칙해서 그 모양에 맞춰 글을 쓰면 면의 치수도 들쭉날쭉할 수밖에 없으므로 보통 가죽 끝자락의 얇은 조각에 글을 썼다. 따라서 선언문이나 조약과 같은 의례 문서를 제외하고는 많은 문서는 대체로 간략하게 쓰도록 권장되었다. 로마 시대에는 정말로 중요한 메시지는 전령이 구두로 전달하고 서면 메시지는 단순히 전령의 신뢰성을 증명하는 것인 경우가 많았다. 양피지는 다시 사용할 수 있었지만, 긁어내고 덮어쓰길 여러 번 반복하면 중요한 기록 정보가 소실되는 일도 잦았다. 다시 말해 초기 중세 시대의 정보 문화를 복원하려면 매우 단편적인 유산에서 자주 시작해야 했다.

이 문제는 본성상 중세 유럽에서 꽃핀 새로운 뉴스 연결망이 정점에

달할 때까지 계속 이어졌다. 중세 기독교에서 배출한 가장 걸출한 인물 중 한 명인 시토회 수도승, 클레르보의 베르나르의 예를 살펴보자. 베르나르는 당대의 주요 정치적 논쟁과 신학 논쟁에 깊이 관여하고 있었다. 그는 카타리파(순결파) 신학자인 피에르 아벨라르(Pierre Abélard)와 대립했고, 주교 선출에 관한 논쟁에 쉽사리 개입했으며 프랑스 왕 루이 6세의 자문을 맡았다. 1146년과 1147년 사이 그는 제2차 십자군 원정을 옹호하는 순회 설교에 나서기도 했다. 이 모든 활동은 정보, 전령, 그리고 서신의 활발한 네트워크를 얼마나 세심히 관리하는지에 달려 있었다.

12세기 유럽에서 이 일은 결코 쉽지 않았다. 하지만 베르나르에게는 한 가지 대단히 귀중한 이점이 있었다. 그는 광범위한 수도원 네트워크의 모원(母院)인 클레르보의 수도원장으로서, 그를 기꺼이 돕고자 하는 학식 높은 순회 교인들에게 지원받을 수 있었다. 베르나르의 서신은 현재까지 500여 편이 남아 있으며, 동시대인이자 그의 라이벌인 클뤼니의 수도원장, 가경자 피에르(Pierre le Vénérable)보다도 훨씬 많다.[8] 이 서신들은 로마와의 정기적 통신을 넘어 콘스탄티노플과 예루살렘까지 뻗어 있었던 당대 정보 네트워크의 눈에 보이는 유물이라고 할 수 있다.

이러한 네트워크를 유지하는 일도 여간 어려운 일이 아니다. 당시에도 로마 시대의 전령들과 마찬가지로, 서면 연락은 단순히 소개장에 지나지 않았으며 핵심 메시지는 구두로 전달되는 경우가 많았다. 베르나르는 민감한 정보를 정확히 전달할 수 있는 신뢰할 만한 특사를 찾을 때까지 인내심 있게 기다려야 할 때도 있었다. 클레르보가 파리, 디종, 알파인에 인접한 풍요로운 상파뉴 지역에 위치하고 있어 공무를 수행하는 수많은 순례자와 성직자의 단골 방문지였다는 것은 베르나르에게 행운이었다.

베르나르는 당대의 기준으로 볼 때 유달리 정보에 밝았다. 그러나 클레르보를 지나쳐가는 사람들과 그들이 가져온 뉴스에는 여전히 우연이 크게 작용하고 있었다. 방문객들이 가져온 보고를 확증하기란 거의 불가능했으므로 베르나르는 출처의 신뢰성을 나름대로 추측해야만 했다. 가령 주교 선출 논쟁의 경우, 그에 대한 소식을 가져온 방문자들은 저마다 계산속이 있었다. 또한 베르나르가 직접 자신의 전령을 보내 확인해야 할 만큼 중요한 정보가 있더라도 답장을 받기까지는 보통 여러 달이 소요되었다. 유럽에서 가장 활발히 정보가 오가는 로마까지 왕복하는 데는 최대 네 달이 걸릴 수도 있었다. 전령이 여행 중 반드시 수행해야 하는 다른 공무가 있거나, 클레르보로 왕복하는 것을 계획하지 않았을 수도 있었기 때문이다. 비정기적인 특파원들과의 접촉은 훨씬 더 산발적으로 일어났다. 여러 발신자 사이에서 여러 번 왕래해야만 하는 복잡한 논의는 그 결과를 예측하기 더욱 어려웠다.

연대기

클레르보의 베르나르는 특출난 인물이었다. 가톨릭교회의 진정한 군주라고 할 만하다. 하지만 그의 동료 성직자 대다수도 베르나르처럼 모든 정보를 따라잡고자 했으며, 회랑 밖에서 일어나는 일들의 중요성을 자각하고 있었다. 중세의 수도원은 집단적인 사회적 기억의 관리자로서 중요한 역할을 수행했다. 수도승은 단연 서양 기독교 최초의 역사가라고 할 수 있다. 연대기 작가인 캔터베리의 저베이스(Gervase of Canterbury)의 표현에 따르면 이들은 "사건, 징조, 기적과 함께 당대의 왕과 군자 들에게 일어난 이러저러한 일" 등 속세의 어리석음과 고난을 부지런히 수집해야만 했다.[9]

이들 사건 중 일부는 확실히 동시대적 성격을 띠고 있었으며, 이러한 경향은 14세기와 15세기의 연대기에서 훨씬 더 두드러진다. 이는 부분적으로 왕실 세력과 밀접하게 끈이 닿아 있던 세속적인 사제와, 심지어 평민들이 당시 연대기 작가의 주류를 이룬 결과다. 반대로 수도원의 연대기 작가들은 수도승이라는 직업의 특성상 대체로 수도원에서만 머무르는 경우가 많았다. 당시 새로 부상한 연대기 작가들은 밖으로 나가 여기저기 돌아다니며 종종 자신이 몸소 체험한 것을 바탕으로 글을 쓰거나, 목격자 및 참가자 들과 개인적으로 이야기를 나눈 후 기록을 남겼다.

이 중세 연대기 작가들의 글에서는 뜻밖에도 뉴스의 가치를 끌어올리려는 최초의 이른 시도를 찾아볼 수 있다. 당연히 그들은 종교적인 관점에서 연대기를 서술한다. 모든 사건에는 신의 목적이 깃들어 있으며, 신성한 계시의 맥락에서만 해석될 수 있다. 그러나 이때의 연대기를 보면 작가들이 자신이 기록한 사건이 신뢰할 만한지, 또한 그렇게 인식될 수 있을지 깊이 고민했다는 점도 엿볼 수 있다. 그들은 정보원의 신뢰성, 증인의 수와 사회적 지위, 그리고 작가 자신이 직접 경험한 사건인지에 대해 여러 차례 증언을 남겼다.

심지어 멀리서 일어난 사건들의 기록에서도 믿을 수 있는 사건만 보고하려는 명확한 의지를 찾아볼 수 있다. 런던 세인트폴 성당의 연대기 작가는 1325년 아비뇽에 유난히 심한 서리가 내려 많은 사람이 동사했다고 기록하며 "그곳에서 상황을 직접 목격한 사람들의 증언에 따르면, 론 강은 유속이 매우 빠름에도 불구하고 낮에도 두께가 2.4미터 이상 되는 얼음으로 덮여버렸다"라고 썼다.[10] 얼음의 두께처럼 일견 정확해 보이면서도 검증하긴 어려운 세부 사항을 덧붙일 때 서술의 신빙성이 얼마나 높아지는지 이 문장에서 확인할 수 있다.

중세 시대의 많은 연대기 작가는 당파성을 보였다. 왕의 행적을 기록할 때 이들은 맹렬한 비판가 또는 열렬한 지지자의 입장을 취했다. 하지만 이들은 뉴스 보도 윤리에 조숙한 태도도 보여주고 있다. 2차 또는 3차 정보원의 정보를 인용할 때면 "그렇게 전해졌다", "그렇게 말해진다"(ut fertur; ut dicebantur)라는 어구를 덧붙였다. 정보가 상충될 때는 그러한 사실도 세심하게 보고하곤 했다. 물론 연대기는 모든 사건이 다 정리된 후에 저술되므로 사후 판단이 가능하다는 장점이 있다. 연대기 작가들은 동시성에 구애받지 않고 사건을 기술할 수 있었다. 그들은 사건을 톺아보며 윤리적 교훈을 끌어내기도 했다. 예를 들어 혜성이 거대한 재난을 예고했다든가, 왕이 생전의 덕으로 보답을 받거나 벌을 받았다는 식이었다.

뉴스는 결코 한때 스쳐가는 이야기가 아니라 항상 목적이 깃들어 있었다. 앞으로 보게 될 것처럼, 이러한 형태의 도덕화는 다음 세기의 많은 뉴스 보도에서도 확인된다. 이런 점을 포함해, 중세 연대기 작가들의 동시대 역사에 대한 견해는 여러 측면에서 상업 뉴스 시장의 발전에 지대한 영향을 미치게 된다. 이들은 과거와 현재, 그리고 미래의 사건들이 하나의 유기적인 전체로 연결된 역사의 연속체에 대한 비전을 공유한다.

순례자의 길

중세 시대에는 아무도 목적 없이 여행하지 않았다. 육로로 이동하는 것이 얼마나 위험하고 고된지는 익히 잘 알려져 있었다. 직무와 직접적으로 관련이 없는 여정을 떠날 만한 자원이 있거나 한가로운 사람도 거의 없었다. 마을을 지나가는 여행자는, 유통 경로를 개척 중인 무역상이 아니라면 대체로 순례자나 군인일 가능성이 높았다. 순례자는 마을에서 도움을 받는 대가로 이야기를 들려주곤 했다. 때로는 마을 사람들이 자신의 마을에 찾아온 순례자에게 돌아가는 길에 다른 마을에 들렀을 때 전달해달라며 서신이나 쪽지를 건네기도 했다. 무장한 군인에게 이런 부탁을 하는 사람은 거의 없었을 것이다.

중세 성기(盛期)의 대부분 동안 순례자와 군인은 모두 팔레스타인 쪽을 바라보고 있었다. 11세기부터 13세기까지 십자군 소집은 대대적인 공공 행사였다. 유럽 전역에 십자군 원정을 위해 무기를 기부하고 헌금을 낼 것을 요청하는 목소리가 울려퍼졌다. 많은 유럽인이 성전(聖戰)에 참전하기 위해 고향을 떠났고, 이윽고 귀향한 기사들과 종군 상인들은 이 끔찍한 이역(異域)에서 자신이 직접 겪은 이야기를 들려주었다. 예루살렘은 순례자의 헌신을 가늠하는 궁극적인 시험장이었다. 1291년 아크레*가 함락된 후, 기독교인이 더는 이 성지를 되찾지 못했다는 점에서 더욱 그러했다.

그 후 몇 세기 동안 이 고된 여정을 시작하려는 이들은 성지 순례에 대한 많은 문헌과 여행기에서 정보를 얻을 수 있었다. 14세기까지 여행기에는 지역의 풍습과 이국적인 동물들(여행자들은 특히 기린에 상당히 매료되었다)에 대해 풍부한 관찰이 담겨 있었다.[11] 당시 더욱 폭넓은 대중 사이에서 이러한 여행기가 서서히 알려지기 시작했지만, 이를 뉴스 간행물로 보기는 힘들다. 이때는 모든 책을 손으로 직접 필사해 만들던 시절이었다. 하지만 이들 여행기는 지평이 확대되고 지리적 기준이 확장된 첫 단계로서, 다음 세기 뉴스 문화의 중요한 일면을 구성하게 된다.

분명 십자군 전쟁은 십자군을 모집한 유럽 국가 대부분의 지역 사회에 영향을 미쳤다. 말이 여전히 정보를 전달하는 주요 수단이었던 사

---

* 이스라엘 북부에 있는 항구 도시.

회에서, 사람들은 먼 곳의 이야기를 듣기를 열망했다. 11세기의 평범한 기독교인이라면 가장 가까운 대도시의 이름은 몰라도 저 멀리 예루살렘이 있다는 사실은 알고 있었을 것이다.[12] 그러나 이에는 대가가 따랐다. 십자군 원정이 기약 없이 길어지고 이슬람에 대한 기독교도들의 악감정이 점차 깊어지면서 일련의 무시무시한 고정관념이 생겨났고, 이는 그 후로도 오랫동안 지속되었다. 14세기와 15세기 이슬람 사회에 대한 이국적인 환상은 당대의 문학에 큰 반향을 불러일으켰으며, 가장 인류학적인 순례기조차 그러한 환상을 깨는 데 거의 영향을 미치지 못했다. 당시 기독교 사회에서 아라비아에 대해 조금이라도 알고 있는 사람이 있었다면 그는 그 지식을 목격자의 증언보다는 당대에 인기 있던 서사시인 '무훈시(Chansons de geste)'에서 얻었을 것이다.

이러한 경향은 뉴스 산업에는 그다지 바람직하지 않았다. 중세 시기를 거쳐 16세기에 이르기까지, 특히 먼 곳의 사건들을 다룬 뉴스는 용맹한 군인들의 경이롭고 무시무시한 모험을 담은 여행기나 낭만적인 서사시와 경쟁해야 했다.[13] 진실은 그보다는 훨씬 평범하며, 따라서 대체로 따분하다. 허구에서 진실을 이야기하기는 결코 쉽지 않다. 실제 일어난 사건을 다룬 문헌으로 국한하더라도, 순례자들의 기록은 저 먼 나라의 이야기를 담은 마르코 폴로의 견문록이나 허구에 더 가까운 존 드 맨더빌의 《여행기(Travels)》가 누린 성공의 그림자도 누리지 못했다. 이 두 작품은 중세 이후 필사본이 500권 이상 쏟아져 나오는 가운데서도 살아남았다.[14] 두 작품 모두 크리스토퍼 콜럼버스(Christoper Columbus)를 포함한 르네상스 여행자들의 상상에 자양분이 되었다.

신앙과 상업

　　모든 순례가 성지로 향한 여행만큼 고된 것은 아니었다. 대부분의 순례자, 특히 평민들은 현지의 목적지로 향했다. 기억할지 모르겠지만, 제프리 초서(Jeffrey Chaucer)*의 순례자들은 사우스워크에서 캔터베리까지 대략 96.5킬로미터인 비교적 짧은 순례길을 떠났다. 이 순례자들은 잉글랜드에서 가장 안정적인, 잘 정비된 길을 따라갔으므로 각각의 순례자가 두세 가지 이야기를 들려줄 만큼 시간이 충분했을지는 알 수 없다. 물론 초서의 순례자들이 여유가 넘쳤고 여정이 그리 까다롭지 않았다는 것은 일종의 농담이다.

　이 시점쯤 좀 더 엄격한 종교인들은 이미 순례자들에게 어느 정도 비판적인 태도를 취하고 있었다. 독실한 신자들이 순례 행위에 주의를 빼앗길 수도 있다고 우려한 것이다. 저명한 신학자 자크 드 비트리(Jacques de Vitry)는 "경박하고 호기심이 많은 사람들은 헌신에서가 아니라 단순히 호기심과 새로움에 대한 갈망으로 순례에 나선다"며 통렬히 비판하기도 했다.[15] 그럼에도 우리는 초서의 글에서 순례자의 길이 유쾌한 소동과 가십, 그리고 뉴스 교환의 장(場)이 되었다는 것을 효과적으로 파악할 수 있다.

　중세 후기에 순례는 교인들의 복잡한 연결망을 이루는 한 부분이 되었다. 영국에서는 캔터베리를 비롯해 많은 지역으로 먼 곳의 교인과 순례자가 모여들었다. 프랑스에서도 리모주, 푸아티에, 부르주 등 순례지가 급증했다.[16] 스코틀랜드의 세인트앤드루스와 스페인 북부의 산티아고 데 콤포스텔라 등으로 향하는 순례는 더욱 고되었으며, 산티아고로 향하는 많은 순례자가 육로를 통한 긴 여행을 견디는 대신 배를 타

---

* 영국의 실질적인 제1대 총리.

1 · 믿음을 좇는 여행자

고 순례를 떠났다. 순례지 간의 경쟁도 치열했다. 특히 현지의 통치자들도 간파했듯이 순례자들의 방문으로 금전적 이득을 얻을 수 있음은 물론, 장신구와 기념품도 판매할 수 있었기 때문이다.

이러한 상거래의 규모가 어떠했는지, 그리고 유럽을 종횡으로 가로지르는 순례자의 수가 대략 얼마였는지는 1440년 아헨의 한 진취적인 독일 사업가가 7년 주기로 열리는 성유물 전시 동안 순례자들에게 제공할 거울을 3만 2천 개 주문한 계약을 통해서 판단할 수 있다.[17] 이 사업에 실패한(협력업자들이 연도를 착각해 규정된 기간 내에 대출금을 상환할 수 없었다) 선구자들이 다른 실험적인 상술(商術)에 에너지를 쏟게 된다. 예컨대 요하네스 구텐베르크(Johannes Gutenberg)는 인쇄기에 관심을 가졌다.

가장 유명하고 가장 인기 있는 순례지 중 하나는 서방 교회의 발원지인 로마였다.[18] 이탈리아인이 아닌 이상 로마로 향하는 길은 정말 험난했으나, 놀랄 만큼 많은 순례자가 위험천만한 항해를 거치거나 알프스 산맥을 넘어 로마에 당도했다. 1300년 교황 보니파시오 8세가 희년(稀年)*을 선언하며 바티칸 대성전을 방문하는 모든 순례자에게 전대사(全大赦)**를 베푼다고 선언했을 때 약 20만 명의 순례자가 로마를 찾았다. 희년은 1350년에, 그리고 그 후 50년 주기로 계속되었다.

순례객들이 이탈리아 반도로 향할 때 그들의 필요에 맞게 준비된 여러 경로의 지도를 이용할 수 있었다면 정확한 길을 찾는 일은 더 쉬웠을 것이다. 당시엔 경로를 탐색하기 위해 경로상의 주요 지점을 수기로 나열하고 각 지점 간 거리를 적은 두루마리 종이를 가지고 다녔다. 그러한 경로도 중 하나인 브루게의 여행 일정표는 플랑드르의 중심에서 라인 강 하류까지 여행자를 안내한다.[19] 이 경로에서 수세기 후 건

뉴스의 탄생

---

* 가톨릭 용어로 특별한 대사(전대사)를 베푸는 해를 의미한다. 보니파시오 8세 교황은 처음으로 희년(성년)을 제정, 선포했다.
** 대사의 하나로 잠벌(暫罰, 이 세상이나 연옥에서 잠시 받는 벌)을 모두 없애 주는 일. 40일의 감형처럼 잠벌의 일부만 면제하는 것은 한대사(限大赦)라고 한다.

설되는 유럽 최초의 광역 정보 고속도로의 윤곽을 찾아볼 수 있다.

3세기간 이어진 십자군 원정 동안 성지 회복을 요구하는 데 교황들

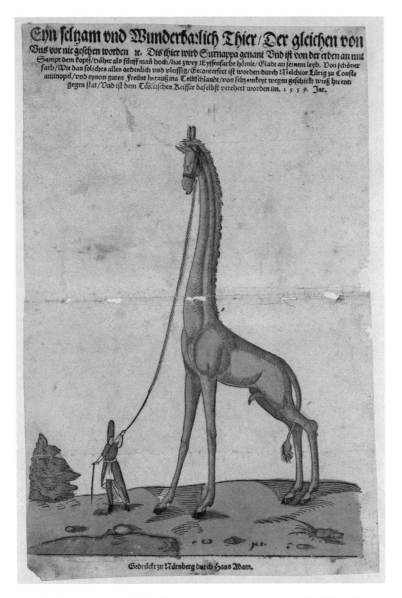

1.3 진기하고 아름다운 동물, 기린. 기린처럼 진기한 동물이 실제로 존재한다고 밝혀졌을 때 당시 사람들이 얼마나 놀랐을지 생각하면, 이들이 왜 그렇게 많은 (우리에겐 불가능해 보이는) 여행기도 믿었는지 쉽게 알 수 있다.

이 잇달아 큰 역할을 하면서 순례지로서 로마의 명성도 더욱 높아졌다. 중세 후기, 로마는 자연스럽게 뉴스와 국제 정치의 중심지가 되었다. 교회는 그 목적을 위해 국제 금융의 새로운 네트워크를 광범위하게 이용하여 가톨릭교회의 영향력이 미치는 모든 지방에 당당히 재원을 요구했고, 이에 따라 로마에는 엄청난 자금이 모여들었다. 또한 임명, 관면(寬免)*, 무효 판정 등 교황의 승인이 필요한 사안을 처리하기 위해서는 서신과 탄원서가 순조롭게 오갈 필요가 있었다.

중세 유럽의 권력 정치에 교황이 적극적으로 개입한 데는 특히 이탈리아 동맹국들뿐 아니라 다른 국가들도 관심을 가졌다. 이로써 많은 국가가 로마에 주재원을 세우기 시작했다. 로마가 외교술의 발상지, 즉 뉴스와 가십, 그리고 음모의 근원지가 된 것은 많은 면에서 부분적으로는 우연이었다. 로마로 향하는 여행은 길었고 교황과의 업무는 진척이 느렸다. 여행자들은 여독을 풀고 교황을 알현하길 기다리는 동안 로마 시내를 구경하고 고국으로 자주 편지를 썼다. 그렇게 의도치 않게, 그들은 최초의 대사(大使)가 되었다.[20]

이 시기 대부분의 기간 동안 교황청은 물론 교권(敎權)의 지위는 상당히 많은 도전을 받았다. 새로 선출된 교황 클레멘스 5세가 로마로 교황청을 이전한 후, 1309년에서 1376년 사이 후임 교황 7명은 프랑스 남부의 아비뇽에 머물렀다. '대분열(Magnum schisma)**'로 아비뇽과 로마 각각에 교황청 조직이 세워지기 전까지 70년 동안 아비뇽은 교회의 중심이 되었다. 이전에 로마에 있었던 관료 기구 중 상당수가 아비뇽으로 이전했고, 여기에는 정보 네트워크도 여럿 포함되어 있었다. 14세기의 등기부에는 서신이 6천 통 이상 기재되어 있었으며, 매일 편지 20

뉴스의 탄생

---

* 죄나 허물 따위를 너그럽게 용서함.
** 로마 교회에서 1378~1417년 로마와 프랑스 아비뇽에 각각 교황이 있어 교회가 둘로 나뉘어 대립했던 일.

통이 국무원***에서 유럽의 어딘가로 보내졌다. 이를 위해서는 상당한 수준의 기반 시설이 잘 갖춰져 있어야 했다.[21]

이 서신들 중 교황이 자신의 전령을 통해 보낸 서신은 극히 일부에 불과하다. 교황의 전령은 특권층 가문에서 온 고위 인사였다. 14세기 동안 이러한 전령은 전체적으로 40명 정도 있었다. 하지만 이들이 항상 여행 중이었던 것은 아니다. 교황의 공문을 나르는 일은 그들의 임무 중 하나일 뿐이었다. 이들은 시장을 왔다갔다하며 협상을 진행하는 등 교황의 살림과 재산을 돌보는 데 큰 역할을 했다. 어쨌든 모든 서신을 전령을 통해 보내려면 비용이 엄청나게 들었을 것이다.

국무원은 본국으로 돌아가는 사절이나 아비뇽을 떠나는 여행자 가운데 방향이 맞는 여행자에게 편지를 맡기는 등 비용을 최소화하기 위해 갖은 노력을 기울였다. 로마에서와 마찬가지로 다른 교회나 일반적인 세력가가 보낸 사절들은 아비뇽에 파견된 여러 달 동안 기다린 후, 돌아갈 때는 다른 수령인들에게 전달할 두툼한 편지 뭉치를 가지고 떠났다. 교황의 대리인이 조세를 거두러 갈 때도, 주교와 수도원장이 자신의 관할 지역을 방문할 때도 편지를 가지고 떠났다. 그러나 이런 기회는 예외적인 경우일 뿐, 일상적인 서신 교환은 대부분 아비뇽과 이탈리아 교황청, 그리고 유럽 전역에 흩어져 있는 지역 교회를 오가는 상인들을 통해 이루어졌다.

14세기 초, 모든 주요 이탈리아 상사(商社)는 아비뇽에 영구 거처를 마련했다. 교황의 금융업을 담당했던 바르디 가문, 페루치 가문, 아키아우올리 가문과 주고받는 서신은 대부분 자금 조달이나 부채 상환에 관한 것이었다. 14세기 중반 피렌체 금융가들의 파산 이후, 교황은 전령을 직접 고용하지 않아도 되는 사업체나, 교황의 서신을 전달하기

*** 교황청의 중추적인 기구로 국무부와 외무부로 구성된다.

위해 특별히 마련된 사설 전문 서비스를 이용해야만 했다.

이러한 독립 서비스업자 중 일부는 상당히 큰 규모의 사업을 운영했다. 예컨대 아비뇽에서 숙박업소를 경영했던 피에로 디 기에리(Piero di Gieri)는 숙박업과 주문형 전령 파견을 결합한 서비스를 제공했다. 이로써 기에리는 광범위한 영향력을 얻었으며, 1355년부터 일종의 비공식 우편국장으로서 부를 축적하고 성직도 얻었다.[22]

교황은 가톨릭교회 지역 전반에서 자발적 정보원과 전령 들로 구성된 대규모 연결망을 이용할 수 있었음에도, 소식을 받고 발송하는 방법은 왕실의 것과 크게 다르지 않았다. 특히 교회가 이토록 수난을 겪는 시기에 이처럼 정교한 정보망을 유지하기 위해서는 교회의 재정에 상당한 부담을 주게 되었다. 비용을 절약하려다 보면 우편 발송이 자주 지연되곤 했다. 로마나 베네치아로 향하는 서신이 전령의 가방에 가득 찰 정도로 쌓일 때까지 기다리려면 몇 주가 걸렸다.[23] 중세의 뉴스 네트워크에서 비용 절감과 효율성은 지속적으로 긴장 상태에 놓여 있었다.

부모님 전상서

자체적인 우편 서비스를 구축한 또 다른 집단은 유럽의 성직자 계급에서 상대적으로 덜 주목받는 계급인 신학생들이다. 대학은 매우 특이한 유형의 교회 공동체였다. 대학 또한 수도원과 마찬가지로 젊은이들이 신을 섬기도록 훈련시키는 데 헌신했다. 하지만 신학생들은 좀 더 일시적인 집단이다. 이들은 젊은 시절 비교적 짧은 기간 동안 모였다가 흩어졌다. 비록 중세 대학에서의 생활은 매우 금욕적이었지만, 수도원만큼 엄격한 규율을 따르지는 않아도 되었다.

가장 큰 대학들은 유럽 전역에서 학생들을 끌어모았다. 집에서 멀리 떠나온 이 젊은이들은 종종 향수병을 앓았으므로, 대학은 학생들이 가족과 계속 연락할 수 있도록 정교한 우편 서비스를 마련했다. 기록에 최초로 등장한 대학 우편 제도는 1158년에 설립된 볼로냐 대학의 우편 제도였다. 이후 15세기쯤 되면 유럽의 거의 모든 대학이 이러한 서비스를 갖추게 된다. 스페인의 살라망카 대학은 우편 배달을 위해 마부를 15명 고용했으며, 프랑스의 부르주 대학은 제도를 신설한 때부터 마차를 6대 두고 있었다. 대략 1300년 즈음에 설립된 파리 대학의 우편 제도가 문서로 가장 잘 남아 있는 사례다.[24]

출신지가 서로 다른 학생들은 자신의 본국으로 우편을 전달할 배달원을 직접 뽑았다.[25] 장거리 배달은 1년에 한두 번 이루어진 반면, 그보다 가까운 지역으로는 배송이 좀 더 자주 이루어졌다. 대학의 배달원들은 다양한 세금과 의무를 면제받는 특권을 누릴 수 있었다. 14세기부터는 다른 고객들의 편지도 전달하기 시작하면서 더 많은 돈을 벌게 되자 배달원이 되고자 하는 사람도 늘어났다. 이 민간 우편 서비스는 놀랄 만큼 오래 이어졌다. 1610년에 프랑스 왕 앙리 4세를 살해한 프랑수아 라바야크(François Ravaillac) 또한 이 대학의 소(小) 배달원(petit messagier)중 한 명으로, 학생 80명 정도를 위해 편지를 나르며 생계를 유지했다.

학생들이 불안과 근심을 담아 고향으로 보낸 편지들, 그리고 그에 대해 고향에서 보낸 답장들 중에서 오늘날까지 남아 있는 서신은 물론 극히 일부에 불과하다. 그러나 이것만으로도 우리는 이 박식한 학생들이 당대의 시사적 사건에 어떤 의견을 가졌는지 찾아내기에 모자람이 없다. 대학은 보통 당시 유럽에서 가장 활발한 도시에 자리 잡고 있었으므로, 학생들은 정계의 흥망성쇠를 가장 가까이에서 지켜볼 수 있었다. 그럼에도 당대의 가장 놀라운 사건들에 학생들이 보여준 통찰과 논평은 미미하기 그지없었다.

고향으로 편지를 쓰는 학생들이 가장 염두에 두고 있었던 것은 다음 두 가지다. 즉 자신이 이토록 세련된 서신 작성 기술을 익혔다는 사실로 부모님을 감동시키는 것과 현금을 요구하는 것이었다.[26] 중세의 서간체는 양식적이고 매우 체계적이었으므로, 향후 관리나 성직자를 업으로 삼게 될 이들 학생은 이러한 기술을 체득했다는 것을 보여주고 싶어 안달이 나 있었다. 이 기술을 가르치는 대가의 수업에 참석을 소홀히 한 학생들은 모범으로 삼아야 할 서신의 표본을 수록한 책자와 매뉴얼을 이용할 수 있었다.[27]

필자들은 형식적인 인사말 후 바로 본론으로 들어갔다. 돈이 떨어졌다, 고향에 있는 가족은 대학이 얼마나 비싼 곳인지 모른다, 그러니 돈을 조금만 더 보내달라고. 1220년 즈음 옥스포드의 한 대학생이 쓴 아래와 같은 편지가 대표적인 예로, 이와 비슷한 편지가 수천 통쯤 있다.

부모님께서도 아시다시피 저는 옥스포드에서 온 열의를 다하여 학업에만 전념하고 있습니다. 하지만 돈 문제로 학업의 진전이 상당히 지체되고 있습니다. 부모님께서 보내주신 돈도 이미 두 달 전에 바닥나 버렸습니다. 도시에서는 돈 쓸 일도 많고 모든 게 다 비쌉니다. 하숙비를 내고 먹을거리도 사야 하며, 그밖에도 여기에 일일이 다 적기도 힘들 만큼 많은 곳에 돈이 듭니다. 그런 연유로 아버지께 간청하건대, 제가 학업을 무사히 완수할 수 있도록 신의 연민하는 마음으로 저를 도와주시옵소서.[28]

학업에 끊임없이 정진하고 있다는 주장은 다소 의심스럽기는 하지만, 일단 굶주리는 자녀의 간청을 쉽게 뿌리칠 수 있는 부모는 거의 없었다. "최근에 듣자 하니," 프랑스 브장송의 한 격분한 부모는 오를레앙에서 수학 중인 아들에게 이렇게 썼다.

> 너는 자제하기보다는 방종하고, 공부하기보다는 놀기를 좋아하며, 다른 학우들이 학업에 정진하는 동안 기타나 치며 방탕하고 게으르게 살고 있다고 하더구나. 네가 법전 한 권을 겨우 읽는 동안 네 근면한 학우들은 벌써 여러 권을 읽는다고 한다. 그런 까닭으로 네게 간곡히 부탁하니, 이제 건달 행세는 그만두고 네 수치심이 훌륭한 평판으로 이어질 수 있도록 너의 방탕하고 경솔한 행위를 깊이 뉘우치길 바란다.[29]

이 편지에 유독 관심이 가는 이유는, 부모들이 그들의 아들이 지금 어떻게 지내는지에 대해 아들이 직접 전하는 소식에만 전적으로 의존하지 않으며, 아마도 그 지방을 오가는 다른 현지 여행자가 소식을 가져왔으리라는 사실을 알 수 있기 때문이다. 학생들은 살고 있는 지역, (건실하고 안심할 수 있는) 동거인, 그리고 그들이 공부하는 곳으로 여행하는 위험에 대해서는 편지에 썼지만 그들 주변에서 소용돌이치는 거대한 사건들에 대해서는 대체로 무심한 것 같았다.

이런 맥락에서 (앞으로 계속 보게 될 테지만) 개인적인 서신은 보통 실망스러울 때가 많다.[30] 이러한 서신에서 알 수 있는 것은 유럽의 여러 대도시를 중심으로 뻗어나가는 놀랄 만한 통신망이 갖추어져 있었다는 사실, 그리고 그러한 통신망이 국가로부터 허가를 받고 어느 정도는 규제를 받긴 하지만 근본적으로 국가 기구와는 독립적으로 운영되었다는 사실이다.

왕의 명령

교회는 여러 마을을 오가는 믿을 수 있는 전령들이나 순례객들에게 의존할 수 있었다. 대학은 정기적인 유료 배달 서비스를 구축하기에 충분한 수요를 확보하고 있었다. 그러나 고대 로마의 역마식 전령 제도와 비슷한 무언가를 구축할 자원과 권한을 확보하고 있는 계층은 당시 유럽에서는 통치자들밖에 없었다. 심지어 이 제도는 중세가 거의 끝나갈 무렵이 되어서야 비로소 가능해졌다. 그때까지 중세 국가는 대부분 공식적인 뉴스 수집 체계를 갖추기엔 역량이 부족했다. 많은 군주가 자신이 바라는 바를 신하들에게 전달할 체계를 마련하는 데 주력했다. 나라밖 사건들을 지속적으로 파악하기 위해서는 좀 더 임시방편적인 방도를 취할 수밖에 없었다.

중세 시대에 국가 행정부가 창출한 사업은 규모가 어마어마했다. 잉글랜드에서 헨리 1세가 통치하던 1100년부터 1135년까지에 해당하는 긴 기간 동안 재무부에서 보낸 급보는 4천 건이 넘었다.[31] 만일 잉글랜드 재무부가 세금 영수증을 기록하기 위해 나무 막대를 사용하지 않았다면 그 기록은 훨씬 더 많았을 수도 있다. 이 나무 막대들은, 빈돌란다에 남아 있는 나뭇조각과는 달리 19세기에 모두 불타버렸다. 부기(簿記)*를 위해 가장 먼저 종이를 채택한 이탈리아의 도시 국가들은 좀 더 내구성이 좋은 매체를 선택했다.

잉글랜드의 왕들도 나름대로 자신의 명령이 왕국의 모든 지역에 전달될 수 있도록 각별한 관심을 쏟았다. 전언, 영장, 소환장, 그리고 새로운 법률의 통지문은 기마 전령에 의해 전달되었다. 각 전령은 네 개의 주(州)를 담당했다. 14세기까지 각 주의 판사는 1년에 영장을 수천

뉴스의 탄생

---

* 자산, 자본 부채의 수지·증감 따위를 밝히는 기장법(記帳法)

건 받았다고 추정할 수 있다.[32] 모든 영장은 왕이 의도하는 바에 따라 조치를 취하기를 촉구했다. 이러한 전언들은 전체적으로 지역의 공동체 의식뿐 아니라 민족 의식을 형성하는 데도 중요한 공헌을 했다.

이 시점에 서유럽 국가들은 뉴스의 수집보다 자신들의 세력권에서 지위를 강화하는 데 훨씬 더 많은 자원을 쏟고 있었다. 그럴 수밖에 없는 것이, 영토가 흩어져 있는 상황에서 지위를 공고히 하기 위해서는 자체적인 물류 문제에 직면할 수밖에 없었기 때문이다. 유럽 남부의 상황은 다소 달랐다. 이탈리아에서는 부유하지만 불안정한 도시 국가들이 서로 바싹 붙어 있었다. 이처럼 밀도 높고 잘 조직된 공동체에서는 시민들 사이의 소통도 더 원활히 이루어진다. 하지만 금방 적으로 돌변할 수 있는 국가들이 바로 손 닿는 곳에 이웃해 있는 상황이었다. 따라서 경쟁국의 의도와 계책에 대해 정확한 정보를 얻는 것은 이들 도시 국가가 생존하는 데 절대적으로 중요했다. 지중해 지역은 전체적으로 레반트 지역** 및 중동에서 벌어진 정치적 사건과 영토 분쟁에 큰 영향을 받곤 했으므로 신뢰할 수 있는 정보를 얻는 것을 최우선 과제로 삼았다.

아라곤 왕 차이메 2세(1291~1327 재위)의 서간집을 보면 그가 이탈리아 등지에 광범위한 정보원 네트워크를 구축했음을 알 수 있다. 남아 있는 편지에는 그가 수집한 인상적인 정보의 항목이 1만 5천 개 기록되어 있다.[33] 차이메 2세는 매우 다양한 특파원에게 정보를 받았는데, 그중에는 상인인 크리스티아노 스피놀라(Christiano Spinola)도 포함되어 있다. 그는 아버지에게 아라곤 왕가와의 연줄을 물려받았으며, 1300년부터 1326년 사망할 때까지 고향인 제노바와 아비뇽 및 여러 지역을 여행하면서 차이메 2세에게 편지를 대략 30통 썼다. 그에 대한 보상으

** 소아시아와 고대 시리아 지방의 지중해 연안 지방.

로 왕은 스피놀라에게 무역 양허를 내리고 보호해주었다. 시칠리아에 있었던 스피놀라의 상사는 또 다른 믿을 만한 정보원이었다. 크리스티아노는 대체로 아무런 논평 없이 정보를 전달했다. 왕에게 어떤 조치를 취해야 하는지에 대한 조언은 하지 않았다.

차이메 2세의 정보 수집은 두 가지 측면에서 상인들에게 크게 의존했는데 첫 번째는 정보를 얻기 위해, 두 번째는 편지가 자신에게 당도하도록 보장받기 위해서였다. 차이메 2세의 한 통신원이 설계한 근사한 암호로 이들의 두 연결망이 어떻게 맞물려 작동했는지 확인할 수 있다. "제가 플로린*을 언급하면 제노바의 갤리선을 의미하며, 더블룬**을 언급하면 사노바의 갤리선을 뜻합니다."[34] 지중해 국가들이 정보에 우선순위를 두었다는 사실은 이탈리아 외교술의 이른 발전에서도 확인할 수 있으며, 그 일환으로 이탈리아에서는 공식적인 주재 특사 시스템이 확립되었다. 누구나 금방 알아챌 수 있었듯이 국가를 대표하기 위해 파견된 이들 주재원의 1차적인 책무는 뉴스를 수집하는 것이었다.

유럽 북부에서도 봉건 국가들이 더욱 체계적인 뉴스 수집 시스템의 필요성을 인식하기 시작하면서 뉴스의 지형도 점차 바뀌었다. 우연치 않게 당시는 왕조 간 경쟁이 치열하게 벌어지던 시기로 서유럽에서는 잉글랜드와 프랑스, 부르고뉴 사이에 일어난 백년 전쟁 동안 동맹 정치가 유동적으로 펼쳐지고 있었다. 특사를 파견해 특정 업무를 수행하도록 하는 것은 이례적으로 비용이 많이 들었다.

1327년 프랑스의 아키텐에 파견된 사절단 단장은 왕에게 진전 상황을 알리기 위해 잉글랜드로 전령을 21명 보내는 비용으로 19파운드를 청구했다. 1343년 아비뇽의 교황청에 파견된 특사는 단 한 번 여행하는 데 13파운드를 청구했다. 영국 왕실은 서신만으로도 많은 정보를

---

* 오늘날 10펜스 정도에 해당하는 옛날 영국 동전.
** 과거 스페인에서 사용된 금화.

얻을 수 있다고 믿었다. 이후 에드워드 2세가 되는 웨일스 공 에드워드는 1305년부터 1306년까지 1년 동안 편지를 약 800통 보냈다. 그의 아내 프랑스의 이사벨은 나라 밖에 있는 가족과 연락을 유지하기 위해 전령을 13명 두었다. 그중 두 명은 기마 전령이었다.[36]

이러한 사례에서도 알 수 있듯이, 외교 특파원은 국가의 자원을 엄청나게 잡아먹었다. 따라서 유럽의 통치자들에게는 가능하면 비용을 덜 들이면서 뉴스를 받아 보는 것이 특히 중요했다. 궁정은 그 자체로 뉴스의 훌륭한 중심지였다. 궁정에는 자체적인 통신망을 갖춘 지역의 거물들이 들락거렸으며, 왕에게 선처를 호소하거나 보상을 청구할 것이 있는 사람들이 끊임없이 드나들었다. 14세기까지 모든 궁정에는 궁정 시인과 연대기 작가가 상주했다. 전쟁에서 승리하고 돌아온 기사들은 자신의 무훈을 알리고 기록에 남기기 위해 궁정으로 향하곤 했다.

전형적인 기사도 연대기 작가인 장 프루아사르(Jean Froissart)는 《연대기(Les Chroniques)》제3권을 쓸 정보를 수집하기 위해 프랑스 남부의 오르테스에 있는 푸아 백작 가스통의 궁정을 방문했다. 거기에서 프루아사르는 자신에게 이야기를 들려주려는 여러 사람을 만날 수 있었다.

홀과 회당, 안뜰에는 존엄한 기사들과 기사 지원자들이 오고 갔다. 어디서든 그들이 전쟁과 모험에 대해 이야기하는 것을 들을 수 있었다. 거기서는 모든 명예로운 이에 대한 논의가 이루어졌다. 거기서는 모든 나라와 왕국에서 온 뉴스를 들을 수 있었다. 푸아 백작의 명성으로 말미암아 모든 국가의 사람들이 그곳으로 모여들었기 때문이다. 거기서 나는 백작을 만나기 위해 여러 나라에서 온 기사들과 함께 지내며 스페인, 포르투갈, 아라곤, 나바라, 잉글랜드, 스코틀랜드, 그리고 랑그도크의 국경과 변경에서 일어난 무훈을 전해 들을 수 있었다. 또한 나는 여러 기사와 백작에게 정보를 수집했다. 그들은 언제나 나와 기꺼이 대화를 나누고자 했다.[37]

유럽의 통치자들은 뉴스 수집에 필요한 제도를 관할하고 자원을 할당할 수 있는 독특한 위치에 있었다. 그러나 이 사례에서도 알 수 있듯이, 많은 대귀족 또한 사실상 축소된 왕궁을 세우고 영지에 미치는 권한을 강화하기 위해 전령을 보냈으며, 동맹국이나 멀리 떨어져 있는 친지들과 서신을 교환했다. 14세기까지 많은 시 정부 역시 독자적인 전령 체계를 유지할 필요성을 느꼈다. 런던에서는 시민 당국, 길드(guild)*, 개인 등의 서신에 대한 수요가 너무 높아서 공식적인 기관인 '스크리브너스 컴퍼니(Scriveners' Company)'가 설립되었다.[38]

뉴스 관리

이러한 초기 시스템은 1350년 이후 한 세기 동안 상당히 혼란을 겪었다. 먼저 흑사병이 도래했고, 그 후 오랫동안 전쟁이 이어졌다. 이는 왕실 재정은 물론 왕권에도 큰 부담을 안겼다. 왕실의 전령들에게 밀과 숙소를 제공하는 것도 이젠 쉬운 일이 아니게 되었다. 길도 더는 안전하지 않았고 도로의 질도 악화된 것으로 보였다. 이 시기 동안 프랑스의 뉴스 시스템은 거의 붕괴되었다가 백년 전쟁 이후에야 점차 재건되었다. 이러한 진행 상황 때문에 정보를 얻기는 더욱 위험해졌지만 그만큼 믿을 만한 정보의 필요성은 더욱 절실해졌다.[39] 영국에서는 장

---

* 중세 시대에 상공업자들이 만든 상호 부조적인 동업 조합.

뉴스의 탄생

미 전쟁[**]의 혼란 속에서 왕이 여러 번 바뀌고 격동의 주인공 대부분이 무참히 살해되면서 이러한 사건들을 제때 따라잡기가 더욱 어려웠다. 1483년 4월 6일, 요크 시장은 에드워드 4세의 서거에 대해 거의 확실하다고 판단되는 보고를 접한 바로 다음날 장례 미사를 거행하기를 명령했다. 사실 왕은 4월 9일까지 살아 있었다.[40]

너무나도 많은 거짓 정보가 횡행하는 가운데, 진실된 보도가 정말로 진실된 것이라는 신빙성을 얻기 위해서는 특별한 조치를 몇 단계 취할 필요가 있었다. 1471년 런던과 가까운 바넷에서 전투가 벌어지는 동안 도시에는 엉뚱한 소문이 떠돌고 있었고, 처음에 요크 가문이 승리했다는 보고가 전해졌을 때는 아무도 그 소식을 믿지 않았다. 한 기마병이 웨스트민스터로 달려와 여왕에게 승리의 징표인 왕의 건틀릿(gauntlet)[***]을 바쳤을 때 비로소 런던 시민들은 그 결과를 받아들였다. 에드워드 4세는 기민하게 워릭 백작의 시신을 세인트폴 성당에 효시하겠다고 공언했다. 워릭이 생존했다는 소문이 나돌기도 했으나 사람들 대부분은 이를 거짓으로 치부할 수 있었다.

이토록 격동적인 시기 동안 양 가문은 뉴스 관리에 더욱 신경을 썼다. 1455년 세인트올번스 전투 이후, 그리고 타우턴 전투(1461)와 튜크스베리 전투(1471) 이후, 승리한 가문은 전투를 상세히 기록한 서면 고

[**] 1455년 요크 가문이 왕가인 랭커스터 가문에 반기를 들면서 시작된 후 30년간 이어진 전쟁. 처음에 요크 가의 에드워드는 워릭 백작의 지원을 받아 랭커스터를 상대로 여러 차례 승리를 거두며 에드워드 4세로 왕위에 오른다. 그러나 에드워드 4세가 워릭 백작을 견제하기 시작하자 워릭 백작은 랭커스터파와 공모해 반란을 일으키고 에드워드 4세를 축출한다. 그 후 에드워드 4세는 세력을 회복해 1471년 바넷 전투에서 승리한 후 랭커스터 왕조를 완전히 끝장낸다. 워릭 백작 또한 이 전투에서 사망한다. 그러나 왕권이 제대로 확립되지 못한 채 1483년 에드워드 4세가 병사한 후 혼란한 틈을 타 1485년 대륙에 망명해 있던 랭커스터계의 헨리 튜더가 돌아와 반란을 일으키고 리처드 3세를 살해하면서, 30년간의 전쟁이 끝나고 튜더 왕조가 시작된다.

[***] 중세 시대에 착용했던 금속으로 덮은 보호용 가죽 장갑.

를 배포했다. '뉴스레터(newsletter)*'로 불리곤 하는 이러한 보고가 체계적으로 대량 생산되었다는 근거는 없다. 현재까지 남아 있는 것은 당시에 상황의 변화에 발맞추기 위해 무슨 일이 일어나는 중인지 파악하고자 했던 현지 유력 인사들에게 배포된 필사본뿐이다.[41] 정말 중요한 사건에 대한 보고는 선언문 형태로 교회나 시장에서 공개적으로 낭독해, 런던은 물론 다른 도시의 시민들에게 알렸다. 이런 형태의 법률 제정과 뉴스 관리는 적어도 17세기까지 유럽의 많은 지역에서 지속되었다.[42]

프랑스 왕실도 여론 형성에 큰 주의를 기울였다. 1419년 부르고뉴 공작 장 1세의 암살 이후 쏟아져 나온 글들이 그러한 시도의 미숙한 초기 사례들이다. 이는 공작의 암살에 가담한 것이 확실한, 잉글랜드–부르고뉴 동맹에 대한 프랑스 저항 세력의 지도자, 도팽(dauphin, 황태자) 샤를을 지지하는 자들의 충성심을 흔들어 자기편으로 끌어들이려는 의도였다.**[43] 물론 이러한 필사본은 다소 제한적인 무리 내에서만 유포되었지만 이들은 프랑스의 권리를 옹호하는 데 더 강력한 선전물을 마련하는 토대가 되었으며, 어느 시점이 되자 프랑스의 가장 위대한 중세 문인 대부분이 여기에 매료되었다.[44]

정보망의 발전이 상당히 진척되었는데도 때로는 중요 정보가 기묘할 만큼 우연적인 방식으로 수신자에게 도착하기도 했다. 잉글랜드 노

---

* 유럽에서는 15세기부터 정치, 상업, 외교 정보를 엮은 보고서를 서신으로 발송하며 이를 '뉴스레터'로 불렀으나 현재 한국에서 '뉴스레터'는 이메일을 통해 받아보는 소식지로 간주하는 경향이 있으므로, 혼동을 피하기 위해 여기서는 '소식지'로 번역했다.
** 당시는 백년 전쟁 중으로, 프랑스와 잉글랜드가 대립하고 있었다. 프랑스 영토 내에서도 부르고뉴파는 아르마냐크파와 대립하고 있었는데, 이후 샤를 7세가 되는 도팽 샤를은 아르마냐크파의 수장이었다. 1419년 두 세력은 평화 협상을 위해 파리에서 만남을 가지는데, 이때 샤를의 한 측근이 도끼를 휘둘러 부르고뉴 공작 장 1세를 암살했다. 샤를은 이 사건을 전혀 몰랐다고 주장했으나 장 1세의 아들로 새로 부르고뉴 공작이 된 필리프 3세는 완전히 잉글랜드 편으로 돌아서서 잉글랜드와 평화 조약인 트루아 조약을 맺는다.

퍽 주 출신의 한 남성은 런던 세인트폴 성당에 전시된 워릭 백작의 시신을 본 후 바넷 전투의 결과를 알게 되었다. 이 소식을 마을에 가장 먼저 알리고 싶었던 그는 바로 그날 배를 타고 런던을 떠났지만 바다에서 해적에게 억류되어 그만 네덜란드 해안에 상륙하게 된다. 이 소식은 곧바로 겐트***에 있던 부르고뉴 공작 부인 요크의 마거릿의 귀에 들어갔고, 마거릿은 아미앵 근처 코르비에 있던 남편 샤를 1세****에게 이 중요한 정보를 전달했다.[45] 즉 에드워드 4세의 가장 중요한 동맹 중 한 명이 사건이 일어난 지 4일 만에, 순전히 우연한 방법으로 이 소식을 듣게 된 것이다.

이러한 모든 상황을 볼 때, 유럽의 통치자들이 중요한 정치 정보에 신속하게 접근할 특권을 누리도록 정기적이고 신뢰할 수 있는 우편 서비스를 설립하는 데 관심을 쏟기 시작한 것도 놀라운 일은 아니다. 이것이 15세기 동안 연이어 왕실 우편 역참*****제도가 창설된 이유였다. 이러한 제도 중 최초로 성공한 사례가 앞서 언급한 신성로마제국의 황제 프리드리히 3세의 제도로, 1443년 오스트리아 영토 내에 펠트키르히와 빈 사이에 역참을 마련했다. 프랑스의 루이 11세(1461~1483 재위)는 훨씬 의욕적으로 전국에 우편 배달 네트워크를 수립했다. 어린 시절 루이는 잉글랜드가 축출되기 전 프랑스 왕가의 나약함을 직접 경험했다.****** 심지어 파리와 프랑스 북부를 회복한 이후에도 그는 통치 기간 내내 왕실과 대귀족 간의 내분에 시달려야 했다. 따라서 왕실

*** 당시엔 부르고뉴 공국의 세력이 플랑드르 지역까지 뻗어 있었다. 현재는 벨기에에 속한 도시다.
**** 앞서 언급한 필리프 3세의 아들이다. 그의 아내 마거릿은 에드워드 4세의 누이로, 그는 에드워드 4세와 동맹을 맺음으로써 프랑스의 루이 11세에게 대항했다.
***** 여행 중 지친 말[역마]을 바꿔 탈 수 있는 시설.
****** 루이 11세의 아버지는 앞서 언급한 샤를 7세다. 샤를 7세는 부르고뉴 공작 암살 사건에 연루되었다는 의혹 때문에 잉글랜드-부르고뉴 동맹에 의해 쫓겨난다. 계속 열세에 몰리다 1429년 오를레앙의 잔 다르크가 거병한 이후에야 다시 승기를 잡을 수 있었다. 루이 11세는 샤를 7세가 한창 쫓겨 다니던 시기에 태어났다.

이 통제하는 통신망을 갖추는 것은 왕권 회복을 의미하는 강력한 상징이자 어수선한 주변 행위자들보다 한발 앞서려는 끝없는 투쟁의 도구였다.

루이는 왕국을 드나드는 모든 주요 노선에 역참을 설치하기로 계획했다.[46] 각 우편국에는 급료를 받는 우편국장들이 배치되었으며, 왕실 전령이 더 신속히 이동할 수 있도록 말을 관리하는 일을 담당했다. 우편국장은 로마 제국에서 확립된 후 타시스에 의해 줄곧 이어져온 제국우편 제도의 관행에 따라 각 전령의 도착과 출발 시간을 기록했다. 이제도는 오직 왕실만을 위한 것으로 적어도 원칙적으로는 엄격하게 규제되었다. 다른 손님이 말을 사용하도록 허락한 우편국장에게는 사형이 선고되었다. 전령들은 목적지가 상세히 명시된 여행 허가증을 소지하고 있었으며, 경로를 이탈하는 것은 허용되지 않았다. 다른 나라의 전령들도 우편 경로를 지켜야 했다. 그러지 않으면 그들은 안전을 보장받지 못했다.

프랑스의 실험에서 영감을 받은 영국의 에드워드 4세는 왕국에서 가장 중요한 뉴스의 동맥인 스코틀랜드로 향하는 경로에 유사한 제도를 마련했다. 런던과 해협 항구 사이의 최단 경로는 이미 우편 제도가 정비되어 있었으며 왕실 전령들이 해협에 좀 더 빨리 도달하기 위해 드는 비용의 대부분은 주변 마을이 부담하도록 했다. 반면 북쪽 국경까지는 거리가 너무 멀었다. 1482년, 에드워드 4세는 약 32킬로미터 간격으로 기마 전령을 배치하는 제도를 고안했다. 중요한 메시지가 도착하면 각 전령들은 다음 초소까지 말을 타고 달려가 다음 전령에게 메시지를 전달한 후, 다시 본래의 초소로 돌아왔다.[47] 이 방식은 감당하기 어려울 만큼 비쌌으므로 당시가 비상시국이 아니었다면 유지되기 힘들었을 것이다.

프랑스의 제도 역시 지나치게 야심 차고 비용이 너무 많이 들어 오래 유지하기 힘들었으므로, 루이 11세가 사망한 후 이 제도는 축소되고 거의 활용하지 않게 되었다. 에드워드 4세와 루이 11세 모두 다루기 곤란한 두 가지 문제에 직면했다. 먼저 이 제도가 기능하기 위해 필요한 자원은 오직 자신의 영토 내에서만 요구할 수 있었기에 이 제도만으로는 나라 밖 소식들을 수집하는 데 한계가 있었다. 두 번째로, 우편 경로 자체로는 수익성이 없었으므로 유지를 위해서는 외부의 자원이 투입되어야 했다. 이러한 곤경은 두 국가에서 16세기 내내 이어진다.

반면 합스부르크 제국은 이 문제를 탁월하게 해결했다. 막시밀리안 1세는 가문 단위로 운영하는 민간 계약자를 고용한 후 수익성 문제를 이들에게 떠넘김으로써 우편 제도가 자체적으로 수익을 낼 수 있게 했다. 1505년 타시스와 체결한 계약서에는 연간 고정 지급액이 12,000리브르로 명시되어 있었다. 그 대가로 타시스는 주요 우편 목적지 사이에 메시지가 정시에 전달될 수 있도록 보장했다. 이러한 목적지에는 파리도 포함되었는데, 이 제도는 왕실보다는 민간 계약자에 의해 운영되었으므로 합스부르크 왕가의 영토 밖에서도 어느 정도 기능할 수 있

지도 1. 16세기의 제국 우편 제도.

었다.

1519년 막시밀리안의 후임으로 즉위한 카를 5세는 이 우편 제도의 범위를 더욱 확장했다. 1516년, 카를 5세는 타시스와의 계약을 갱신하면서 한 가지 놀라운 일을 해냈다. 바로 타시스의 개인 고객들도 이 서비스를 이용할 수 있도록 허용한 것이다. 그 결과 우편 제도는 사업 규모가 엄청나게 커졌다. 이는 본 제도에 관련된 모든 사람이 이익을 어느 정도 나눌 수 있었음을 의미한다. 이것은 17세기까지 왕실에만 제한된 폐쇄적인 통신망을 유지했던 영국과 프랑스의 제도와는 큰 대조를 이루었다.

이러한 제한 때문에 잉글랜드의 우편국장들은 유감스럽게도 그들이 받는 빈약한 수수료만으로는 배달 비용을 거의 충당할 수 없었다. 사실 합스부르크 왕가의 영토는 유럽의 주요 무역로 대부분에 펼쳐져 있었으므로 제국 우편 제도는 매우 유리한 위치에 있었다. 그러나 유럽의 통신 체계가 효과적으로 작동하기 위해서는 유럽 상인들의 요구에도 부응해야 했다는 점을 주지해야 한다.

합스부르크 왕가의 우편 제도가 출범하기 몇 세기 전부터 뉴스의 개념은 엄청나게 발전했다. 물론 그러한 기반 시설을 구축하는 데 따른 실질적인 어려움도 매우 큰 영향을 미쳤지만, 뉴스의 개념이 발전하기 위해서는 지적으로 상당한 방향 전환이 필요했고, 그것은 이 시기가 끝날 때까지도 완료되지 못했다. 12세기 이후 서면 소통이 점차 늘어나고 문서가 축적되기 시작했지만, 여전히 입말이 더 우월하다고 여겨졌다.[48]

중세 사회는 사람과 사람이 직접 마주하여 전달하는 정보를 중심으로 형성되었다. 설교, 대학에서의 강의, 새로운 법안의 공포, 떠돌이 음유 시인들의 이야기 등, 주된 의사소통은 모두 구두로 이루어졌다. 뉴스를 공유할 때도 예외는 아니었다. 1471년 존 패스턴(John Paston)*은 소식을 전해달라는 요청에 다음과 같이 답했다. "런던에 있는 제 사촌 존 러브데이에게 들을 수 있을 거예요. 저는 지금 런던에 없습니다." 여기서도 구두로 전달된 소식을 더 우월하게 여기는 당대의 공통적인 인식을 읽을 수 있다.[49]

뉴스 보도의 신뢰성은 뉴스를 전하는 사람의 신용과 밀접한 관련이 있었다. 반면에 글은 누가 썼는지 알 수 없으므로 신뢰성을 판단할 방법이 없었다. 서면으로 작성되는 글이 엄청나게 늘어났음에도 이러한 서신 상당수는 앞에서도 본 것처럼 고도로 양식화되어 있었고 정보가 거의 담겨 있지 않았다. 이것들은 단지 작성자의 학식을 보여주거나 전달자의 신용을 증명하는 용도일 때가 많았다. 중요한 정보는 여전히 구두로 전달되었다.

중세 사회에서 유통된 뉴스는 대부분 여전히 입말로 전해졌기에, 실망스럽게도 현재까지 남아 있는 것은 거의 없다. 당시에 뉴스가 활발히 공유되었으며 많은 사람의 관심을 끌었다는 것을 입증하려면 연대기와 같은 다른 사료를 조사할 수밖에 없다. 한 가지 중요한 예외는 국제 무역망이 확대되면서 작성된 서신들이다(이에 대해서는 따로 장(章)을 할애했다). 원거리 상거래에서는 판매자가 파트너와 대리인 들에게서 멀리 떨어져 있을 수밖에 없다. 따라서 이들은 상호 신뢰를 바탕으로, 상대방이 서신에 쓰인 정보에 따라 행동하리라는 합리적인 기대를 가지고 뉴스를 공유하는 시스템을 개발해야 했다. 이는 뉴스 수집의 역사에서 중대한 발전이었다.

---

* 《패스턴 서한집》은 잉글랜드 노퍽 지방에서 거주한 패스턴 가문에서 1422년부터 1509년까지 작성한 서신을 1천여 통 묶은 것이다. 이 편지들은 패스턴 가문의 저택에서 계속 보존되다가 1735년에 발견되었고, 이후 영국박물관으로 옮겨졌다. 오늘날 남아 있는 가장 방대한 서한집으로 여겨지고 있으며 중세 영국 지역 사회의 법률 기록과 가정사가 상세히 담겨 있다.

2장

상업의 바퀴

유럽의 왕실은 사건 정보를 원활히 받아 보고자 여러 방안을 고안했지만 비용과 제반 문제 때문에 제대로 성공한 사례는 별로 없었다. 하지만 상인들은 이 일을 비교적 효율적이고 원활하게 해냈다. 1200년에서 1500년 사이에 유럽의 경제는 이탈리아와 유럽 북부, 독일, 지중해와 레반트 지역 사이의 무역으로 거대한 부를 쌓은 상인들이 출현함으로써 크게 변화했다. 동양의 사치품과 향신료, 값비싼 직물에 대한 수요가 늘어나면서 이를 북방의 모직과 천으로 교환하는 거대한 시장이 형성되었고, 담대하고 수완 좋은 상인들은 이 기회를 놓치지 않았다.

위험도 분명했다. 화물을 실은 배가 바다에서 사라지거나, 육로에서 화물을 강탈당할 수도 있었다. 환율이 끊임없이 변하는 가운데 이러한 변동을 처리하는 데 숙달되지 못한 사람은 금융 시장의 복잡함 때문에 곤경에 빠지기도 했다. 그리고 전쟁, 왕족 간의 갈등 또는 시민의 소요 등 정치적 사건이 벌어지면 그동안 조심스럽게 잘 운영되었던 사업체라도 한순간에 무너질 수 있었다.

상인들이 이처럼 미로같이 뒤엉킨 예측할 수 없는 세상에서 성공하려면 정보가 필요했다. 13세기에 특정 부류의 상인들은 자신이 직접 상품을 가지고 여행하는 것을 중단하고, 대신 중개인과 대리인을 통해 사업을 관리하는 방안을 찾았다. 이 시점이 되자 상인 통신망의 확대는 불가피해졌다. 가장 필요한 요소는 이미 갖춰져 있었다. 맨바닥부터 기반 시설을 마련해야 했던 군주들과는 달리, 상인들은 이미 배와 창고, 그리고 먼 거리의 중개상들을 잇는 네트워크를 가지고 있었다. 매일 수레와 마차, 가축의 무리가 유럽의 주요 도시 사이를 오갔다. 그들은 뉴스도 함께 날랐으며 서신을 전달하는 경우도 점차 늘어났다.

이미 서신의 양은 우리가 상상하는 이상이었다. 문서로 잘 남아 있는 투스카니 프라토의 상인, 프란체스코 다티니(Francesco Datini)의 사례를 통해 그 양이 어느 정도인지 짐작할 수 있다. 다티니는 대상(大商) 가문 출신이 아닌 자수성가형 상인으로서, 아비뇽에서 무기를 거래하며 재산을 모은 뒤 중년이 되어 고향으로 돌아왔다. 그는 일련의 즉석 제휴를 통해 은행 업무와 일반 상거래를 기민하게 다각화하여 부를 공고히 했으며, 1383년부터 1394년까지 피사, 제노바와 스페인의 마요르카에 지사를 설립했다.[1] 이 모든 것에도 불구하고 다티니는 여전히 중류 계급에 머물렀다.

1410년 사망할 무렵, 그의 재산은 15,000플로린에 달했으며, 회계 장부와 사업 원장 500권, 보험 증서와 교환 증서 수천 장, 그리고 사업 서신을 자그마치 12만 6천 통이나 남겼다.[2] 이 문서들은 여전히 보존되어 있으며(자식이 없는 다티니는 그의 모든 재산을 지역의 빈민들에게 남겼다), 중세 시대의 국제 교역을 이해할 수 있는 위대한 기록물 중 하나로 간주되고 있다. 중간 계급의 상인이 그처럼 많은 기록을 보관할 수 있었다는 것이 매우 특이해 보일 수도 있지만, 당시에는 평범한 일이었다. 다티니의 기록이 특이한 점은 그것이 여전히 살아남았다는 사실이다. 이 기록이 지금까지 보존될 수 있었던 이유는 중세 시대에 일어난 나름 중요한 변화인 또 다른 기술 혁명 덕분이다. 바로 '종이'의 도입이다.

중세 시대에는 동물 가죽으로 만든 양피지(송아지 가죽으로 만든 경우엔 특별히 '독피지(vellum)'라고 불렀다)가 사용되고 있었다. 오늘날까지도 상당히 많은 양피지 문서가 남아 있는 데서도 알 수 있듯이, 양피지는 질겨서 오래갔으며 잉크가 부드럽고 균일하게 잘 발렸다. 어느 정도 재사용도 가능했다. 하지만 양피지는 쉽게 망가지고 접기 어려웠다. 가죽의 모양에 따라 재단해야 했기 때문에 낭비되는 분량도 상당했다. 또한 매우 비쌌다. 원료는 한정되었으며 준비하는 데 오랜 시간이 걸렸다. 상업이 발달하고 행정 조직이 확대되면서 문서량도 늘어나면서, 더 융통성 있고 저렴한 기록 매체의 필요성이 대두되었다.

종이는 12세기에 알안달루스*를 거쳐 유럽에 들어왔다. 이후 한 세기 동안 이탈리아와 프랑스, 독일에 제지 공장이 세워졌다. 제지 기술은 자본 집약적이지만 비교적 단순했다. 종이를 만들기 위해서는 많은 아마 섬유가 필요했으며, 수력으로 물레를 돌려 아마를 빻아 필름 형태로 만들었다. 제지소는 보통 사람이 많이 사는 중심지 인근의 구릉 지역에 세워졌다. 13세기쯤에는 이미 등급이 세분화된 중량과 크기로 종이 제품을 생산할 수 있었다. 헌장이나 증서, 필사본 등 보존이 필요한 귀중 문서에는 여전히 양피지가 사용되었다. 또한 유럽 북부에서는 종이가 일상적인 용도로 사용되기까지 시간이 걸렸는데, 이 지역은 추운 기후 때문에 아마보다는 양모로 만든 옷을 입었기에 종이의 원료를 구하기가 힘들었기 때문이다. 영국에서는 18세기까지 국내에서 종이를 생산하지 않고 전량 수입해야만 했다.

---

* 711년부터 1492년까지 이베리아 반도를 차지했던 중세 무슬림 국가.

그럼에도 14세기 무렵이 되면 종이는 유럽 전역에서 기록이나 서신 등 일상적인 목적으로 사람들이 가장 선호하는 매체가 되었다. 이 소박한 가공품은 20세기의 마지막 10년까지 정보를 보존하는 데 지배적인 역할을 수행했다.

브루게

유럽에서 거대한 교역망의 북쪽 영역은 브루게를 중심으로 돌아갔다. 브루게는 지금도 중세 시대의 매력을 간직하고 있는 활기찬 플랑드르 도시로, 당시에는 양모와 직물 거래의 중심지였다. 이 도시로 들어온 최고급 잉글랜드산 양모는 배로 남쪽으로 운반되거나 플랑드르의 뛰어난 염색 기술을 거쳐 모직으로 가공된 후 이탈리아, 프랑스, 독일에 비싼 값으로 팔렸다. 제노바, 베네치아, 피렌체 등 이탈리아의 모든 주요 사업자 가문은 브루게에 사무실을 두고 있었다. 브루게의 대광장은 유럽 전역에서 상품을 거래하러 온 상인들로 항상 분주했다.

브루게는 1277년 제노바의 상선이 도착하면서 더욱 번영하기 시작했다.[3] 브루게에 정박한 외국 무역상 무리는 각각 독자적인 교역 사무소와 치외 법권을 가진 별도의 국가로 조직되었다. 그중에서도 이탈리아인이 특히 많았다. 당시는 소위 초거대 상사들이 이탈리아의 국제 교역을 주도하던 시기로, 이들 상사는 브루게에서도 위세가 대단했다.[4] 엄밀히 따지면 브루게에서는 면허가 있는 현지 중개인을 통해서만 판매가 가능했다. 물론 이 규정은 지켜지지 않을 때가 많았지만, 그럼에도 중개 수수료는 현지인들에게 큰 이문을 남겼다. 화폐가 융통되면서 생긴 엄청난 수요를 관리하는 것 또한 수익성이 높았다. 실제로 14세기 무렵에는 고도로 정교한 금융 서비스가 등장했다. 브루게는 북부 유럽에서 가장 큰 금융 시장이기도 했다.[5]

통신은 교역의 수레바퀴에 기름칠을 하는 필수적인 역할을 담당했다. 유럽 남부에서 오는 대량의 물자는 여전히 바다로 수송되었지만, 서신은 육로로 보내졌다. 서신은 12세기 국제 교역상의 첫 세대와 순례자들이 개척한 경로를 따라 전달되었다. 브루게에서 이탈리아로 향하는 경로는 수기로 작성한 여행 일정표로 남아 있는데, 이 일정표에는 가장 큰 도시들 사이에 거쳐야 할 경로가 상세히 묘사되어 있다. 플랑드르에서 시작되는 이 경로는 동쪽으로 쾰른을 거쳐 라인 강을 따라 내려가거나, 남쪽으로 파리를 지나 샹파뉴 평원을 통과해 알프스 산맥으로 이어졌다.[6]

이 길에서 만난 무역상과 여행자들은 분명 서로 소식을 교환했을 것이다. 순례자들 또한 본국으로 돌아가는 길에 편지를 전달해달라는 요청을 받기도 했다. 하지만 문서량이 급격히 늘어나면서 이제는 좀 더 안정적이고 영구적인 전달 수단이 필요하게 되었다. 1260년, 이탈리아 상인들은 중세 시대의 가장 중요한 견본 시장*이 형성된 토스카나와 샹파뉴에서 공식적인 전령 서비스를 시작했다. 교역의 주기와 일정은 이들 견본 시장을 중심으로 형성되었다. 상인들은 대규모 국제 교역이 개시되기를 기대하며 이곳으로 모여들었다. 각 도시는 관례적인 요금과 통행료를 면제하는 등, 대형 사업을 유치하기 위해 경쟁했다. 샹파뉴는 봄부터 가을까지 계속 시장이 열려 거의 일년 내내 운영되었으며,[7] 14세기와 15세기에 걸쳐 남쪽의 주네브와 리옹에서 파리 북쪽의 생드니, 그리고 독일의 프랑크푸르트까지 뻗어나간 유럽 교역망의 중심지로 자리 잡았다. 교역망은 더 멀리 라이프치히, 스페인의 메디나

---

* 판매 촉진을 위하여 임시로 상품의 견본을 진열하고 선전과 소개를 하는 시장.

델 캄포, 그리고 브루게의 새로운 라이벌인 네덜란드의 안트베르펜까지 이어졌다.

견본 시장은 대면 흥정과 정보 교환의 장이었다. 이러한 거래 정보나 정치 뉴스 대부분은 결코 종이에 기록되지 않았다. 상인들은 상품 가격과 환율, 거리 및 상업적 경쟁 상대에 대한 정보를 모두 머릿속에 넣고 다닐 만큼 기억력이 비상해야만 했다. 기억력이 뛰어나다는 것은 귀한 금전적 재능이었고, 따라서 당시 상인들은 의식적으로 암기력을 훈련받았다. 베네치아의 안드레아 바르바리고(Andrea Barbarigo)의 회계 장부에 따르면, 그는 1431년 "암기력을 가르쳐준 대가로 마에스트로 피에로 델라 메모리아"에게 현금 13두카트를 지불했다고 한다.[8]

14세기에 부유한 상인들은 여행을 덜 했다. 여전히 견본 시장이 성행하고 있었지만 대규모 교역은 이제 해상을 통해 이루어졌다. 이는 신뢰할 수 있는 정보의 필요성을 증가시켰다. 1357년, 피렌체 기업 17곳이 협력해 공유 전령 서비스를 시작했다. 가장 중요한 경로는 피렌체에서 바르셀로나로, 그리고 피렌체에서 브루게로 향하는 길이었다. 브루게로 향하는 경로는 밀라노를 거쳐 라인 강을 따라 쾰른으로 향하는 경로와, 밀라노에서 파리로 우회하는 경로 두 가지가 있었다. 라이벌인 '스카르젤레 제노베시(scarzelle Genovesi, 제노바의 지갑)'는 제노바에서 브루게까지, 그리고 제노바에서 바르셀로나까지 서비스를 운영했다.[9]

이탈리아의 무역 상회들은 유럽 대륙을 가로지르는 경로 외에도 이탈리아 반도 내에서도 수많은 단거리 전령 서비스를 운영했다. 베네치아와 루카 사이에는 매주 두 차례 전령이 오고 갔다. 피렌체와 로마 사이의 주간 우편은 금요일에 로마에 도착한 후 일요일에 출발했다. 이러한 단계에 이르고 나서 얼마 지나지 않아, 판매상들을 대신해 상용(商用) 전령 서비스를 제공하는 독립 사업자가 출현했다. 15세기에 안토니오 디 바르톨로메오 델 반타지오(Antonio di Bartolomeo del Vantaggio)가 이끈

이 상사는 피렌체와 베네치아 사이의 주간 서비스를 포함한 전체 노선망을 운영했다.

전령들은 시간을 엄격히 준수하기를 요구받았다. 1420년대에 피렌체에서 출발한 전령들은 로마에는 5~6일, 파리에는 20~22일, 브루게에는 25일, 2천 킬로미터 떨어진 세비야에는 32일 후에 도착해야 했다. 베네치아의 안드레아 바르바리고가 브루게, 런던, 발렌시아의 통신원들과 주고받은 편지의 주석을 보면 이러한 시간표가 일반적으로 잘 지켜졌으며, 세비야의 경우만 요건이 지나치게 까다로웠음을 알 수 있다.[10]

1400년 무렵 전령 서비스가 얼마나 효율적이었는지에 대한 근거는 다티니의 기록물에서도 확인할 수 있다. 다티니는 서신을 대략 32만 건 교환했으며 회계 장부에 이들 서신의 도착 및 발송 시간을 기록했으므로, 이를 조사해보면 그 자체로 타당한 근거가 된다. 피렌체와 제노바 사이에 오간 편지 1만 7천 통과, 피렌체와 베네치아 사이에 오간 편지 7천 통은 출발 후 대략 5~7일 사이 목적지에 도착했다. 런던까지의 배달 시간은 좀 더 들쭉날쭉했는데, 이는 해협을 건너는 기간을 예측하기 어려웠기 때문이다. 반면, 베네치아와 콘스탄티노플 사이에서 이루어지는 배달은 훨씬 안정적이었다. 편지는 발송 후 대략 34~46일이면 도착했다.[11]

상인들만이 이러한 전령 서비스를 이용할 수 있었던 것은 아니다. 유럽의 통치자들은 독자적인 우편망을 구축하는 데 막대한 자원을 쏟아부었지만, 그들도 가장 빠르고 믿을 만한 뉴스는 보통 상인 사회를 통해 전달된다는 사실을 잘 알고 있었다. 뉴스는 순풍을 타고 기가 막히게 빨리 전달되었다. 1127년 3월 2일 브루게에서 선량공 샤를이 살해된 후 런던에 이 사실이 알려지기까지는 단 이틀밖에 걸리지 않았다. 플랑드르 상인들의 재빠른 연락소 덕분이었다. 1316년 교황의 특

2.1 종이 문화의 탄생. 상인들과 그밖의 집필 전문가들은 그들이 받는 서류와 서신을 정리하는 제도를 개발해야 했다.

사가 새로운 교황 요한 22세가 선출되었다는 소식을 가지고 영국에 도 착했을 때, 그는 정중한 환영과 함께 후한 보상을 받았다. 이미 한 달 전에 피렌체 바르디 가문의 사신인 히베르니아의 로렌스가 군주인 에 드워드 2세에게 이 소식을 전한 것이다.[12] 늦게는 1497년, 런던의 밀라 노 대사는 긴급한 소식인 경우에는 피렌체나 제노바 상인들의 전령 서 비스를 이용하기를 권고했다. 이 서비스는 기밀성 또한 높았다.[13]

일반적으로 상인들은 놀라울 만큼 사정에 정통했다. 1464년, 브루게에 위치한 메디치 가문 사무소의 관리인은 긴 보고서를 작성했다. 잉글랜드와 저지대 국가에서 일어난 최신 정치적 사건들에 대해 상세한 논평을 담은 것이었다.[14] 10여 년 전, 그는 잉글랜드가 루앙을 잃으면서 노르망디와도 작별을 고하게 될 것이라고 정확하게 예측했다.* 이들 보고서에는 거래에 영향을 미칠 수 있는 정치적 동향도 담고 있었으므로, 상세한 사업 정보만 빼고 본다면 이 보고서는 외교 급보와 거의 다를 바 없었다.

국외 사무소의 관리인은 보통 그 지역에 오랫동안 거주했으므로 현지의 정치 사건에도 해박했고, 16세기에 비로소 자리를 틀기 시작한 외국의 대사들보다 현지에 더 많은 연줄을 가지고 있을 때도 많았다. 특히 적대국의 대리인 자격으로 들어온 외교관들은 현지에서 신뢰 관계를 구축하기 위해 고군분투해야 했다.[15] 따라서 이들은 현지인들과 마찬가지로, 표면상 중립적으로 보이는 외국인(일반적으로 이탈리아인)이었던 상인들을 찾아가 정보를 얻곤 했다.

상인과 현지 정권 사이의 관계가 너무 가까워지면 이러한 중립성도 무너질 수 있었다. 메디치 가문의 브루게 지사 관리자는 에드워드 4세와 프랑스 공주의 결혼 동맹을 둘러싼 비밀 협상에 개인적으로 관여하기도 했다.** 백년 전쟁 동안 바르디와 페루치의 상사들은 노르망디에서 이루어진 프랑스의 군사 준비에 대한 정보를 제공하고 영국 왕실로부터 상당한 보수를 받았다.[16] 특히 이탈리아의 비동맹 국가에서 온 상인들은 교전국의 국적을 가진 여행자보다 국경을 훨씬 쉽게, 자유로이

---

* 노르망디 공작이었던 윌리엄 1세가 잉글랜드를 정복한, 이후 노르망디는 잉글랜드와 한 국가로 다스려졌으나, 백년 전쟁의 결과로 프랑스가 승리하자 1475년 잉글랜드는 노르망디의 영유권을 포기했다.
** 에드워드 4세를 옹립하는 데 큰 공을 세운 워릭 백작은 장미 전쟁 중 프랑스의 지원을 받기 위해 에드워드 4세와 프랑스 공주의 결혼을 제안했다. 그러나 워릭 백작을 견제하던 에드워드 4세는 평민 출신의 여성과 결혼해 버린다. 이 때문에 워릭 백작은 에드워드 4세를 배반하고 반란을 일으킨다.

넘나들 수 있었으므로 첩자로 활동하는 경우가 많았다.[17] 교전국의 영토를 통과하기가 어려웠다는 사실 또한 외교 영사관들이 효율적인 전령 서비스를 구축하기 힘들었던 이유 중 하나다.[18]

상인들이 급보 서비스를 구축한 주된 이유는 분명 자신들이 스스로 정보를 얻기 위해서였다. 사업에서 정보가 얼마나 중요한지 고려할 때 이러한 전령 서비스를 유지하는 비용은 얼마 되지 않았을 것으로 보인다. 그 비용으로 야코포와 바르톨로메오 디 카로시오 델리 알베르티와 파트너들은 1348년부터 1350년까지 매년 약 30플로린을 썼다. 아비뇽에 있는 다티니의 상사는 1년에 20~40플로린을 썼고, 피렌체 지사에서는 놀랍게도 13플로린밖에 쓰지 않았다. 이 비용은 대략 신입 직원의 연봉과 비슷한 수준이었다.[19] 연간 지출에서 비중으로 따지면 해상 보험에 지출된 금액보다는 훨씬 낮았을 것이다.

뉴스도 비즈니스 의사 결정에 중요한 데이터를 제공한다는 점에서 일종의 보험이었다. 문제는 어떤 뉴스를 믿어야 할지 아는 것이었다.

사라진 편지

유럽에서 국제 사업망의 발전은 14세기와 15세기 동안 뉴스에 접근하는 방식에 혁신적인 영향을 미쳤다. 이러한 발전은 유럽 각지에서 교역을 진행한 이탈리아의 주요 조합의 출현에서 시작되었다. 이들 상사는 다양한 상품과 사치품을 거래했다. 바르디와 페루치 가문의 상사는 브루게와 런던, 스페인, 레반트 지역 등 많은 지역에 걸쳐 지점을 세웠다. 이러한 지점 체계는 유기적인 통신망의 형성으로 이어졌다. 지점장들을 통제하고 그들이 회사의 이익에 반하는 결정을 내리는 것을 막으려면 자주 소통해야 했다. 이에 대한 대응으로 관리자들이 자신의 역량을 입증할 한 가지 방법은 교역로의 안전성, 거래소의 이동, 그리고 향후의 거래 기회 등에 대해 정보를 바탕으로 꾸준히 의견을 제시하는 것이었다.

그토록 많은 시장에 노출되는 데 아무런 위험도 없는 것은 아니었다. 1340년대에 페루치와 바르디 가문은 큰 부도를 겪는다. 영국 왕실이 이들 가문에서 빌린 막대한 대출금을 상환하지 못하면서 채권자들에게 빚을 갚지 못한 것이다. 이탈리아의 사업체들은 잉글랜드산 양모 교역에서 주도권을 차지하기 위해 잉글랜드와 프랑스의 전쟁에서 에드워드 3세의 야심 찬 계획을 지원하게 된다. 이 피렌체인들은 일련의 이탈리아 조합 중에서 영국 왕실을 상대로 한 대출이 고위험 사업이라는 사실을 알아챈 마지막 가문이었다. 하지만 한 사업체가 파산하더라도 그 자리를 대신할 다른 상사는 항상 있었다.

1395년, 마니니 가문은 리처드 2세*와 프랑스 왕 샤를 6세의 딸, 발루아의 이사벨이 혼인하는 데 드는 비용을 충당하기 위해 영국 왕실에 많은 금액을 빌려주었다. 4년 후 리처드 2세가 왕권을 빼앗겼을 때, 마니니 가문도 함께 몰락했다. 매정한 경쟁자는 보고서에 이렇게 썼다. "상술(上述)한 마니니 가문은 잉글랜드에 보증을 서준 것 때문에 사업을 포기해야만 했습니다. 세상일이 원래 그렇죠. 잉글랜드에서 혁명이 일어나지 않았다면 그들 사업도 융성했겠지요. 하지만 깃털을 잃지 않고 위대한 군주와 동맹을 맺을 수는 없습니다."[20]

그리고 누군가가 실패한 자리엔 항상 새롭게 성공을 도모할 준비가 된 누군가가 있었다. 이탈리아인들은 리처드 2세가 쫓겨나 이듬해 사망했다는 소식을 듣자마자 왕위 찬탈자인 랭커스터의 헨리가 혼자 남

---

* 에드워드 3세의 손주로, 에드워드 3세의 장남인 흑태자 에드워드가 왕보다 일찍 사망하는 바람에 어린 나이에 왕위에 즉위한다. 강력한 숙부들과 의회에게 휘둘리다 랭커스터의 헨리(이후 헨리 4세가 된다)에게 왕위를 빼앗긴다.

겨진 이사벨과 결혼할지, 아니면 다른 아내를 맞을지 추측하기 시작했다. "누구와 결혼하든, 잉글랜드에서는 성대한 잔치가 열릴 것이고, 그러면 비단과 보석의 가격이 오르리라고 예상됩니다. 그러니 좋은 보석을 가지고 있는 사람이 있으면 누구든 여기로 보내십시오."[21]

여기에 모순이 있다. 비즈니스의 세계에서 부를 얻을 수만 있다면 경쟁은 자연스러우며 불가피했다. 그러나 불확실한 상황 속에서 정보를 얻기가 힘들 때면 정보 공유를 위한 협력 또한 필요하다. 지금까지 남아 있는 상업 서한이 상당히 많긴 하지만, 이 또한 당시 오고 간 서신들 중 극히 일부에 불과하다는 사실을 기억하자. 서신들 자체도 이미 정보 소통의 어려움과 육로 운송의 불확실성에 대한 우려를 담고 있다.

안드레아가 안부 전해달라고 합니다. 그리고 이곳에 있는 시에나 사람들이 성 아욜의 마지막 견본 시장이 끝나고 공통의 전령을 통해 서신을 보냈는데 아시는지요. 저도 시에나에서 온 전령인 발사(Balza) 편으로 서신 꾸러미를 보내드립니다. 이 서신들을 받지 못하셨으면 다시 한번 물어보시기 바랍니다. 상인 길드의 전령은 아직 오지 않았습니다. 신께서 부디 우리에게 좋은 소식을 전하기 위해 이토록 늦어지는 것이길 바랍니다.[22]

볼리유(Beaulieu)에서 안부 전합니다. 지난 편지에도 썼지만, 그대가 이곳을 떠난 후 니스에서 보낸 서신 한 통을 제외하곤 아무런 연락도 받지 못해 저희 모두 염려하고 있습니다. 분명 그대의 잘못은 아니겠지만 (그대가 믿고 편지를 맡긴 전령의 탓이겠지요) 그대는 우리를 완전히 잊은 것 같군요. 저도 더는 이 일에 대하여 쓰지 않겠습니다. 다만 전령에게 편지를 맡길 때는 그가 확실히 저희에게 편지를 전달할 수 있을지 좀 더 주의하

시길 바랍니다.[23]

파리의 한 상인이 이탈리아로 보낸 답장에 구구절절 써내려간 한탄은 당시 많은 사람의 공감을 샀을 것이다.

거기서 무슨 일이 일어나고 있는지, 그대의 소식을 기다린 지 벌써 천 년이나 흐른 것 같습니다. 이후 저희가 그토록 불안해하지 않도록, 부디 신의 은총으로 좀 더 자주 소식을 전해주시길 바랍니다.[24]

서신이 확실히 전달되도록 보장하기 위한 한 가지 전략은 사본을 보내는 것이다. "그 편지는 만일을 대비해 서로 다른 두 경로로 전령 두 명을 통해 배달되었습니다. 그러니 그대는 확실히 그 편지를 받을 수 있을 것입니다."[25] 그러나 이 방법은 비용이 많이 들고 번거로웠다. 이러한 편지들을 조사해보면 많은 상인이 공식적인 전령 서비스를 이용하지 않았음을 알 수 있다. 이 서비스를 운영하는 조합의 일원이 아니었거나 비용을 지불할 수 없었기 때문이다. 결국 지금 우리에게 남아 있는 상업 서신들은 대부분의 조각이 사라진 거대한 퍼즐판의 일부일 뿐이다. 거래가 곧 성사된다는 뉴스는 확인할 수 있었지만, 그것이 결국 어떻게 되었는지는 알 수 없었다.

그리고 바로 이 점이 상업 서신과 거기에 담긴 정치 뉴스 사이의 한 가지 차이점이다. 정치 뉴스는 일어난 사건을 설명하고 그것이 거래에 어떤 영향을 미치게 될지에 대한 정황을 담았다. 반면 사업에 관련된 부분은 일반적으로 계획이나 권고, 지침 등 미래의 사건에 맞춰져 있으며, 수신자가 정황을 이미 알고 있다고 가정해 굳이 설명하지 않았다. 비즈니스 서신들은 대체로 어떤 행동에 착수하기를 요청하려는 의도로 작성되었으며, 정치적 논평은 그에 대한 배경 정보였다.

그럼에도 이러한 서신에 포함된 사업 관련 논의와 일반적인 뉴스는 중요한 점에서 비슷했다. 뉴스를 공유하는 것은 비용이 많이 들었고, 따라서 가치가 높았다. 그것은 친지와 정보원들의 네트워크에 의존했고, 무엇보다도 신뢰에 기반했다. 신뢰, 그리고 정보를 제공한 사람의 신용은 이후 4세기에 걸쳐 뉴스 수집의 역사를 관통하는 중요한 문제가 되었다.

그렇게 위태로운 상황에서는 항상 경쟁자들을 앞지르려 하는 사람들이 있기 마련이다. "만약 그대가 무역을 시작하고자 한다면, 그리고 그대의 편지가 다른 편지와 함께 도착한다면," 14세기 중반, 파올로 다 세르탈도(Paolo da Certaldo)는 상인들을 위한 안내서에 이렇게 썼다.

> 항상 그대의 편지를 먼저 읽은 후 다른 사람들에게 건네야 한다는 것을 명심하십시오. 그리고 만약 편지가 어떤 상품을 사거나 팔면 이익을 남길 수 있다는 권고를 담고 있다면 즉시 중개인에게 연락하여 그 편지에서 조언하는 대로 하고, 그런 후에야 그것을 도착한 다른 편지들과 함께 보내십시오. 다시 강조하지만 본인의 거래를 마치기 전에는 그 편지들을 부쳐서는 안 됩니다.[26]

심지어 어떤 전령은 특정 상인이 선호하는 고객에게 편지 뭉치를 가장 먼저 배달하는 대가로 추가 비용을 받기도 했다.[27] 말하자면 파올로 다 세르탈도의 이 유명한 조언은 원래 그래야 하는 것보다 좀 더 주목받았던 것으로 보인다. 상거래 요령을 설명한 위의 글은 이탈리아 남성들에게 괄괄한 성격의 아내를 어떻게 대해야 하는지를 신랄하게 조언하는 풍자적이고 냉소적인 글의 한 부분이다. 그의 논평은 상업적으로 민감한 뉴스는 무료로 공유되어야 한다는 강력한 전통에 정면으로 반하는 것이다. 의심할 여지없이 먼 곳에서 온 배가 당도하면 시장과 선술집은 바로 그러한 정보 공유의 장이 된다. 16세기에 새로운 상인 공동체가 형성된 독일 북서부의 엠덴에서는 멀리서 상업 서신들이 도착하면 시장 광장에서 큰 소리로 낭독하곤 했다.[28] 이러한 관행은 의심의 여지없이 독일의 선례에 바탕을 둔 전통이었으며, 무료로 정보를 공유하는 것은 여러 면에서 훨씬 더 합리적이었다.

먼 곳의 사건들에 대한 뉴스는 가치가 높았지만 확인하기가 어려웠다. 따라서 시장에서 전해 들을 수 있는 소문의 양, 여행자들의 이야기,

2.2 알브레히트 뒤러의 작품 〈어린 전령〉. 이 목판화에서도 극적으로 표현되었듯이, 유럽의 전령 서비스에서는 속도가 가장 중요했다.

목격자들의 증언은 기밀 서신에서 얻은 정보가 참인지 확인하는 데 중요한 역할을 했다. 기근이 임박했다는 소식을 접했을 때, 곡물 가격이 치솟기 전에 다른 사람들보다 먼저 곡물을 사들이면 분명 큰 이익을 얻을 수 있을 것이었다. 하지만 이 소식이 거짓이거나 혹은 과장된 것이라면, 이 소식에 따라서 행동할 경우 아무것도 하지 않았을 때보다 더 곤란한 상황을 겪을 수 있었다.

이런 때는 섬세하게 균형을 잡는 일이 중요하다. 위험을 무릅쓰고 싶어하는 사람은 없다. 소식을 가장 먼저 듣는 것은 좋은 일이지만, 그것이 사실인지 아닌지 어떻게 알겠는가? 상인 사회의 촘촘한 인맥을 통해 확실한 소식을 얻을 수 있으리라고 기대를 걸어볼 수 있다. 가장 대담한 사람들은 기다리지 않았다.

리알토*에서 떠도는 소문은 베네치아 상품 시장의 가격을 단 하루 만에 몇 퍼센트포인트씩 움직일 수 있었다. 부도덕한 거래자들은 시장을 움직여 이익을 얻기 위해 고의로 허위 정보를 유포하기도 했다. 따라서 그 모든 위험을 감수하고도 상인들은 부지런히 소문을 수집했다. 프란체스토 다티니가 1392년 정보원에게 보낸 서신에서도 이를 확인할 수 있다. "향신료를 비롯해 거래와 관련된 모든 정보를 계속 보내주십시오. 특히 바다나 그밖의 모든 것에 대해 들은 소문이나 소식은 전부 보내주십시오. 상품을 수입하거나 수출하는 것과 관련해 무어라도 알아낸다면 내게 꼭 알려야 합니다."[29]

물론 운이 나쁘거나 경솔한 선택을 내리면 평판이 떨어질 뿐 아니라 투기도 망칠 수 있었다. 1419년, 베네치아의 일기 작가 안토니오 모로시니(Antonio Morosini)는 알렉산드리아 주재 베네치아 영사인 조카 비아지오 돌핀을 위해 상당한 시간을 할애해 장문의 뉴스 급보를 엮어서

---

* 베네치아의 대운하를 걸어서 건널 수 있는 유일한 통로였던, 베네치아를 대표하는 다리.

보냈다. 또 다른 조카 알반이 비아지오에게 그가 읽은 것을 믿어서는 안 된다고 경고하는 편지를 쓴 사실을 알았다면 이들의 숙부는 아마 상당히 언짢았을 것이다.

방금 숙부 안토니오의 편지를 읽어보았습니다. 상당히 많은 소식을 담고 있지만 그중에는 사실이 아닌 것도 많았습니다. 숙부님도 전해 들은 것을 그대로 쓴 것이겠죠. 그러니 충고하건대, 그대가 그러한 소문을 믿고 혹여나 언젠가 곤란한 상황에 빠지지 않을까 염려됩니다. 그러니 부디 이 편지를 일부라도 다른 사람에게 보여주거나 공개된 자리에서 읽지 마십시오. 의견을 표할 때는 부디 신중을 기하십시오.[30]

이러한 평가에는 불공평한 부분이 있었다. 모로시니의 편지에는 다른 곳에 알려지지 않은 사건은 어떤 것도 포함되어 있지 않았다. 소문이 언제 뉴스가 되는지만큼 골치 아픈 문제도 없다. 무엇을 믿고 언제 행동해야 할지 아는 것은 각자의 판단에 달려 있었다.

뉴스의 신뢰도는 상당 부분 뉴스를 작성한 개인의 평판에 달려 있었다. 일부 서신에는 입으로 전달된 정보가 서면 보고보다 더 믿을 만하다는 중세 초기의 전통이 여전히 남아 있었다. 한 성질 급한 상인은 빨리 소식을 보내달라고 닦달하며 "어서 도메니코를 말에 태워 보내 그대가 한 일을 알려주시오"라고 썼다.[31] 그러나 이러한 요구는 비현실적일 때가 더 많았다. 다티니는 이중 거래에 대한 우려를 늘 품고 있었다(아마도 파트너 중에 믿을 만한 사람이 없었던 것 같다). 상인들은 멀리 떨어진 곳에 있는 관리자와 중개인이 사익을 취하려 하리라는 점도 잘 알고 있었다. 국외 대리인과 계약을 체결할 때면 그들이 운에 맡기는 게임을 하는 것을 금지하는 조항들이 관례적으로 추가되었다. 이는 대리인들이 도박으로 큰 빚을 지게 되면 부채를 갚기 위해 횡령을 할 수도 있

다는 사실을 상인들도 인식하고 있었음을 보여준다.[32]

상인들이 이처럼 우려한 것도 당연하다. 하지만 거래는 적어도 상인들이 정보를 공유할 때만 일어날 수 있었다. 다마스쿠스의 한 이탈리아 무역상은 바르셀로나에 있는 동료에게 이렇게 썼다. "그대가 알고 있는 모든 것을 내게 편지로 소상히 알려주시오. 그대의 입장은 어떠한지, 어떻게 생각하는지, 그곳을 떠나 여기로 오는 배들에 대한 정보, 무슨 화물을 싣고 있는지 등. 그리하면 나도 똑같이 하겠습니다." 상인사회 전체는 이러한 상도를 따른 것으로 보인다. "이렇게 한 손은 다른 손을 씻는다."[33] 사업 서신에는 계획이나 전략뿐 아니라 바다에서 실종된 배, 도둑맞은 화물, 귀중한 화물을 실은 대상(隊商)*이 아랍인들에게 약탈당한 이야기 등 경고의 메시지로 가득했다. 지중해에서 해적을 만나는 것은 일종의 업무상 위험으로 간주되었다.

정보에 대한 접근성은 번영과 파멸의 차이를 갈랐다. 유럽 전역에 걸쳐 신뢰와 상호주의의 구축은 상업적 성공을 위한 핵심 요건이었다. 아무튼 이탈리아인들은 비록 손이 부족할 때도 있었지만 신뢰할 수 있는 독자적인 교역 기구를 갖출 수 있었다.

베네치아

1430년 즈음 베네치아는 이탈리아의 무역 도시들 중에서 최고의 지위를 차지했다. 이제 베네치아는 세 가지 주요 국제 교역, 즉 런던과 브루게와의 직물 교역, 스페인과의 양모 교역, 그리고 이집트와 레반트 국가와의 면화 및 향신료 교역에서 중추적인 역할을 담당했

---

* 사막이나 초원과 같이 교통이 발달하지 않은 지방에서, 낙타나 말에 짐을 싣고 떼를 지어 먼 곳으로 다니면서 특산물을 교역하는 상인의 집단.

다. 유럽 북부와의 교역은 대부분 지중해를 둘러 가는 해로를 통해 이루어졌지만, 독일로 향하는 육로도 이용했다. 이때까지 베네치아에서는 독일 남부 도시에서 온 상인들이 활발히 활동하고 있었다. 공화국 체제는 전반적으로 보호 무역을 지향하고 있었으며, 원로원은 동쪽에서 상품을 실어와 스페인과 런던으로 수송하는 갤리선단의 구성과 여정을 전담하고 독점을 막기 위해 적극적으로 개입함으로써, 베네치아 상업의 생명줄이었던 독립 무역인들의 생계를 보호했다.

베네치아 공화국 경제의 급격한 성장세에는 논란의 여지가 없었다. 1430년대 초, 베네치아는 향신료와 면화 교역을 독점하려는 이집트 술탄과의 힘겨루기에서 승리했다. 또한 베네치아의 선원들이 강력한 제노바 함선에 붙잡힐 위험을 무릅쓰고 밀라노 공작과 수년간 전쟁을 벌였다. 한편 공화국의 가장 강력한 적인 신성로마제국의 황제 지기스문트(Sigismund)는 독일에서 베네치아의 상품에 금수(禁輸) 조치를 시행하려 했지만 대부분 성공하지 못했다. 이 모든 것은 공화국에서의 무역이 특히 적국의 돌발 행동에 큰 영향을 받을 수 있다는 사실을 보여준다. 손해와 파멸을 피하려면 상인들은 분쟁으로 이어질 수 있는 모든 우여곡절을 감수해야 했다.

시대의 불안정성은 위험뿐 아니라 기회도 만들어냈다. 조심스러운 사람들이 몸을 사리며 배를 항구에 정박해둔 동안, 위험을 감수할 준비가 된 사람들은 이윤을 극대화했다. 평화가 찾아오면 시장에는 그때까지 숨어 있던 유휴 자본이 쏟아져 나왔다. 1429년, 이집트의 술탄이 폐위되었다는 소문이 돌자 후추의 가격이 2퍼센트포인트 폭락했다. 전쟁이 일어나면 후추 가격은 다시 상승했지만 대신 직물 가격이 폭락해 동쪽으로 운송하기가 까다로워졌다. 평화기 동안에는 그 반대의 일이 일어났다.

베네치아 무역에서 특이한 점은 유럽 북부로 가는 화물은 바다를 통해 갤리선단으로 수송된 반면, 우편물은 육로로 전달되었다는 점이다. 이에 따라 민첩한 상인들은 화물이 운송되는 동안 시장에 영향을 줄 방법을 고안하기도 했다. 안드레아 바르바리고의 다음과 같은 조언은 아마도 그리 특이한 경우는 아니었던 것 같다.

여쭤보신 후추에 대해 답변드립니다. 제 생각에 말씀하신 후추는 1월 말이나 그 전에 처분하셔야 할 듯합니다. 특히 13d나 그 이상의 가격으로 팔 수 있다면요. 저희 비토레는 15d의 가치가 있다고 생각합니다만. 말씀드리건대, 카탈로니아를 통해 서쪽으로 운송되는 상품은 없을 것으로 보입니다. 피렌체로 어떻게든 입수할 수 있다고 해도 그때는 상당히 늦을 것 같습니다. 제노바에 대해서는 아는 바가 없습니다. [베이루트와 알렉산드리아의] 갤리선으로 실어 보내는 양은 많지 않으리라 생각합니다. 솔단[술탄]이 알렉산드리아에 있는 그의 상선(商船) 대리인에게 보냈기 때문입니다. 알렉산드리아 항구에서 출발한 함대는 2월이나 몇 달 후까지 도착하지 않을 것으로 판단되는데, 도착하면 후추의 가치는 45~50두카트 정도가 될 것입니다. 제가 말씀드린 것은 그저 그대가 참고할 수 있도록 의견을 드린 것에 불과합니다. 제 후추는 현금이나 조건, 물물 교환으로 그대의 판단에 따라 판매해주셨으면 합니다. 저는 그대가 할 수 있는 한 최선을 다하리라 믿고 가격에 관해서는 그대의 처분을 기다립니다.[34]

여기서도 볼 수 있듯이, 거래할 때는 많은 부분이 대리인의 판단에 맡겨졌다. 베네치아 상인들은 지사를 설립하기보다는 여행을 다니며 계약을 새로 조정하는 경향이 있었다. 발렌시아, 브루게, 아크레에 자리 잡은 대리인들은 수수료를 받고 일했다. 15세기 중반, 브루게에서 출발한 편지는 베네치아에 약 25일 만에 도착했다. 스페인 북부의 발렌시아까지는 약 한 달이 걸렸다.

15세기 말에 이르자 운송 속도와 연락 빈도는 눈에 띄게 증가했다. 이 시점에서 베네치아는 논란의 여지가 없는 유럽의 뉴스 중심지였다. 매일 엄청나게 많은 서신과 급보가 도착했고, 그중에서도 가장 중요한 보고는 원로원에 직접 전달되었다. 마린 사누도(Marin Sanudo)라는 귀족 청년은 이렇게 전달된 급보를 꼼꼼히 기록했다. 사누도는 베네치아의 첫 공식 역사학자로 임명되길 고대하며 베네치아 행정부를 위해 오랫동안 봉사했다. 결국 그는 바람을 이루진 못했지만, 그가 남긴 일지는 서신 왕래의 속도와 양뿐 아니라 그것이 베네치아 경제에 미친 영향을 생생히 증명하는 가장 중요한 증거로 남아 있다.[35]

사누도의 일지에서 우리는 정치 뉴스가 베네치아 시장에서 거래되는 상품의 가격에 얼마나 직접적인 영향을 미쳤는지 확인할 수 있다. 베네치아는 곡물 수입에 크게 의존하고 있었고, 이렇게 수입된 곡물은 독일로 다시 대량 수출되었다. 주요 수입원은 시칠리아였다. 가령 1497년 보고를 보면, 당시 시칠리아의 작황이 예상보다 저조하여 곡물 가격이 즉시 상승한 것으로 나타났다.[36] 부가 가치가 높았던 향신료의 교역은 레반트 국가의 정치적 변화에 특히 민감했다.*

1497년, 사누도는 이집트 알렉산드리아의 정치적 격동에 대한 보고에 주목했다. 이러한 상황에서 공급이 중단되면 향신료의 가격이 상승할 것으로 예상되므로 무역상들은 향신료를 팔지 않으려 했다. 그런데 1501년 포르투갈인들이 희망봉을 돌아 인도로 향하는 새로운 경로를 개척하는 데 성공했고, 이는 향신로 교역에 지대한 영향을 미쳤다. 처음에는 신항로 개척으로 플랑드르 시장은 무너질 것이라는 전망이 퍼

---

* 당시 향신료는 인도 및 동남아시아 국가에서 생산되어 레반트 국가를 거쳐 유럽에 공급되었다. 여기서 베네치아는 레반트 국가와 유럽을 잇는 관문 역할을 하며 향신료 교역을 거의 독점했다. 레반트 지역의 기항지는 이집트의 알렉산드리아와 시리아의 베이루트였다.

지면서 베네치아에서 향신료 가격이 급격히 떨어졌다. 바로 그때 포르투갈이 시장을 장악했다는 소식이 들려왔고 이제 알렉산드리아에는 팔 수 있는 향신료가 거의 남지 않았다. 베네치아에서 후추의 가격은 4일 만에 75두카트에서 95두카트로 올랐다.[37]

이듬해 포르투갈이 같은 항로를 통해 인도 원정에 다시 한번 성공했고, 이제 유럽의 상인 사회는 더는 포르투갈의 위업을 간과할 수 없게 되었다. 베니치아는 비단 리스본뿐 아니라 리옹, 제노바, 브루게에서 이 소식을 전달받았다. 당대의 또 다른 일기 작가에 따르면, 포르투갈의 성공에 대한 뉴스는 전쟁에서 패배했다는 소식보다도 베네치아에 더 큰 충격을 안겼다. "모든 사람은 망연자실했다. 정보에 밝은 사람은 이 소식이 베네치아 공화국이 자유를 빼앗겼다는 것 이외에 그때까지 받은 뉴스 중 최악의 뉴스라고 평했다."

금융 시장과 해상 보험 시장은 더욱 불안정한 상태였다. 1501년 튀르크 해적 카말리가 지중해에 출몰하며 배 여러 척을 빼앗았다는 소식에 해상 보험료는 1.5퍼센트에서 10퍼센트로 껑충 뛰어올랐다.[39] 전쟁에서 이기든 지든, 돈이 있는 사람은 누구든지 뉴스를 가장 먼저 받아보기 위해 돈을 지불할 용의가 있었다. 또한 1501년 베이루트로 출항한 베네치아 갤리선의 소유주는 아랍 무역상들에게 많은 화물을 실은 함대가 오고 있다고 조언하며 고속 선박을 빌렸다. 선장은 18일 만에 이 항해를 마치면 850두카트를 받을 수 있었지만, 이틀 늦어질 때마다 50두카트씩 잃게 되었다.[40] 16세기에는 베네치아와 로마 사이의 급행 전령 서비스 요금에도 이러한 차등제가 적용된다. 전령은 40시간 이내에 서신을 전달하면 40두카트(부(副)행정관의 연봉과 맞먹는 액수)를 받았으며, 4일이 걸리면 수수료는 그 4분의 1로 줄어들었다.[41]

이처럼 이해관계가 크게 얽힌 상황이다 보니 서신이 전달되는 경로의 각 집결지에 서신이 도착한 시간과 발송된 시간을 서신의 겉포장에 기록하는 관행이 자연스럽게 생겨났다. 시간 명세를 기록한 것으로 알려진 첫 번째 사례는 15세기 중반 밀라노 공작 필리포 마리아 비스콘티(Filippo Maria Visconti)가 설립한 전령 서비스다. 보통 기마 전령이 서신 전달을 맡았으며, 사안의 시급성을 강조하기 위해 메모를 휘갈겨 써넣기도 했다. 1495년 2월 6일 밀라노의 전령 기사 토마소 브라사(Tommaso Brasca)의 기록부에는 "Cito Cito Cito Cito volando dìet nocte senza perdere tempo(빨리 빨리 빨리 빨리 밤낮으로 달려서 한시도 지체되지 않도록)"라고 적혀 있었다.[42] 이러한 주석과 출발 및 도착 시간을 기록하는 관행은 16세기의 제국 우편과 국가 우편 서비스에서 표준이 되었다.

급행 전령 서비스는 각별히 중요하거나 상업적으로 민감한 소식을 전달할 때만 활용되었다. 사누도가 작성한 꼼꼼한 기록에서 특히 놀라운 점은, 당시 베네치아에 도착하는 뉴스의 이동량이 엄청나게 높았다는 사실이다. 로마의 베네치아 대사는 매일 전갈을 썼고, 전령들은 일주일에 두세 번씩 베네치아로 파견되었다. 나폴리, 리옹, 런던에서도 빈번히 정보가 들어왔다.

얼마 전 프랑스의 사학자 피에르 사르델라(Pierre Sardella)는 체계적인 방법으로 베네치아로 유입된 급보를 수천 통 분석했다. 사르델라는 사누도의 일지를 참고하여 40여 개 주변 도시에서 베네치아로 유입된 서신의 발송 시간과 도착 시간을 조사한 후, 각 서신이 베네치아에 도착하기까지 걸린 가장 긴 시간, 평균 시간, 그리고 가장 짧은 시간을 계산했다. 이를 통해 사르델라는 각 제휴 도시와 베네치아 간 우편에 대한 '신뢰도 계수'를 구할 수 있었다. 단연코 신뢰도가 가장 높은 구간은 베네치아와 브뤼셀이었다. 브뤼셀에서 발송한 서신은 거의 틀림없이 10일 만에 베네치아에 도착했다.

60년 전 바르바리고가 서신을 보낼 때에 비해 배송 기간이 얼마나 극적으로 줄어들었는지 알 수 있다. 런던에서 발송된 서신은 해협의 불확실한 상황 때문에 변동성이 조금 더 높았다. 베네치아와 알렉산드리아 사이처럼 해상 여정이 긴 구간은 서신 도착 시간이 들쭉날쭉했다.[43]

베네치아에서 비록 무역은 대부분 바다를 통해 이루어졌지만, 통신의 경우엔 육로를 통하는 것이 훨씬 더 신뢰도가 높았던 것으로 보인다. 도로와 강을 통한 연결망이 확립되면서 이제 독일, 이탈리아, 저지대 국가의 상업 도시가 유럽 정보망의 중심이 되었다. 이것은 국제적인 뉴스 네트워크의 출현에서 가장 중요한 발전이었다.

독일의 눈과 귀

베네치아는 독일 남부의 도시와도 매우 효율적으로 서신을 주고받았다. 많은 화물을 끌고 알프스 산맥을 넘긴 어렵지만, 우편물은 넘어갈 수 있었다.

독일 상인들은 12세기 이후 유럽의 무역망에서 중요한 역할을 해왔다. 쾰른은 독일 내륙 도시와 저지대 국가, 이탈리아 간 무역의 북부 집결지였다. 함부르크와 뤼베크 같은 북부 한자(Hansa) 동맹* 도시의 상인들 또한 장거리 해상 무역에 대거 참여했다.[44] 독일 상인들은 최초로 13세기 브루게에서 공식적으로 주식회사를 만들었다. 그러나 중세 후반에는 독일 남부의 도시들이 중부 유럽의 경제를 이끌기 시작했다. 1400년 무렵 아우크스부르크와 뉘른베르크는 유럽의 주요 시장에서 수요가 매우 높았던 사치품 생산의 선두에 서게 되었다. 두 도시 모두 린넨 직물과 금속 세공품 생산에 특화되어 있었다. 아우크스부르크는

---

* 13~15세기에 독일 북부 연안과 발트 해 연안의 여러 도시 사이에 이루어진 도시 연맹. 해상 교통의 안전 보장, 공동 방호, 상권 확장 따위를 목적으로 했다.

최고급 갑옷과 초기 은행업의 중심지였으며, 작센과 보헤미아의 광산 지역과 인접한 뉘른베르크는 철물과 황동을 전문적으로 거래했다.

16세기에 접어들면서 아우크스부르크는 유럽 통신 시스템의 중요 거점으로 부상했다. 100년 전 이 역할은 뉘른베르크가 맡았다. 14세기와 15세기에 뉘른베르크는 독일 신성로마제국의 실질적인 수도 역할을 했다. 제후들이 제국 의회(Reichstag)를 처음 소집할 장소로 가장 먼저 거론된 곳도 뉘른베르크다.[45] 뉘른베르크는 제국의 자유 도시* 중에서 영토가 가장 넓었다. 이곳 상인들은 유럽 전역에 걸쳐 활동했지만 특히 스페인과 이탈리아, 그리고 저지대 국가들에 주력했다. 상인들은 젊은이들을 해외 지사에 견습생으로 보내는 관행을 16세기까지 유지했다. 이는 지금도 남아 있는, 방탕한 청년들이 고향을 그리워하며 그들의 상심한 부모에게 보낸 방대한 양의 편지에서도 확인할 수 있다.[46]

뉘른베르크는 작센 광산에 산업 자금을 조달하면서 번영의 초석을 마련하게 되었다. 뉘른베르크는 독일의 동쪽 관문이었으며, 이곳의 주요 기업들은 빈, 프라하, 크라쿠프에 지사를 두고 있었다. 가장 부유한 상인들이 통치 의회를 이끌었다는 사실에서도 알 수 있듯이, 사업상의 이해관계는 항상 잘 지켜졌다. 뉘른베르크는 이곳 상인들이 다른 도시들에서 통행료를 면제받아야 한다고 주장했고, 결국 많은 독일 도시가 이를 승인했다는 사실에서도 이 도시의 경제적 권력을 확인할 수 있다. 뉘른베르크의 경제력은 칭송의 대상이 되었지만 동시에 많은 도전을 받기도 했다. 도시의 장로들은 이 도시의 부를 노리는 약탈자에게서 도시를 지켜야 한다는 사실을 잘 알고 있었다. 이를 위해서는 무엇보다도 정확한 정보를 꾸준히 확보할 수 있어야 했다.

---

* 12~13세기의 중세 유럽에서 지방의 영주나 지방 주권에 소속되지 않고 국왕이나 황제 등 중앙 주권에 직속되어 있던 도시. 베네치아, 밀라노 등이 있다.

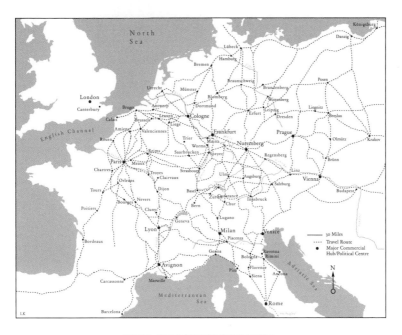

지도 2. 1500년경 유럽의 주요 교역로.

정보의 중심지로서 뉘른베르크의 지위는 이 도시가 주요 도로 12개가 만나는 길목에 위치한다는 일부 지리적 조건 덕분이기도 했다. 마르틴 루터(Martin Luther)는 뉘른베르크를 '독일의 눈과 귀'라고 묘사한 바 있는데, 실제로 이 도시는 루터와 교황의 분쟁 소식을 퍼뜨리는 데 중요한 역할을 하게 된다.[47] 정보의 원천으로서 국제 상인 사회의 역할은 널리 알려져 있었다. 1476년 시 의회의 회의록에는 "상인들에게 조언을 구하기로" 한 결정이 기록되어 있는데, 이는 이례적인 일은 아니었던 것으로 보인다.[48]

15세기에 튀르크가 발칸 반도를 통해 계속 진격해 오면서 뉘른베르크 상인들이 자본을 투자한 많은 지역이 위험에 처했다. 전쟁이 임박하면 도시의 상인들은 그들의 무리 중 해당 지역에 이해관계가 있는 상인에게 무슨 일이 벌어지고 있는지 알아내도록 의뢰하곤 했다. 중요한 정보는 독일의 다른 도시에도 공유했다. 1456년 튀르크와의 전쟁 소식은 뇌르틀링겐과 로텐부르크에도 전달되었다. 1474년 상인들은 그들에게 우호적인 쾰른의 정보원과 접촉해 정보를 얻고, 답례로 보헤미아, 헝가리, 폴란드에서 받은 소식을 전했다.[49]

이처럼 멀리 떨어진 곳과의 정보 시스템을 유지하기 위해 독일의 여러 마을과 도시를 잇는 정교한 전령 네트워크가 형성되었다. 아우크스부르크와 뉘른베르크 사이에는 1350년까지 정기적인 전령 서비스가 운영되었다. 현재까지 남아 있는 1377년의 시 회계 장부에 따르면 뉘른베르크는 시 차원에서 이미 전령을 고용하고 있었으며,[50] 15세기 무렵 뉘른베르크에는 많은 전령이 도시로부터 봉급을 받았다.

이렇게 비용이 드는데도 뉘른베르크는 전령 서비스를 자주 활용했으며, 1431년부터 1440년까지 10년 동안에는 전령을 무려 438명 파견했다.[51] 전령이 활발히 활동한 이 기간은 후스 전쟁*(1419~1434)의 후반기와 맞물려 있다. 이러한 격동의 시기에는 교역 지역이나 운송 중에 상품을 압수당하는 일이 잦았으므로, 상인들은 가장 최신의 상황을 인식하는 것이 매우 중요했던 것이다. 도시의 장로들은 전령들에게 드는 경비를 투자할 가치가 있는 돈으로 여겼다.

독일 남부의 도시에서 발달한 이런 도시 전령 서비스는 상인들이 만든 기존의 임시방편적인 서신 전달 체계와 유럽의 군주들이 구축하기 시작한 외교망의 중간쯤에 위치했다. 이들은 또 다른 위대한 상인 공화국인 베네치아에서 관찰된 것처럼 이익이 동시에 증대되는 효과를 누릴 수 있었다.

16세기가 되면 독일 각 도시의 전령 서비스는 서로 연결된 네트워크를 이룸으로써 매주 정기적인 서비스를 제공하고, 이후 제국 우편과

---

* 보헤미아의 후스파가 종교상의 주장을 내걸고 독일 황제 겸 보헤미아 왕의 군대와 싸운 전쟁.

경쟁할 수 있게 되었다. 제국 우편은 네덜란드와 이탈리아를 잇는 주요 무역로를 이용했으므로 제국의 남북 축으로는 서비스가 미비했는데, 바로 그 빈틈을 도시 우편망이 꿰찬 것이다. 하지만 이는 아직 좀 더 먼 미래의 이야기다.

　중세 말기에 이르러 상인들은 베네치아와 남부 독일 사이에 강력하고 영구적인 우편 제도를 구축함으로써 당시 유럽에서 가장 발달된 두 상업 중심지를 연결할 수 있었다. 그 결과 알프스 서부를 통해 파리, 브루게, 이탈리아를 잇는 경로는 당대 유럽에서 두 번째로 중요한 정보의 통로로 자리를 굳혔다. 당대의 가장 거대한 교역 중심지인 베네치아와 뉘른베르크는 각각 알프스 산맥 남쪽과 북쪽에서 정보의 중심지로서 확고한 지위를 다졌다. 이 도시들이 인쇄술의 발명 후 시작된 새로운 정보 시대의 선구자가 된 것도 우연은 아니었다.

3장

최초의 뉴스 인쇄물

14세기와 15세기 유럽의 신흥 상업계에서 부(富)는 수많은 특권을 동반했다. 권세가들은 이전부터 오랫동안 드넓은 영토를 차지하는 호사를 누렸다. 이들은 넓은 사냥터를 소유했고 유럽의 가장 부유한 도시 한복판에 크고 아름다운 저택을 지었다. 이제 국제 무역 덕분에 그들은 저택을 호화로운 사치품으로 채울 수 있게 되었다. 그들에게 저택은 부를 드러내는 상징이었다. 그들은 정원을 만들고, 고급스러운 옷을 입고, 방을 태피스트리와 조각, 회화와 진기한 수집품, 유니콘의 뿔이나 보석 등 정교한 공예품으로 장식했다.

그들은 책도 모으기 시작했다. 유럽의 지적 문화의 발달에서 장서 수집의 유행은 매우 중요한 전환점이다. 그 전까지 책은 본질적으로 전문 저술가 계층을 위한 실용적인 도구였다. 따라서 수도원이나 새로운 대학의 교수들처럼 책이 필요한 사람들만 장서를 수집했다. 학생들도 책을 한두 권 소유할 수 있었지만 대부분은 원본을 빌려와 공들여 베껴 쓴 것이었다. 14세기가 되어서야 비로소 저택에 서재를 마련하는 것이 엘리트 문화의 중요한 한 요소가 되었다.

책과 학문은 르네상스의 새로운 문화에서 중대한 역할을 했다. 학자들은 지적 탐구와 문예 사조라는 흥미진진한 신세계를 경험하며 그 중심에서 잃어버린 고전을 재발견했다.[1] 유럽의 주요 상업 중심지인 이탈리아, 독일, 저지대 국가는 서적의 제작과 장식 분야에서 거래의 새로운 중심지가 되었다.

하지만 각 책들은 다른 필사본을 수기로 베낀 것이므로 이 시장의 성장 속도는 숙련된 필경사를 고용할 수 있느냐에 따라 제한되었다. 유럽 각지의 발명가들은 기계화를 통해 이 과정의 속도를 높이는 방법을 모색하기 시작했다. 인쇄술의 최초 발명가라는 영광은 10여 년 전 순례자를 위한 거울을 생산하던 세공업자, 독일의 요하네스 구텐베르크에게 돌아갔다.[2] 1454년 구텐베르크는 프랑크푸르트의 견본 시장에서 그의 걸작《성경》을 시험 인쇄한 일부 페이지를 대중에게 선보였다. 그는 똑같은 책을 180부 찍어낼 수 있었다. 유럽의 서적 수집가들은 구텐베르크의 성취가 얼마나 중요한지 재빨리 알아차렸다. 새로운 기술을 비밀리에 유지하려는 시도는 수포로 돌아갔다. 곧 유럽 곳곳의 장인들이 이 새로운 도서 제작 기법을 도입했다.[3]

최초의 인쇄공들은 실제로 매우 탁월한 인쇄 기술을 갖추었지만 시장에 내놓을 책을 선별하는 데는 상당히 보수적이었다. 최초의 인쇄서들은 필사본 도서 고객들의 취향을 그대로 반영했다. 구텐베르크의 성경 다음으로는 시편과 전례문*이 인쇄되었다. 이탈리아 최초의 인쇄공들은 인문주의자들의 지적 토대가 된 고전 문인들의 작품을 여러 판본으로 인쇄했다. 민법과 교회법의 표준 법률 문서, 중세의 의학서와 과학서도 새로운 시장의 주요 상품이 되었다. 아직은 인쇄술이 크고 비싼 책을 만드는 데만 이용되었다. 인쇄업자들은 이 새로운 발명품이

---

* 교회가 단체로 하느님과 그리스도, 또는 성인, 복자 들에게 하는 공식적인 경배 행위에 쓰이는 글.

뉴스 시장에서 어떻게 활용될 수 있을지 파악하기까지는 시간이 좀 걸렸다.

이러한 이유로 15세기 후반 뉴스의 역사와 새로운 인쇄 매체의 등장은 서로 큰 영향을 주지 않았다. 1453년 콘스탄티노플의 함락은 구텐베르크가 그의 새로운 발명품을 공개하기 직전에 일어났다. 향후 30년 동안 인쇄공들은 갑자기 유례없이 수많은 책으로 넘쳐나는 시장에서(이 모든 책이 주인을 만난 것은 아니었다) 새로운 질서를 확립하는 데 주력했다. 프랑스, 영국, 저지대 국가에서의 분쟁, 그리고 지중해 동부의 암운(暗雲)에 대한 뉴스는 대체로 전통적인 방식, 즉 서신 왕래와 여행자들을 통해 전파되었다. 1470년 네그로폰테의 함락과 1480년 로도스 공성전은 인쇄물이 의미 있게 사용된 당대 최초의 정치적 사건이었다.* 튀르크의 침략 위협에 전 유럽이 반응한 것이다. 교황은 로도스의 방위를 위해 협조해달라는 호소문을 인쇄하여 널리 배포했다.[4] 하지만 이것은 연못에 이는 잔물결에 불과했다.

인쇄 산업은 아직 전통적인 고객들을 위한 대형 서적의 생산에만 주력했을 뿐 당대 사건에 대한 보고에는 큰 관심을 두지 않았다. 인쇄업자들은 한 단계씩 새로운 시장으로 나아갔다. 먼저 인쇄공들은 소책자를 대량 판매용으로 싸게 인쇄함으로써 박리다매의 가치를 알게 되었다. 이후 대항해 시대에 접어들면서 신대륙 발견에 대한 뉴스를 배포하는 데 인쇄 기술을 시험해 보았다. 그러나 세계가 언론을 통해 처음으로 대규모 사건을 경험하게 된 일은 구텐베르크가 성경을 펴낸 지도 70년이 지난 16세기 초가 되어서야 일어났다. 바로 독일의 종교 개혁

---

* 1299년 아나톨리아 지역에서 건국된 오스만 제국, 즉 튀르크는 계속해서 영토를 확장해 15세기 말까지 발칸 반도와 아나톨리아 지방 대부분을 차지한다. 에게 해에 위치한 네그로폰테[현 에비아 섬]는 베네치아의 주요 군사 거점이 있던 곳으로, 1470년 오스만 제국의 공격을 받고 함락된다. 로도스 섬 또한 에게 해에 있는 섬으로 1480년 메흐메트 2세의 공격에는 버텼지만 1522년 쉴레이만 1세에 의해 결국 오스만에 함락된다.

이다.

　종교 개혁은 서구 기독교의 통합을 완전히 파괴해버린 강력한 변화의 도화선이 되었다. 또한 이 시기 동안 유럽의 초기 인쇄업자들은 당대의 사건을 보도하는 인쇄물이라는 완전히 새로운 대량 판매 시장의 가능성을 보았다. 이제 뉴스 시장은 완전히 달라지게 된다.

신앙의 매매

　　　　1472년 로마 최초의 인쇄업자 콘라트 스윈하임(Konrad Sweynheim)과 아르놀트 판나르츠(Arnold Pannartz)는 교황에게 도움을 호소했다. 그들의 출판사는 파산 직전에 있었다. 그 애처로운 호소문에 따르면, 그들의 인쇄소는 "아무 필요도 없는 인쇄 용지로만 가득했다."[5] 그때까지 놀랍게도 인쇄물을 2만 부나 제작했지만 전혀 팔리지 않은 것이다. 출판계 1세대 가운데 이들만 이러한 경험을 한 것은 아니었다. 최초의 인쇄공은 가장 중요한 고객들의 선호에 맞춰 인쇄할 텍스트를 선별했다. 예컨대 대학은 교과서를 원했고, 학자들은 인문주의자들이 찬미하는 고전 작품들을 찾았다. 그 결과 최초의 인쇄업자 중 많은 수가 같은 책을 인쇄하게 되었다.

　이때 이들은 재고를 어떻게 처분할지에 대해서는 거의 생각하지 않았던 것으로 보인다. 이때까지 필사본 시장은 인맥을 통해 유지되었다. 즉 필경사들은 자신이 만들고 있는 책이 누구의 손에 들어가게 될지 대체로 잘 알고 있었다. 하지만 이제 인쇄업자들은 유럽 전역에 흩어져 있는 알려지지 않은 구매자들에게 동일한 판본을 수백 부 팔아야 하는 문제에 직면했다. 이러한 유통과 유동성에서 예상치 못한 문제를 해결하지 못하면 인쇄업자들은 심각한 재정난에 빠졌다. 그 결과 최초의 인쇄업자 중 많은 수가 파산했다.

가장 기민한 업자들은 제도권의 믿음직한 고객들과 긴밀히 협력하는 데서 구제책을 찾았다. 바로 교회와 국가다. 15세기의 후반기 동안 많은 유럽 통치자는 정부의 일상적인 절차에서 일부를 기계화하는 실험을 하기 시작했다. 이로써 관료 사회는 인쇄물을 활용해 결정된 사항을 공표하기 시작했으며, 이는 새로운 정보 문화의 한 중요한 측면이 된다.[6] 그러나 1세대 인쇄공들에게 가장 중요한 고객은 역시 교회였다. 교회는 인쇄업자들과 계약을 맺고 수많은 기도서, 시편, 설교집, 그리고 면죄부 증서를 기계로 제작하기 시작했다.

면죄부에 대한 루터의 후기 비판에서 한 가지 역설적인 측면은, 면죄부가 매우 인기가 좋았을뿐더러 초기 인쇄 산업의 주축이기도 했다는 점이다.[7] 대사(大赦)* 신학은 수백 년 동안 진화해 14세기와 15세기에 비로소 성숙한 형태에 도달했다.[8] 기독교인은 회개하고 성지 순례를 떠나거나, 십자군 전쟁 또는 교회 건물 축조에 기부금을 내는 등 경건한 행위를 한 대가로 죄에 따른 벌을 탕감받았다. 이러한 신앙의 실천은 연옥에 대한 교리와 밀접한 관련이 있는데, 이 교리에서는 대사의 기간(보통 40일)까지 정확히 정해져 있다. 기부에 대한 인증으로 보통 영수증이나 증명서가 발급되었는데, 처음에는 이들 증서를 양피지나 종이에 손으로 썼다.

이때 수령자의 이름과 기부 금액을 적을 수 있는 빈칸을 남겨두고 그 외의 약관이나 세부 사항 들을 인쇄할 수 있다면, 이러한 증서를 손으로 쓰는 데 드는 노고를 크게 줄일 수 있을 것이었다. 그리고 이러한 아이디어는 독일 전역에 빠르게 퍼졌고, 곧 독일 어디에서나 인쇄기로 찍은 면죄부 증서를 찾을 수 있었다. 인쇄업자에겐 이보다 이상적

책의 역사 ㅣ

---

* 교황이 내리는, 종교적 죄의 처벌에 대한 '사면권.'

3.1 구원의 거래. 레몽 페로(Raymond Pérault)의 위대한 세 번째 독일 원정의 일환으로 1502년에 출판된 면죄부.

인 의뢰는 없었다. 증서는 대개 짧고 간단한 문장 몇 줄로 이루어졌으므로 쉽게 판을 만들어 찍어낼 수 있었고, 증서 전체가 단면인 종이 한 장이었으므로 정교한 기술도 필요하지 않았다. 결정적으로 면죄부는 초기 인쇄업자들을 파산에 이르게 했던 복잡한 유통 문제를 일으키지 않았다. 인쇄업자는 보통 주교나 지역 교회와 같이 단일한 고객에게 주문을 받아서 작업에 착수했고 그 사본을 배포하는 것은 고객의 일이었다. 인쇄업자는 작업물을 인도하는 즉시 대금을 전액 지급받았다.

이 사업의 규모는 엄청났다. 인쇄 1세대인 15세기 동안 제작된 인쇄물 가운데 오늘날까지 남아 있는 인쇄물 2만 8천 부 중에서 대략 2천 5백 부는 한쪽 면만 인쇄된 한 장짜리 인쇄물(시트 또는 대판지)이었고 그 중 3분의 1은 면죄부였다. 게다가 면죄부 증서는 일반 판형보다 조금 더 큰 종이에 인쇄되었다. 최초의 책은 한번 판본을 제작하면 약 300부를 찍을 수 있었고 15세기 말에도 500부가 한계였다. 그러나 면죄부의 경우에는 5천 부, 2만 부, 심지어 어떤 경우에는 20만 부까지 찍을 수 있었다.[9] 이는 수익성이 너무나 좋은 작업이라 인쇄업자들은 종종 다른 주문은 중단하거나 제쳐놓고 이 작업부터 먼저 진행했으므로 문인들에게 원성을 듣기도 했다. 구텐베르크 또한 비록 좀 더 야심 찬 계획을 가지고 있긴 했지만 다른 여러 인쇄공과 마찬가지로 면죄부를 인쇄했다.[10]

이러한 종류의 소모적 인쇄물은 특성상 버려지기 쉬웠으므로 초기 인쇄물 중 상당수가 지금은 남아 있지 않다. 이때 사라진 출판물 일부는 당시의 기록 자료 목록에서만 찾아볼 수 있다. 이러한 점들을 고려할 때, 15세기 말까지 인쇄공이 찍은 면죄부 증서는 대략 3백만~4백만 부 정도가 되리라고 추정할 수 있다. 인쇄업자들은 면죄부 의뢰를 매우 반기고 생명줄처럼 여겼다.

면죄부는 또 다른 인쇄물도 출현시켰다. 구텐베르크의 초기 출판물 중에는 '튀르크에 대한 전 세계 기독교국의 경고(Eyn manung der cristenheit widder die durken)'라는 표제를 가진, 이른바 '튀르켄칼렌다르(Türkenkalender)'로 불리는 6장짜리 팸플릿이 있다.[11] 1455년의 달력을 가장한 이 팸플릿에는 교황과 황제에게, 그리고 독일국에 공동의 적에 맞서 무장하기를 촉구하는 일련의 구절이 실려 있었다. 이듬해 교황 갈리스토 3세는 모든 기독교국에 직접 또는 금전석 기부를 통해 십자군에 동참하기를 호소하는 칙서를 선포했다. 이 칙서의 독일어 번역본은 14장짜리 팸플릿으로 출판되었다.[12]

이들 팸플릿은 소식을 전하는 중요한 기능도 가지고 있었다. 오스만 제국의 침략에 맞서기 위해 끊임없이 이루어진 십자군 출정 요구 등 국제적 사건을 위한 기금 마련 팸플릿은 광범위한 대중에게 먼 곳에서 일어나는 사건들을 알리는 역할을 했다.[13] 이러한 출판물들은 일반적으로 이탈리아에서 제작되었지만 지리적으로 상당히 먼 지역까지 퍼져나갔다. 베사리온(Bessarion) 추기경의 출정 호소문은 프랑스에서 출판된 첫 번째 책들 중 하나였다.[14] 스칸디나비아에서 출판된 첫 번째 책은 기욤 카우르쟁(Guillaume Caoursin)의 《로도스 공성전 해설서(Obsidionis Rhodiae Urbis Descriptio)》(1480)였다. 2년 후, 튀르크 십자군 원정에 대한 전대사 칙령의 설명이 출판되었고 이는 스웨덴어로 출판된 최초의 책이었다.[15]

레몽 페로 추기경은 이 새로운 모금 복음주의의 독보적인 전도사였다. 불굴의 설교자이자 팸플릿 작성자인 페로는 1488년부터 1503년까지 유럽 북부에서 세 차례에 걸쳐 대규모 기금 모금 운동을 이끌었다. 페로는 방문한 마을마다 큰 규모의 설교회를 주최했고, 그렇게 모금된 금액은 신중하게 조율된 공식에 따라 교회와 지방 당국이 서로 나누어 가졌다. 또한 페로는 이러한 캠페인 중 대판형과 팸플릿 형태로 어마어마한 양의 출판물을 배포했다.[16] 정보와 간곡한 권고, 그리고 흥밋거리가 두루 섞인 이 출판물은 오늘날의 선거 안내 책자와도 많이 닮아 있다.[17]

페로는 위풍당당하게 마을에 들어섰다. 그의 방문에 앞서 그가 곧 도착한다는 것을 알리며 설교 이유를 담은 출판물이 보통 배포되었다. 페로가 군중에게 경건한 신심을 보일 것을 설파하고 난 후 기부자들은 기부액과 약속된 감벌을 명시한 면죄부 증서를 받았다. 조금 더 자세히 알아보고 싶은 사람은 그 자리에서 페로의 설교집을 사서 볼 수도 있었다.

페로가 그 모든 곳을 다 방문할 수는 없었으므로 어떤 지역에서는 대리인들이 캠페인을 주도했다. 스웨덴에서는 네덜란드인인 안토니우스 마스트가 면죄부 2만 부를 가져가 캠페인을 이끌었고, 핀란드에서는 미카엘 포야우디가 6천 부를 가져갔다.[18] 이러한 언론 캠페인은 전 세계 기독교인이 먼 곳에서 일어나는 중대한 사건에 책임감을 느낄 수 있도록 세심하게, 그리고 고도로 정교하게 조율되었다. 그것은 또한 인쇄술의 잠재적 영향력을 처음으로 확인하게 된 계기이기도 했다.

그 위대한 설교를 현장에서 직접 본 사람들은 큰 감명을 받곤 했다. 이는 출판의 역사에서도 매우 중요한 사건이다. 많은 유럽인에게 면죄부 증서는 그들이 처음으로 소유한 최초의 인쇄문이었을 것이다. 초기 인쇄업자의 다소 보수적인 움직임과는 대조적으로, 이러한 기금 모금 운동은 인쇄업계에 새로운 매체의 가능성을 부각했다. 즉 면죄부 설교와 관련된 출판 사업의 기회를 확인한 출판업자들이 드디어 저가 인쇄의 가치를 깨달은 것이다. 그것은 한 세대 후 종교 개혁이 도래하면서 온 독일을 집어삼킨 언론 폭풍을 예비하는 실질적인 예행 연습이었다.

신세계

1493년 2월 18일, 포르투갈 아소르스 제도의 한 섬에 부서진 작은 배 한 척이 정박했다. '니냐'라는 이름을 가진 이 배에는 대서양을 가로지르는 최초의 항해를 막 끝내고 돌아온 제노바의 탐험가 크리스토퍼 콜럼버스가 타고 있었다. 세계사에서 또 다른 중요한 전환점 중 하나인 아메리카 대륙의 발견이 이루어지던 바로 그 시기에, 유럽인들은 이제 막 뉴스 매체로서 인쇄술의 잠재력에 눈뜨기 시작했다.

콜럼버스가 스페인에서 출항한 1492년 바로 그 해에 알자스 지방의 엔시스하임이라는 마을 근처에 거대한 유성이 떨어졌다. 독일의 진취적인 풍자 시인 제바스티안 브란트(Sebastian Brant)는 이 사건을 묘사하는 시를 쓰기도 했다. 이후 독일의 여러 출판사가 하늘을 가로지르는 유성을 새긴 목판화와 함께 이 시를 인쇄했다. 이 대판형 뉴스는 엄청난 인기를 끌었고, 몇몇 판본은 지금도 남아 있다.[19]

아메리카 대륙의 발견은 전혀 다른 차원의 문제였다. 이 사건은 장기적으로 엄청난 양의 금과 향신료를 발견할 수 있으리라는 기대를 실현시키면서 유럽 경제에 변혁을 가져왔다. 단기적으로는 포르투갈과 카스티야-아라곤*이라는 양대 군주국이 대서양 반대편의 지배권을 두고 서로 경쟁하게 된다. 몇 년 후 포르투갈인들은 아프리카의 남쪽 끝을 돌아 동양의 향신료 시장과 유럽 시장을 연결함으로써 역사적인 탐험을 훌륭하게 마무리한다.

당시 유럽의 뉴스 시장에서는 아메리카의 발견보다 포르투갈의 항해를 더 중대한 뉴스거리로 간주했으며, 세 차례에 걸친 콜럼버스의 대항해는 아직 진정한 영향력이 드러나지 않았다. 그럼에도 콜럼버스에 대한 대중의 반응을 살펴보면, 뉴스 시장 자체가 변화하던 시기에 대중이 이러한 대사건을 어떻게 받아들였는지 확인할 수 있다.

콜럼버스는 아소르스 제도에 상륙하기 이전부터 항해 일지를 세심히 관리해야 한다는 사실을 매우 잘 알고 있었다. 그는 아시아의 향신료 시장으로 향하는 서쪽 항로를 찾게 되면 가장 값비싼 보상을 얻게 되리라는 언약과 함께 유럽을 떠났다. 해군 제독으로서 콜럼버스와 그의 상속인들은 세습 지배권과 더불어 새로 발견한 땅에서 나오는 수익의 10분의 1을 얻는다는 조건으로 후원을 받았다.

그의 배는 대양을 건넜지만 그 끝에서 그가 발견한 것이 무엇인지는 분명하지 않았다. 콜럼버스는 자신이 찾은 항로가 아시아로 향하는 항로인지 입증할 수 없었고, 부에 대한 전망도 명확히 제시하지 못했다. 신대륙에서 데려온 앵무새와 선주민 포로는 뭔가 새로워 보였지만 약속했던 황금과 향신료를 대신하기에는 충분치 않아 보였다.

심지어 콜럼버스는 이사벨 1세와 페르난도 2세에게 보고하러 가는

1부 뉴스 발행의 시작

---

* 현대의 스페인. 콜럼버스를 후원한 이사벨 1세는 카스티야 왕국의 군주다.

길에 원치 않게 포르투갈인들과 두 번째 마찰을 겪어야만 했다. 콜럼버스는 아소르스 제도에서 선원들을 간신히 구출한 후 리스본 항구로 대피할 수밖에 없었다. 이전에 콜럼버스의 제안을 거절한 적 있는 포르투갈 왕이 그를 소환했다. 콜럼버스가 대답하기 곤란한 질문을 받게 되리라는 점은 명백했다. 그의 항해가 올린 개가가 무엇이었는지 이제 포르투갈 왕도 분명히 이해하고 있을 것이기 때문이다.

콜럼버스는 이 어색한 만남을 가지기에 앞서 사전 조치로, 바르셀로나에 있는 왕가의 후원자들에게 그의 발견에 대한 보고서를 보냈다. 다행히도 포르투갈의 수도에서 배를 고치고 다시 항해할 수 있도록 허가를 얻은 후에는 카디스 인근의 스페인 항구 팔로스에서 보고서의 두 번째 사본을 발송했다. 두 보고서는 모두 바르셀로나에 무사히 도착했지만, 사실 이 소식은 핀타호의 선장 마르틴 핀손(Martin Pinzon)이 보낸 전령 덕분에 이미 알려진 이후였다.

핀타호는 콜럼버스가 탄 니냐호가 폭풍우를 만나 아소르스로 휩쓸려갈 때 제독의 배에서 떨어져나와 스페인 북부에 상륙했다. 여기서 핀손은 육로를 통해 왕실로 전갈을 보내, 항해에 관한 이야기를 직접 전달할 수 있도록 왕궁을 방문해도 될지 허락을 구했다. 하지만 왕실은 보고 임무가 콜럼버스의 권한이라며 이를 거부했다. 이제 콜럼버스는 승리의 기념 축제가 벌어지고 있는 바르셀로나로 소환된다.

콜럼버스가 이사벨과 페르난도를 접견하고 몇 주 후, 그의 보고서 필사본이 왕궁에 배포되었다. 얼마 지나지 않아 스페인어로 번역된 인쇄물이 바르셀로나에서 출간되었다. 이와 거의 동시에 바야돌리드*에서 콜럼버스가 쓴 서신의 사본이 인쇄되었다. 'Epistola de insulis nuper inventis(최근 발견한 섬에서 부치는 편지)'라는 제목의 이 라틴어 서신을 토

---

* 당시 카스티야 왕국의 수도로 카스티야 왕국의 여왕 이사벨 1세와 아라곤 왕국의 페르디난드가 이곳에서 결혼식을 올렸다.

대로 만든 책이 로마, 알프스 북쪽의 바젤, 파리, 그리고 안트베르펜 등지에서 신속히 출간되었다. 이 서신은 줄리아노 다티(Giuliano Dati)에 의해 이탈리아어로도 번역되었는데, 이 역시 엄청난 인기를 끌고 그해 말까지 세 번째 판이 출간되었다.[20]

콜럼버스는 그 모든 망상과 헛된 야망에도 어딘가 뛰어난 사람이긴 했다. 그는 거의 본능적으로 항로를 차트로 기록함으로써 이 경로가 대서양을 횡단하는 데 가장 효율적인 항로임을 입증했다. 그는 홍보에도 굉장히 능한 것으로 판명되었다. 최초의 항해를 여덟 쪽짜리 팸플릿에 쏙 들어가도록 요약한 이 항해록은 간결함에서 거의 걸작이라 부를 만하다. 그러나 콜럼버스의 항해록이 상업적으로 성공을 거두었다고 해서 그의 발견이 당대의 인식에 큰 영향을 미쳤으리라고 과대평가해서는 안 된다.

로마에서 팸플릿이 인쇄된 1493년 4월 29일 이전에도 그의 항해 소식은 필사본 형태로 최소 일곱 개 이상의 도시에 퍼져 있었다.[21] 구두 보고의 형식을 띤 이 필사본 서신은 초기의 여론 형성에 가장 큰 역할을 한 것으로 보인다. 콜럼버스는 적어도 공개적으로는 자신이 발견한 땅이 아시아라는 견해를 고수했고, 따라서 자신은 계약 조건을 이행했으므로 보상을 받을 자격이 충분하다고 주장했다. 다른 사람들은 그런 의견에 좀 더 회의적이었다.

왕궁에서 콜럼버스가 친분을 쌓은 사람 중에는 그 자신도 책을 써서 신항로 발견의 의의를 알린 사람이 두 명 있었는데, 바로 피에트로 마르티레 당기에라(Pietro Martire d'Anghiera)와 젊은 바르톨로메 데 라스 카사스(Bartolome de Las Casas)**다. 또한 콜럼버스는 리스본에 상륙한 후,

---

** 스페인의 사제로 콜럼버스의 두 번째 항해에 동행해 식민지에 정착한다. 이후 스페인인들이 원주민에게 저지르는 잔혹 행위를 고발하는 책을 쓰는 등 원주민의 인권을 보호하는 활동을 한다.

희망봉 주위를 최초로 항해한 포르투갈의 베테랑 바르톨로뮤 디아스 (Bartholomeu Dias)와도 친분을 맺게 되었다. 이들은 콜럼버스가 뭔가 대단한 일을 했다는 사실은 인식했지만, 그가 아시아로 향하는 항로를 찾아냈다는 주장은 미심쩍어했다. 콜럼버스의 왕실 후견인들이 보낸 공식 서한에서도 이러한 의구심을 찾아볼 수 있다. 인사말에 "그대가 인도 제도에서 발견한 섬"이라는 더 모호한 표현을 사용한 것이다.

이러한 의혹에도 콜럼버스의 열정은 수그러들지 않았으며, 곧 왕복 항해 계획을 발표했다. 그는 별 어려움 없이 선원 1500명을 모집한 후 1493년 9월, 함대 17척을 거느리고 출항했다. 하지만 이 항해에는 엄청난 이해관계가 걸려 있었다. 서쪽 항해가 가진 잠재력 때문에 스페인과 포르투갈은 시급히 영토 분쟁 문제를 해결해야만 했다.

1494년 이미 히스파니올라로 돌아온 콜럼버스는 이사벨 여왕의 편지에서 토르데시야스 조약*이 체결되었다는 소식을 접한다. 이 시점에 이미 다른 배들이 독립적으로 대서양을 항해하기 시작했다는 사실도 콜럼버스에게 문젯거리를 안겼다. 이제 뉴스를 관리하기는 더욱 어려워졌다. 새로운 정착지에서 계속 커져가는 혼란에 환멸을 품은 선원들은 이 소식을 곧바로 스페인에 전달했다. 두 번째와 세 번째 항해는 왕실에서 막대한 투자를 받았으므로 더는 콜럼버스가 아시아에서 황금을 가져오지 못할 이유도 없다는 인식이 생기기 시작했다. 1496년 말 두 번째 항해에서 돌아온 콜럼버스는 공식 조사 위원회로부터 문책을 받았다. 세 번째 항해 중에는 직위를 빼앗기고, 1500년에는 쇠사슬에 묶인 채 스페인으로 돌아왔다.

이처럼 상황이 역전된 가운데서도 그의 초기 지지자들 중 많은 수가 신의를 지켰다. 피에트로 마르티레 당기에라는 영향력 있는 친구였다.

---

* 스페인과 포르투갈 사이에 대서양 및 태평양 상에 새로운 분계선을 정한 기하학적 영토 분할 조약.

그는 1494년 11월에 보낸 서신에서 오늘날까지도 통용되는 표현을 사용했다. 바로 "콜럼버스, 신세계의 발견자"다. 이후 대중도 이 표현을 사용하기 시작했고, 몇 년 후 당기에라가 신세계 발견에 대한 저서《신세계에서(De orbis novo)》를 출간한 후에는 더욱 유명해졌다.

그러나 그 이후의 항해는 서신이나 출판물에서 더는 이전처럼 반향을 일으키지 않았다. 실용을 중시하는 상업계에서는 아시아로 향하는 서쪽 항로를 찾는 데 실패했다고 보고 아메리카에 대한 관심도 식어버렸다. 금융 및 상품 시장에 더 큰 동요를 일으킨 것은, 앞에서도 설명했듯이 포르투갈인들이 1499년과 1501년에 케이프 항로를 통해 엄청난 양의 향신료를 가져왔다는 뉴스였다.[22]

1502년 아메리고 베스푸치(Amerigo Vespucci)의 브라질 연안 탐험은 신대륙 발견에 관해 결정적인 증거를 제공했다. 베스푸치 또한 자기 홍보에 상당한 재능이 있었다. 포르투갈의 후원 아래 수행한 이 항해에 대한 기록은 재빨리 여러 언어로, 그리고 여러 판본으로 출판되었다.[23] 흥미롭게도 이 항해록은 독일에서 여행기로서는 최초로 큰 성공을 거두며 8개 이상의 도시에서 독일어 번역으로 출판되었다. 이는 베스푸치의 탐험이 콜럼버스의 이전 경우와는 상당히 다르게 받아들여졌음을 의미한다.

콜럼버스가 달성한 최초의 대항해는 정치적 함의를 중심으로 논의되었으므로, 특히 스페인 출신의 교황 알렉산데르 6세가 개입해 스페인과 포르투갈 사이의 영토 분쟁을 해결 중이던 이탈리아에서 큰 관심을 끌었다.** 포르투갈 왕실은 콜럼버스의 놀라운 업적에 대한 소식을 가장 먼저 접했으나 이를 공개적으로 알리지는 않았다. 그들에게 득이 될 게 없었기 때문이다. 반면 페르난도와 이사벨, 그리고 로마의 알렉

** 이 분쟁의 결과로 나온 것이 토르데시야스 조약이다. 이 조약에 따라 카보베르데 섬 서쪽의 서경 46도 지점을 기준으로 동쪽은 포르투갈이, 서쪽은 스페인이 차지하게 된다.

산데르 교황은 콜럼버스의 성공을 대대적으로 알렸다. 그럼에도 콜럼버스의 첫 번째 항해록은 알프스 북쪽에서는 이상할 만큼 반응이 없었다. 이 지역에서는 새롭게 부상하던 합스부르크 왕가와 스페인 왕실의 결합*으로 더욱 강해진 스페인의 야심에 다소 양가적인 태도를 취했다. 포르투갈의 성공 소식이 프랑스와 독일에서 더 환영받았던 배경에는 정치적 이유도 있었던 것이다(포르투갈은 프랑스의 전통적인 동맹이자 스페인의 확장을 저지하는 평형추였다).

16세기 전반에 걸쳐 신대륙의 식민지화에 관한 출판물이 급증한다. 스페인이 새로 차지한 땅의 전모가 드러나기 시작하면서 점차 확대된 대서양의 지정학에 유럽 북부의 강대국들도 뛰어들게 되었다. 그런 점에서 콜럼버스의 첫 항해 일지는 15세기 말 뉴스 시장의 흥미로운 한 단면을 보여준다. 콜럼버스와 그의 후원자는 스페인과 이탈리아로 첫 소식을 전할 때 주로 서신을 이용했다. 이때까지 서신은 양적으로는 물론 질적으로도 지역을 초월해 뉴스를 배포하는 가장 중요한, 그리고 가장 빠른 매체였다. 서신은 정보가 필요한 바로 그 사람에게 가장 빠르고 정확하게 정보를 제공했으므로, 비록 제한적으로 배포되었지만 신뢰도는 매우 높았다.[24]

당시 인쇄물은 다른 역할을 맡았다. 인쇄물이 전달하는 뉴스는 더욱 광범위한 대중에게 도달하며, 더는 기밀 정보도 아니었다. 뉴스에서 제시되는 정보는 보통 어떤 중요한 사건이 끝난 후 대중의 논쟁거리가 된 경우가 많았다. 1470년 네그로폰테의 함락 이후 배포된 인쇄물들이 대표적인 예다.[25] 이 사건은 인쇄물을 통해 널리 보도된 최초의 뉴스 사건들 중 하나로, 지중해 동쪽에 있는 베네치아의 주요 요새 한 곳이 튀르크의 손에 넘어갔다는 소식이 전해진 후 짧은 논평이 쏟아져 나

뉴스의 탄생

* 스페인의 이사벨 1세와 신성로마제국 합스부르크의 막시밀리안 1세는 프랑스를 견제하기 위해 1494년 자녀들을 혼인시키고 혼인 동맹을 맺는다.

왔다.

하지만 이 사건을 인쇄물을 통해 처음 알게 된 독자는 거의 없었다. 요새가 위험에 처했다는 사실은 이미 잘 알려져 있었고, 결국 함락되었다는 소식은 서신과 입말을 통해 베네치아에서 이탈리아 전역으로 빠르게 전해졌다. 여기서 뉴스 팸플릿은 정치적 책임에 대해 신랄한 논쟁에 불을 지피는 데 한몫했으며, 이탈리아의 열렬한 인문주의자들이 이 당대의 비극을 소재로 삼아 문학적 기량을 뽐낼 공간을 제공하기도 했다.

이러한 초기 간행물들은 이따금씩 출판되는, 비정기적인 매체였다. 아직은 의사 결정권자가 이러한 간행물만으로 중요한 결정을 내릴 만큼 정보의 흐름이 일정하지 않았다. 콜럼버스가 첫 항해에서 돌아왔을 때는 뉴스 매체로서 인쇄물이 가진 최대의 가능성이 이제 막 인정받기 시작했다. 확고한 뉴스 매체로 자리 잡으려면 그다음 일어난 중요 사건인 종교 개혁까지 기다려야 한다.

비텐베르크의 나이팅게일

사실 종교 개혁은 성공하지 못할 이유가 더 많았다. 마르틴 루터는 혁명가가 될 법한 사람은 아니었다. 그는 가톨릭교회에서 탄탄한 경력을 쌓은 보수적인 중년의 학자였다. 그가 자신의 재능을 키우고 보답해준 기관인 교회를 존경하지 않을 이유는 없었다. 그 또한 자기 자신을 확실히 독실한 가톨릭 신자로 생각했다. 면죄부 논쟁에서 자신의 결정을 완강히 고수함으로써 가톨릭 지도부와 돌이킬 수 없는 대립으로 치달았을 때, 그는 유럽 최강의 조직이 전력을 다해 그에게 맞서고 있음을 깨달았다. 루터의 혁명은 거기서 끝났을 수도 있었다.

이 불명예스러운 수사(修士)는 교회에서 쫓겨나고 투옥되어 곧 잊혔을 것이다.

루터를 구한 것은 '관심'이었다. 그는 면죄부에 반박하는 95개조 반박문을 작성한 후 지역 주교 알브레히트와 마인츠 선제후, 마그데부르크 대주교 등 이후 논쟁 상대가 될 여러 유력 인사에게 사본을 보냈다. 95개조 반박문은 바로 인쇄되었고 뉘른베르크와 아우크스부르크의 지식인들 손에 들어갔다.[26] 여기서부터 루터가 면죄부를 맹렬히 비난했다는 소식은 유럽 북부 전역에 빠르게 퍼졌다.

이것은 전혀 예상치 못한 일이었다. 독일 제국의 북동쪽 변두리에 위치한 작은 마을인 비텐베르크는 어떤 면에서 봐도 중요 뉴스의 발생지로 주목을 받긴 힘든 곳이다. 비텐베르크는 독일의 주요 통신망에서 멀리 떨어져 있었으므로, 루터는 반박문을 발표한 후 몇 년간 그것이 어떠한 파문을 일으켰는지 완전히 파악하지는 못했을 것이다. 루터와 그의 친구 필리프 멜란히톤(Philip Melanchthon)은 비텐베르크에서는 소식을 얻기가 어렵다고 불평하기도 했다.[27] 교황의 반응이 느렸던 데도 로마의 가톨릭 당국이 비텐베르크 같은 벽지에서 벌어진 소동에 큰 의미를 부여하지 않은 탓도 일부 있었을 것이다.

루터의 맹렬한 비판이 대중 사이에 퍼지기 시작한 후, 사건이 전개되는 단계마다 대중들의 전례 없는 관심이 쏟아졌다. 유럽의 식자층들은 서신의 종지부에 루터가 로마 가톨릭에 대한 비판을 강화했다는 소식, 그를 굴복시키기 위한 불길한 조치 등을 항상 전했다. 에라스뮈스는 루터에게 매료되었고, 마찬가지로 돈에 물든 타락한 중세 가톨릭에 대한 비판 의식에서 처음에는 루터의 의견에 동조하는 경향을 보였다.[28] 하지만 루터가 더 광범위한 대중에게 도달할 수 있었던 것은 인쇄물 덕분이었고, 결국 이것이 그의 목숨을 살리게 된다.

루터가 취한 첫 번째 결정적인 조치는 면죄부에 대한 반박문을 옹호

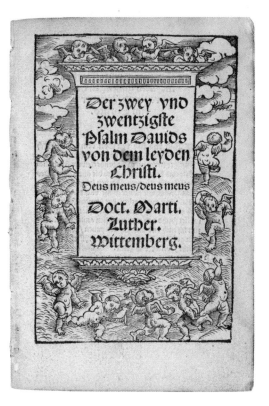

3.2 루터라는 브랜드. 루터가 발행하는 팸플릿이 점점 더 원숙해지면서 이러한 팸플릿이 판매되는 데 어떤 요소가 가장 중요한지 부각되기 시작했다.

하는 설교를 학술 토론의 언어인 라틴어가 아닌 독일어로 발표했다는 것이다.[29] 이로써 논쟁이 폐쇄적인 신학자 무리를 넘어 더 넓은 대중 사이에 확산되면서 루터는 가톨릭 비판가들에게 도전장을 내밀 수 있었다. 1518년까지 루터는 독일에서 책을 가장 많이 판 저자였다. 1520년부터 1521년까지 마침내 교황이 파문을 선언하고 새로운 황제 카를 5세가 이를 승인했을 무렵, 루터는 이미 출판계의 간판 스타였다. 그의 글은 유럽의 인쇄 산업에 대대적인 변화를 가져왔다.

종교 개혁은 유럽에서 처음으로 대중 매체를 통해 보급된 사건이었다. 루터의 가르침에 대한 이해를 돕기 위해 제작된 책과 팸플릿도 상당히 놀라운 수준이었다. 1518년에서 1526년 사이에 시판된 종교 서적은 대략 800만 부에 이르는 것으로 추산된다.[30] 이는 거의 독점 시장으로, 논쟁과 관련된 서적 중 90퍼센트 이상이 루터와 그의 지지자들 편에서 제작된 것이었다.

또한 종교 개혁은 그간 어려움을 겪고 있던 인쇄업계에 생명줄을 던져주었다. 15세기 최초의 인쇄업자 대다수가 파산한 이후 출판 인쇄업자는 크게 줄어들었다. 1500년까지 유럽에서 출판된 서적 중 약 3분의 2는 베네치아, 아우크스부르크, 파리 같은 주요 상업 중심지 12곳에서 출판되었다. 출판 산업은 주로 대형 서적의 출판과 판매가 이루어지는 사이에 오래 지체되는 기간 동안 재정 지출을 감당할 만큼 든든한 자금원을 확보한 거대 출판사가 주도했다. 이전에는 출판한 책으로 이윤을 남기기 위해 고군분투하던 독일의 출판업자와 서적상은 루터 논쟁으로 이제 새로운 전망을 확인하게 되었다. 종교 개혁과 관련된 책은 이전에 출판된 책과는 상당히 달랐기 때문이다. 루터와 그 지지자들의 책은 대부분 짧았다. 반면 당시 독일에서 출간되는 책들은 대부분 다른 나라의 학술계와 교류하기 위한 용도였으므로 라틴어로 작성되었다.

짧은 책들은 독일의 현지 시장에서 빠르게 팔려나갔다. 이런 책들은 상대적으로 자본이 덜 들어간 소규모 인쇄소에는 이상적인 상품이었다. 그 결과 종교 개혁 이후 독일에서는 50개가 넘는 도시에서 인쇄소가 다시 운영되거나 새로 문을 열었다. 비텐베르크는 이제 인쇄의 중심지가 되었다.[31]

종교 개혁은 책의 디자인에도 실질적인 영향을 미쳤으며, 이후 뉴스 팸플릿의 제작에 크게 기여했다. 이러한 디자인 혁신의 대부분은 비텐베르크에서 시작되었다. 이런 점에서도 루터는 운이 좋았다. 후원자인 현공(賢公) 프리드리히(작센의 프리드리히 3세)는 당대 유럽의 유명한 화가 중 한 명인 루카스 크라나흐(Lucas Cranach)를 비텐베르크로 불러오는 데 성공했다.

크라나흐는 뛰어난 화가이자 이례적일 정도로 기민한 사업가였다.[32] 그는 도판소와 목판용 각판을 제작하는 사업장을 운영했는데, 이 모두는 비텐베르크에서 초기 출판물을 제작하는 데 이용되었다(이후 루터가 면죄부를 비판했다는 점에서 보면 역설적이지만, 이때의 출판물 중에는 프리드리히가 수집한 성유물의 목록도 있었다). 크라나흐는 죽는 날까지 가톨릭교회가 의뢰한 작업을 기꺼이 수행했지만, 그는 루터를 일찍이 열렬히 후원한 초기 후원자 중 한 사람이기도 했다. 크라나흐의 비텐베르크 도판소는 곧 루터의 대의명분을 알리는 데 중요한 역할을 하게 되었다.

이상주의적인 설교자에서 원숙한 주교까지 루터가 걸어온 이력의 여러 단계를 인상적으로 표현함으로써 루터의 상징이 된 인물화를 제공한 사람도 크라나흐였다.[33] 크라나흐가 밑바탕을 그린 목판 초상화 덕분에 루터는 곧 유럽에서 가장 잘 알려진 얼굴이 되었다. 이 초상화에서는 루터를 깊은 영감으로 가득한 신의 단독자로 표현함으로써 그의 신비로운 아우라를 형성하는 데 큰 역할을 했다. 지배 계급 이외의 사람들은 초상화로 거의 그려지지 않던 시대에, 이 초상화는 루터를 유명하게 만들고 그의 영향력을 드높였다.

1521년 황제 카를 5세의 부름을 받고 보름스 회의에 참석하기 위해 향하던 중 루터는 이미 유명 인사로서 환대를 받았으며, 그를 보려고 군중이 몰려들었다. 루터의 인기가 너무 높았기 때문에 황제는 황실 고문의 조언을 따를 수 없었으며, 콘스탄츠 공의회에서 얀 후스(Jan Hus)*를 다루었던 것처럼 신변 보호 약속을 철회하고 루터를 체포한 후

---

* 체코의 종교 개혁자로서 성서를 유일한 권위로 강조하고 고위 성직자들의 세속화를 강력히 비판하였다. 또한 체코 민족 운동의 지도자로서 보헤미아의 독일화 정책에 저항했다. 1414년 콘스탄츠 공의회에 소환되어 화형에 처해졌다.

이단자로 처형할 수 없었다.

비텐베르크로 안전하게 돌아온 루터는 미친듯이 글을 쓰고, 설교하고, 출판하는 일을 이어갔다. 루터의 작업은 당시 크라나흐의 목판 제작 기술에 힘입어 상당한 수준으로 디자인의 일관성을 달성하며, 점차 세를 불려가던 비텐베르크의 출판업자들을 중심으로 공유되었다. 종교 개혁 팸플릿, 또는 당시 명칭으로 '플루그슈리프텐(Flugschriften)'은 대부분 짧은 글에 알맞은 4절판(quarto) 형식(대략 20×8센티미터)으로 제작되었다. 쪽수는 보통 8쪽 정도밖에 되지 않았으며 20쪽을 넘어가는 경우는 거의 없었다.

이러한 팸플릿은 처음에는 아무런 장식 없이 기능적이었지만, 루터의 명성이 높아지면서 독일의 인쇄업자들은 점점 더 자신감을 가지고 그들의 가장 큰 자산을 활용하기 시작했다. 겉표지에서 루터의 이름은 제호에서 살짝 떨어진 곳에 위치했으며, 속표지의 텍스트는 화려한 목판화 프레임으로 둘러쌌다. 이것은 루카스 크라나흐의 도판소가 팸플릿 디자인에 끼친 결정적인 영향이며, 이후 비텐베르크 플루그슈리프텐만의 독특한 상징이 되었다.[34] 서점에 놓인 여러 책 중에서도 이러한 장식이 보이면 루터의 저작물을 바로 찾아낼 수 있었던 것이다.

크라나흐의 디자인은 단번에 눈길을 끌 만큼 아름다웠다. 신의 종복이 하신 말씀을 기리기 위해 축소판으로 만들어진 예술 작품이었다. 종교 개혁 팸플릿의 성공으로 인쇄업자와 서적상은 또한 '브랜드 정체성'을 형성함으로써 큰 이윤을 얻었으며, 연속 간행물의 발전을 향해 중요한 한 걸음을 내딛었다. 당시 고객들은 팸플릿을 묶어 즉석 문집을 만들기도 했는데, 이러한 문집은 오늘날에도 상당히 많이 남아 있다.

노이에 차이퉁

통신의 역사에서 종교 개혁은 신학 논쟁이 정치적 사건으로 비화된 과정, 루터가 넓은 대중에게 지지를 끌어낸 속도, 인쇄업계가 상업적 기회를 개척하는 과정에서 보여준 열의 등 여러 측면에서 새로운 길을 제시한 놀랄 만한 사건이었다. 그 결과 종교 개혁은 거의 서방 교회만큼이나 출판업계에도 심층적인 영향을 끼쳤다.

종교 개혁의 결과로 독일에서는 방대한 양의 책이 출판되기 시작했고 책의 분량도 계속해서 늘어났다. 그러나 어느 순간 불씨는 사그라들고, 종교 개혁 논쟁을 집중적으로 다룬 신간도 줄어들기 시작했다. 이로써 이미 급격히 커져버린 도서 시장에 상당한 격차가 발생했다. 종교 개혁 이후 생겨난 새로운 부류의 독자층은 역사상 최초로 책을 사는 습관을 가지게 되었다. 또한 이전에는 인쇄기를 보유할 능력이 없었던 많은 독일 마을에서 이제 인쇄공으로 일하는 사람이 크게 늘어났다. 이 인쇄공들은 새로운 독자들이 소중한 수입을 책을 사는 데 투자하는 새로운 습관을 계속 유지하길 바랐다.

종교 개혁 팸플릿의 출판이 정점을 찍고 감소하기 시작할 무렵 다른 종류의 팸플릿이 급격히 증가한 것도 우연은 아니다. 이러한 새로운 유형의 팸플릿 중 하나가 '노이에 차이퉁(Neue Zeitung)'이라는 소식지다.[35] 《노이에 차이퉁》은 제호가 의미하는 것과 같은 '신문(newspaper)'은 아니다. 현재 'zeitung'이라는 단어는 독일어로 '신문'을 뜻하지만 16세기에는 다른 의미로 사용되었다. 이 단어는 중세 초기의 게르만어인 'zidung'에서 유래한 것으로, 이 단어는 '소식'을 뜻하는 네덜란드어의 'tijding' 또는 영어의 'tiding'에 가깝다. 따라서 '노이에 차이퉁'은 '새 소식' 또는 '새 보고'로 번역할 수 있다. '차이퉁'이라는 단어 자체는 어원적으로 영어의 'news'나 프랑스어의 'nouvelles'처럼 '새로움'

3.3 《노이에 차이퉁》. 오스만 제국과의 전쟁에 대한 소식을 전하는 많은 사례 중 하나다.

이나 '신선함'이라는 어감을 가지고 있지 않다.

이것은 16세기의 독자들에게 뉴스란 과연 최신 사건에 보고하는 것을 의미했을까 하는 흥미로운 의문을 제기한다. 그 답은 보고되는 대상이 무엇인지에 따라 크게 달라진 것으로 보인다. 뉴스 팸플릿에서는 심지어 일어난 지 수십 년이 지난 사건을 묘사하는 경우도 드물지 않았다.[36] 한 가지 흥미로운 예로 15세기 후반(1488~1500), 이미 1476년에 사망한 '가시 공작' 블라드 드러쿨레아(Vlad Dracula)*의 삶과 업적을 다룬 팸플릿이 쏟아져 나왔다. 이들 팸플릿은 당시 튀르크의 동유럽 침략에 대한 우려에 자극을 받은 것으로, 사실 뉴스 팸플릿으로 위장

---

* 루마니아 드러쿨레슈티 가문의 귀족으로, 생전에 오스만 제국, 즉 튀르크로부터 루마니아를 지킨 업적을 인정받고 있다. 포로를 꼬챙이에 꿰어 죽였다 하여 '가시 공작'이라는 별명을 얻었다.

한 역사서로도 볼 수 있다. 여기서 이 냉혹한 전사(戰士)는 오스만 제국에 맞서 싸운 기독교의 영웅으로 재조명되었다.[37] 어떤 경우에는 뉴스 팸플릿이 극적인 전개 상황을 처음으로 시사하는 역할을 하기도 했다. 때로는 포위 공격, 군사 작전, 의회나 공의회 등 당시에 전개된 사건에 대한 '신보(新報)'를 받기도 했다.

《노이에 차이퉁》은 비교적 짧은, 거의 항상 소식 한 건만 집중적으로 보도하는 산문을 연속적으로 묶어놓은 모음집이었다. 이것은 좀 더 다양한 뉴스의 요약을 제공한 상인들의 서신이나, 신문의 진정한 조상이라고 할 수 있는 필사본 소식지와는 차이가 있었다.[38] 그러나 뉴스 팸플릿은 이러한 산문 구조를 갖춤으로써 대중에게 당대의 가장 중요한 사건을 좀 더 심도 있게 보도할 수 있었다.

《노이에 차이퉁》은 1500년에서 1510년 사이 독일의 한 시장에서 처음 등장했다. 오늘날까지 남아 있는 최초의 노이에 차이퉁은 1509년에 발간된 것으로,[39] 적어도 1530년대까지는 비교적 드물게 출간되었다. 당시 독일에서는 다른 종류의 뉴스에 비해 루터의 사건에 대한 관심이 압도적으로 높았으므로 인쇄공들은 대체 시장을 찾을 이유가 거의 없었던 것이다.

뉴스 팸플릿이 융성하기 시작한 것은 1500년대 중반이 되어서였다. 《노이에 차이퉁》은 형식과 외양의 중요한 특징을 종교 개혁 당시의 플루그슈리프텐에서 가져왔으므로 생김새 또한 플루그슈리프텐과 놀랄 만큼 비슷했다. 또한 4쪽에서 8쪽 분량의 본문과 함께 거의 예외 없이 독일어 팸플릿에서 선호한 4절판 형식으로 발행되었다. 이따금 일반적인 전투 장면을 묘사한 목판화로 앞표지를 장식하기도 했지만, 특정 제호에 맞춰 특별히 선별된 그림이 사용되는 경우는 거의 없었다. 본문에 삽화가 추가로 실리는 경우는 더욱 드물었다. 따라서 이러한 발행물은 제작하는 데 큰 비용이 들지 않았다. 4쪽이나 8쪽짜리 4절판을 제작하려면 다소 작은 인쇄소라도 하루면 충분했으며, 인쇄업자가 본문을 입수한 후 하루나 이틀이면 판본이 500~600부 거리에 나올 수 있었다.

뉴스 팸플릿은 대중 사이에서 엄청난 인기를 끌며 팔려나갔고, 이에 따라 발행업자도 늘어났다. 인쇄소는 아주 적은 경비로도 큰돈을 벌 수 있었다. 이런 종류의 팸플릿은 특히 인쇄된 분량 대부분을 현지에서 소진할 수 있었으므로 크고 두꺼운 책보다 회전율이 매우 빨랐다. 종교 개혁 기간 동안 왜 출판사들이 소식지 발행에 그토록 열을 올렸는지 쉽게 이해할 수 있을 것이다.

저가 인쇄 분량이 대폭 늘어나면서 팸플릿을 찾는 수요는 더욱 높아졌다. 16세기 전반에 걸쳐 이러한 뉴스 팸플릿이 시장에 얼마나 나왔는지 현재로서는 알 수 없다. 이 작은 책자들은 읽고, 서로 돌려 보고, 그 후에는 버려지는 용도로 만들어졌다. 완전히 사라진 소식지도 엄청나게 많다. 그럼에도 이러한 독일어 소식지는 놀랍게도 현재 4천 종 가까이 남아 있다. 이는 16세기 독일 서적의 총 생산량에서 상당한 부분을 차지한다.[40]

예상할 수 있다시피 뉴스 시장은 거대 상업 도시에서 가장 융성했다. 뉘른베르크, 아우크스부르크, 슈트라스부르크, 그리고 쾰른은 모두 활발한 뉴스의 중심지였다. 하지만 이들 지역의 우위는 절대적이지 않았다. 뉴스 팸플릿은 독일 전역에서, 그리고 주요 도시 내에서도 경쟁 인쇄소들 사이에 대체로 분산되어 제작되었다. 팸플릿은 저렴하게 제작할 수 있으므로 소규모 인쇄소들이 이를 도맡았다고 생각하는 것은 잘못이다. 부유한 출판사들도 이 수익성 좋은 시장에서 한 자리를 차지하고자 했고, 또한 이들은 최신 원고를 확보하는 데 상당한 이점을 가지고 있었다.

초기의 많은 소식지는 시의 치안 판사에게 보내는 편지나 급보를 바탕으로 작성되었다. 시 의원들은 기반이 탄탄한 지역 인쇄소의 수중에 이러한 보고서가 떨어지면 안도했다. 이들 인쇄소는 공포심을 조성하고 대중의 동요를 일으키기보다는 냉철하고 공정하며 정확한 내용으로 소식지를 발간하리라 믿을 수 있었기 때문이다.

《노이에 차이퉁》은 고등 정책, 즉 외교 문제를 다루는 데 압도적으로 많은 분량을 할애했다. 현재까지 남아 있는 것들 중 가장 오래된 《노이에 차이퉁》은 이탈리아 전쟁을 보고한 것으로 1509년에 발행되었다. 두 번째로 오래된 것은 1510년 프랑스 왕과 교황의 화해를 보고한다.[41] 한 세기에 걸쳐 독일에서 발행된 뉴스 팸플릿의 상당수는 튀르크와의 분쟁 동안 육상과 해상에서 벌어진 교전과 군사 작전을 연대순으로 기록하는 데 전념한다.[42]

특히 육상 교전은 독일의 도시 국가에서 매우 가까운 곳에서 벌어졌다. 여러 차례에 걸쳐 튀르크군의 거침없는 진격 소식이 들려오면 독일의 상인들은 그들의 가장 중요한 투자처인 합스부르크 왕국의 동부가 포위될 것을 염려해야 했다. 이처럼 근심에 차서 이러한 사건을 지속적으로 파악하기 위해 뉴스를 찾는 독자들이 팸플릿의 주된 고객이었다.

물론 팸플릿이 유일한 뉴스 전달 방식은 아니었다. 인쇄업자들은 홍수, 지진, 대화재, 천체 사건, 악명 높은 범죄 소식을 전할 방안도 모색했다. 하지만 이런 종류의 사건들은 팸플릿에서는 특별히 자주 다루는 주제가 아니었으며 발라드(ballade)* 시트에 좀 더 어울렸다. 당시 뉴스 시장에서 점점 지분이 커지고 있던 대판형 소식지도 이러한 주제를 다루곤 했다.[43] 이들은 자극적인 사건이나 소식을 전달하는 뉴스의 한 장르를 이루었다.

---

* 중세 유럽에서 형성된 정형시의 하나로, 자유로운 형식의 짧은 서사시를 말한다.

반면《노이에 차이퉁》은 좀 더 냉철하고 절제된 어조로 소식을 전달하고자 했다. 속표지에서는 여기에 실린 보고가 믿을 수 있는 출처에서 비롯된 것임을 강조하려는 노력을 찾아볼 수 있다. 예컨대 속표지에서는 본문의 내용이 "신뢰할 수 있는 정보원에게 수신"한 것이라거나 국외에서 "독일의 우호적인 친구"에게 보낸 서신을 인용한 것이라고 선언하는 문구를 자주 발견할 수 있다.[44] 때로는 전장이나 주둔지의 대위가 쓴 급보를 있는 그대로 베끼기도 했다.[45]

이처럼 뉴스 팸플릿은 평판이 좋은 두 개인 사이에 오고 간 서신에 신뢰의 근거를 둠으로써 기사 내용의 신빙성을 확보하고, 당시 대중적으로 이용 가능한 상업적인 용도의 간행물로서 입지를 강화할 수 있었다. 이러한 원칙에 따라 뉴스 팸플릿은 대부분은 어떠한 센세이셔널리즘도 피하기 위해 신경을 썼다. 제호 또한 자극적이거나 충격적인 문구보다는 이 소식이 '믿을 수 있고' '진실함'을 부각하고 있었다. 선정적인 보도는 당시 점점 더 정교하고 다양해지는 뉴스 시장에서 다른 영역을 담당했다.

뉴스 팸플릿 시장은 독일에만 국한되지 않았다. 저지대 국가들 또한 중요한 뉴스의 중심지였으며, 영국에서도 상당히 많은 뉴스 팸플릿이 발행되었다. 특히 16세기 후반에는 프랑스나 저지대 국가에서 받은 뉴스를 그대로 번역해서 내곤 했다.[46] 하지만 뉴스 팸플릿은 유럽 북부 국가들의 특징적 현상이었다. 이탈리아 출판업자들이 뉴스 팸플릿을 대량으로 발행할 마음을 먹기까지는 1571년 튀르크를 이긴 레판토 해전* 같은 진짜 대형 사건이 일어나야만 했다. 당시까지 유럽 뉴스 시장

---

* 1453년 콘스탄티노플 함락 이후 서쪽으로 세력을 넓히던 오스만 제국은 1570년 당시 베네치아의 속령인 키프로스를 침공했다. 이에 위협을 느낀 베네치아는 스페인 제국 및 교황령 국가 등 기독교 국가들과 동맹을 맺고 현재 그리스에 위치한 지역인 레판토에서 전투를 벌여 오스만 제국의 유럽 팽창을 저지했다.

의 거점이었던 이탈리아 반도는 이 시점부터 유럽 북부와는 다른 길을 걷기 시작했다.

독일의 팸플릿은 그처럼 명확한 브랜드 정체성을 확립했다는 점에서 고유한 성공을 거두었다. 다른 어떠한 인쇄물도 《노이에 차이퉁》에 필적할 만한 전통을 확립하지 못했다. 《노이에 차이퉁》은 1차 목표가 현재 벌어지고 있는 사건들을 보도하는 것이라고 속표지에 명시한 최초의 간행물로서 새로운 인쇄 시대를 열었다. 이 뉴스 팸플릿은 먼 곳에서 벌어지는 사건을 비롯해 새로운 소식을 비교적 저렴한 가격으로 폭넓은 대중에게 전했다. 이로써 이전에는 소수의 특권층만 접할 수 있던 정보가 이제 광범위하게 유통될 수 있었다.

이런 점에서 뉴스 팸플릿이라는 새로운 인쇄 장르의 출현은 상업 뉴스 시장의 발전에서 중요한 순간을 차지한다.

4장

도시 국가와 민족 국가

　중세 유럽의 통치자들은 자신의 신민과 동료 시민들에게 자신의 바람을 알리기 위해 갖은 노력과 시간을 들였으며, 앞서 본 것처럼 이는 당대 정보 문화의 중요한 부분이 되었다. 칙령과 조례는 대중에게 조서로 공표했으며 신뢰할 수 있는 부관에게는 서신을 보냈다. 인쇄술이 발명된 이후, 많은 통치자는 자연스럽게 이 신기술을 활용해 이러한 작업을 단순화하는 시도를 하게 되었다. 이탈리아의 작은 도시 국가에서는 인쇄술을 활용하는 것이 불필요해 보였다. 법이나 조례가 바뀌면 시장이나 시민 집회에서 이 사실을 낭독함으로써 일반 시민들에게 알릴 수 있었다.

　더 큰 민족 국가는 조금 다른 문제에 직면했다. 여기서는 각기 다른 주의 총독과 주지사들에게 각기 다른 지침을 내려야 했던 것이다. 끝없이 일을 벌리곤 했던 막시밀리안 1세는 바로 이런 상황에 고무되어 공적 업무에 인쇄술을 활용하는 최초의 실험을 수행하게 되었다. 1486년에는 막시밀리안 1세가 (그의 부친 프리드리히 3세에 이어 황제가 될 것을 확인하며) 신성 로마 제국의 황제로 선출된 것을 축하하는 문서가 발행되었

다. 이 홍보 캠페인에는 독일 7개 도시의 인쇄업자들이 참여했다.[1]

언론은 군주를 섬길 수도 있지만 군주의 등에 칼을 꽂을 수도 있다. 2년 뒤 막시밀리안 1세는 네덜란드의 반항적인 신민들에게 자신의 권위를 행사하려다 무참히 실패한 후 이러한 위험에 대해 뼈저린 교훈을 얻었다. 1488년 1월 31일 그는 브루게를 빠져나가려다 성문에서 저지당해 성으로 내쫓겼으며, 그곳에서 반란군의 요구에 굴복할 때까지 억류되어 있었다.* 이 굴욕적인 조약은 겐트에서 즉시 발행되었고, 그제서야 막시밀리안도 풀려날 수 있었다. 독일에서는 그의 참패를 비웃는 독일에서 여러 버전으로 회자되었다.[2]

비록 큰 타격을 입었지만 회복력이 좋은 막시밀리안 1세는 자신만의 방식으로 인쇄기를 만들기로 결심했다. 그 후 30년 동안 그는 조약과 새로운 법령을 발표하고, 독일 의회의 회의를 공표하고, 관리들에게 지시를 내리고, 세금을 인상할 때 지속적으로 인쇄물을 활용했다. 그의 아버지가 통치한 시대였다면 이 모든 것은 수기로 작성된 회보를 통해 이루어졌을 것이다. 반면 막시밀리안 1세는 인쇄술로 업무 효율을 높이는 한편, 정부의 운영에 대한 대중의 인식도 훨씬 더 향상할 수 있었다.

이는 인쇄술의 활용에서도 새로운 시대가 열렸음을 보여준다. 16세기 동안 국가는 인쇄 산업의 가장 중요한 후원자 역할을 했다. 이런 유형의 공식 간행물은 인쇄업계의 주요 상품이 되었다. 많은 지방 도시

* 막시밀리안 1세는 현재의 네덜란드가 위치하고 있는 부르고뉴 공국의 마리와 결혼함으로써 부르고뉴의 공동 통치자가 되었으며, 1482년 마리가 사망한 후 네덜란드의 통치권은 장남인 펠리페에게 계승된다. 막시밀리안 자신은 네덜란드 의회의 용인을 받아 펠리페의 섭정이 되지만 이 지역을 두고 프랑스와 계속해서 분쟁하게 되고, 아들의 섭정권을 얻는 과정에서 네덜란드의 반란군과 내전을 치러야 했다. 겐트 시는 프랑스의 보호를 자처했고 브루게는 막시밀리안이 부과한 높은 세금에 반발하며 그를 3개월가량 가두기까지 했다. 이는 교황 인노첸시오 8세를 격노하게 만들었고, 아버지 프리드리히 3세가 제후들을 소환해 북쪽으로 진격함으로써 막시밀리안도 풀려날 수 있었다.

4.1 관료들의 공무에 사용된 인쇄물. 막시밀리안 1세가 독일의 삼부 회의를 소집한 자리에서 베로나와 비첸차 전투를 포함한 최근의 사건들에 대해 상세한 설명을 제공한다.

의 인쇄소들은 지방 및 국가 정부에서 주문을 받아 조례와 규정을 인쇄하는 일을 담당했다. 이런 일을 의뢰받지 않았다면 인쇄소는 거의 유지되기 어려웠을 것이다.

이러한 실험에 성공한 후 위정자들은 더 큰 야망을 품게 되었다. 인쇄물을 단지 정보를 알리는 것만이 아니라 시민들을 설득하는 데 활용할 수는 없을까? 인쇄술은 어쩌면 정책을 설명하고 여론을 형성하는 강력한 도구가 될 수 있지 않을까? 오래지 않아 유럽에서는 처음으로 국가가 주도하는 논쟁과 관련된 운동이 지속적으로 일어났다. 이것은 뉴스의 역사에서 획기적인 의미를 지닌 발전이었다.

애국자 게임

　　아마도 막시밀리안 1세는 인쇄물을 선전물로 활용할 가능성을 계속 놓치 못하고 있었던 것 같다. 브루게에서 치욕을 당한 후 그는 자신의 영지에서 다른 지역의 동정심 많은 인쇄업자들이 자신의 정책을 칭송하는 동시에 자신의 지침을 배포하는 역할을 해주길 간절히 바랐다. 조약의 발행은 언제나 평화의 미덕을 알리고 위대한 자의 지혜와 관대함을 드높일 수 있는 기회가 되었다. 하지만 당시에 가장 체계적인 방식으로 언론을 활용해 대중의 지지를 끌어낸 나라는, 르네상스 시대에 크고 가장 발전된 뉴스 시장을 구축했던 독일이나 이탈리아가 아니었다. 바로 프랑스였다.

　15세기 말, 프랑스는 150년간 이어진 전쟁과 정치적 분열을 극복하고 강력한 국가로 부상했다. 백년 전쟁 동안 프랑스 왕의 권위가 인정되는 영토는 프랑스 중부의 변두리 지역으로 축소되었다. 1415년 아쟁쿠르 전투 이후에는 파리조차도 잠시 잉글랜드에 점령되었다. 하지만 1453년 잉글랜드인들이 축출된 이후 프랑스는 전환점을 맞이했고, 서쪽과 남쪽의 중요한 영지를 통합함으로써 영토를 확고히 했다. 1490년 즈음 프랑스는 신민 1천 2백만 명을 보유한, 이례적일 만큼 일치 단결된, 잠재적 부의 가능성을 품은 국가가 되었다.

　이 새로운 국가적 부흥을 기리기 위해 프랑스의 군주들은 유럽 전역에서 가장 재능 있는 문인을 불러 모았다. 15세기 초엽, 이미 궁정에서는 자신들을 따르는 시인과 연대기 작가 무리에게 정치적 선전물을 작성하도록 하는 이른 시도가 나타났다.[3] 이 시기 동안 확립된 문학 비평은 이후 인쇄 시대에도 순조롭게 적용할 수 있었다. 또한 프랑스는 당시에 값을 매길 수 없는 중요한 무기를 하나 가지고 있었다. 초창기 인쇄 문화에서 가장 발달된 중심지 역할을 했던 도시인 파리가 프랑스의 영토였던 것이다. 15세기 파리는 주로 학술 서적과 라틴어 서적의 출판에 집중했다. 이제 파리는 프랑스 왕정의 야심 찬 영토 정복 계획에 프랑스의 대중을 끌어들이는 역할을 하게 된다.

프랑스는 그들의 새로운 통합을 과시하고 힘을 펼칠 곳으로 이탈리아에 필연적으로 눈을 돌렸다. 1494년 프랑스의 샤를 8세는 나폴리 왕국에 대한 권리를 주장하며 이후 60년간 이탈리아 반도에 시련을 가져온 (궁극적으로 프랑스에도 별 소득이 없었던) 일련의 군사 개입 중 첫 번째 전쟁에 착수하게 되었다. 이 군사 작전에는 처음부터 프랑스의 진군을 기록하고 승리를 찬양하기 위해 특파원이 동행했다. 왕의 로마 입성, 교황 알현, 나폴리 정복과 샤를의 대관식 소식이 수많은 팸플릿으로 인쇄되었다.[4] 이들은 모두 4쪽이나 8쪽짜리 짧은 팸플릿으로, 때로는 눈길을 끄는 목판화로 표지를 장식하기도 했다. 팸플릿은 대부분 파리의 인쇄업자들에 의해 출판되었지만, 수도로 가는 도중에 소식을 전할 수 있어 자연스럽게 중간 지점이 된 리옹에서도 많은 팸플릿이 인쇄된 것으로 보인다.

이탈리아의 군사 작전에 대한 팸플릿은 프랑스의 뉴스 시장에 등장한 최초의 정치 팸플릿은 아니다. 1482년 샤를 8세의 아버지인 루이 11세와 막시밀리안 1세 사이에 맺어진 조약이 팸플릿으로 출판된 바 있다.[5] 조약 인쇄본은 당시 가장 주요한 공식 출판물로서, 필요한 경우 대중의 호의적인 반응을 얻기 위해 논쟁의 여지가 있는 일부 조항을 신중히 수정하기도 했다. 1492년 샤를 8세와 잉글랜드의 헨리 7세 사이에 맺어진 에타플 조약이 대표적인 예다.* 왕실의 정책이 급격히 변하면 신중하고 호의적으로 처리할 필요가 있었으므로 프랑스 왕실은 때에 따라 저명한 문인들을 불러들여 평화에 대해, 또는 전쟁에 대해

---

* 이 조약에서 잉글랜드는 프랑스에 브르타뉴 지방의 통치권을 이양하고, 이에 대한 배상금으로 프랑스는 잉글랜드에 159,000파운드를 지불하기로 한다.

글을 쓰도록 시켰다. 1488년 로베르 가갱(Robert Gaguin)은 '무위의 여흥(Passetemps d'oisiveté)'이라는 글을 통해 잉글랜드와의 평화를 촉구했고, 4년 후 옥타비앙 드 생-즐레(Octavien de Saint-Gelais)는 외국군에게 '웨일즈로 돌아가 맥주나 마시는 것이 더 나을 것'이라고 조언하는 시를 써서 전쟁의 재개를 지지했다.[6]

이러한 회고록 중 일부는 필사본으로 배포되었고 일부는 인쇄되었다. 때로는 선전 활동이 무대 밖으로 넘쳐흐르기도 했다. 1498년, 다소 뜻밖에 프랑스 왕위를 물려받고** 덩달아 샤를 8세의 이탈리아 영유권 주장까지 이어받은 루이 12세는 통치 기간 동안 기발한 정권 친화적 선전물을 선보였다. 뉴스 팸플릿의 범람은 1507년과 1509년 루이 12세가 원정 동안 제노바의 반란을 진압하고, 그 후 캉브레 동맹***을 조직하여 베네치아를 굴복시켰을 때 최고조에 달했다.[7] 계속된 루이 12세의 승리에 프랑스의 영향력을 제한할 필요성을 느낀 성미 급한 '전사 교황' 율리오 2세는 대(對)프랑스 동맹을 주도하게 되었다.

루이 12세와 율리오 2세 간에 불거진 격렬하고 극히 사적인 반목은 이제 개인적인 비방으로 이어졌다. 장 르메르 드 벨쥬(Jean Lemaire de Belges), 기욤 크레탱(Guillaume Crétin), 장 부셰(Jean Bouchet) 등 뛰어난 문인들이 정치적 논설과 운문을 발표했다. 교황의 캐리커처가 빈 왕좌 옆에 엎드린 채 시체로 둘러싸인 모습을 그린 포스터가 인쇄되기도 했는데, 이는 정치적 캐리커처의 초기 사례였다. 당대에 가장 저명한 극작가였던 피에르 그랭고르(Pierre Gringore)는 '바보들의 왕자와 어리석은 어머니의 게임(Le jeu du prince des sotz et de mère Sotte)'이라는 소티(sottie)****

** 샤를 8세는 1498년 우연히 문틀에 머리를 부딪혀 사망했다. 샤를 8세에게 후세가 없었으므로 약간 먼 친척인 오를레앙 공작 루이 12세가 왕위를 이었다.

*** 1508년 베네치아 공국에 맞서기 위해 교황 율리오 2세와 프랑스의 루이 12세, 신성로마 제국의 막시밀리안 1세, 아라곤의 페르난도 2세 사이에 맺어진 동맹.

**** 중세의 풍자적 소극(笑劇).

를 써서 무대에 올렸다. 교황 율리오에 대한 조롱으로 가득 찬 이 소극은 1512년 마르디 그라(Mardi Gras)*에 파리의 중심 시장인 레 알(Les Halles)에서 공연되었다.

이 소극은 단지 수도의 시민뿐 아니라 국가 전역에서 가능한 한 많은 사람이 볼 수 있게 팸플릿으로 인쇄돼 배포됐다. 이탈리아 전쟁(1494~1559) 기간 동안 프랑스에서는 뉴스 팸플릿이 적어도 400종 출판됐다.[9] 이들 팸플릿의 정말 혁신적인 특징은 프랑스에서 이런 인쇄물을 활용한 방법과 이탈리아에서 이들 인쇄물이 대중에게 일으킨 반응을 대조해보면 가장 잘 이해할 수 있다. 프랑스의 이탈리아 공격은 이탈리아의 도시 국가들에는 대재앙이었다. 이탈리아의 지역 통치자들은 정교한 소통 메커니즘을 고안해 경쟁 세력들 사이에서 끊임없이 변화하는 동맹과 반목의 패턴을 파악할 수 있었다. 그러나 그것은 무자비한 외부의 적을 막는 약간의 보호막일 뿐이었다. 가장 취약한 이탈리아 도시들이 제대로 방어하지 못한 채 무너지자 다른 도시들은 침략자와 동맹을 맺어 영토를 지킬 방도를 찾았다. 결과는 대혼란이었다.

르네상스 시대 이탈리아의 뉴스 네트워크는 폐쇄적인 정치 및 상업 엘리트들의 필요를 위해 개발되었다. 이제 위기가 닥치자 이러한 네트워크의 한계가 드러났다.[10] 유기적으로 연결된 기민한 대중과 통치자 사이에 일어난 분열은 피렌체에서 가장 명확하게 드러났다. 메디치 가문이 이끈 이 위대한 도시는 인쇄술에 거의 관심을 보이지 않았다. 그러나 지롤라모 사보나롤라(Girolamo Savonarola)**의 불같은 예언이 처음에는 설교로, 그다음에는 인쇄물로 대중을 열광시키면서 피렌체는 그 대가를 치르게 되었다. 저평가된 채 후원도 거의 받지 못하고 있던 피

---

* 사육제의 마지막 날이자 사순절에 들어가기 전날인 '재의 수요일' 전날.
** 이탈리아 도미니쿠스회의 수도사로 교황 알렉산데르 6세의 부도덕을 비난하고, 로마 가톨릭교회와 이탈리아가 벌을 받을 것이라고 예언했다.

렌체의 인쇄업자들은 새로운 독자를 찾게 된 것을 당연히 기뻐했다.[11]

베네치아, 로마, 밀라노 등 이탈리아의 문인들은 이제 세련된 인문주의적 수사(修辭)는 버리고 신랄한 정치적 논평을 쏟아내기 시작했다. 프랑스가 침략한 시기, 이탈리아의 시인들은 이기적이고 근시안적인 정치적 분열, 교회 지도자들의 위선, 군주의 허영심, 그리고 쓸모없는 조약과 동맹이 이러한 결과를 불러왔다고 한탄하며 날선 독설로 가득 찬 시를 써내려갔다. 이러한 시들 중 인쇄된 것은 거의 없으며 대부분 필사본으로 배포되거나 공공 장소에 익명으로 게시되었다. 1513년 메디치 가문의 교황 레오 10세[***]가 선출되면서 이러한 정치시들은 신랄한 사적(私的) 어조를 띠게 되었다. 레오 10세와 그의 후임자들, 실질적으로는 추기경단 전체가 셀 수 없는 악덕으로 비난받았다.

이러한 비난의 글 전반에서는 당시 이탈리아가 처한 곤경과 절망감을 명백히 확인할 수 있다. 프랑스 왕실이 세심히 조직한 낙관적이고 환희에 찬 문학 작품들과 대조해보면 이탈리아의 파스키나드(pasquinade, 풍자시)의 철저히 부정적이고 파괴적인 어조가 더욱 두드러진다. 로마의 정치시는 재치 있고 역동적인 에너지가 흐르고 있었지만 내향적이고 편협했다. 물론 아르멜리니 추기경에게 정부(情婦)가 있었을지도 모르지만, 그가 정숙했던들 로마가 프랑스의 침략을 저지하고 교회도 더 잘 통치할 수 있었을까? 이러한 사소한 문제들은 본질적인 옹졸함 때문에 가십과 묘책, 소소한 승리를 넘어 당대의 이탈리아가 처한 곤궁의 진정한 해결책을 찾기 어렵게 했다.

이후 수세기 동안 많은 풍자 작가를 기다리고 있던 것도 바로 이러한 운명이었다. 황제를 화나게 하고 고소하며 잠깐은 무력한 여흥을 즐길 수도 있었지만, 궁극적으로 바뀌는 것은 아무것도 없었다.

[***] 로렌초 데 메디치의 차남으로 바티칸의 성 베드로 대성당을 건축하기 위해 면죄부 판매를 허용했다.

전운

　이탈리아는 이처럼 쓰라린 내부 갈등을 겪는 동시에 우편 제도 또한 경직되어 있어, 프랑스만큼 효율적으로 인쇄 기술을 활용하기 어려웠다. 따라서 프랑스의 선례를 따라 정치적 프로파간다의 세계에 먼저 입문한 것은 세련된 이탈리아인들이 아니라 그들의 적인 합스부르크 가문이었다. 1519년 신성로마제국의 황제로 선출된 카를 5세는 그의 할아버지인 막시밀리안 1세의 원대한 꿈을 화려하게 실현시켰다. 합스부르크 가문은 광대한 영토로 프랑스를 옥죄었다.* 패권을 놓고 소모적인 전투가 계속 이어졌다. 또한 이러한 전쟁은 뉴스를 형성하는 공동의 노력에도 심대한 영향을 미쳤다.

　팸플릿 유행의 성쇠는 분쟁의 흐름을 밀접하게 반영했다. 1516년, 그리고 1528년부터 1529년까지 프랑스가 이탈리아를 침략한 기간 동안 출판계에도 돌풍이 일어났다. 신성로마제국 쪽에서는 1527년부터 1529년까지 페르디난트 1세**가 헝가리 국왕으로 즉위한 바로 직후 프랑스 전쟁이 재개되는 등 주요 사건이 연달아 터지면서, 네덜란드에서도 상당한 양의 뉴스가 쏟아졌다. 안트베르펜이 유럽의 새로운 북방의 뉴스 중심지로 부상하게 된 것도 바로 이 시기다. 인쇄업체가 30곳 넘게 프랑스를 무릎 꿇리겠다는 황제의 결연한 행보를 기록했다.[12]

---

* 카를 5세의 아버지인 펠리페 1세는 어머니에게 부르고뉴 지방(오늘날의 네덜란드 지역)을 물려받고, 당시 스페인을 이루는 가장 큰 왕국이었던 카스티야와 아라곤을 상속받은 후아나와 결혼하여 이 지역도 통치하게 된다. 그러나 펠리페 1세는 젊은 나이에 갑작스럽게 사망하고 후아나는 건강이 좋지 않아 아들인 카를 5세가 스페인 지방과 부르고뉴 지방을 물려받고, 할아버지에게 신성로마제국과 이탈리아 지역을 물려받아 스페인에서 남부 이탈리아, 네덜란드, 헝가리에 이르는 광대한 영토를 차지하게 된다.
** 카를 5세의 동생으로, 헝가리와 보헤미아의 국왕인 러요시 2세의 동생과 혼인했다. 1526년 오스만 제국의 헝가리 침공으로 러요시 2세가 사망한 후 헝가리의 국왕으로 즉위한다. 1530년에는 독일의 왕으로 선출되고 카를 5세가 사망한 후 1550년 신성로마제국의 황제가 된다.

말할 필요도 없이 양측 모두 승리를 축하하는 데는 열성이었지만 패배는 거의 다루지 않았다. 카를 5세의 충직한 신민들은 1535년 튀니스에서 황제가 거둔 위대한 승리에 대해서는 읽었지만, 6년 뒤 알제리에서 크게 패한 사건에 대해서는 알지 못했다.*** 1527년 프랑스에서 망명한 부르봉 공작이 통치하던 로마가 제국군에 의해 초토화된 후****, 프랑스는 이 로마 약탈 사건을 비판하기로 결정했다. 반면 네덜란드의 인쇄업자들은 논평을 유보했으며, 1536년 황제가 교황의 환대를 받으며 로마로 의기양양하게 입성할 때에야 비로소 입맛에 맞는 뉴스거리를 찾았다.*****

양측의 격렬한 분쟁은 1542년에서 1544년까지 결국은 여러 지역에서 동시다발적인 전쟁으로 끝나고 만 치열한 외교전 시기에 절정을 맞이했다. 1538년, 제국의 카를 5세와 프랑스의 프랑수아 1세는 교황의 힘겨운 중재 끝에 평화 조약을 맺으면서 일시적으로 화해했다. 카를 5세가 가는 길마다 시민들의 큰 환대를 받으며 이탈리아에서 저지대 국가로 향하는 동안, 이제 프랑수아 1세는 정치적 식자층에게 이 가증스러운 적수를 프랑스 영토에 들여야 하는지 설명해야 하는 복잡한 상황에 직면했다. 이때도 문학가들은 그들의 소임을 다했다. 클레망 마로(Clément Marot)는 카를 5세를 카이사르의 현현이라 일컬으며, 이번에는 갈리아에 싸우러 온 것이 아니라 평화를 위해 왔다고 썼다. 프랑스의 인쇄업자들도 오를레앙과 파리에서 황제가 받은 환대를 근사하게 묘

*** 튀니스와 알제리 원정 모두 카를 5세의 제국군이 북아프리카의 통치권을 두고 오스만 제국과 대립한 전쟁이다.

**** 프랑스와 이탈리아, 교황령이 동맹을 맺고 신성로마제국에 대항한 코냑 전쟁 중 로마를 침략한 제국군 일부가 통제에서 벗어나 로마에서 무차별 약탈을 저지른 사건. 민간인이 4만 5천 명 이상 사망하고 교황 클레멘스 7세도 산탄젤로 성에 감금당했다. 이 사건 후 교황은 카를 5세에게 완전히 굴복하게 되고 교황의 권위도 결정적으로 추락했다.

***** 1535년 튀니스 원정은 교황도 원하던 바였으며 원정이 성공하면서 현지에서 노예 생활을 하던 기독교인들이 유럽으로 되돌아올 수 있었으므로, 카를 5세는 교황의 환대를 받으며 로마로 입성할 수 있었다.

사했다.

그러나 1542년이 되자 이 위태로운 평화는 결국 무너지고 말았다. 파리, 트루아, 리옹, 루앙의 4개 도시에서 프랑스의 선전 포고가 팸플릿으로 출판되었다.[13] 뉴스 인쇄의 역사에서 이 시기는 지방 문화가 새롭게 꽃피기 시작한 시기였다. 루앙에서 1538년부터 1544년 사이에 출판된 팸플릿이 최근 대량 발견되어, 예상치 못한 세부 사항을 통해 이를 재구성할 수 있게 되었다.[14] 루앙의 팸플릿은 매우 초보적인 수준의 팸플릿으로서 모두 작은 8절판 형식이었으며, 4쪽을 넘는 경우는 드물었다. 하지만 이 팸플릿은 당대에 가장 중요한 지방 중심지 중 한 곳인 루앙의 식자층에게 분쟁의 과정을 놀랍도록 상세히 전달했다.

루앙의 팸플릿은 정책 결정권자나 수도의 식자층과 같은 특권층을 넘어 지역 사회의 뉴스가 어떤 모습인지 엿볼 기회가 된다는 점에서 특히 가치가 있다. 1544년 봄, 카를 5세는 제국군을 이끌고 북부 프랑스의 깊숙한 지역까지 진격했다. 하지만 루앙의 팸플릿은 이토록 위험한 시기에도 제국군의 사소한 패배만 줄줄이 전하며 낙관적인 태도로 일관했다. 이처럼 전반적인 전략 상황을 완전히 오해한 상태에서도 (분명 위험천만한 일이지만) 루앙의 독자들은 팸플릿을 열광적으로 소비했다. 전쟁 뉴스는 이 지방의 인쇄업체 두 곳을 6년간 먹여 살렸다. 1544년 9월, 다시 평화 조약이 체결된 후 이들 업체는 곧 사라졌다.

이처럼 치열하고, 감히 말하자면 전례 없는 움직임들은 여론을 형성하는 데 얼마나 효과적이었을까? 1543년, 파리의 잉글랜드 대사는 불길하게도 프랑스의 신민들이 "단지 이곳뿐 아니라 왕국 전역에 걸쳐 기적을 말하고 있다"고 보고한다.[15] 물론 잉글랜드는 적국이었으니 그곳의 대표인 잉글랜드 대사 또한 그리 공정한 증인은 아닐 수도 있다. 실제로 이 심오한 위기의 순간에 전 국가는 하나로 뭉쳤다. 여기에는 당시에 집중적으로 쏟아진 인쇄 선전물이 적어도 부분적으로는 기여했을 수도 있다.

일반적으로 파리의 부르주아로 알려진 한 익명의 연대기 작가는 이들 뉴스 팸플릿을 활용해 공공 문서에서 여러 사건을 엮어 이야기를 서술했다. 그는 사건을 액면 그대로 받아들였다. 그의 일기를 보면 그는 타고난 순응주의자로서 왕실의 정책을 문자 그대로 이해했던 것으로 보인다. 당대의 역사적 문헌과 문학 작품을 보면 심지어 특권층에게도 왕실의 애국주의가 성공적으로 확산되었다는 것을 확인할 수 있다.

군사 작전에 대해 상세하고 출처가 분명한 설명을 제공한 장 부셰(Jean Bouchet)와 같은 문인은 전쟁에 대한 책임을 확실히 왕의 적에게 돌렸다. 기욤 파라댕(Guillaume Paradin)은 1542년의 전쟁을 황제를 배반한 데 따른 응당한 대가라고 서술했으며, 심지어 1536년 황태자 프랑수아의 죽음마저 "황제의 전례 없는 악덕에 중독"되었기 때문이라며 카를 5세의 탓으로 돌렸다. 이러한 논조는 프랑수아 라블레(François Rabelais)의 《가르강튀아와 팡타그뤼엘》에서 스스로를 알렉산드로스 대왕이라 칭하는 피크로콜에 대한 우스꽝스러운 풍자에서도 찾아볼 수 있다.

왕실의 정책과 전쟁에 긍정적인 견해를 전파하려는 시도는 대체로 잘 받아들여졌다. 프랑스 왕실은 가령 1525년 파비아 전투*의 대패(大敗)와 같은 명백한 실패가 남긴 뉴스 공백기에 더 큰 위험에 직면했다. 지역 행정관들은 프랑수아 1세의 패배와 생포 소식을 사적인 서신으로 전달받았다. 반면 대중은 아무 소식도 듣지 못했다. 당연하게도 뉴스의 빈자리는 갖가지 소문으로 채워졌고, 당대의 일기 작가들은 이

---

* 1차 이탈리아 전쟁 당시 이탈리아의 파비아에서 벌어진 전투. 프랑스는 군사가 1만 명 이상 사망하고 프랑수아 1세도 포로가 된다. 그는 밀라노, 플랑드르, 부르고뉴를 모두 포기한다는 마드리드 조약에 동의한 후에야 풀려날 수 있었다.

패배가 "프랑스의 완전한 상실과 파괴"를 의미한다고 결론 내렸다.[16]

네덜란드에서는 활발한 뉴스 문화를 통해 애국적 정체성을 형성하려는 시도가 그만큼 성공하지 못했다. 카를 5세에게 복속된 17개 주*는 한 번도 국가였던 적이 없다. 마지막 독립 영토의 통합은 1543년 헬데를란트 공국이 정복된 후에야 완료되었다. 각 주는 황제와의 관계를 조심스럽게, 각각 독립적으로 형성했다. 그 결과 카를 1세는 플랑드르 백작이자 브라반트 공작이며, 홀란트의 영주로 불렸다. 따라서 네덜란드에서 공동의 적을 향해 대의를 끌어내는 것은 결코 쉽지 않은 일이었다.

특히 남쪽의 프랑스어권 지역에서는 더 어려웠는데, 이들 지역은 프랑스가 극도로 참견하기 쉬운 경계 지역으로서 제국에 반하는 견해를 좀처럼 배제할 수 없었다. 프랑스어권인 투르네는 합스부르크령 국가들과 활발히 대화했다. 1513년 잉글랜드가 투르네를 함락했을 때, 헨리 8세는 시큰둥하게 이곳 사람들을 '이웃을 조소하는 발라드와 노래를 만드는, 융통성 없고 심술궂은 사람들'이라고 묘사했다.[17]

네덜란드인들은 전쟁 시기에 그들의 상업적 경쟁자가 될 수 있는 이웃 공동체를 돕기를 꺼리기로 유명했다. 카를 5세는 프랑스와의 전쟁을 위한 자금과 부담금을 모금하면서 저지대 국가의 신민들에게 "조국을 지키기 위해 스스로 처신할" 공동의 의무가 있음을 설파하고자 했다.[18] 그러나 말만으로 이전에 존재하지 않던 공동체 감각을 고취할 수는 없었다. 심지어 군주가 상호 의무를 확인하는 공식 의례를 위해 도시에 정식으로 입성할 때도 탐탁지 않은 흔적을 남길 수 있었다. 1549년 카를의 아들인 필리프의 안트베르펜 입성식을 묘사한 자료들은 수년 후 부적절한 사치의 증거로 인용되기도 했다.

---

* 16세기 합스부르크령 신성로마제국의 국가들을 말한다. 현재의 네덜란드, 룩셈부르크, 벨기에와 프랑스의 노르파드칼레 지역을 합친 영역이다.

네덜란드는 위험이 가장 명백한 시기에는 하나로 뭉쳤다. 1542년 제국이 헬데를란트 공국과 전쟁을 벌이는 중 치명적인 공격을 가하여 적군인 마르틴 판 로섬(Maarten van Rossem) 장군의 군대를 격파했을 때는 온 네덜란드 영지가 기뻐했다. 그러나 이곳에서 '국민'이라는 진정한 개념이 발전하기 시작한 것은 반세기 후 합스부르크 왕가에 반하는 국민적 감정이 생긴 이후부터다. 이제 합스부르크 가문은 네덜란드에서 자유의 수호자가 아닌 외세의 압제자로 묘사되었다.[19]

전쟁 시기에는 어쩔 수 없이 감정이 격화되곤 한다. 뉴스 팸플릿 발행자는 정권에 우호적인 애국 뉴스를 발행할 때 독자들의 바람과 열정을 반영하곤 했다. 실제 권력의 분포에 대해 냉정한 분석은 거의 기대하기 어려웠다. 그것이 허용된 경우에도 마찬가지였다. 이 시기까지 유럽 국가는 대부분 언론을 통제하는 제도를 마련해 승인되지 않은 텍스트의 출판이나 유통을 막았다.

(실질적이기보다는 이론적이었던) 이러한 인쇄물 사전 검열 시스템은 개신교의 종교 개혁 이후 지역에서 통하는 종교적 정설에 도전하는 누구든 잔인하게 처벌함으로써 더욱 강화되었다. 인쇄업자들 또한 처신에 주의해야 한다는 사실을 잘 알고 있었다. 그러나 뉴스 팸플릿 전반에서 나타나는 충심의 논조를 단지 검열의 탓으로 돌리는 것은 잘못이다. 프랑스의 인쇄업자들은 비록 엄격한 규제를 받긴 했으나 대부분은 기꺼이 애국주의적 문학을 출판하는 데 협력했다.

전쟁의 암운 속에서 인쇄업자 혼자 상황이 어떻게 진행되고 있는지 알기란 불가능했다. 더 정확한 정보가 필요했던 사람들, 예를 들어 상품의 운송을 위탁받은 상인들은 그들만의 비밀 연락 수단을 계속 사용했다.

세금과 닭에 대하여

16세기 내내 지속된 전쟁 때문에 정부 기구도 덩치를 더욱 키워야만 했다. 군대는 더 커지고 군사 작전 기간은 더 길어졌으며, 방어 요새는 더 정교해졌다. 이를 위해서는 더 복잡한 관료 체제와 더 많은 현금을 모아야 했다. 유럽의 통치자들은 이론적으로는 신에게 의문의 여지가 없는 통치권을 부여받았다고 주장했지만 실제로는 처지가 어려운 신민들에게 반복적으로 재정적인 후원을 요구해야 했고, 이를 위해서는 왜 후원이 필요한지 설명하고 설득할 방도가 필요하다는 것을 잘 알고 있었다.

이 사회에서 왕은 여전히 다른 위대한 영주들처럼 자신의 영지에서 나온 수입으로 살아야 한다는 유서 깊은 원칙을 고수하고 있었다. 비록 이러한 원칙은 오랫동안 지켜지지 않았지만, 그럼에도 국가 기구를 지탱하기 위해 신민이 수입의 일부를 국가에 바쳐야 한다는 더 실질적인 인식으로 대체되지는 않았다. 불가피한 소비세 외에도, 재산이나 소득에 대한 과세는 항상 예외적으로만 부과되었다. 통치자는 백성들에게 과세 부담을 지울 때는 반드시 근거를 제시해야만 했다.

정보의 이러한 업무 통신 수단의 필요성 때문에 16세기 동안 인쇄물 사용이 증가했다. 이렇게 인쇄된 칙령, 법령, 포고문은 표면적으로는 시민들에게 새로운 의무와 규정을 알리고, 자금을 조달하고, 복종을 명령하고, 무질서를 경고하기 위한 것이었지만 뉴스를 전하는 중요한 기능도 가지고 있었다. 정부 당국은 시민들이 기꺼이 세금을 내도록 장려하기 위해 새로운 세금을 왜 부과하게 되었는지 상세히 설명하곤 했다. 범죄나 상업에 대한 규정도 마찬가지였다. 인쇄된 칙령의 서두에는 규제의 의도를 명시하는 경우가 많았으며 문서 전체에서 정책 결정 과정을 놀랄 만큼 솔직하게 밝혔다.

이런 식으로 새로운 법률의 제정은 뉴스를 전파하는 데 중요한 역할을 했다. 뉴스 팸플릿도 꽤 인기를 끌었지만 정치 및 상업 특권층 외에 팸플릿에서 설명된 사건에 직접적으로 영향을 받는 사람은 그리 많지 않았다. 반면 법률은 모든 사람에게 영향을 미쳤다. 법률이 실효를 거두려면 널리 알려져야 했다. 서유럽 국가들은 특히 이 문제에 상당히 예민했는데, 이 지역에서는 영지 곳곳에 퍼져 사는 사람들에게 왕명을 전달해야 했기 때문이다. 이들은 평생 왕의 얼굴을 한 번도 보지 못하는 경우가 많았다.

프랑스 왕정은 외교 정책의 목적을 전달하기 위해 의식적으로 조세 제도를 이용했다. 16세기 전반에는 왕실의 과세권이 원칙상 제한되지 않았음에도, 추가 과세를 요청할 때는 그것이 왜 필요한지에 대해 상세한 설명을 곁들이곤 했다. 1517년에는 평화의 대가로 타이유(taille)* 를 240만 리브르 부과했으며, 1522년에도 잉글랜드의 브르타뉴 침공에 대항할 새로운 포병대 창설을 구실로 비슷한 액수의 세금을 거두었다.[20] 1526년 파비아 전투 후 위기의 순간이 찾아오자 섭정**은 국왕이 결국은 처참한 결과로 이어진 이 이탈리아 원정을 왜 추진하게 되었는지 신중히 정당화하는 한편, 평화를 위해 계속 노력하겠다고 다시 한 번 다짐하며 추가 재정을 요청했다.

이러한 요청은 대부분 회람 서신의 필사본처럼 전통적인 방식으로 지방 영지에 전달되었다. 이 서신의 작성자들은 지역 사회 지도자들의 소규모 무리에게 서신의 내용을 비밀에 부칠 것을 요청했다. 일반 대중 대다수는 지방의 수도에서 받은 간결한 세금 청구서에서 정보를 얻었다. 그러나 시간이 흐르며 인쇄되는 칙령의 수도 늘어났다. 프랑수

---

* 프랑스에서 토지에 부과한 조세.
** 프랑수아 1세는 이탈리아에 전쟁을 치르러 가면서 어머니 루이사 디 사보이아에게 섭정을 맡겼다.

아 1세 당시에는 왕실법 중 단 2퍼센트만이 인쇄되었으나, 그의 손자 프랑수아 2세가 재위한 기간(1559~1560) 동안 이 수치는 20퍼센트까지 높아졌다. 프랑스 종교 전쟁의 혼란스러운 시기 동안 왕실은 종교적 평화를 촉진하기 위해 인쇄물을 널리 활용했다. 한 세기 동안 발행된 칙령만 5천 부가 넘는다.[21] 파리에서 칙령이 발효되면 각 지방에서 연쇄적으로 재발행함으로써 칙령은 지방으로 전파될 수 있었다.

잉글랜드에서는 국왕이 바뀔 때마다 기존에 치른 기독교 의식의 패턴도 달라졌으므로 통치자는 곤혹스러워하는 대중을 달래야 하는 어려운 과제에 직면했다. 헨리 8세가 교황과 결별한 후* 그의 아들 에드워드 6세의 재위 기간(1547~1553) 동안에는 개신교가 완전히 자리 잡았다. 그러나 1553년 메리 1세가 왕위를 물려받으면서 가톨릭의 부활이 정치적으로 분명해졌다.** 이것은 1554년 의회법 제정***으로 발효되었지만, 실제 과정은 종교적 논쟁을 억누르고 여왕의 정책에 반대하는 시위를 탄압하는 조치와 함께 시작되었다.

메리 1세는 1553년 8월 종교적 논쟁을 금지하고 허가받지 않은 모든 연극과 인쇄를 불허한다고 선언하면서 뜻하는 바를 모두 이루었다. 이 선언문은 조심스럽게 사안의 핵심을 파고들었다. 즉 여왕은 비록 자신은 양심에 의해 가톨릭을 따를 수밖에 없지만, 공동의 합의에 따라 가톨릭으로 국교를 바꾸는 조치가 취해지지 않는 한 자신의 선택을 신민에게 강요할 의도는 없음을 분명히 하며, 종교적 분쟁에 따른 무질서를 한탄했다. 이 선언문은 600단어가 나온 후에야 문제의 핵심

---

* 헨리 8세는 첫 번째 부인인 아라곤의 캐서린과 맺은 혼인을 무효화하고 앤 불린(Anne Boleyn)과 결혼하려 했다. 하지만 교황 클레멘스 7세가 이를 허용하지 않자 교황과 결별하고 1534년 수장령을 내려, 잉글랜드 교회를 로마 가톨릭교회에서 분리시킨다.
** 메리 1세는 헨리 8세에게 이혼당한 아라곤의 캐서린이 낳은 딸로서 독실한 가톨릭 신자였다.
*** 헨리 8세 이후 제정된 교회법을 모두 폐지하고 교황권을 부활시킨다.

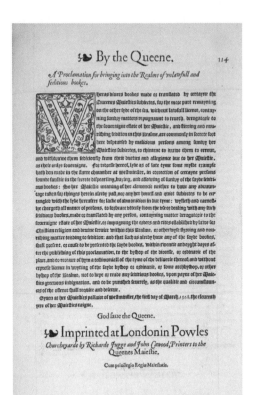

4.2 메리 1세가 내린 불법적이고 선동적인 서적의 금지 선언.

에 도달한다(당시 이러한 선언문은 낭독할 것을 고려해 작성되었다는 사실을 기억하자). 즉 다음과 같은 이유로 작성된 여왕의 특별 허가 없이는 "모든 책, 인쇄물, 발라드, 시, 막간극의 희곡, 영장 또는 논문의 출판이 금지되며 어떠한 막간극도 상영할 수 없다."[22]

인쇄는 런던에서만 이루어졌다. 하지만 불경한 희곡은 왕국 전역에서 상연될 수 있었으므로 신민의 복종에 심각한 영향을 미칠 수 있었다. 따라서 메리 1세는 왕실 인쇄소에서 선언문을 인쇄한 후 배포했다. 분명 이 인쇄물을 전달받은 지방 관리는 그 내용을 자세히 읽은 후 현지 집행관들에게 전달했을 것이다. 과거에 그랬던 것처럼 공공 장소에서 낭독하는 방식으로만 칙령을 발표했다면 이처럼 복잡한 구조의 텍스트는 상상할 수 없었을 것이다. 즉 인쇄문의 배포는 공공 정책을 공표하는 데 그 역할이 점점 더 커졌다.

왕실 법령과 선언문은 공공 장소의 푯대나 게시판에 게시되었다. 그러나 튜더 왕조 동안 발표된 수많은 선언문과 마찬가지로, 이 선언문 또한 종이 한 장에 양면으로 인쇄되었다. 따라서 이러한 형태의 인쇄물은 게시판에 부착하면 읽기 어려울 수 있었고, 그 대신 좀 더 실용적인 차원에서 무더기로 인쇄해 대중이 공공 건물이나 상점에 앉아 꼼꼼히 읽을 수 있도록 했다. 1537년 4월 켄트 주 메이드스톤 인근 웨스트 몰링이라는 마을의 교장이었던 애덤 루이스가 '의류, 대포, 불법 게임에 관해 특정 법률을 마련해놓은' 동네 상가에 들어갔다는 기록이 있다.[23]

1563년 엘리자베스 여왕은 훨씬 골치 아픈 문제에 직면했다. 프랑스 위그노(Huguenot)*와 동맹을 맺음으로써 프랑스 땅에서 거점을 되찾으려 한 담대한 시도는 재앙으로 끝났다. 뉴헤이븐(르아브르)에 고립된 잉글랜드 원정군에게 역병이 닥친 것이다. 원정군을 지휘하던 워릭 백작은 남은 수비대 병력이라도 구출하기 위해 어떤 조건을 내걸 수밖에 없었다.[24] 패잔병이 고국에 도착하자 정부는 이들의 귀환을 전적으로 병자의 방문으로 간주해야 한다는 성명문을 발표했다. 잉글랜드군은 훌륭하고 명예롭게 전쟁을 수행했다는 것이다. 왕국 전역에 인쇄물을 운반하는 전령들은 17파운드라는 상당한 보수를 받았다.[25] 런던에 주재 중이던 플랑드르 중개상은 이처럼 외교 정책의 실패를 인정하는 이례적인 행동을, 당시 엘리자베스의 재상이었던 윌리엄 세실(William Cecil)**이 자신의 정치 경력을 끝장낼 수도 있는 대참사에 대한 비난을

---

* 위그노는 프랑스에서 칼뱅주의를 따르는 개신교도를 말하는 용어로, 1562년 가톨릭교회가 이들을 학살하면서 프랑스에서 종교 전쟁이 벌어졌다. 이 전쟁에서 잉글랜드는 위그노편에 가담했다.
** 엘리자베스 1세의 재상으로 국무재상이자 왕실 내각의 수장이었다.

피하려 한 시도로 해석했다.

하지만 이는 이례적인 사건에 대한 대응이었을 뿐, 실제로 16세기 내내 법령은 대부분은 평범하기 그지없었다. 해당 법령을 정당화하기 위해 많은 문서가 이러한 법령이 이해 당사자인 시민들의 촉구에 의해 제정되었다고 적고 있다. 정부가 조금씩 경제와 사회를 잠식하며 규제 범위를 넓혀간 배경에는 실제로도 이해 당사자의 호소에 일부 자극받은 측면이 있었다. 시민들이 경쟁을 제한하거나 견습 규정을 시행하거나, 도로와 교량을 수리해줄 것을 요청하는 등 막강한 경제적 로비를 펼친 것이다.

인쇄된 조례 중 오늘날까지 남아 있는 비율은 얼마 되지 않으므로 이러한 목적으로 사용된 인쇄물이 어떤 형태인지는 상당히 모호한 채로 남아 있다. 이런 종류의 일상적인 인쇄물들은 수집하기 위한 용도가 아니었다. 박물관에 남아 있는 인쇄물들은 대개 비에 젖어 읽기 힘든 상태거나 다른 메모들과 겹쳐진 상태로 전시되어 있다. 때로는 더한 수모도 견뎌야만 했다. 1535년 코벤트리에서 남성 4명이 시장에 게시된 포고문을 철거했다는 혐의로 치안 판사에게 심문을 받았다. 혐의가 입증된다면 이는 명백한 폭동 행위였다. 결국 이들은 함께 술을 마시러 시장에 나갔다가 한 명이 용변을 본 후 '꽁지를 닦기 위해' 이 포고문을 사용한 것으로 밝혀졌다.[26]

비록 이런 종류의 인쇄물은 실제로 장기간 보관될 것을 목표로 제작되지 않았는데도, 안트베르펜에는 운 좋게도 이런 인쇄물을 보관하는 데 남다른 열정을 보인 인쇄업자가 있었다. 크리스토프 플랑탱(Christophe Plantin)은 이 시대의 가장 위대한 서적 몇 권을 저지대 국가에 출판한 것으로 유명하지만, 지방의 마을 의회를 위해 대판형 조례를 출판하는 일도 기꺼이 도맡았다. 이때 그는 유용하게도 자체적인 행정 기록으로 조례의 인쇄본을 한 장씩 보존했다.[27] 그 결과 안트베르펜은 장장 10년이 넘는 기간 동안 도시에서 어떤 활동이 벌어졌는지 소상히 추적할 수 있는 유일한 도시가 되었다.

안트베르펜은 유럽의 가장 위대한 도시 중 한 곳이며 당시는 격동의 시기였다. 이 도시의 법령은 스페인에 대한 반란과 1585년의 재정복이 이 도시 사람들에게 미친 영향을 반영하고 있다.[*] 그 모든 대형 사건이 일어나는 동안, 안트베르펜은 수많은 인구를 감당할 식량 공급 확보에 끈질기게 집착하기 시작했다. 또 시장을 적절히 규제하는지에 많은 관심이 쏠렸다. 가금류 거래에서 발생하는 부정(不正) 문제를 다루는 칙령이 발표된 것도 이상한 일은 아니었다. 이런 칙령은 다음과 같은 방식으로 시작되었을 것이다. 아마도 상인들이 가금류 시장에서 지정되지 않은 닭을 판 정황이 당국의 눈에 띄었고, 따라서 그에 해당하는 이런저런 규제가 시행될 예정이라는 칙령이 내려졌을 터다. 그러면서 이를 반복적으로 위반할 경우 벌금의 규모도 커진다는 조항을 덧붙인 방식이었으리라.[28]

이러한 입법 행위의 중요성은 쉽게 간과되곤 한다. 특히 역사학자들이 그러하며 커뮤니케이션학 학생들은 그러한 사례가 있었는지조차 전혀 모르는 경우가 많다. 그러나 수레 한 가득 농산물을 싣고 시장으로 향한 시민이 시장에 들어가지도 못한 채 쫓겨나거나 농산물과 가축을 몰수당한 일은 이들에겐 정말 중요한 뉴스였다. 초창기 뉴스 문화에서는 이러한 법률 제정 행위뿐 아니라 국내 문제에 대한 언급도 찾아볼 수 있다. 이는 국가 간 서신이나 인쇄물에서 주로 다루어진 대형

---

* 카를 5세는 동생인 페르디난트 1세에게 신성로마제국을 물려주고, 아들인 펠리페 2세에게는 스페인과 저지대 국가를 물려준다. 스페인 군주로서의 정체성이 더 강했던 펠리페 2세는 저지대 국가에 과도한 세금을 물리고 개신교도를 탄압했다. 이에 따라 네덜란드에서는 대략 1550년대 중반부터 독립 전쟁이 벌어진다. 1581년 네덜란드는 독립을 선언하지만 스페인은 곧 군대를 파견해 네덜란드의 영토를 수복하기 시작했고, 1585년에는 당시 네덜란드에서 가장 큰 도시였던 안트베르펜이 함락된다.

사건과는 별개로, 이전에는 입소문 영역에서 화제가 되곤 했던 그런 소식들이다. 16세기에는 이처럼 국내 문제와 더욱 가까운 뉴스가 인쇄물에 영향을 미치기 시작했다.

끔찍한 범죄

많은 유럽 시민이 사형 집행을 목격한 적이 있었을 것이다. 이것은 당시 공동체 생활의 의례 중 하나였다. 범죄가 일어난 바로 그곳에서 악한이 죽음으로 죄값을 치르게 하는 것.[29] 그리고 대부분은 곧 잊혔다. 가끔 특히 극악무도하거나 기이한 범죄는 서신이나 일기 작가의 글에 상세히 기록되기도 했지만, 일반적인 경우에는 사건이 심리된 법적 관할 지역의 의사록이 당시 상황을 담은 유일한 기록인 경우가 많다. 그러나 16세기에 새로운 형태의 출판물이 등장하면서 더 많은 대중이 이러한 악행의 공포와 전율을 대리 체험할 수 있게 되었다. 이 때부터 선정적인 내용의 대판형 뉴스가 나오기 시작한 것이다.

삽화가 들어 있는 이 대판형 뉴스는 16세기 독일 인쇄 문화만의 고유한 특징이 되었다. 이들 뉴스는 보통 아름답고 정교하게 디자인되었다. 뉴스의 상단에는 사건을 묘사하는, 보통 이 사건을 위해 특별히 제작된 목판화가 들어갔으며 그 아래에는 설명이 덧붙여졌다. 이처럼 삽화가 들어간 대판형 뉴스는 수집 가치가 충분히 높았음에도 오늘날 거의 남아 있지 않다. 여러 사람의 손을 거치면서, 또는 벽에 부착되어 있는 동안 훼손되는 경우가 많았던 것이다. 그럼에도 오늘날까지 그토록 많은 대판형 뉴스가 알려질 수 있었던 것은 스위스의 괴짜 성직자 요한 야콥 빅(Johann Jakob Wick)의 열정 덕분이다.

빅은 1557년 취리히 대성당에 부임한 직후부터 이러한 대판형 뉴스를 수집하기 시작했다.[30] 여기서 빅은 취리히 교회의 수장인 하인리히 불링거(Heinrich Bullinger)와 불링거의 후임자인 루돌프 그발터(Rudolf Gwalter)에게 큰 도움을 받았다. 빅의 수집품은 상당수가 이들을 통해 확보한 것이다. 특히 불링거는 당시 유럽에서 가장 발달된 통신망의 중심에서 그의 동료를 위해 흥미로운 뉴스를 잔뜩 가져왔다. 빅은 1560년부터 수집을 시작해 1588년 사망할 때까지 1년에 한 권씩, 스위스와 그 너머에서 일어난 크고 놀라운 사건들에 대한 보고로 두꺼운 책 한 권을 꽉꽉 채웠다.

세상의 모든 위대한 수집가와 마찬가지로, 빅도 다양한 출처에서 뉴스를 수집했다. 편지나 외교 급보에 실린 보고를 직접 필사하기도 했다. 그는 특히 프랑스의 위그노 전쟁에 관심이 많았다. 그의 수집품은 그 지방에 빠르게 알려져, 때로는 방문객들이 자신이 보거나 들은 놀라운 사건을 들려주기 위해 교회를 방문할 정도였다. 그러면 빅은 빌려온 뉴스 팸플릿에 실린 문구와 함께 이들의 이야기를 소상히 옮겨 적었다.

빅의 스크랩북에 실린 많은 필사본은 손으로 그린 그림들로 아름답게 장식되었다. 스크랩북에 인쇄물을 직접 끼워 넣기도 했다. 각 페이지에 걸쳐 모두 팸플릿 500건과 대판형 뉴스 400건이 삽입되었다. 빅이 뉴스를 얻은 가장 중요한 출처는 취리히의 인쇄업자 크리스토프 프로샤우어(Christoph Froschauer)로, 그는 프랑크푸르트의 견본 시장을 방문한 후 빅에게 줄 자료를 챙겨오곤 했다. 따라서 빅의 수집품 중 필사한 뉴스 보고는 국제적인 성격을 띤 것이 많았지만 대판형 인쇄물은 대부분 독일에서 가져온 것이었다.

빅이 수집한 대판형 뉴스는 초창기의 범죄 보도 연구를 위해서는 무엇과도 바꿀 수 없는 보고(寶庫)가 되었다. 목판화는 양식에 따라 크게 세 종류로 나눌 수 있다. 첫 번째는 사건에서 가장 극적인 순간을 하나

4.3 끔찍한 범죄. 독일인 남성 견습공이 젊은 여성을 살해한 장면이 생생하게 묘사되어 있다.

의 그림으로 묘사한 것으로, 이러한 그림은 수가 제일 적다. 그러한 예로 한 견습공이 10세 소녀를 살해한 후 시신을 토막 낸 사건이 있었다. 이 목판화는 토막 난 시신에 둘러싸인 범인의 모습을 잔인하게 묘사하며 사람들의 눈길을 끈다.[31] 더 자주 찾아볼 수 있는 목판화는 사건 현장부터 처형장에 이르기까지 각 순간을 차례대로 나열한 것이다. 중세 후기 회화에서 그리스도의 수난을 묘사할 때 사용된 것으로 잘 알려져 있는 이 양식은 범죄 보도에도 특히 유용했다. 처형 방식의 잔혹함이 범죄의 끔찍한 성격과 잘 어울렸기 때문이다. 이러한 대판형 뉴스 중에는 악명 높은 범죄자가 고문을 당하며 처형장으로 끌려가 거열형에 처해지는 장면을 보여주는 것도 있다.[32]

　이러한 묘사 방식을 변형한 것으로, 사건을 분리된 장면으로 쪼개어 만화처럼 표현하는 방식도 있었다. 우리가 찾은 사료 중 블라시우스 엔드레스(Blasius Endres) 사건은 이 두 가지 방법을 모두 사용해 묘사되었다. 그는 아내가 자신의 돈을 훔치는 것을 목격한 후 아내와 여섯 명의 어린 자녀를 모두 살해했다.[33] 이 범죄는 취리히에서 북쪽으로 150킬로미터 떨어진 방겐이라는 곳에서 벌어졌다. 이 사건에 대한 대판형 뉴스는 린다우에서도 인쇄되었으며, 여기서 북쪽으로 150킬로미터 더 떨어져 있는 아우크스부르크에서도 인쇄되었다. 범죄가 더욱 극적일수록 그에 대한 뉴스는 더 널리 퍼졌으며 팸플릿에서도 오랫동안 회자되었다.

죄와 벌의 반면교사적 특성은 먼 곳의 사건이라 해서, 특히 과거의 일이라고 해서 사라지지 않았다. 1586년 런던의 인쇄업자 토머스 푸르풋(Thomas Purfoot)은 프랑스 루앙에서 한 남성이 여관 주인과 그의 아내, 그리고 아이를 살해한 사건에 대해 출판했다.[34] 독자들은 가정에 침입한 한 이방인에 의해 한 가족이 몰살된 사건을 읽으며 전율했다. 사건이 다른 나라에서 일어났다는 사실은 아무런 문제가 되지 않았다. 유려한 문체로 묘사된 충격적이고 끔찍한 악행과 공포, 그리고 정의의 발견과 시사하는 바를 엮은 이야기는 많은 이의 경건하고도 잔인한 취향을 만족시켰으며, 이런 종류의 뉴스 팸플릿은 꾸준히 인기를 끌 수 있었다.[35]

여기서 잔혹하며 응보적인 형벌은 선과 악의 싸움에서 꼭 필요한 부분으로 여겨졌다. 세상은 위험으로 가득했고, 많은 이가 고요한 절망 속에서 살았다. 치안을 위해 국가가 투입할 수 있는 자원이 극히 제한된 사회에서는 끔찍한 죽음에 두려움만이 범죄에 억지력이 있는 것으로 널리 간주되었다. 범죄에 대한 문헌을 보면 체포된 사람들은 대부분 비탄과 회개 속에서 죽음을 맞이했다. 좋은 죽음은 치유 과정의 중요한 부분이었다.[36] 빅은 자신의 일기에 처형장에 끌려가는 도중 농담을 한 어린 도둑에 대해 기록했다. 그는 처형되기 직전 "주 예수여, 내 영혼을 받으소서"라는 말을 남겼다고 한다.[37]

이 마지막 사례는 출판될 만큼 충분히 인상적이지는 않았다. 대판형 뉴스는 가령 악령에 씌어 범죄를 저질렀다고 알려진 남성[38]처럼 좀 더 자극적인 사건에 더욱 주목했다. 이러한 사건들은 금세 선정적이고 초자연적인 사건에 대한 잡문의 소재가 되었으며, 대판형 뉴스 시장의 필수 요소가 되었다. 괴물의 탄생, 기이한 동물, 유례없는 기상 현상, 그리고 자연재해는 출판사와 목판화가의 꾸준한 먹이였다.[39] 지진과 홍수를 기록할 때는 다소 주의가 필요했다. 아직 독자에게 가장 인기 있는 이야기는 천체의 환영(幻影)에 관한 것이었다. 이는 유성이나 혜성일 수도 있고 무장한 남성, 불타는 십자가, 또는 하늘을 달리는 기수들의 환영일 수도 있었다.

빅은 아무 의심 없이 이러한 사건을 부지런히 기록했다. 혜성이나 다른 천체의 동요는 재앙의 징조로 널리 해석되었다. 1560년 북쪽 하늘을 물들인 오로라의 장관은 이후 10년간 벌어진 수많은 사건과 연결되었다. 빅은 완전히 꼭 닮지는 않았지만 이후의 묘사에서 오로라를 훌륭하게 표현한 그림을 가지고 있었다.[40] 1571년에는 프랑스 팸플릿에서 노스트라다무스가 랑그르 상공에 나타난 혜성을 묘사한 부분을 자신의 노트에 필사했다. 얼마 후 빅은 이 페이지에 다음과 같이 냉철한 숙고를 덧붙였다. "이 환영은 이듬해 성 바르톨로메오 축일에 파리 등 프랑스의 여러 지역에서 일어난 끔찍한 학살에 대한 경고이자 현시였던 것으로 보인다."[41]

뉴스 인쇄물은 특히 여성의 범죄에 큰 관심을 보였다. 이는 부분적으로 이러한 사건이 극히 드물었기 때문이다. 16세기 독일 뷔르템베르크의 법률 문서들을 종합적으로 조사한 결과, 범죄의 약 5퍼센트만이 여성과 관련된 것으로 나타났다.[42] 가령 잉글랜드 팸플릿에 실렸듯이, 한 여성이 연인을 부추겨 남편을 살해한 사건처럼 선정적인 사건은 따라서 더욱 뉴스거리가 되었다. 이러한 기사들은 확고한 사회적/성별 위계에 대한 공격이라는 사회의 가장 깊숙한 두려움도 이야기한다. 특히 충격적으로 받아들여지는 범죄는 여성이 자녀에게 저지르는 범죄였다. 1551년에 발행된 대판형 뉴스에서는 네 명의 자녀를 살해한 후 자살한 한 여성의 사건을 비통하게 묘사했다.[43] 다른 여러 대판형 뉴스처럼 이 뉴스도 곤궁에서 빠져나올 방법을 도무지 찾을 수 없었던 굶주림에 지친 여성을 운문 형태로 묘사했다.

이러한 이야기는 입에 겨우 풀칠만 하며 근근이 살아가는 많은 사람이 갑작스러운 불운, 가장의 사망, 악천후, 전쟁의 발발로 궁핍에 빠지게 되는, 사회의 가장 끔찍한 절망을 고한다. 이러한 절망은 가령 굶주린 한 가족이 옥수수 비[雨]로 구원을 받는 것과 같은, 천우신조의 구원 이야기가 왜 그토록 인기가 많았는지도 설명한다. 종교적 영감이 가득한 이 놀라운 이야기는 여러 대판형 뉴스와 팸플릿의 소재가 되었으며 심지어 17세기가 거의 끝날 때쯤 잉글랜드에서 출판된 《신의 경이로운 기적(God's marvellous wonders)》 모음집에도 등장했다.[44] 우박과 악천후에 대한 병적인 관심은 식량 공급에 대한 불안감도 지속되고 있었음을 말해준다.

대부분의 범죄 팸플릿과 대판형 뉴스는 실린 글의 작성자를 밝히지 않고 출판되었다. 그러나 필자가 표기되었다면 이들은 성직자인 경우가 많았다. 사실 그리 놀라운 일은 아니다. 그러한 극적인 사건은 그 자체로 교훈을 담은, 생생한 설교의 기회를 제공한다. 목사들이 신학적인 맥락에서 설명하는 인간 본성의 완전한 타락과 악마의 끊임없는 활약은 이러한 끔찍한 범죄로 확인할 수 있었다. 네 자녀를 살해한 굶주린 어머니를 묘사하여 엄청난 화제를 일으킨 1551년의 대판형 뉴스는 루터교 목사인 부르카르트 발디스(Burkard Waldis)의 글솜씨에 크게 빚지

4.4 옥수수 비. 요한 빅도 이처럼 감동을 주는 기적 이야기에 관심이 많았다.

고 있다. 수많은 우화와 희곡, 교황을 비꼬는 풍자를 써낸 바 있는 발디
스는 지하실에 몰린 어린 아들이 살려달라고 애원하는 끔찍한 순간에
서 모든 파토스를 끄집어낸다.

> 소년은 말했다 '오, 사랑하는 내 어머니
> 살려주기만 하면 시키는 건 무엇이든 할게요
> 오늘부터 물을 옮기는 건 내가 할게요
> 한겨울 내내
> 오 제발 날 죽이지 마요 살려주세요!'
> 허나 어떠한 간청도 허망한 듯
> 여성은 여전히 악마에 사로잡혀
> 두려움에 아들을 내려쳤다
> 마치 양배추를 내리치듯.[45]

이 이야기는 그 자체로 무언가를 말하고 있다. 다른 기사에서는 좀 더 노골적으로 교훈을 도출하려 한다. 바젤의 목사 요하네스 퓌글린은 어린 직공 파울 슈마허가 저지른 끔찍한 살인 사건에서 신에 무지한 자는 결국 악마의 손아귀에 빠지고 만다는 전형적인 타락 이야기를 끌어낸다. 그러나 이러한 사건은 더욱 거대한 도덕적 타락의 일부일 뿐이다. "인간의 피로 얼룩진 이 충격적이고 끔찍한 사건들은 과거에도 종종 발생했지만, 오늘날에는 그 발생 빈도가 더욱 높아지고 있다."[46]

당연하게도 이러한 선정적인 사건은 인쇄물에서 가장 큰 관심을 받았으며, 때로는 한참 전에 먼 지역에서 벌어진 사건이 화제를 모으기도 했다. 발디스의 대판형 뉴스는 1551년에 세 번, 그리고 20년 후에 한 번 더 인쇄되었다. 19세기에 들어 이러한 선정주의는 주로 하층민들의 취향에 부합했다는 가정이 일반적으로 받아들여지고 있지만, 초창기 뉴스 보도에서 선정적 사건들은 그보다는 좀 더 존중받는 위치에 있었다.[47] 필자는 일반적으로 성직자들이며, 독자들도 대부분 안정적인 시민 계급 가정의 구성원이었다. 이들이 대부분 시민 계급이었다는 점이 그리 놀라운 일은 아니다. 하인이나 견습공이 사악하고 탐욕스럽게 돌변해 고용주나 그의 가족을 해치지 않을까 두려워한 것이다.

16세기와 17세기의 사회는 근본적으로 위험하고 위태로웠다. 안전과 번영을 위해 수많은 위험을 헤쳐 나가려면 대담함과 용기가 필요했다. 역설적인 것은, 이러한 범죄 팸플릿의 가장 열성적인 소비자는 물질적 성공과 안전을 확보한 사람들이었다는 점이다. 범죄 팸플릿은 심지어 가장 평화로운 가정이라도 사방 곳곳에 예기치 않은 위험이 도사리고 있음을 상기시키는 역할을 했다. 그토록 어렵게 구축한 평화와 질서도 한순간에 무너질 수 있다는 것이다. 다른 시대에도 마찬가지였지만, 16세기에도 범죄의 영향을 직접적으로 받을 가능성이 가장 낮은 사람들이 범죄를 가장 두려워하고, 가장 적극적으로 강력한 응징을 지지했다.

마녀들

범죄 보도의 기저에 깔려 있는 강력한 신학적 기류를 고려할 때, 뉴스 간행물에서 마녀에 대한 우려가 증가한 것도 놀라운 일은 아니다. 16세기와 17세기 동안 마녀사냥을 부채질하는 데 인쇄물이 심대하고 악의적인 역할을 했다는 데는 의심의 여지가 없다.[48] 이때까지 교회 지도자들은 마녀의 처형을 요구하는 것과는 어느 정도 거리를 두고 있었다. 초창기 마녀사냥의 열렬한 지지자였던 오스트리아의 이단 심문소장 하인리히 크라머(Heinrich Kramer)는 지역 주교와 관계가 좋지 않았으며, 주교는 크라머가 교구에 계속 남아 있으면 강제 추방 하겠다고 위협했다.

이때 크라머는 마녀사냥 교본을 인쇄함으로써 전세를 역전시켰다. 《말레우스 말레피카룸(Malleus Maleficarum, 마녀 잡는 망치)》은 비록 대학 신학자들의 승인은 얻지 못했지만 출판되자마자 베스트셀러가 되었다.[49] 《말레우스 말레피카룸》은 박해의 지침서로서 서가에 자리 잡았으며, 당대에 경쟁 관계를 이루었던 울리히 몰리토르(Ulrich Molitor)의 책과 함께 교육 도서라는 새로운 대중 도서 장르를 개척했다.[50]

크라머의 교본은 마녀를 발본하고 고발하는 방법을 다루고 있었다. 그리고 뉴스 팸플릿에서는 고발당한 마녀들이 어떤 최후를 맞았는지 열정적으로 보도했다. 1533년 슈바르츠발트의 쉴타흐 마을에서 불을 지른 혐의로 처형된 한 여성과 관련된 악명 높은 사례를 통해 당시 뉴스 시장에서 마녀재판이 어떻게 다루어졌는지 재구성해볼 수 있다. 이 여성의 재판에 대한 기사는 일주일도 지나지 않아 인쇄되었고, 몇 주 뒤에는 독일의 반대편에 있는 라이프치히에서도 다시 인쇄되었다. 이후 뉘른베르크 출판사가 화가 에르하르트 쇤(Erhard Schön)에게 의뢰하여 제작한 목판화를 실은 대판형 뉴스를 발행한 뒤 이 사건은 대대적으로 악명을 얻었다. 분명 본문은 상당히 단순해졌지만 단지 목판화를 추가한 것만으로 센세이션을 일으킨 것이다. 빅 또한 수년 뒤 이 판본을 얻어 자신의 스크랩북에 추가할 수 있었다.[51]

크리스토퍼 프로벤(Christopher Froben)에 따르면 이 무렵 '쉴타흐의 악마'는 독일 전역에서 악명을 떨치게 되었다고 한다. 만일 그랬다면, 그것은 이 사건이 미디어 이벤트로서 성공했기 때문이라는 의미가 된다. 하지만 모두가 이에 동의한 것은 아니다. 1535년 슈트라스부르크의 인쇄업자가 이 사건에 대한 또 다른 기사를 인쇄하기 위해 허가를 요청했으나 치안 판사는 이를 거절했다. 이때 치안 판사들은 이 명예롭고 근엄한 도시에서는 "악마와 관련된 일은 다루지 않는다"[52]고 말하고자 했다. 하지만 역사의 흐름은 이와는 반대로 흘러갔다. 종교 개혁으로 신과 악마 사이의 격렬한 갈등에 대한 감각은 더욱 예리해졌다. 악마와 그의 추종자들을 묘사한 책들이 인쇄기에서 쉼 없이 쏟아져 나왔고, 루터교 목회자의 설교도 이러한 내용이 주를 이루었다. 예상할 수 있다시피, 마녀의 재판과 처형은 뉴스 인쇄물의 주요 소재가 되었다.

네덜란드의 의사 요한 바이어(Johann Weyer)의 주도 아래 일부 지식인들은 계속해서 자제를 요구했다.[53] 하지만 이들이 작성한 글에 한치라도 의심의 여지가 있는 경우, 팸플릿에서는 이를 사실로 간주하지 않았고 대판형 뉴스는 말할 필요도 없다. 16세기의 마지막 25년까지 대판형 뉴스에서는 독일과 알자스의 여러 지역에서 마녀의 대거 처형이 보도되었다. 한 뉴스에서는 어떻게 악마가 콜마르 성에 마녀를 500명 소환해 고양이와 송아지를 공격하도록 했는지를 묘사했다.[54] 이 사건으로 100명이 넘는 마녀가 처형되었다. 그러한 보도는 끔찍한 위협과 강력한 응징에 동반되는 강렬한 감각에만 몰두할 뿐, 고통받는 개인은 전혀 고려하지 않았다. 이들 팸플릿은 기괴하고 자극적인 범죄 이야기가 자아내는 걱정에 소름끼치는 불안을 한층 더했다.

16세기는 인쇄술이 국가의 건설에 필수적인 도구가 될 수 있음을 입증한 시기였다. 유럽의 군주들은 세심하고 주의 깊게 뉴스 인쇄물을 활용하여 정치적 국가에서 신민의 믿음을 더욱 폭넓게 얻고, 왕가의 야심에 대한 애국적 충성심을 고취했다. 국가는 조례를 인쇄함으로써 정부 기능의 범위를 넓힐 수 있었고, 사회의 모든 계층에 규제나 과세의 필요성을 알릴 수 있었다. 이것은 사회를 형성하는 데 뉴스 문화가 활용된 가장 인상적이고도 효과적인 방법 중 하나였다.

그러나 유럽의 시민들이 뉴스를 단순히 수동적으로 받아들이기만 한 것은 아니었다. 그들은 각자 자신의 견해를 가지고 있었으며, 인쇄물에서 공식적으로 보고된 내용과 거리에서 들은 내용을 서로 비교했다. 시민들은 독자적인 뉴스 가치를 발전시켜 나갔으며, 이윽고 상업 뉴스 시장의 맹아를 일으켰다. 그렇기 때문에 이것이 규제되지 않는다면 국가가 촉진하고자 한 섬세한 질서를 위협할 수도 있었다. 그것은 위험한 시대의 전조였다.

5장

기밀 통신원

16세기 중반까지 인쇄술의 발전은 유럽 전역에 걸쳐 뉴스의 가용성에 지대한 영향을 미쳤다. 지금 일어나는 사건을 지속적으로 파악하고자 하는 사람들은 이제 넘쳐나는 팸플릿과 대판형 뉴스를 이용할 수 있게 되었다. 이러한 뉴스 인쇄물은 가격도 저렴해 대부분 1페니 정도에 팔렸다. 중세 유럽에서 뉴스의 주요 소비자였던 특권층에게는 이러한 발전이 여러모로 탐탁지 않았다. 구세계에서 뉴스는 본질적으로 신뢰할 수 있는 개인 사이에 교환되는, 사적이고 친밀한 거래의 결과물이었다. 서신을 쓴 사람을 알고 있기 때문에 그가 보내온 뉴스의 가치도 가늠할 수 있었던 것이다. 즉 뉴스가 가진 신뢰성의 기저에는 작성자의 명성이 자리 잡고 있었다.[1]

그렇다면 먼 곳에서 모르는 인쇄업자가 작성한 뉴스 팸플릿은 대체 어떻게 믿을 수 있다는 말인가? 심지어 이러한 뉴스는 이제 시장 곳곳에 난잡하게 전파되고 있었다. 이제 뉴스는 상품이 되었다. 그러면 정보의 신뢰도가 떨어지지 않을까? 알 수 없는 익명의 작성자가 보내온 정보 중 무엇을 믿어야 할지 어떻게 알 수 있을까? 이러한 정보는 눈에 잘 띄기 위해서, 혹은 그저 돈을 벌어들이기 위해 과장된 것은 아닐까?

　이러한 종류의 질문은 특히 중세 사회의 전통적인 뉴스 소비자, 즉 유럽의 통치자와 상인 들과 큰 관련이 있었다. 이들은 대중 사이에서 논란이 얼마나 뜨겁게 번지고 있는지 확인하려고 팸플릿을 사 보기도 했다. 하지만 좀 더 정확한 정보를 얻기 위해서는 독자적인 뉴스 공급원이 필요했다. 권력자들에게는 여전히 기밀 급보가 신뢰성의 기준으로 간주되고 있었다. 유럽의 엘리트들은 계속해서 대화와 관찰을 통해, 그리고 이 모든 시도가 실패한 경우에는 첩보 활동으로 검증된 정보 수집 시스템에 의존해 뉴스를 교환했다.

　이러한 뉴스 수집 관행은 상업 뉴스 인쇄물의 탄생으로도 대체되지 않았다. 실제로 우편 연결망이 개선되고 국경 간에 정기적 정보 교환이 더 쉬워지면서 기밀 서신 연결망은 여러 면에서 강화되고 심화되었다. 일반 시민들은 여전히 친지를 통해 뉴스를 전달했다. 어려운 시기가 닥치면 정부는 국외 주재 대사가 보내온 정보와 조언에 크게 의존했다.

　16세기에는 신속하고 신뢰성 있는 정보를 찾는 수요가 늘어나면서 최초의 민간 뉴스 사무소가 설립되었고, 구독제를 기반으로 기밀 뉴스를 취급하게 되었다. 상업적인 용도로 배포된 필사본 소식지와 함께 이러한 통신사는 당대의 통신 매체 중에서도 가장 알려지지 않은 종류의 매체다. 하지만 이들 통신사는 신문이 발행되기 전에 국제 뉴스 네트워크를 형성하는 데 필수적인 역할을 하게 된다. 이러한 회보, 또는 그들이 부른 이름인 '아비지'는 지난 200년간 새로운 소식을 꾸준히 받아 볼 필요가 있었던 (그리고 구독료를 지불할 여유가 있었던) 사람들에게는 신뢰성의 기준이었다.

　물론 외교관들은 자체적으로 기밀 정보와 조언을 제공했다. 주재 대사는 수많은 정보 중에서 진짜 정보를 솎아낼 수 있어야 했다. 자신의 경험을 바탕으로 사실과 소문을 구분하고 현지의 정치 상황을 사려 깊게 판단한 후 독자적인 의견을 제공할 수 있어야 했다. 하지만 대사들도 아비지의 열렬한 독자였다. 때때로 이들의 고용주인 군주들이 보기에 대사들은 필사본 소식지를 읽고 내용을 정리해 전달하는 것 외에는 아무것도 하지 않는 것처럼 보이기도 했다. 새로운 뉴스 매체는 이미 발명되었다. 그리고 그 기원은 바로 외교술의 발원지인 르네상스 이탈리아에서 찾아볼 수 있다.

평화의 거래

16세기는 르네상스 외교의 전성기였다. 외교관들의 연결망이 유럽 전역에 널리 퍼지기까지는 시간이 좀 걸렸다. 비록 이탈리아의 도시 국가들은 15세기부터 서로 대사를 교환했지만 그보다 더 큰 왕국들은 아직 주저하고 있었다. 1515년 프랑수아 1세가 즉위했을 때 프랑스에 주재 중인 대사는 오직 한 명뿐이었다. 그러나 1547년에 프랑수아 1세가 사망했을 때 그 수는 10명으로 늘어났다.[2] 이제 대사는 르네상스의 궁정을 빛내는 중요한 요소로서, 유럽 국가 체제에서 그들 국가의 위상을 나타내는 필수적인 상징이 되었다. 대사들은 보통 자국의 고위층 인사들로 구성되었으며, 주재국에서도 비슷한 계층의 사람들과 어울리며 예우를 받고 정보를 공유하기를 요구받았다. 대사들의 개성, 책략, 그리고 대사들 사이에 빈번히 일어나는 우위 경쟁은 자주 화제를 모으며 이야깃거리가 되곤 했다.

14세기 외교론에서 대사의 임무는 특정 국가에 거주하는 것이 아니라, 어떤 문제에 대응하여 그 문제를 해결하거나 두 국가 사이에 동맹을 맺기 위해 파견을 나가는 것으로 여겨졌다. 하지만 이러한 간극은 실질적으로 빠르게 해소되었다. 외교혼을 제안하기 위해 특별 사절단이 파견되는 경우도 있긴 했지만, 조약이나 동맹이 그렇게 빨리 체결되는 경우는 흔치 않았기 때문이다. 대사가 협상 당사자 간에 필연적으로 발생할 수밖에 없는 입장 차를 해소할 수 있을 만큼 전권을 가진 경우는 극히 드물었다. 따라서 대사들은 극심한 좌절감을 느끼며 새로운 지시가 내려올 때까지 그저 기다릴 수밖에 없었다.

이런 관점에서 외교 급보는 이러한 발전 과정의 의도치 않은 부산물이었다. 베르나르 뒤 로지에(Bernard du Rosier)의 유명한 〈외교관에 관한

5.1 외교 사절이 왕의 딸과 혼인할 수 있도록 허락을 구하고 있다.

소고(少考)(Traité sur l'ambassadeur)〉(1436)에서도 반복적으로 강조되었듯이 "대사의 사명은 평화다."[3] "대사가 사명을 신속하게 완수하는 것은 모두에게 이익이다." 이 글의 어디에도 이 저명한 전권 대사*를 주재국에 정통한 관찰자로 묘사한 내용은 없었다. 그러나 시간이 흐르면서 서로 경쟁하는 강대국 간 협상의 그물망은 더욱 복잡하게 얽혔고, 잠재적인 동맹국들의 전반적인 분위기와 세력, 그리고 진정한 의도에 대한 정보와 그에 입각한 평가의 필요성은 점점 더 절실해졌다. 대사는 본국에 정기적으로 서신을 보낼 것을 지시받았다. 이러한 외교술의 결과로 '정치 논평'이라는 완전히 새로운 매체가 등장했다. 이것은 실질적으로 뉴스의 원(原)자료에 해설과 분석을 덧붙인 첫 시도였다.

최초의 외교 급보가 어떻게 이루어졌는지에 대해서는 알 수 있는 것이 많지 않다. 어떤 면에서 관료제의 앞서간 주창자라고 할 수 있는 이탈리아의 도시 국가들은 대사들이 보내온 보고서를 체계적으로 정리할 수 있는 제도를 마련하고 있지 않았다. 가장 초기의 보고서는 가문의 기록 저장소에 보관된 경우에만 현재까지 남아 있을 수 있었다. 외국에 머문 사절들이 모은 문서와 급보는 다른 각료 문서와 마찬가지로 그들이 생각하기에 괜찮은 것은 개인 저택에 보관하고, 그렇지 않으면 폐기했다.[4] 베네치아는 외교관들이 본국으로 돌아올 때 소지하고 있는 모든 공문서를 국가에 제출하도록 법제화했지만 거의 지켜지지 않았다.[5] 베네치아에서도 겨우 1490년대가 되어서야 기록 보관소가 만들어지기 시작했다.

이때 대사들이 보낸 급보는 무슨 내용이었을까? 외국에 파견된 이탈리아 대사들은 2세기에 걸쳐 주재국의 정치, 관습, 특성을 예리하고 정통하게 관찰한 일련의 정보를 제공했다. 그들은 소문이나 기이한 사

뉴스의 탄생

---

* 나라를 대표하여 다른 나라에 파견되어 외교를 맡아보는 최고 직급. 국가의 의사를 전달하는 임무를 가지며 국가의 원수와 그의 권위를 대표한다.

건 등 그날그날 발생한 사건부터 국민성, 복장, 행동의 차이에 대한 인류학적 관찰에 이르기까지 매우 다양한 주제를 다루었다. 냉혹한 이탈리아 정치계에서 단련된 실용주의적이고 사려 깊은 이탈리아 대사들은 이 새로운 업무에 이상적이었다. 이들은 상업계의 엘리트 계층과 밀접하게 연결되어 있었으며 그 자신이 이러한 계급 출신인 경우도 있었다.

물론 외교 급보는 공문서가 아니었다. 그것은 국가의 의회에서도 가장 핵심적인 몇몇 인물만을 위한 것이었다. 오로지 특권층을 위한 뉴스이자 분석이었던 것이다. 하지만 외교 사절의 경솔함이나 허영심 때문에 일부 뉴스가 새어나가기 시작했다. 이처럼 대사의 평판에 준하는 허가 양식으로서 '렐라치오네(Relazione)'의 전통이 발전했다. 렐라치오네는 대사들이 숙고를 거쳐 결론에 도달한 후 베네치아 원로원에 제출한 최종 보고서다. 렐라치오네의 목적은 일반적인 급보와는 상당히 달

5.2 베네치아의 도제(Doge, 중세 이탈리아 도시 국가의 수장)와 시뇨리아(Signoria, 14~15세기 중부와 북부 이탈리아에서 성립된 참무정)의 구성원 앞에서 급보를 낭독하는 장면.

랐다. 일상적인 사건들을 일일이 보고하는 것을 넘어, 이제 급보에 본인의 의견을 곁들이기 시작한 것이다.

대사는 통치자와 주요 조언자들의 특성, 국가의 강점과 약점, 시민들의 태도와 정서에 대해 자신의 견해를 제시했다.[6] 본인이 정보통인 것을 과시하고자 했던 남성들은 렐라치오네에 실린 논평을 구두로 발표하기도 했다. 고의적으로 기밀을 누설했다는 이유만으로도 렐라치오네를 간절히 기다리는 사람이 많았다. 1492년 프랑스 대사 자카리아 콘타리니(Zaccaria Contarini)가 프랑스의 국왕 샤를 8세를 묘사한 글을 보고 그 솔직함과 무례함에 놀라지 않을 사람이 어디 있겠는가.

이제 22세가 된 프랑스 국왕 폐하는 작고 외모가 볼품없는 사람입니다. 못생긴 얼굴에, 눈은 흰자만 가득해 뵈는 게 없는 것 같고, 매부리코는 필요 이상으로 크고 비대하며, 두꺼운 입술은 항상 벌어져 있습니다. 경련처럼 손을 떨곤 하는데 보기에 매우 추하며 말투도 느립니다. 완전히 틀린 생각일 수도 있지만, 본인의 판단에 그는 신체적 매력도 별로 없거니와 천부적인 자질도 부족해 보입니다.[7]

이것은 분명 사려 깊지 않은 태도다. 이 솔직하고 무례한 평가는 프랑스로 다시 흘러들어가 양국의 관계를 악화시키고 콘타리니의 운 나쁜 후임 대사를 곤란하게 만들 가능성이 높았으므로 더욱 그러했다. 그러나 동시대인들 사이에서는 이러한 급보가 상당히 인정을 받았다. 1500년 무렵 익명의 프랑스 문인에 의해 작성된 《베네치아 정부 계약서(Traité du gouvernement de Venise)》에서는 새로 임명된 대사가 임무를 신속히 시작하기 위해 기록 보관소에서 전임자들의 렐라치오네를 찾아볼 수 있도록 허가를 구하는 내용이 언급된다.[8] 이 문서들은 원로원 의원들 사이에 널리 유포되었으며, 많은 베네치아 가문은 그들에게 영예

5.3 프랑스의 샤를 8세.

를 가져다주었다고 간주되는 문서의 사본을 보관했다.

시간이 흐르면서 렐라치오네를 열람할 수 있는 무리 밖에서도 사본이 만들어지고 유통되었다. 어떤 사본은 돈을 목적으로 바꿔치기도 했다. 16세기 말 베네치아 원로원은 마침내 렐라치오네의 공익적 가치를 인정하고 일부를 인쇄하는 것을 허용했다. 물론 100년 전 젊은 프랑스 국왕을 갈가리 난자한 콘타리니의 급보만큼 빈정 상하는 내용의 렐라치오네는 선택되지 않았을 것이다.

국제적 거짓말

아라곤의 왕 페르난도 2세(1479~1516 재위)는 국제 외교의 발전에서 빼놓을 수 없는 중요한 인물이다. 그는 지중해 왕국*을 다스리

---

* 시칠리아, 나폴리 등.

는 스페인의 통치자로서, 프랑스가 이탈리아 반도를 넘보며 그곳의 정치를 뒤흔드는 동안 이탈리아에도 깊은 관심을 가졌다. 또한 페르난도는 그의 아내 이사벨과 카스티야를 통치하는 공동 국왕으로서 이제 막 부흥하기 시작한 유럽의 초강대국이자, 스페인의 지배자였다. 국왕으로서 그는 프랑스의 패권에 도전하겠다는 야욕을 품고, 이를 위한 주요 수단으로서 전통적인 동맹 전략인 왕실 간 혼인을 적극 추진했다. 이러한 목표에 따라 페르난도 2세는 유럽 국가 중에서는 최초로 외국에 상설 대사관을 설치했다. 심지어 프랑스에도 군사 정보를 수집하기 위해 대사관을 설치하려 시도하기도 했다. 만일 성공했다면 적대국에 세워진 최초의 공사관이 되었겠지만, 샤를 8세도 바보는 아니었고 페르난도 2세의 사절은 곧 추방되었다.[9]

페르난도 2세는 쉽게 만족하는 사람이 아니었다. 때때로 오랫동안 대사들에게 아무런 회신도 하지 않은 채 방치하기도 했고 자신의 계획을 알리는 일도 많지 않았다. 그는 수송 문제는 전혀 고려치 않고 사신들에게 정기적으로 정보를 보내올 것을 요청했다. 참을성 있는 런던 사절 데 푸에블라(de Puebla) 박사의 계산에 따르면 페르난도 2세의 요청대로 그에게 매일 소식을 전하기 위해서는 전령이 60명 필요했다. 사실 데 푸에블라에게는 전령이 두 명밖에 없었고 이들에게 보수를 지급할 여유가 되지 않았다. 페르난도 2세는 서류 작업에도 소홀했고, 외딴 성에 정리되지 않은 서류 상자를 그대로 내버려두고 오기도 했다.

하지만 페르난도 2세는 동시대에 왕성한 활동을 펼친 막시밀리안 1세와 마찬가지로 혁신가였다. 그는 대사들이 그 지역의 진정한 전문가가 될 수 있을 만큼 오랫동안 현지에서 머물도록 했다. 9년이 일반적이었으며 데 푸에블라는 생의 마지막 20년을 거의 대부분 런던에서 머물렀다. 그 결과 페르난도 2세는 손자인 카를 5세에게 전 유럽에 퍼져 있는 스페인의 외교 사절을 물려줄 수 있었고, 이들 외교단은 남은 세기 동안 유럽 정치의 지평에서 확고한 역할을 했다.

카를 황제의 명으로 헨리 8세의 궁정에 장기 파견된 대사 유스타스 샤푸이(Eustace Chapuys)는 세련되고 효과적인 외교 업무의 전형을 보여준다.[10] 1529년 9월 샤푸이가 잉글랜드에 도착했을 때는 상황이 그리 좋지 않았다. 당시 헨리 8세는 아라곤의 캐서린과 이혼하기로 결심을 굳힌 상태였다. 앞서 캐서린 왕비는 스페인 사절들에게 매우 유익한 조언의 원천이었지만 이제 캐서린과 상의할 기회를 더는 기대할 수 없었다. 샤푸이 대사는 도의상 그의 군주가 헨리 8세의 정책을 격렬히 반대하고 있다는 사실을 숨길 수도 없었다. 그러나 샤푸이는 16년에 걸쳐 촘촘하고 섬세한 정보망을 천천히 형성했다. 빈틈없이 정보로 가득 찬 샤푸이의 보고서는 이후 역사학자들의 보물 창고가 된다.

정보를 획득하기 위해 샤푸이가 취한 조치의 첫 번째 단계는 캐서린 가문의 몇몇 사람을 고용하는 것이었다. 그중에는 캐서린의 의정관으로 이후 샤푸이의 개인 비서가 된 후안 데 몬토야도 있었다. 또한 프랑스와 플랑드르에서 불필요하게 관심을 끌지 않고 왕궁에서 돌아다닐 수 있는, 잘 교육받은 젊은이 한 무리를 채용했다. 샤푸이 자신은 영어를 할 줄 몰랐지만, 이 젊은이들에게는 영어를 배울 것을 요청했다. 통풍을 앓던 샤푸이가 어디에나 데리고 다닌 과묵한 종자(從者) 또한 여러 언어에 능통했다. 이 요원들은 여기저기를 돌아다니며 샤푸이가 있는 곳에서는 이야기하지 않는 중요한 정보들을 엿들었다. 또한 샤푸이는 국제 상인 사회(통화의 움직임에 관해 귀중한 정보를 상당히 보유하고 있었다)와 초기 루터교 운동가(샤푸이는 독일 상인 중에서도 친구가 많았다)들을 돌보고 접대하는 데 비용을 아끼지 않았다. 일부 정보는 돈을 주고 구입했다.

이러한 노력은 큰 성공을 거두어, 샤푸이는 프랑스 대사 샤를 드 마리야크의 수석 비서를 통해 18개월 동안 마리야크의 개인 서신을 받아 볼 수 있었다. 샤푸이는 앤 불린의 하녀 한 명에게도 정기적으로 보고를 받았다. 그러나 그가 보고한 내용은 대부분 "매일 나를 방문하는" 상인들에게 무료로 얻은 것이었다. 고국에서 멀리 떨어져나온 박식하지만 외로운 남자의 한담은 곧 환대와 우정으로 교환되었다.

로마의 스페인인

14세기와 15세기, 로마는 의도치 않게 새로운 외교술의 시험대가 되었다. 유럽의 통치자들은 가톨릭교회의 자원을 활용하고자 하는 공동의 열망을 품고 빈번히 로마로 특사를 보내 성직자 지명을 확인해달라거나 그밖의 허가를 요청하곤 했다. 그러나 교황청의 느린 업무 속도 때문에 파견된 특사는 어쩔 수 없이 로마에 계속 머물러야 했고, 그렇게 사실상 대사가 되었다. 16세기에도 로마는 여전히 비즈니스와 정치, 그리고 뉴스의 중심지로서 위상을 잃지 않았다. 스페인 합스부르크 왕가의 정치적 계산에서 로마가 얼마나 중요했는지는 로마 대사가 언제나 가장 많은 봉급을 받았다는 사실에서도 확인할 수 있다(그럼에도 다른 모든 대사에게 지급된 봉급과 마찬가지로 이것만으로는 결코 모든 비용을 충당할 수 없었다).[11]

16세기 합스부르크 가문은 프랑스와의 경쟁에서 완승하고 이탈리아 반도에서 패권을 차지하는 데 대체로 성공을 거두었지만, 그들의 대사들은 한순간도 경계를 놓지 않았다. 그들의 보고서는 자신감보다는 불안감을, 일촉즉발의 상황에 놓인 이탈리아의 정세를 시사했다. 로마에 파견된 신성로마제국의 대사 미구엘 마이(Miguel Mai)가 1530년 카를 5세에게 보낸 급보는 이러한 정황을 잘 드러내고 있다.

로마는 전 세계의 모든 사건이 휘몰아치는 소용돌이의 한가운데에 있습니다. 그리고 이탈리아인들은 조금만 자극해도 금세 불이 붙곤 하죠. 본래부터 격정적인 사람들이지만 최근의 사건 때문에 그 양상이 더욱 격화되어, 이곳에서 문제를 일으키고 있습니다. 이 사람들은 항상 새로운 것을 원하기 때문이죠.[12]

이 서신은 카를 5세가 큰 승리를 거둔 후, 볼로냐에서 신성로마제국의 황제로 대관식을 치르고 권력이 최고조에 달한 순간으로부터 고작 몇 달 뒤에 작성되었다는 사실에 주목한다. 스페인 대사들은 이탈리아인들이 새로움(novedades)*에 목말라 있으며, 이러한 갈망으로 이 변덕스러운 사람들이 연합하면서 이제 로마와 베네치아, 피렌체 사이에 구분이 없다고 반복적으로 썼다. 물론 스페인은 그 반대 상황, 즉 스페인이 헤게모니를 차지한 것에 감사하며 동맹들이 잠잠해지길 바랐다. 이런 점에서 스페인은 계속 실망해야만 했다.

로마와 베네치아 등지에 모인 외교관 무리에서는 두 가지 상반된 전략이 관찰되었다. 당시엔 약소국 중 하나였던 잉글랜드는 마치 오늘날의 영사들처럼 이탈리아인을 대거 등용했다.[13] 반면 카를 5세와 그의 뒤를 이은 펠리페 2세는 항상 스페인 귀족들을 임명했다. 두 전략은 각각 장점이 있었다. 이탈리아 토박이들은 토착 귀족과 상인 공동체 사이를 수월하게 오갈 수 있었으며, 그들이 외세의 권력에 보이는 충성심은 대체로 의심할 필요가 없을 듯했다. 스페인 대사들은 열과 성을 다해 그들의 군주를 대변했지만, 이탈리아인들이 왜 '팍스 히스파니카(pax Hispanica)'를 당연한 질서로 받아들이지 않는지 알아내지는 못했다.

또한 스페인 대사들은 외교관의 삶에 필수 윤활제인 소문과 정보 교환에서 종종 냉랭함과 혐오를 느끼곤 했다. 그러나 이들은 스페인 사

---

* 'novedades'는 영어의 'novelty'에 해당하는 스페인어로 '변화', '뉴스'라는 뜻도 있다.

회의 최상위 계급으로서, 예컨대 경쟁국의 특사를 맞이하는 자리에서 분위기를 읽는 데 능숙했다.[14] 당시는 정책의 변화가 보통 대중적 제스처로 표현되는 시대였다. 평판을 되찾은 귀족이나 왕자, 구혼자의 방문에는 호의를 보였으나 세력이 기울고 있는 이들은 무시당했다. 이 중 어느 것도 기민한 외교관의 눈을 피하지 못했고, 수많은 대사 급보가 이런 종류의 소식으로 채워졌다.

16세기의 가장 중요한 뉴스 사건 중 하나는 교황 선거로, 어느 교황이 선출되느냐에 따라 정책과 동맹에서 중대한 변화가 생길 수도 있었다. 교황 선거는 세속 국가에서의 세습과는 전혀 달랐기 때문에 그에 따른 대책을 세우는 것도 어려웠으나, 아무튼 대사는 뭔가 계획을 세워야만 했다. 그중에서도 외교관들은 교황 후보로 점쳐지는 추기경의 인성과 충성심에 강박적인 관심을 보였다. 스페인 대사들은 중요 인물의 성격, 재산, 야망, 그리고 '가장 중요한' 건강 상태를 상세히 기록한 방대한 문서를 스페인으로 보냈다. 1565년 루이스 데 레퀘센스(Luis de Requeséns) 대사는 장장 48페이지에 걸쳐 50명이 넘는 추기경의 프로필을 작성하기도 했다.[15]

대사들은 선출된 교황이 친(親)제국적인지 혹은 반(反)제국적인지에 따라 이탈리아 반도에서 스페인의 패권이 강화되거나 위협받을 수도 있다는 사실을 알고 있었다. 전쟁에서 연이어 패배한 프랑스 또한 외교를 통해 결과를 뒤집으려 했다. 이러한 이유 때문에 모든 교황 선거는 굉장히 치열했다. 주재 대사는 그 모든 은밀한 거래 및 가식적인 약속과 전쟁을 치러야 할 부담을 지고 있었으나 이런 종류의 다차원 체스는 예측하기가 매우 어려웠다.

1550년, 카를 5세의 블랙리스트에 오른 인물인 조반니 마리아 델 몬테(율리오 3세)가 교황으로 선출되었다는 소식이 전해지자 파리는 크게 환호했다.[16] 실제로 1551년 파르마 전쟁으로 교황과 합스부르크 왕가의 관계는 파국에 이르렀고, 그 전까지 주고받은 우호적인 언사는 그저 가식일 뿐임이 입증되었다. 그러나 이는 1555년 나폴리 출신의 잔피에트로 카라파(바오로 4세)의 선출에 비하면 아무것도 아니다. 그는 스페인이 조국을 지배하는 것에 뿌리 깊고 확고한 증오심을 품고 있었다. 이듬해 스페인 대사가 성문 보초병이 자신을 알아보지 못하자 문을 부수고 강제로 성에 진입한 사건 이후 관계 회복에 대한 희망은 완전히 사라졌다.[17]

비록 스페인은 이탈리아 반도를 지배하고 있었지만 이곳에 파견된 대사들은 어려움을 겪어야 했고 많은 대사의 경력이 실패로 끝났다. 펠리페 2세가 처음에 임명한 두 대사 모두 교황의 분노를 사고 로마를 떠나야 했다. 베네치아에 파견된 스페인 특사들 또한 이곳의 끊임없이 변화하는, 다극화된 정국을 파악하는 데 골머리를 앓았다. 외교는 조심스러운 매력과 섬세한 기술이 필요한 새로운 거래였다. 자신이 사람들 입에 오르내리기 시작하면 게임에 질 수도 있다는 사실을 모든 대사가 깨달은 것은 아니다.

첩보 활동

앞서 예로 든 사례에서도 알 수 있듯이 영구적인 외교 연결망의 발달이 꼭 화합하는 데 힘이 되지는 않았다. 1436년 베르나르 뒤 로지에가 발의한 고결한 원칙은 좀 더 실용적인 처방으로 대체되었다. 1490년 베네치아의 학자이자 외교관인 에르몰라오 바르바로(Ermolao Barbaro)가 만든 이 새로운 신조는 잔인할 만큼 명확했다. "대사의 첫 번째 의무는 정부의 다른 신하들이 수행해야 하는 의무와 정확히 일치한다. 즉 자국을 지키고 세력을 키우는 데 가장 크게 기여할 수 있는 것은 무엇이든 말하고, 조언하고, 숙고하는 것이다."[18]

종교 개혁 시대의 뒤틀린 갈등은 국제 관계의 위험과 불신을 한층 더 악화시켰다. 강대국의 외교관들은 불신과 적대감이 고조된 분위기 속에서 업무를 처리하기 위해 고심해야 했다. 이전에는 일상적이었던 회합과 접대가 이제는 주재국의 시민을 위태롭게 할 수도 있었다. 펠리페 2세가 엘리자베스 1세에게 보낸 첫 번째 대사인 페리아 백작은 "저로서는 현재 이곳에서 뭔가 확실한 것을 알아내기는 불가능합니다"라고 보고했다. "아무도 나에게 말을 걸려고 하지 않습니다. 마치 내가 악마라도 되는 것처럼 모두가 나에게서 도망칩니다."[19]

이러한 복잡성 때문에 사절단의 임무에는 새로운 시험적인 책무가 추가되었다. 긴급히 정보를 수집할 경우 은밀한 거래와 첩보 활동에 의존하는 일이 크게 늘었다. 종파 간 갈등이 극에 달한 시대에, 국가에 불만을 품고 외국 요원에게 기꺼이 자신의 계략을 공유하려는 사람들을 찾기는 어렵지 않았다. 그러나 이러한 연결이 대사들로 하여금 항상 냉정하거나 공평무사한 판단을 내리도록 이끄는 것은 아니었다. 다소 절박한 처지에 빠져 반역 세력의 의견에 쉽게 휘둘리고 반역에 도움을 주겠다는 제안에 열광하는 것은 자칫 위험할 수 있었다.

16세기 정부는 여러 차례의 경험을 통해 정보 수집 과정에서 환멸과 박탈감에 빠진 사람들의 희망 사항만큼 해로운 것도 없다는 명백한 진리를 몸소 체득했다. 1588년 무적함대에서 포로로 잡힌 스페인인들은 잉글랜드 인구의 3분의 1에서 2분의 1이 스페인의 침공을 지원할 준비가 되어 있을 것으로 예상했다고 털어놓았다.*[20] 이것은 완전히 착각이었다. 이로써 스페인 대사들이 잉글랜드의 가톨릭교도에게 너무 쉽게 속아 넘어갔다는 사실이 증명되었다. 하지만 개신교도인 잉글

---

* 1588년 스페인이 잉글랜드 침공을 위해 도버 해협에서 벌인 칼레 해전을 일컫는 상황이다. 이 전투에서 스페인의 무적함대는 크게 패하고 퇴각했다.

랜드의 정책 입안자들 또한 프랑스의 위그노 망명자들에게 같은 실수를 저질렀다. 스페인에 파견된 잉글랜드 대사들은 비록 따뜻한 대우는 받지 못했지만, 적어도 그곳에는 그들을 착각에 빠트릴 스페인 개신교도들은 없었다.

이처럼 고도로 긴장된 시기에 위험성은 그 어느 때보다도 높았고, 정보의 품질을 평가하기란 갈수록 어려워졌다. 돌이켜보면 모순되는 정보의 소용돌이에서 진실 한 조각을 찾아내고, 그에 따라 공연한 행동은 벌이지 않을 가능성은 얼마든지 있었다. 하지만 당시에는 그렇게 명백해 보이지 않았다. 잉글랜드 정부는 1586년에 이미 스페인의 잉글랜드 침공 계획에 대비해 정확한 병참 계획을 가지고 있었다.

그러나 그로부터 2년 후인 1588년 5월, 무적함대가 항해를 준비하는 동안에도 잉글랜드는 이 함대의 기착점이 어디가 될지 계속 의심했다. 분명 잉글랜드는 파리의 잉글랜드 대사, 에드워드 스태퍼드(Edward Stafford) 경이 보내온 확신에 찬 예측은 무시했던 것 같다. 스태퍼드는 그해 6월 말 즈음 스페인 함대가 알제리나 인도로 향할 것이라고 예측했었다. 잉글랜드 정부는 이토록 신뢰도 높은 정보원이 사실 스페인으로부터 돈을 받고 고의로 허위 정보를 퍼트렸다고는 알지 못했다.[21]

실제로 매우 중요한 정보를 입수한다 해도 그것을 본국에 무사히 전달하기는 극도로 까다로웠다. 주재국 정부는 대사들이 어디서 누구를 만났는지 정확히 알고 있었으며, 그들이 무슨 내용을 썼는지 알아내려고 했다. 당연히 외교 급보도 표적이 되곤 했다. 카를 5세를 위해 가티나라(Gattinara)** 추기경이 그랬던 것처럼, 토머스 울시(Thomas Wolsey)*** 추기경도 허황된 핑계를 대며 외교 서신을 가로챘다. 이후 공사(公使)들은 발신된 급보를 몰래 읽고 들키지 않게 다시 봉인하는 정교한 방법

** 카를 5세의 재상.
*** 헨리 8세의 첫 번째 총리로서 대법관까지 겸임하며 막강한 권력을 누렸다.

을 고안해냈다. 보고서를 좀 더 안전하게 전달하기 위해 대사들이 암호를 사용하는 일도 늘어났다.[22]

대체로 이런 방법들은 급보를 지키기에는 그다지 효과적이지 않았다. 대사관에서는 대부분 각각의 문자나 단어를 각각 숫자나 임의의 기호로 대체하는 간단한 체계를 사용했다. 그보다 복잡해지면 해독하기가 너무 번거롭거나 전갈의 내용이 뒤죽박죽되기도 했기 때문이다. 대사들은 수년 동안 동일한 암호를 사용함으로써 보안 체계를 약화시키는 경향이 있었다. 예컨대 샤푸이는 1529년부터 1545년까지 대사로 일한 모든 기간에 걸쳐 동일한 암호를 썼다. 프라하 주재 스페인 대사관에서는 임의로 사용할 수 있는 암호 체계를 여러 개 가지고 있었지만, 대사들은 1581년부터 1608년까지 내내 하나의 암호만 사용했다. 물론 유럽의 주요 수도는 이 암호를 푸는 해독법을 모두 가지고 있었다.

거의 모든 대사는 첩자와 정보원의 네트워크를 갖추고 있었다. 그 중에는 귀중한 정보원도 있었지만, 기만적인 몽상가나 적국의 정보부를 교묘히 가지고 노는 손버릇 나쁜 기회주의자도 있었다.[23] 가장 좋은 정보는 급성장 중인 국가의 말단 공무원에게 돈을 주고 얻는 경우가 많았다. 서기나 비서에게 돈을 주고 입수된 서신의 사본을 얻는 것이었다. 우르비노의 소식지 모음집에 포함된 서신 중 몇 건은 이런 방식으로 수집되었다.[24] 15세기와 16세기에 기록 보관이 얼마나 건성으로 이루어졌는지 고려하면 사본을 만들기는 어렵지도, 위험하지도 않은 일이었다.

베네치아의 잉글랜드 주재원은 매수에 쓸 예산으로 40파운드를 받았는데, 이 금액은 대부분 경쟁 외교관들에게 보내는 서신의 사본을 구입하는 데 사용되었다. 심지어 스페인의 우편국장들도 잉글랜드가 슬며시 건네는 금(金)에 매우 약하다는 사실이 증명되었다. 1598년 벌리 남작 윌리엄 세실에게 보낸 보고서에는 그의 스페인 주재원이 보낸, 한 주목할 만한 실제 관찰 내용이 포함되었다.

스페인의 우편국장들은 하인들에게 보내는 편지들의 무게를 재는데, 한 달에 28두카트면 쉽게 매수할 수 있습니다. 마드리드에 있는 페드로 마르티네스, 크레솔드와 잉글필드의 편지들을 모두 나에게 주십시오. 저는 거들떠보지도 않은 것처럼 돌려드리겠습니다.[25]

이 몇 년 동안 상업 뉴스 서비스가 급증하면서 민감한 자료를 열람할 수 있는 공무원이나 저임금 사무원 중에 돈을 주고 접촉하려는 경우도 늘어났다.

그러나 정보가 부실하면 아무리 복잡한 첩보 활동도 소용이 없어진다. 16세기 후반, 격렬한 종파 정치 때문에 르네상스의 외교는 어려운 시기를 보내야만 했다. 유럽의 주요 강대국 간의 적대 관계가 영속화되면서 전통적인 외교 관계를 유지하는 일은 사실상 불가능해졌다. 대사들이 철수하거나 쫓겨나는 일도 잦았다. 한때 잉글랜드에 파견되었던 스페인 대사 베르나르디노 데 멘도사(Bernardino de Mendoza)의 다채로운 경력만큼 이러한 상황을 잘 보여주는 예도 없을 것이다.

1584년 엘리자베스 1세를 암살하려는 파렴치한 음모를 꾸민 혐의로 축출된 멘도사는, 가톨릭 동맹이 앙리 3세에 대항하도록 모의하는 명백한 임무를 띠고 프랑스로 보내졌다. 1589년 앙리 3세가 암살당한 후 멘도사는 외교관으로서의 경력을 마감하고 손에 검을 쥔 뒤 프랑스의 새로운 왕, 나바르*의 앙리(앙리 4세)에 저항하는 가톨릭 동맹을

---

* 나바라(Navarra)는 피레네 산맥 부근 현재 스페인의 팜플로나 부근 지역에서 9세기부터 17세기까지 이어진 왕국으로, 프랑스어로는 '나바르(Navarre)'라고 불렸다. 여기서는 프랑스 국왕으로서 앙리 4세를 칭하므로 '나바르의 앙리'로 표기했다.

이끌었다.*26

　외교에서는 참으로 기이한 시기였다. 이처럼 성질이 괄괄한 남성에게는 더는 의사 결정에 필요한 냉정한 조언을 바랄 수 없다는 사실이 분명해졌다. 다른 종류의, 정통한 기밀 조언이 필요했다. 이로써 16세기에는 상업적인 필사본 뉴스 서비스가 새로 등장했다. 바로 '아비지'다.

최초의 뉴스 통신사

　1590년경, 이탈리아의 도시 국가 루카는 로마에서 활약할 새로운 비밀 정보원을 찾고 있었다.27 로마의 주재원들은 조반니 폴리 (Giovanni Poli)를 고용할 것을 추천했다. 폴리는 단연 최고의 정보원으로 일컬어졌으며 그와 계약해본 적 없는 이탈리아의 통치자는 한 명도 없을 정도였다. 또한 폴리는 민첩하고 신중하며, 현명한 사람이었다. 그는 사업가로서 자신의 명성이 단지 자신이 제공하는 '상품'의 품질뿐 아니라 뭔가 비밀스러운 분위기에서 온다는 것을 잘 알고 있었다. 그래서 그는 특별한 사업 방식을 개발했다. 폴리는 아침 일찍 일어나 보고서를 작성하곤 했다. 그런 후에는 직접 보고서를 들고 도시 반대편에 있는 우편국으로 향했다. 이로써 폴리는 아무도 보고서를 건드리지 않도록 보장하고 로마에 장인의 솜씨를 직접 선보일 수 있었다.

---

* 앙리 3세가 즉위할 당시 프랑스에서는 가톨릭과 개신교 간의 전쟁이 벌어지고 있었고, 가톨릭교도가 위그노 대부분을 학살했던 성 바르톨로메오 축일의 대학살 또한 앙리 3세의 재임 기간에 벌어졌다. 1584년 후계자였던 동생 프랑수아가 사망한 후 앙리 3세의 후임이 그의 매부인 나바르의 앙리(개신교도)에게 넘어갈 상황이 되자 프랑스 가톨릭 세력의 수장인 앙리 드 기즈(Henri de Guise)가 반발해 결국 세 앙리 사이에 내전이 벌어졌다. 앙리 3세 자신은 가톨릭교도였으나 이 과정에서 가톨릭으로부터 신임을 잃게 되고 앙리 드 기즈의 세력이 점점 더 커지게 되자, 결국 1588년 앙리 드 기즈를 암살했다. 이듬해인 1589년 앙리 3세 또한 가톨릭교도에게 암살당하고 나바르의 앙리가 앙리 4세로 프랑스의 국왕이 된다. 앙리 4세는 위그노에게 종교의 자유를 부여하는 낭트 칙령을 반포하여 내전을 종식시킨다.

폴리는 새로운 유형의 뉴스 수집 필경사인 '노벨란테(novellante)'***로서 구독 고객에게 상업적인 뉴스 서비스를 제공했다. 이 서비스는 결코 저렴하지 않았으므로 고객은 언제나 부유하고 권세 있는 지배층이나 상인 계급이었다. (그건 그렇고 루카는 폴리와 계약하라는 권유를 받아들였으며, 이후 거의 30년간 소식지를 구독했다.) 노벨란테가 성공하기 위해서는 다양한 출처에서 양질의 정보를 제공한다는 명성을 얻어야 했다. 폴리가 바로 그러한 사람이었다. 로마의 스페인 대사가 보내는 급보는 폴리의 보고서를 스페인어로 옮긴 것에 지나지 않았다고 한다. 폴리는 그의 분야에서 최정상에 서 있었으며, 그것이 로마의 번화한 거리를 그가 매주 산책하는 습관이 이 놀라운 도시의 전통이 된 이유이다.

폴리는 16세기 뉴스 시장의 발전에 나타난 새로운 방향을 상징했다.[28] 노벨란테들은 유럽의 상업 뉴스와 정치적 가십의 중심지인 두 도시, 로마와 베네치아에서 독자적으로 기술을 갈고닦았다. 이 새로운 매체의 기원은 중세의 상업 서신까지 거슬러 올라갈 수 있다. 1303년 루카의 리치아디(Ricciardi)*** 종업원이 런던에 있는 대표에게 보낸 멋진 급보가 여전히 남아 있다.[29] 이 장문의 서신에서는 프랑스로부터 받은 소식과 함께 루카와 이탈리아 반도의 소식을 정리했다. 그 세부 내용의 풍부함은 한 세기 뒤 안토니오 모로시니가 알렉산드리아에 베네치아 영사로 파견된 조카에게 보낸 급보와 견줄 수 있다.[30] 이처럼 정세에 대한 정보를 극도로 상세히 기록해 보냈다는 것은, 먼 곳에 떨어진 주재원도 본국의 상황을 자세히 알 필요가 있었음을 상기시켜준다. 그래야만 주재원들도 파견지에서 적절한 정보를 보내올 수 있었기 때문이다.

이러한 급보는 일반적으로 정치 뉴스와 함께 상업적인 거래에 대

1부 뉴스 발행의 시작

** 이탈리아어로 'novella(노벨라)'는 '이야기'를 뜻한다.
*** 1272년부터 1307까지 잉글랜드의 에드워드 1세와 거래한 상인회.

한 필수적인 지침 등 다른 정보가 뒤섞여 있었다. 또 다른 매체로 출현한 필사본 소식지는 조반니 사바디노 데글리 아리엔티(Giovanni Sabadino degli Arienti)와 베네데토 데이(Benedetto Dei)라는 이탈리아인 두 명이 긴밀히 협력함으로써 한 걸음 더 나아갔다. 두 사람은 다소 다른 경로를 통해 뉴스 공급업자라는 천직에 이르렀으며, 데이의 생전 마지막 날까지 친분을 나누었다. 아리엔티가 뉴스에 관심을 가지게 된 것은 자신의 문학 활동을 지원해줄 후원자를 찾는 과정에서 얻은 다소 우연한 결과였다.

그는 문학 활동에 전념하기 위해 페라라 공작 에르콜레 데스테(Ercole d'Este)*의 모임에 입문했으며, 이후 에르콜레의 딸 이사벨라 데스테(Isabella d'Este)**가 만토바의 프란체스코 곤차가와 혼인한 후 이사벨라의 중요한 통신원이 된다.[31] 에르콜레 공작과 이사벨라는 모두 아리엔티의 규칙적이고 광범위한 뉴스 수집을 높이 평가했다. 볼로냐에 본거지를 둔 아리엔티는 피렌체와 로마로 가는 여행자들에게 소식을 전해 듣기 좋은 위치에 있었다. 그는 통신원의 연결망도 폭넓게 유지하고 있었다.

이 통신원 중 한 명이 포기할 줄 모르는 베네데토 데이였다. 데이는 뉴스 특파원으로서 프랑스, 잉글랜드, 독일을 누비며 때로는 아시아와 아프리카까지 여행하는 등 다사다난한 삶을 살았다. 그는 콘스탄티노플에서 몇 년간 거주한 후 1468년 피렌체로 돌아왔다. 사교적이고 남과 어울리기 좋아한 데이는 그동안 발전시킨 연결망을 활용해 뉴스 정

---

* 이탈리아의 강력한 세력이었던 에스테 가문의 페라라 공작으로, 르네상스의 열렬한 후원가 중 한 명이다.
** 르네상스 최고의 여성 미술품 수집가로 일컬어진다. 곤차가가 전쟁을 위해 자리를 비운 사이 그를 대신하여 만토바를 통치하기 시작했다. 남편이 사망한 후 20년 동안 아들의 섭정으로 계속해서 만토바를 통치함으로써 소국에 불과했던 만토바의 정치와 문화를 크게 발전시켰다.

보원으로서 독보적인 명성을 얻었다. 1470년과 1480년 사이에 그는 처음으로 기존의 서신 양식에서 벗어나 새로운 집필 양식을 발전시키며 정기적인 뉴스 단신을 발행하기 시작했다. 현재까지 남아 있는 서신 중 1478년에 작성된 서신은 단문 50개로 구성되어 있다. 각 문장에는 보고의 출처를 나타내는 날짜 기입선이 표시되어 있다.

제노바에서 도제가 바티스티노에게 작위를 수여하고 아도르니와 라오네시 가문을 쫓아냈다는 소식이 있습니다.

리옹에서 소식이 있습니다. 무역 박람회는 정말 훌륭했습니다. 직물이 많이 팔렸고 큰 수익을 올렸습니다.

프랑스에서 대사 9명이 평화 협상을 위해 말 200마리와 함께 이탈리아로 향하고 있다는 소식이 있습니다.[32]

데이와 아리엔티가 나눈 서신을 통해 이들이 정보를 어떻게 수집했는지 자세히 엿볼 수 있다. 아리엔티가 볼로냐에서 데이에게 서신을 전할 때는 보통 피렌체의 메디치 은행으로 보내, 그곳에서 데이가 서신을 받도록 했다. 데이가 프랑스로부터 얻은 자세한 정보는 대부분 메디치 가문의 연줄, 특히 리옹에 있었던 메디치 은행의 프란체스코 사세티에게서 나왔다.[33] 스페인의 소식은 피렌체에 거주하는 상인들에게 얻었다. 데이는 특히 오스만 제국과 이집트 술탄의 궁정에 독보적인 정보원을 두고 있었다. 그는 매주 토요일마다 정기적으로 "아시아, 아프리카, 그리고 유럽의 모든 소식"을 보낼 수 있다며 자랑스러워했다. 이것은 매우 중요한 발언이다. 데이가 주간 뉴스 단신이라는 서비스를 최초로 구상했음을 나타내기 때문이다.

아리엔티는 여전히 중세와 르네상스 때의 방식으로 뉴스 요약본을 제공함으로써 군주의 호의를 얻기를 바란 반면, 데이는 단신 소식을 제공한 대가로 정기적인 보수를 받길 바랐고 실제로 그렇게 되었다. 말년에 데이는 뉴스 수집망의 핵심이라는 독보적인 위치를 차지했다. 1490년 코르토나의 통신원은 데이에게 존경의 표시와 함께 그의 편지를 간절히 기다린다는 서신을 보냈다. 일단 데이에게 편지가 도착하면 도착하자마자 여러 차례에 걸쳐 복제되었다.[34]

이를 볼 때, 당시 데이는 가장 효과적인 사업 운영 모델은 아직 개발하지 못한 것으로 보인다. 통신원은 수익을 극대화하기 위해서 뉴스의 복제와 배포 과정을 직접 감독해야만 했다. 이후 수십 년간 아비지는 좀 더 성숙한 형태로 발전하기 시작했다. 16세기에 아비지는 보통 종이를 한 장이나 두 장 접어서 4쪽이나 8쪽으로 만든 4절판 팸플릿이었다. 각 페이지는 일련의 보고로 채워졌으며 각각의 보고는 두세 문장으로 이루어진 짧은 단락으로 이루어졌다. 이는 데이가 고안한 양식인 날짜 기입선과 함께 시작되었다. 가령 "1570년 3월 24일, 베네치아에서 온 소식", "콘스탄티노플에서 온 서신에서 이 소식이 보고됨" 같은 식이다.

다음 단락에서는 해당 장소에서 보고된 소식을 요약한다. 따라서 "로마에서 온 소식" 아래에는 더 먼 곳과 관련이 있는 소식이라도 일단 로마의 정보원에게 온 모든 소식이 나열되었으며, 뒤이어 베네치아, 프랑스, 콘스탄티노플, 저지대 국가, 잉글랜드 등지에서 전해진 소식이 전달되었다. 이러한 표현 방식은 18세기의 필사본 소식지에서도 큰 변화 없이 유지되었으며, 최초의 뉴스 간행물 형식을 결정짓는 데도 깊은 영향을 미친 것으로 나타났다. 이런 점에서 17세기 초의 신문들은 매우 상이한 양식의 뉴스 팸플릿 인쇄물보다는 아비지의 관행과 뉴스로서의 가치에 훨씬 더 빚지고 있다고 볼 수 있다.

뉴스는 대체로 뉴스의 주요 중심지에서 수집되었으며 이러한 지역은 크게 변하지 않았다. 알프스 건너편 지역의 경우에는 일반적으로 주요 상업 중심지에서 대륙 우편 서비스를 제공했다. 뉴스는 해설이나 분석은 거의 없이 간결한 문장으로 전달하는 것이 관행이었다. 이러한 뉴스는 가능한 한 많은 정보를 제공하는 데 주력했다. 그러면 노벨란테의 주요 고객이었던 상인과 지배층 구성원들은 이러한 정보를 토대로 독자적인 결론을 도출할 수 있었다. 따라서 아비지는 외교 급보와는 상당히 달랐다.

외교 급보는 대사의 본국에서 알려진 정치적 우선순위에 따라 제공되는 정보가 달라진다. 반면 아비지는 세심하게 계획된 중립적인 경향성을 유지했다. 때로는 기만적일 수도 있지만, 이러한 중립성 덕분에 상업 뉴스 작성자들은 이탈리아의 적대국 지도자들 사이에서도 광범위한 고객층을 형성할 수 있었다. 아비지는 개별 고객에 맞춰 조정되거나 특별 제작되지는 않았다. 1565년 이후 우르비노 공작은 로마로부터 전달된 정기 소식지에서 자신의 활동에 대한 소식을 확인할 수 있었다. 그 소식이 영원한 도시*에서 보고된 것인 한.[35]

소식지에 서명을 하지 않는 또 다른 관행 역시 큰 변화 없이 계속 이어졌다. 노벨란테들은 분명 자신의 기술을 자랑하고 고객의 저변을 확대하려 했을 것이므로 이러한 관행은 조금 이상해 보일 수 있다. 조반니 폴리와 베네치아인인 히에로니모 아콘차이코(Hieronimo Acconzaicco), 폼페오 로마(Pompeo Roma)와 같은 이 분야 최고의 장인들은 유명 인사가 되었다. 익명성의 관행은 보고된 그대로의 사실과 의견을 구별하려고 의식적으로 시도한 데서 비롯되었다. 검증되지 않는 보고는 "…이라고 한다", "리옹에서 보고되었다" 등의 문구가 명확히 표기되었다.

상업 통신사의 발전을 이끈 두 주요 기수는 로마와 베네치아였다. 이 도시들이 왜 그렇게 막강한 영향력을 행사했는지는 쉽게 알 수 있

---

* 로마의 별명.

다. 베네치아는 지중해 동부와 레반트 지역에서 외교망과 영토, 무역이 가장 발달한 큰 상업 도시였다. 베네치아는 유럽의 우편 및 외교 통신의 중심지이기도 했기 때문에 발이 넓은 사람들은 파리, 리옹, 브뤼셀, 스페인을 비롯해 제국의 수도인 빈과 인스브루크로부터도 소식을 들을 수 있었다. 리알토는 소문과 상업 정보를 교환하는 면에서 유럽 제1의 중심지였다. 〈베니스의 상인〉에서 살로니오가 "자, 리알토에서는 무슨 소식이 있소?"라는 인사말로 대화를 시작했을 때, 셰익스피어는 런던의 희극 팬들이 이미 다 안다는 듯이 키득거리기를 기대했을 것이다.[36]

로마는 그 자체로 정치 권력과 기독교 권력의 중심지였다. 성직자를 임명하기 위해서는 교황의 허가를 받아야 했으므로, 로마는 계속해서 음모의 중심지이자 수많은 외교 사절단의 목적지가 되었다. 교회의 수입 또한 계속 유입되고 있었기에 로마는 은행업에서도 주요한 중심지가 되었다. 1550년의 조사에 따르면 로마에서는 은행 51개가 성업 중이었다.[37] 16세기 후반의 교회 쇄신기 동안, 교황은 튀르크와 개신교 이단에 대항하는 전쟁을 추진하기 위해 전 유럽에 관심을 가져주기를 촉구했다.

베네치아와 로마의 서로 다른 특성은 각 도시에서 노벨란테가 배포한 뉴스 보도의 어조가 확연히 다른 데서도 확인할 수 있다. 로마의 아비지는 좀 더 장황한 어투로 교황청과 야심만만한 추기경들의 묘책을 상세히 보고하는 경향이 있었다. 가장 뛰어난 뉴스 작성자들은 심지어 일반적인 단신과 특별 고객을 위한 프리미엄 기밀 뉴스를 구분하는 2단계 뉴스 서비스를 개발하기도 했다. 이 계획은 그럭저럭 잘 진행되었다. 로마의 한 뉴스 작성자가 두 서비스를 혼동하는 바람에 교황의 가문을 비판하는 기밀 뉴스가 곧 교황의 손에 들어가기 전까지는 말이다.

이 처참한 불상사를 제외하면, 로마의 노벨란테들은 이 모략의 도시에서도 가장 비밀스러운 계략을 꿰뚫어 봄으로써 명성을 얻은 것에 만족할 수 있었다. 한 추기경은 새로 보좌관을 고용하면서 뉴스 작성자와 절대 접촉하지 말라고 엄명을 내렸다. 그의 경고에 따르면, 뉴스 작성자들은 "마치 암탉에게서 달걀을 꺼내듯 젊은이의 입에서 비밀을 꺼낸다".[38]

이 두 사례에서도 확인할 수 있듯이, 이탈리아의 뉴스 작성자들이 제공하는 서비스는 이제 필수적인 것으로 간주되는 경향이 더욱 강해졌지만, 뉴스 작성 자체는 일반적으로 존경받는 일이 아니었다. 16세기 후반, 여러 교황은 뉴스 작성자들의 활동을 제한하기 위해 강력한 조치를 취했다. 1570년 비오 5세는 명예를 훼손한 대판형 뉴스 제작자는 반드시 찾아내 처벌하겠다고 발표했다. 그 직후 작가 니콜로 프랑코(Niccolò Franco)가 체포되어 재판을 받고 처형되었다. 1572년에는 아비지를 금지하는 칙령이 공포되었다.

> 그 누구도 다른 사람의 평판이나 명예를 깎아내리거나, 모욕하거나, 사적으로 공격하는 중상모략적인 글, 또는 현지에서 소위 말하는 '레테레 디 아비지(lettere di avvisi)'와 같은 조언 서신, 또는 미래의 사건에 대해 논의하는 그 어떤 글도 작성하거나, 받아쓰거나, 집필하거나, 복제하거나, 보관하거나, 누구에게도 전달하지 못하게 하라.[39]

1586년 식스토 5세는 금지령을 갱신한다는 칙령을 발표했고, 이후 몇 년간 이를 시행하기 위한 활동이 산발적으로 이루어졌다. 1581년 한 필자가 교황의 건강 상태에 대한 소문을 퍼뜨린 혐의로 종신형을 선고받았다. 1587년에는 '관보(官報)업계의 우두머리'로 묘사된 한 남성이 기밀을 누설한 혐의로 처형되었다. 뉴스 작성자에 대한 조치는 로마에서 특히 가혹했던 것으로 보인다. 이곳에서 교황은 뉴스가 도시 곳곳에 내걸리곤 하는 악의적인 풍자시 '파스키나드'와 동일하다고 여겼기 때문이다. 파스키나드는 권력자들을 고의적으로 거리낌없이 모욕했다. 익명으로 게시되었기 때문에('파스퀴노(Pasquino)'라는 별명을 가진 고대 조각상에 걸리는 경우가 많았으므로 그런 이름을 얻었다) 작성자가 발각되는 경우도 거의 없었다.[40] 반면 뉴스 작성자들은 여러 종업원을 거느린 대형 필경소를 운영하는 경우가 많았으므로 표적이 되기도 더 쉬웠다.

비록 많은 파스키나드가 시사 문제를 신랄하게 꼬집는 내용이긴 했지만 이 둘을 혼동하는 것은 불공평한 처사였다. 아비지 또한 냉소적일 때도 있었지만 그 대상을 공개적으로 모욕하는 경우는 극히 드물었다. 아비지는 뉴스가 가진 신뢰성에 그 가치가 있었다. 따라서 뉴스 작성자는 겉만 번지르르하게 과장하거나 희망 사항을 늘어놓지는 않았다.

아비지와 논박문의 가장 명확한 차이는 시장성에 있다. 1588년 칼레 해전 동안 로마가 열렬히 바랐던 스페인의 승전 소식이 처음 들려왔을 때도 침착하게 회의적인 태도를 유지하는 등, 아비지는 이미 성숙한 뉴스 형식이 되었음을 입증했다.[41] 당국이 뉴스의 배포를 막으려고 하던 시기에(물론 일반적으로 그들에게 그리 좋은 뉴스가 아닐 때) 뉴스 작성자들에 대한 적대감이 가장 높아지곤 했다.

시간이 흐르면서 보복 조치를 할 수도 있다는 위협이 때때로 엄습하자 이는 아비지의 어조에도 영향을 끼쳤다. 로마의 아비지는 갈수록 더 단조로워졌고, 확실히 더 조심스러워졌다.[42] 그럼에도 아비지는 공직자는 물론 점점 더 늘어나는 대중 독자를 위한 뉴스 네트워크에서 절대적으로 필수적인 부분으로 남았다. 1590년에는 소식지에서 설교에 대해 논할 때 성직자를 언급하는 것을 금지하는 매우 도발적인 칙령이 발표되었다. 시의 성직자들 또한 이러한 소식지의 독자임이 분명

했다.[43]

이탈리아에서 필사본 소식지는 17세기 내내, 신문이 만들어진 이후에도 계속해서 뉴스 간행물의 주도적인 형태로 남았다. 베네치아의 상인들은 민감한 금융 시장을 움직일 수 있는 정보는 여전히 아비지에 의존했다. 아비지는 로마의 나날이 커져가는 도박 시장에서 중요한 역할을 했다.[44] 그러나 아비지가 뉴스 문화의 선두에 있었던 16세기와는 달리, 17세기에는 이러한 현상이 점차 약화되었다.

1637년, 로마의 한 숭배자는 여전히 "이 도시는 세계의 모든 뉴스를 찾을 수 있는 곳"이라고 자랑스럽게 뽐냈다. 그러나 아비지를 정독해보면 더는 그렇지 않다는 사실을 알 수 있을 것이다. 세상은 변하고 있었다. 사건의 중심과 유럽 정치의 판도는 이제 북쪽으로 이동했다. 유럽 뉴스 문화의 중심지도 마찬가지였다.

푸거 소식지

알프스 북쪽에서 이탈리아 상업 뉴스 시장의 꾸준한 성장을 눈치채지 못했을 리는 없다. 독일, 네덜란드, 이탈리아 반도 간에 긴밀한 사업 관계가 구축되어 있는 상황에서, 곧 다른 지역에서도 필사본 소식지에 대한 수요가 생길 수밖에 없었다. 처음에 독일의 고객들은 단순히 로마와 특히 베네치아에서 형성된 노벨란테의 서비스를 이용했다. 그러나 1575년 즈음이 되면 북쪽의 뉴스 시장에도 그들만의 전문 통신사가 생겨났다. 이들은 무엇보다도 주요 상업 중심지인 안트베르펜과 쾰른, 특히 아우크스부르크에 위치하고 있었다. 독일의 남부 도시는 주요 상업 도시이자 유럽 북부 정보망의 핵심 허브(hub)라는 독특한 지리적 장점을 누릴 수 있었다. 그중에서도 아우크스부르크는 베네치아와 유럽 북부, 그리고 제국의 수도인 빈과 브뤼셀을 연결하는 우편 서비스의 교차점이었다. 제국 우편 경로의 핵심 영역인 독일의 주요 도시 중 하나였던 것이다.[45]

북부에서 최초로 필사본 소식지를 받아본 고객은 대부분 독일 궁정의 군주와 관리 들이었다. 몇몇 소장품은 현재까지도 남아 있다. 그러나 남아 있는 대다수 판본이 상업 뉴스와 정치 뉴스인 것을 볼 때, 필사본 소식지는 독일 남부 도시의 귀족 상인들 사이에서 가장 활발히 유통되었음을 알 수 있다. 현존하는 가장 거대한 수집품은 상인 가문이자 은행 가문인 아우크스부르크의 푸거(Fugger) 가문에서 수집한 것이다.[46] 푸거 가는 16세기 전반 합스부르크 왕가와 긴밀한 관계를 유지함으로써 막대한 이익을 얻었다. 푸거 가는 이후 수십 년간 펠리페 2세에게 융자를 제공하면서 더 큰 파산 위험에 노출되었다. 푸거 가는 광범위한 사업 이익을 보호하기 위해 당대의 가장 뛰어난 뉴스 정보 서비스를 만들었다.

이 국제적 뉴스 서비스의 규모가 어느 정도인지 가늠하려면 현재 빈 국립 도서관에 남아 있는 정장본 27권을 살펴볼 필요가 있다.[47] 각 권에는 필사본 소식지가 호별로 수백 부 실려 있다. 빈에서 보관 중인 소식지 가운데 가장 먼저 발행된 것은 1569년으로 거슬러 올라가지만, 푸거 가는 이보다 더 이전에 뉴스 서비스를 시작한 것으로 보인다. 로마의 바티칸 기록 보관소는 울리히 푸거가 소유했던 초기 권호를 1554년 발행본부터 소장하고 있다. 이것은 푸거 가문이 하이델베르크 대학에 선물한 것으로, 이후 30년 전쟁* 동안 가톨릭 군대가 이 멋진 도서관을 약탈한 후 로마로 가져갔다.[48]

빈의 판본은 가문의 젊은 세대인 필리프 에두아르트(Philip Eduard)와

---

* 1618년에서 1648년까지 가톨릭 지지 국가와 개신교 지지 국가 간에 벌어진 전쟁.

옥타비안 세쿤두스(Octavian Secundus) 형제의 기록으로 구성된다. 이들 형제는 1569년 아버지 게오르크가 갑작스럽게 사망한 후 가문을 장악하기 시작했다. 다행히도 이 청년들은 유럽 각지에서 오랫동안 활동한 상업 파트너의 연결망에 도달할 수 있었다. 그중에서도 베네치아에 거점을 둔 인스브루크의 상인 다비트 오트(David Ott)는 푸거 형제에게 베네치아에서 가장 명성이 높은 노벨란테 두 명, 즉 앞에서도 언급한 히에로니모 아콘차이코와 폼페오 로마를 소개해주었다.

이들은 113플로린으로 1585년부터 1586년까지 주간 서비스를 제공했다. 오트는 이전에 안톤의 아들 한스 푸거에게도 아콘차이코를 추천한 적 있지만 성과는 미미했다. 1577년 한스는 오트에게 아콘차이코는 쓸모없는 정보만 보낸다고 불평했다. "더운 공기 말고는 아무것도 없군요." 그는 오트에게 평판이 더 좋은 후안 도나토(Juan Donato)와 대신 계약하기를 요청했다.[49] 실제로 아콘차이코는 2년 후에도 여전히 푸거 가문에 서비스를 제공하고 있었다. 빈 기록 보관소에 있는 베네치아의 아비지는 원래 이탈리아어로 발송되고 읽힌 것으로 추정된다.

이는 직접 이루어지는 상업적인 거래였다. 푸거 가문은 유럽 북부의 다른 지역에서 현지의 뉴스 판본이 포함된 정기 소포를 비롯해 그 지역의 요원들이 준비한 요약본도 받았다. 푸거 가문의 지역 사무소 관리자는 대개 독일 귀족 가문의 자제들로서 교육 수준이 높고 푸거 가문의 배경 없이도 이미 상당한 지위를 누리고 있었다. 현지에서 가장 신뢰도 높은 뉴스 보고를 면밀히 조사하고, 네덜란드어로 된 것은 독일어로 번역되었는지 확인하는 것까지 모두 그들의 일이었다.

뉴스 작성자들은 뭔가 의심스러운 구석이 있어 보고하지 않기로 한 뉴스에 대해서도 종종 언급했다. 크리스토프 빈켈호퍼(Christoph Winkelhofer)는 빈에서 온 소식을 전하면서 "다른 세부 사항들도 읽어봤지만, 제가 보기에는 이것들이 최고인 듯합니다"라고 썼다.[50] 푸거 가문은 선정적이거나 예언 또는 경이로운 이야기 등 일상적인 사건을 다룬 대판형 뉴스는 그다지 많이 보관하지 않았다. 이 진지한 사람들에게 '가치 있는 글'이란 정치·경제 뉴스를 의미한 것이다.

1586년 필리프 에두아르트와 옥타비안 세쿤두스 형제는 펠리페 2세와 5년간 아시아 고추 무역에 대해 수입 허가 계약을 맺었다. (원래는 포르투갈이 독점하고 있었으나 1580년 펠리페 2세의 포르투갈 점령 이후 스페인으로 독점권이 넘어갔다.) 이는 이베리아 반도에서 더 정기적으로 보고를 받을 수 있도록 뉴스 서비스를 확대해야 하는 위험한 사업이었다. 리스본의 대리상*인 벨저 가문은 이때까지 융통된 포르투갈 자본에 대한 보고서를 정리하는 일을 담당했으며, 스페인의 대리상들은 세비야, 바야돌리드, 마드리드에서 받은 소식지를 정리했다. 아시아 무역도 진행되면서 인도에서 첫 번째 뉴스 보고가 직접 전달되었다.

이러한 급보의 상당수는 신뢰할 수 있는 대리인에게 받은 것으로, 베네치아의 상업적인 소식지들과는 구성에서 다소 차이가 있었다. 여기서 푸거 가문의 현지 대리인들은 보고서를 전달하기 전에 본인의 판단에 따라 자신이 받은 보고서의 진실성을 가늠하여 뉴스를 거르는 역할을 했다. 하지만 이들은 보고서의 원본과 원자료 또한 빈으로 보냈다. 아무리 허황되고 추측뿐인 보고라도 당대의 성향을 가늠하는 데는 유용했다.

보고가 빈에 도착하면 푸거 형제는 관대하게도 본사에서 받은 정보와 모든 서신을 다른 이들과 공유했다. 바이에른 공작과 티롤의 페르디난트 대공은 매주 요약본을 받아볼 수 있었다.[51] 필리프 에두아르트와 옥타비안 세쿤두스는 일부 뉴스 보고와, 특히 특파원들이 급보에 포함한 그림들을 인쇄하는 것을 허용했다.

---

* 벨저 가문은 아우크스부르크의 귀족 가문으로서 푸거 가와 함께 은행업과 상업을 이끌었다.

1585년 푸거 형제는 아우크스부르크의 판화 제작가 한스 슐테스 (Hans Schultes)와 계약하여 파르마 공작이 안트베르펜 공성전을 위해 건설한 요새의 수채화를 수록한 대판형 뉴스를 제작했다. 안트베르펜 공성전은 파르마 공작의 플랑드르 및 브라반트 재정복 작전 중에서도 절정에 해당한다.**52 이 간행물은 매우 성공한 것으로 보인다. 이러한 종류의 군사 도표는 1565년 몰타 공성전 이후 뉴스 시장의 중요한 트렌드였다. 이러한 도표는 독자들이 장기간에 걸친 군사 교전의 진행 상황을 어느 정도 상세하게 따라가도록 했다.

푸거 가문의 뉴스 기록물은 유럽의 가장 거대한 상업 제국의 부산물로서 만들어진 사유 자원이었다. 그러나 얼마 지나지 않아 뉴스 수집이 엄청난 수익을 얻을 기회가 되면서 베네치아의 노벨란테를 모방한 상업 통신사가 성장하기 시작했다. 푸거 가문이 입수한 급보의 요약본을 마련하기 위해 아우크스부르크 최초의 독립 기업가인 예레미아스 크라서(Jeremias Crasser)를 고용한 것도 당연했다. 그러나 아우크스부르크에서 또 한 사람, 알브레히트 라이펜슈타인(Albrecht Reiffenstein) 역시 1579년 작센의 아우구스트 공작에게 이러한 놀라운 제안을 했다.

공작께서 베네치아, 쾰른, 안트베르펜, 빈에서 당신께 온갖 소식을 보내줄 사람들과 관계를 유지하고 계시다는 것을 알고 있습니다. 하지만 저는 이탈리아, 프랑스, 스페인과 포르투갈, 그리고 제국의 궁정에서 아우구스부르크로 가져온 서신과 모든 기독교 국가로부터 받은 뉴스 보고를 참조해 귀족분들을 위한 보고서를 작성하고 있습니다. 당신의 신하로서 매주 이 같은 보고서를 작성해 올리고 뉘른베르크와 라이프치히에

** 알레산드로 파르네세, 즉 파르마 공작은 80년 전쟁 중 스페인 왕 펠리페 2세의 명령으로 스페인군을 지휘하여 네덜란드 남부의 여러 지역을 정복했다. 그 절정이 1584년의 안트베르펜 공성전으로, 육로와 해로를 모두 차단한 뒤 1585년 항복을 끌어낼 수 있었다.

도 보내겠습니다. 귀공 또한 독일의 여느 군주들과 마찬가지로 세상일에 정통할 수 있도록요.[54]

이는 당시 상업 뉴스 발행인들의 연결망이 이례적으로 발달했음을 시사한다. 확실히 이후 몇 년간 함부르크, 쾰른, 프랑크푸르트, 프라하, 빈, 라이프치히에서는 뉴스 작성자들이 큰 번영을 누렸다. 물론 아우구스트 공작도 라이펜슈타인의 제안을 받아들여 매주 서신을 받아 보았다. 4년 후 공작은 프랑스와 저지대 국가의 소식을 얻기 위해 또 다른 발행인인 필리프 브레이(Philip Bray)와 계약했다. 브레이는 분기마다 100플로린이라는 엄청난 보수를 받게 되었다. 그의 소식지는 전령을 통해 뉘른베르크와 드레스덴을 경유하여 아우구스트의 손에 전달되었다.

이러한 거래는 독일의 정재계 인사들이 신뢰할 수 있는 뉴스에 엄청난 가치를 부여했음을 보여준다. 어려운 시기, 특히 당시처럼 험난한 시기에 권세가들은 누구보다 신속하게, 가장 정확한 정보에 접근할 필요가 있었다. 푸거 가문의 지역 대리인들은 유럽의 왕가를 모시는 대사들과 마찬가지로 정보를 수집하고, 첩보 활동을 하고, 자료를 조사하고, 무엇을 믿어야 할지 최상의 판단을 내린 후 보고를 전달하는 역할을 했다. 하지만 그들은 수집한 다른 뉴스 보고들도 가능한 한 많이 전달했다. 작센의 아우구스트와 같은 중요한 지역 통치자는 자체적인 대리인의 보고는 물론, 상업적인 뉴스 발행인의 보고도 원했다.

상업 필사본 소식지는 놀라울 정도로 오래 지속되었다. 뉴스 작성자들은 16세기 교황들의 탄압을 극복하고 최초로 신문이 발행될 때까지도 살아남았다. 필사본 뉴스 서비스는 17세기 런던에 최초의 뉴스 통신사가 설립되면서 새로운 영역으로 옮겨갔다.[55] 또한 소식지는 그 모든 팸플릿 전쟁과 17세기의 기술 변화를 거쳐, 심지어 18세기까지도

"빈에서 보고됨", "그라나다에서 전해온 소식", "파리의 금융 시장에서 전해진 바에 따르면"으로 시작하는 질서정연한 문단 형태를 이어갔다. 필사본 소식지는 신뢰할 수 있는 출처를 바탕으로 감정에 치우치지 않는, 제값을 하는 정보를 제공한 독특한 서비스였으나 오늘날 뉴스의 세계에서는 이것을 기억하는 사람이 거의 없다. 필사본 소식지가 없었다면 지난 2세기 동안 유럽에서 여론도 형성되지 않았을 것이다.

6장

장터와 선술집

필사본 통신사는 특권층을 위한 도구였다. 이런 측면에서 상업 필사본 뉴스의 경우 가격은 큰 문제가 되지 않았다. 오히려 비용을 지불한다는 것은 권력자들이 찾고 있는 정통한 정보원의 권위를 보장했다. 이러한 서비스를 이용하지 못하는 사람들은 좀 더 잡다하고 산만한 매체인 뉴스 팸플릿 인쇄물에서 많은 정보를 계속 얻을 수 있었다. 이제 팸플릿은 광범위한 일반 독자에게 시사 뉴스를 제공하는 데 영향력이 더욱 커졌다. 그러나 초창기의 근대 뉴스 문화에는 무시해서는 안 될 세 번째 흐름이 있었는데, 바로 '입소문'이다.

종교 개혁 이후 몇 년 뒤 잉글랜드에서 구두로 전해지던 뉴스의 온전한 영향력을 확인할 수 있다. 1530년대, 새로운 예배 방식이 도입되고 수도원이 해체되면서 폭넓은 대중 사이에 불만이 일었고, 일부는 노골적으로 반대 의견을 부르짖었다. 헨리 8세의 충실한 수석대신이자 새로운 개신교 정권의 주요 설계자인 토머스 크롬웰(Thomas Cromwell)은 이 문제 때문에 골머리를 앓게 된다. 하지만 크롬웰은 대단히 철두철미한 사람이었다. 이 어려운 고난의 시기 동안 수석대신과 그의 대리인들은 반대자를 색출하고 유죄를 선고하기 위해 지속적인 캠페인에 착수했다.[1] 크롬웰의 그물망에 걸린 많은 이는 글을 거의 읽을 줄 몰랐으며 언변이 뛰어나지도 않았다. 하지만 이들은 강한 반대 의견을 표출했다. 런던 출신의 대장장이 데니스 존스는 리딩의 베어 여관에 들를 때면 런던에서 주워들은 소식을 전해주곤 했다. 언젠가는 와이트 섬*에서 온 이웃들과 어울려 술을 마시고 있는데 행상인이 들어와 그들에게 "런던에서 앤 왕비**가 사형에 처해지고 납으로 삶아졌다는 이야기를 들었다"고 말했다.

다른 이들도 왕실의 입법에 대해 멋대로 떠들어대고 왕의 죽음에 대한 소문을 퍼트렸다. 1535년 3월, 에식스 주 월든의 애덤 페르무어는 수도를 여행한 후 집에 돌아오자마자 이웃들에게 당연한 듯 질문을 받았다. "재밌는 소식은 없나요?" 이웃들은 그의 오싹한 답변을 결코 잊지 못할 것이다. "맙소사, 나쁜 소식이 있어요! 남자가 죽으면 그의 아내와 아이들은 구걸하러 나가야 한다는 법을 왕이 만들었다지 뭐예요."[2]

이것은 정치를 실질적으로 위협하는 발언이었으므로 정부가 그처럼 강경한 조치를 취한 것도 무리는 아니다. 그러나 이러한 보고에서 가장 확실히 알 수 있는 부분은 정보를 나르는 여행자들, 그리고 그러한 정보가 퍼지고 보고되는 여관은 어디에나 있었다는 점이다. 인쇄가 수도에서만 이루어졌던 잉글랜드와 같은 나라에서도 뉴스는 (항상 정확하지는 않더라도) 빠르게 전달될 수 있었다.

산업화 이전의 사회는 여전히 상당 부분 구술 문화를 유지하고 있었다. 물론 글을 읽지 못하는 사람이 많은 것도 사실이었지만 그 때문만

* 잉글랜드 남단에 있는 섬.
** 헨리 8세의 두 번째 아내로, 불륜과 모반 혐의로 1536년 런던 탑에 감금된 후 사형에 처해졌다. 헨리 8세가 로마 가톨릭과 결별하고 종교 개혁을 일으킨 명시적인 이유는 앤 불린과 결혼하기 위해서였다.

은 아니다. 당시 사회 조직과 의사 결정의 전체 과정은 공동체 활동, 발화, 그리고 대면 접촉으로 계승된 전통을 중심으로 이루어졌다. 유럽 전역의 정부는 점차 확신을 가지고 그러한 활동의 빈도를 증가시키며 전쟁을 일으키고, 법을 통과시키고, 세금을 올렸다. 그러나 여전히 정부는 적극적이고 관심이 높은 시민들에게 왜 이러한 결정을 내리게 되었는지 설명해야만 했다. 법은 대중의 폭넓은 동의를 얻은 경우에만 수월하게 시행할 수 있었다. 각 국가는 자국민을 지속적으로 강제할 권력은 없었다. 아직 상비군은 없었고 오직 기초적인 경찰 병력만 있었다.

초기의 근대 사회는 지금보다 덜 급박한 시절이었음에도 늘 끝없는 호기심으로 가득 차 있었다. 이웃과 친지, 권력자, 위대한 사건과 재앙 등, 이 모든 뉴스는 단조로운 삶에 자극을 더하고 일상 생활의 고된 현실을 잊게 한다. 이러한 사회적 소통이 일어난 핵심 장소는 바로 장터와 선술집이었다. 이곳은 초기 근대 사회에서 가장 일반적인 만남의 장소였다. 이곳에서는 여행자와 주민, 지식인과 문맹, 다양한 사회 계층의 구성원, 그리고 어느 정도는 남성과 여성이 모두 함께 어울렸다. 이곳은 구두로 전해지는 뉴스의 왕국이었다.

시장으로

시장은 유럽 사회 전반에 걸쳐 정보 교류의 중심지였다. 매일의 일상에서 장거리 여행과 거래는 흔치 않은 일이었다. 생활 필수품은 대부분 마을이나 시장 등 현지에서 구할 수 있었다. 중세 이래로 대략 48킬로미터 떨어진 마을마다 시장이 들어서며 연결망이 자연스럽게 형성되었다. 마을은 대부분은 시장에서 약 24킬로미터 이내에 위치해 있었다. 마부와 농부는 소와 수레를 끌고 꼬박 하루 걸려 힘겹게

집과 시장을 오가야 했다.[3] 앞에서도 설명했듯이, 이러한 하루 동안의 여정은 유럽의 도로 체계를 비롯해 여관과 숙소의 연결망, 그리고 우편 체계의 구축에 근본적으로 큰 영향을 끼쳤다.

광대, 돌팔이 의사, 이를 뽑는 사람, 그리고 장거리 여행자 등 먼 곳에서 방문한 사람들은 유흥과 오락을 제공했다. 이들은 뉴스 연결망에서도 중요한 역할을 했지만, 앞에서 본 권위적인 뉴스 전달자들과는 달리 사회적 지위가 낮았다. 옥스포드셔 출신의 가난한 여성 앨리스 베넷은 "생계를 위해 마을에서 마을을 떠돌며 비누와 양초를 팔고 이웃들에게 이야기를 나르는 사람"으로 묘사되었다.[4]

때때로 이러한 입소문을 통제하려는 시도도 있었지만 대체로 실패할 수밖에 없었다. 잉글랜드에서는 수도에서 온 여행자라면 누구나 권력자로 여겨졌으며 늘 이런 질문을 받았다. "런던에서 무슨 소식은 없소?" 템스 강을 노를 저어 건너는 뱃사공들에게도 정보를 얻을 수 있었으며 온갖 장소에 위치한 선술집에서도 다른 소식을 들을 수 있었다.

해리 셰드웰은 1569년 네덜란드의 알바 공작에 대한 여러 소문과 스코틀랜드인 1만 명이 북부 백작 봉기*에 가담했다는 놀라운 이야기를 들었다. 윌리엄 프라운시스는 "에드워드 왕이 런던 탑에 갇혀 있다"는 소문을 가지고 에식스로 돌아왔다.[5] 또한 떠돌아다니는 상인들은 가끔 지방에 있는 친구나 가족에게 편지를 가져다주기도 했다. 예컨대 1619년 런던의 견습생은 랭커셔의 위건에 있는 부모에게 다음과 같은 급보를 보냈다.

잘 알지는 못하지만 잉글랜드에 엄청난 변화가 일어나고 있는 듯합

---

* 1569년 스코틀랜드의 가톨릭 세력은 엘리자베스 1세를 폐위하고 스코틀랜드의 여왕 메리를 추대하려는 계획을 세웠으나 실패했다.

니다. 런던에는 깜짝 놀랄 만한 이상한 일이 많이 일어납니다. 왕이 있는 뉴마켓이라는 마을에는 마치 왕을 치려는 듯 땅에서 솟아오른 손과 칼이 있습니다. 왕이 그것을 보러 간 후부터 방에서 나오지 않고 있는데, 그게 무엇을 의미하는지는 알 수 없습니다. 더 언급하진 않겠지만 다른 이상한 일도 있습니다.[6]

위에서 전해진 뉴스가 완전히 말도 안 되는 소리라는 것을 감안하면, '다른 이상한 일들'은 대체 어떤 수준일지 궁금할 뿐이다. 하지만 여기서 우리는 런던에 터를 갓 잡은 젊은이가 수많은 뉴스에 둘러싸인 채, 비록 허황되지만 진기한 소식들로 우쭐거리며 부모님을 감질나게 하는 흥분을 감지할 수 있다.

장터는 모든 공동체의 중심에 있는 핵심적인 공공의 장(場)이었다. 장터는 그곳 주민과 주변 마을 사람, 그리고 여행자가 모여들어 물건을 사고파는 곳이다. 또한 시장이 있는 마을은 지방 정부의 소재지인 경우가 많았으며, 마을의 회사와 길드 등 영향력이 큰 조직이 위치하기도 했다. 일부 시장 도시는 지방 법정의 소재지가 되기도 했다. 근대 초기의 재판은 신속했으며, 거래를 하러 온 사람들도 처형이 이루어지는 것을 볼 수 있었다. 시장의 광장에서는 종종 빵의 무게를 속여 판 제빵사, 사기꾼, 매춘부, 방랑자가 야유을 받는 가운데 태형 등의 처벌을 받았다.

일반적으로 판결은 거래 지역에서 멀리 떨어진 다른 공터에서 이루어졌지만 처형은 시장에서도 집행되곤 했다. 사형 집행은 언제나 대중의 구경거리였다. 현대인의 눈에 이것은 잔인한 관음증으로 보인다. 하지만 이러한 공공 처형의 의례적 측면은 근대 초기의 공동체 의식에 필수적이었다.[7] 처형은 공동체적 과정이자 추방의 의례적 절차였다. 따라서 구경꾼들은 비록 죄수들이 공포에 사로잡혀 마지막 순간을 맞이할 때 그들을 동정하기도 했지만, 법의 집행에는 의심의 여지없이 동의했다. 그리고 집으로 돌아갈 때는 장터에서 구입한 상품과 함께 이러한 소식도 가지고 갔다.

기민한 출판업자는 선정적인 사건에서 뉴스로서의 가치를 확인하고 끈질기게 파고들었다. 이들은 복잡한 군중 사이를 누비며 범죄에 대한 기사와 죄수가 죽기 직전에 남긴 자백을 팔아 치웠다. 적어도 16세기까지는 그런 것 같았다. 앞에서 본 바와 같이, 끔찍한 범죄에 대한 기사는 사건 이후에도 오랫동안 널리 유포되었다.[8] 이러한 이야기의 교훈적 가치, 그리고 선정성은 범죄나 처형이 이루어진 장소와 밀접히 관련되지는 않았다. 잉글랜드의 경우 런던 이외의 지역에서는 사실상 인쇄가 이루어지지 않았으므로, 어쩌면 이러한 뉴스 시장은 형성되지 못했을 수도 있다.[9] 이처럼 뉴스거리가 된 사건은 대부분 목격자들이 경험한 후 입소문으로 전해진 것들이었다. 시체는 처형대 위에서 부패하도록 방치하여 나중에 들른 사람에게 상기시키는 역할을 했을 것이다.

시장을 방문하는 사람들은 뉴스가 만들어지는 과정도 볼 수 있었다. 당국은 군중이 모여든 틈을 타 새로운 법규를 발표하거나 최근에 제정된 법안에 대한 소식을 전했다. 주요 도시에서는 시장이 항상 열려 있었으므로 이러한 발표가 수시로 이루어질 수 있었다. 프랑스 등지에서는 새로운 왕실 칙령을 공표할 때 멋들어진 의례를 동반했다. 왕실의 사자(使者)가 등장할 때는 트럼펫을 연주해 군중의 주의를 끌었다. 이윽고 군중이 잠잠해지면 사자는 국왕의 발표문을 낭독한 후 그다음 주요 도시로 향했다. 파리에서는 이러한 경우에 이용하는 고정된 경로가 있었다. 그 후 전령이 지방의 주요 마을로 새로운 칙령을 전달했고, 그때마다 시 당국은 이러한 의식을 반복해야만 했다.

구경꾼들이 이러한 엄숙한 의식을 얼마나 진지하게 받아들였는지는 알기 어렵다. 아마도 트럼펫 연주자(종을 울린 경우도 있었다)는 충분히 관심을 끌었을 것이다. 하지만 군중의 웅성거림, 가축들이 우는 소리, 그리고 조급한 행인들이 오고 가는 소리로 사자가 낭독하는 소리를 듣기는 어려웠을 것이다. 공문은 또한 형식적인 법적 언어로 적힌 복잡하고 난해한 장문의 글이었다. 따라서 이후에 공문의 사본을 여러 부 제작해 게시하곤 했으며, 이때 인쇄본이 활용되는 경우도 점점 더 늘어났다.

공문은 보통 공공 장소나 시장, 교회 성문 또는 요금소에 게시되었다. 공공 장소에 공문이 게시되면 대중은 뭔가 중요한 일이 일어나고 있음을 알아채고 자세한 내용을 숙지하고자 했다. 게시된 공문을 읽은 시민은 그 내용을 관련 있는 당사자에게 꽤 정확히 전달할 수 있었다. 공문의 내용을 전문적으로 알아야 할 사람들에게 이러한 공문의 부속물로서 때로는 대판형, 때로는 팸플릿인 인쇄 문건의 중요성이 더욱 높아졌다. 그럼에도 법 집행 과정은 늘 공개된 공간에서 구경거리나 발표와 함께 시작되었다.

시장은 물물 교환의 장소이자 일촉즉발의 사형장으로 늘 변화했다. 기근이 돌아 물가가 오르거나 빈 가판대가 늘어나면 당국이 위기 극복을 위해 조치를 취할 필요성이 명백해졌다. 환멸에 빠진 시민들은 모이기만 하면 소문과 허위 정보, 불만을 퍼트렸다. 이러한 상황에서 근대 초기에 정부가 할 수 있는 일은 많지 않았다. 당시의 국가는 경찰국가가 아니었다. 도시는 대체로 집행관이나 경비대를 충분히 고용할 만한 여유가 없었으며, 그밖에 군인이나 귀족의 수행원 등 무장 요원의 주둔은 그리 달갑지 않은 일로 여겨졌다. 법을 유지하기 위해서는 대중의 암묵적인 동의가 필요했고, 만일 대중이 지지를 철회하면 치안판사는 후폭풍을 피할 수 없었을 것이다. 이런 상황에서 헛소문과 거짓 뉴스는 독이 될 수 있다. 그러한 독의 특성은 여기저기 만연한 독한 술로 더욱 악화되었다.

뉴스를 노래하다

　　시장은 근대 초기의 정보 네트워크에서 필수적인 톱니바퀴였다. 시장이 당시 민중의 삶에서 얼마나 중요했는지는 민간 설화에서 확인할 수 있다. 예컨대 시골 사람들은 시장에서 물건을 사고팔고, 때로는 시장으로 가는 길에 버티고 있는 교활한 악당들에게 사기를 당하기도 했다. 시장은 뉴스의 세계에서 가장 변방의 존재인 행상인들의 활동 무대였다.[10] 일부 유럽 문화권에서 행상인들은 '뉴스를 노래하는 사람'으로 알려졌다. 말 그대로 이야기를 노래로 만들어 부르는 사람들이었기 때문이다. 그들의 노래는 당대에 일어난 사건에 대한 '발라드'로 바뀌곤 했다.

　발라드는 오늘날 명확히 대응하는 사례가 없는, 근대 초기 뉴스의 한 부분이다. 그러나 16세기 유럽에서 이러한 노래는 당시 글을 읽지 못하는 많은 대중에게 소식을 전달하는 중요한 역할을 했다. 뉴스를 노래하는 사람 중 일부는 눈이 보이지 않았으며 대체로 아이들을 데리고 다녔다. 이들은 어떤 사건이나 이야기를 노래한 후 그 인쇄본을 판매했다. 스페인에서 발라드 작가들은 눈이 먼 행상인 무리에게 노래를 가르친 뒤 거리로 내보내곤 했다. 행상인들은 나무판에 빨랫줄 같은 끈으로 인쇄본을 매달아 전시했다. 따라서 발라드는 종종 '끈 문학(cord literature)'이라고 부르기도 한다.[11]

　서적상의 재고 목록에 발라드가 수천 부 기록되어 있는 것에서도 알 수 있듯이, 대판형 발라드는 엄청난 양으로 인쇄되었으며 발라드 팸플릿 또한 인기가 많았다. 1683년 탕헤르에서 온 새뮤얼 페피스(Samuel Pepys)가 스페인을 방문하는 동안 발라드 한 묶음을 구입했다는 기록이 있다.[12] 종교 재판소가 인쇄업계를 예의 주시하고 있었기 때문에, 스페인의 발라드 가수들은 보통 언급했을 때 위험이 있는 당대의 사건들은

노래의 주제로 삼는 것을 피했다.[13]

다른 유럽 지역에서는 이런 문제가 없었기에 노래의 주제는 중요한 판매 포인트가 되었다. 비록 판매자들은 유럽에서 가장 천대받는 집단이었으며 현지 당국으로부터 악랄한 대우를 받을 수도 있었지만, 이 사업은 수익성이 꽤 좋았다. 1566년, 저지대 국가를 떠도는 한 행상인은 오버레이설의 인쇄업자를 통해 유명한 정치 발라드 세 곡의 가사가 담긴 사본을 1천 장 인쇄하고, 이를 모두 합쳐 1길더*를 지불했다. 그러면 당시에 유통된 가장 작은 동전만 받고 사본을 팔아도 상당한 이익을 거둘 수 있었을 것이다.[14]

좀 더 지위가 높은 상인들도 발라드 시트의 판매를 반겼다. 가령 옥스퍼드의 서적 판매상 존 돈(John Dorne)은 1520년 각각 다른 거래 40건에서 대판형 발라드를 200장 넘게 판매했다. 돈은 시트 한 장에 반 페니를 받고 팔았으며 6장 이상 사는 고객에게는 할인도 해주었다.[15] 이탈리아에서는 노래를 대판형 대신 좀 더 작은 팸플릿으로 인쇄하는 경향이 있었다. 여기서 행상인들은 인쇄업자에게 인쇄본을 할부로 받아간 뒤, 현금이 들어오면 사본을 더 많이 가져갔다고 한다.[16]

이처럼 초라한 시작을 딛고 대중적으로 큰 성공을 거둔 가수도 있었다. 포를리의 유명한 맹인 가수 크리스토포로 스카넬로(Cristoforo Scanello)는 자신의 집을 소유하고 있었으며 아들을 상인으로 훈련시키기 위해 200스쿠도**를 투자할 수도 있었다. 또 다른 다재다능한 발라드 가수인 이폴리토 페라레세(Ippolito Ferrarese)는 자신이 직접 작곡한 노래를 출판함으로써 가수로서 명성을 쌓을 수 있었다.[17]

이탈리아에서는 특히 도시 공동체 문화에 길거리 가수가 깊이 뿌리

---

* 네덜란드의 옛 통화. 1680년부터 은화로 처음 등장했으며 1817년에 1길더는 100센트로 가치가 고정되었다.
** 밀라노 공국에서 사용된 통화. 1스쿠도는 6리라와 동일했다.

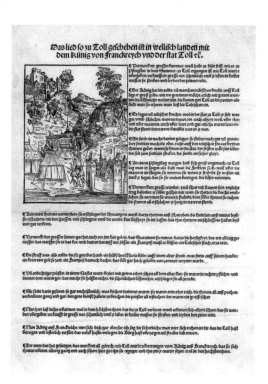

6.1 초창기의 대판형 발라드. 인쇄 상태가 매우 뛰어남에도 음악 기호를 전혀 찾아볼 수 없다는 점에 주목하자. 1512년에 출판된 이 발라드는 이전에 벌어진 전쟁 중 돌(Dole)에서 프랑스가 거둔 승리를 노래하고 있다.

를 내렸다. 13세기 이탈리아의 여러 도시 국가는 공공 의식에서 노래할 가수를 고용하곤 했다. 이처럼 길거리 가수가 공식적으로 승인을 받으면서 16세기에는 정치 가요가 꽃피는 바탕이 마련되었다. 1494년 이후 프랑스의 침략으로 이탈리아에 정치적 위기가 닥치자 이에 대한 노래가 봇물처럼 쏟아져 나왔다. 1509년 베네치아의 위험이 최고조에 달했을 때***, 한 지역 연대기 작가는 이탈리아 전역에서 반(反)베네치아 노래가 불리고 낭송되며, "이런 일로 먹고 사는 사기꾼들의 협잡으로"[18] 피아차(piazza, 광장)에서 팔려나가고 있다며 분개했다.

*** 1509년 베네치아의 영향력을 억제하려던 교황 율리오 2세는 프랑스, 아라곤, 신성로마 제국과 반(反)베네치아 동맹인 캉브레 동맹을 결성하고 베네치아를 공격했다.

이러한 노래 중 일부는 베네치아의 완고하고 치명적인 적인, 교황 율리오 2세가 고의로 계획한 것이었다. 교황은 노련한 정치가로서 정치적 프로파간다를 장려하는 데 적극적인 역할을 했다. 이들 노래는 상당히 저렴한 비용으로 구매할 수 있었다. 전쟁에서 베네치아의 적수들의 우세를 축하하는 한 노래에는 "사고 싶으면 단돈 3페니만 내면 된다"고 적혀 있었다. 일부는 무료로 배포되기도 했다. 일례로 1510년 교황의 특사가 볼로냐에 공식 입성할 때는 피아차에서 창문 밖으로 프로파간다 시를 뿌리며 배포하기도 했다.[19]

이러한 노래는 듣기 좋을 뿐 아니라 정보도 많이 담고 있었다. 1512년 라벤나 전투*에 대한 시를 쓴 익명의 문인은 청중들에게 이 시를 쓴 주된 목적이 "그대에게 즐거움을 주려는 것이 아니라 이 사건에 대해 약간의 암시를 주기 위해서입니다"라고 말했다. 신속한 행군과 복잡한 동맹 관계 속에서 사건은 급속도로 진행되었고 가수들은 이에 대응해 재빨리 노래를 썼다. 1509년 12월 22일 페라라 가문과 베네치아 간에 벌어진 폴레셀라 해전에 대한 노래는 1510년 1월 8일에 이미 인쇄에 들어갔다. 1509년 아냐델로 전투**에 관한 노래를 발표한 한 가수는 이 노래를 만들고 인쇄하는 데 이틀밖에 걸리지 않았다고 말했다.[20] 프랑스에서도 마찬가지였는데 1562년 리옹에서 위그노가 승리한 후***, 바로 그날 거리에서 이를 기리는 노래를 들을 수 있었다고 한다.[21]

당대의 축제 문화에서 노래는 큰 중요성을 지녔다. 이러한 정치 가요 중에서도, 보통 신조어를 사용해 대중의 축하 분위기를 잘 포착한

---

* 이탈리아 북부의 라벤나에서 프랑스-페라라 동맹과 스페인-교황령 신성 동맹의 군대가 맞붙은 전투.
** 이탈리아 북부의 아냐델로에서 프랑스와 베네치아 사이에서 벌어진 전투. 이 전투에서 베네치아는 대패하여 이탈리아 북부의 많은 지역을 잃는다.
*** 프랑스에서는 1562년 가톨릭과 개신교 간의 전쟁이 시작되어 1598년 앙리 4세가 종교의 자유를 선포한 낭트 칙령이 발표될 때까지 이어졌다.

후 익숙한 곡조에 담아낸 노래(이러한 음악 양식은 '콘트라곽타(contrafacta)'로 알려져 있다)는 큰 인기를 끌곤 했다. 하지만 노래는 나쁜 소식을 전파하는 수단이 되기도 했다. 지방 출판사는 전쟁에 참패한 소식을 공연히 출판해서 지방 당국의 인내심을 시험하고 싶진 않았을 것이다. 따라서 나쁜 소식은 주로 입에서 입으로 전해졌다. 가슴 저미는 비가(悲歌)는 보복을 외치지 않으면서도 청중을 사로잡곤 했다.

하지만 이때도 주의가 필요했다. 베네치아 원로원은 위기의 시기에 정치 발라드가 자유롭게 울려퍼질 때 발생할 위험을 확실히 알고 있었다. 1509년, 베네치아는 한때 적이었지만 이제는 동맹이 된 신성로마제국의 황제 막시밀리안 1세에게 비판적인 노래가 유통되는 것을 막았다(그저 가수와 인쇄업자 들이 사건의 진행 상황을 따라잡지 못한 것일 수도 있다). 그러나 원로원은 페라라에 반대하는 노래의 판매는 계속 장려했다.****

이 광란의 시기 동안 이탈리아의 정치 발라드 또한 최정점을 찍었다. 당시 길거리 노래는 정말로 뉴스 전달의 최전선에 있었다.[22] 세기가 지나면서 이탈리아의 길거리 가수는 좀 더 안전한 주제로 물러난 것으로 보인다. 대중적으로 인기가 없는 세금이 철회되었음을 축하하거나 금방이라도 쓰러질 듯한 교량에 대해 보고하는 식이었다. 이는 부분적으로 자기 검열의 결과인 것으로 보이며, 당시에 더 적대적으로 변한 정치적 풍토를 반영한다. 16세기 후반, 이탈리아 당국은 피아차에 질서를 부여한다는 명목으로 개입을 시작했다. 공공 장소의 규제는 부분적으로 종교의 존엄성을 훼손하는 것은 무엇이든 못마땅해하는

**** 1508년 교황은 프랑스, 스페인, 신성로마제국 등과 동맹[캉브레 동맹]을 맺고 베네치아 공국을 공격했지만 여러 여건상 이 동맹은 오래가지 못했다. 그러다 1511년이 되자 교황령과 신성로마제국, 베네치아가 동맹[신성 동맹]을 맺고 프랑스와 대적하게 된다. 막시밀리안 1세의 제국군은 병력 부족으로 1509년 아냐델로 전투에 참전할 수 없었고, 이 때문에 캉브레 동맹에서 배제된다. 페라라 공국은 이 기간 동안 계속해서 베네치아에 맞섰다.

반(反) 종교 개혁 세력에 의해 촉발되었다(그리고 많은 노래가 공공연히 종교적 선율을 패러디하곤 했다).

무엇보다도 새로운 규제는 특히 파스키나드 문인들에 대한 악랄한 공격, 그리고 필사본 아비지에 대한 규제와 더불어 대중 정치의 경계를 긋기 위해 정계와 종교계가 함께한 시도로 볼 수 있다.[23] 하지만 적어도 길거리 가수들에 관해서는, 이러한 규제가 대체로 실패한 것으로 보인다. 소외받는 사회적 계층이자 전문 순회 가수로서, 뉴스를 노래하는 가수들은 확고히 터를 잡은 인쇄업자나 뉴스 통신사 소유주에 비해 잃을 것이 별로 없었다. 1585년 토마소 가르초니(Tommaso Garzoni)가 출판한 직업 백과사전에서 길거리 가수는 중요한 위치를 차지하고 있었다. 이들은 적대적 규제에 따라 추방되기는커녕, "모든 도시, 모든 땅, 모든 광장에서 잡초처럼 자라나, 이제 거리에서는 사기꾼 아니면 길거리 가수밖에 보이지 않는다."[24]

독일에서도 음악적 전통이 발달했으며, 이러한 전통은 대중 정치에 활용될 여지가 충분했다. 마르틴 루터는 열정적인 음악가이자 찬송가 작곡가였다. 그가 만든 찬송가는 여전히 성가대의 주요 레퍼토리로 남아 있다. 그 선율은 놀랄 만큼 친숙했으므로 좀 더 분명한 정치적 맥락에서 다시 사용되기에 안성맞춤이었다(이후 프랑스의 칼뱅주의자들 또한 정확히 같은 방식으로 찬송가를 활용했다).[25] 독일에서 정치 가요의 인기는 개신교도들이 슈말칼덴 전쟁(1546~1547)에서 패배한 이후에 절정을 이루었다*. 이 전쟁에서 승리한 카를 5세는 아우크스부르크 가협정을 통해 가톨릭의 전통적인 관례와 믿음을 부분적으로 복원하려고 했다. 일부 개신교 도시와 필리프 멜란히톤을 포함한 몇몇 신학자는 이러한 협정을 마지못해 받아들였지만, 루터교가 뿌리내린 독일의 많은 지역에서는

---

* 루터교 제후들의 동맹인 슈말칼덴 동맹과 카를 5세의 가톨릭파 사이에 벌어진 종교 전쟁.

6.2 시를 통한 반격. 아우크스부르크 가협정을 풍자한 여러 음악 작품 중 하나다.

뜻을 굽히지 않았다.

자유 도시 마그데부르크가 주도해 4년간 영웅적 저항을 펼친 루터 교인들은 그들의 고뇌를 담은 팸플릿과 노래를 쏟아냈다.[26] 인쇄물과 필사본을 꼼꼼히 찾아보면 아우크스부르크 가협정에 관해 수많은 노래를 확인할 수 있다.[27] 이들 노래의 작곡가는 대부분 수준 높은 교육을 받았다. 즉 이 노래들은 적어도 처음에는 거리의 음악이 아니었지만 얼마 지나지 않아 거리에서도 불린 것이다. 마그데부르크의 가톨릭 연대기 작가는 못마땅한 듯 다음과 같이 회상했다.

가협정은 그 자체로 불명예스럽고 모욕적인 것으로 취급되었다. 사람들은 게임판에서 '가협정'을 가지고 놀고 저주하며 "주님을 믿으며 가협정을 부정하는 사람에게는 복이 있나니 그들 뒤에 바보가 있음이라"고 노래한다.[28]

이미 루터는 확고한 가톨릭 신자인 하인리히 5세 브라운슈바이크 공작을 공격하는 '오, 성난 하인츠(Ach du arger Heinz)'라는 재치 있는 풍자곡을 선보인 바 있다. 이 곡은 '오, 가련한 유다(O du Armer Jadas)'라는 곡의 선율에 맞춰 불렸다. 즉 친숙한 곡의 제목을 살짝 변형해서 모욕감을 더한 것이다.[29]

군사적 교착 상태에 빠져 고역을 겪던 카를 5세는 결국 백기를 들고 독일 루터교인들에게 종교의 자유를 허락했다. 당시 카를 5세의 동맹이었던 작센의 모리츠는 상당히 관대한 조건으로 마그데부르크에 항복을 요구했다. 이때 모리츠는 한 가지 예외를 두었는데, 바로 성직자 에라스무스 알베르(Erasmus Alber)를 도시에서 추방하기를 요구한 것이다. 알베르는 찬송가와 풍자 가요 등으로 이루어진 저항 문학을 간행하는 데 상당히 관여했는데, 이런 점이 모리츠의 심기를 거스른 것으로 보인다. 모리츠는 알베르가 "공개적이고 사적인 글에서, 시와 그림에서 자신을 제거해야 한다고 거칠게" 공격했기 때문이라고 주장했다. "심지어 무식쟁이라도 그러한 공격을 하찮게 여기며 견디지는 못할 것이다."[30]

루터교인들은 자신들이 어떻게 노래의 힘을 그토록 성공적으로 활용할 수 있었는지 상기하며, 이러한 노래가 자신들에게 불리하게 작용하지 않도록 좀 더 단호한 태도를 취했다. 몇몇 도시는 '장터 가수(Marktsänger)' 또는 '길거리 가수(Gassensänger)'로 알려진 가수들을 통제하거나 금지하는 조치를 취했다. 이르면 1522년에 이미 아우크스부르크는 인쇄업자들에게 모욕적인 책과 노래, 시를 인쇄하지 않겠다고 맹세하도록 요구하였다. 아우크스부르크는 1534년 마침내 종교 개혁을 단행하면서 새로운 규율의 조례에 모욕적인 서적, 노래 및 시의 인쇄를 비롯해 그것을 쓰고, 구입하고, 팔고, 노래하고, 읽고, 게시하거나 어떠한 방식으로든 세상에 빛을 보게 하는 방법은 무엇이든 불법이라고 신

중히 명시했다.[31]

독일에서 여론의 통제는 서유럽의 중앙 집권 국가들과는 상당히 다르게 작용했다. 독일 마을은 대부분 원칙적으로 서적과 팸플릿의 출판 전 검열 절차를 마련하고 있었다. 하지만 실제로 이 절차는 시간이 너무 많이 걸렸다. 보통 성직자보다는 도시의 공무원이 지정 검열관으로 임명되었는데 이들은 다른 업무로 매우 바빴다. 또한 배포된 인쇄물 중 상당수는 지방 관할 구역 내에서 인쇄되지 않았던 것으로 보인다. 따라서 독일 당국은 대부분 공공연히 악의적인 발언이나 정치적으로 위험한 발언을 하면 가혹한 처벌이 뒤따른다는 것을 특히 강조함으로써, 필연적으로 자발적 규제에 의존했다.

중요한 관할 지역, 예컨대 위대한 제국 도시 아우크스부르크에서 이루어진 여론 관리를 조사해보면, 놀랍게도 이러한 개입은 출판물이 아니라 선동적인 노래에 행해지는 경우가 더 많았다. 1553년 한 서적상이 선술집에서 당대의 메츠 공성전*에서 치욕을 겪은 카를 5세를 놀리는 노래를 배포하여 문제에 휘말렸다. 만일 그가 시험 삼아 노래 팸플릿을 배포해본 것이라면 이 전략은 끔찍한 역효과를 낳고 말았다. 술꾼들은 대부분 큰 충격을 받았고 아무도 이 노래와 관련되기를 원치 않았다. 그 후 서적상은 또 한 번 이 노래를 배포하려고 하다가 결국 구금되어 심문을 받았다.[32] 여기서 시 의회가 지역 주민들의 지지를 바탕으로 적절한 수준의 관례를 유지했다는 사실을 알 수 있다.

16세기가 거의 끝날 때쯤, 루터교인들이 가톨릭의 부활에 경종을 울리기 시작하면서 이러한 사회적 합의는 점차 약화되었다. 1584년, 그

---

* 1552년 10월, 카를 5세의 제국군은 개신교 제후들과 결탁한 프랑스의 앙리 2세에게 점령된 메츠를 공격하여 공성(攻城, 성이나 요새를 공격함)을 펼친다. 카를 5세는 상당한 병력을 배치하는 등 4개월간 공격을 벌였지만 도시를 함락하는 데 실패하고, 티푸스 등의 역병이 돌기 시작해 물러나야만 했다.

레고리오력 새롭게 시행되면서 논란이 일어나는 동안 아우크스부르크의 유명한 루터교 목사가 추방되자, 시 의회를 비판하는 노래와 추방된 성직자들을 지지하는 노래가 쏟아져 나왔다.[33] 일부는 인쇄되기도 했지만 대부분은 필사본으로, 또는 입에서 입으로 널리 유포되었다. 당시는 경제적으로도 어려운 시기였으며 불만을 품은 직조공들은 이러한 소요에 크게 관여했다.

아브라함 샤들린(Abraham Schädlin)은 루터교 찬송가 〈주님이 우리 곁에 없었다면(Wo Gott der Herr nicht bei uns halt)〉(찬송가 124번을 인용한 제목)을 토대로 정치 가요 〈주님이 아우크스부르크의 곁에 있지 않을 때(Wo es Gott nit mit Augspurg helt)〉를 썼다고 자백했다. 샤들린은 자수했으므로 관대한 대우를 받았다. 하지만 조나스 로슈(Jonas Losch)는 그다지 운이 좋지 않았다. 그는 두 차례에 걸쳐 고문과 함께 긴 심문을 받았으며 결국 인쇄된 노래를 번안하여 거리에서 불렀다고 털어놓았다. 아우크스부르크 기록 보관소에 보존되어 있는 이 심문 기록은 당시에 급박하게 돌아가던 가요 인쇄물과 저가 인쇄의 세계를 보여준다.[34]

로슈는 정치 가요를 부르기 전에는 결혼식에서 노래를 불러 부가 수입을 올렸다. 인쇄업자 한스 슐테스는 추방된 성직자 게오르크 뮐러(Georg Müller)의 초상을 1500부 팔았고, 소동에 휘말린 두 여성은 인쇄물을 팔아 돈을 벌었다. 이처럼 활발한 정치 가요 문화와 선술집 문화가 정치적 불만과 만나면 잠재적 화약고가 될 것이 뻔했고, 따라서 아우크스부르크 당국은 단속의 고삐를 더욱 강하게 쥐었다.

새롭게 부흥한 종파인 카푸친 수도회와 예수회는 루터교인들의 분노의 대상이 되었다. 1600년경 아우크스부르크에 유포된 〈카푸친 종파에 관한 새로운 노래〉는 카푸친 수도사들이 구호금을 기부받은 뒤 그 돈을 매춘부를 사는 데 쓴다고 주장했다. 이 노래는 다소 불경하게도 루터교의 찬송가 〈주님께서 주의 말씀에 변함없이 우리를 지켜주

소서)의 선율에 맞춰 불렀다.[35] 이듬해 야콥 회취는 예수회를 욕되게 하는 노래를 부른 혐의로 기소되었다. 이에 앞서 한 가톨릭교도 소년이 성직자로 가득 찬 지옥에 관한 노래를 부른 루터교도인 소녀에게 주먹을 날린 사건이 일어났다.

시 의회는 끈질기게 노력했지만 공동체 내의 분노를 잠재우기엔 역부족이었다. 30년 전쟁 이전의 어려운 시절 동안, 이러한 도발적인 노래에는 간신히 유지되고 있던 공공의 평화를 파괴할 잠재력이 내재되어 있었다. 1618년 전투가 벌어지기 전날 밤, 의회는 의원들에게 도시에 떠도는 소식지와 노래집을 뿌리 뽑으라고 명령했다. 이러한 명령이 내려지기 직전, 삽화가 있는 뉴스 발라드 〈가톨릭 도시 플젠의 점령과 정복, 공성 중인 보헤미아에서 전해온 진실한 새 뉴스 보고〉가 적발돼 몰수되었다.*[36] 물론 이 발라드가 객관적인 보고일 리는 없었다. 이 노래에 따르면 보헤미아에서 일어난 반란은 전적으로 교황의 선동에 따라 행동하는 '독사의 자식들'인 예수회의 교묘한 책략 때문이었다.

두 종파가 모두 자리 잡고 있는 아우크스부르크에서, 이는 뉴스 보고에서 용인되는 수준을 훨씬 뛰어넘었다. 시 의회는 극도로 감시한다 해도 이러한 노래가 입에서 입으로 전파되는 것을 통제하기는 거의 불가능하다는 사실을 알게 되었다. 인쇄물은 그 자체로 명백한 증거로서, 어느 인쇄업자가 제작했는지 직접 확인할 수 있다. 하지만 노래는 바람결에 사라져 버린다. 두려움에 떨고, 분노하고, 점점 소외되는 종교적 소수자들에게 노래는 정말로 강력한 무기였다.

잉글랜드도 16세기 후반에 길거리 발라드의 첫 번째 황금기를 맞이

---

* 플젠 공성전은 30년 전쟁 중 가장 먼저 치러진 주요 전투였다. 1617년 신성로마제국 황제이자 강력한 가톨릭 지지자인 페르디난트 2세가 보헤미아 왕국의 국왕으로 임명되자 보헤미아 개신교 의회는 이에 반발했고, 1618년 국왕의 가톨릭 의원을 창밖으로 던지는 사건이 발생했다. 이는 보헤미아 반란을 촉발한 사건으로 간주된다.

했으며,[37] 1600년까지 대판형 노래가 400만 장 이상 유통된 것으로 추정된다. 이것은 방대한 참여 가요 문화의 가시적인 잔재다. 대판형이 인쇄되었다는 사실은 문학자도 이러한 노래에 관심이 있었음을 암시하지만, 글을 읽을 줄 아는 사람들만 노래의 매력에 이끌린 것은 아니다. 1595년 니컬러스 보운드(Nichloas Bownde) 목사는 "비록 자신은 읽을 수 없지만 집에 수많은 발라드를 쌓아놓고 기회가 생기면 배우는" 사람들에 대해 언급했다.[38] 글을 모르는 사람들 역시 선율을 기억하고 가사를 외울 수 있었던 것이다. 목사들은 신자들이 성서의 내용은 기억하지 못하면서 발라드는 정말로 빨리 외운다며 투덜거리기도 했다. 보운드에 따르면 어떤 시장이나 박람회장에 가든 "발라드를 노래하거나 판매"하는 사람을 한두 명은 볼 수 있었다고 한다.[39]

발라드는 광범위한 주제를 다루었다. 눈에 띄게 성실했던 새뮤얼 페피스는 상당한 수집품을 자신만의 매우 논리적인 체계에 따라 분류했다. 그중 '국가와 시대(즉, 정치와 시사)'는 대략 10퍼센트를 차지했는데, 이는 '사랑-쾌활'이나 '사랑-불행'에 비하면 한참 못 미치는 수치다. 정치 노래는 구전으로만 유통되는 경우가 훨씬 더 많았던 것 아니냐는 추측이 나올 수 있다. 대중 가요를 번안한 것이 명예 훼손 소송으로 이어진 사례가 이러한 추측의 근거가 될 수 있다. 정치 풍자는 익살스러운 희극이나 경건한 헌정 발라드보다 인쇄하기가 훨씬 어려웠다. 정치 발라드는 정치적 통제가 상당히 느슨해진 시기에야 대량으로 인쇄될 수 있었다. 프랑스에서는 피에르 드 레투알(Pierre de L'Estoile)이 1590년대 동안 파리에 퍼진 수많은 정치 가요를 듣고 기억한 뒤 이를 필사했다.[40] 이것들 중 현재까지 인쇄물 형태로 남아 있는 것은 없다.

당시는 프랑스 정치의 격변기였다. 신성 동맹의 거점이었던 수도 파리는 그들의 영웅인 기즈 공작을 살해한 앙리 3세의 배신에 분노로 펄펄 끓고 있었다. 1589년 앙리 3세까지 차례로 암살된 후 파리는 위그노가 왕위를 계승할지도 모른다는 생각에 격하게 반발했다. 인쇄공들은 신랄한 산문을 쏟아내며 분통을 터트렸다. 그러나 흥미롭게도 이처럼 국가에 반하는 팸플릿을 인쇄하는 것이 무방했던 시기에도 선정적인 종류의 운문은 대체로 입소문을 타고 전파되었다. 개인적으로 왕당파에 동조했던 에투알은 가만히 몸을 사려야 했다. 왕당파의 글을 베껴 필사본으로 배포하는 무리와 어울리는 것만도 당시 상황에서는 꽤 용기가 필요한 일이었다.

발라드 가수들은 16세기의 통신망을 뒷받침하는 강력한 세력이었다. 페피스의 위대한 수집품 중 일부는 또 다른 초기 수집가인 존 셀던(John Selden)에게 얻은 것인데, 페피스는 셀던이 발라드의 중요성(셀던은 이를 '중상문'과 동일시했다)에 대해 쓴 글을 필사했다. "비록 명예 훼손을 우습게 생각하는 글도 있지만, 이 발라드를 보면 바람이 어디에 머무는지는 알 수 있다. 더 견고한 글은 발라드나 중상문만큼 시대의 복잡함을 잘 보여주지 못한다."[41]

발라드를 노래하는 것은 정보 문화의 강력한 한 부분이었으며 존경받는 장인들의 사회에서 가장 천시받던 이들이 남부럽지 않게 살 만한 수익을 보장했다. 하지만 모든 발라드 가수가 뛰어났던 것은 아니다. 발라드 가수로 성공하기 위해서는 강한 체력, 군중 사이에서도 단연 돋보이는 목소리, 그리고 확실한 무대 장악력이 필요했다. 활력 넘치는 목사 리처드 코벳(Richard Corbet)은 애빙던의 장터에서 한 행상인이 행인들의 주의를 끌려고 쩔쩔매는 것을 본 후 그를 돕기 위해 달려갔다. "이 잘생긴 사내는 보기 드문 깊은 목소리를 가지고 있었고, 순식간에 굉장히 많은 노래를 판 뒤 수많은 청중을 얻었다."[42] 목사의 이런 뜻밖의 도움이 없었다면 이 소심한 발라드 가수가 계속해서 노래를 부를 수 있었을지는 알 수 없는 일이다.

마지막으로 "한때 제본업자의 견습공이었다가 부랑하는 행상인, 발라드 가수이자 판매자를 거쳐 이제는 맬던의 목사이자 선술집의 관리자가 된"[43] 토머스 스피키넬(Thomas Spickenell)에 대해 언급하고자 한다. 스피키넬은 서적 판매에서 노래, 교회, 그리고 선술집까지 16세기의 통신 매체를 모두 거쳐가는 데 성공했다. 이제 우리가 따라갈 길도 바로 이 길이다.

영주에 관한 험담

근대 초기에는 어디서나 선술집을 볼 수 있었다. 잉글랜드에만 술집이 2만 곳 있었던 것으로 추정되는데, 이는 인구 20명당 한 곳에 해당한다.[44] 유럽 대륙에서도 이보다 적지는 않았을 것 같다. 선술집과 노골적인 경쟁 관계를 유지하며 공존했던 교회를 제외하면, 선술집은 초기 근대 사회의 전형적인 집합 장소였으며 수많은 뉴스가 오가는 활기 넘치는 공간이었다.

다른 사회 시설과 마찬가지로 여관이나 선술집도 넓고 재정적으로 안정적이며 시설이 잘 갖춰진 사업체부터, 마을 주택의 지저분한 응접실 수준의 싸구려 술집까지 다양했다. 그중 가장 뛰어난 여관은 국제 통신망에서 중요한 위치를 차지했다. 14세기에 여관 주인들은 음식과 숙박 외에도 국제 상인들에게 은행 서비스를 제공하는 중요한 역할을 했다. 많은 금융업자가 여관 주인을 자처했고, 많은 여관 주인이 중개인 역할을 했다.[45] 지방 도시의 경우, 시장 광장을 둘러싼 여관 중 가장 큰 여관은 상인들에게 사업할 수 있는 공간을 제공하기도 했다. 일부 여관은 특정 상품을 거래하는 반(半)영구적인 장소가 되기도 했다.[46]

대륙을 횡단하는 도로망이 개발되면서 기민한 사업가는 더 많은 기회를 누릴 수 있었다. 중세 시대 여행자를 위해 장거리 경로를 안내하는 책자에는 주요 거주지를 잇는 경로에 위치한 여관들을 표시하고 있다. 16세기에는 이러한 장소 중 많은 곳이 역참이 되어 전령에게 숙소를 제공하고, 타고 온 말을 새로운 말로 교체할 수 있도록 했다. 많은 곳에서 우편국장은 마을에서 가장 중요한 여관의 주인이 맡았다.

이러한 고위 우편국 관리인은 여관 주인과 대부분 마찬가지로 유복한 여행자와 지속적으로 거래하며, 이들에게 정보를 전달하는 것으로 수익을 얻었다. 유랑 재세례교도 암브로시우스 슈티텔마이어(Ambrosius Stitelmeir)는 항상 선술집에 들러 그 지역 목사가 복음서에 따라 설교했는지를 알아보곤 했다.[47] 여행자들은 여관 주인에게 다음 행선지까지의 여정에 대한 조언이나 현지 상황에 대한 정보를 풍부하게 얻을 수 있었다. 순례자 교본에서는 특정한 여관이나 여관 주인을 추천하기도 했다. 예컨대 주네브*의 '독일인 주인'인 페터 폰 프라이베르크는 "어떠한 문제든 기꺼이 도움을 줄 것"이다.

이러한 거래는 수익성도 좋았다. 순례자 한스 판 할트하임(Hans van Haldheim)**이 베른에서 저명한 성인(聖人)을 찾기로 결심했을 때, 그는 곧바로 벨 여관의 주인에게 갔다. 여관 주인은 기꺼이 은둔한 현자를 접견할 수 있는 방법을 알려주면서 여행에 필요한 말을 빌려주었다. "맙소사, 걸어서 가지 않으셔도 됩니다. 제가 회색 말을 빌려드리겠소. 마구간에 말이 세 마리 있으니 마음에 드는 말을 고르시오."[48]

여관 주인은 이 업계의 귀족들로, 여행자들에게 정보를 제공함으로써 이득을 취했다. 이러한 수익을 얻을 기회는 무궁무진했다. 적절한 건물이 없는 곳에서는 여관이 즉석 법정의 역할을 했으며, 심지어 마을에 고위 인사가 방문하면 여관에서 공식적인 환영식을 하기도 했다.

---

* 칼뱅주의의 발상지로서 당시 스위스 내 신교도의 활동을 다룰 때는 '주네브(Geneva)'의 프랑스어식 발음인 '주네브(Genève)'로 표기했다.
** 독일 할레 출신의 귀족이자 순례자로 할레의 시장을 지내기도 했다. 1474년부터 1475년까지 독일의 여러 지역을 순례하며 많은 저서를 남겼다.

6.3 상품을 홍보하는 독일의 행상인. 한 손에 《노이에 차이퉁》을 들고 있는 것을 볼 수 있다.

그러나 이러한 고급 여관만 봐서는 16세기의 일반적인 선술집이 어떻게 운영되었는지 설명할 수 없다. 선술집은 요란하고, 시끄럽고, 떠들썩하고, 냄새 나고, 자주 싸움이 일어났다. 사람들은 스트레스를 풀고, 친구들과 함께 축하하고, 혹독한 삶의 근심을 잊기 위해 선술집을 찾았다.

이러한 소박한 장소 또한 정보 전달이 이루어지는 중요한 허브였다. 손님들은 그날의 화젯거리를 이야기하고, 소문을 퍼트리고, 함께 노래를 불렀다. 이방인은 대화에 동참하기를 요구받았다. 혼자 앉아 있는 여행자는 의심의 눈초리를 받기 일쑤였으며, 많은 지역에서 여관 주인들은 규정상 여관에서 하룻밤 머무는 낯선 사람의 이름을 신고해야 했다. 유랑하는 연주자와 음악가 들은 심지어 허름한 마을 선술집에서도 즉흥적으로 연주할 수 있는 기회를 얻곤 했다.

이방인들이 종종 출몰하는 환경에서는 술 때문에 분위기가 격화되고 소동이 일어날 수도 있었다. 욕설과 모욕은 싸움과 폭행으로 이어졌다. 유럽 각지에서 수집된 광범위한 자료에 따르면 법원 및 교회 재판소에 접수된 고소의 약 3분의 1이 술집과 직접 연관되어 있었다.[49] 그러나 선술집은 진지한 정치적 토론의 장이 되기도 했고 성가와 찬송가를 다 함께 부르는 장소이기도 했다. 종교 개혁 초기에 복음주의 단체들은 회합을 가져도 안전한 선술집에 대해 정보를 나누기도 했다.[50] 서점이 없는 마을에서는 여관에서 복음서 팸플릿을 배포했다. 1524년부터 1525년까지 독일의 농민 전쟁 동안 선술집은 제국에서 불타오른 민란에 관한 뉴스를 제공하는 등 이 운동이 확산하는 데 특히 중요한 역할을 했다.[51]

독일의 농민 전쟁은 단순히 시골 농민들의 반란만은 아니었다. 사회적 복음은 도시 빈민의 열망과도 분명히 맞닿아 있었다.[52] 민란 소식이 전해지자 시 당국은 도시의 시민들도 봉기에 참여하리라 생각해 극도로 경계했다. 특히 독일 뇌르틀링겐의 한 마을에서 반란의 지지자들을 찾아내기 위해 벌인 수사 과정에 대한 기록이 잘 남아 있다. 뇌르틀링겐은 농민들의 소요가 가장 심했던 지역에 위치한, 폭풍의 눈이었다. 1525년 집회에서 한 동정적인 시민은 민란에 지지 선언을 하기를 마을에 촉구했다. 농민 지지자들은 과반수를 차지하지 못했으나 도시에서는 계속 경계 태세를 유지했다. 그리고 5월 8일 야경꾼 중 한 명인 한스 트루머(Hans Trumer)가 선동적인 노래를 부른 혐의로 체포되었다.

이 노래는 그 지역의 직조공인 콘츠 아나한스(Contz Anahans)가 작곡한 것으로, 그 전에 일어난 4월 집회 이후 마을에 퍼진 것으로 보인다. 이 노래는 분명 선동적이었다.

높이 치솟는 독수리 한 마리

슈바르츠발트(검은 숲) 옆 헤가우 봉우리 너머로 날으며

자식들을 길러냈네

모든 곳의 농민들

그 마음에서 저항심이 일어나

모든 독일 국가에서

그들만의 조직을 만들었으니

아마도 그들은 성공할 것이다.[53]

이는 1절일 뿐, 아홉 절이 더 있다. 시 의회는 트루머와 그의 동조자를 심문해 이 노래가 어떻게 대중 사이에 퍼질 수 있었는지 그 과정을 어느 정도 상세히 재구성할 수 있었다. 이 노래는 4월 소요의 주역 중 한 명인 발타자르 펜트가 운영하는 여관에서 불렸다. 시 의회 의원인 안톤 푸르너는 이 노래를 들은 후 아나한스에게 자신의 집에서 이 노래를 불러달라고 부탁했다. 그 후 이 노래는 다른 여관에서도 불렸다. 5월이 되자 한스 트루머는 술에 취한 상태에서도 노래 가사를 다 기억할 수 있을 정도가 되었다. 당시 뇌르틀링겐에는 인쇄소가 없었다는 사실에 주목할 필요가 있다. 콘츠 아나한스의 무장 봉기에 대한 요구도 오직 입에서 입으로만 퍼질 수 있었다.

시 의회의 탄압은 강경했다. 관련자들은 심문과 고문을 받았으며 여관 주인인 펜트는 처형되었다. 처벌이 이토록 엄중하지 않았다면 어떻게 뉴스가 퍼지고 반란이 조직되었는지 재구성한 이러한 범죄 기록도 남지 않았을 가능성이 높다. 더 정상적인 시기에는 집단 폭력에 휘말린 사람들을 심문하며 이름을 대라고 하면 대체로 구체적인 내용을 기억하는 데 애를 먹었다. 정보 문화의 초석인, 그 유명한 초기 근대의 기록은 더듬거림과 일관성 없는 답으로 채워져 있다. 이것은 매우 합리

적인 방어 전략이었다.

초기 근대의 사법 제도는 유죄 선고를 위해 자백에 상당히 의존했으므로 심문받는 사람들이 자칫 죽음으로 이어질 수도 있는, 자신에게 불리한 진술을 하기를 꺼린 것도 당연하다. 이러한 자조적인 망각, 모순되거나 불완전한 증언조차 충분히 오랫동안 참고 들어줄 수 있는 판사는 거의 없었다. 간단히 말해 이 시점의 사법 관료제는 그러한 일을 감당할 여력이 없었다. 신앙의 결백함을 옹호하기 위한 스페인의 종교 재판은 드문 예외였다. 좀 더 인내심을 보였던 스페인 종교 재판의 심문에서는 화가 나서 엉겁결에, 또는 술에 취해 한 말을 회개하는 데 오랜 시간을 들이곤 했다.[54]

독일의 농민 전쟁은 종교 개혁과 독일 사회가 유례없는 대혼란으로 빠져든 특별한 긴장의 시기였다. 이때 선술집은 일상의 사회적 긴장을 풀고 정기적으로 모일 수 있는 최적의 장소이자, 체제 전복적인 밀담을 나누기에도 좋은 곳이었다. 1610년, 한 비평가는 선술집 문화를 비판하며 체념한 듯 이렇게 결론 내렸다. "대영주들, 왕자들, 그리고 권세가들에 대한 험담을 듣고 싶으신가요? 선술집에 한번 가보세요."[55]

시간이 흐르면서 여관 주인들은 소통의 중심지로서 여관의 잠재력을 좀 더 체계적으로 활용하기 시작했다. 이들은 여관 벽에 대판형 소식지를 게시했으며 17세기가 되면 신문을 비치했다. 독일이 관할한 일부 지역에서는 여관에서 지역 조례의 인쇄본을 전시하도록 법으로 규정하기도 했다.[56] 17세기에 그려진 수많은 회화 작품에서 여관은 단체 낭독이 이루어지는 장소로 묘사된다. 가령 동네 지식인이 입을 헤벌린 시골뜨기들에게 둘러싸여 신중하게 고른 뉴스를 읽는 식이다. 이는 젠체하는 부르주아지들의 놀림감으로, 촌사람들을 상당히 상투적으로 표현한 것이다. 그러나 여기에도 분명 약간의 진실은 있었을 터다.

맥줏집에서 오고 간 이야기들은 대부분 역사 속으로 사라졌다. 그러나 16세기의 여러 정부가 선술집 대화가 선동을 부채질할 위험을 잘 알았음을 명확히 보여주는 자료는 충분히 남아 있다. 헨리 8세가 일으킨 종교 개혁 도중 가장 불안했던 시기에 정보를 감찰하기 위해 토머스 크롬웰이 취한 신중한 조치들은, 입말이 가진 선동적인 잠재력을 잘 보여준다. 1530년대의 유독한 분위기 속에서 많은 시민은 앤 불린의 몰락뿐 아니라 헨리 8세의 죽음을 상상하며 흐뭇해했다. 일련의 거짓 보고가 이어진 후 헨리 8세의 정부는 모든 선동적인 예언을 금지하기 위해 강력한 조치를 취하게 되었다. 적어도 이러한 일부 악의적인 이야기는 국왕의 정책에 반대하는 지역 사회의 지도자들이 의도적으로 유포한 것이 분명했다.

1537년 12월, 이스트라이딩의 머스턴 교구민들은 "교회 현관과 선술집에서" 선동적인 예언을 반복한 혐의로 교구 목사 존 돕슨을 고발하기 위해 요크로 갔다.[57] 그러나 정부에 그들의 메시지를 전달하기는 쉽지 않았다. 어려운 시기에 사람들은 특히 법안이 새로 도입될 때마다 큰 혼란에 빠져 선동적인 해석을 하는 경향이 있었다. 루이스 허버트는 런던에서 웨일스로 돌아오는 길에 애빙던에서 '어린 양의 기적'에 들렀다. 늘 그렇듯 "런던에는 어떤 소식이 있소?"라는 질문에 뭔가 흥미를 끌 만한 이야기를 전하고 싶었던 루이스는 사람들에게 "칩사이드*의 십자가에서 외침 소리가 들리더군요"라며, "불법 게임은 이제 금지됩니다. 엔젤 노블은 8실링이 되고 크로스 그로트는 5펜스가 된다네요"라고 말했다(원래 엔젤은 6실링 8펜스이며 그로트는 4펜스였다)**.[58] 화폐 조작에 대해 검증되지 않은 이야기만큼 청중을 혼란에 빠뜨리기에 좋은 이야기도 없었다.

---

* 런던의 영란 은행부터 세인트폴 대성당으로 이어지는 길.
** 잉글랜드에서는 1541년 불법 게임 금지법이 제정되었다. 엔젤 노블은 당시에 사용되던 금화, 크로스 그로트는 은화다.

이런 상황에서 잉글랜드 정부가 헛소문과 허위 보고의 파급을 막으려는 조치를 반복적으로 취한 것도 이상한 일은 아니다. 그리고 이러한 조치는 대부분 실패로 돌아갔다. 헨리 반역법은 왕권을 전복시키려는 의도로 행동하거나, 글을 쓰거나, 발언하는 것을 범죄로 규정했다. 1532년의 법령은 1534년, 1552년, 1554년, 1571년, 그리고 1585년, 즉 종교적 신념에 관계없이 튜더 왕조의 모든 군주를 거쳐가며 범위가 점차 확장되었다. 이미 중세 시대부터 전해진 법에 따라 불온한 것으로 여겨지는 용어들을 입 밖에 내는 것은 원래부터 위법으로 간주되었으며 튜더 시대에 새로운 법안으로 더욱 강화되었다.[59]

통치자들은 그러한 조치들이 필요했다며 스스로 위로했다. 왜냐하면 사람은 천성적으로 경솔하며 다른 사람의 말에 현혹되기 쉽기 때문이다. 엘리자베스 1세가 1565년 슈루즈베리 백작에게 보낸 편지에서 밝힌 것처럼, "속된 사람들은 그러한 소문으로 얼마나 욕을 보고, 그 때문에 불온한 소문을 퍼뜨리고, 그로써 혼란을 야기하고 소동을 부채질하는가."[60] 여러 측면에서 이는 편파적인 관점이었다. 보통 사람들이 내리는 판단은 사건의 본질 측면에서 상당히 예리한 편이다.

이제 역사가들은 앤 불린을 멸시하고 아라곤의 캐서린에게 주어진 권리를 결연히 주장했던 대중이, 국왕의 종교적 동기가 품은 결백함을 주장했던 정치 대중보다 잉글랜드 교회에서 일어난 종교 개혁의 원인을 더 잘 이해하고 있었던 것으로 본다. 대중이 지속적으로 정보를 파악할 기회도 풍부했다. 모두가 동의하듯 잉글랜드인에게 한 가지 특징이 있다면, 그것은 바로 새로운 소식에 대한 열정일 것이다.

이탈리아인 관찰자이자 언어 교사인 존 플로리오(John Florio)가 새로운 소식을 발표하고 나면 항상 "가장 먼저 질문하는 사람은 잉글랜드인"이라고 언급했다.[61] 국외 여행자를 위한 언어 입문서 편집자들은 가상의 대화에 새 소식을 묻는 방법에 대한 지침을 꼭 포함했다. 가령 클로드 홀리밴드(Claude Holyband)는 프랑스어 교습서인《프렌치 리틀턴 (The French Littleton)》에 "무슨 소식을 전해주시려나요? 이곳에서는 별일 없나요?"와 같은 질문과 그에 대한 상냥한 대답으로, "당연히 아무 일 없죠. 모든 일이 잘 진행되고 있어요. 돈만 있으면 만사형통이죠"를 실었다. 이 대화엔 "여관에서"라는 제목이 붙어 있으며 반대쪽 페이지에는 이 만담의 프랑스어 번역이 수록되어 있다.[62]

설교단에 서서

모든 사람이 뉴스에 대한 이러한 열정을 흥미롭게 생각한 것은 아니다. 조지 위들리(George Widley) 목사는 별로 관대하지 않았다. 그는 교구민들이 "종교에 관해 무슨 질문이라도 하면 그들은 물고기마냥 입을 꾹 다문다"라며 신랄한 비평도 마다하지 않았다. 하지만 뉴스에 대해서는 그렇지 않았다. "뉴스는 수다거리 이상은 되지 않는 이야기만 반복한다. 뉴스는 세상 모든 곳에 퍼지기 위해 혀를 날름거리며 사람의 머릿속을 헤집어놓는다."[63] 이러한 절망감은 설교자들 사이에 널리 퍼져 있었다. 하지만 설교단이 그 자체로 뉴스의 중요한 전달 통로였음을 생각하면 별로 이상한 사실은 아니다. 목사는 일주일에 하루, 거리의 어지러운 소란에서 잠시 떨어져 대중 앞에 서서 매일 일어나는 일들에 의미를 부여할 발판을 가지고 있었던 것이다.

16세기에 특히 유럽 북부의 개신교도들에게 설교는 중요한 주간 일과가 되었다. 이것은 전에 없던 일이었다. 중세 기독교 사회에서 설교는 공공 축제 문화의 일부로서 산발적으로 이루어졌다.[64] 그러한 행사에서 설교는, 예컨대 순례 중인 수도자 등 보통 방문자에 의해 실시되었다. 최고의 설교자들은 연극, 특히 서스펜스 연극의 대가들이었다.

그들이 인근 마을을 방문한다는 소식은 시장을 중심으로 신속히 퍼져 나갔다. 제법 인기 있는 설교자들은 추종자를 상당수 거느리며 마차 여러 대를 타고 이곳저곳 다녔기 때문에, 그들의 방문은 놓치기 어려웠다.

군중이 서로 밀치면서 설교가 난장판이 되는 것을 막기 위해 고위 성직자들은 사전에 그들의 도착을 조율했다. 면죄부 홍보의 대가 레몽 페로가 바로 그러한 예로서, 그의 모습은 수많은 팸플릿에 세심하게 인쇄되었다.[65] 즉 이 시점에서 설교는 그 자체로 뉴스거리가 되었으며, 보통 한 마을에서 가장 접근성이 좋은 공공 장소에서 설교가 이루어졌다. 이러한 전통은 많은 유럽 교회의 벽에 세워진 외부의 석조 강단에서 흔적을 찾아볼 수 있다. 이들 강단은 정확히 야외 설교를 위한 것이었다.

종교 개혁의 가장 큰 성취는 설교를 예배의 필수적인 부분으로 만든 것이다.[66] 그 결과 실내에서 설교가 이루어지기 시작했으며, 이제 설교 전문가 무리 대신 성직자들이 설교를 맡아야 했다. 여기에는 장단점이 있었다. 교구민들은 매주 예배에 출석함으로써 종교에 더욱 깊이 참여하고 이해도도 높아졌다. 단순히 라틴어로 집전되는 미사를 참관하는 것을 넘어 이제는 찬송가를 부르고, 기도를 암송하고, 말씀을 경청했다. 이들 교인은 더 박식해진 동시에 더 까다로워졌다. 이제 목사는 단순히 예배문을 낭송하고 예배를 주관해야 할 뿐 아니라 주님의 말씀을 자세히 설명해야만 했다.

종교 개혁이 일어난 첫 해에는 설교 자체가 하나의 사건이었다. 많은 신도는 사제가 평소보다 더 준엄한 복장을 한 채 강단에 올라 '순수한 복음'에 충성하기로 선언했을 때 그들의 종교적 관습에도 변화가 임박했다는 것을 처음으로 깨달았다. 이러한 전향의 사건들은 루터교 운동이 존속하는 데 필수적이었다. 독일의 어떠한 주요 도시에서도 저명한 지방 목사의 지원 없이는 종교 개혁이 이루어지지 않았다. 이들은 여전히 종교 개혁을 탐탁지 않게 여기는 치안 판사들에게 대항하여 지역 복음주의 운동을 주도하기도 했다. 종교 개혁이 확고하게 자리 잡으면서 목사는 이제 지역의 실질적인 대리인이 되었고, 그들의 설교는 공적 정책을 전달하는 통로가 되었다. 봉급을 받는 관리로서 목사는 치안 판사를 보조해 질서를 유지하고, 복종을 설교하며, 악행을 꾸짖을 의무가 있었다. 이로써 종교와 정치는 불가분의 관계가 되었다.

새로운 개신교 운동의 주역들은 모두 포기할 줄 모르는 설교자들로서 그들의 설교를 들으러 온 민중을 감화시켰다. 마르틴 루터는 비텐베르크 대학의 교수로서 해야 할 임무와 비텐베르크 교구의 '유일한' 목사라는 지위를 결합시켰다. 교황과 사이가 틀어지기 전부터 그는 뛰어난 설교술을 연마하고 있었다. 루터는 긴 경력 동안 6천 회 넘게 설교를 했다.[67] 주네브의 개혁가 장 칼뱅(Jean Calvin)은 일주일에 세 차례 설교단에 섰다. 그의 설교는 지적이었으며, 성서를 치밀하게 해석하고 가차 없이 악덕을 비난하기로 유명했다. 그의 설교술은 너무나 유명하여 여행자들은 그의 설교를 듣기 위해 주네브를 방문할 정도였다.[68]

칼뱅의 제자들은 그의 말은 한마디도 놓쳐서는 안 된다는 듯, 돈을 지불하고 각 설교 내용을 필사하여 후세에 남겼다. 이러한 즉석 설교와 학술 강의를 명확히 구분했던 칼뱅은 필사본을 그리 탐탁지 않게 여겼지만, 지금 우리가 인쇄물이라는 매개 없이 대가의 진정한 목소리를 들을 수 있는 것은 대체로 이들 필사본 덕분이다.

칼뱅은 청중에게 가혹했다. 그는 종종 설교 도중 성경 말씀에서 당대에 대한 불만을 표출하는 것으로 바꾸어 말하곤 했다. 몸에 익은 종교적 관습을 버리지 못하는 자들, 무자비한 거래로 죄를 지은 자들이 그 대상이었다.[69] 신자들은 한 대 얻어맞고 멍이 든 것 같은 기분을 느끼곤 했다. 칼뱅이 직접 날카롭게 비판하는 대상이 아닌 이들이 보내는 조롱을 견뎌야 할 때 이들의 분노는 더욱 커졌다. 이 때문에 예배가 끝난 후 교회 문밖에서는 치안 판사가 처리해야 할 꼴사나운 난투극이 여러 차례 벌어지곤 했다.[70]

설교란 날것 그대로의 정치였다. 교회가 순전히 정치적 목적으로 설교를 이용하는 것도 이상한 일은 아니었다. 1546년, 종교 개혁의 아버지이자 가톨릭 신자들에게는 악명높은 배교자인 마르틴 루터가 선종(善終)했다. 가톨릭 신자들에게 이것은 간절히 기다려온 진실의 순간이었다. 악마가 그의 영혼을 차지할 수도 있으니 말이다. 따라서 종교 개혁파에게는 루터가 평화롭게 고통 없이 죽는 것이 매우 중요했다. 그를 따르던 주요 성직자들은 그의 죽음을 간증하기 위해 침대 머리맡에 모여들었고, 루터가 아무 사고 없이 평온하게 죽음을 맞이한 후 그들은 그의 위엄 있는 죽음을 공표하는 설교문을 널리 배포했다.[71]

개신교 운동이 자리를 잡아가면서 종교 교육의 책임은 목사 수천 명에게 나누어지게 되었다. 설교는 무거운 책임이었고 많은 목사가 이를 제대로 수행하지 못했다. 설교가 지루하거나 설교자가 무능하면 신자들은 좀 더 뛰어난 성직자에게 설교를 듣기 위해 다른 교회로 옮겼고, 남은 신자들은 때때로 설교 중 졸지 않으려고 몸부림쳐야 했다. 설교자들은 신도들이 무례할 정도로 설교에 집중하지 않는다고 불평했지만 꼭 그런 것만은 아니었다. 잉글랜드의 목사 니컬러스 데이(Nicholas Day)가 설교 도중 경솔하게도 1627년 잉글랜드의 라로셸 원정*을 크게 비난한 후, 신도 세 명이 그를 신고했다. 알고 보니 그중 한 명은 설교 내용을 자세히 기록해 두었던 것으로 밝혀졌다.[72]

---

* 1627년부터 1628년까지 프랑스 국왕 루이 13세의 국왕군과 라로셸의 위그노 사이에 전투가 벌어진다. 이에 잉글랜드 왕 찰스 1세는 위그노를 지원하기 위해 라로셸로 버킹엄 공작 조지 빌리어즈와 함대를 파견했다. 이 때문에 잉글랜드와 프랑스 사이에서도 전쟁이 일어난다.

체포된 목사는 단지 언행에 조심성이 없었을 뿐이었겠지만, 이 사건은 지역의 여론을 조성하고 교란하는 데 교회의 설교단이 얼마나 큰 영향력을 미쳤는지 생생히 보여준다. 이는 지역의 목회자들이 출판된 뉴스 매체보다 미묘한 국내 정치 영역에 빠져들 가능성이 더 높았기 때문이기도 했다. 특히 이러한 측면에서, 출판된 설교문은 논란이 될 만한 주제에 대한 언급은 삭제한 채 신학적 본질에만 집중하는 경향이 있었으므로, 당시에 설교 중 실제로 어떤 이야기가 설파되었는지는 잘 보여주지 못한다.[73] 설교문에서는 시사 문제에 개입하는 한 방편으로 그들의 영향력을 감추려는 경향이 있었다. 그러나 당국의 눈은 속이지 못했다. 그들은 교회에서 어떤 설교가 이루어지는지 예의 주시했으며, 설교 중 시사 현안에 관해 당국의 입장을 널리 알리도록 후원하기도 했다.

잉글랜드에서는 궁정과 세인트폴 대성당의 십자가 앞에서 공식 정책을 설명하는 설교가 이루어졌으며, 야심만만한 젊은이들이 자신을 알릴 기회를 얻기도 했다.[74] 실제로 몇몇 진중한 신도는 세인트폴의 십자가에는 주님의 말씀을 진지하게 들으러 오는 사람보다 그저 새 소식을 듣고자 오는 사람이 더 많다는 이유로, 이곳에서의 설교를 그리 탐탁지 않게 여겼다.[75]

저명한 목회자의 정치적 설교는 정책을 홍보하는 데 중요한 방편이었다. 이탈리아에서는 프란체스코 비스도미니(Francesco Visdomini)의 두 설교문이 널리 유포되었는데, 하나는 1555년 메리 튜더의 통치기 동안 잉글랜드와 로마의 화해를 축하하기 위한 설교였으며, 다른 하나는 거의 4년 후인 1558년에 메리 1세의 사망에 따른 현실을 냉정히 받아들이자는 내용의 설교였다.*

---

* 아라곤의 캐서린이 낳은 딸인 메리는 아버지인 헨리 8세가 앤 불린과 결혼하기 위해 로마 가톨릭을 배척하고 성공회를 세우는 한편, 캐서린과 이혼하는 과정에서 왕위 계승권을 잃는다. 그 후 헨리의 유일한 아들인 에드워드 6세가 사망하자 1553년 잉글랜드의 국왕으로

이러한 예들은 설교가 이번 장에서 논의된, 입말로 소식을 전하는 수단의 한 갈래임을 보여준다. 하지만 설교는 시장의 가십거리나 선술집 이야기와는 달리 뉴스의 1차 전달 수단은 아니었다. 설교를 들으러 온 사람 중에 어떠한 소식을 듣는 것이 그 자리가 처음인 사람은 많지 않았다. 오히려 설교는 그러한 뉴스를 해석하는 데 결정적인 역할을 했다. 이는 신학적 틀에서 좋은 소식과 나쁜 소식을 해석하던 시기에 더욱 막강한 영향력을 미쳤다. 목사는 교구민들이 정부 방침의 변화와 예배 관례, 전쟁 선언과 종전 선언, 자연재해와 인간에 의한 재난을 이해할 수 있도록 도왔다. 설교는 소문과 홍보로 사회가 혼란해지지 않도록 규제하는 데 기여할 수 있었다.

무엇보다도 설교는 불안한 영혼을 위한 치유제로서 효과적인 역할을 했다. 설교는 입으로 전달되는 다른 주요 뉴스 형식과 핵심적인 특성을 여럿 공유했기 때문이다. 난잡하고 무질서한 시장 속 가십과 마찬가지로, 효과적인 설교는 지성뿐 아니라 감성에도 호소했다. 최고의 설교자는 열정적이고 청중을 사로잡는 동시에 박학하기도 했다. 예배 중 설교의 우월성은 학습을 공동체적 과정으로 인식했다는 점에서도 확인할 수 있다. 여기서 정보의 전달은 술꾼이 아니라 박식하고 존경받는 현지 공동체의 지도자가 주도한다. 이러한 이유로 많은 설교 주창자는 개인적으로 성경을 읽는 것이 예배 중 설교를 듣는 것을 대신할 수 없다고 말했다. 애초에 루터가 성서 우선주의만큼은 타협할 수 없다고 강조했던 바를 생각하면 흥미로운 변화다.[77]

신문 시장에 대해 이야기할 때 다시 한번 확인할 수 있겠지만, 이러한 활동의 가치를 진정으로 알기 위해 반드시 설교 내용(신문에서 읽은 내용) 전부를 이해할 필요는 없었다는 점 또한 마찬가지다.[78] 오랜 시간

즉위하고, 가톨릭을 국교로 되돌린다. 그러나 건강이 좋지 않아 즉위 후 5년 만에 사망하면서 이후 엘리자베스 1세가 즉위하여 성공회를 다시 국교로 세운다.

앉아서, 분명히 설교술이 형편없었을 목사에게 난해하고 반복적인 설교를 듣는 일은 그 자체로 중대한 경험이었다. 적어도 교회가 그들의 영혼을 구원하는 데 매우 진지하게 임하고 있다는 증거였던 것이다.

설교가 주일 예배에서 정기적인 활동이 되면서 개신교는 소통의 강력한 무기를 새로 갖추게 되었지만, 동시에 공격받을 수 있는 새로운 표적도 얻게 되었다. 이것이 바로 새로운 종교 정권이 성직자들을 규제하는 데 그토록 관심을 기울인 이유이자, 성직자들이 집단적으로 그러한 권력을 행사한 이유이기도 하다. 그리고 그 결과로 여러 당사자의 이해관계가 부상하고, 널리 집중되었음이 드러났다.

국가는 성직자들에게 정부의 정책에 복종하고 지지해주기를 요구했다. 그 대가로 국가는 성직자들이 더 많은 신도를 양성하고 안식일을 지키려는 활동을 지원했다. 이에 따라 많은 유럽 도시는 목사들이 일요일에 예배를 거행하는 동안 거리를 순찰하는 임무를 맡은 경찰관들을 고용하여 상점이나 술집이 영업하지 않도록 했다. 교회에 참석하지 않는 사람은 운동 경기나 다른 유흥거리에도 참여할 수 없었다.[79] 일요일이 되면 목사는 대중과 독점적으로 소통할 수 있었다. 하지만 목사들도 이것이 한 주간의 소음에서 잠시 한숨을 돌리는 시간에 불과함을 잘 알고 있었다. 여전히 매일의 일상에서는 가십과 노래, 일상적인 소통이 모든 것 위에 군림했다. 목사들이라도 평범한 일상을 통제하는 데는 무력할 뿐이었다.

7장

승리와 비극

1571년 10월 19일, 배 한 척이 조심스럽게 베네치아 항구로 들어왔다. 그해 가을, 기독교 국가 연합 함대는 오스만 제국의 갤리선과 맞서기 위해 동쪽으로 항해했다. 하지만 이후로 아무 소식도 들을 수 없었다. 따라서 안젤로 가블리엘레선이 항구로 들어서자 사람들은 처음에는 깜짝 놀랐다. 베네치아인들은 선원들이 튀르크인들의 복장을 착용하고 있는 것을 보고 최악의 상황을 각오했으나, 그 옷은 패배한 튀르크 함대에서 노획한 것일 뿐임을 알게 된 후 비로소 안도할 수 있었다. 그 후 배의 선장이 상륙해 기독교 함대가 대승을 거뒀다는 기쁜 소식을 전했다. 베네치아에 종이 울리고 모든 사람이 거리로 나와 만세를 외쳤다. 선원들은 승리의 환호 속에서 산마르코 대성당으로 향한 뒤 감사 기도를 올렸다.[1]

이는 레판토 해전에 대해 기독교 유럽에 전해진 최초의 뉴스였다. 비록 유럽 대륙은 당시 종교 간 갈등으로 심하게 분열된 상태였지만, 이 이례적인 대승 소식이 전해지자 모든 사람이 하나가 되어 환호했다. 전투 소식은 유럽 전역으로 빠르게 퍼져 나갔으며 모두가 진심 어린 마음으로 축하했다.

레판토 해전은 (여러 가지 이유로) 유럽 전체의 관심이 모인 최초의 주요 뉴스 사건 중 하나였다. 인쇄가 시작된 이래로 점차 복잡하게 구축된 통신망은 첫 번째 성숙 단계에 도달했다. 레판토 해전의 여파는 대륙 전역에 뉴스가 전달된 속도와 세련된 대중의 반응 모두에서 주목할 만하다. 이 혼란스러운 격동의 시대에 벌어진 또 다른 중대 사건 두 건도 마찬가지라고 할 수 있다. 레판토에서 거둔 승리는 거의 전 지역에서 기쁨의 환영을 받은 반면, 성 바르톨로메오 축일의 학살에 대한 소식은 유럽의 분열된 종파 간 쓰라린 분쟁의 불씨를 다시 일으켰다. 그로부터 10년 뒤인 1588년 스페인 무적함대의 패배로 이러한 근본적인 종교적, 정치적 갈등의 고질적인 긴장도 종막에 다다랐다.

이는 뉴스의 역사에서 서로 상당히 이질적인 사건들이었다. 레판토 해전은 기독교 세력과 그들의 영원한 적인 오스만 제국 사이의 길고 고된 전쟁 중 드물게 희망이 찾아온 순간으로, 유럽이 애타게 기다리고 있던 소식이었다. 반면 성 바르톨로메오 축일의 학살은 전 유럽을 분열시키고 얼어붙게 만든 날벼락 같은 소식이었다. 종교적 갈등과 증오의 이 새로운 시대는, 특히 뉴스 보고가 어려운 해양 조건에서 스페인 무적함대의 참담한 패배가 느리게 전해지면서 절정을 맞이했다.

이 모든 사건은 서로 분열되어 불안에 떠는 유럽인들에게 심오한 반응을 불러일으켰으며, 이제 다양한 뉴스 채널에서 이처럼 먼 곳에서 벌어진 사건들의 여파를 얼마나 잘 엮어 보여주는지가 현실적이자 시급한 문제가 되었다. 소식을 전하는 사람들은 청중의 강렬한 정서적 반응, 즉 정보를 갈구하거나 위로받고 싶은 욕구, 안심하고픈 욕망, 열광적인 환호에 대응해야만 했다. 지평이 더욱 확대될수록 위기감은 더 임박해진, 이것이 바로 신세계였다.

레판토

　　레판토 해전은 1453년 콘스탄티노플의 함락 이후 해결될 가망 없이 지속된 두 문화권 사이에서 일어난 충돌의 결과였다. 오스만 제국은 비잔틴 문명을 절멸시킴으로써 지중해 동부의 지배 세력으로 자리를 굳혔다. 이제 레반트의 향신료 시장에 접근할 권한이 튀르크의 손에 들어갔으며, 당시 지중해와 에게해를 지배하고 있던 베네치아는 무시할 수 없는 교역 상대자로서 술탄들의 강력한 도전에 부딪히게 되었다. 한편 튀르크군은 발칸 반도에서 비잔틴 제국의 나머지 영토를 조금씩 병합하며 합스부르크의 오스트리아 국경까지 진격했다. 인쇄술은 콘스탄티노플의 함락을 기록하기에는 너무 늦게 발명되었지만 그 후 진행된 사건들은 수많은 뉴스 팸플릿을 통해 기록될 수 있었다.

　로마와 베네치아에서 인쇄가 시작된 1470년에 네그로폰테가 함락되었으며, 1480년에는 로도스 공성전이 벌어졌다. 1526년 모하치 전투에서 참패한 후 헝가리 왕국이 완전히 몰락하면서 이 구(舊) 가톨릭 국가의 일부 지역이 점령되었고, 튀르크군은 이제 유럽 중심부를 향해 진격하기 시작했다. 이 모든 사건은 서유럽 국가들을 경악하게 만들기 충분했다.[2] 헝가리의 젊은 국왕 러요시 2세가 모하치에서 사망하면서 남은 왕국은 합스부르크의 손에 넘어갔으며, 이는 유럽의 최후 방벽으로 간주되었다. 공동 전선을 형성하려는 시도는 새로운 십자군 원정을 촉구하는 목소리로 이어졌다. 이러한 사건들 역시 뉴스 간행물을 타고 널리 보도되었다.

　앞서 매우 효과적인 초기 뉴스 관리 체계의 하나로, 신세계의 발견을 알린 크리스토퍼 콜럼버스의 서신에 대해 이야기했다.[3] 다음 세기 동안 유럽의 뉴스 독자들은 신대륙 탐험과 정복의 중요성에 눈뜨기 시작했다. 따라서 당대의 사람들은 (오늘날 우리의 역사적 관점과는 상당히 다르게) 튀르크인들에게 정복당할지도 모른다는 끈질기고 반복적인 두려움 때문에 아메리카 대륙에 대한 관심이 상대적으로 적었다는 점을 다시 한번 강조할 필요가 있다.[4]

그리고 이런 두려움은 계속되었다. 빈 공방전(1529), 튀니스 함락(1535), 알제리 참사(1541), 제르바 섬 해전(1560)은 모두 중요한 뉴스거리였다. 그리고 1565년 몰타 공방전과 함께 새로운 활로가 열렸다. 성요한 기사단의 끈질긴 저항에 부딪힌 술탄의 군대는 결국 퇴각할 수밖에 없었다. 유럽의 뉴스업계는 몰타 요새의 상세한 지도가 실린 대량의 팸플릿을 쏟아내며 공방전의 각 단계마다 가장 최신의 진행 상황을 전달하는 등 승전보를 전했다.[5] 하지만 승리의 안도감은 오래 지속되지 못했다.

5년 후인 1570년, 튀르크는 압도적인 병력으로 키프로스를 공격했고, 베네치아 수비대의 용감한 항전에도 결국 키프로스는 함락되었다. 키프로스의 함락은 대체로 기독교 국가들이 구호 활동을 효과적으로 펼치지 못했기 때문인 것으로 여겨진다. 레판토 작전은 마침내 이들 국가가 자국의 이해관계는 제쳐두고 공동의 명분을 추구하기 시작했음을 보여준다. 베네치아 공국, 스페인, 교황령의 후원을 받은 기독교 함대는 1571년 9월 16일 동쪽을 향해 출항했다. 10월 7일 레판토 만(灣)에 당도한 신성 동맹 함대는 튀르크 함대를 발견한 후 교전을 시작했다. 당시 병력은 서로 대등한 편이었지만(신성 동맹의 갤리선 208척과 튀르크의 갤리선 230척) 신성 동맹은 압도적인 승리를 거두었다.

안젤로 가브리엘레선이 도착한 후 베네치아에서는 몇 주 동안 광란의 축제가 벌어졌다. 사흘간 교회 종이 울리고 불꽃놀이가 펼쳐졌다. 산마르코 대성당에서는 도제와 원로원이 참석한 가운데 스페인 대사가 미사를 거행했으며 이후 도제는 대성당의 가장 귀중한 보물인 십자

7.1 이브라힘 파샤(Ibrahim Pascha)의 대판형 초상. 16세기의 뉴스 문화에서는 튀르크 제국에 대한 관심이 지속적으로 이어졌다.

가상을 들고 행렬을 이끌었다. 이러한 공식적인 감사 행사가 끝난 후에는 독일 상인들이 이끄는 여러 공동체가 각각 그들만의 행사를 진행했다. 그 결과 더 많은 축제, 더 많은 행렬, 더 많은 불꽃놀이가 이어졌다.

이탈리아에서 한창 축제가 벌어지는 동안, 전령과 뉴스 작성자 들은 유럽 각국의 수도에 승전 소식을 전했다. 리옹에는 10월 25일에 도착했고 5일 뒤 브뤼셀에도 도착했다. 마드리드에는 10월 31일에 베네치아의 전령이 도착했다. 베네치아 대사는 서둘러 펠리페 2세가 있는 예배당으로 향했으며 용건을 설명하자 즉시 들어오라는 허가를 받았다.*
대사는 이날의 일에 어느 정도 만족한 듯한 보고를 남겼다. "이 소식을
접한 국왕은 크게 기뻐하며, 즉시 〈테 데움(Te Deum)〉**을 부를 것을 명
했다."[6] 국왕은 이날 온종일 대사를 곁에 두었으며 감사 행렬에도 그
를 대동했다. 함대의 사령관 돈 후안이 보낸 공식 사절은 11월 22일에
야 도착했고 이때쯤에는 이미 모든 사람이 이 소식을 알고 있었다. 그
럼에도 국왕은 사절에게 끊임없이 질문했다. 평소 필리페 2세가 사람
을 만나는 것을 그다지 좋아하지 않는 성향임을 고려하면(그는 서신을 통
한 보고를 훨씬 선호했다) 레판토 해전에서 거둔 승전보에 그가 얼마나 기
뻐했는지 알 수 있다.[7]

마지막 불꽃놀이가 시작되기도 전에 기독교 국가의 승리를 전하는
인쇄물이 배포되기 시작했다. 베네치아에서는 1차로 축하 행사에 대
한 팸플릿이 배포되었다. 아마도 이러한 행사에 참여하거나 지켜본 사
람들의 기억에 의존해 작성된 것으로 보인다.[8] 그다음으로 레판토에서
의 승리담을 재구성한 보도가 배포되었다. 이러한 짧은 팸플릿 중 상
당수는 필사본 아비지와 함께 국외로도 급파되었다. 푸거 가문의 소장
품 중에도 이러한 방식으로 손에 넣은 베네치아의 소식지가 대략 50
부 정도 보존되고 있다.[9] 뉴스 인쇄물 중 상당수가 아비지 소식지의 표
제 작성 방식을 채택했다. 모든 인쇄물이 그처럼 냉철한 스타일을 취
한 것은 아니지만 말이다. 〈함대의 대패와 함장의 사망에 대해 쉴레이
만 1세에게 보내는 아비지〉는 아비지를 복제한 것이 아니라 그저 오스
만 제국의 패배를 조롱하는 문건에 불과했다.[10]

이후 기독교의 승리를 기리는 운문 형식의 글들로, 뉴스에 대한 서

뉴스의 탄생

---

* 카를 5세의 아들로 광대한 스페인 왕국을 물려받은 펠리페 2세는 다소 내성적인 성격으로
온종일 방대한 양의 문서를 처리하느라 평생을 궁정에서 보낸 것으로 알려져 있다. 독실한
가톨릭교도이기도 했다.

** 하느님에게 감사하기 위해 부르는 가톨릭 찬송가.

7.2 레판토에서 대치 중인 함대를 보여주는 이탈리아의 판화.

술이 더욱 강화된 팸플릿 발행의 세 번째 물결이 일어났다. 레판토 해
전에서의 승리는 이탈리아 문학계의 창작열을 자극했으며 30명이 넘
는 저명한 문인이 시와 노래를 기고했다.[11] 이러한 작품들은 거의 모두
저렴한 소책자 팸플릿으로 출판되었다. 작가와 출판사 모두 큰돈을 벌
기회를 잡은 것이다.

　이러한 소식지는 국외에서도 상당한 반향을 불러일으켰다. 파리에
서 장 달리에(Jean Dallier)는 10월 19일 파리에 승전 소식이 전해진 바로
그날, 파리 주교에게 공식적인 감사 행사를 준비하기를 명령하는 샤를
9세의 서신과 함께 베네치아에서 작성된 소식지를 출판했다. 다른 의
파리 인쇄소 4곳뿐 아니라 리옹과 루앙에서도 이 전투에 대해 자세한
설명이 출판되었다.[12] 최초의 영어 팸플릿은 파리 인쇄물의 번역본이
었다.[13] 독일어 뉴스 팸플릿은 아우크스부르크와 빈 외에 5개 이상의
도시에서 발행되었다.[14] 아우크스부르크의 한 진취적인 인쇄업자는
전쟁 장면을 그린 목판화(분명히 이탈리아 원본을 바탕으로 한)를 제작해 사

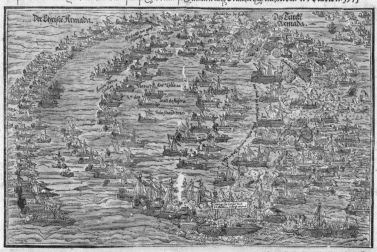

7.3 레판토 해전을 설명하는 독일의 대판형 뉴스. 이탈리아의 것을 베낀 것이 분명해 보이지만, 좀 더 극적으로 연출되었다.

건 설명 옆에 첨부했다.[15] 독일의 인쇄공들 또한 이탈리아에 버금가는 축가를 만들었다. 레판토 해전에서의 승리에 대한 축하는 진심에서 우러나온 것이었다.

이 시점에 잠시 멈춰서 스페인의 군사력을 이처럼 이례적으로 찬양하면 향후 어떤 결과로 이어질지 생각해보는 사람은 거의 없었다. 이것은 종파적 이해관계를 뛰어넘어 전 유럽이 잠시나마 한마음이 되게 한, 흔치 않은 뉴스 사건이었다. 이후 이어진 혹독한 시기 동안 다시 일어나긴 힘든 일이기도 했다.

성 바르톨로메오 축일의 학살

레판토에서의 승리는 유럽의 분열된 기독교 국가 사이에서 보기 드문 융합의 순간을 상징했다. 그러나 이러한 감정이 얼마나 깨지기 쉬운 것이었는지는 1년 후 유럽 개신교의 의식을 향후 20년간 마비시킨 충격적인 사건을 계기로 드러났다. 그것은 프랑스에서 서로 적대적이었던 두 종교 사이의 화해를 모색하기 위한 결혼식에서 시작되어, 끔찍한 살해의 난장 속에서 5천 명 넘게 사망하는 것으로 끝이 났다. 종교 간 화해에 대해 그 어떤 희망도 사라진 것은 물론이다.

1572년 8월 22일, 프랑스 위그노의 지도자 가스파르 드 콜리니(Gaspard de Coligny) 제독은 파리를 지나던 중 숨어 있던 총잡이의 총을 맞고 부상을 입었다. 콜리니와 개인적 친분이 있던 젊은 국왕 샤를 9세는 콜리니에게 근위병과 자신의 주치의를 보내 부상을 치료하도록 했다. 콜리니가 살아날 것은 확실했지만, 위그노의 명목상 영주인 나바르의 앙리의 결혼식에 참석하기 위해 파리로 모여든 신교도 귀족들이 응징을 요구하면서 분위기가 험악해졌다. 추밀원*에서는 밤 늦게까지 격한 토론이 이어졌고, 국왕은 오직 선제 공격만이 신교도의 폭동을 저지할 수 있다는 주장에 설득되었다.

8월 24일 가톨릭의 수장인 기즈 공작은 부상당한 콜리니가 살해되

---

* 영국 왕실의 자문 기구.

었다는 급보를 아침 일찍 받았다. 그 후 이어진 사건들은 적어도 부분적으로는 의도하지 않은 결과였다. 제독의 시체가 거리로 운구되자 가톨릭 귀족들과 도시 민병대, 그리고 파리 시민들은 앙갚음을 하기 시작했다. 처음에는 위그노 귀족 지도자들, 그다음으로는 다른 저명한 칼뱅주의자들, 그리고 마지막으로는 평범한 신자들이 사냥당하고 살해되었다. 학살 소식은 리옹, 루앙, 오를레앙, 부르주 등 다른 프랑스 도시에서도 모방 사건을 촉발했다. 간신히 살아난 사람들은 신앙을 버리거나 도망쳤다. 프랑스 북부의 위그노 운동은 효과적으로 진압되었다.[16]

1572년 8월 24일 성 바르톨로메오의 축일은 신교도들에게는 오명 속에 남은 날이었다. 실제로 이들은 배반과 불신, 기만적인 이야기의 한가운데서 가련한 인간의 숙명을 찾는 성숙한 추모식을 거행함으로써 이날을 기렸다.[17] 학살 소식은 전 유럽에 빠르게 퍼져나갔다. 개신교 국가들은 이 재앙의 규모를 도무지 믿지 못하겠다는 반응을 보였으며 이윽고 격앙된 분노와 공포가 뒤따랐다. 프랑스 칼뱅주의의 발상지인 주네브는 8월 29일 금요일 사보이아에서 온 상인들에게 처음으로 파리의 대학살 소식을 전해 들었다. 그 주 일요일, 테오도르 베자(Theodore Beza)와 그의 동료들은 설교 중 이 우울한 소식을 전했다. 칼뱅의 뒤를 이어 주네브를 이끈 베자는 당시 큰 충격에 빠진 것으로 보인다.

9월 1일, 취리히에 있는 동료 하인리히 불린거에게 쓴 짧은 편지에서 그는 종말론적인 표현을 사용했다. 프랑스 신교도 30만 명은 물론 주네브에 은신하고 있는 종교인들 역시 위기에 처해 있었다. 베자는 이것이 그가 편지를 쓸 수 있는 마지막 기회일지도 모른다고 친구에게 경고했다. "이 학살은 좀 더 보편적인 음모의 일환인 것이 명백하기 때문이라오. 암살자들이 나를 죽이려 찾고 있으며, 나는 삶보다는 죽음을 더 생각한다네."[18] 이것은 충격과 절망에 따른 과잉 반응으로도 볼

수 있다. 그러나 프랑스에서 벌어진 학살은 신교도를 한번에 뿌리 뽑
으려는 더 큰 음모의 전조에 불과하다는 공포가 전 유럽의 개신교 사
회로 빠르게 퍼져나갔다. 9월 4일 주네브의 시 의회는 놀라운 속도로
움직여 스위스 동맹국들에 이 소식을 전했다. 신교의 핵심적인 독일
후원자인 궁정백(伯)에게는 훨씬 감정적인 어조로 서신을 작성했다.

프랑스 전역이 무고한 사람들의 피로 물들고 시체로 뒤덮였습니다.
무자비한 폭도 수백 명에게 도륙된 귀족과 평민, 여성과 아이 들의 비명
과 신음 소리만이 대기를 맴돌고 있습니다.[19]

이 무렵부터 주네브의 성문에는 난민이 몰려들기 시작했다. 9월 4일
즈음, 베자는 콜리니의 사망 경위를 놀랄 만큼 정확히 재구성했다.[20]
그러나 목격자들의 증언이 있었음에도 터무니없는 소문이 계속 퍼져
나갔다. 리옹에서 온 난민들은 도시에서 신교도 3천 명이 죽임을 당했
다고 보고했다. 나바르의 앙리와 젊은 콩데(Condé) 친왕은 사형에 처해
진 것으로 알려졌다. 사실 이들은 자신의 안전을 위해 가톨릭으로 개
종한 상태였다. 베자는 통신원들에게 프랑스 함대가 잉글랜드를 정복
하기 위해 보르도에 집결했다고 보고했다. 일주일 뒤 그는 엘리자베스
1세를 암살하려는 유사한 음모에 대해 전해 들었다.

공포스러운 이야기는 이전에 실종되었다고 여겨진 친구들이 주네
브에 도착한 후에야 비로소 수그러들었다. 프랑스의 법학자이자 정치
사상가인 프랑수아 호트만(François Hotman)은 부르주에서 탈출하여 걸
어서 주네브에 당도했다. 다음날 그는 "8일에서 10일 사이에 프랑스에
서 5만 명이 학살되었다"는 자신의 믿음을 전했다.[21] 큰 충격을 받은
난민들은 오로지 절망적인 소식만 더할 뿐이었으며, 평소라면 금방 기
운을 차렸을 주네브의 목사들도 이번에는 어찌할 수 없었던 것 같았

다. 베자는 오직 새로 도착한 난민들의 급박한 신체적 요구를 해소해 주는 동안에만 죽음과 순교를 갈망하게 만드는 이 무기력함에서 벗어 날 수 있었다.

파리에서 일어난 사건의 목격자 중에는 훗날 엘리자베스 1세의 수 석 비서관이자 사실상의 정보 책임자인 잉글랜드 대사 프랜시스 월싱 엄(Francis Walsingham)도 있었다. 잉글랜드 대사관은 폭력 사태의 진원지 에서 다소 떨어진 곳에 있었지만, 월싱엄은 그곳에서 무슨 일이 벌어지 고 있는지 곧바로 알아차렸다. 처음에는 총소리가 들렸고, 그다음에는 대사관에서 숨을 곳을 찾는 공포에 질린 난민이 쏟아져 나왔다.[22] 8월 26일, 월싱엄은 사망자 중에 잉글랜드인도 몇 명 포함되어 있다는 사 실을 확인하고 과감히 탈출하기로 결정했고, 바로 다음날 잉글랜드로 전령을 급파했다. 그는 종이에 자신의 생각을 남기지 않는 것이 최선 이라고 생각했고, 대신 전령에게 구두로 소식을 전하도록 했다.

실제로 이 전령이 해협을 건널 때쯤 런던에서는 돌아온 상인과 최초 의 난민 들이 가져온 소식 덕분에 이미 모두가 학살에 대해 알고 있었 다. 당시 스페인과의 전쟁에서 막 동맹을 맺은 프랑스 왕실은 신속하 게 이 사건을 비난했다. 프랑스 대사 페늘롱(Fénelon)은 다음과 같이 보 고해야 했다.

8월 27일 파리에서 일어난 사건에 대한 혼란스러운 소문이 잉글랜드 인들을 얼마나 동요시켰는지 모릅니다. 지금까지 잉글랜드인들이 프랑 스에 품어온 깊은 애정이 한순간에 깊은 증오와 극도의 분노로 돌변했 습니다. […] 이 문제를 아무리 설명해봐도 교황과 스페인 국왕이 프랑 스를 부추겼고, 이들 셋이 작당하여 프랑스가 잉글랜드에 대항하려고 사악한 음모를 꾸미고 있다는 주장을 굽히지 않고 있습니다.[23]

프랑스 대사는 9월 8일이 되어서야 살벌한 분위기의 엘리자베스 1

세와 추밀원 앞에서 프랑스 정부의 입장을 설명할 수 있었다. 이 시점까지 잉글랜드의 의견은 확고했다. 벌리 남작 윌리엄 세실은 이렇게 썼다. "여기서 대사가 우리가 논의한 것과 같이, 국왕이 자신의 안위를 위해 그러한 방식으로 처형 명령을 내릴 수밖에 없었다는 점을 우리에게 설득시키려면, 우리의 본성적인 분별을 모두 거스르는 그러한 설명을 납득하기가 얼마나 힘들지 당신도 짐작하실 수 있을 것입니다."[24] 추밀원은 일단 가능한 한 모든 방법을 동원해 반격해야 한다고 강한 압박을 받았다.

런던 주교가 벌리 남작에게 건의한 조치 중에는 "지금 당장 스코틀랜드 여왕의 목을 치는 것"도 있었다. 스코틀랜드의 여왕 메리는 여러 해 동안 잉글랜드에 유폐되어 있었으며, 자연스럽게 가톨릭을 향한 불만의 초점이 되었다*. 하지만 냉정한 조언이 더 우세했다. 당시에는 학살을 조직하는 데 스페인이 결정적인 역할을 했다고 널리 믿었으므로 잉글랜드가 프랑스와의 모든 관계를 단절한다고 해서 얻을 수 있는 것은 거의 없었다. 스페인과 로마가 학살 소식에 기뻐했다는 것이 개신교도들에게 알려진 후 이러한 의심은 더욱 굳어졌다.

로마에서 이 소식을 처음 듣게 된 것은 9월 2일 리옹에서 보낸 특별 전령을 통해서였다. 전령은 리옹 총독의 서기관이 작성한 서신 두 통을 가져왔다. 한 통은 프랑스의 현지 관계자에게 보내는 것이고 다른

---

* 메리 1세는 태어난 지 6일 만에 아버지 제임스 5세가 사망하여 9개월이 되었을 때 대관식을 치르고 스코틀랜드의 여왕이 된다. 그러나 스코틀랜드와 잉글랜드 간의 관계가 악화되면서 생명의 위협을 받자, 섭정인 어머니 마리 드 기즈는 메리를 프랑스로 보낸다. 거기서 메리는 독실한 가톨릭교도로 성장하며 프랑스의 국왕이 되는 프랑수아 2세와 혼인하지만, 프랑수아 2세도 즉위한 지 1년 만에 사망하는 바람에 이듬해 메리는 스코틀랜드로 돌아온다. 하지만 스코틀랜드에서 메리는 구교파(가톨릭)와 신교파(개신교) 어느 쪽에서도 지지를 받지 못했으며, 남편인 단리 경의 살해 음모에 휘말려 1567년 잉글랜드로 망명하게 된다. 스코틀랜드에서 메리는 잉글랜드의 헨리 7세의 후손인 단리 경과 혼인했지만, 스페인 국왕 펠리페 2세는 이를 빌미로 메리가 잉글랜드의 적법한 왕위 계승자라 주장하며 엘리자베스 1세를 축출하려 했다.

한 통은 교황에게 보내는 것이었다. 이 소식은 프랑스 외교계의 주요 인사들에게 전해졌고, 그들은 이 기쁨을 나누기 위해 로렌 추기경과 함께 교황 그레고리오 13세를 알현했다. 로렌은 교황에게 이렇게 말했다고 한다. "교황께서 그 무엇보다도 간절히 듣고 싶으신 소식은 무엇인지요." 이에 교황은 "위그노를 근절하고 가톨릭 신앙을 선양하는 것"이라고 답했다. 바로 승리의 황홀경에 도취된 로렌이 듣고 싶었던 답이었다. "하나님의 영광과 성스러운 교회의 장엄함에 가로되, 지금 전해드리려는 소식이 바로 그것입니다."[25]

이때 프랑스 대사는 교황에게 너무 빨리 대중에게 환희를 나타내지 말기를 조언했다. 그는 9월 5일 프랑스 국왕과 파리 주재 교황 대사(nuncio)* 안토니오 마리아 살비아티(Antonio Maria Salviate)가 보낸 특별 사절단이 공식 서신을 전달할 때까지 기다려야 했다. 교황 대사가 보낸 특사는 학살 당일 작성된 첫 번째 급보의 사본 외에도 8월 27일에 작성된 상세한 내용의 급보도 가지고 왔다. 이 첫 번째 급보의 원본은 프랑스 국왕의 사신에게 맡겨졌으며 사본이 도착한 후 몇 시간 뒤에 도착했다. 국왕의 사신이 가지고 온 또 다른 급보를 통해 학살에 대한 공식 설명이 얼마나 빠르게 변화했는지 재구성해볼 수 있다.

8월 24일에 작성된 샤를 9세의 첫 번째 급보에서는 학살이 콜리니와 기즈 사이의 오랜 불화로 생긴 끔찍한 결과라고 묘사하고 있다. 그러나 8월 26일, 궁정은 모든 책임을 받아들이기로 결정했다. 이제 학살은 임박한 신교도의 공격을 사전에 차단하는 사법 외 처형으로 표현되었다. 그러나 교황 그레고리오 13세에게 학살의 원인이나 동기는 중요한 문제가 아니었다. 대사의 서신은 자리에 모인 추기경 앞에서 큰 소리로 낭독되었고, 그레고리오 13세는 엄숙하게 〈테 데움〉 성가를 부르

---

* 교황이 일정한 임무를 주고 해당 나라에 보내는 대사.

기를 명했다.

이때부터 로마에는 다양한 출처에서 프랑스 학살에 대한 소식이 흘러들어오기 시작했다. 베네치아, 빈, 마드리드, 토리노, 피렌체의 교황 대사는 파리의 살비아티가 보낸 설명에 자신의 성찰을 덧붙였다. 대부분이 중대한 정치적 악영향을 관찰해 보고했으며, 특히 중요 정보들이 교차하는 지역인 피렌체의 교황 대사는 이 지역을 통과하는 아비지와 다른 보고 들을 요약하여 보고했다. 또한 교황청 관리들은 8월 24일부터 파리와 리옹에서 발송된 일련의 상업 소식지도 접할 수 있었다.

이러한 소식지는 학살의 진정한 전개 양상과 원인을 프랑스에서 추측한 바에 대해 보고했다. 9월 8일 리옹에서 발행된 아비지는 사망자 수가 수도에서 5천 명, 오를레앙에서 1200명, 리옹에서 500명이라고 보도했다. 다른 보고서에서는 대부분 파리의 희생자 수를 대략 2천 명으로 보고 있다.[26] 여러 개신교 도시에서 떠도는 지나친 소문보다는 상업 소식지에서 추정한 수치가 진실에 더 가까웠다는 점에 주목해야 한다.

마드리드에는 9월 6일이 되어서야 처음으로 확실한 소식이 도착했다. 당시 성 제로니모 수도원에 기거 중이던 펠리페 2세는 비서관을 불러 위그노 귀족의 처분을 다룬 프랑스 소식지를 번역시켰다. 얼마 지나지 않아 파리 주재 스페인 대사에게 서신이 도착했고, 8월 25일 카트린 드 메디시스(Cathrine de Médicis)** 에게 친서를 받았다. 펠리페 2세에게 이는 진정으로 신이 주신 너그러운 선물이었다. 프랑스가 네덜란드의 반란군을 지원할지도 모른다는 위협은 단번에 사라졌다. 9월 7

** 피렌체 메디치 가문의 로렌초 2세 데 메디치의 딸로, 프랑스 국왕인 앙리 2세와 결혼하여 프랑스의 왕비가 된다. 그 후 1559년 앙리 2세가 급사한 뒤 어린 아들인 프랑수아 2세(14세에 즉위한 후 1년 만에 사망)와 샤를 9세(10세에 즉위한 후 24세에 사망)의 섭정을 맡으며 프랑스의 정치에 크게 개입한다. 카트린의 딸인 마르그리트 드 발루아는 나바르의 앙리와 결혼했는데 바로 이들의 결혼식날이 성 바르톨로메오의 학살이 벌어진 날이다.

일 국왕은 프랑스 대사 장 에브라르 생-구아르(Jean Ebrard Saint-Gouard)를 불러 자신이 얼마나 기쁜지 보여주었다. 대사에 따르면 펠리페 2세는 자신이 알현 보고를 하는 동안 "크나큰 기쁨과 만족의 표시로 웃음을 지어보이며, 플랑드르의 저지대 국가에 빚을 졌음을 인정해야겠다고 말씀하셨습니다." 펠리페 2세 또한 축하의 기분에 젖어 파리 주재 대사에게 답신을 썼다. "내 평생 가장 큰 만족감을 느꼈던 순간 중 하나였을 거요. 그대가 왕국의 다른 지역에서 일어나고 있는 일들을 계속 전해준다면 또 한 번 그러한 만족감을 느낄 것 같소. 오늘처럼만 일이 진행된다면, 우리의 모든 과업도 종지부를 찍을 것이오."[27] 심지어 평소에 굉장히 차분한 네덜란드 출신의 알바 공작도 들떠 있었다.

> 파리와 프랑스에서 벌어지는 경이로운 일들은 주님께서 참된 교회를 보존하고 거룩하신 예배와 영광에 한 걸음 더 다가가길 바라시어, 상황을 변화시키고 새로 배열하는 것에 진정으로 기뻐하심을 보여줍니다. 무엇보다도 지금과 같은 상황에서 이러한 일들은 우리 주님의 일을 하기에 더할 나위 없이 좋을 때입니다. 주 하나님의 선하심에 깊이 감사해야 할 때입니다.[28]

여기서 주목할 만한 부분은 마드리드와 로마 모두에서 가톨릭의 반응은 거의 전적으로 위그노 지도부의 처형에 집중되어 있다는 사실이다. 가톨릭 측에서 유일한 예외는 막시밀리안 2세 황제로, 제국 내 신교도들에게 호의적이었던 그는 좀 더 미묘한 정치적 지형에 직면했다. 독일의 루터교도들은 칼뱅교도들의 두려움에 완전히 공감하고 있었고 막시밀리안 2세는 가톨릭교도들의 음모에 그도 관여했다는, 이미 유럽 전역에 널리 퍼진 소문을 부인하기 위해 특단의 조치를 취해야 했다.[29] 이어질 폭력 사태의 수준에 대해 신교도들은 공포에 질린 반면,

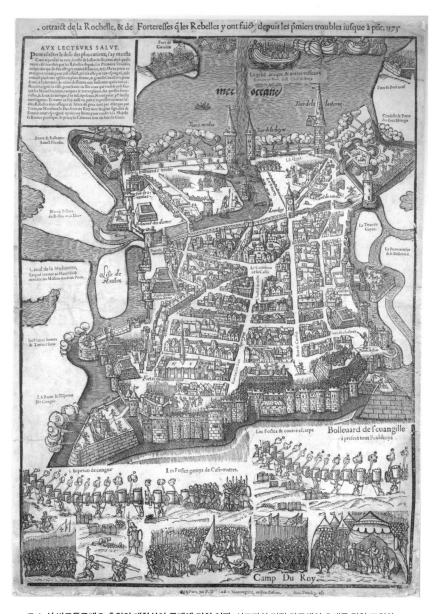

7.4 성 바르톨로메오 축일의 대학살이 군대에 미친 여파. 신교파의 거점 라로셸의 요새를 밀착 포위하고 있는 왕실의 군대를 그린 파리의 대판형 뉴스.

가톨릭교도들은 정치적 양상에 더 집중했다.

이러한 괴리는 이후 사건의 경위를 재구성하는 데 결정적인 역할을 했다. 역사학자들이 학살을 이끈 일련의 사건을 다시 구성하기 위해 헌신한 시간을 고려할 때, 위그노 귀족의 절멸이 의도적인 정치적 행위를 나타낸다는 결론에 당대의 거의 모든 학자가 동의했다는 사실은 주목할 만하다. 스페인 대사는 위그노 귀족을 급습한 일이 샤를 9세와 카트린 드 메디시스의 짓임을 의심하지 않았다. 교황 대사도 마찬가지로 이를 보고했다. 파리와 리옹의 상업 소식지도 국왕이 학살에 관여했다고 모두 단언했다. 샤를 9세는 반란이 임박했다는 증거에 따라 조치를 취해야만 했다는 국왕의 선언문을 발행함으로써 이 문제를 해결한 것으로 보인다.[30]

그해 여름의 사건이 가톨릭교도를 쉽게 믿어버린 콜리니와 위그노 귀족들을 파리로 유인하기 위해 오랫동안 준비된 음모의 결과라고 의심하는 사람은 많지 않았던 듯하다. 8월 27일 파리의 아비지에서는 이미 9개월 전 왕이 모후와 논의 중에, 기즈 공작(巧詐)의 교사에 따라 위그노들을 제거하기로 결정했다고 보고했다.[31] 로렌 추기경은 로마에서 개신교도들의 음험한 음모를 언급하며 프랑스 궁정이 이들의 위협을 무력화하는 계획을 미리 세웠음을 암시함으로써 상황을 더욱 악화시켰다. 교황의 사절인 카밀로 카필루피(Camillo Capilupi)의 서신은 사전 모의에 대해 가장 명확히 기술하고 있다. 그는 명목상 자신의 형제에게 보내는 서신에 위그노를 제거하려는 계획은 이미 1570년부터 착수되었다고 썼다.

이 서신은 이후 '위그노에 맞서기 위한 샤를 9세의 책략'이라는 자극적인 표제 아래 팸플릿으로 발행되었다. 여기에는 카트린과 샤를 9세가 베네치아 대사 등 핵심 인물들과 접촉했음을 보여주려는 몇몇 문서도 인용되었다. 카필루피는 학살을 논한 모든 가톨릭 신자와 마찬가지로 그저 프랑스 국왕을 칭송하려는 의도였지만, 칼뱅주의자들에게 이 소책자는 뜻밖에 횡재한 선전물로서 곧 프랑스어로 번역되어 주네브에서 다시 출간되었다.[32]

프랑스 개신교 언론은 이처럼 프랑스 궁정의 배신 책략, 명예로운 콜로니에 대한 음해, 부정직한 신념과 잔혹성을 비난하기 위해 일련의 팸플릿을 발간했다. 학살로 시작된 사건을 군사력으로 마무리 짓기 위해 프랑스 군대가 집결하면서 공개적으로 저항을 촉구하는 새로운 형식의 글이 등장했다. 이러한 글들은 억압받는 시민의 권리가 결국 폭압적인 통치자의 폐위로 이어질 수 있는 계약 군주제의 새로운 비전을 명확히 제시했다.[33] 하지만 사건 자체보다 사람의 마음을 더 크게 움직인 것은 없었다. 당시 영향력이 가장 컸던 글은 학살이 시작된 그날 침상에서 살인자를 맞이했던 신실하고 고귀한 콜리니, 죽음 앞에서도 용기와 신념을 버리지 않았던 수많은 이를 단순히 묘사한 것이었다.[34]

펠리페 2세에게 이러한 희생은 본질적으로 정치적인 이 사건의 부수적 피해에 그칠 뿐이었다. 하지만 개신교도의 의식 속에 이들 평범한 희생자야말로 이야기의 핵심이었다. 그리고 이 이야기는 현재 가톨릭과 개신교를 가르는, 메울 수 없는 간극으로 상처 입은 유럽 전역의 개신교도에게 공감을 불러일으켰다.

위대한 계획

유럽의 종교 전쟁은 펠리페 2세의 위대한 계획인 1588년 무적함대의 원정과 함께 절정에 달했다. 무적함대의 잉글랜드 원정은 복잡하게 엉킨 여러 문제를 단번에 해소하려는 목표를 띠고 있었다. 네덜란드에서는 반란이 일어난 지 20년이 넘도록 아무런 진척도 없었다.

사실 1585년 이후 잉글랜드군의 개입으로 스페인군은 진격 속도가 늦어졌고, 교착 상태가 길어지면서 전쟁 비용도 나날이 증가하고 있었다. 펠리페 2세는 잉글랜드를 분쟁에서 배제해야 네덜란드 반란군을 토벌할 수 있다는 결론에 이르렀다.

1580년 포르투갈 왕실의 합병으로 그 귀중한 원양 함대가 펠리페의 손에 들어오면서 이제 해상 침략도 가능해졌다. 펠리페 2세는 프랑스의 가톨릭 제후 연맹과 동맹을 맺음으로써 프랑스 국왕의 어떠한 훼방 행위도 무력화할 수 있게 되었다. 이제 필요한 것은 스페인 함대가 도버 해협을 원활히 통과할 수 있도록 밀어줄 적당한 바람, 플랑드르에서 파르마 공작*과의 성공적인 조우, 그리고 열정적인 망명자와 런던 주재 스페인 대리인들이 펠리페 2세에게 약속한 잉글랜드 가톨릭교도의 봉기였다.

이만한 규모의 작전을 비밀로 부치는 것은 불가능했다. 잉글랜드는 이미 1586년부터 펠리페 2세가 무슨 모의를 하고 있는지 알고 있었다. 실제로 잉글랜드는 1587년 4월 카디스 항 습격에 성공함으로써, 펠리페 2세가 1년간 작전을 연기할 수밖에 없을 만큼 효과적으로 스페인의 침공을 저지했다. 그러나 무적함대가 출항하자 전 유럽에는 불안감이 감돌기 시작했다. 함대가 북쪽으로 향하는 동안 대륙 전역에서 정보의 중심지는 보도 관제**와 비슷한 상황이 되었다. 스쳐지나간 선박이나 돌아온 선원이 간단한 정보를 가져오기도 했지만 그러한 정보는 대

---

* 파르마 공국은 오늘날 이탈리아 북부에 위치한 지역으로, 1545년 파르네세 가문에서 배출한 교황 바오로 3세가 자신의 아들에게 교황령 일부를 분할하여 하사함으로써 성립되었다. 바오로 3세의 증손자인 알레산드로 파르네세는 스페인령 네덜란드의 총독인 어머니를 이어 1578년부터 네덜란드 총독이 되었고, 1586년 아버지가 사망한 후 파르마 공작으로 부임한다. 뛰어난 사령관이었던 그는 네덜란드의 반란을 성공적으로 저지하며 1584년에는 안트베르펜의 항복을 받아냈다. 1588년 스페인의 영국 침공을 도와 무적함대가 해협에 도착하면 합류하여, 바지선으로 지상군을 잉글랜드 본토에 상륙시킬 계획이었다.
** 필요에 따라 대중 매체의 보도를 관리하면서 통제하는 일.

7.5 불명예 속에 남은 날. 20년 후 크리스토퍼 말로(Christopher Marlowe)는 프랑스 사태가 새로운 위기 국면에 접어든 시점을 노려 이 학살에 대한 희곡을 씀으로써, 런던 무대에서 큰 성공을 거두었다.

체로 정확하지 않은 것으로 밝혀졌다. 성패가 결정되려면 스페인의 소함대가 해협에서 발견된 시점부터 최소 몇 주가 걸릴 것이다. 즉 무적함대의 원정은 먼 곳에서 일어난 레판토 해전이나 느닷없이 벌어진 성바르톨로메오 축일의 학살과는 뉴스가 전파되는 양상이 전혀 달랐다. 그해 여름은 전운이 감도는 가운데 떠엄떠엄 전해지는 소식으로 잠식되었다. 확실한 소식은 거의 없었으며 소문과 불확실한 보고, 추측만이 대기를 가득 메웠다.

5월 말 리스본에서 출항한 무적함대는 곧 악천후를 만나 스페인 북부의 코루나 항으로 피신해야만 했다. 항해는 7월 21일에야 다시 시작되었다. 스페인과 잉글랜드의 첫 결정적 전투는 8월 7일과 8일에 일어났다. 무적함대의 지휘관 메디나 시도니아(Medina Sidonia) 제독은 함대를 온전히 유지한 채 해협을 통과한 후, 칼레 앞바다에 정박하여 파르마 군대의 합류를 기다렸다. 바로 이 순간 잉글랜드의 함대가 움직이기 시작했다. 이들은 화공선*을 보내 스페인의 함대를 분산시켰다. 강한 북풍 때문에 무적함대는 계획했던 랑데부 지점에서 점점 더 멀어졌으며, 8월 말이 되자 칼레로 돌아갈 가망은 모두 사라졌다. 한때 승승장구했던 무적함대는 이제 잔당만 남아 아일랜드 주변을 우회하여 스페인으로 회항했다.35

전장에서 멀리 떨어져 있던 사람은 모두 이 여름을 긴 기다림으로 보냈으나 로마만큼 이 소식을 애타게 기다리는 곳도 없었다. 교황 식스토 5세는 스페인 군대가 잉글랜드 땅에 상륙하면 펠리페 2세에게 100만 두카트를 기부하겠다고 약속하는 등 스페인의 승리를 위해 모든 정성을 다했다. 이 시기는 뉴스 발행인들에게도 어려운 시기였다. 로마가 얼마나 간절히 좋은 소식을 바라고 있는지는 분명했다. 이 도시의 스페인 대리인들은 교황이 약속한 기부금이 어서 빨리 풀리길 바라며 승전보만 애타게 기다리고 있었다. 스페인의 우편국장인 안토니오 데 타시스(Antonio de Tassis)는 조금이라도 긍정적인 소문이 들어오면 널리 알리기 위해 많은 노력을 기울였다.

8월 13일 자 아비지에 따르면 타시스는 8월 20일까지 좋은 소식을 들을 수 있을 거라 장담했다고 보도했다. 시장을 교란하기 위해 고의로 흘린 소문이었다. 상인회가 포착한 정보에도 오해의 소지가 있었다. 앞서 7월 아고스티노 피넬리(Agostino Pinelli)는 리옹에서 온, 가톨릭 군이 스코틀랜드에 도착한 후 상륙했다는 내용의 서신을 로마에 전시한 바 있다. 8월에는 잉글랜드의 패배 소식이 전해지자 파르마 공작은 안트베르펜에서는 그러한 보고를 받은 바 없다고 털어놓을 수밖에 없

뉴스의 탄생

---

* 폭발물 등을 가득 싣고 불을 질러서 적선(敵船) 사이에 띄워 보내는 용도의 배.

었다.[36]

로마의 상업용 아비지는 무적함대의 원정에 관한 보고에 제대로 처신했다. 예컨대 이들은 스페인의 승리에 대한 소문을 알리면서 이는 확인되지 않은 보고임을 명시했다. 7월 16일, 피넬리 가문의 은행업자들은 프랑스로부터 스페인의 승리를 알리는 전언을 받았지만 아비지에서는 "승리를 바라는 열망이 너무 높으므로 확인될 때까지 기다릴 필요가 있다"고 언급했다. 7월 26일 자 아비지는 쾰른에서 또 다른 좋은 소식이 도착했다고 보고했지만, 다른 전령들은 아무도 이 소식을 듣지 못했다는 언급을 덧붙이기를 잊지 않았다. 8월 22일 사보이아 공작의 특별 전령이 잉글랜드의 패배 소식을 가지고 로마에 도착했지만, "다른 전령들에 의해 확인될 때까지 이 소식은 계속 불확실한 것으로 간주된다."[37]

로마 아비지의 각별한 회의주의와 전문성만으로는 유럽 가톨릭계에 스페인이 승리했다는 소문이 널리 퍼지는 것을 막을 수는 없었다. 이에 대한 책임은 상당 부분 파리 주재 스페인 대사인 베르나르디노 데 멘도사의 탓으로 돌릴 수 있다. 오해의 소지가 있는 일련의 보고서를 받아 널리 배포한 것이다.[38] 7월 말, 와이트 섬 앞바다에서 벌어진 전투로 잉글랜드 함선 15척이 침몰했다는 소식이 파리에 전해졌다. 멘도사는 이 소식을 곧장 마드리드로 보냈으며, 파리에서는 스페인의 승전 보고를 출판하기 위해 준비했다.[39] 잉글랜드 대사 에드워드 스태퍼드 경 또한 이에 대응해 8월 8일에 벌어진 중요 교전까지의 전투 과정을 설명한 연표를 자체적으로 제작했다. 이 또한 프랑스에서 출판되었지만 파리의 유명 인쇄업자 중 누구도 여기에 자신의 이름을 올리고 싶어 하지 않았다.[40]

멘도사는 반응이 없었다. 그가 펠리페 2세에게 고하기를, "여기 잉글랜드 대사는 영국군이 승리했다는 근사한 소식지를 인쇄했습니다.

하지만 아무도 이것을 사려는 사람은 없습니다. 여기 실린 내용은 모두 거짓이라면서요."[41] 그 대신 멘도사는 펠리페 2세에게 메디나 시도니아가 최악의 상황을 겪은 후 프랜시스 드레이크(Francis Drake) 경*을 사로잡았다는 좀 더 낙관적인 보도를 전하기를 선택했다. 멘도사의 첫 보고서는 8월 18일 마드리드에 도착했다. 두 번째 보고서가 도착한 8월 26일, 펠리페 2세는 이미 승리를 선언할 준비를 마쳤다. 특이하게도 국왕은 대판형 인쇄물로 이 소식을 발표했다. 현지의 한 잉글랜드 대리인은 이 소식에 대중이 열광하며 기뻐하고 있다고 알렸다.

다른 곳에서도 마찬가지였다. 8월 17일 베네치아 원로원은 펠리페 2세의 위대한 승리를 축하하기로 결정했다. 8월 20일 프라하의 스페인 대사는 이를 위해 〈테 데움〉을 부르기를 요청했다. 그러나 그 직후, 전혀 다른 이야기를 하는 보고서가 전해졌다. 가장 낙관적인 사람조차 희망을 버려야 할 만큼 스페인이 크게 패했다는 사실이 밝혀지면서, 이제 로마에 있는 모든 이의 소망을 산산이 무너뜨리는 일은 아비지에 맡겨졌다.

승자 쪽은 어떠했을까? 네덜란드에서 3년간 전쟁을 치른 후 국고가 바닥난 잉글랜드는 해군의 성공에 모든 것을 걸었다. 각 주에서 병사를 소집하고 훈련했지만 실제로 총기를 사용해본 적 있는 사람은 드물었다. 당시 잉글랜드 정부는 펠리페 2세의 위대한 계획을 이루는 주축인 무적함대와 네덜란드의 파르마 군대가 합류할 계획임을 파악하고 있었지만, 적군의 주력 함대가 상륙할 정확한 지점은 아직 알지 못했다. 엘리자베스 1세는 그들이 에식스를 통해 공격하거나 템스 강을 거

뉴스의 탄생

---

* 본래 해적으로 라틴 아메리카에서 금을 수송하는 스페인 선박을 습격해 재물을 약탈하곤 했다. 이렇게 노획한 막대한 재화와 보물은 대부분 엘리자베스 1세에게 바쳤으며, 이에 따라 1581년 기사 작위를 받았다. 1587년 스페인의 카디스 만을 공격한 인물도 드레이크였으며, 1588년 칼레 해전에서는 잉글랜드 함대의 부사령관으로 화공선을 사용해 공격함으로써 스페인 함대를 궤멸하는 데 큰 공을 세운다.

슬러 올라가리라 예상하고 주(州) 방위군에게 브렌트우드**에 집결하라는 명령을 내렸다. 월싱엄의 정보국에 왕실 연간 수입의 약 5퍼센트를 쏟아붓고 있었음에도 침략군이 켄트를 노리고 있다고 결론 내리게 된 것이다.[42]

분명 아슬아슬한 승리였다. 잉글랜드 해군은 펠리페 2세의 계획에서 가장 약한 부분을 파고들어, 파르마의 군대가 출항하기 전에 무적함대를 칼레에서 몰아냈다. 엘리자베스 1세가 에식스 주의 틸버리(스페인이 이곳을 정말로 침공했다면 잉글랜드는 상당한 곤경에 빠졌을 것이다)에 집결한 장병들을 상대로 연설하기 위해 템스 강을 따라 내려갔을 때, 무적함대는 이미 포스 만을 지나 잉글랜드에서 멀어지고 있었다. 엘리자베스 1세에겐 '잉글랜드의 심장'이 있었지만, 다행히도 틸버리 연설을 들은 장병들이 시험에 들 일은 생기지 않았다.

스페인에서도 비로소 재앙의 규모가 명확해지기 시작했다. 8월 31일, 마드리드는 파르마로부터 무적함대에 합류하지 못했음을 인정하는 방어적인 급보를 받았다. 4일 후 프랑스에서 온 전령은 함대가 북쪽으로 쫓겨났다는 소식을 가져왔다. 물론 국정의 핵심 인물 중 기꺼이 이 소식을 펠리페 2세에게 전하겠다고 나서는 사람은 거의 없었다. 결국 마테오 바스케스(Mateo Vásquez)가 전달하기로 결정되었지만, 그는 차마 직접 소식을 전하지는 못하고 서신을 쓰기로 했다. 바스케스는 어쨌든 자신의 군대를 재앙에 몰아넣진 않은 덕 있는 군주, 샤를 9세와 펠리페 2세를 비교하는 복잡한 문장으로 이 소식을 포장한 대단히 완곡하고 요령 없는 편지를 써서 국왕에게 전했다.[43]

가을이 되어 너덜너덜해진 잔여 함선이 귀향하고 선박이 대부분 유실된 것이 확실해진 후, 스페인 궁정에는 음산한 그림자가 드리워졌

** 에식스의 한 도시.

다. 이 원정에는 스페인군 1만 5천 명과 약 1천만 두카트의 비용이 투입되었다. 무엇보다도 펠리페 2세는 세계에서 가장 막강한 군사력을 지닌 무적의 군주라는 명성을 잃게 되었다. 이미 여론은 등을 돌렸고, 펠리페 2세가 세운 주도면밀한 계획은 빠르게 와해되었다. 프랑스의 국왕 앙리 3세는 그동안 자신을 괴롭힌 신성 동맹의 박해자들을 대담하게 물리치고, 왕권을 회복하기 위해 필사적인 조치를 취했다.

블루아의 왕궁으로 부름을 받은 기즈 공작과 그의 형제인 루이 드 기즈(Louis de Guise) 추기경은 국왕의 근위병에게 죽임을 당했다.*[44] 신성 동맹의 수장이 살해되었다는 소식이 전해지자 가톨릭계는 충격과 분노로 들끓기 시작했다. 프랑스에서는 신성 동맹이 반란을 일으켰다. 외국의 정부는 이제 프랑스의 운명이 어디로 흘러갈지 판단해야만 했다. 사면초가에 몰린 앙리 3세일까, 아니면 인내심 있는 왕위 계승자이자 개신교도인 나바르의 앙리일까.

이 소식은 심지어 무적함대의 대패 소식마저 잠재울 만큼 파급력이 컸다. 기즈는 1588년 12월 23일 암살당했다. 이 소식은 1589년 1월 4일 로마에 알려졌다.[45] 다음 아비지는 이 소식이 어떻게 전달되었는지 보여준다. 이를 통해 블루아에서 유럽에 큰 영향을 미칠 수 있는 중대한 사건이 일어났음을 모두가 인식했다는 사실음을 알 수 있다.

1월 7일. 수요일 밤 10시 블루아에서 주아이외즈 추기경에게 전령 한 명이 도착했고, 한 시간 후에는 사보이아 공작이 대사에게 보낸 전령이

---

* 기즈(Guise) 가문은 로렌 출신의 프랑스 명문 세가로, 자크리의 난을 진압하면서 프랑스 정치의 중심부에 선다. 3대 공작인 앙리 드 기즈는 프랑수아 2세의 섭정 시절부터 프랑스 정치에 크게 관여했다. 성 바르톨로메오 축일의 학살도 카트린과 기즈 공작이 주도한 것으로 알려져 있다. 기즈 가문은 계속해서 프랑스의 왕권을 넘봤으며, 앙리 3세에게 후세가 없어 왕위 계승권이 나바르의 앙리에게 넘어가자, 크게 반발하며 왕권에 도전하고 내전과 봉기를 일으켰다. 프랑스 가톨릭계의 수장으로서 신성 동맹을 이끌었다.

도착했으며, 세 번째로 자정 무렵에 토스카나 대공이 프랑스에서 보낸, 'H. 루셀라이'라고 서명한 급보가 도착했다. 마지막으로 목요일, 가장 신실한 기독교의 수호자가 프랑스 대사에게 보낸 네 번째 전령이 도착했다. 모두 기즈 공작의 죽음이라는 소식을 전하고 있었다.[46]

격분한 교황은 앙리 3세를 파문했고, 이제 앙리 3세가 위기에 처한 왕권을 복구하기 위해서는 나바르의 앙리와 공동 전선을 형성할 수밖에 없었다. 8월 2일, 앙리 3세도 암살당했다. 이 소식은 8월 16일 로마에 전해졌으며, 8월 23일 자 아비지에 보고되었다. 앙리의 죽음은 그에게 막대한 자금을 대출해준 로마의 수많은 은행가에게는 재앙이었다. 그들은 이 보고에 의문을 제기했으며 우르비노 공작의 사절은 늘 그랬듯이, 스페인 대사에게 확답을 구했다. 대사는 공작이 보낸 8월 30일 자 아비지의 사본에 세심하게 친필로 주석을 써넣었다.

사람들이 말한 대로 프랑스 국왕은 죽었습니다. 오늘 전령 두 명이 도착했습니다. 한 명은 리옹의 본비시가 보낸 20일 자 서신을 가져왔고 다른 한 명은 낭시에서 서신 두 통을 가져왔습니다. 하나는 17일에 낭시에서 보낸 것이고 다른 하나는 8월 8일에 파리에서 보낸 것입니다. 의심의 여지는 없어 보입니다.[47]

기즈 암살 사건 이후 신성 동맹은 유럽 북부에서 로마로 가는 경로에서 주요 뉴스 중심지인 파리와 리옹을 점령했다. 나바르의 앙리는 이에 응수하기 위해 로마로 전령을 보내 자신에 대한 종신 파문을 해제하려 소송을 제기했다.[48] 1589년 중반까지 로마는 거의 매일같이 양측의 특사에게 소식을 받았다. 그처럼 긴장이 고조된 시기에 정치인들은 정보가 조작되거나 왜곡될 수 있다는 사실을 너무도 잘 알고 있었다. 아비지에서는 고객들에게 이러한 점에 주의하기를 강조했다. 보고 방식에서 자주 볼 수 있듯이, 중요한 뉴스는 확인이 필요했다.

1590년 9월 22일. 베네치아, 토리노, 리옹, 아우크스부르크, 인스부르크 등지에서 전해진 바에 따르면, 8월 27일 파르마와 나바라 사이에 전투가 벌어졌고, 1만 5천 명이 사망한 것으로 추정된다. 교황은 베네치아의 교황 대사에게 동일한 보고를 받았으며, 스페인 대사는 파르마의 진지로부터 8월 28일에 작성된 서신을 받았다.[49]

승자에게는 전리품이 내려졌다. 스페인 무적함대의 패배로 잉글랜드, 네덜란드, 독일에서는 엄청난 양의 축하 팸플릿이 쏟아졌다.[50] 패자는 그저 침묵 속에서 상처를 치유할 뿐이었다. 레판토 해전 이후 그토록 분주했던 이탈리아의 소식지들은 이제 전할 말이 거의 없었다. 무적함대가 비틀거리며 스페인으로 돌아오는 동안 파리의 뉴스 통신사는 대체로 프랑스의 국내 문제를 다루느라 바빴지만, 잠시 오크니 제도에서 스페인이 거둔 승리를 다루기도 했다.[51] 안트베르펜에서도 비슷한 보고가 배포되었지만 이 또한 희망 사항에 불과했던 것으로 밝혀졌다.[52]

잉글랜드는 여름에 일어난 여러 사건으로 심한 충격을 받았다. 설교자들은 스페인인들이 7세에서 70세까지 모든 사람을 죽일 계획을 세웠다는 소름끼치는 소문을 퍼뜨렸다. 이러한 소문은 필사적인 항전을 북돋울 수도 있었겠지만 사기를 완전히 떨어뜨릴 수도 있었다. 참회에 대한 요구와 신의 은총을 비는 기도가 뒤섞이면서 군대의 취약한 항전 대비 상태에 관심이 쏠릴 위험도 있었다. 무적함대가 중대한 손실 없이 파르마와 랑데부에 성공했다는 소식이 전해진 후, 제독이 좀 더 대담하게 행동해야 했다고 비판하는 목소리도 들려왔다. 하지만 승리의

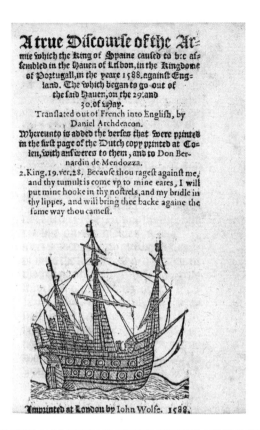

7.6 스페인 함대의 군사력. 승전 후 잉글랜드 해군의 위용을 기리기 위해 스페인의 함선과 군비에 대한
조사가 이루어졌다.

규모가 알려지자 이 모든 것은 용서받았다.

　엘리자베스 1세의 틸버리 연설을 들은 수많은 야심 찬 문인이 이 날
의 기억을 오랫동안 보존할 방법을 찾았다. 기민한 사업가 두 명은 런던
에서 돌아온 바로 다음 날, 틸버리 연설을 기리는 발라드를 써내려갔다.
한동안 일이 없던 런던의 인쇄업자들은 국가적 기념의 분위기에 편승
하여 값싼 인쇄물을 쏟아냈는데, 이 틸버리 발라드도 그중 하나였다.[53]

　제임스 아스케(James Aske)는 좀 더 큰 야심을 품은 문학 작품인 〈엘리
자베스의 승리(Elizabetha Triumphans)〉를 썼으나 '이런 발라드는 너무 많
다'는 이유로 인쇄를 완전히 단념해야만 했다. 위험은 지나갔으니 이

제 패자를 조롱할 차례였다. 나포된 스페인 선박에서는 많은 채찍과 족쇄가 발견된 것으로 널리 알려졌는데, 이는 잉글랜드를 정복한 후 사람들을 노예로 만들고 학대하기 위한 것이 분명했다. 이는 섬뜩한 발라드의 삽화로 채찍을 넣음으로써 유쾌하게 풍자되었다.[54]

정부의 후원을 받은 선전물에서 가장 기발한 작품은 무적함대의 함선, 군수품, 그리고 병사들을 기록한 스페인 팸플릿의 영역본이었다.[55] 원본은 함대가 리스본에서 출항할 당시 출판되었으며, 그 후 여름 동안 멘도사에 의해 프랑스에서 다시 발행되었다.[56] 이제 잉글랜드는 멘도사의 면전에 잉글랜드의 선원들, 그리고 신의 뜻에 따라 격파된 '무적' 함대의 실상을 들이민 것이다. 이 시기의 영어 팸플릿 문학에서는 전체적으로 새로운 자신감, 재치, 그리고 논쟁의 소질을 발견할 수 있다.

전형적인 예로 인쇄 양식에서 상당히 절묘한 작품인《스페인의 거짓말들(A pack of Spanish lies)》에서는 그해 여름 스페인에서 제기한 주장들을 육중한 고딕체로 나열하고, 그 옆에 실제로 벌어진 일을 날렵한 로마체로 표기했다.[57] 그것은 마치 '이제는 우리가 미래'라고 말하는 것처럼 보였고, 따라서 거짓 소식은 조롱거리가 되었다. 향후 10여 년 간 런던의 뉴스가 대륙과의 전쟁 소식으로 완전히 뒤덮이게 되는 시대의 초엽에서, 잉글랜드의 인쇄업자들은 지금까지 없었던 완전히 성숙한 뉴스 시장을 향해 중요한 발걸음을 내딛고 있었다.

거미줄

이 세 사례에는 모두 스페인의 국왕 펠리페 2세가 등장한다. 그가 조직하고 자금을 조달한 원정대는 레판토에서 승리를 거두었다. 또한 그는 특히 개신교 국가들로부터 1572년 학살의 배후에 있는 사악한 천재로 널리 의심받았다. 1588년 무적함대의 원정은 유럽에서 가톨릭을 구하고 잉글랜드, 프랑스, 저지대 국가 등 그의 적들을 패주시키려는 장대한 계획의 정점이었다. 이러한 희망은 패배로 인해 산산조각 났고 이제 유럽은 10년간 계속되는 잔혹하고 소모적인 전쟁에 빠져들게 된다.

펠리페 2세의 통치 당시 스페인은 최전성기를 누리고 있었다. 스페인은 페루 부왕령 포토시(현재의 볼리비아)의 은광에서 채취한 어마어마한 금을 군대에 지불하며 유럽의 군사 초강대국으로 자리를 굳혔다. 또한 펠리페 2세는 1580년 포르투갈을 합병하면서 그들의 원양 함대도 자유롭게 사용할 수 있게 되었다. 그러니 국제 외교와 유럽의 뉴스 시장 관계자들이 스페인의 계획과 야망에 줄곧 관심을 보인 것도 당연한 일이었다. 그러나 펠리페 자신은 다소 신비에 싸인 존재로 남아 있었고, 더 정확히 말하면 비밀에 가린 채 두문불출했으며 좀처럼 보기 힘들었다. 그는 1559년 네덜란드에서 스페인으로 돌아온 후 다시는 이베리아 반도를 떠나지 않았다. 그는 통치기 말년을 의도적으로 스페인의 주요 도시에서 멀리 떨어진 곳에 지은 엘에스코리알 수도원 왕궁*에서 보냈다. 여기서 그는 외교 정책을 통해 꾸준하고도 전례 없는 야망을 펼치고자 했다.

펠리페 2세의 관점에서 이 시기의 사건들을 고찰함으로써 16세기 유럽의 뉴스 연결망이 가진 효율성에 대한 조사를 마무리하는 것도 좋은 방법일 것이다. 펠리페 2세의 통치 기간 동안 스페인의 통신 체계는 지난 200년 동안과 마찬가지로 (그 모든 군사력에도 불구하고) 유럽의 주요

---

* 마드리드에서 북서쪽으로 약 45킬로미터 정도 떨어진 곳에 있다. 산기슭에 위치해 왕궁 부지로는 적합하지 않았으나 펠리페 2세의 명에 의해 이곳에 건립되었지만 왕실 수도원으로 건립되었으나 대성당 옆에 궁전도 지어 왕궁의 역할도 했다. 건립 후 500년간 스페인 군주들이 묻힌 왕령지이기도 하다.

통신망에서 다소 떨어져 있었다. 중세 상인들의 서신 왕래는 대부분 카스티야 내륙이 아닌 지중해 항구(특히 바르셀로나)를 통해 이루어졌다. 세비야의 신흥 세력은 리스본처럼 유럽의 주요 무역로보다는 대서양을 더 선호했다. 펠리페 2세가 정치의 거점을 마드리드로 옮기기로 결정하면서 우편 시설에도 대대적인 조정이 이루어져야 했다.

1560년 마드리드와 브뤼셀 사이에 '통상' 우편 제도가 신설되었다. 이 통신선은 부르고스와 레스페롱을 지나 푸아티에, 오를레앙, 파리를 거쳐 프랑스를 통과했다. 국왕이 거주지를 엘에스코리알로 옮기고 그곳에서 머무르는 일이 점차 정례화되었지만, 중앙 행정부는 여전히 마드리드에 남아 있었다. 엘에스코리알(또는 다른 곳)에서 그는 매일 전령들을 통해 서류를 전달받았다.

통상 우편 제도의 확립으로 우편물의 양이 크게 증가하고 그에 비례해 우편 비용은 줄어들었지만, 이는 상당한 양의 정례적인 외교 문서가 보안이 되지 않는 경로로 마드리드에 도착한다는 것을 의미하기도 했다. 그와 더불어 우편 통신 자체에 내재한 통상적인 위험성 때문에 스페인의 외교관들은 중요한 급보는 사본까지 보내는 등 신중한 관행을 취했다. 1592년 8월 15일 사보이아 공국의 대사는 국왕에게 다음과 같이 썼다.

> 이번 달 2일에 바르셀로나에서 온 베르나르디노 모렐이 소유한 군함 편으로 폐하께 급보를 보냈습니다. 여기에는 7월 8일, 10일, 17일, 21일 급보의 사본도 포함되어 있습니다. 당분간 기상이 안정적일 것으로 보이므로 다른 선박이 가로채지 않는 한 무사히 도착하리라 믿습니다.[58]

물론 이는 마드리드에 같은 내용의 급보가 여러 장 도착하는 일이 빈번했음을 의미한다.

마드리드와의 직접적인 연락은 펠리페 2세의 해외 대리인들이 처리해야 했던 방대한 공식 서신 중 일부에 불과했다. 1580년 파리에 새로 부임한 대사는 밀라노와 플랑드르 총독, 나폴리 부왕 및 로마, 베네치아, 독일의 대사들과 계속 서신을 주고받아야 한다는 지침을 하달받았다. 멀리 떨어져 있는 식민지와의 통신은 특히 힘들었다. 프라하의 궁정에서 보낸 우편이 스페인에 도착하기까지는 장장 5개월이 걸렸으며 그마저도 분실되기 일쑤였다.[59] 나폴리와 이베리아 반도 사이의 항로와 같은 주요 경로도 1년 중 일부 기간에만 운영되었다. 예컨대 11월 15일부터 3월 15일까지 지중해에 겨울이 닥치면 폭풍우로 항해가 어려워, 갤리선들은 항구에 정박해 있어야만 했다. 그동안 우편물은 제노바와 바르셀로나를 거치는 육로를 따라 우회하여 운반해야 했다.

해외 주재 대사와 대리인, 그리고 동맹 간에 효과적인 연락망을 유지하기는, 심지어 펠리페 2세의 전성기에도 매우 복잡하고 비용이 많이 드는 일이었다. 하지만 당시는 특히 펠리페 자신의 정책으로 말미암아 전쟁이 끊이지 않던 시기로 정상적인 상황과는 거리가 멀었다. 16세기 후반, 우편망의 질은 분명 악화되어 있었다.[60] 배송 지연은 예삿일이 되었고 우편물의 보안이 지켜지지 않는 경우도 잦았다. 무엇보다도 프랑스에서 내전이 일어나 우편물 송달이 중단되었다. 바르셀로나와 이탈리아 간 간선 도로는 프랑스 남부를 거쳐 리옹까지 이어졌다.

이 경로의 핵심 우편국 두 곳인 몽펠리에와 님은 1562년까지 위그노의 손아귀에 있었고, 전령들은 여정 중 검문을 받거나 강도를 당하는 일이 자주 일어났다. 브뤼셀로 향하는 북부 경로에서 푸아티에의 주변 삼림은 산적이 출몰하는 지역으로 악명이 높았다. 1568년 스페인 왕실의 전령이 강도를 만나 살해당했고, 외교 행낭*을 되찾으려는 시

* 외교 사절과 파견국 정부 또는 외교 사절 사이에 교환되는 공문이나 서신 따위를 담은 가방이나 주머니. 함부로 열거나 검사할 수 없는 등 외교적 특권이 부여된다.

도는 성공하지 못했다. 프랑스를 통과하는 경로가 얼마나 위험한지는 일찍부터 알려져 있었다. 그러나 프랑스를 피하려면 제국을 통과하는 제국 우편 경로로 우회하거나 잉글랜드 해협을 통과하는 해로를 이용해야 하는데, 이 경로에서 스페인 함선은 잉글랜드 항구나 라로셸에서 활동하는 칼뱅파 사략선*과 충돌할 위험이 높았다.

전쟁 당시 브뤼셀의 파르마 공작은 펠리페 2세와 통신하는 데 특히 어려움을 겪었다. 1590년에는 급보를 무사히 받아 볼 수 있도록 사본을 5부 보내기도 했다. 이러한 물류상의 난점을 교묘히 이용하는 경우도 있었다. 1585년 12월 파르마 공작은 잉글랜드를 침공할 작전을 준비하라는 요청을 받지만 1586년 4월이 되어서야 답변을 보냈다. 당시 그는 보고서를 가능한 한 가장 긴 경로, 즉 룩셈부르크와 이탈리아를 거치는 경로로 보내기로 결정했다. 그 결과 보고서는 7월 20일 마드리드에 도착했다.

파르마 공도 분명히 인지하고 있었지만 이 때문에 그해에는 작전을 실시하기 불가능해졌고, 따라서 파르마 공은 네덜란드와의 또 다른 전쟁에 대비해 군대를 온전히 유지할 수 있었다.[61] 마드리드에 주재하는 베네치아 대사도 우편 제도의 예측 불가능성 덕분에 무적함대의 원정 동안 곤란한 상황을 피할 수 있었다. 앞서 살펴본 것과 같이, 8월 17일 베네치아 원로원은 펠리페 2세의 승리를 축하하기로 의견을 모았다. 감사하게도 이 지침은 10월 2일에야 마드리드에 도착했고, 그 무렵에는 이미 대참사의 규모가 명확해진 상태였다. 대사는 그저 급보를 무시하는 것이 최선이라고 생각했다.

펠리페 2세가 구축한 정보망은 서류상으로는 인상적이었다. 그러나 실제로는 운영 조건에서 물류상의 난점으로 통신량이 크게 증가했음

---

* 교전국의 정부로부터 적선을 공격하고 나포할 권리를 인정받은, 민간 소유의 무장 선박.

에도 효율성은 떨어졌다. 펠리페 2세는 오래된 소식에 익사하기 직전이었으며, 그의 사업 운영 방식 때문에 이러한 어려움은 더욱 가중되었다. 펠리페 2세는 다른 군주들이 일반적으로 채택하는 것과는 전혀 다른 통치 방식을 발전시켰다. 바로 가능한 한 회의를 피하는 것이었다. 서류가 전달되면 국왕은 혼자서 서류를 검토했다.

어느 정도 일리가 있는 것이, 수많은 주재 대사를 비롯해 국왕의 귀가 되고 싶어 하는 사람은 너무나 많았다. 그 많은 대사를 정기적으로 만나더라도 너무 많은 시간이 들었을 것이다.[62] 일부는 국왕이 선호하는 방식에 순응했다. 프랑스 대사 푸르크보(Fourquevaux)는 접견을 요청하는 대신 서신을 보냈다. 샤를 9세에게 보낸 보고에서는 다음과 같이 설명했다. "국왕과 서신으로 소통할 때 그분을 더 편안하게 할 수 있는 것으로 보입니다." 왜냐하면 "별장에 있는 동안에는 대사를 직접 만나기보다 서신으로 상대하는 것을 더 선호하시기 때문입니다."[63] 4개월 동안 한 번도 접견에 성공하지 못한 교황 대사를 포함해 다른 대사들은 이런 점을 잘 이해하지 못한 것으로 드러났다.

이것이 궁정의 일반적인 관행과 완전히 다르다는 사실은 명백했으며, 펠리페 2세의 많은 신하가 불만을 표현했다. 궁정 기록 보관자는 굉장한 솔직함과 용기로 이렇게 썼다. "주님은 폐하와 다른 모든 국왕이 읽고 쓰는 것을 멀리하라고 이 땅에 보내지 않으셨습니다." 그는 이어 "국민에게서 도망쳐야 할 더 나은 이유를 얻기 위해 영구히 서류를 쌓아두기만 하는 폐하의 사무 처리 방식"을 비난했다.[64]

펠리페 2세가 은둔자는 아니었다. 백성을 만나는 일에 어떤 가치가 있는지 알고 있었고, 그렇게 할 상황이 되면 백성들은 열광적으로 반응했다. 그저 펠리페는 서류를 통해 통치 업무를 가장 효율적으로 수행할 수 있다고 생각했던 것 같다. 원칙상 그의 아버지 카를 5세는 재판소로 흘러들어오는 문서를 분류하고 정리하는 데 매우 효율적인 체계를 구축해 두었다. 각 지방의 사무를 처리하기 위해 의원이 임명되었으며 전쟁, 재정, 임업 분야에도 의원을 따로 배치했다.

그러나 펠리페는 여전히 모든 결정을 본인이 내리기를 고집했다. 그가 평의회 회의에 참석하는 일은 드물었고 고문 간의 논의에 참여하는 일도 꺼렸다. 고위 관료들이 임기를 마치고 다른 지역으로 파견을 떠나기 전에 스페인으로 돌아와 보고하는 것은 장려되지 않았다. 즉 펠리페 2세는 박식한 전문가 및 고문과 상세히 논의할 소중한 기회를 포기한 것이다. 또한 신뢰할 수 있는 전령을 통해 구두 전언을 보내는 통상적인 관행도 완전히 중단했다. 모든 것은 글로 전달되었다.

의회는 국왕의 책상에 쌓이는 서류의 양을 제한하는 데도 성공하지 못했다. 펠리페 2세는 자신이 받은 모든 서류를 읽었다. 개인이 의회를 거치지 않고 보낸 문서까지 모두 읽었다. 무적함대의 원정에 대한 원래의 기본 설계도, 비공식적인 정보원(종교 재판관이자 아마추어 전략가인 베르나르디노 데 에스칼란테)에게 전달받은 것이다. 펠리페 2세는 탄원서를 한 달에 1천여 건 받는 일도 예사였다. 하루는 편지 400통에 서명했는데, 그는 이 편지를 모두 읽고 일부는 수정을 위해 돌려보냈다.

한 잉글랜드 관찰자가 경이로움을 담아 썼듯이, 펠리페 2세는 40년간 펜과 지갑으로 세계를 통치하려 했다. 하지만 그러한 시스템이 16세기 유럽의 통신 환경에서 가능했을까? 나폴리 부왕이 보낸 긴급한 서신을 받은 그날 바로 답장을 보낸다고 할 때, 수송 체계가 완벽히 작동한다고 해도 나폴리에서 처음 서신을 보낸 후 답장을 받기까지는 꼬박 6주가 걸렸다. 제국의 변경이나 아메리카, 아시아와의 통신은 훨씬 더 오래 걸렸다. 이러한 문제는 펠리페 2세가 결정을 내릴 때까지 걸리는 시간 때문에 더욱 악화되었다. 신하들은 왕이 명령을 내리기까지 꼼짝도 못하고 기다려야 한다고 불평하곤 했다. "죽음을 기다려야 한다면 그것이 스페인에서 출발하기를. 그러면 절대 도착하지 않을 테니."[65]

통신을 지연하는 것 자체가 정책이 될 때도 있었다. 예컨대 펠리페 2세는 네덜란드의 위기가 점차 고조되는 상황에서 터키와 몰타 간의 긴박한 분쟁이 지중해에서 해소될 때까지 네덜란드에 답신을 주지 않고 계속 미루었다. 그러나 이 때문에 펠리페 2세는 네덜란드 총독인 파르마의 마르가레타*의 신임을 잃고 새로운 재앙을 촉발했다. 답신을 기다리다 지친 마르가레타는 스스로 결단을 내리고 종교적 박해를 제한적으로 중단할 것을 선언했다. 그러나 이후 박해를 유지하라는 왕의 명령이 도착해 한발 물러선 기존의 조치가 번복되면서 민중의 분노가 폭발했다.[66] 마르가레타는 굴욕을 겪고 신임을 잃었으며 그녀의 권위는 사실상 무너졌다.

이처럼 스페인의 책상에 앉아 유럽 북부의 복잡한 정치를 풀어보려던 시도가 수포로 돌아가면서 펠리페 2세 체제의 한계도 여실히 드러났다. 네덜란드의 파르마 공작과 3년간 지속적으로 서신을 교환했으나 잉글랜드 침공 계획은 결국 성공하지 못했다. 이 시기 동안 펠리페 2세는 계속해서 결정을 바꾸었고, 저지대 국가에서 직접 공격할지 와이트 섬이나 아일랜드에 상륙할지 생각을 굳히지 못했다. 심지어 (이미 전투가 끝난) 1588년 8월에도 이 관료주의적인 왕은 전투의 진행 방향을 지시하며 자신의 지시를 꼼꼼히 따르기를 명했다.

마지막으로 메디나 시도니아에게 스코틀랜드에 상륙하여 현지의 가톨릭교도들과 동맹을 맺으라는 명령이 하달되었다. 하지만 그때는 이미 9월 중순이었으며, 무적함대의 남은 함선들이 스페인 연안에 접근하고 있던 때였다. 그것은 패배하고 지친 남자의 환상이었던 것이다.

---

* 카를 5세의 서녀로서 펠리페 2세의 이복 누이다. 1538년 파르네세 가문의 오타비오 파르네세와 혼인했으며 1559년 네덜란드 총독으로 부임했다. 파르마 공작 알레산드로 파르네세의 어머니다.

2부

헤르메스의 시대

8장

질주하는 우편 마차

1800년 이전의 300년 동안에는 통신 체계에 근본적인 변화는 없었다고들 말한다. 그동안 확실히 기술적 혁신으로 부를 만한 것은 없었다. 당시는 선원들이 대항해라는 도전에 직면해 이를 극복한 시기였다. 대양을 건너는 것은 그 자체로 꽤 대단한 위업으로, 선박을 비롯해 돛과 항해 기구의 설계에서 점진적인 혁신이 이루어졌다. 반면 육상 교통에는 그에 상응하는 획기적 사건이 없었다. 유럽의 도로는 여전히 통행하기 불편하고 위험했다. 몇몇 근거에 따르면 육로 교통은 실제로 중세 이후 더욱 악화되었다. 여행자들은 여전히 말과 짐수레, 마차와 짐차에 의존했다. 유럽에서 수로를 이용한 운송은 늘 바람과 조수, 그리고 조타수의 노역에 큰 영향을 받았다.

유럽의 많은 통신 기반 시설도 크게 변하지 않은 가운데, 17세기 초 혁명적이라고 할 수는 없지만 확실히 새로운 시작이라 부를 만한 결정적인 변화가 목격되었다. 이것은 기술적인 변화라기보다는 구조적인 변화였기 때문에 역사학자들이 대체로 간과하는 부분으로, 화약이나 인쇄술의 도입과는 달리 기존의 체계에 관료주의적인 사고를 접목할 필요가 있었다. 그 영향은 오늘날 우리가 '혁명'이라고 부르는 여러 혁신만큼이나 극적이었다.

바로 국제 우편 서비스의 대대적인 변화다. 17세기의 첫 수십 년 동안 우편을 이용한 통신은 더 빠르고 저렴해졌으며 물량도 늘어났다. 우편국을 통해 연결된 지역 연결망은 더욱 촘촘하고 복잡해졌다. 뉴스의 공급에서 이는 필수적인 변화였다. 이제 더욱 자주, 신속하게, 안정적으로 뉴스를 전달할 수 있게 되면서 다음 단계의 핵심적인 미디어 혁신, 즉 신문의 발명을 위한 토대가 마련되었다.

최초의 신문은 1605년 슈트라스부르크*에서 창간되었다.[1] 이미 독자적인 정기 필사본 소식지를 발행하고 있던 출판업자가 신문사로 재탄생한 것이다. 매주 연속적으로 인쇄물을 발행한다는 것은 단순히 기존의 상업적인 프로세스를 기계화했다는 것을 의미할 뿐이다. 요한 카롤루스(Johann Carolu)는 동일한 뉴스를 담은 인쇄 시트를 활용해 가장 적은 추가 비용으로 고객의 기반을 넓힐 기회를 마련했다. 이 실험은 위험 부담이 적었으며 성공적이었던 것 같다. 곧 독일의 다른 도시들과 저지대 국가들이 카롤루스의《렐라티온 알러 퓌르네멘 운트 게덴크뷔르디겐 히스토리엔(Relation aller Fürnemmen und gedenckwürdigen Historien, 모든 군주와 인상적인 역사에 대한 보고)》를 모방하기 시작했다.

그러나 모두가 신문을 환영한 것은 아니었다. 당시 경쟁이 가장 치열했던 상업 필사본 '아비지'의 연결망에서 핵심적인 위치를 차지했던 이탈리아는 뉴스 시트 인쇄물을 받아들이지 않았다. 뉴스업계는 주간 뉴스 시트 인쇄물의 연결망으로 촘촘히 뒤덮인 북부와 이러한 인쇄물에 큰 매력을 느끼지 못하는 남부로 갈라졌다. 이제 유럽 뉴스 연결망

---

* 지금은 프랑스의 '스트라스부르'로 알려져 있는 이 도시는 1262년 자유 제국 도시에 가입한 후 1681년 프랑스에 편입되기 전까지는 독일의 도시로 여겨지고 있었으므로 여기서도 독일식 명칭을 사용한다.

의 중심은 북쪽으로 이동했으며 향후의 혁신도 대부분 북쪽에서 일어 났다.

이러한 미디어 혁신은 17세기 초에 시작된 우편 서비스의 개편에 따른 직접적인 결과였다. 여기에 경쟁 상대는 없었다. 지난 100년 동안 뉴스를 제공하는 기존 시설은 상당수가 임시방편으로 그럭저럭 운영 되고 있었다. 다양한 시스템을 하나의 전체로 통합하는 추진력을 얻기 위해서는 엄청난 결단력, 그리고 때로는 무자비함이 필요했다. 이는 이러한 책무를 100여 년간 담당해온 제국 우편국장인 탁시스(Taxis) 가 문(이탈리아와 스페인에서는 '타시스(Tassis)' 가문으로 알려졌다)의 대단한 성취 이자, 유럽 문명의 알려지지 않은 위대한 업적 중 하나다.

헤르메스의 기호 아래

100년 전, 막시밀리안 1세가 만든 제국 우편은 17세기에 들 어 새로운 우편망의 뼈대가 되었다. 본래 네덜란드와 오스트리아의 제 국 영토를 연결하기 위해 설계된 이 제도는 카를 5세가 상속받은 광 대한 새 영토에 걸쳐 널리 확장되었으며, 그의 통치 기간 동안 첫 번째 황금기를 맞이했다. 관세를 지불할 수 있는 사람들이 이 제도를 정기 적이고 안정적으로 자유롭게 이용할 수 있게 되면서, 제국 우편 제도 는 외교관과 상인 들의 주요 통신 매체가 되었다.

아우크스부르크의 푸거 가문은 이 우편 제도에 독점적으로 접근할 권한을 획득하는 대단한 성취를 이루었다. 이후 이러한 접근권은 더 넓은 계층의 유료 고객들로 확대된다. 푸거 가문이 제국 우편국장들과 신중하게 구축한 연결망은 그들이 만든 유럽 교역망의 초석이 되었다. 원활하게 운영되던 제국 우편 제도와는 대조적으로, 합스부르크의 영

향권 밖이었던 두 국가인 프랑스와 잉글랜드에서는 우편 제도가 상당히 더디게 발전했다.[2]

유럽의 우편망은 1490년 막시밀리안 1세에 의해 골격이 갖춰진 이후, 1505년과 1516년 탁시스 가문과 조약을 맺음으로써 중요한 두 단계를 거쳐 초기에 이룬 발전의 주춧돌을 다졌다.[3] 이 조약은 세 가지 중요한 방식에서 향후 제국 연결망의 토대가 된다. 먼저 정해진 시간 안에 우편물을 배달하도록 계약상의 의무를 확립하고, 이탈리아와 스페인으로 우편망을 확장했으며, 마지막으로 이 체계의 중심으로 탁시스 가문의 지위를 공고히 했다. 탁시스 가문은 1505년의 조약으로 고정된 연봉을 받게 되었으며 1516년 카를 5세와 맺은 조약으로 우편로를 따라 모든 우편물 거래를 독점할 수 있었다. 여기에 개인 고객들의 우편물도 담당하면서 탁시스 가문은 큰돈을 벌게 되었으며, 향후 더 큰 자신감을 갖고 이 제도를 확장하는 데 투자할 수 있었다.

우편국 사이의 간격은 원래 계획이었던 38킬로미터에서, 1505년에는 30킬로미터로 꾸준히 줄어들었다. 16세기 후반에는 간격이 더 줄어들어 3마일레(Meile)*, 즉 22킬로미터가 되었다.[4] 1516년 조약으로 안트베르펜에서 인스브루크를 거쳐 로마와 나폴리로 이어지는 새로운 경로가 확립되면서, 유럽의 가장 거대한 교역의 중심지 (그리고 뉴스 시장) 두 곳이 제국 우편으로 연결되었다. 이 계약에 따르면 우편물은 새로운 경로를 통해 안트베르펜에서 로마까지 252시간, 즉 10.5일이면 도착할 수 있으리라고 기대되었다. 그것은 놀라울 정도로 야심 찬 목표였지만, 남아 있는 서신들을 보면 이 일정은 잘 지켜졌다고 파악된다.

이러한 제도를 갖추기 위해서는 큰 비용을 들여 정교한 기반 시설을 구축해야 하며, 일상적으로 관리하려면 지속적으로 관심을 가져야 한

---

* 독일에서 사용하는 마일(mile)로, 합스부르크 제국 당시 독일 남부에서 1마일레는 7586킬로미터로 표준화되었다.

다. 그런 점에서 탁시스 가는 위대한 성취를 이루었다. 이 가문은 이례적일 만큼 많은, 재능 있는 경영자를 배출했다. 이 가문의 사람들은 여러 세대에 걸쳐 대대로 건강하고 혈기 왕성하며 (특히 16세기라는 점을 고려할 때) 장수했다. 1730년대까지 탁시스 가문은 인스부르크, 아우크스부르크, 브뤼셀, 스페인의 우편부 대신을 도맡았다. 라이몬트 데 탁시스(Raimond de Taxis)는 튀니스 원정 등 여러 전쟁에서 카를 5세를 수행했다. 가문의 한 갈래에서는 로마에서 교황령 우편국장을 대대로 이어가기도 했다.[5]

황실의 신뢰를 얻은 탁시스는 우편 제도에 더욱 중요한 구조적 변화를 도입하기 시작했다. 이탈리아 우편망에서도 악명 높은 구간인 트렌토와 볼로냐 사이에 안전한 경로를 구축함으로써 빈과 로마 사이의 운송 시간을 크게 단축한 것이다. 이제 우편부는 단순히 최적의 이용 가능한 여관을 이용하는 것을 넘어 이 목적에 특화된 우편국 건설에 투자하기 시작했다. 그에 따라 1530년대에 탁시스는 '보통' 우편을 도입했다. 제국의 관리들이 필요할 때마다 또는 보내야 할 서신이 충분히 쌓였을 때 사절을 파견하는 대신, 이제 우편배달원이 특정 요일에 출발하여 정해진 경로를 따라가는 등 안정적인 서비스를 제공할 수 있게 되었다.

이는 상업계는 물론 뉴스업계에도 중대한 발전을 가져왔다. 한 주간 우편물의 전달 주기가 확립됨으로써 필사본 소식지를 매주 정기적으로 발행할 수 있게 되었으며, 이는 이후 주간 신문의 발행으로 이어졌다. 실제로 16세기에 주간 우편 주기가 확립되지 않았다면 노벨란테들은 고객들에게 서비스를 제공할 수 없었을 것이다. 플랑드르-독일 경로에 도입된 보통 우편은 곧 이탈리아까지 확대되었으며, 1541년에는 로마와 베네치아 사이에 보통 우편 제도가 구축되었다.[6]

카를 5세가 다스리는 동안 제국 우편 제도가 확대되면서 유럽의 우

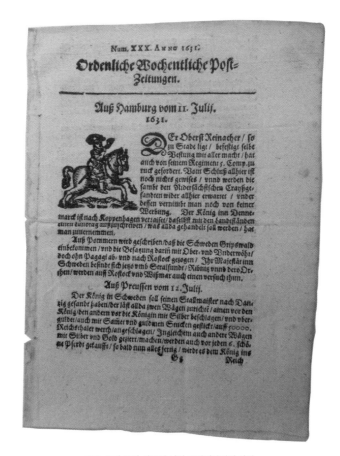

8.1 초기 독일 신문에 실린 우편배달원의 삽화.

편망에는 새로운 가능성이 생겨났다. 제복을 입은 우편배달원이 날아 다니는 헤르메스의 문양으로 장식된 권표(權表)*를 들고 나팔 소리와 함 께 마을로 들어서는 광경도 점차 일상적인 풍경이 되어갔다. 상업에 종사하는 사람들의 한 주는 우편 도착일을 중심으로 운영되었다. 사람 들은 우편국의 '헤르메스 기호' 아래에 모여 배달원의 도착을 기다리

---

* 권력을 상징하기 위해 사용한 나무 막대기 묶음. 고대 로마에서는 박달나무 등의 막대기를 붉은 띠로 묶고 막대기 사이에 도끼날을 끼워 사용했고, 이후에도 여러 정부와 국가가 문 양을 새겨 권력의 상징으로 썼다. '속간(束桿)'이라고도 한다.

곤 했다. 탁시스 가문도 서신이나 소포를 보낼 때 경로의 정해진 거리에 맞춰 고정된 요금을 부과하는 방식을 채택하게 되었다. 요금은 오늘날과 마찬가지로 편지의 크기와 중량에 따라 매겨졌다. 지금의 우편 물량을 고려해보면 이 요금은 점점 더 저렴해졌음을 알 수 있다.[7]

탁시스 가의 제국 우편 제도가 여러모로 인상적인 것은 사실이지만 이것만으로는 유럽 전체를 완전히 포괄하는 통합된 우편망을 제공하기에는 턱없이 부족했다. 15세기 프랑스에서 루이 11세가 야심 차게 추진했던 우편 제도는 크게 쇠락했다. 파리와 블루아에서는 제국 우편의 배달원이 활동했으며 리옹은 스페인과 독일을 잇는 우편의 주요 중심지였다. 그러나 프랑스 왕실 우편 제도의 한계 때문에 왕국의 많은 지역은 이 서비스의 혜택을 받지 못했다.

프랑수아 2세는 짧은 통치 기간 동안(1559~1560) 프랑스 왕실 우편 제도의 개혁을 단행했다.[8] 이 시기는 프랑스에서 종교 전쟁이 발발하기 직전, 종파 간에 격렬한 소요가 일어났던 또 다른 정치적 긴장이 이어진 기간이었다. 리옹에서 마르세유, 블루아에서 낭트로 이어지는 중요한 두 우회로를 포함하여 파리에서 왕국의 국경을 잇는 여러 우편 경로의 도입을 알리는 새로운 칙령이 발표되었다. 그 결과 파리에서 보르도까지, 그리고 스페인 국경까지 이어지는 간선 도로에 우편소 53개가 설치되었다.

이 칙령은 연락선(船)의 책임자 12명이 받을 급료도 규정하고 있으므로, 당시에는 아직 모든 주요 도로가 교량으로 연결되지 않았음을 알 수 있다. 또한 프랑스의 제도 개편이 실질적인 효과를 거두었는지는 의심스럽다. 몇 년 뒤 프랑스는 위그노의 반란으로 혼란에 빠진다. 그 후 40년 동안 간헐적인 교전이 계속되었고, 이미 악명 높은 프랑스의 도로 체계는 더욱 위험해졌다.

프랑스와 마찬가지로 잉글랜드도 위기가 고조되는 시기 동안 우편 제도를 개선하는 일이 가장 절실해졌다.[9] 헨리 8세가 1513년 첫 번째 프랑스 원정을 위해 해협을 건넜을 때, 우편국장인 브라이언 튜크(Brian Tuke) 경과 전령 14명이 이 원정에 동행했다. 그러나 16세기에 우편물 배송의 주된 책임은 이전과 마찬가지로 여전히 지방 대리인들, 특히 국왕이 보낸 주(州) 장관들의 몫이었다. 역마와 역참에 드는 비용은 해당 경로에 위치한 마을에서 감당해야만 했다. 튜크의 모호한 지침과 유럽 대륙의 훨씬 더 야심 찬 제국 우편 제도를 비교해보는 것도 흥미로울 것이다. 1533년 튜크는 토머스 크롬웰에게 보낸 편지에 이렇게 썼다.

가장 알맞은 우편국장을 적재적소에 임명하여 모든 주의 모든 마을의 고통받는 민중에게 폐하의 계율을 전달하고, 이러한 책무를 다하기 위해 한시도 지체되지 않도록 상시 역마를 조달할 준비가 되어 있다면 국왕 폐하께서는 더할 나위 없이 기뻐하실 것입니다.[10]

물론 잉글랜드의 지방 당국은 이러한 부담을 묵묵히 짊어졌지만, 실제로 우편 제도의 효율성은 수없이 다양한 업무를 담당하는 보조 당국으로 전가되었다. 그러나 이것이 바로 영국 왕실이 사업을 수행하는 방식이었다. 사우샘프턴의 마을 기록 보관소에 보관된 지침에 따르면, 1500년 시 당국은 "동봉한 서신을 그다음으로 적절한 배달원이 저지 섬과 건지 섬[프랑스 연안의 채널 제도에 있는 섬]에 전달하도록 하라"는 명령을 받았다.[11] 왕실은 또한 런던 시의 우편국을 스스럼없이 이용했다.

북방으로 향하는 길을 따라 위치한 마을들은 특히 더 부담이 컸다. 진정한 위기가 닥친 시기에는 더욱 특별한 활동이 요구되었다. 1536년 북부에서 일어난 반란 당시 헌팅던, 스탬퍼드, 링컨의 시장은 국왕과 추밀원으로부터 온 서신을 낮밤 가리지 않고 배송할 '말을 잘 타는 인재'를 임명해야 했다. 그러나 평상시에 이 비용은 시 당국이 감당하기 힘든 수준이었다. 추밀원은 역마를 운영하는 비용으로 고작 1마일에 1페니로 요금을 고정하려다 큰 공분을 샀다. 좀 더 실속 있게 체계를 유지하기에는 투입할 자원이 부족했던 것이다. 1568년 엘리자베스 1세는 현행 임금을 절반으로 삭감하는 데 동의하지 않는 지역의 우편국장은 모두 해고하라고 명령했다.

대륙의 일부 관행, 예컨대 급보가 기착지에 도착한 시간과 떠난 시간, 권고하는 메모를 서신에 표기하는 것을 받아들이려는 시도는 가끔씩만 성공적이었다. 1548년 다소 까다로운 성격을 가진 토머스 와튼(Thomas Wharton) 경은 소포 위에 긴박하게 "생명이 걸려 있음"이라고 적었음에도 편지가 칼레에 도착하기까지 꼬박 9일이나 걸렸다고 불평했다. 긴급함을 표시하기 위해 교수대 기호를 써넣은 것은 역효과를 낳기도 했는데, 북부 수비대의 회계 담당자가 의미를 오해하고 불쾌감을 느껴 항의 편지를 쓴 것이다.[12]

튜더 왕실은 도버 해협과 스코틀랜드로 가는 간선 도로만큼은 항구적으로 유지할 필요성을 간파하고 있었다. 영국 해협에 도사린 잠재적 위험을 상쇄하려는 군사적 필요성 때문에 홀리헤드, 밀퍼드 헤이븐(즉 아일랜드 방면) 또는 플리머스로 향하는 우편 역참이 설치되었다. 그밖에 공무상 우편물의 배송은 중세 시대와 크게 다름없이 이루어졌다. 즉 왕실 전령이 지방 장관에게 공문을 전달하면 해당 지역의 장관이 책임지고 문서를 배포했다.

또한 프랑스와 잉글랜드의 우편 제도는 왕실이 공무를 위해 제도를 독점해 이용한다는 점에서 제국 우편 제도와 차이가 있었다. 이는 잠재적인 개인 고객 또는 상업적 고객들은 자체적으로 우편물을 보냈음을 의미한다. 그중 단연코 가장 발달된 효율적인 사설 우편 시스템은 런던의 외국 상인 조합인 '이국의 상인들(Merchant Strangers)'의 시스템이다. 이들은 잉글랜드의 수도와 제국 우편망을 연결하는 경로를 비롯해, 루앙과 파리를 통과하는 루트와 런던을 잇는 두 번째 연결망을 형성했다. 상인 조합은 런던에서 잉글랜드의 항구들, 즉 웨스트 컨트리의 플리머스와 엑세터, 이스트 앵글리아의 노리치, 콜체스터, 하리치로도 우편물을 보냈다.

엘리자베스 1세의 통치 기간 동안 런던에 입지를 굳힌 이탈리아의 코르시니(Corsini) 가문은 이들 해안 도시의 대리인은 물론 해외 통신원들과 놀랄 만큼 안정적인 관계를 유지했다.[13] 이 상인들은 많은 물량의 우편물을 운반함으로써 요율을 낮게 유지했다. '잉글랜드 모험 상인 조합(English Merchant Adventurer)'도 런던과 국외의 주요 시장 사이에 지속적으로 이루어진 상선 운행에 의존했다. 이 두 조합에 등록되지 않은 개인 시민들은 안전하게 우편물을 보내는 데 큰 어려움을 겪었고 비용도 많이 들었다.

이처럼 야심 차게 시작된 병렬 체계가 결국 실패할 수밖에 없었던 이유는 전체적으로 연결망이 빈약했기 때문이다. 이 수익성 좋은 사업의 기회를 빼앗긴 왕실 우편국장으로서는 제도를 개선하는 데 투자할 동기가 거의 없었다. 따라서 프랑스와 잉글랜드는 16세기 동안 대부분 본질적으로 유럽의 우편망 밖에 있었다. 그 결과 이들 지역에 뉴스를 제공하기 위해서는 항상 고생해서 발품을 팔거나 상인들의 우편망을 이용해야 했다.

이러한 점에서 파리와 독일 상업 지대의 중간 지점에 위치한 리옹의 상인 사회가 전략적으로 중요한 역할을 했다. 안트베르펜과 런던 사이에서 빈번하게 이루어진 교역은 해협을 가로지르는 통신 속도를 끌어올렸다. 그러나 16세기 말엽 영국 왕실은 여기서도 외국 상인들의 우편망을 더 엄격히 통제함으로써 뉴스가 꼭 필요한 이들의 삶을 더욱 어렵게 만들었다.

제국 우편 제도의 또 다른 큰 단점은 독일의 도시에는 서비스를 거의 제공하지 않았다는 것이다. 정확히 말하면 이 제도를 이용할지는 부분적으로 각 도시의 재량에 달려 있었다. 제국 도시들은 자신들의 관할권 독립을 위해 고투했으므로 성벽에 합스부르크 가문의 시설을 두기를 극도로 꺼렸다.[14] 또한 그들은 어떤 상황에서도 한밤중에 성문을 열기를 거부했으므로 황실의 배달원은 쉬지도 못한 채 계속 달려야만 했다.

종교 개혁 기간 동안 제국 도시 대부분이 개신교를 고수했다는 사소하지 않은 문제도 있었다. 제국 우편은 몹시나 가톨릭적인 제도였으며 탁시스 가의 우편국장들은 가톨릭에 변함없이 충성했다. 그 결과 합스부르크의 우편 연결망에 포함된 제국 도시는 아우크스부르크가 유일했다. 독일 서부의 슈파이어는 제국의 경로에서 전략적으로 중요한 기점에 위치했지만 우편국을 설치하길 거부했다. 심지어 1549년 아우크스부르크에 설립된 훌륭한 새 우편국도 도시의 성 밖에 지어졌다. 아우크스부르크뿐 아니라 독일에서 우편국은 주요 경로에서 약간 떨어진 비교적 작은 마을에 설치되었다. 슈파이어에서 불과 몇 마일 떨어진 라인 강의 주요 도항지인 라인하우젠이 그러한 예다.

독일 도시의 상인 공동체는 이러한 이념적 순수성의 주요 희생자였다. 아우크스부르크의 푸거 가문과 벨저 가문은 우편 제도를 완전히 이용할 수 있었으며 이로부터 수익도 거두었다. 실제로 당시 최고의 전성기를 누리고 있던 푸거 가는 제국 우편이 없었다면 이러한 지위에 오르지 못했을 것이다.[15] 푸거 가의 회계사는 우편 제도를 통해 처리한 어마어마한 양의 서신과 함께 탁시스 우편국장에게 보낸 후한 선물도 기록하고 있다.[16] 다른 독일 도시의 상인들은 우편물을 보내기 위해 도시에서 가장 가까운 제국 우편국까지 가야만 했다. 프랑크푸르트의 경우 가장 가까운 우편국은 120킬로미터 이상 떨어진 라인하우젠에 있었다. 이는 독일의 도시와 유럽의 국제 상업 체계에서 중대한 골칫거리였다. 이 문제는 심지어 독일의 정치상을 왜곡하기 시작했다. 슈파이어와 아우크스부르크는 주요 우편 경로와 가깝기 때문에 제국 의회의 참석자로 선정되는 일이 점점 더 늘어났다.

위기

1889년 프랑크푸르트의 한 정부 건물을 청소하던 사람들이 놀랄 만한 것을 발견했다. 남루한 자루에 300년 전인 1585년에 쓰인 편지가 대량으로 숨겨져 있었던 것이다. 이 자루에는 우편물이 모두 272통 들어 있었다. 조사 결과, 이 자루는 제국 우편국에서 출발한 우편물 자루 둘 이상의 잔재인 것으로 밝혀졌다. 라인하우젠의 북쪽 어딘가에서 우편물이 도난당한 것이다. 정치적으로 중요한 내용을 담은 편지들은 갈취당한 뒤, 사업과 가문 간 일상적인 거래와 관련된 나머지 편지는 버려졌다. 자루에 싸여 사무실 구석에 잠들어 있던 이 편지들은 300여 년을 살아남아 16세기 후반의 우편 제도와 그것의 활력과 위험을 묵묵히 증언한다.[17]

현재 프랑크푸르트 통신 박물관에서 소장 중인 이 편지들은 제국의 우편배달원들이 대륙 횡단 고속 도로를 따라 처음으로 우편로를 개척한 이후 대략 한 세기가 지나, 유럽의 뉴스 연결망이 어떠한 형태를 갖추게 되었는지 흥미로운 순간들을 보여준다. 버려진 우편물은 각기 다른 20개 이탈리아 도시 국가의 여러 상인과 통신원이 쾰른, 리에주, 그리고 저지대 국가의 수많은 지역에 거주한 친지와 동업자에게 보낸 것이었다(전령들은 분명 북쪽을 향해 여행 중이었던 것으로 보인다).

현재 남아 있는 서신 중 압도적으로 많은 수는 이탈리아 상인들이 주로 유럽 북부의 안트베르펜과 쾰른에 있는 사업 파트너에게 보낸 것이다. 특히 여러 수취인이 이탈리아식 이름을 가지고 있다는 점도 주목할 만하다. 여전히 대륙 내 교역은 이탈리아 상인과 유럽 북부에 정착한 (보통 상당히 오래전부터 뿌리를 내린) 그들의 가문 구성원들과 맺은 관계에 크게 의존했던 것이다. 당시는 파르마 공작의 군대가 안트베르펜을 포위하고 있던 시절로, 편지의 상당수가 안트베르펜의 친구들에게 보내는 것이었으며 그밖에 포위 중인 군대의 병사들에게 보내는 편지도 여럿 있었다.

서신에는 인상적일 만큼 다양한 상품의 세부 거래 내용이 담겨 있어, 당시 국제 교역이 지속적으로 띠었던 활기와 이를 지탱하는 데 제국 우편 제도가 기여한 바를 확인할 수 있다.[18] 물론 제국 우편도 한 가지는 실패했다. 이 편지들을 목적지까지 안전하게 전달하는 일이 바로 그것이다. 이 제도의 우편 배달은 독일의 격렬했던 정치적 혼란, 특히 쾰른 대주교가 쾰른의 종교를 개신교로 바꾸려 하면서 전쟁이 불거진 기간(1583~1588) 동안 이러한 혼란의 희생양이 되었다.

이때만 그랬던 것은 아니다. 1555년 카를 5세가 퇴위할 때까지 매우 효율적으로 작동했던 제국 우편 제도는 16세기 후반으로 갈수록 심각한 난관에 봉착했다. 부분적으로 이는 이토록 혼란스러운 시대가 낳은 불가피한 결과였다. 네덜란드의 반란으로 촉발된 장기간의 군사적, 정치적 갈등으로 유럽 북부의 우편 제도는 손쓸 수 없이 붕괴되어 버렸다.

저지대 국가들은 1566년, 1568년, 1572~1574년, 1579~1585년에 큰 전쟁을 겪었다. 네덜란드에서 소수 종교인 개신교를 몰아내려는 시도가 있은 후 상인 및 장인 사회에서 광범위한 망명이 시작되었으며, 이 과정에서 새로운 유형의 우편 서비스가 생겨났다. 망명자들이 본토에 남아 있는 가족과 연락하기 위해 비밀리에 배달 서비스를 운영하게 된 것이다.

기밀 서비스였음에도 현재 우리는 이 개신교 지하 조직이 어떻게 운영되었는지 매우 잘 알고 있다. 배송 직전의 우편물이 발각된 것이다. 이들은 잉글랜드로 보내는 채소 바구니의 바닥을 이중으로 만들고 그 속에 주변 마을에서 모은 편지들을 숨겼다.[19] 비록 이 편지들은 목적지로 건너가는 데 실패했지만 분명 다른 편지들은 성공했을 것이고, 이는 통신이 정기적으로 이루어지고 있었음을 시사한다. 많은 편지가 나라를 떠나야 했던 남편과 아버지에 대해 애틋한 상실감을 표현하고 있지만 그런 중에도 침착한 일상의 감각이 묻어나온다.[20]

이러한 서비스는 편지를 목적지까지 단 며칠 만에 보낼 수 있다는 점에서 놀랄 만큼 효율적이었다. 또한 상인 사회는 안트베르펜과 잉글랜드, 그리고 유럽 북부를 연결하며 수시로 왕래하고 있어 위장하기도 쉬웠다. 반면 라인 강을 따라 내려오는 내륙 연결망의 경우 작전 중인 군대가 자주 저지했으므로 육로를 통과하기가 훨씬 까다로웠다. 물론 이 지역은 제국 우편이 담당한 핵심 경로들이다. 1576년 스페인 용병들이 폭동을 일으켜 안트베르펜에서 약탈을 벌인 것도 당시 유럽 상업망의 핵심적인 교차점이었던 유럽 북부의 상권에 큰 타격을 주었다. 앞서 언급한 바와 같이 쾰른 대주교의 전쟁도 북부 우편망의 중요 교차점에서 벌어진 파괴적인 분쟁이었다.

프랑스의 종교 전쟁도 제국 우편 체계, 특히 이탈리아와 독일 남부를 이베리아 반도와 연결하는 경로에 중대한 영향을 미쳤다. 프랑스 남부를 통과하는 경로가 불안정했던 탓에 펠리페 2세가 로마와 빈과 소통하는 데 얼마나 애를 먹었는지 이미 설명한 바 있다.[21] 푸거 가문 또한 스페인과 통신을 유지하는 것이 여간 까다롭지 않다고 자주 불만을 토로했다.

1587년 4월 26일 포르투갈의 푸거 대리인은 리스본에서 출발한 통상 우편배달원이 보르도 근처에서 검문을 받고 편지들을 수색당했다는 사실을 보고해야 했다.[22] 그 후 10여 년간 푸거 가는 스페인과 주고받는 모든 편지가 프랑스를 통과하는 동안 상습적으로 개봉된다는 사실을 알고도 묵과해야만 했다. 결국 그들은 대리인들에게 모든 통신문을 해로를 통해 제노바로, 또는 플랑드르를 경유하는 북방 경로를 통해 보내기를 지시할 수밖에 없었다.

이 시기 동안 탁시스 가도 어려움을 겪었다. 합스부르크 왕가의 계승권을 스페인과 오스트리아가 나누어 가지면서* 제국 우편국장으로서 탁시스 가문이 맺은 기존의 계약도 위태로워졌으며 법적, 관할권적 분쟁에 휘말렸다. 이 시점까지 제국 우편 제도는 스페인이 지불한 보조금과 함께 네덜란드 국고로 충당되었다. 펠리페 2세가 네덜란드를 상속받으면서 이제 지불 의무는 사실상 스페인의 몫이 되었다. 이 사실은 그 자체만으로도 독일의 우편국장을 놀라게 하기 충분했다. 지방의 우편국에 배치된 많은 이가 개신교도였기 때문이다.

1566년 탁시스 가문의 두 일원인 총우편국장 레온하르트 데 탁시스(Leonhard de Taxis)와 아우크스부르크와 라인하우젠의 우편국장 세라핀 데 탁시스(Seraqhin de Taxis)는 네덜란드/독일 도로에서의 요금 분할 분쟁을 해결하기 위해 실제로 상대방에게 소송을 걸었다.[23] 우편국장의 급여는 스페인의 보조금에서 지불되므로 스페인의 국고가 바닥나자** 이 문제는 갈수록 중요해졌다. 스페인이 파산한다는 것은 우편국장이 월급을 받을 수 없음을 의미했기 때문이다. 이미 제국 우편 제도는 삐걱거리기 시작했다. 1568년 그랑벨 추기경은 우편물 배송의 중단과 심각한 지연을 불평했다. 10년 후, 드디어 독일 우편국장들의 인내심이

2부 | 헤르메스의 시대

---

* 카를 5세는 조부에게 물려받은 신성로마제국의 통치권은 동생인 페르디난트 1세에게 넘겨주고, 어머니에게 이양받은 스페인의 통치권은 아들인 펠리페 2세에게 양도했다.

** 펠리페 2세의 통치 기간 동안 치른 여러 전쟁으로 모두 네 차례에 걸쳐 파산을 선고했다.

한계에 다다랐고 1579년에는 파업에 돌입했다.

　이 시기 제국 우편 제도에 특허가 걸려 있지 않았다는 사실은 독일 루터교인들에게는 어떤 기회를 의미했다. 먼저 귀족들이 앞장서서 자체적인 전령 배달 서비스를 설립했다. 1563년 헤센의 필리프와 작센의 아우구스트는 네덜란드의 주요 동맹인 오라녜의 빌럼과 연락을 유지하기 위해 공동 후원 아래 전령 사업을 시작했다.[24] 이후 뷔르템베르크와 브란덴부르크-프로이센 공국이 이 사업에 합류했다. 그러나 이 연결망은 본질적으로 대중에게 개방되지 않은, 독일 개신교 왕실 사이의 사적인 통신망으로 남아 있었다.

　제국 도시들이 이러한 연결망을 구축한 까닭은 정치적이라기보다는 상업적인 동기에서였다. 그들은 꽤 오랜 기간 동안 정부의 공무 우편만을 특권적으로 취급하는 단일 간선망은 그들의 필요에 썩 부합하지 않는다고 느끼고 있었다. 1571년 뉘른베르크의 상인들은 프랑크푸르트와 쾰른을 거쳐 안트베르펜과 직통 연결망을 구축하기를 청원했다. 이듬해 프랑크푸르트는 라이프치히로 향하는 자체적인 주간 우편 배송을 시작했다. 이러한 '오르디나리 보텐(Ordinari-Boten, 보통 전령)'은 15세기의 도시 전령 시스템을 계승한 것이다. 차이가 있다면 이 시스템은 제국 우편과 마찬가지로 모두에게 개방되고, 정기적인 발송 일정을 따랐다는 것이다.

　1570년대에는 독일 전역에 걸쳐 이러한 도시 전령 서비스가 촘촘한 네트워크를 구축했다.[25] 앞서 함부르크 등 북부 도시는 주요 우편 경로에서 거리가 멀었기 때문에 상당한 불이익을 겪었다.[26] 그러나 1570년부터는 암스테르담, 라이프치히, 브레멘, 엠덴, 쾰른, 단치히로 매주 우편물을 송달하는 자체적인 통합 우편망이 구축되었다. 경로를 선택할 때 네덜란드에서 망명한 개신교도들의 입김이 있었던 것도 분명했다. 함부르크를 포함해 이들 도시 중 상당수가 추방된 네덜란드 상인들이 군락을 이루어 살고 있는 도시였기 때문이다. 심지어 지금까지 특권을 누려온 아우크스부르크의 상인들도 새로운 바람이 불어오는 것을 느낄 수 있었다. 1577년 그들은 쾰른을 거쳐 안트베르펜으로 이어지는 독자적인 우편 서비스를 구축했다.

아우크스부르크의 우편국장 세라핀 폰 탁시스가 이들의 배신에 분노한 것도 당연했지만 제국 우편 제도가 엉망이 된 이상 그가 할 수 있는 일은 거의 없었다. 같은 해 레온하르트 총우편국장은 네덜란드 반군에게 체포되는 것을 피하기 위해 브뤼셀에서 도망쳐야 했다. 제국 우편 제도는 더는 지속될 수 없었고, 상황을 수습하기 위해 1580년 즈음부터는 황제가 직접 개입해야만 했다.

재건

1576년 아버지 막시밀리안 2세의 뒤를 이어 루돌프 2세가 합스부르크 왕가의 통치자가 된 후 우편 제도의 개혁은 십자군 원정만큼이나 요원하게 느껴졌다. 루돌프 2세의 말년은 비극적이었으며, 계속해서 늘어나는 진귀한 수집품과 함께 프라하의 궁전에 스스로 유폐되었다.* 그러나 루돌프조차도 제국의 영토에서 종교적 위기를 돌파하기 위해서는 합스부르크 제국의 정책을 긴밀히 조율할 필요가 있다는 사실을 알고 있었다.

그 결과 1597년 제국 우편 제도를 개혁하기 위해 중대한 칙령이 내

---

* 루돌프 2세는 오스만 제국과의 전쟁에서 대패한 뒤 귀족과 민중에게 신뢰를 잃었다. 왕위 계승자인 동생 마티아스의 세력이 계속 강해지자 이에 대응하려 군사를 모으다 오히려 귀족들을 자극했고, 결국 마티아스에 의해 모든 권력을 잃고 프라하 궁전에 감금된 뒤 1년 만에 사망한다.

려졌다.[28] 이 칙령에서는 스페인과 제국의 시스템을 통합하고, 허가받지 않은 서비스에는 엄중한 조치를 취하겠다고 더불어 선언했다. 이 선언이 도시 전령 서비스를 노린 것이라고 한들, 독일의 주요 도시가 제국 우편 경로에 포함되지 않는다면 이 칙령은 사문(死文)으로 남을 수밖에 없었다.

이로써 1598년 프랑크푸르트에 제국 우편국이 설립되고 독일의 주요 상업 시장과 기존 네트워크를 연결하는 지선이 설치되면서 제국 우편 제도는 한층 진일보했다. 이후 쾰른을 거쳐 프랑크푸르트와 네덜란드를 직접 연결하는 완전히 새로운 역참 도로가 설치되었다. 오랜 협상 끝에 프랑크푸르트와 뉘른베르크를 경유하여 쾰른과 프라하를 잇는 새로운 동서 노선도 개설되었다. 쾰른과 함부르크, 그리고 프랑크푸르트와 라이프치히 간 직통 배송이 가능해지면서 마침내 북부와 동부의 주요 도시가 제국 우편 지역에 포섭된 것이다.[29]

이 모든 일을 달성하기까지 아무런 반목과 유혈 사태가 없었던 것은 아니다. 독일의 도시들은 자신들만의 정기 전령 서비스에 투자해왔으므로 이러한 서비스가 금지된 상황을 결코 가벼이 여기지 않았다. 프랑크푸르트와 쾰른 간 경로에서 도시 전령들이 체포되자 이들은 황제에게 집단적으로 항의하기도 했다.[30] 하지만 제국 우편에는 한 가지 결정적인 이점이 있었다. 이 새로운 경로는 기존의 주요 제국 노선과 마찬가지로 일련의 역참을 따라 설치되었다. 반면 도시 전령 서비스에서는 중간에 말을 갈아탈 장소가 없었다. 즉 전령들은 경로의 모든 구간을 말을 타고 달려야 했다.

이 두 서비스가 직접 경쟁한 결과, 제국 우편은 먼 거리로 편지를 배달하는 데 걸리는 시간을 도시 전령 서비스와 비교했을 때 절반까지 줄일 수 있는 것으로 나타났다. 분노가 가라앉자 독일의 시 의회는 제국 우편 제도의 장점을 인정했고, 독일의 독립 배송 서비스는 점차 시

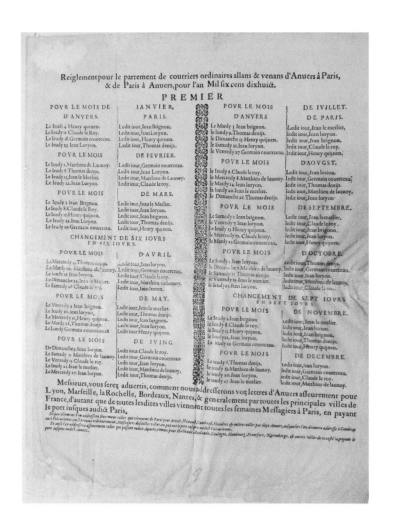

8.2 파리와 안트베르펜 사이의 우편 서비스. 양방향으로 한 달에 다섯 번 배송이 이루어졌다. 이들 두 도시는 각각 프랑스와 저지대 국가의 주요 뉴스 허브로서, 이 도시를 잇는 노선은 당시 가장 중요한 동서축 경로였다.

들해졌다.

이러한 발전 끝에 독일 제국은 1620년까지 비할 데 없이 효율적이고 정교한 우편 시스템을 마련할 수 있었다. 기존에 브뤼셀과 빈 사이에서 간선 도로 하나로 운영되던 제국 우편은, 이제 독일의 새로운 우편 수도가 된 프랑크푸르트를 중심으로 복잡한 연결망을 형성하게 되었다. 동시대 잉글랜드와 프랑스에서 일어난 개혁과 함께 제국 우편 제도의 부활은 통신의 역사에서 새로운 시대를 가능하게 했다.

새로운 제국 우편망이 완성되는 바로 그때, 독일이 1555년 이후* 누려온 긴 평화가 끝나가고 있었다. 프랑크푸르트-라이프치히 노선이 새로 생긴 지 2년 뒤인 1618년, 프라하 창밖 투척 사건부터 시작된 일련의 비극적인 사건으로 독일은 국제 정치의 새로운 전쟁터가 된다. 30년 전쟁이 시작된 후 외국군과 용병대가 대륙을 종횡무진 누비면서 독일의 많은 영토가 죽음과 파괴로 물들었다. 전쟁으로 독일 경제는 형편없이 무너져 버렸고, 유럽의 인쇄업계에서 독일이 차지했던 위상도 더는 유지되지 못했다. 그러나 이 전쟁은 예상치 못한 결과로 이어지기도 했는데, 바로 효율적인 국제 우편망을 개발해야 한다는 필요성을 새롭게 자극했다는 점이다.

독일의 전쟁에 수많은 국가가 관여했다는 사실은, 이제 유럽의 모든 수도가 신뢰할 수 있는 정보를 신속하게 입수할 필요성을 절실히 느끼게 되었음을 의미한다. 일부 국가는 자체적인 국내 통신망을 개선하여 이러한 시스템을 중앙 유럽 우편망에 연결하는 조치를 취했다. 프랑스에서는 왕실의 우편 독점권이 강화되었으며 1622년에는 보르도와 툴루즈, 그리고 동부의 잠재적 전쟁터에서 가까운 도시인 디종까지 우편국 연결망이 확장되었다. 같은 해에 라모랄 폰 탁시스(Lamoral von Taxis)는 안트베르펜과 런던 사이에 전령 서비스를 제공하기 시작했다. 이어서 10년 뒤에는 브뤼셀 우편국장과 영국 우편국장 사이에 조약이 체결되었다.[31]

---

* 아우크스부르크 화의는 종교 전쟁의 결과로 1555년 9월 25일에 아우크스부르크에서 열린 독일 제국 의회의 결의다. 이 결의에 의하여 루터파의 신앙은 가톨릭 신앙과 동등한 권리가 인정되고 제후와 도시가 신앙을 선택할 권리가 승인됨으로써, 루터파의 제후와 도시는 가톨릭파 주교의 지배에서 벗어나게 되었다. '아우크스부르크 화약'이라고도 한다.

8.3 우편 독점에 따른 이익. 제국의 총우편국장 트룬 운트 탁시스(Thum umd Taxis) 백작이 네덜란드의
우편국장을 방문한 것을 기념하는 네 장짜리 인쇄물의 일부. 수행단의 엄청난 규모를 보여준다.

    덴마크와 스웨덴도 독일에 대한 소식을 얻기 위해 정보망을 개선하
기 시작했다.[32] 1624년, 덴마크의 크리스티안 4세는 코펜하겐을 거점
으로 한 우편 시스템을 구축하고 함부르크에 지사를 두었다. 4년 후 스
웨덴은 함부르크와 헬싱괴르 사이에 자체적으로 연결망을 구축함으로
써 이 네트워크를 확장했다. 1630년 스웨덴이 독일 침공을 시작하면서
프랑크푸르트를 중심으로 우편 노선 9개와 우편국 122개를 포함한 대
체 우편망이 생겨났다.[33]

    이 우편망은 1634년 스웨덴이 뇌르틀링겐에서 패배한 직후 붕괴되
었지만, 마침내 슈트라스부르크를 거쳐 파리와 빈을 잇는 직접적인 루
트가 구축되면서 좀 더 안정적이고 의미 있는 진전이 이루어졌다. 그
전에는 브뤼셀까지 멀리 우회하는 경로를 이용해야 했으므로 프랑스
가 국제 우편에 접근하는 것이 제한되고 있었기 때문이다.

    이러한 진행 상황을 거쳐 유럽의 우편망은 근본적으로 완전해졌다.

향후 철도가 도입되고 1페니 우편 제도가 시작되기 전까지 유일하게 이루어진 혁신은 우편 기수를 대신한 역마차밖에 없었다.[34] 우편 마차가 도입되면서 한번에 운송할 수 있는 우편물의 양이 크게 늘어났으며 여행객들도 이 서비스를 이용할 수 있게 되었다. 16세기에 상인과 전령이 현장에 파견되기 위해서는 우편 기수의 속도에 맞춰 말을 탈 수 있어야 했다. 이 서비스는 비쌌고 말을 잘 타는 사람만이 이용 가능했다. 우편 마차는 완전히 달랐다. 독일에서는 17세기 중반부터 단거리 구간에서 역마차가 이용되기 시작했으며, 사람이 탈 공간이 확보되면서 여행자들이 좀 더 편안하게 여행할 수 있게 되었다.

이제 여행자들은 더는 개별적으로 마차를 확보하고, 말이 튼튼하고 건강한지 확인하고, 마부가 여행 중 필요한 수리 장비를 갖추었는지 점검할 필요가 없어졌다. 역마차가 모든 일을 대신했다. 또한 역마차는 정기적인 시간표에 따라 운영되었으므로 여행자들은 적시에 도착할 것을 확신하며 여정을 계획할 수 있게 되었다. 운반 공간에 여유가 생겼다는 것은 신문처럼 부피가 큰 우편물을 배송할 때 특히 중요했다. 우편 역마차는 생겨난 지 수십 년 만에 뉴스 인쇄물이 제때 배포되는 데 가장 주요한 책임을 맡게 되었다.

이 장에서 우리는 유럽 통신 기술의 놀라운 발전을 확인했다. 이전 세기까지 이동 속도는 매우 천천히 증가했으며, 통신량은 오직 자체적인 통신망을 구축하기에 충분한 자금력을 갖춘 사람들 사이에서만 조금씩 늘어났다. 관영이든 상용이든, 근본적으로 사설 연결망을 구축하는 데 상당한 투자를 할 사람들만 양질의 뉴스를 이용할 수 있었다. 그러나 16세기에 인쇄술이 도입되면서 식자층 사회에 중대한 변화가 일어났고, 뉴스 인쇄물이라는 진정한 혁신도 가능하게 되었다. 하지만 이들 뉴스의 상당수는 특별히 새로운 소식은 아니었으며 적시에 전달되어야 하는 뉴스도 아니었다.

이 모든 것은 17세기 초 20년간 급격한 혁신이 이루어지면서 완전히 변모했으며, 결국 유럽의 모든 상업 중심지는 공공 우편 서비스의 촘촘한 그물망으로 밀접하게 연결될 수 있었다. 이제 적은 비용으로 훨씬 더 규칙적으로, 안정적인 경로를 통해 뉴스를 전달할 수 있게 되었다. 따라서 뉴스가 상업적 용도로 이용되는 과정에서 다음 차례로 전개될 중대한 사건이 독일과 유럽 북부의 상업 중심지에서 일어난 것도 놀라운 일은 아니다. 우편 서비스의 확대와 밀접하게 관련된 이 사건은 바로 '신문의 탄생'이다.

9장

최초의 신문

1605년, 요한 카롤루스(Johann Carolus)라는 젊은 서적상은 이례적인 청원을 하러 슈트라스부르크 시 의회에 출두했다. 카롤루스는 당시에 책을 파는 것 외에 최신 주간 필사본 소식지를 제작함으로써 상당한 부수입을 올리고 있었다. 앞에서 본 것처럼 이때까지 필사본 소식지는 유럽의 특권층을 위한 정보원이었다. 필사본 소식지는 로마와 베네치아에서 처음 탄생한 후 독일 전역에서 자체 제작되기 시작했고, 이후 아우크스부르크와 뉘른베르크에서 브뤼셀과 안트베르펜에 이르는 저지대 국가들로 퍼져나갔다.

제국 우편 제도가 라인 강을 건너는 데 중요한 역할을 한 도시인 라인하우젠 인근에 위치한 슈트라스부르크는 그러한 모험을 감행하기에 매우 적합한 지역에 있었다. 카롤루스는 이곳이라면 제국 우편국장에게 뉴스를 꾸준히 공급받고, 상업적인 통신문도 지속적으로 받아볼 수 있으리라 기대했다. 또한 슈트라스부르크처럼 번화한 도시에서는 고객이 부족할 것을 염려할 필요도 없었다.

카롤루스의 사업은 번창했으며, 1605년에는 인쇄소를 사들여 사업을 더욱 다각화할 수 있는 수준에 이르렀다. 이제 그는 기존의 필사본 소식지를 인쇄판으로 제작함으로써 기계화하려는 계획을 구상하게 된다. 150년 전 구텐베르크가 인쇄술을 발명할 때 그러했듯이 기존의 기술만으로는 늘어나는 수요에 대응하기에 역부족인 상황에서, 카롤루스의 결정은 지극히 논리적인 대응이었다. 하지만 인쇄기를 마련하는 데 드는 투자 비용은 그가 보유한 재원의 범위를 초과했기에 그는 시 의회에 도움을 요청하게 되었다. 카롤루스는 시 의회에서 자신이 이미 소식지를 12호 인쇄했다고 밝혔다.

이때 카롤루스는 만일 이 사업이 성공하면 다른 사람들이 자신의 기술을 모방해 그의 이윤을 가로채지 않을까 염려한 것으로 보인다. 따라서 그는 의회에 소식지 인쇄물을 판매할 특권, 즉 독점권을 달라고 요청했다.[1] 이는 전혀 불합리한 요청은 아니었다. 자신이 새로운 산업 또는 제조 과정을 개척했다고 믿는 사업가는 자신의 혁신을 모방하는 무면허 상인에게서 보호받길 바랄 것이다. 그리고 이러한 특권은 출판계에서는 흔한 일이었다.[2] 카롤루스는 자신이 보유한 고객 기반의 상당 부분을 차지하는 슈트라스부르크의 시 의회 의원들이 자신의 요청에 동조하리라고 충분히 믿을 근거가 있었다.

이처럼 중대한 역사적 순간에 카롤루스의 바람은 겸손하기 그지없었다. 그는 당시에 수작업으로 이루어진 공정을 단순화함으로써 더 많은 사본을 만들어 제작 속도를 높일 수 있는 방안을 모색하고 있었을 뿐이다. 결과물 자체는 본질적으로 다르지 않았다. 인쇄된 소식지도 필사본 소식지에서 익숙하게 접해온 여러 뉴스를 동일한 순서로 배열하고 있었다. 하지만 이 조촐하고 다소 자신 없는 듯한 사업에서 유럽의 뉴스 시장을 변화시킬 새로운 형태의 통신 양식이 비로소 나타났다. 카롤루스는 '신문'을 창안한 것이다.

유럽 북부의 비상

카롤루스가 1605년부터 그의 신문 슈트라스부르크《렐라티온(Relation, 보고)》을 발행하기 시작한 것이 사실이라면, 유감스럽게도 창간호는 현재 모두 소실되었다. 지금까지 남아 있는 가장 오래된 신문은 1609년도의 것이다.[3] 이러한 이유로 과거 여러 신문의 역사에서는 첫 신문의 발행을 1609년으로 간주했다. 스트라스부르 기록 보관소에서 발견된 카롤루스의 청원서가 완전히 인정받은 것은 비교적 최근의 일이다.[4] 1605년부터 1609년까지 4년 동안 발간된 신문이 모두 사라진 것도 놀라운 일은 아니다. 처음 창간된 초창기에 신문이 완판되는 경우는 극히 드물었으며, 대부분 우연한 경로로 남은 사본 몇 부로 존재가 알려진다. 때로는 단 한 부만 남아 그 신문이 실제로 존재했음을 증명할 때도 있다.[5]

그럼에도 카롤루스가 1605년부터 신문을 제작하기 시작했다고 믿을 만한 합리적인 근거가 있다. 그는 시 의회에 제출한 청원서에서 자신이 신문을 이미 12호까지 출판했다고 밝힌다. 현존하는 가장 오래된 신문인 1609년 신문의 사본을 살펴보면, 이들 인쇄물이 손으로 쓴 신문을 단순히 기계화한 것이라는 그의 진술이 이보다 더 사실일 수 없음을 확인할 수 있다. 개별 호에는 제호를 표시하지 않았다. 제호는 한 해 동안 발행된 주별 호를 한데 엮을 수 있도록 구독자들에게 제공하는 인쇄물의 표제면에만 표시되어 있다. 첫 페이지의 가장 위쪽에는 마치 아비지처럼, 제호를 표시하는 대신 바로 기사가 시작된다.

이 신문은 모든 면에서 아비지의 친숙한 패턴을 따르고 있다. 일련의 뉴스 보고는 뉴스가 수집된 장소와 급보가 발송된 날짜에 따라 배열된다. 예컨대 "12월 27일 로마에서", "12월 31일 빈에서", "1월 2일 베네치아에서"와 같은 식이다. 또한 이들 기사는 각 지역의 우편국에서 보낸 우편물이 슈트라스부르크에 도착한 순서에 따라 배치된다. 내용도 아비지와 마찬가지로 건조한 정치, 군사, 외교 보고서가 주를 이루었다.

이런 면에서 슈트라스부르크 《렐라티온》은 모든 초창기 독일 신문의 스타일을 확립했다고 말할 수 있다. 이들 뉴스 시트는 필사본 소식지의 전형을 엄격히 고수했으며, 뉴스 팸플릿에서는 잠재적 구독자를 끌어들일 만한 어떠한 특징도 채택하지 않았다. 뉴스 시트에는 표제도, 삽화도 없었다. 상세한 해설이나 설명은 거의 없었으며 뉴스 팸플릿의 특징이라고 할 열띤 논변이나 논쟁도 없었다. 정확히 말해 거의 어떠한 종류의 사설 논평도 추가하지 않았다. 팸플릿 독자들이 본문을 읽을 때 헤매지 않도록 추가했던 인쇄상 특징도 신문에는 전혀 반영되지 않았다. 방주(旁註)*도 없었다. 실제로 가독성을 위해 추가한 것으로 보이는 흔적은 각 보고서 사이에 이따금 줄바꿈을 한 것이 유일했다.

뉴스 시트는 곧 상당한 부수로 제작되기 시작했으며 한 주간 수백 부씩 발행하는 일도 드물지 않았지만, 새로운 독자들이 필사본 소식지를 받아 보던 극소수의 정부 각료나 전령만큼 국제 정치에 정통하지 않다는 사실은 전혀 고려하지 않은 듯하다.[6] 독자들은 최근 라벤나에 도착한 폰티니 추기경이 누구인지 (혹은 라벤나가 대체 어딘지) 몰랐지만, 소식지에서는 이에 대해 전혀 설명하려 하지 않았다.

그 모든 것에도 이 새로운 형식의 소식지는 유난히 인기를 끌었다. 슈트라스부르크 《렐라티온》에 이어 1609년 독일의 두 번째 주간지인 볼펜뷔텔의 《아비소(Aviso, 아비지)》가 발행되었다.** 볼펜뷔텔은 눈에 띄는 한 가지 혁신을 시도했다. 표제면을 바쁜 뉴스 전령들로 번잡한 풍경 위로 헤르메스가 날아오르는 광경을 담은 정교한 목판화로 장식한

---

* 본문 옆이나 본문의 한 단락이 끝난 뒤에 써넣는 본문에 대한 주석.
** 볼펜뷔텔은 독일 북서부 니더작센 주의 하노버 인근에 위치한 도시다.

것이다. 이 때문에 볼펜뷔텔은 외관상 뉴스 팸플릿과 더 유사해 보였다. 하지만 뉴스를 실을 지면은 크게 줄어들었다. 표제면과 맨 뒷면에는 아무 기사도 실리지 않으므로, 결국 지면은 전체가 8쪽인 팸플릿에서 6쪽밖에 남지 않는 것이다.

볼펜뷔텔의 경우 이는 큰 문제가 되지 않은 것으로 보이는데, 유명한 뉴스 중독자인 볼렌뷔텔-브라운슈바이크 공작에게 발행에 필요한 비용을 대부분 지원받았기 때문이다. 그러나 이러한 모델은 순수하게 상업적인 목적의 사업에는 그다지 적합하지 않았으므로, 대부분 슈트라스부르크의 모델을 따라 대부분 제호의 바로 아래에서 본문을 시작했다. 대체로 독일의 뉴스 팸플릿, 더 정확히는 필사본 소식지에서 익숙한 4절판 형식을 그대로 유지했다.

새로운 형식의 뉴스 간행물은 독일 전역으로 빠르게 확산되었다. 1610년 바젤에서 주간지가 창간되었으며 곧 프랑크푸르트, 베를린, 함부르크가 그 뒤를 따랐다. 1618년 30년 전쟁이 발발해 주간지의 새로운 물결이 일어났고, 1630년 스웨덴이 침공한 후에는 새로운 신문이 10여 종 창간되었다. 이후 10년 동안 공공 문제에 관심이 높아진 현상에 대응하여 수많은 신문은 매주 두 호 이상 발행하기 시작했다. 이러한 신문은 일반적으로 일주일에 두세 차례 나왔으며, 심지어 1650년 라이프치히의 《아인코멘데 차이퉁겐(Einkommende Zeitungen, 신착 신문)》 평일에 매일 한 호씩 발행하는 모험을 하기도 했다.

인쇄 부수도 빠르게 늘어났다. 1620년 《프랑크푸르터 포스트차이퉁 (Frankfurter Postzeitung, 프랑크푸르트 우편 신문)》은 한 판에 450부씩 발행되었으며 함부르크의 《뵈헨틀리헤 차이퉁(Wöchentliche Zeitung, 주간 신문)》은 자그마치 1500부가량 인쇄된 것으로 짐작된다. 이는 이례적인 경우로, 평균적인 인쇄 부수는 350~400부 정도였으리라고 추정된다.[7]

종합하면 17세기 말까지 독일에는 신문이 200여 종 존재한 것으로 짐작할 수 있으며, 그중 약 7만 호가 현재까지 남아 있다. 손실된 것까지 고려하면, 당시 총 인쇄 부수는 대략 7천만 부 정도였던 것으로 추산된다. 특히 이 200종의 신문이 서로 다른 출판소 약 80곳에 퍼져 있었다는 점을 생각한다면, 독일의 많은 독자 인구가 이 새로운 유형의 출판물을 접할 수 있었으리라고 짐작할 수 있다. 뉴스 시장의 이러한 발전에서 가장 중요한 단계는 프랑크푸르트와 함부르크의 주요한 두 북부 상업 중심지에 신문사가 설립된 일이다.

1615년에 창간된 《프랑크푸르터 포스트차이퉁》은 제국 우편국장인 요한 폰 덴 버그덴(Johann von den Birghden)의 놀라운 업적이다.[8] 폰 덴 버그덴은 특히 프랑크푸르트와 함부르크 사이에 주요 간선 도로를 구축

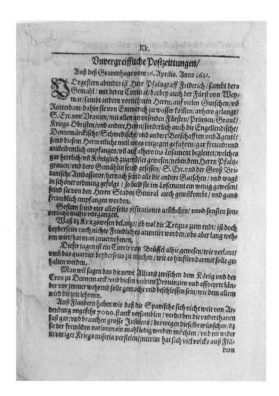

9.1 초기 《프랑크푸르터 포스트차이퉁》의 한 호. 이 신문은 특히 저지대 국가 등 유럽 북부에서 입수한 뉴스를 중점적으로 보도했다.

함으로써 독일의 북부와 동부로 제국 우편망을 확대하는 임무를 맡고 있었다. 신문은 바로 이러한 활동의 부산물이었다. 안타깝게도 폰 덴 버그덴은 우편로를 개척할 때 보여준 천재적인 아이디어 구상과 세부 사항에 대한 집요한 관심을 출판물에는 그다지 보이지 않았다.

《프랑크푸르터 포스트차이퉁》은 초창기 다른 신문들과 마찬가지로 관습적이며 지극히 평범했다. 그러나 신문의 표제에서 뉴스와 기사를 밀접히 연결시키는 데 신경 쓴 것은 《프랑크푸르터 포스트차이퉁》이 처음이었다. 이 신문이 당대에 큰 성공을 거두고 광범위하게 보급되었음은 도서관과 기록 보관소 30여 곳에서 이 신문을 보관하고 있다는 사실에서 확인할 수 있다.[9]

함부르크의 상황은 약간 달랐다. 독일 북부의 이 거대한 상업 도시는 이탈리아에서 저지대 국가까지 제국 우편 노선을 따라 이어지는 주요 뉴스 경로에서 다소 멀리 떨어져 있었다. 함부르크는 중세 시대에 구축된 자체적인 전령 서비스에 의존했으며, 16세기에 이르러서는 한자 동맹에 가입한 도시의 항구와 발트 해 국가, 저지대 국가 및 잉글랜드의 교역 상대를 잇는 정기적인 전령 서비스 네트워크를 이용했다.

함부르크에서 최초로 신문을 창간한 요한 마이어(Johann Meyer)는 장거리 화물 교역에 깊이 관여하고 있었다. 마이어는 이러한 사업에서 발전시킨 연결망을 활용해 필사본 뉴스 서비스를 시작했으며, 슈트라스부르크의 카롤루스처럼 기존의 사업을 기계화하려는 시도로 《뵈헨틀리헤 차이퉁 아우스 메어라이 외르테르(Wöchentliche Zeitung auß mehrerley Örther, 여러 지방에서 수집한 주간 뉴스)》를 창간하게 되었다.

그러나 지역 교역과 뉴스의 중심지인 함부르크에서는 이러한 신문이 성공할 가능성이 더 높았고, 실제로도 크게 성공했다. 이때 마이어가 얻은 수익은 함부르크 출판계에서 논쟁을 불러일으켰다. 1630년 서적상과 제본업자로 구성된 조합은 마이어가 고객에게 직접 신문을 팔

권리에 이의를 제기했다. 시 의회는 양측에서 제출서를 받은 후 마이어가 매주 첫 사흘 동안만 신문을 판매할 수 있으며 그 후에는 지방 서적상들이 한 부당 9페니히*로 100부씩 판매할 수 있다고 결정했다.[10]

함부르크는 곧 북부 독일 전체를 위한 뉴스 공급자의 역할을 하게 되었다. 다른 지역의 신문들은 본질적으로 함부르크에서 공급된 기사를 다시 인쇄한 것에 그쳤으며, 예컨대 로스토크 최초의 신문인《뵈헨틀리헤 노이에 함뷔르거 차이퉁(Wöchentliche Neue Hambürger Zeitung, 함부르크 새 주간 신문)》(이하《뵈헨틀리에 차이퉁》)는 제호에 이 사실을 명시하고 있다. 함부르크는 신문을 발행해 잠재적인 수익을 확보하면서 신문사 간에 치열한 경쟁이 벌어진 독일의 첫 번째 도시이기도 했다. 1630년 마이어는 지역 서점상들의 불만을 해소해야 했을 뿐 아니라 신임 제국 우편국장 한스 야콥 클라인하우스(Hans Jakob Kleinhaus)의 중대한 도전에도 대응해야 했다.

당시는 30년 전쟁에서 제국군의 승기가 절정에 달했을 때로, 클라인하우스는 자체적으로 신문《포스트차이퉁(Postzeitung, 우편 신문)》을 창간했다. 그는 마이어를 업계에서 몰아내기로 결심한 듯했다.[12] 이들의 분쟁은 1634년 마이어가 사망할 때까지 계속되었으며, 신문사는 마이어의 아내이자 모두의 존경을 받던 여성 일사베 마이어(Ilsabe Meyer)가 물려받았다. 청문회에서 일사베는 생계를 유지하려는 강력한 의지를 보였고 이는 시의 치안 판사들에게 공감을 얻었다. 1637년 시 의회는 마침내 합의를 중재했다.《뵈헨틀리에 차이퉁》이 함부르크의 언론을 독점하고 있다는 우편국장의 끈질긴 주장은 결국 기각되었으나, 그는 '포스트차이퉁'이라는 제호는 계속 독점해 사용할 수 있었다.

하지만 일사베는 끝까지 포기하지 않았다. 당시 신문사주들은 일반

---

* 독일의 화폐 단위로 100페니히는 1마르크다.

적으로 신문 제호를 자주 바꾸곤 했으며(물론 독자들에겐 대단히 불편한 일이었다), 발행 주기를 매주 2회로 변경할 때면 주중에 발행하는 판에 따로 제호를 붙이기도 했다.[13] 일사베 마이어는 제국 신문이 제호를 바꿀 때마다 이와 비슷한 제호를 써서 두 신문이 잘 구분되지 않도록 했다. 예컨대 우편국장이 신문의 제호를 '프리빌리기에르테 오르덴틀리혜 포스트 차이퉁(Priviligierte Ordentliche Post Zeitung, 독점 통상 우편 신문)'으로 바꾸면 일사베는 '오르덴틀리혜 차이퉁(Ordentliche Zeitung, 통상 신문)'으로 바꾸는 식이다.

이러한 상업적 속임수가 이루어졌다는 사실은 적어도 신문 발행이 돈이 되는 일로 인식되었음을 보여준다. 17세기까지 독일이 계속 유럽 정치의 주축이 되면서, 뉴스에 뒤쳐져서는 안 된다고 느끼는 사람은 계속 늘어났다. 사건의 긴급성이 높아지면서 독일의 넓고 이질적인 독자층은 그 자체로 큰 돈벌이의 원천이 되었다. 다른 지역에서 발행된 신문을 수입하는 것보다는 새로 신문을 창간하는 것이 훨씬 쉬웠다. 우편 경로를 따라 전달된 뉴스를 다시 발행하면 되었기 때문이다. 그러나 탄력적인 시장과 손쉬운 수익 창출은 신문의 보수성을 강화하기도 했다. 17세기 후반의 독일 신문들은 내용이나 디자인 측면에서 초창기 신문과 크게 달라지지 않았다. 디자인과 구성에서 가장 중요한 실험이 이루어진 곳은 유럽의 다른 지역이었다.

이 모든 것에도 뉴스 인쇄물의 폭발은 유럽 뉴스 시장의 발전에서 매우 중요한 역할을 했으며, 유럽의 뉴스업계가 유럽 북부를 중심으로 재편성되는 획기적인 전환점을 마련했다. 이 시점까지 뉴스의 교환은 지중해 국가와 저지대 국가를 연결하는 제국 우편 경로의 간선 도로에 집중되었다. 하지만 독일에서 가장 중요한 신문 제작의 중심지는 옛 제국 우편 경로에서 멀리 떨어져 있었다. 즉 신문 혁명은 제국 우편망에서 독일의 중심축을 담당하던 도시인 아우크스부르크를 비켜갔다.

그밖에 유럽의 다른 도시 중에서 이 새로운 발명품을 열렬히 받아들인 곳은 북부의 열강들이었다. 유럽에서 정보 교류의 무게 중심은 급격히 흔들리고 있었다.

인쇄기를 멈추다

독일 밖에서 최초의 신문은 1618년 암스테르담에서 발행되었다. 암스테르담의 신문 산업은 매우 빠르게 발전한 것으로 보인다.[14] 이 시기에 새롭게 독립한 네덜란드 속주들은 급격히 발전해 제1의 유럽 열강으로 편입되었다.* 암스테르담은 이 새로운 경제의 역동적인 중심지가 되어, 이전 세기에 안트베르펜과 브뤼셀(여전히 합스부르크 가문의 통치를 받고 있었다)이 누렸던 정치적, 경제적 헤게모니를 물려받았다. 그 후 20년간 암스테르담은 서유럽 뉴스 시장의 중심으로서 확고한 패권을 차지하게 된다.

네덜란드 최초의 신문은 비교적 소박했다. 오직 두 단(段)에 뉴스가 실린 단면의 대판형 시트 한 장이었던 것이다. 비록 디자인 측면에서는 독일의 팸플릿 형식과 크게 달랐을지 몰라도 거기에 실린 뉴스는 독일의 신문에서 보던 것과 뚜렷한 차이가 없었다. 얀 반 힐턴(Jam van Hilten)의 《카우란터 아위트 이탈리언 언 다위츨란트(Courante uyt Italien en Duytsland, 이탈리아와 독일 소식 신문)》는 독일 신문과 마찬가지로, 각 기사의 앞머리에 급보를 보낸 지역과 보낸 일자를 표기했다(예를 들어 '베네치

---

* 16세기 중반부터 시작해 80년가량 이어진 네덜란드 독립 전쟁은 1648년 베스트팔렌 조약으로 마무리되고, 네덜란드와 스위스의 독립이 인정되었다. 네덜란드는 신성로마제국의 카를 5세가 재위하던 당시 17개 주로 구성되어 있었다. 그중 북부의 7개 주는 연합을 구성하여 전쟁을 일으키고 베스트팔렌 조약 이후 공화국으로서 독립했다. 나머지 지역은 계속 속해 있다 차차 네덜란드, 벨기에, 프랑스로 분리되었다.

아에서 6월 1일', '프라하에서 같은 달 2일', '쾰른에서 같은 달 11일') 각 호는 헤이 그에서 얻은 뉴스에 대한 간략한 요약으로 마무리되었다. 아마도 신문은 그다음 날 발행된 것으로 추정된다.[15]

반 힐턴의 신문은 큰 영향력을 가졌다. 단이 두 개 있는 대판형 신문은 초창기 네덜란드 공화국 신문들의 보편적인 형식이 되었다. 뉴스거리가 갈수록 늘어나면서 1620년 반 힐턴은 시트의 뒷면도 인쇄하기 시작했지만 이 정도면 충분했던 것으로 보인다. 이 시점이 되자 이미 경쟁자들도 생겨났다. 연합 주에는 활발한 서적 시장이 형성되어 있었으며 규제도 다소 느슨했으므로 독점이 일어난 것도 당연했다.

이미 1619년 브루르 얀스(Broer Jansz)에 의해《테이딩헌 아위트 베르세이더 콰티런(Tijdinghen uyt verscheyde Quartieren, 여러 지역에서 온 소식)》이 창간되었다. 얀스는 당대에 손대지 않은 영역이 없는 경험 많은 인쇄업자였으며 연줄도 많았다. 이는 현존하는 그의 신문 중 가장 오래된 호에서 오라녜 공에게 자신을 '카우란티어(Courantier, 코란트 발행인)'로 칭한 데서도 확인할 수 있다.

반 힐턴과 얀스는 10년간 네덜란드 뉴스 시장을 양분했다. 수익성은 확실히 좋았다. 1632년 반 힐턴은 인쇄기 두 대를 동시에 가동해 인쇄 부수를 2배로 늘려야 한다는 사실을 깨달았다. 그러면 인쇄 시간을 하루 더 연장하지 않고도 더 많은 부수를 인쇄할 수 있으므로 뉴스가 하루 뒤쳐지는 위험을 방지할 수 있었기 때문이다.[16]

뉴스가 늦게 도착하는 현상은 신문 발행사에 지속적인 골칫거리였다. 인쇄일에는 일찍부터 직원을 깨워 작업을 시작했지만, 한 번에 한 판씩 수백 부를 인쇄하는 데는 수시간이 걸렸으며 몇 시간에 걸쳐 종이를 말린 후에야 뒷면도 인쇄할 수 있었다. 인쇄 부수가 늘어나면 신경 써야 할 문제는 더 많아졌다. 뉴스가 너무 늦게 도착하면 반 힐턴은 인쇄를 중단하고 덜 중요한 기사는 삭제한 후 본문을 다시 배치했다.

9.2 네덜란드 최초의 신문. 암스테르담의 두 신문업자는 독일의 원형과는 달리 대판형 형식을 채택했다.

새로운 기사가 더 많은 공간을 차지하면 내용을 좀 더 수정하거나 더 작은 활자 크기로 조판했다.[17] 이로써 '인쇄 중단'이라는 새로운 원칙 이 확립되었다.

암스테르담에서는 극히 효율적인 운하망을 이용할 수 있었으므 로 네덜란드 전체에 대판형 신문을 완벽히 배포할 수 있었다. 물론 연 합 주의 다른 인쇄업자들이 뉴스 시장의 지분을 탐낸 것도 당연하다. 1623년에는 델프트에 신문사가 설립되었다. 그러나 이는 보이는 것과 는 달랐다. 델프트에서 1623년 5월 10일에 발행된 주간 신문과 이틀 전 브루르 얀스가 발행한 신문을 비교해보면 델프트 신문에 실린 보고 의 90퍼센트는 암스테르담 신문에서 토씨 하나 바꾸지 않고 옮겨 쓴 것임을 알 수 있다.[18]

암스테르담 이외의 지역에서 진정한 의미의 독립 신문사가 설립된 곳은 독일 국경 근처의 아른헴이었다. 이곳에서는 시 의회의 지원으로 지역 인쇄업자가 신문을 창간했다. 아른헴 시 의회는 그동안 쾰른에서 의무적으로 받아본 필사본 소식지의 구독을 중단하는 대신, 얀 얀센(Jan Jansen)에게 신문을 인쇄하는 대가로 1년에 20휠던씩 지불하기로 했다. 20휠던은 꽤 넉넉한 금액이었다. 얀센은 이 임무를 원활히 수행했고 그의 신문은 네덜란드에서 일련번호가 인쇄된 최초의 신문이 되었다.

암스테르담에서 뉴스에 대한 인기는 사그라질 기미가 보이지 않았다. 암스테르담에서는 1640년대까지 적어도 신문 9종이 경쟁하고 있었으며 뉴스 애호가들은 일주일에 4일은 새로운 뉴스를 받아볼 수 있었다.[19] 경쟁은 혁신으로 이어졌다. 네덜란드는 처음으로 신문에 광고를 실었다. 또한 암스테르담 신문은 광고물 바로 앞에 마지막 실질적 보고서로서 지역 뉴스를 싣는 섹션을 마련했다. 이것은 진정한 의미의 국내 뉴스는 아니었다. 그보다는 프랑스와 잉글랜드에서 수집되었거나 1621년 스페인과 분쟁이 재개된 후에는 전방에서 얻은 뉴스였다.

이들 뉴스는 지독하리만치 냉철한 어조를 유지했다. 당대에 팸플릿 기사 때문에 격렬한 정치적 논쟁이 벌어졌다는 흔적은 거의 없었다. 초창기 신문은 일반적으로 국내 정치를 끌어들이는 것을 꺼렸다. 지역 교구와 관련된 사건은 광고나 시에서 실은 공지에만 등장했다. 장물을 돌려주면 보상한다는 내용이나 지명 수배자에 대한 묘사 등이 그런 예였다. 여기서 신문은 최초로 진정한 의미의 지역 수준으로 내려갔다.[20]

이처럼 암스테르담 신문은 더 광범위한 사안을 담기 위해 조심스럽게 한 걸음씩 내딛고 있었지만 여전히 지면 대부분은 전투와 조약, 외교적 전술 등에 할애되었다.[21] 기사는 제국이나 다른 곳에서 온 뉴스보다 이탈리아에서 온 뉴스를 먼저 전하는 관례적인 순서에 따라 배열되었다. 이런 점에서 네덜란드의 2절판 신문은 필사본 소식지의 템플릿에서 크게 벗어나지 않는 독일의 원형을 계속 따르고 있었다. 뉴스 간행물의 미래에 매력적인 대안을 제시하는 진정한 혁신을 이해하기 위해서는 거의 알려지지 않은 인물인, 네덜란드 남부의 아브라함 베르후번(Abraham Verhoeven)을 알아봐야 한다.

타블로이드의 가치

　　　　베르후번은 시사 소식지 시장에 뛰어들기 전, 안트베르펜 출판업계에서 종사하며 근근이 생계를 유지했다.[22] 플랑탱의 회사가 브레이다흐마르크트 거리의 으리으리한 건물을 차지한 반면, 베르후번은 전당포와 그밖의 소상점이 모여 있는 롬바르던베스트의 작은 상점에서 소박한 잡화나 팸플릿, 연감, 기도서 같은 것을 팔았다. 그런 베르후번이 안트베르펜에서 가장 중요한 유명 인사가 된 것은 30년 전쟁의 초반, 시사 문제에 관심이 고조된 상황에서 독일과 그밖의 국제 사건을 알리는 데 집중한 새로운 형식의 시사 연재물을 싣고 난 이후부터였다.

　　베르후번은 출판계 가정에서 태어났다. 아버지는 목판화 제작자로, 플랑탱의 작업장에서 판화 채색가로 3년간 일한 적 있다. 아브라함은 오랜 견습 시절을 거쳐 1605년 장인으로 독립하며 인생의 첫 전환점을 맞이했다. 이때 그는 네덜란드 남부가 약탈당한 후 네덜란드군이 결정적인 승리를 거둔 에케렌 전투를 그린 판화를 시장에 팔았다.[23] 그 후에는 1617년까지 잡다한 일을 하며 겨우겨우 살아간 것으로 보인다. 그리고 바로 그해, 시사 뉴스를 요약한 것에다 단순한 삽화를 곁들인 일련의 팸플릿을 출판하면서 더 체계적이고 야심 찬 사업을 시작했다.

당시 베르후번은 안트베르펜의 뉴스 시장을 지배할 새로운 개념을 발전시켰다. 이는 뉴스 팸플릿 출판업자로서 시작한 새로운 활동과, 오랜 경력의 판화가로서 보유한 전문성이 결합된 합작품이라고 할 수 있다. 그러나 베르후번은 앞서 슈트라스부르크의 카롤루스처럼, 경쟁자나 모방자에게 피해를 입을 것을 걱정해 당국에 특권(또는 독점권)을 요구했다. 그리고 1620년 1월 28일 이러한 특권이 승인되었다. 이제 베르후번은 안트베르펜에서 뉴스북 형태의 신문을 출판할 수 있는 독점권을 가지고, 이 특권에서 명시하는 것처럼 "독일, 보헤미아 및 제국의 다른 제후국에서 황제 폐하께서 거둔 모든 승리, 포위전, 점령 및 공성전"에 대해 출판할 수 있게 되었다.[24]

이후 베르후번이 해낸 일도 바로 이것이다. 그의《니외베 테이딩헌 (Nieuwe Tijdinghen, 새 소식)》은 암스테르담과 독일 신문의 냉철하고 중립적인 어조를 의도적으로 탈피해, 본질적으로 지역 합스부르크 체제의 프로파간다 매체와 다름없었다. 베르후번은 8쪽에 달하는 팸플릿을 일주일에 세 부씩 발간하며, 제국의 승리와 개신교의 굴복에 지독하리만치 열성적이고 득의양양한 보고문을 쏟아냈다. 이는 독일의 독자들이 주간 신문을 구독하며 기대하는 냉철한 기사 모음과는 전혀 달랐다. 베르후번은 상당히 자주, 마치 예전의 팸플릿 스타일로 한 호 전체를 긴 보고문 하나로 채우곤 했다.

베르후번이 완전히 만족할 수준의 팸플릿이 나오기까지는 시간이 약간 걸렸다. 처음 몇 년 동안은 그가 독자들의 마음을 끌고 그들을 잡아둘 최선의 방법을 고안하기 위해 여러 실험을 한 것을 확인할 수 있다. 독점권이 인정된 해인 1620년에 베르후번은 뉴스 팸플릿 116부를 발행했다. 그가 구독 서비스를 시작한 시기도 바로 이 해인 것으로 짐작된다. 그러나 베르후번은 1621년에야 팸플릿에 일련번호를 매겨 발간 순서를 정하고, 이 번호를 표제면의 제일 상단에 표시하기로 결정

9.3 베르후번의 《니외베 테이딩헌》. 그의 뉴스 연재 팸플릿은 당대에 큰 인기를 끌었으며 개별 호를 다시 인쇄해야 하는 일도 잦았다.

했다. 뉴스 연재물이라는 그의 팸플릿만이 가진 고유한 특징이 확립된 것도 바로 이때였다.

먼저 베르후번의 신문은 네덜란드나 독일 신문보다 훨씬 더 다양한 문체를 사용한다는 점에서 다른 신문과는 차이가 있었다. 《니외베 테이딩헌》도 일부 호에서는 다른 신문처럼 잡다한 단신을 싣기도 했지만, 대부분의 권호는 제국의 승리를 기념하는 단일 급보나 노래 서너 곡에 지면 전체를 할애했다. 베르후번은 신문을 일주일에 3회 발행함으로써 독자들에게 흥미용 읽을거리뿐 아니라 정보까지 제공할 여유가 충분히 있었으며, 독자들은 한 주 동안 암스테르담 신문의 구독자들과 거의 동일한 양의 뉴스를 얻을 수 있었던 것으로 보인다. 베르후번은 첫 표지는 표제면으로 할애하고 뒤표지에는 보통 자신의 독점권을 반복해서 표기했으므로 실질적으로 뉴스가 차지하는 지면은 상당히 제한되었으며, 어떤 호든 본문 전체가 대략 1200단어를 넘지 않았다. 그의 신문은 짧고 생동감 있으며, 쉽게 이해되었다.

신문의 새로운 세계를 열며 베르후번이 이룬 가장 독특한 혁신은 표제면에 삽화를 넣었다는 점이다. 1620년 12월 16일 자 신문은 30년 전쟁에서 벌어진 사건에 물론 초점을 맞추고 있으며, 표제는 "빈과 프라하에서 온 소식, 전장에서 사그라든 수많은 고귀한 생명"이다. 함께 실린 그림에는 "전투가 벌어진 별 모양 요새"라는 설명이 붙었다. 마지막으로 부제목인 "프리드리히 5세, 쫓겨나다"는 가톨릭의 승리를 알리는 메시지를 담고 있다.*

이때 제호가 있다는 것은 이 신문이 연재물에 속함을 나타내지만 설명적인 제목이나 부제, 경쾌한 목판화는 이미 50년 전 안트베르펜에서 발행된 뉴스 팸플릿과 많이 다르지 않았다. 표제는 독자들이 가장 흥미로워할 만한 이야기에서 고른 것이지만('헤드라인(headline)'이 여기서 유래되었다), 그 이야기가 반드시 본문의 가장 첫 번째 기사거나 가장 많은 지면을 차지하는 기사일 필요도 없었다.

예컨대 1621년 112호 신문의 표제에서는 당시 사망한, 제국의 부스쿼이 장군의 장례에 초점을 맞춘다.[26] 하지만 이 소식은 1쪽이 아닌 7쪽에서 짧은 보고문으로 언급될 뿐이다. 해당 호는 로마에서 온 급보에서 시작해 빈에서 온 초기의 보고를 거쳐 베젤, 쾰른, 클레브에서 온 소식을 전한 후, 마침내 빈에서 온 급보에서 부스쿼이를 다루고 있는 것을 볼 수 있다. 삽입된 목판화도 특별히 가장 중요한 내용을 안내하는 것은 아니었다. 이 호에 실린 삽화는 부스쿼이의 초상화가 아닌, 일반적인 요새의 정경이었다(물론 베르후번은 이러한 초상화를 다양하게 보유하고

---

* 프리드리히 5세는 라인의 팔츠 선제후로, 1610년 개신교 국가 보헤미아 왕국이 합스부르크 가문에 반대하며 반란을 일으키고 프리드리히 5세를 국왕으로 추대했다. 1620년 11월 8일 프라하 근교의 백산(프라하 인근의 언덕으로 체코어로는 '빌라 호라', 독일어로는 '바이센베르크'라는 지명을 가지며 '하얀 산'이라는 뜻이다) 전투에서 대패하고 보헤미아 국왕의 자리에서 물러난다.

있었으며 표지에 여러 번 사용하기도 했다).

베르후번은 시간이 지날수록 이 사업을 더욱 잘 이해하게 되었으며 계속해서 빡빡한 일정을 유지했다. 운 좋게도 베르후번은 시에서 공식적인 허가를 받아 신문을 발행하는 것이었으므로 여러 사람에게 큰 도움을 받을 수 있었다. 유명한 가톨릭 논쟁가 리처드 베르스테건(Richard Verstegen)이 종종 글을 보내왔으며, 안트베르펜을 선도하는 가톨릭 성직자들의 지원도 받을 수 있었다.[27] 각 호에는 지방의 검열관에게 얻은 허가가 실려 있었다.

베르후번은 10년간 발행 일정을 엄격하게 지켰다. 특히 1621년에는 192호 발행이라는 놀라운 기록을 세웠으며, 1622년에도 182호가 발행되었다. 1623년과 1627년 사이 발행 호수가 140호 이하로 떨어진 해는 단 한 해뿐이었다. 또한 이 수치는 고객들의 요청에 다시 인쇄한 특별호는 포함하지 않은 것이다. 개별 호의 발행 부수를 면밀히 조사해보면 부수에 약간씩 차이가 있는 것을 볼 수 있는데, 이는 인쇄공들이 수요에 맞추기 위해 추가 부수를 발행하는 일이 자주 있었음을 시사한다.[28]

제국이 승승장구하는 동안에는 베르후번도 번창했다. 그러나 1629년 베르후번은 팸플릿 뉴스 연재를 중단하고, 몇 달 후에 좀 더 전통적인 형식의 주간 신문으로 돌아왔다. 무엇이 이러한 변화를 촉발했는지는 확실하지 않다. 아마도 전세가 역전되어 가톨릭군이 불리해지기 시작하면서 수요가 감소한 것으로 보인다. 그리고 안트베르펜 당국도 요구하는 것이 많아졌다. 그해 2월 브라반트 공의회는 베르후번에게 "부정확하기 그지없고 적절한 사전 감찰을 받지 않은 다양한 관보나 뉴스 보고" 등의 "일일" 간행물 발행을 중단하라고 지시했다. 베르후번이 가톨릭과 제국을 거의 맹종하다시피 따르고 있었음을 고려하면 불공평한 처사였다.[29]

어쩌면 베르후번 자신이 빡빡한 발행 일정에 지쳐 있었던 것인지도 모른다. 뉴스 역사의 초창기엔 영향력 있는 한 개인에게만 의존해 성공한 연재물 대부분 수명이 그리 길지 않았지만, 베르후번은 그러한 기업보다 오래 살아남아 십수 년간 사업을 이어갔다. 그 무렵《니외베 테이딩헌》에도 약간은 지친 기색이 나타나기 시작했다. 베르후번이 첫 호를 준비하는 동안 제작한 목판화가 계속해서 여러 번 재사용되었다.

베르후번은 자금도 부족해졌다. 1623년 그는 안트베르펜 시 의회에 편지를 보내 24부를 대량 주문한 건에 지불이 심각하게 밀려 있음을 알렸다. 그는 빚을 청산하기 위해 145휠던을 요구했으나 50휠던밖에 받지 못했다. 사실 베르후번은 사업 경영에는 특별히 유능하지 않았던 것 같다. 1625년 부모에게 재산을 상속받았지만, 같은 해에 그의 아내가 병에 걸리자 베르후번은 그녀를 치료하기 위해 많은 돈을 들인다. 하지만 그의 아내는 1632년에 세상을 떠나고 만다.

결국 1629년 베르후번은《니외베 테이딩헌》의 폐간을 알렸다. 한 달 정도 후에 그는 주간 뉴스 팸플릿인《베케레이커 테이딩허(Wekelijcke Tijdinghe, 주간 소식)》을 창간했다. 그는 겁에 질렸거나 지쳐 있었던 것으로 보인다.《니외베 테이딩헌》의 그 모든 혁신과 변화, 활기가 무색하게, 베르후번의 새 신문은 독일과 네덜란드 신문을 대충 모방해 진지한 어조의 뉴스 보고를 동일한 순서로 실은, 시트 한 장을 한 번 접어 만든 4쪽짜리 신문이었다. 베르후번이 이러한 관행으로 되돌아감으로써 다시 돈을 벌 수 있으리라 기대했다면 안타깝게도 잘못된 판단이었다.《베케레이커 테이딩허》는 2년도 지속되지 못했으며 그 뒤를 이은 2쪽짜리《카우란터(Courante, 코란트)》도 2년 만에 폐간했다.* 베르후번은 1634년 자신의 사업체와 신문을 둘째 아들 이사크에게 팔았다. 말년은 참으로 비참했다. 임대 주택에서 살아야 했고 아들의 작업장에서 일용

---

* '카우란터'는 '달리는'을 의미하는 프랑스어 '쿠랑(courant)'에서 온 말이다. 오늘날 영어 '코란트(courante)' 또는 프랑스어 '쿠리에(courrier)'는 '신문'이라는 뜻으로 사용되고 있다.

직 노동자로 일하며 근근이 생계를 꾸렸다.

베르후번의 전망, 즉 신문의 사업 모델에 대중적인 인기를 구가하던 뉴스 팸플릿의 스타일을 결합한 연재 간행물은 당시 과도기를 지나고 있던 뉴스 보도의 역사에서 가장 흥미로운 실험이었다. 하지만 이를 모방한 곳은 그리 많지 않았다. 베르후번의 신문과 같이 뉴스와 논평, 그리고 노골적인 당파성이 혼재된 형식의 간행물이, 가끔 발행되는 팸플릿 수준을 넘어 하나의 신문으로 도약하기까지는 적어도 200년이 더 걸린다. 그의 타블로이드 신문은 시대에 너무 앞섰던 것이다.

뉴스의 성전

16세기 말엽 잉글랜드에서는 뉴스의 애독자층이 확고하게 자리를 잡았다. 무적함대의 원정 이후 잉글랜드가 대륙에서 벌어지는 전쟁에 점점 더 깊이 관여하게 되면서 런던의 인쇄업자들은 프랑스와 네덜란드의 전쟁 보고문에서 시장의 잠재력을 발견하고 이를 번역하기 시작했다.[30] 새로운 세기가 시작된 후 몇 년간 런던의 기자들은 대륙에서 온 소식들을 편집해 최초의 정기 필사본 뉴스 서비스를 시작했다. 주 고객은 정책 입안자와 젠트리(gentry)** 계층이었다.[31] 당시 스코틀랜드에서 모셔온 잉글랜드의 국왕 제임스 6세***(또는 제임스 1세)는 시사 문제에 대중의 관심이 높아진 것을 그리 반기지 않았다. 특히 그가 통치한 후반기는 잉글랜드가 외교 정책에서 어려움을 겪던 시기였다.

** 영국에서 자영농과 귀족 사이에 존재하는 중산 계급의 상층부를 이르는 말.
*** 스코틀랜드의 메리 1세가 낳은 아들로, 메리가 잉글랜드로 망명한 후 스코틀랜드의 국왕 제임스 6세로 즉위했다. 그의 증조모는 헨리 8세의 누이였으므로 그에게는 잉글랜드 왕위 계승권이 있었으며, 엘리자베스 1세가 후세 없이 사망한 후 제임스 1세로 잉글랜드의 왕위에 올랐다.

독일에서 전해진 반란의 물결은 광범위한 대중에게 개신교에 대한 열광을 불러일으켰다. 군사적 조치를 취해야 하는 상황에 몰리는 것이 썩 내키지 않았던 국왕은 진행 상황을 쉴 새 없이 전달하는 뉴스 보고가 이러한 열광을 더욱 확대시키지 않기를 바라며, 1620년 '국가적 문제에 대해 지나치게 무절제하고 부도덕한 발언'을 강력하게 경고하는 선언문을 발표했다. 경고는 효과적으로 작용했으며, 유순하고 순종적인 런던 인쇄업자들은 유럽 대륙의 문제를 주로 다루는 뉴스 팸플릿의 제작을 대폭 줄였다.

따라서 영어로 된 뉴스 연재물이 런던이 아닌 암스테르담에서 먼저 출판된 것도 놀랄 일은 아니다. 1620년 12월, 진취적인 사업가 피터르 반 덴 케이러(Pieter van den Keere)는 《이탈리아, 독일 등지에서 온 코란트(Courant out of Italy, Germany etc.)》를 발행했다. 이것은 네덜란드판을 간단히 번역한 것으로, 낱장 형식으로 출판되었다.[32] 반 덴 케이러에게는 1년 중 가장 좋은 기간 동안 꾸준히 간행물을 출판하는 것만으로도 충분히 성공할 수 있었다.

성공은 모방을 불러왔다. 1621년까지 이러한 낱장 '코란토(coranto)'는 여러 종이 유통되었다. 그중 가장 성공한 신문은 비록 브루르 얀스의 암스테르담 상사에 귀속되어 있었지만 사실상 런던에서 발행되었다. 런던의 인쇄업자 너새니얼 버터(Nathaniel Butter)는 1621년 9월부터 자신이 반 덴 케이러의 연재물을 이어받게 되었다며 공개적으로 홍보했다.[33] 런던의 몇몇 다른 인쇄업자들도 일련번호가 없는 팸플릿 뉴스북으로 시장에 다시 진입했다.[34]

잉글랜드 당국으로서는 규제 없는 무한 경쟁은 용인할 수 없었으므로 그들이 선호하는 통제 수단, 즉 독점권에 의존했다. 버터와 니컬러스 번(Nicolas Bourne)이 이 독점권을 따냈으며, 이제 사전 검열을 받는다는 조건 아래서 매주 뉴스북을 발행하도록 승인받았다. 다른 출판사는 국내 뉴스나 잉글랜드 정세에 대해 어떠한 논평도 발행하는 것이 허가되지 않았다. 당국이 의도한 바는 대륙의 신문에서 얻은 기사를 가능한 한 건조하게, 문자 그대로 번역하는 것이었다.

버터와 번은 경쟁을 없애기 위해 이러한 조건을 받아들였지만, 곧 이 사업에서도 경쟁이 상당히 치열할 수 있음을 보여주었다. 버터는 뉴스 인쇄에 정통한 전문가였다. 아버지에게 인쇄소를 물려받은 그는, 선정적인 국내 살인 사건 등을 다루는 뉴스 팸플릿을 주로 출판했다. 곧 버터와 번은 기존의 낱장짜리 암스테르담 신문을 번역본 형태로 만든 뉴스북을 친숙한 형식의 팸플릿으로 바꾸었다.[35]

이 잉글랜드 편집자들은 독일 신문의 관행, 즉 표제면의 제목줄 바로 아래부터 본문을 시작하는 방식 대신, 베르후번이 창안한 안트베르펜의 신문 양식(또는 잉글랜드의 이전 뉴스 팸플릿 양식)을 따라 표제면에는 내용에 대한 설명을 실었다.[36] 이들은 팸플릿을 화려한 목판화로 장식할 방법이 없었으므로(런던에서는 목판화를 그렇게 손쉽게 제작하긴 어려웠다), 그 대신 표제면 전체에 본문의 내용을 차례차례 기술했다. 이러한 설명은 신문의 제호와 구분이 잘 가지 않을 때가 많았기 때문에 독자들은 날짜와 일련번호를 보고서야 이것이 연재물의 일부라는 것을 알 수 있었다.

버터와 번은 대륙의 신문을 있는 그대로 베끼기만 할 생각은 없었다. 1622년 즈음 이들은 토머스 게인스퍼드(Thomas Gainsford) 대령을 편집자로 고용했다. 게인스퍼드는 영국의 전형적인 모험가였다. 그는 빚을 청산하려 잉글랜드군에 입대한 후 대륙의 여러 곳을 여행했으며, 마지막에는 나사우의 모리스를 위해 복무했다.* 게인스퍼드도 너새니

---

* 나사우의 모리스 또는 오라녜 공작 마우리츠는 네덜란드의 홀란트, 제일란트, 위트레흐트 등의 주에서 총독을 지냈다. 뛰어난 군인으로서 네덜란드 육군을 육성하는 데 크게 기여했다.

얼 버터와 마찬가지로 열렬한 개신교 옹호자였다. 마침내 잉글랜드로 돌아온 그는 다소 뜻밖에도 작가의 길을 걷기 시작했으며, 주로 민중 사에 대한 책을 썼다. 게인스퍼드의 책을 한 권 이상 출판한 바 있는 버터는 게인스퍼드가 대륙 신문의 이 밋밋한 기사들에 흥취와 묘미를 더할 수 있으리라 생각했다.[37]

이런 점에서 게인스퍼드는 발군의 실력을 보여주었다. 그는 병력의 이동과 외교적 전술에 대한 보고를 합쳐 조리 있는 이야기로 써내려갔 다. 때로는 '친애하는 독자'를 직접 지칭하며 기사의 진실성을 강조하 고 자기 자신은 어떠한 편파성에도 물들지 않았음을 강변했다. 이러한 논평은 지적을 받은 것으로 보인다. 결국 게인스퍼드는 적극적인 방어 태세에 들어갔기 때문이다.

친애하는 독자 여러분, 어찌하여 그대들을 기쁘게 할 수 있는 일이 아무 일도 일어나지 않을까요? 여기서 따분한 소식만 전한다면 그대들 은… 그럴 리가 없다며 불평할 것입니다. 만약 우리가 약간의 [장식]을 더하면 그대들은 방법과 일관성을 검토하길 바라며 원문을 제대로 번역 하지 않은 것이 아니냐고 주장하겠죠.[38]

게인스퍼드도 뉴스를 지어낼 수 없었다. 아무도 속지 않을 것이기 때문이다. 독자들은 탐욕을 버려야 하며, "매일 전쟁이 벌어지거나 성 이 점령되기를 바라서는 안 됩니다. 하지만 그러한 일이 일어난다면 바로 알 수 있을 것입니다."[39]

버터와 번은 대륙의 기자들에게는 큰 영향을 미치지 않는 한 가지 문제에 봉착했다. 바로 영국 해협이다. 해협에 역풍이 불거나 안개가 짙어지면 뉴스 보고를 받을 수 없으므로 잉글랜드 신문에서도 실을 수 있는 기사가 없는 것이다. 따라서 잉글랜드에서는 대륙의 다른 신문사

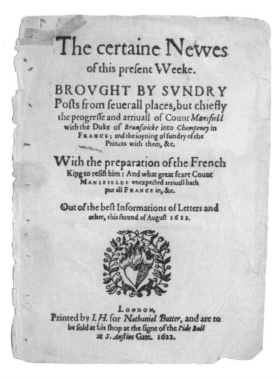

9.4 너새니얼 버터의 뉴스 연재 간행물. 이 연재물이 나온 해 말경에 가서야 버터는 여기에 일련번호를 매기기 시작했다.

들만큼 엄격한 주기에 따라 신문을 발행하지 않았다. 런던 신문은 분명 매주 발행하는 것을 목표로 했지만 발행 요일은 일정하지 않았다.

그럼에도 신문은 런던에서 널리 읽혔으며 런던의 정기 배송 서비스를 통해 각 지방에 배포되었다. 젠트리 계층의 독자들은 친지와 서신을 교환하면서 코란트를 동봉하기 시작했다.[40] 심지어 필사본 뉴스 구독 서비스 제공업자들도 그들의 유료 독자들에게 이러한 신문을 읽어보라며 추천하기도 했다. 존 포리(John Pory)*와 존 스쿠다모어(John Scudamore)**에게 보낸 편지에서는 다음과 같이 고상하게 표현했다. "제

---

* 영국의 정치인이자 여행가, 작가로 너새니얼 버터를 도와 정기적으로 뉴스를 썼다.
** 엘리자베스 1세의 조신이자 의정관.

가 각하게 모든 코란트를 읽으시라 권한 근거[원문대로]는 첫째, 천박한 이들도 알고 있는 것을 고귀한 이가 알지 못한다면 수치이기 때문입니다."[41] 포리가 이 새로운 인쇄 매체가 그의 탁월한 맞춤 서비스에 어떠한 위협도 되지 않는다고 간주한 것은 흥미롭다. 대륙에서도 이 둘은 함께 존속했다.

토머스 게인스퍼드는 1624년에 사망했으며 그를 대신해 다른 사람은 기용되지 않았다. 뉴스북은 게인스퍼드 없이도 인기를 유지하기 위해 고군분투했다. 인쇄업자들은 '메르쿠리우스 브리타니쿠스(Mercurius Britannicus)'라는 필명을 채택했고, 뉴스북에는 보통 "연속 주간 뉴스"로 시작하는 제목을 붙였다. 그러나 아직까지는 개신교 독자들이 기뻐할 만한 뉴스는 전혀 들려오지 않았고 오히려 상황은 계속 악화되었다. 이는 판매에도 나쁜 영향을 준 것으로 보인다. 1625년 버터는 시사 뉴스 대유행에 대한 벤 존슨(Ben Johnson)*의 재치 있는 풍자극 〈뉴스의 성전(A Staple of News)〉에도 등장했다.

존슨의 풍자극은 핵심을 정확히 포착했으나 상연 시기에는 그리 운이 따르지 않았다. 당시 신문의 유행은 차차 사그라드는 추세였으며, 영국 신문의 초창기 역사에서 가장 주목할 만한 사건은 그의 연극이 상연되고 몇 년이 지난 후에야 일어났다. 버킹엄 공작이 라로셸 공격에 대한 선전 수단으로서 신문업을 독점하려 한 것이다.

영웅과 악당

1627년 버킹엄 공작의 평판은 급격히 추락했다. 앞서 버킹

뉴스의 탄생

---

* 17세기 영국의 극작가이자 문인으로 이후 제임스 1세에 의해 최초의 계관시인이 된다.

엄은 어린 왕세자 찰스를 스페인 왕녀와의 혼인에서 구해내는 데 지대한 역할을 한 것으로 인식되어, 1625년 찰스 1세가 즉위한 후 모든 불만을 뒤집어쓰는 희생양이 되었다.** 스페인과의 전쟁이 재앙으로 치닫자 의회는 버킹엄의 전횡에 공식적으로 불만을 제기했다. 국왕의 총애를 받던 총신은 하루아침에 국가적 웃음거리로 전락했다. 한 무리의 유랑단이 전국을 떠돌며 공작의 찬란한 업적을 칭송하는 아이러니한 노래를 불렀다. "이 고귀한 공작의 모든 승리를 찬미하고 그의 생애 내내 그를 위해 기도하세." 그러면 청중은 거절의 노래를 합창한다. "난 반댈세, 오 나는 반댈세."42

버킹엄도 전쟁에서의 패배를 무마하기 위해 결단력 있는 조치를 취했다. 놀랍게도 유럽의 또 다른 강대국인 프랑스에 전쟁을 선포한 것이다. 버킹엄은 라로셸에 있는 프랑스의 소수 개신교도를 돕는다는 명목으로 직접 원정대를 지휘하며 출항했다.***

버킹엄은 장군은 아니었지만, 군사를 동원하는 홍보와 관련해서는 일찌감치 의식이 꽤 깨어 있었다. 몇 해 전 필사본 소식지 제공자인 토머스 로크(Thomas Locke)와 존 포리는 잉글랜드 정부에 직접 신문을 만들어 뉴스에 대한 대중의 갈망을 이용할 것을 제안했었다. 그들의 선견지명이 담긴 청원서에는 신문의 세 가지 잠재적 이익이 명시되어 있다. 그들은 신문이 위기의 시기에 여론을 형성하고 이끄는 데 기여할

2부 헤드라인의 시대

** 당시 잉글랜드에서는 개신교가 득세하고 있었지만, 버킹엄은 가톨릭 국가인 스페인의 왕녀와 혼인을 무리하게 추진하며 찰스 왕세자와 함께 스페인으로 갔다. 그러나 스페인 궁정은 찰스에게 가톨릭으로 개종하기를 요구했고, 버킹엄은 이를 중재하기는커녕 오히려 무례하게 굴어 혼인 협상은 완전히 무산되었다. 이들이 잉글랜드로 돌아온 후 스페인은 잉글랜드 의회에 버킹엄을 처형할 것을 요청했으며, 이에 버킹엄은 스페인과의 전쟁을 촉구하고 1625년 스페인의 카디스 항을 기습하지만 크게 패했다. 또한 버킹엄은 스페인과의 혼인이 무산된 후에도 가톨릭교도인 프랑스의 앙리에트 마리와 찰스 1세의 혼인을 추진함으로써 잉글랜드 내 개신교도들의 반발을 샀다.
*** 프랑스 앙리 4세의 낭트 칙령 공포 이후 종교의 자유를 얻은 위그노들은 라로셸에 본거지를 구축했다.

수 있고, 좀 더 평온한 시기에는 정부의 정책을 홍보할 수 있으며, 마지막으로 시민들의 사기를 북돋고 정부에 순종하도록 길들일 수 있다고 주장했다. 언론 통제의 이점에 대해 이토록 노골적인 견해도 찾기 힘들 것이다.

당시 이들의 청원은 무시되고 버터와 번에게 독점권이 주어졌다. 정부의 관점에서는 결과를 확신할 수 없었기 때문이다. 그리고 이때 버킹엄은 이제는 신문을 좀 더 잘 활용할 수 있지 않을까 하고 생각했다. 함대가 라로셸로 출항한 후 그는 전방에서 들리는 보고를 완전히 통제할 수 있는 지위에 있었다. 버킹엄은 런던으로 전령을 보내 정부에 협조적인 서적상에게 급보를 전달하도록 했다. 그렇게 출판된《저널(Journal)》의 창간호는 버킹엄의 영웅적인 활동을 부각하며 대중에게 열렬한 환호를 끌어냈다.

2호도 발행될 예정이었지만, 그 전에 추밀원은 일단 버터와 번부터 처리해야 했다. 이 일은 별로 어렵지 않았다. 이 뉴스북 인쇄업자들은 검열받기 위해 본문을 제출하는 의무를 소홀히 했으므로, 이를 빌미로 버터를 감옥으로 끌고 갈 수 있었다. 그는 곧 풀려났지만 그것만으로도 입단속을 하기엔 충분했다. 이후《컨티뉴에이션 오브 더 위클리 뉴스(The Continuation of the Weekly News, 연속 주간 뉴스)》는 라로셸에서 온 보고는 최대한 간결한 단신으로 처리했으며, 버킹엄의 대변인인 토머스 월클리(Thomas Walkley)를 위해 지면을 비워두었다.

전쟁 프로파간다에서 이러한 관행은 연구할 가치가 충분한데도 지금까지 거의 관심을 받지 못했다.[44] 전쟁의 진행 상황은 8월부터 11월까지《저널》의 연재를 통해 기록되었다. 애독자들은 버킹엄의 단호하면서도 명예를 잃지 않는 지도력 아래, 이전에 훈련을 받아본 적 없는 잉글랜드군이 라로셸에서 승승장구하는 상황에 깊은 감명을 받지 않을 수 없었다. 사상자 수는 얼마 되지 않았고, 프랑스 현지 와인의 이국적인 향에 취해 안타깝게도 부상을 입은 이들은 전문적인 치료를 받을 수 있었다. 아르플뢰르 성문 앞의 헨리 5세*처럼, 버킹엄도 어디에나 있었다. 상륙 당일, "L. 장군은 3시까지 모든 준비를 마쳤다." 치열한 전투 후 "그는 매일 저녁 부상자를 찾아가 곁에서 시간을 보냈다."[45] 그동안 버킹엄을 비판해온 사람들도 이제 자신의 의견을 되돌아보기 시작했다.

이처럼 치밀하게 준비된 급보라면 단기적으로는 성공하지 못할 이유가 없다. 하지만 라로셸 공격의 열쇠가 되는 요새 섬인 일드레(île de Ré)에서 벌어지고 있는 군사적 파국을 숨기기는 더는 불가능했다. 버킹엄군은 프랑스군이 점령한 성채를 도저히 뚫지 못했다. 최후의 공격에서는 잘못된 전략으로 병력의 절반이 섬에서 탈출하지 못한 채 무자비하게 학살당했다. 지친 생존자들이 비틀거리며 잉글랜드로 돌아오자, 충격에 휩싸인 추밀원은 사상자에 대한 보도 관제를 실시했다. 하지만 그 규모가 얼마인지는 귀향하지 못한 군인의 수에서 자연스럽게 드러났다. 버킹엄이 언론을 교묘히 이용해 승리에 대한 기대감을 상당히 끌어올린 상태였으므로 예상치 못한 패배가 그의 평판에 끼친 영향 또한 극도로 치명적이었다. 1년 후 그는 자신이 파멸로 몰고 간 한 사람에게 암살당했다.**

초창기 잉글랜드 신문의 파란만장했던 역사는 아직 끝나지 않았다. 월클리의《저널》이 무너진 후 버터와 번은 다시 독점권을 얻었다. 한동안 뉴스북은 번성했다. 또한 30년 전쟁 중 스웨덴의 참전으로 개신교

---

* 백년 전쟁 동안 영웅적인 면모를 보이며 전쟁을 승리로 이끈 왕으로, 이후에도 잉글랜드의 영웅으로 칭송되고 있다. 셰익스피어의 희곡《헨리 5세》에서 아르플뢰르 공성전이 묘사된다.

** 버킹엄 공작을 암살한 존 펠턴 중위는 진급에 대한 희망을 품고 라로셸 원정에 참여했지만 부상만 입고 돌아왔으며, 이후 외상 후 스트레스장애(PTSD)를 앓은 것으로 알려졌다. 군에 진급을 청원했지만 그마저도 거부당하자 공작을 암살했다.

도 사이에서 다시 희망이 일기 시작했다. 이 격동의 시대 동안에는 전달받은 모든 보고문의 진위 여부에 대해서도 철저한 조사가 이루어졌다. 아마도 일드레의 참사를 기억하는 많은 이가 크리스토퍼 포스터 목사와 함께 다음과 같이 기도했을 것이다.

코란트의 장인들에게 진리의 혼을 불어넣으시어 언제 주님의 축복과 영광스러운 이름을 찬양하고, 언제 주님께 기도해야 할지를 알게 하소서. 저희가 스웨덴 국왕의 승리에 기뻐하며 주님의 거룩한 이름을 찬양하지만 곧 그러한 일은 없었다는 소식을 듣습니다. 그리고 저희는 스웨덴 국왕이 역경에서 벗어났다는 소식에 다시 주님께 기도를 올리지만 곧 다시 한번 그러한 일은 없었다는 소식을 듣습니다.[46]

한동안 독일에서 온 소식은 개신교도들에게 희망을 안겨주었다. 사실 조금 다른 생각을 품고 있던 찰스 1세는 과도한 희망을 품게 되었다. 1632년, 스페인 대사의 항의에 따라 정부는 버터와 번에게 뉴스북 발행을 중단하기를 명령했다. 철저하고 꼼꼼한 기자인 버터는 계속 시장에 남아 당대에 관한 역사책을 출판했으며 책 곳곳에 개신교의 대의를 숨겨놓았다.[47] 번은 좀 더 현명하게 다양한 영역으로 사업을 다각화했다. 1638년 출판 금지 조항이 완화되자 코란트도 부활했지만 곧 국내 정치를 다루는 뉴스북들에게 자리를 빼앗겼다. 사업가인 번은 당당히 스테이셔너스 컴퍼니(Stationer's Company)의 경영자로 선출되었으며 계속 번창했다. 좌절한 신문 발행인, 버터는 무일푼으로 죽었다.

마키아벨리 정치가 두 명

　　20년 동안 잉글랜드는 신문의 초창기 역사에서 혁신의 가능성을 점지하며 활발하게 기여했다. 내전이 일어나기 몇 년 전, 잉글랜드에서 신문 제작이 부활할 무렵에는 런던에서 저지대 국가와 독일어권 국가들을 거쳐 단치히, 프라하, 빈까지 이어지는 정기 간행물 네트워크가 형성되었다. 유럽의 다른 지역에서는 정기 간행물이 그다지 성공을 거두지 못했다. 초기에는 일부 제한된 지역에서만 신문이 성행했다. 스페인은 뉴스 간행물 시장에 뒤늦게 뛰어들었으며, 당대의 가장 큰 인쇄 시장 중 두 곳인 프랑스와 이탈리아도 마찬가지였다. 중세 이후 유럽 뉴스 연결망의 중심이었던 이탈리아가 뉴스 시장에서 후발주자였다는 사실은 사뭇 놀랍다. 프랑스에서는 당대의 가장 영향력 있는 정치가 리슐리외(Richelieu) 추기경이 국가 차원에서 의도적으로 뉴스 시장을 억눌렀다.

　리슐리외는 언론을 좋아할 이유가 없었다. 그는 왕실의 눈에 들기 위해 오랫동안 공을 들이며 꾸준히 출세해 마침내 재상이 된 사례다. 리슐리외가 처음 정치계에 발을 들였을 때는 루이 13세의 섭정 기간으로, 모후 마리 드 메디시스(Marie de Medicis)와 신료들 간에 격렬한 세력 다툼이 벌어지던 시기였다. 거리에는 궁중에서의 불화를 다루는 팸플릿이 쏟아져 나왔고, 특히 1614년 삼부회*가 소집되고(프랑스 혁명 이전에 열린 마지막 삼부회였다) 3년 후 세간의 미움을 받던, 마리의 총신 콘치노 콘치니(Concino Concini)가 암살되는 사이 절정에 달했다. 이 기간 동안

---

* 마리 드 메디시스는 낭트 칙령을 발표해 종교 간 화해를 가져온 앙리 4세의 아내로, 앙리 4세가 암살된 후 당시 9세의 나이로 국왕에 즉위한 루이 13세를 대신해 섭정을 했다. 그러나 마리는 앙리 4세가 수립한 종교 화의 정책을 파기하고 로마 가톨릭을 옹호함으로써 귀족 간에 불화를 조장했고, 이에 귀족들은 물론 루이 13세 또한 불만을 품고 마리에게 삼부회 개최를 강요하는 등 정치 개혁을 요구했다.

1천 권이 넘는 정치 팸플릿이 출간되었는데, 많은 수가 궁정에서의 세력 다툼을 노골적으로 비웃는 내용이었다.[48]

당시 군중의 분노는 실로 무시무시했으므로, 지난 세기 내전의 상처가 아직 남아 있던 프랑스가 다시 내전에 돌입할 수도 있을 만큼 위태로운 상황이었다. 리슐리외가 권력을 쥔 바로 그해에 최후의 위그노 반란이 일어났으나, 결국 위그노의 성채 라로셸을 굴복시킴으로써 모든 사태는 종식되었다(앞에서도 보았듯이 버킹엄의 참전은 아무 소용이 없었다).

리슐리외는 언론의 효용을 금방 깨달았다. 정치에 처음 입문할 당시부터 삼부회에 따른 정치 유세에 참여했으며, 라로셸에서 승리한 후에는 온 거리에 가톨릭의 승리를 공표하는 팸플릿이 흘러넘치도록 했다.[49] 따라서 1631년 최초의 주간 신문이 발행되었을 때도 리슐리외는 이를 미리 포섭해 두었을 때 어떤 이점이 있을지 곧바로 알아차릴 수 있었다. 이 신문은 엄밀히 말해 프랑스에서 발행된 첫 번째 주간 뉴스 시트는 아니다. 잉글랜드에서와 마찬가지로 암스테르담의 신문 발행인들이 네덜란드어로 된 베르후번의 《카우란트》를 프랑스어로 번역해 발행하기도 했지만 몇 호밖에 이어지지 못했다.[50]

이러한 신문이 폐간된 후 파리에서 또 다른 프랑스어 신문이 창간되기까지는 10년이 걸렸다. 《누벨 오르디네르 드 디베르 앙두아(Nouvelles ordinaires de divers endroits, 다양한 곳의 일상 소식)》(이하 《누벨 오르디네르》)는 파리의 숙련된 세 출판업자가 힘을 합쳐 이룬 업적으로, 이들은 새로운 사업을 일구기 위해 현명하게도 독일인 루이스 엡스틴(Louis Epstin)을 기용했다.[51] 파리의 독자들은 이런 신문을 기다렸던 것이 분명했고, 차례로 경쟁자가 등장했다. 1631년 5월 30일 파리에서 《가제트(Gazette)》*

---

* 'gazette(가제트)'라는 단어는 현재 프랑스에서 관보나 신문, 기록 신문을 일컫는 말이지만 어원은 이탈리아어 'gazzetta(가제타)'에서 왔다. 가제타는 16~17세기 베네치아에서 유통된 동전의 이름이며 비공식적인 뉴스 소식지를 부르는 말이기도 했다.

9.5 파리의 《가제트》. 르노도는 이전에 출판업계에서 활동한 경험이 없었음에도 상당한 재능과 설계 감각으로 사업을 이끌었다. 《누벨 오르디네르》는 신성로마제국의 소식을 전문적으로 다루었다.

가 창간되었다. 출판업계에는 속해 있지 않은 파리의 유명 인사인 테오프라스트 르노도(Théophraste Renaudot)가 발행인이었다.

르노도는 신문 발행인으로는 좀처럼 생각되지 않는 사람이었다.[52] 1586년 개신교 집안에서 태어난 르노도는 몽펠리에의 명문 의과 대학에서 수재로 이름을 날린 후 20세라는 나이에 박사 학위를 받았다. 1611년에 고향 루덩으로 돌아온 르노도는 그 지역의 주교였던 아르망 드 리슐리외의 눈에 들었으며 즉시 그의 진영에 포섭되었다. 1612년 궁정 주치의로 임명된 르노도는 리슐리외를 따라 파리로 간 후 가톨릭으로 개종하고, 수도의 빈민 구제 사업을 관리 및 개혁하는 일을 맡았다. 르노도는 파리의 지식인 사회에서 탄탄한 인맥을 쌓았지만 인쇄업자로서의 경험은 거의 없었다. 그러나 《누벨 오르디네르》의 발행인이 격렬한 시위를 일으킨 후 주간 신문을 발행할 뜻을 품게 되었고, 이로서 리슐리외는 이제 막 시작된 신문업계를 장악할 기회를 얻었다.

1631년 11월 11일, 르노도는 국왕령에 따라 프랑스에서 신문을 인쇄, 판매, 배포할 수 있는 독점권을 갖게 되었다.[53]

르노도는 독점권의 지위를 최대한 활용하기 위해 신속히 움직였다. 엡스틴에게 파리의 조합을 떠나 자기 밑에서 일하도록 권유했고, 심지어 주간《가제트》의 부록으로 '누벨 오르디네르'라는 제호를 도용한 신문을 발행하기도 했다. 경쟁자들도 쉽게 포기하지는 않았다. 그들은 국왕에게 르노도의《가제트》가 외국 신문에서 수집한 소식을 번역한 것에 불과하다고 항의했다. 실제로《가제트》는 전문적으로 새로운 시도는 부족했을 수도 있다. 하지만 당시에 리슐리외가 원했던 것은 바로 이것이었다. 1633년과 1635년 르노도의 독점권이 확정되었으며 위반 시 가혹한 처벌이 내려졌다. 파리의 조합은 와해될 수밖에 없었다.

《가제트》는 매주 토요일마다 발행되었다. 르노도는 인쇄기 세 대를 사용해 하루에 1200부까지 발행할 수 있었는데,《가제트》가 12쪽이 넘는 4절판 신문이며 부록으로《누벨 오르디네르》까지 수록되어 있었던 것을 생각하면 대단한 성과다. 또한《가제트》는 여전히 해외 급보가 주축을 이루었지만 파리, 베르사유, 생제르맹 등에서 보내온 국왕의 활동에 대해 상세한 보고도 제공하기 시작했다.《가제트》가 유럽의 다른 신문과 가장 큰 차이를 보인 부분도 바로 이 점으로, 해외 급보는 다소 건조하고 상세했던 반면 궁정에서 비롯된 소식은 열렬한 찬양의 어조를 취했다.

르노도는 거리낌없이 지속적으로 국왕을 칭송하는 기사를 실었다. 프랑스는 보기 드문 우아함과 재능, 용기, 인간성을 갖춘 통치자의 축복을 받았다는 것이다. 이 모든 미덕의 목록은 예술적 재능에까지 물론 확장되었다. 국왕께서는 "폐하가 심혈을 기울인 그 모든 활동과 불가분한 환희를 담아" 친히 발레 공연을 했다고 한다.

사실 루이 13세는 건강하지 않았다. 1642년 궁정의 사람들은 국왕의 건강이 지속적으로 악화되고 있다는 것을 모두 알고 있었으나, 이런 사실은《가제트》에서는 한 번도 언급되지 않았다. 물론 리슐리외도 그러한 경외와 찬양의 대상이었다. 르노도는 여전히 리슐리외에게 변함없는 충성심을 보였다. 1634년 리슐리외가 국왕 형제의 결혼이라는 골치 아픈 문제를 처리하기 위해 파리 고등 법원에 출두했을 때, 르노도는 리슐리외의 곁에서 그가 펼친 설득의 기술을 기록했다.

추기경 예하는 비할 데 없는 웅변과 본 사안에 대한 완벽한 지식으로 수월하게 논의를 이끌었다. 거의 한 시간가량 연설하는 동안 온 회중(會中)은 그에게만 시선을 고정한 채 말 한마디 한마디에 귀를 기울이며 전혀 동요하지 않았다. 이는 명백한 징후였다. 회중 모두가 일제히 만장일치로 박수를 보내며 아첨의 의혹을 모두 씻어냈고, 그가 모든 청중의 마음을 움직이게 만든 감격스러운 순간이 찾아왔다.[55]

르노도는 궁정에 봉사하고 추기경의 신뢰에 보답하는 것 외에도, 국외에서 받는 광범위한 보고를《가제트》에 실을 수 있도록 지면을 점차 늘려갔다. 1635년 이후 독일에서 온 급보가 점차 더 많은 지면을 차지하게 되었다. 르노도는 잉글랜드 궁정에서 진행되는 위기 상황도 독자들에게 꼼꼼히 전달했으며 암묵적으로, 하지만 유익하게도 프랑스 왕실의 안정성과 대비시키기도 했다.

이러한 격동의 시기에 정보에 대한 욕구는 파리의 대도시 엘리트 집단을 넘어 지방 시장으로도 확산되었다. 1631년부터 루앙에서, 1633년부터 엑상프로방스에서《가제트》의 해적판이 눈에 띄기 시작했다. 이에 르노도는 값비싼 소송을 벌이거나 파리에서 현지로 직접 신문을 공급하는 대신 새로운 해결책을 찾아냈다. 지방 인쇄업자에게《가제트》의 본문을 인쇄할 수 있는 판권을 팔기 시작한 것이다.[56] 판권을 구입한 인쇄업자들은 자체적으로 신문을 발행할 수 있었으며, 그에 따라 루앙, 리옹, 보르도에 《가제트》의 지역판이 배포되기 시작했다. 이들 지역에 배포된 신문은 프랑스의 구석구석까지 도달할 수 있었다. 가령 그르노블의 서적상은 디, 발랑스, 님, 브장송의 고객들에게 신문을 배포했다는 기록을 남기고 있다. 이제 왕국 전역에서 궁중의 목소리를 들을 수 있게 된 것이다.

판권 판매는 수익성이 좋았을 뿐 아니라 그 자체로도 영리한 전략이었다. 이 제도로 그동안 파리의 엄격한 관리 감독의 손이 닿지 않던 프랑스 남부에서도 인쇄업자들이 자체적으로 신문을 발행할 생각은 하지 못하게 되었다. 그 결과 주민 수만 2천만 명에 달하며 잘 발달된 인쇄 중심지도 30곳이 넘는 왕국이, 오직 하나의 주간 신문에 의지하게 되었다. 이 상태는 17세기 중반에 대반란인 '프롱드의 난'이 일어나 왕권이 일시적으로 정지되고 공론이 격화될 때까지 계속 유지되었다.*

프롱드의 난은 본질적으로 루이 14세가 아직 미성년자이던 시절, 권력에서 배제된 것에 분개한 두 집단인 봉건 귀족과 법복 귀족이 내지른 최후의 절규였다. 이들의 불만은 리슐리외의 뒤를 이어 순조롭게 권력을 장악한 마자랭(Mazarin) 추기경에게 집중되었다. 인쇄물을 통해 마자랭에게 반대하는 운동이 대대적으로 이루어졌다. 팸플릿도 엄청나게 쇄도하여 1649년에만 3천 부가 배포되는 등 프롱드의 난이 진행된 3년 동안 팸플릿이 무려 5천 부 정도 쏟아져 나왔다.[57] 마자랭을 비꼬며 인쇄업자들에게 그토록 많은 일거리를 안겨준 데 감사를 전한다는 팸플릿이 나온 것도 무리는 아니다. "그대의 삶은 문인들에게는 무

---

* 루이 14세가 5세라는 어린 나이로 즉위한 후 합스부르크 가문 출신인 어머니 안 도트리슈가 섭정을 맡았는데, 안은 리슐리외의 후임자로 부임한 이탈리아인 추기경 마자랭을 국무대신으로 앉혔다. 마자랭은 리슐리외와 마찬가지로 중앙 집권화 정책을 이어가며 귀족과 법관에게 세금을 부과하려 했고, 이에 분개하여 귀족들이 일으킨 반란이 프롱드의 난이다. 당시 루이 14세는 파리에서 피신해 프랑스 전역을 떠돌아야 했다.

궁무진한 영감의 원천, 인쇄업자들에게는 끊이지 않는 일감의 보고가 되고 있소. [...] 파리 인구의 절반은 이러한 책을 인쇄하거나 판매하고 있고, 나머지 절반은 그 책들을 쓰고 있죠."[58]

이들 팸플릿에는 재치, 웅변, 열정, 심지어 허풍까지 모든 것이 담겨 있었다.[59] 이 위기의 시대에, 예전부터 주요 뉴스 사건의 안전판 역할을 해온 팸플릿에 손을 뻗은 인쇄업자들은 이 정기 간행물에 걸맞은 새로운 이름을 붙이고 싶어 했다. 그에 따라 팸플릿 '쿠리에(Couriers, 전령들)'와 '주르날(Journals, 뉴스)', 조금 이상하지만 '메르퀴르(Mercure, 헤르메스)' 등의 제호가 제안되었다. '객관적 가제티어(Le Gazettier désintéressé)'는 그중 가장 가능성이 높았다.[60] 하지만 이들 팸플릿이 객관적이길 바라긴 힘들었다. 다른 모든 팸플릿과 마찬가지로, 이것들도 마자랭과 그의 모든 업적을 신랄하게 비판하는 내용이었다.

아리스토텔레스에 따르면 어떤 이는 선천적으로 선하고, 어떤 이는 교리에 의해 선하며, 어떤 이는 관습에 의해 선하다고 한다. 마자랭 추기경은 네 번째 유형인 것으로 나타났는데, 오직 기적에 의해서만 선해질 수 있기 때문이다.[61]

이처럼 팸플릿이 쇄도하는 가운데, 당시 중단된 《가제트》의 빈 자리를 대체할 진정한 간행물을 출간하려는 시도도 이루어졌다. 당시 르노도는 약간 망설이면서 국왕을 따라 생제르맹으로 피신했으므로, 파리의 진취적인 인쇄업자들은 르노도의 공백을 메울 기회를 얻게 되었다. 그 결과로 1649년 《쿠리에 프랑수아(Courier François, 프랑스의 쿠리에)》가 12호까지 발행되었고 몇몇 호는 다시 발행되었다.[62] 한때 이 신문은 파리에 남은 르노도의 두 아들이 아버지의 사업을 지속하기 위해 발행한 것이라는 속설도 있었지만 그럴 가능성은 낮아 보인다. 아무리 뉴

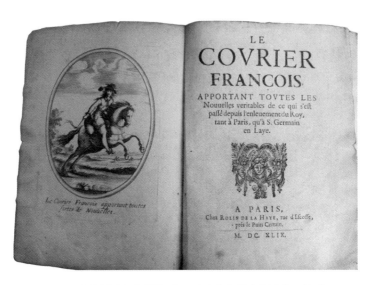

9.6 르노도가 파리에서 유배 생활을 하는 동안 잠시 번성했던 《쿠리에 프랑수아》.

스 출판계가 약삭빠른 업계라 해도, 그간 아무 대가 없이 왕실의 후원을 받아온 사람이 국왕과 그의 적을 동시에 섬길 생각은 하지 않을 것 같다.[63]

아무튼 파리가 다시 왕정의 손에 들어오자마자 르노도는 새로운 경쟁자들을 진압하기 위해 움직였다. 이 난투 또한 팸플릿의 소재가 되어 '뉴스 거래가 부활할 것인가, 가제트가 쿠리에를 짓밟을 것인가'라는 표제의 신랄한 소책자가 나오기도 했다.[64] 파리의 상인이 이를 모두 반기지는 않았지만, 어쨌거나 르노도는 국왕의 신임을 받고 있었으며 그것은 확고한 사실이었다. 《가제트》는 독점권을 그대로 유지한 채 다시 등장하여 루이 14세의 통치 기간 동안 프랑스 군대가 해외에서 거둔 승리를 기록했다.[65]

또 다른 권세가가 독점권에 매력을 느낀 듯했다. 바로 베네치아의 파올로 사르피(Paolo Sarpi)였다. 17세기 초 사르피는 걸출한 문인으로서, 특히 파문 논쟁(1606~1607) 당시 벨라르미노 추기경에게 대항하여 베네치아 공화국의 대변자로 명성을 쌓았다. 10여 년 후 유럽 다른 국가에서 간행물 시장이 나날이 커지는 것을 목격한 사르피는 과거의 사건을 되돌아보게 되었다. 처음에 사르피는 베네치아가 곤경에 맞서 대중에게 공화국의 입장을 전달할 독자적인 수단을 갖춰야 한다고 생각했다. 그의 주장에 따르면 최선의 전략은 사건에 자체적인 내러티브를 만들어 허위 정보나 유용하지 않은 정보를 몰아내는 것이다. 하지만 이 경우, 국민이 정보를 얻게 되면 정치적 사건에 자신만의 견해를 가지게 될 위험이 있었다. 국민이 정치에 정통하게 되면,

> 그들은 점차 군주의 행동을 판단하기 시작한다. 이러한 의견 개진에 너무 익숙해져서 그것이 마땅하다고 믿게 되고, 소통을 막으면 이를 잘못 해석하거나 모욕당했다고 느껴 증오심을 품게 된다.[67]

가급적이면 이러한 상황은 피하는 것이 최선이다. 사르피는 마지못해 결론을 내렸다. "모두가 고백하기를, 신민을 통치하는 참된 방법은 신민을 공공 문제에 무지하고 무관심하게 만드는 것이다."

사르피의 솔직함은 놀라울 정도지만, 사실 여기서 그가 표출한 정서는 이탈리아 대도시에서는 지배적인 관점이었던 것으로 보인다. 유럽 뉴스 출판의 양대 중심지인 로마와 베네치아 중 어느 곳도 신문을 발행하지 않았다. 연속 간행물이 처음 시도된 곳은 그보다 훨씬 작은 도시로, 시기상으로도 매우 늦었다. 제노바, 나폴리, 볼로냐, 피렌체에서 신문이 창간된 시기는 1640년대였다. 독일에서와 마찬가지로, 이탈리아의 신문도 전부터 필사본 뉴스 서비스를 운영하던 제공업자나 뉴스 팸플릿 등을 출판하던 인쇄업자들에 의해 발행되었다.

하지만 어느 누구도 큰 성공을 거두지는 못한 것 같다. 초창기 이탈리아 신문에서는 이전에 이탈리아 인쇄업자들이 보여주었던 인쇄상의

대담한 도전이나 선명함은 전혀 찾아볼 수 없었다. 볼로냐에서 창간된 최초의 신문은 저렴한 종이 한 장에 뉴스를 빼곡하게 채워 넣은 2절 신문이었다. 만토바의 신문은 인쇄 부수가 1689년까지 200부밖에 되지 않았으나, 그럼에도 "늘 몇 부는 팔리지 않고 남았으므로 공문서 보관소나 정부 대신 등에게 무료로 제공되었다."[69]

왜 이탈리아에서는 신문이 그리 환영받지 못했을까? 답은 부분적으로 기존의 뉴스 매체가 여전히 성공 가도를 달리고 있었다는 데 있다. 파문 논쟁이나 나폴리의 반란 등 대형 사건이 터질 때마다 이탈리아 반도는 한바탕 소동으로 들끓었으며 인쇄업자들은 이러한 사건에 적절히 대응할 수 있었다. 필사본 소식지는 정계의 일상적인 상황이나 궁정에서의 모략을 다루는 것만으로도 충성 고객들을 계속 유지할 수 있었다.

로마와 베네치아처럼 공동체가 소문과 사적인 정보원에 깊이 의존하는 곳에서는 공신력 있는 뉴스 서비스가 절대적으로 필요했다. 필사본 소식지는 공공 인쇄물에서는 볼 수 없는 미묘함과 탄력성을 가지고 있었다. 17세기 전반에 걸쳐 이탈리아의 소식지 작성자들은 보통의 필사본 서비스과 특별 고객에게만 제공하는 '기밀' 서비스를 구분하여 제공했다. 기밀 서비스에서는 저명한 공인의 평판을 해칠 수 있는 노골적이고 악랄한 논평을 제공했다. 인쇄업자가 이런 내용을 출판한다면 투옥되거나 더 나쁜 상황에 처할 수도 있을 것이다.

로마와 베네치아 모두 교육 수준이 높고 재능 있는 야심 찬 젊은이들이 모여드는 곳이라는 점도 관련이 있었다. 이곳에는 저렴한 필사 노동자의 인력풀이 형성되어 뉴스 작성자들이 상당한 규모의 작업장을 유지할 수 있었다. 이 뉴스 작성자들은 정보만 원활히 얻을 수 있다면 기밀 뉴스 서비스를 제공함으로써 신문 인쇄에서 얻는 수익의 몇 배에 달하는 이익을 얻을 수 있었다.[70]

이들 폐쇄적인 필사본 소식지는 때로는 완전히 시시한 가십만 다룬다고 여겨지기도 했다. 파두아의 한 팸플릿은 조소하듯 이렇게 쓰기도 했다. "터무니없는 이야기들을 들은 후 어떤 헛소문과 소식이 더 있는지 궁금해 안달하는 당신, 어서 가제트를 펼쳐보고 그 소식이 좋은지, 괜찮은지, 아니면 역겨운지 확인해 보세요."[71] 그러나 까다로운 독자들이 무어라 항변하든 관계없이 추문은 이탈리아 정계의 핏속에 흐르고 있었고, 인쇄하기에 적합하지 않은 뉴스가 가장 가치 있는 뉴스였다.

그리고 지금도 마찬가지지만, 가십과 추문 속에서는 권력이 심각한 치명타를 입고 이동함을 보여주는 작은 암시를 엿볼 수 있다. 누가 세력을 얻고, 누가 몰락했으며, 누가 누구를 모욕했는가? 추기경이 온천 치료를 위해 로마를 떠난 것은 정말로 건강이 악화되었다는 신호인가, 아니면 치욕을 감추기 위한 구실인가? 이것이 바로 마키아벨리의 나라가 가진 정치 세계다. 아마도 이들 가십은 이제 유럽 권력의 중심이 이탈리아가 아닌 다른 곳으로 옮겨갔다는 불쾌한 사실을 감추는 역할을 했을 것이다.

신문의 1세대는 가치 있지만 제한된 실험이 이루어진 시기였다. 이 새로운 발명품은 유럽 대륙에서도 일부 지역에서만 번성했으며, 그러한 지역에서도 먼 곳의 사건을 건조하고 다소 일상적인 어조로 보고하는 데 그쳐 당대 독자들의 피를 들끓게 하는 데는 역부족이었다. 연속 간행물의 디자인과 현실적 문제에 지역마다 서로 다른 해법이 등장했다는 점은 흥미롭지만 이것과는 별개로, 정기 간행물 서비스의 탄생을 향해 조심스럽게 나아가는 동안 실제로 이룬 성과에는 무엇이 있는가? 지금까지 남아 있는 짧고 볼품없는 초창기 신문들을 볼 때, 이들 신문은 자칫 시시해 보일 수 있다.

하지만 당대 사람들은 분명 신문을 매우 높이 평가했다. 잉글랜드의 젠트리들을 결코 과소평가해서는 안 된다. 암스테르담과 드레스덴의 시민들도 물론이다. 이들은 신문을 꼼꼼히 읽으며 먼 곳에서 일어난 사건들을 파악하고 시시각각 변화하는 전 세계 동향을 이해하려 애썼다. 주간 신문을 정독하려면 분명 지도책을 자주 펼쳐봐야 했으므로, 이제 지도책은 서가에 꼭 필요한 장식품이 되었다. 물론 군사 작전과 전술에 대한 짤막한 보고가 좋은 소식인지 나쁜 소식인지, 심지어 관심을 가져야 할 소식인지를 판단하는 것은 결코 쉬운 일이 아니었다.

이처럼 많은 뉴스가 충분히 이해되지 못하긴 했지만, 17세기에 많은 사람이 신문을 접하게 되면서 대중의 정치적 의식은 이중으로 확대되었다. 즉 신문은 정치에 관심을 가지게 된 사람의 수를 늘리는 한편, 이들 독자의 세계관도 확장시켰다. 또한 신문은 독자들에게 뉴스를 확인하는 습관을 심어주기 시작했다. 여전히 대형 사건이 터지면 적극적 비판으로 꽉 채워진 팸플릿이 쏟아져 나왔지만, 좀 더 조용한 시기에도 독자들은 신문이 전달하는 다채롭고 꾸준한 정보의 가치에 눈을 뜨게 되었다.

17세기 대중에게 신문은 일주일에 2펜스밖에 들지 않는, 충분히 값어치 있는 습관이었다. 그리고 시간이 지나면서 이들은 신문에 더욱 중독될 것이다.

10장

전쟁과 반란

1618년이 거의 끝나갈 무렵, 휴전이 종료되면서 70년 넘게 이어진 중부 유럽의 평화도 무너질 위기를 맞이했다. 가톨릭 운동이 부활하면서 개신교도 사이에서는 1555년 아우크스부르크 화의에 의해 보장된 자유가 더는 유지되지 못할 수도 있다는 공포가 퍼져갔다. 마티아스 황제의 뒤를 이어 훨씬 더 호전적인 사촌 페르디난트가 신성 로마제국을 계승할 것으로 점쳐지면서 합스부르크의 영토, 특히 개신교도들이 오랫동안 득세해온 보헤미아에서는 불안감이 점차 고조되었다. 마침내 1618년 5월 23일 프라하에서 체코의 개신교도 대표들이 황제의 충성스러운 섭정관과 대치하면서 위기는 최고조에 달했다. 격렬한 언쟁 끝에 개신교도들이 저명한 섭정관 두 명을 성의 창문으로 끌고 가 창밖으로 던져버린 것이다. 그들의 운 나쁜 비서도 창밖으로 내동댕이쳐졌다.

세 명은 18미터 높이에서 떨어졌으나 기적적으로 모두 살아남았다. 이들은 쓰레기 더미 위로 떨어져 거의 다치지 않은 채 비틀거리며 도망칠 수 있었다. 보헤미아 개신교도들에게 이 예상치 못한 결말은 불길한 운명의 징조였다. 반면 황제의 지지자들에게는 관리들이 치욕을 겪고도 살아남은 사건은 기막힌 프로파간다의 소재가 되었다. 이들의 탈출 소식은 유럽 전역에 빠르게 퍼졌다. 물론 그들이 떨어질 때 성모 마리아가 나타나 이들을 받아내는 것을 보았다는 행인들의 보고를 모든 사람이 믿었던 것은 아니다.[1] 희생자들 자신도 천우신조로 두엄 더미 위에 떨어진 것에 감사했다.

프라하 창문 투척 사건은 유럽의 거의 모든 강대국이 참전한 30년 전쟁으로 이어졌다. 독일은 완전히 초토화되었으며 유럽의 권력 구조도 완전히 이동했다. 또한 30년 전쟁은 새로운 뉴스 매체에 조명이 쏟아진 유럽 최초의 전쟁으로, 유럽 북부와 제국 우편을 잇는 새로운 우편 노선이 도입되고 최초의 신문이 창간된 지 불과 몇 년 만에 발발했다. 30년 전쟁은 이 새로운 통신망이 불안에 사로잡힌 사람들에게 사건에 대한 뉴스와 해석을 제공할 능력을 검증받는 시험의 장이 되었다.

물론 독일에서만 그랬던 것은 아니다. 개신교와 가톨릭 세력이 마침내 협상 테이블에 오르기까지 프랑스에서는 프롱드의 난, 잉글랜드에서는 내전이 발생하는 등 계속해서 새로운 분쟁이 일어나, 반대파를 결집시키고 여론을 조성하는 데 새로운 매체가 가진 역량이 증명되었다. 이제 뉴스 매체는 폭넓은 대중에게 도달할 수 있게 되었고, 더 많은 대중이 뉴스를 간절히 찾게 되었다. 뉴스의 영향력은 깊고 오래 지속되었다.

프라하에서

1618년의 사건 이후 유럽 각국 수도에서 독일 소식만을 애타게 기다리던 사람들은 프랑크푸르트에 신설된 제국 우편국의 장(長), 요한 폰 덴 버그덴의 근면성을 입이 마르게 칭찬하곤 했다. 폰 덴 버그덴은 프라하를 직접 방문해 제국의 수도와 독일의 우편망을 연결하는 우편국의 위치를 확인하기도 했다. 이곳의 우편국은 프랑크푸르트를 통해 보헤미아에서 일어난 사건을 유럽의 나머지 지역으로 전달하는 데 중요한 역할을 했기 때문이다.[2]

프라하 창문 투척 사건으로 보헤미아 반란은 돌이킬 수 없는 지경에 이르렀다. 마티아스가 서거한 1619년 8월 이후, 보헤미아의 개신교도들은 합스부르크 왕가에 대한 충성을 저버리고 개신교도인 팔츠의 베드르지흐(독일어로는 프리드리히 5세)를 보헤미아의 국왕으로 추대했다. 이제 이 문제를 해결하기 위해서는 군사적 개입 외에는 방법이 없었다. 이처럼 이례적인 사건이 벌어지면 이를 옹호하거나 비난하는 팸플릿이 관행적으로 쏟아지곤 했다. 놀랍게도 많은 팸플릿이 이제 새로운 국면에 들어선 유럽의 본질적인 위기 상황에 신중하고도 심각한 반응을 보였다.[3] 또한 이 전쟁은 새로운 주간 신문의 첫 번째 시험대가 되었다. 1605년 이래 적어도 6곳이 넘는 마을에 뉴스 시트 인쇄소가 세워졌으며, 전쟁이 일어난 후 첫 해 동안 이 숫자는 2배가 되었다.

《프랑크푸르터 포스트차이퉁》은 프라하 창문 투척 사건을 처음으로 보도한 신문 중 하나다. 이 신문은 사건이 발생한 지 6일 후인 5월 29일, 프라하에서 받은 급보를 인용하며 희생자 세 명 모두가 목숨을 건졌다고 정확히 보도했지만 이들의 이름은 잘못 기재했다.[4] 그다음 호는 현재 남아 있지 않으므로 정정 보도가 실렸는지는 알 수 없다. 이처럼 일부 세세한 부분에서는 오류가 있었지만, 보도의 논조는 놀랄 만큼 침착했다. 통신원들은 마치 동료 외교관과 관리 들에게 하듯 기사를 썼다. 그들은 이 보도가 신문을 통해 더 많은 대중에게 도달할 수 있다는 사실은 전혀 고려하지 않았다. 배경이나 정황을 설명하거나 언급된 인물을 소개할 필요도 느끼지 않았다. 16세기 팸플릿에서 볼 수 있었던, 시사 사건의 보고를 대중화하고 독자를 끌어들이려는 저널리즘적 본능은 완전히 사라졌다.

또한 당시의 독일 신문들은 진행 중인 분쟁의 양측 당사자 모두에게 받은 보도를 실었으므로, 충성 독자들의 성향에 맞춰 신문의 논조를 편향시키거나 차별화하는 일도 거의 없었다. 그러나 분쟁이 더욱 격렬하고 참혹해지면서 그러한 초(超)당파적인 논조도 오래가지 못했다. 1620년 함부르크, 프랑크푸르트, 베를린의 독자들은 프라하에서 온 보헤미아의 급보에서 "우리 프리드리히 국왕" 또는 "적"이라는 표현을 읽은 반면, 빈의 급보에서는 동일한 사건을 제국의 관점에서 다루는 것을 볼 수 있었다.[5]

1622년과 1623년, 빈과 취리히 등 각 종파의 거점 도시에서 신문이 창간되면서 더욱 명확히 차별화된 시장이 나타났다. 1세대 독일 신문은 모두 독일 북부와 중부의 도시에서 창간되었다. 이들 도시의 뉴스 업자들은 신설된 우편 노선의 효율성 덕분에 유럽의 모든 정치 중심지에서 온 방대한 보도에 접근할 수 있었다. 이와는 대조적으로 빈 최초의 신문을 창간한 마티아스 포르미카(Matthias Formica)는 개신교 지역에는 특파원을 보내지 않았다. 아무튼 합스부르크의 수도에서는 보헤미아의 왕위 찬탈 사건에 대한 기사는 인쇄하기 힘들었을 것이다.[6] 취리히의 신문들도 개신교 편에서 상당히 종파적인 성향을 띠기 시작했다. 그럼에도 이들 신문은 전쟁의 참화를 감출 수는 없었다. 새로 즉위한 보헤미아 국왕, 팔츠의 베드르지흐는 다른 개신교 세력의 지원을 기대했으나 이런 기대는 무참히 꺾이고 가톨릭군과 벌인 단 한 번의 전투에서 대패해 왕위는 물론 팔츠 영토까지 빼앗겼다.

가톨릭 세력이 득세하면서 독일 전역의 출판업자들도 신중을 기하기 시작했다. 이것을 꼭 지방의 통치자들이 취한 호전적인 조치의 결

10.1 보헤미아 전쟁. 여기서는 사건이 일어난 순서대로 삽화로 묘사되었다.

과라고는 볼 수 없다. 1628년 베를린의 시 의회는 현지 신문사의 보도 성향에 대해 빈에서 불만이 접수된 후 해당 신문사를 감사했다. 이에 인쇄업자는 자신이 받은 보고를 한 단어도 바꾸지 않고 그대로 실었을 뿐이라며 항의했다. 이러한 관행은 대체로 타당한 것으로 받아들여졌

으므로 추가 조치는 취해지지 않았다.[7]

이 기간 동안 1세대 뉴스 간행물에는 이례적인 사건들을 놓치지 않고 보고하는 것만도 충분히 어려운 과제였다. 이들 신문은 심지어 최전선에서 온 가장 극적인 뉴스라도 주요 뉴스 중심지에서 사건이 일어난 순서대로 4~8쪽 정도 작성되는 기사의 형식에서 벗어나 보고하는 경우는 거의 없었다. 베드르지흐가 퇴위하고 바이에른의 막시밀리안 1세*가 선제후로 취임하면서 가톨릭군이 전쟁에서의 승리를 더욱 공고히 하기 위해 움직였고, 이에 따라 팸플릿 인쇄업자들은 어떻게 대응하는 것이 적절할지 고심해야만 했다. 아우크스부르크 화의에 의해 보장된 자유가 침탈되고 있음을 우려하는 논평은 황제가 그로부터 이득을 취하는 것을 막는 데 거의 아무런 영향도 끼치지 못했다.

이 시대의 열정과 참회의 분노가 어떻게 표출되었는지 이해하기 위해서는 당시에 부활한 또 다른 뉴스 매체로 눈을 돌릴 필요가 있다. 바로 삽화가 실린 대판형 신문이다.[8]

겨울왕 풍자

16세기의 대판형 뉴스는 정치적 주제를 피하려는 경향이 있었다. 이들 매체는 충격적인 범죄, 유산(流産), 신비로운 유령 등 주로 선정적인 뉴스를 전파하는 역할을 했다.[9] 유일한 예외가 있다면 종교 개혁 논쟁에서 격론을 설파하는 도구로 사용되었을 때뿐이다. 이런 점에서도 알 수 있듯이, 16세기의 대판형 뉴스 중에서 논쟁을 부추긴 매체는 주로 개신교도들의 것이 많았다.[10] 목판 제작의 중심지는 초창기에

---

* 바이에른의 선제후이자 가톨릭 제후 연맹의(제후연맹의) 지도자. 합스부르크 왕가를 지원해 1620년 백산 전투에서 베드르지흐의 반란군을 격퇴한 후 팔츠 선제후의 자리를 획득한다.

복음주의 운동의 영향을 받은 뉘른베르크와 아우크스부르크와 같은 도시들이었으며, 마르틴 루터의 추종자들은 곧 목판화가들의 도움을 받아 새로운 운동의 지지층을 확보하는 한편 교황을 조롱했다. 30년 전쟁이 발발하기 바로 직전, 종교 개혁 100주년을 기념하여 루터와 그 밖에 종교 개혁을 주도한 교부들의 경건한 모습을 담은 그림이 유행하기도 했다.

17세기 초가 되면서 독일에서 일어난 강렬한 정치적 사건에 자극을 받아 이제 대판형 뉴스는 정치적 프로파간다의 도구로서 잠재력을 완전히 발휘하게 되었다. 바야흐로 삽화가 있는 대판형 뉴스의 전성기가 열린 것이다. 발행인들은 16세기의 목판화 대신 동판화를 사용하는 빈도가 점차 늘었으며, 이 덕분에 삽화의 정교함이 한층 개선되었다.[12] 17세기 후반에 접어들며 시장이 다소 쇠퇴하고 세련된 취향을 가진 고객들이 대판형 신문을 외면하면서 목판화가 다시 돌아왔다. 그러나 30년 전쟁 동안 신문의 성장을 이끌었던 바로 그 세련된 도시 구독자 사이에서 정치적 대판형 뉴스의 열렬한 독자층이 생겨났다.

보헤미아 전쟁이 벌어진 첫 해, 개신교 도시의 인쇄업자들은 보헤미아 땅에서 새로 추방된 예수회 교인들을 비꼬고 조롱함으로써 신문 구독자들의 흥을 돋우었다.[13] 예수회는 가톨릭 통치자들의 호전성을 촉발한 근원으로 지목되는 등 개신교도에게 널리 비난받았으며 전쟁 기간 내내 반감의 대상이 되었다.** 또한 목판화가들은 개신교의 새로운 영웅인 베드르지흐에 대해 훌륭한 우화(寓話)를 고안했다. 여기서 베드르지흐는 합스부르크의 덤불을 헤쳐나오며 상처 입은 보헤미아의 사자를 돌보고 치료하는 것으로 묘사된다. 이는 성 히에로니무스와 사자

** 예수회는 로마 가톨릭교회의 한 분파로, 개신교를 탄압하여 30년 전쟁의 빌미를 제공한 신성로마제국의 황제이자 보헤미아의 국왕인 페르디난트 2세가 예수회 학교에서 교육을 받았다.

의 유명한 전설을 근사하게 재해석한 것으로,* 오늘날의 신문 만평을 떠올리게 한다.[14]

이 모든 것은 1620년 11월 8일 백산 전투에서 개신교가 패배하면서 극적으로 변했다. 개신교 군대의 굴욕, 그리고 이제 '겨울왕'이라는 모욕적인 별명**을 얻은 베드르지흐의 불명예스러운 퇴장 후 전세는 완전히 뒤집혔고, 가톨릭 문인들은 재빨리 본국으로 기사를 써서 보냈다. 가톨릭의 영웅들을 축하하는 자리에는 늘 개신교 지도자들에 대한 경멸이 따라왔다. 특히 사라진 겨울왕을 찾아 전 유럽을 떠도는 우편배달원을 그린 만평이 인기가 높았다.

조롱조의 시구가 첨부된 이 목판화는 '뱀과 사다리 게임' 보드판을 떠도는 우편배달원을 그리고 있다.[15] 여기서 보헤미아의 사자 모티프는 완전히 역전되어, 제국의 독수리를 공격하다 바이에른의 곰에게 보복당하는 처지로 전락한다. 물론 바이에른의 곰은 백산 전투에서 큰 활약을 보인 가톨릭의 영웅, 바이에른의 막시밀리안을 가리키는 것이다.[16] 이 삽화는 요점을 파악하는 데 곁들인 시구가 거의 필요 없다는 점에서 진정한 의미의 만평이라고 할 수 있다. 실제로 몇몇 판은 아무런 설명글 없이 발행되기도 했다. 또 다른 유쾌한 만평에서는 스피놀라 후작이 이전에 베드르지흐가 다스리던 팔츠 영토의 라인란트 요새를 야금야금 잠식하는 동안 무기력하게 원탁에 모여 있는 개신교 지도자들을 그렸다.[17]

많은 만평이 그렇듯, 이 만평들도 실제 정치적 상황을 공정하게 그

---

* 히에로니무스는 4대 교부 중 한 명으로 일컬어지는 기독교 성직자로, 앞발에 가시가 박힌 사자를 치유해주자 그 사자가 히에로니무스를 떠나지 않고 항상 그의 곁을 지켰다는 전설이 있다.
** 통치 기간이 짧다는 의미. 베드르지흐는 프라하 창밖 투척 사건 뒤 1619년 11월 4일에 보헤미아 국왕으로 즉위한 지 1년 만에 1620년 11월 8일, 백산 전투에서 대패해 퇴위당했다.

린 것은 아니었다. 개신교 국가의 군주들은 자신의 세력도 약했을뿐더러 종파와 왕실 간 경쟁으로 분열되어 있었으므로, 가톨릭의 거침없는 진격을 막는 조치를 거의 취할 수 없었다. 왕실 소유의 인쇄소들도 쓸모없는 인쇄물이 얼마나 많이 배포되고 있는지 신랄한 비평을 남긴 것 외에 사기를 북돋울 만한 활동을 거의 하지 않았다.[18]

1621년, 그동안 큰 인기를 누린 판화가 페터르 이셀베르크(Peter Isselberg)가 이 개신교의 성채 도시에서 겨울왕을 비판하는 대판형 뉴스를 발행하는 그다지 현명하지 못한 행동을 하자, 뉘른베르크 시는 그의 시민권을 박탈했다. 하지만 이러한 보복 조치도 흐름을 거스르긴 역부족이었다.[19] 뉴스 작성자를 풍자한 일련의 연재글 첫 회에서는 전령을 탓하려는 경향이 역력했다. 뉴스에 목마른 경솔한 독자들을 현혹하기 위해 거짓 보고를 했다는 것이다.

그러한 주장이 사실이든 거짓이든, 개신교쪽 뉴스는 계속해서 악화일로를 걸었다. 10여 년간 이어진 군사적 재앙은 1631년 틸리 백작의 제국군이 마그데부르크 시를 점령하고 시민들을 학살하면서 극에 달했다. 제국에 맞서는 저항의 심장부이자 개신교도의 상징적인 성채인 이 도시에서 무려 인구의 85퍼센트가 약탈과 화재로 목숨을 잃었다.

마그데부르크 학살의 충격으로 심지어 주간 뉴스 시트조차 평소의 침착한 태도를 버릴 정도였다.[20] 신문은 각 종파에 상반된 시각을 보였다. 뮌헨의《메르쿠리 오르디나리 차이퉁(Mercuri Ordinari Zeitung, 헤르메스 보통 신문)》은 가톨릭의 승리를 경건하게 축하했다. 이들은 틸리 백작의 측근에게 얻은 것으로 보이는 소식을 보도하며, 그 끔찍한 화재는 도시를 방어하던 스웨덴군이 틸리군의 약탈품을 탈취하려는 과정에서 시작되었다고 전했다.[21] 반면 개신교 측 신문인 슈체친***의《라

*** 폴란드 북서부에 있는 항구 도시로 서포모제 주의 주도(主都).

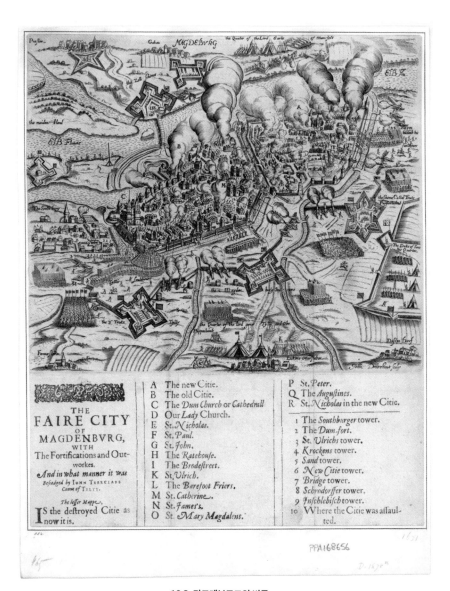

The Quarter of the Lord Earle of Mansfelt

THE
FAIRE CITY
OF
MAGDENBVRG,
WITH
The Fortifications and Out-
workes.
And in what manner it was
Besiedged by IOHN TSERCLAES
Count of TILLY.

The lesser Mappe,
IS the destroyed Citie as
now it is.

A	The new Citie.
B	The old Citie.
C	The Dum Church or Cathedrall
D	Our Lady Church.
E	St. Nicholas.
F	St. Paul.
G	St. John.
H	The Ratehouse.
I	The Brodestreet.
K	St. Ulrich.
L	The Barefoot Friers.
M	St. Catherine.
N	St. James's.
O	St. Mary Magdalens.

P	St. Peter.
Q	The Augustines.
R	St. Nicholas in the new Citie.
1	The Southburger tower.
2	The Dum-fort.
3	St. Ulrichs tower.
4	Krockens tower.
5	Sand tower.
6	New Citie tower.
7	Bridge tower.
8	Schrodorffer tower.
9	Inschlebisch tower.
10	Where the Citie was assaulted.

10.2 마그데부르크의 비극.

이히-차이퉁겐(Reichs-Zeitungen)》은 웅변적인 보고를 통해 참혹한 학살의 공포를 있는 그대로 전달했다.

열기는 주민들에게서 모든 용기를 앗아갔으며, 형용할 수 없는 끔찍한 비명과 탄식이 터져나왔다. 어머니들은 적들이 데려가지 못하도록 아이들을 안고 화염 속으로 몸을 던졌다.[22]

개신교 도시에서는 그밖에도 가슴 아픈 비보가 수없이 전해졌으며, 이에 대한 출판물도 쇄도했다. 가톨릭 언론의 분위기도 비교적 가라앉았다. 승전보를 울리며 환호하기엔 민간인 사상자가 너무 많았다. 이런 수준의 재앙은 목판화가들도 차마 다룰 수 없는 것으로 드러났다. 이들은 대부분 파괴된 도시의 참상 대신 전투 장면을 지형적으로 묘사하는 쪽을 택했다. 틸리가 (정장을 갖춰 입은) 처녀 마그데부르크에게 거칠게 구애하는 내용의 다소 소극적이고 부적절한 만평이 있긴 했으나 소수에 그쳤다.[23] 그 끔찍했던 참상을 온전히 전달하고 그에 합당한 교훈을 끌어내는 임무는 다시 한번 팸플릿에 맡겨졌다. 많은 개신교도에게 이 사건은 단지 가톨릭의 잔혹성을 보고하는 데 그치지 않았다. 주님의 뜻에 복종하고 회개할 때만 그의 분노를 돌릴 수 있다는 경고였다.[24]

북방의 사자

1630년까지 독일의 개신교는 절박한 처지에 몰려 있었다. 전세를 뒤집을 전망도 희박했다. 따라서 정신을 못 차리던 독일의 군주들은 스웨덴 국왕 구스타부스 아돌푸스(Gustavus Adolphus)가 나타나 새로운 구세주를 자처했을 때도 처음에는 시큰둥했다. 그들을 비난하긴 어렵다. 앞서 1625년 루터교 군주인 덴마크의 크리스티안 4세의 참전은 완전히 재앙으로 끝났다. 그의 영지는 대부분 가톨릭군에게 점령되었고 가톨릭의 사령군 알브레히트 폰 발렌슈타인(Albrecht von Wallenstein)은 북부 독일의 새로운 합스부르크 국가의 통치자 자리를 약속받았다.

이로써 구스타부스 아돌푸스는 1630년 7월, 일부러 상징적인 날인 아우크스부르크 화의 100주년 기념일에 맞춰 페네뮌데에 상륙했지만, 독일의 제후들이 합스부르크 세력에 맞서는 위험을 감히 무릅쓰도록 설득할 수 없었다.[25] 독일 루터교도의 핵심 지도자였던 작센의 선제후 요한 게오르크 1세가 특히 머뭇거렸다. 그러다 틸리 백작이 초토화된 마그데부르크를 떠나 작센의 영토를 침략하자 요한 게오르크노 스웨덴과 동맹을 맺을 수밖에 없게 되었다. 결과적으로 스웨덴군은 1631년 9월 17일 브라이텐펠트 전투에서 대승을 거두었다. 그리고 몇 달 만에 독일 지역을 대부분 정복했다.

스웨덴군의 승리는 독일 뉴스업계에 변혁을 일으켰다. 브라이텐펠트 전투에서의 승리로 30년 전쟁이 시작된 이후 개신교가 처음으로 의미 있는 승리를 거두면서, 개신교 측에서는 이를 축하하는 문헌이 끝없이 쏟아져 나왔고, 전투를 그린 목판화도 수없이 출판되었다. 가장 유명한 그림은 틸리 백작이 작센의 영토를 침략하기에 앞서 요한 게오르크 1세에게 영토에 진입할 권리를 요청했을 때, 요한이 보낸 것으로 알려진 아이러니한 답신을 참조한 것이다. "드디어 오랫동안 아껴둔 작센의 당과를 식탁 위에 내놓을 때가 된 것 같습니다. 하지만 이 과자는 온갖 종류의 견과류와 가니시(garnish)가 섞여 있으므로 드실 때 이를 조심해야 합니다." 다음으로 통통 부어 있는 틸리가 독일산 사탕을 씹으려 무진 애를 쓰는 장면을 그린 조롱투의 만화가 이어졌다.[26] 브라이텐펠트 전투에 앞서 승리를 확신하는 가톨릭을 조롱하는 한 쌍의 목판화도 있었다. 첫 번째 그림에서는 가톨릭이 승리했다는 소식을 전하는 우편배달원이, 두 번째 그림에서는 이제 부상을 입고 다리를 절며 전쟁의 실제 결과를 전하고 있다.[27]

스웨덴의 승리는 또 다른 중요한 변화를 가져왔는데, 스웨덴이 독일

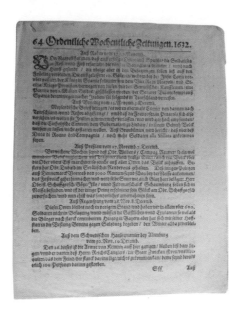

10.3 요한 폰 덴 버그덴은 스웨덴을 위해 헌신했다. 그는 새로운 우편 노선을 구축했을 뿐 아니라 자신의 신문 발행을 재개하기도 했다. 위의 신문에서도 스웨덴 본국에서 전해진 소식이 부각되고 있는 것을 알 수 있다.

의 영토를 대부분 차지하면서 뉴스 연결망도 스웨덴인의 손에 들어가게 된 것이다. 이제 트룬 운트 탁시스의 제국 우편 시스템은 완전히 무너져 버렸다. 빈과 브뤼셀 사이의 통신을 위해서는 적들의 손에 들어간 영토를 피해 남쪽의 긴 우회로를 이용해야만 했다. 구스타부스 아돌푸스는 공백을 메우기 위해 프랑크푸르트에 거점을 둔 독자적인 우편 서비스를 설립하고, 앞서 프랑크푸르트의 우편국장을 지낸 요한 폰 덴 버그덴에게 운영을 맡겼다.

폰 덴 버그덴은 1620년대 말 종파 간 긴장이 고조된 여파로 우편국장의 자리에서 해임되었다. 1628년 그가 발행한 주간 신문이 제국의 대의를 해치는 허위 보고로 가득하다는 근거 없는 주장이 제기된 후, 폰 덴 버그덴은 직위를 잃고 그의 경력도 엉망이 되었다.[28] 그가 구스타부스와 운명을 같이하지 않을 이유가 없었다. 이 비범한 우편국장은 몇 달만에 함부르크와 라이프치히를 잇는 우편 노선을 복원했으며 새로운 경로 두 개를 구축했다. 하나는 개신교가 통제하는 취리히를 통해 베네치아로 향하는 경로이고, 다른 하나는 메스를 통해 파리로 향하는 경로였다. 이로써 구스타부스는 과민하고 약삭빠른 협력자인 리슐리외 추기경과 연락을 유지할 수 있었다.

스웨덴의 독일 점령은 오래가지 못했다. 1632년 봄, 다시 정복을 시작한 구스타부스는 바이에른 깊숙이 파고들어 뮌헨을 점령하는 등 거침없이 승리를 이어갔다. 개신교 농맹국들은 이제 도망치는 신세가 된 바이에른의 곰이 기세등등한 사자에게 쫓기는 내용의 만화를 출판하며 승리를 즐겼다.[30] 한 유명한 목판화에서는 스웨덴이 정복한 도시의 지형도 한가운데에 구스타부스가 서 있는 모습을 그렸다. 여기에 포함된 도시는 계속 바뀌었기 때문에 이 그림도 여러 판형으로 제작되었다.[31] 배 나온 가톨릭 신부가 개신교의 손에 떨어진 도시를 도로 삼키려 하는 다소 지저분한 그림도 인기 있었다.[32]

1632년은 독일의 대판형 정치 신문의 제작이 정점에 달했던 해이기도 하다. 기록물은 모두 530여 종이 알려져 있으며 많은 신문의 사본이 현재까지도 상당히 많이 남아 있다. 이는 신문과 같이 수명이 짧은 인쇄물로서는 이례적인 일로, 이것들이 처음 인쇄되었을 때 얼마나 열성적으로 수집되었는지 분명히 보여준다.[33]

개신교의 대판형 신문은 구스타부스와 다른 개신교 동맹국 사이에 긴장이 고조된 상황은 거의 다루지 않고, 대신 운이 다한 틸리를 조롱하는 데만 여념이 없었다. 그러던 중 1632년 11월, 스웨덴은 뤼첸에서 가톨릭군과 맞붙어 승리를 거둔 대신 너무 비싼 대가를 치르게 된다. 북방의 사자, 구스타부스 아돌푸스가 치명상을 입고 사망한 것이다. 당시 신문의 첫 보고는 쉽게 결판이 나지 않은, 피로 물든 이 교전의 복잡한 성격을 잘 반영하고 있다. 심지어 결과가 알려진 후에도 개신교 신문들은 그들의 영웅이 몰락했다는 사실을 인정하기를 극도로 꺼렸다. 당시의 혼란스러운 상황은 슐레지엔의 8쪽짜리 신문에 생생하게 드러난다. 이들 신문은 전쟁 보고문 3건을 입수한 순서대로 발행했다. 첫 번째 보고문에서는 구스타부스가 사망했다고 정확하게 명시하지만 두 번째 보도문에서는 이러한 사실이 의심스럽다는 단서를 달았으며, 마지막 보고문에서는 구스타부스가 여전히 살아 있으며 발렌슈타인 군대의 잔당과 전투를 계속하고 있다고 선언한다.[34] 마치 이야기가 거꾸로 전개되는 비현실적인 모더니즘 영화처럼, 이러한 보고문은 특히 전쟁 지역에서는 실시간으로 정보를 얻기가 여전히 어렵다는 사실을 잘 보여준다.

구스타부스 아돌푸스가 사망한 후에도 스웨덴은 전쟁에 계속 개입했다. 이제 스웨덴군의 통치권은 뛰어난 재상, 악셀 옥센셰르나(Axel Oxenstierna)가 맡게 되었다. 옥센셰르나는 안정적인 물자 공급으로 스웨덴군의 승리에 기여했으며 구스타부스의 사후(死後) 함대를 안정시키는 데도 성공했다. 그러나 스웨덴에서는 구스타부스 개인의 열정으로 촉발된 메시아적 사명보다는, 왕실과 전략에 더 우선순위를 두려는 기조가 강해지고 있었다. 심지어 스웨덴은 1634년 뇌르틀링겐에서 대패한 이후에도 발트 해에서의 패권을 장악하기 위해 북부 독일의 영토를 두고 치열하게 싸웠다.

1630년부터 1632년까지는 뚜렷했던 전쟁의 목적도 이제는 모호해졌다. 1634년의 뉴스 간행물은 통제하기가 어려워진 발렌슈타인이 그가 이전에 섬기던 군주의 명에 따라 암살되었다고 동정 없이 기록하고 있다.* 1635년에는 프랑스가 스페인에 선전 포고를 했으며, 이 분쟁

---

* 보헤미아의 군인인 발렌슈타인은 30년 전쟁이 일어난 후 제국을 옹호하며 페르디난트 2세 황제에게 충성했다. 발렌슈타인은 슐레지엔과 덴마크 등지에서 활약하며 제국에 승리를 가져다주었다. 하지만 페르디난트 2세가 전쟁으로 차지한 개신교의 영토를 가톨릭에게 돌려주려는 복구령을 내리고, 발렌슈타인은 이에 반대해 스웨덴과 모의하여 반란을 꾸미려 했으나 부하들에게 암살된다.

은 이후 라인란트를 확보하려는 전쟁으로 확대되었다. 가톨릭은 가톨릭과 싸웠고 개신교는 개신교와 싸웠다. 1636년 10월 4일 비트스톡 전투에서 대승을 거둔 스웨덴은 쇠퇴하던 그들의 영향력을 지킬 수 있었다. 이때 그들이 싸운 적군에는 루터교의 작센도 포함되어 있었다.

전쟁에 지친 민중이 평화를 갈망하는 것도 당연했다. 황폐해진 독일은 경제의 긴 쇠퇴기로 접어들었다. 경제의 붕괴는 인쇄업계와 뉴스 연결망에도 악영향을 미쳤다. 대판형 정치 신문노 생산량이 급격히 감소했지만, 독일의 영토가 전쟁에서 차차 벗어나는 과정을 기록할 만큼은 남아 있었다. 1635년 루터교 국가들은 황제와 평화 조약을 맺었다. 1643년 외국의 열강들도 전쟁을 끝내고 분쟁 영토에 대한 영유권 협상에 참여하기로 합의했다.

평화 협상까지 도달하는 과정은 괴로울 정도로 느렸다. 개신교도와 가톨릭교도는 한자리에 앉으려 하지도 않았으므로 가톨릭교도는 뮌스터에서, 개신교도는 오스나브뤼크에서 만났다. 첫 해는 우선권과 절차를 논의하느라 대부분의 시간을 보냈는데, 이 짜증스러운 상황은 전권대사들을 좋은 자리를 두고 계략을 꾸미는 춤꾼으로 묘사한 만화에서 완벽하게 풍자했다.[35]

주최국이 없는 상황에서 협상을 좀 더 수월하게 진행하기 위해 여러 우편망이 추가로 신설되었다. 스웨덴이 뇌르틀링겐에서 크게 패한 후 제국 우편 제도가 부활했으며 뮌스터와 린츠, 그리고 뮌스터와 브뤼셀 사이에 직통 노선이 개설되었다. 이는 1628년 제국 우편국장이던 레온하르트 폰 탁시스가 갑작스럽게 사망하자, 남편에게 제국 우편의 통제권을 물려받은 알렉상드린 드 리(Alexandrine de Rye)의 놀라운 업적이었다.[36] 알렉상드린은 18년간 제국 우편망을 운영하며 19세기에 이 우편망이 '라이히포스트(Reichspost)'로 대체되기 전까지, 탁시스 가가 우편 독점권을 계속 소유하도록 보증함으로써 가문의 재건을 이끌었다.

네덜란드 연합국과 브란덴부르크 등의 다른 몇몇 강대국도 오스나브뤼크로 향하는 직통 전령 서비스를 독자적으로 설립했다. 그리고 1648년, 마침내 평화를 선언할 수 있을 만큼 충분히 진전이 이루어졌다.

베스트팔렌 조약으로 30년간 지속된 파괴적인 분쟁이 드디어 종식되었다. 이전보다 훨씬 잔인해진 군대가 침략을 거듭하면서 독일인들의 삶은 기반부터 철저히 무너져 버렸다. 일부 지역에서는 인구가 절반 이상 줄어들었으며, 회복하기까지 몇 세대가 걸릴 정도였다. 따라서 당시의 독일 언론 매체에서 흘러나온 비범한 창조적 에너지는 어쩐지 기이해 보인다. 17세기의 독일은 뒤러나 크라나흐 같은 걸출한 화가는 배출하지 못했지만 대판형 정치 신문과 함께, 고난으로부터 새로운 뉴스 매체를 탄생시킨 영민한 출판 사업가들을 발굴해냈다.

이 모든 것에도 도판이 삽입된 간행물은 여전히 전체 사건의 극히 일부만 전할 뿐이었다. 틸리 백작에게 쏟아진 저주에 비하면 발렌슈타인은 거의 완전히 무시되었다. 구스타부스 아돌푸스를 칭송하는 인쇄물은 말 그대로 수백 건이 쏟아진 반면, 1625년 덴마크의 참전은 대판형 정치 신문에서 거의 찾아볼 수 없었다. 1635년 프랑스의 개입도 마찬가지라고 할 수 있다.

이러한 불균형을 어떻게 설명할 수 있을까? 이는 대판형 신문이 당시의 뉴스 문화에서 독특한 역할을 했다는 점으로 설명할 수 있을 것이다. 대판형 신문은 당대의 팸플릿과는 달리 위험이 다가오고 있다거나 닥쳤다는 식의 경고는 하지 않았다. 팸플릿 작가들은 팔츠의 베드르지흐가 보헤미아의 국왕 자리를 받아들인 것에 분개했지만, 만화가들은 베드르지흐가 불명예스럽게 패배한 후에야 그를 비웃는 데 가담했다. 틸리 백작도 그의 군대가 승리했을 때가 아니라 패배했을 때만 조롱의 대상이 되었다. 구스타부스에 대한 찬양 역시 그가 첫 번째 승리를 거둔 후에야 시작되었다. 다시 말해 만화가들은 위험이 지나가고 난 다음

안도의 순간을 독자들에게 전함으로써 번창했던 것 같다. 17세기의 풍자 작가들은 전반적으로 사건이 벌어지고 난 후에야 현명해졌다. 이미 일어나고 알려진 사건에 대해서만 그들은 칭송하거나 비난했다.

이런 점에서 대판형 정치 신문은 뉴스 언론에 심리적으로 복잡한 성격을 부여했다. 결코 비판에 앞장서지 않고 항상 안전거리를 유지하는 것이 바로 그것이다. 팸플릿 저자들은 어떤 대의명분을 옹호하기 위해 위험을 감수하기도 한 반면, 대판형 정치 신문은 사건이 일어난 후 이미 몰락한 정치인을 헐뜯는 일 이상은 하지 않았다. 대판형 신문의 인기로 판단하건대, 그것은 또한 독자들의 취향과 일치한 것으로 보인다.

봇물이 터지다

정치학의 첫 번째 법칙이 대진운이 좋아야 한다는 것이라면, 잉글랜드 스튜어트 왕가에 대항해 세력을 일으킨 작은 무리만큼 이 법칙을 의기양양하게 증명한 경우도 없을 것이다. 스코틀랜드의 제임스 6세는 엘리자베스 1세의 죽음 이후 왕위 계승 문제에 그나마 나은 대안으로 마지못해 받아들여지기라도 했지만, 그의 아들인 찰스 1세는 불가사의할 정도로 정치적 감각이 없었다. 가톨릭교도인 신붓감을 찾으려는 시도부터 의회와 성공회 전통에 대한 공격까지, 찰스 1세의 모든 정책은 호전적이었지만 대부분은 순종적인 신민마저 모두 저항에 나서도록 결집하기 위해 고안된 것처럼 보일 정도였다.

대중에게 인기를 얻기 위해 생각해낸 방안이 기껏 반 다이크(Van Dyke)*에게 새로운 초상화를 의뢰하는 것이었던 이 남자는, 당연히 새

---

* 17세기 플랑드르의 화가. 영국 국왕 찰스 1세의 궁정에서 일했으며, 왕족과 귀족의 우아하고 기품 있는 초상화로 큰 인기를 얻었다.

로운 뉴스 매체의 중요성도 전혀 알아차리지 못했다. 처음에 그는 신문 발행의 독점권을 보장했지만 그 후 이를 모두 금지했다. 그러다 그의 저항 세력들이 의견을 모으기 시작한 바로 그 시점인 1638년, 신문 인쇄권을 부활시키고 반대파들이 신문을 중심으로 집결할 수 있도록 했다.[37] 또한 찰스 1세는 지방의 침입자들에 대한 런던 스테이셔너스 컴퍼니의 독점권도 굳이 계속 유지했으므로, 그에게 반기를 든 자본이 인쇄업계를 거의 독점한 상태에서 전쟁을 시작할 수 있도록 보장했다.

잉글랜드 내전은 오랫동안 정체되어 있던 이곳의 인쇄업계에 새로운 시대가 도래했음을 알렸다. 16세기 대부분의 기간 동안 인쇄 시장은 다소 보수적이고 무난한 책들을 출판하는 것으로 겨우 연명할 만큼 축소되었다. 특히 잉글랜드의 독자들은 라틴어로 된 학술 서적을 유럽 대륙에서 계속 수입해서 읽었다. 잉글랜드의 인쇄업자들은 여전히 국내 거래에 얽매여 있었고 상당 부분은 왕실의 의뢰에 의존했다. 인쇄업계는 거의 전적으로 런던에 국한되어 있었다. 런던 사람들도 보통 유럽 사람들만큼 뉴스에 목말라 있었지만 뉴스는 대부분 프랑스나 네덜란드에서 출판된 팸플릿을 번역하는 방식으로 처음 런던에 들어왔다. 1620년대에는 런던도 유럽에 돌던 주간 뉴스 시트의 유행을 따르기 시작했고, 필사본 뉴스 서비스도 발판을 마련했다. 독자적인 잉글랜드 언론은 1640년대가 되어서야 비로소 출현할 수 있었다.

1638년, 너새니얼 버터와 니컬러스 번은 코란트 독점권이 부활하면 사업도 다시 회복할 것이라 생각했겠지만 세상은 그들의 바람대로 움직이지 않았다. 좋은 시절은 이미 지나버렸다. 대륙에서 전쟁 급보를 출판하는 방식은 더는 대중의 기대를 충족하지 못했다. 독자들에겐 더 시급한 국내 문제가 있었던 것이다. 스코틀랜드에 강제로 성공회를 안착시키려 하면서 첫 번째 무력 충돌이 일어났고, 정치적 불안과 혼란이 가중되자 찰스 1세는 더욱 고립되었다.

1640년 모든 시선이 웨스트민스터에 집중된 가운데 국왕이 어쩔 수 없이 의회를 다시 소집했고, 나라 전체의 분노는 더욱 높아졌다.* 의회에서 벌어진 논란을 긴급히 전달할 필요성이 생기면서 새로운 형식의 연속 간행물이 등장했다. '다이어널(diurnal)' 또는 '데일리(daily)'라는 다소 오해의 소지가 있는 제호의 간행물이 그것이다. 여기서는 매일의 안건과 함께한 주간 의회에서 있었던 사건을 요약한다.

다이어널은 1640년에는 필사본으로만 유통되다 1641년 11월이 되어서야 비로소 간행물로 인쇄되기 시작했다.[38] 다이어널은 대중 독자들에게 즉각 반응을 얻었으며 1642년 말이 되면 '다이어널'이나 이를 변형한 용어를 제호에 쓴 독립 간행물이 20종 이상 출판되었다.[39] 그 중 가장 성공적으로 오래 유지된 것은 《의회 처리에 대한 완전 다이어널(Perfect Diurnall of the passages in Parliament)》로, 오랜 경험을 갖춘 필사본 뉴스 시트의 편집자이자 국내 뉴스의 새로운 트렌드를 이끈 선구자, 새뮤얼 페케(Samuel Pecke)가 발행했다.

간행물이 다시 발간되기 시작한 것은 중요한 사건이지만 당시 진행되는 정치적 사건에 중대한 영향을 끼친 정도는 아니다. 다이어널은 1641년 말에나 인쇄되기 시작했고 그때는 이미 국왕과 의회 간 분쟁이 평화 국면에 접어든 상태였다. 이때도 30년 전쟁과 마찬가지로, 정치적 논쟁을 끌고 간 것은 팸플릿이었다. 내전이 발발하기 직전 여러 해 동안 간행물이 쏟아져 나왔다. 1639년과 1641년 사이 간행물은 거의 4배 증가했고, 1642년에 절정에 달해 거의 4천 부가 출판되었다.[40] 이때 출간된 간행물의 대다수는 정치 팸플릿으로, 이후 스트래퍼드 백작의 재판, 라우드 대주교에 대한 공격, 가톨릭교도들의 음모로 인한

---

* 찰스 1세는 스코틀랜드와 전쟁을 벌일 세금을 징수하기 위해 1640년 4월 의회를 소집했으나, 하원이 반발하자 한 달 만에 의회를 해산시킨다. 그 후 스코틀랜드에 한 차례 더 패배하고 11월에 웨스트민스터에서 다시 의회를 소집했다.

공포까지, 이들 팸플릿을 따라가면 1641년의 위기 상황에 벌어진 극적인 사건들을 파악할 수 있다.**[41]

바로 이때 아일랜드 반란이 일어나면서 간행물의 양이 폭증했고 그중 일부는 개신교 정착민들의 고통을 묘사한 삽화를 싣기도 했다.[42] 이들 팸플릿의 열정적이고 통렬한 어조는, 적어도 잉글랜드에서는 새로운 정점에 도달했다. 지옥에 떨어진 스트래퍼드를 빈정거리며 묘사하는 등, 스트래퍼드와 라우드를 향해 무자비한 증오가 높아지면서 참된 종교를 비호해야 한다는 호전적인 목소리가 점점 거세졌다. 1642년 엣지힐에서 양쪽 군대가 맞붙게 됨으로써 이제 내전은 돌이킬 수 없는 현실이 되었다. 그 전년도에 각 종파는 간절히 피를 바라며 적의와 분노, 복수심에 찬 팸플릿을 쏟아냈다.

다이어널의 논조는 팸플릿과 달리 다소 고루하고 조심스럽게 보일 수도 있지만, 그럼에도 다이어널은 유럽의 뉴스계에 조용한 혁명을 일으켰다.[43] 주로 국내 사건에 전념한 정기 간행물은 다이어널이 처음이었기 때문이다. 잉글랜드의 유일한 인쇄소를 실질적으로 장악한 의회파는 정치 대중의 관심을 끌기 위해 의식적인 활동에 착수했다. 의회파는 국민이 정보를 얻게 되면 "점차 군주의 행동을 판단하기 시작할 것"이라는 파올로 사르피의 통찰을 받아들였지만, 사르피와는 정반대의 결론을 끌어냈다. 이것이 바람직하다는 것이다. 이후 몇 년 동안 의회는 런던 언론에 대한 통제권을 의식적이고 효과적으로 행사하여, 군대의 통제 아래 왕국의 모든 지역에 의회의 법령과 포고문을 전파할 수 있었다.[44]

왕당파에게 이는 거의 군사적 충돌만큼이나 해결하기 까다로운 문제였다. 1642년 1월, 찰스 1세는 반군에게 점령된 수도에서 철수하면

** 스트래퍼드 백작과 라우드 대주교는 찰스 1세의 측근이다.

서 압도적일 정도로 적대적인 이 인쇄물에 맞서기 위해서는 좀 더 적극적인 홍보 정책이 필요하다는 사실을 깨달았다. 왕에게 충성하는 도시에 인쇄소가 세워지면서 조금은 균형이 맞춰지기 시작했고, 마침내 1643년 왕당파임을 공공연히 명시하는 주간 뉴스 저널 《메르쿠리우스 아우리쿠스(Mercurius Aulicus, 궁정의 헤르메스)》가 창간되었다.

이 또한 신문의 역사에서 중요한 순간이다. '비판적 저널리즘'이 등장한 것이다.[45] 이 시점까지 《메르쿠리우스 아우리쿠스》는 이 분쟁과의 관련성을 입증하기 위해 고군분투했다. 1642년에는 새로운 신문이 수없이 쏟아져 나왔지만 대부분 그해 말이 되기 전에 발행이 중단되었다. 이러한 패턴은 이후에도 계속 반복되었다. 1641년부터 1655년까지 겉보기에 연재물로 보이는 간행물이 300여 종 창간되었지만, 그중 84퍼센트가 오직 한 권호 또는 소수의 권호만 발행된 후 폐간되었다.[46]

다시 말해 이 엄청난 창조적 에너지의 분출에서 상상할 수 있는 것과는 달리, 당시에 신문을 발행할 여건은 그리 좋지 않았음을 알 수 있다. 신문은 안정적인 기반이 필요하다. 구독자를 확보하려면 당국이 간행물을 폐간할 구실을 주지 않도록 가능하면 모욕감을 주는 표현을 삼가야 한다. 하지만 이러한 격동의 시대에 점잖은 표현만 쓰기는 힘든 일이다. 뉴스 연재물은 판매처의 주소가 뚜렷이 명시되어 있으므로 당국의 응징을 받는 일은 예사였다. 반면에 팸플릿은 익명으로 출판할 수 있었고, 따라서 발행 부수도 점점 늘어났다.

《메르쿠리우스 아우리쿠스》는 상당히 달랐다.[47] 당시 뉴스 기사의 특징인 짤막한 보고를 단편적으로 나열하는 대신, 국왕의 적들을 경멸하고 자극하는 장문의 글을 실으며 사건에 대해 일련의 논평을 제시했다. 기사의 상당수는 다른 뉴스북에서 가져온 정보로 이루어졌다. 사건의 실제 보고는 거의 신지 않는 경우가 많았다. 의회파의 궁극적인

10.4 《메르쿠리우스 아우리쿠스》에 죄를 물음. 목에 칼을 씌운 존 버킨헤드(John Birkenhead) 경(《메르쿠리우스 아우리쿠스》의 초대 발행인) 등 의회파의 소망을 담은 이 그림은 국왕의 프로파간다 정책이 의회파에게 얼마나 치명적이었는지 보여준다.

군사적 승리를 위해 포문을 연 마스턴 무어 전투의 경우, 왕당파는 처절히 패배했는데도 처음에는 승리한 것으로 보고되었다. 1644년 7월 6일 자 《메르쿠리우스 아우리쿠스》는 요크에서 "좋은 소식"이 있다고 전한다. "반군이 완전히 패했다는 확실한 첩보"를 입수했다는 것이다. 물론 그다음 주가 되면 이러한 소식을 철회해야 하는 굴욕을 맛봐야만 했다. 의회파들이 고의로 실제 보고문을 숨긴 탓이라고 투덜거리긴 했지만 말이다.

그러나 다른 차원에서 《메르쿠리우스 아우리쿠스》는 매우 성공적이었다. 이 신문은 국왕 지지자들의 사기를 고무하고 적들을 괴롭히는데 지대한 역할을 했다. 의회군이 《메르쿠리우스 아우리쿠스》 500부를 가로챈 사건은 거의 군사적 승리처럼 보도되었다. 1643년 여름, 의회파는 《메르쿠리우스 아우리쿠스》의 영향력에 대항하려는 명시적인 목적으로 《메르쿠리우스 브리타니쿠스(Mercurius Britanicus, 영국의 헤르메스)》라는 독자적인 비판적 간행물을 창간했다.[49] 《메르쿠리우스 브리타니쿠스》는 17세기의 가장 뛰어난 언론인이 경력을 시작한 저널로도 유명하다.

마차몬트 네덤(Marchamont Nedham)은 타고난 글쟁이였다.[50] 그 열정적인 주장, 신랄한 재치, 물 흐르는 듯한 문체는 당대의 혼란스러운 시기에 꼭 필요한 것이었다. 네덤은 몇 호에 걸쳐 《메르쿠리우스 아우리쿠스》에 정면으로 맞섰고 강력한 타격을 입히기도 했다. 타고난 모험가인 네덤은 대담하고 거침없었으며, 때로는 이 유례없는 시기에도 허용되지 않았던 선을 넘기도 했다. 1645년 국왕이 네이즈비 전투에서 참패한 후, 네덤은 국왕의 말더듬을 조악하게 비꼬는 익살스러운 '수배 전단지'를 만들었다.[51] 의회는 조치를 취하고 이를 검열할 의무가 있었던 인쇄업자와 검열관 모두를 감옥에 보내버렸다. 네덤은 의회파의 대의를 도모하는 데 분명히 중요한 인물로 인식되고 있었으므로 문책을 피할 수 있었다. 《메르쿠리우스 브리타니쿠스》는 단지 한 호만 건너뛰었을 뿐, 곧 발간을 재개했다.

이 사건으로 네덤은 자신의 중요성을 과신하게 된 것으로 보인다. 이듬해 또 다시 곤경에 처했기 때문이다. 이번에는 사설에서 찰스 1세를 폭군으로 묘사한 것이다. 결국 의회는 상징적인 차원에서 네덤을 2주간 투옥했지만 이는 그리 바람직하지 못한 효과를 가져왔다. 예전 고용주에게 싫증이 난 네덤은 이제 의회가 아니라 국왕에게 사죄했다.

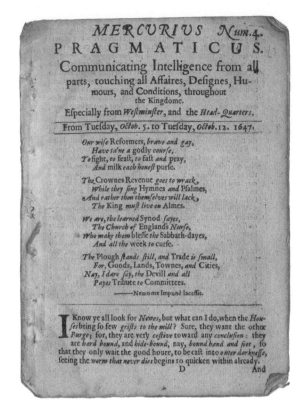

10.5 《메르쿠리우스 프라그마티쿠스》. 여기서 마차몬트 네덤은 국왕을 섬기고 있다.

그리고 찰스 1세는 놀랍게도 네덤을 고용하고 왕당파를 위해 글을 쓰도록 했다. 재치 있는 제호의 간행물,《메르쿠리우스 프라그마티쿠스 (Mercurius Pragmaticus, 실용적인 헤르메스)》에서 이 다재다능한 언론인은 이제 의회파와 스코틀랜드 동맹들이 왕실과 관련해 음모를 꾸민 것을 비난하고 반군의 믿기 힘든 결론, 즉 국왕에 대해 심판과 처형을 주장하는 이들을 맹렬히 비난했다.[52]

1649년 1월, 찰스 1세의 처형은 유럽의 뉴스계에 큰 충격을 안겨주었다. 독일, 네덜란드, 프랑스의 독자들은 잉글랜드의 신흥 시민들이 내전의 결과로 결국 국가를 차지하게 되었다는 사실에 흥분했다. 대륙의 독자들은 자세한 내용과 설명을 갈구했다.[53] 여러 국가에서 팸플릿,

무엇보다도 처형 장면을 그린 삽화가 인쇄되고 또 인쇄되었다.[54] 반면 잉글랜드에서는 전혀 다른 상황이 전개되고 있었다. 당대의 가장 이례적인 뉴스 사건에 사람들은 다소 침착하게 반응했다. 이는 부분적으로 고대 잉글랜드에서 자유의 수호자들은 원래 이렇게 되어야만 한다고 믿었기 때문이기도 하다. 1648년 '프라이드의 숙청' 후 '잔부 의회'로 축소된 하원은 이듬해 2월 그들의 이전 동맹이었던 장로파가 국왕의 처형과는 관계없다고 묘사한 팸플릿을 보고 격렬히 분노했다.*

인쇄업을 좀 더 원활히 규제하는 법률이 시행되어 '중상하거나 비방하는 서적, 팸플릿, 신문 또는 그림 등을 제작, 집필, 인쇄, 출판, 판매 또는 발언하거나, 제작이나 인쇄 또는 발언의 원인을 제공했다고 간주되는 자'에게 가혹한 벌금이 부과되었다. 이러한 규제는 별로 새로운 것은 아니었다. 의회는 이미 1642년, 1643년, 1647년에 검열법을 통과시킨 바 있다.[55]

하지만 이번 법령에서 가장 눈에 띄는 부분은 시각적 이미지의 규제를 새롭게 강조한 것인데, 당연히 목이 잘린 왕만큼 충격적인 이미지도 없다는 인식 때문에 생긴 법령이었다. 그럼에도 의회는 《아이콘 바실리케: 고독과 고뇌에 찬 국왕의 초상(Eikon Basilike: The pourtraicture of his sacred majestie in his solitudes and sufferings)》의 엄청난 인기만큼은 통제할 수 없었다.[56] 이 책은 1640년 이후에 일어난 사건들을 왕의 입장에서 서술한 책으로, 왕의 기도와 명상이 간간히 배치되어 있다. 이 책은 출간

뉴스의 탄생

---

* 찰스 1세를 지지하는 왕당파와 대립했던 의회파는 주로 청교도로 구성되었고 이들은 다시 장로파, 수평파, 독립파 등으로 나뉘었다. 찰스 1세는 내전 이후에도 큰 세력을 유지하고 있었으므로 그의 처분을 두고 의회파 내부에서도 분쟁이 있었는데, 그중 장로파는 왕의 처분에 관대했다. 그러던 중 찰스 1세가 스코틀랜드 및 의회 온건파와 함께 왕권을 되찾을 모의를 꾸미다 발각되었고, 더는 왕을 살려둘 수 없다고 생각한 올리버 크롬웰과 독립파는 1648년 12월 토머스 프라이드 대령의 지휘 아래 의회를 기습한다. 그들은 온건파 의원 200여 명을 감금하고 남은 의원 50여 명으로 잔부 의회를 열었으며, 1649년 1월 찰스 1세를 처형했다. 이로써 크롬웰은 군주제를 폐지하고 잉글랜드 공화국을 세웠다.

첫 해에만 잉글랜드에서 35판, 대륙에서 25판이 발행되는 등 큰 반향을 일으켰다. 그리고 마침내 다소 늦은 감은 있었지만, 왕당파들은 성공적인 홍보의 비밀을 파악하게 되었다.

의회 당국은 적어도 네덤을 찾아내는 데는 성공했으며, 1649년 6월 뉴게이트 감옥에 투옥했다. 이로써 네덤은 신체는 다소 불편할지언정 참회할 기회를 가질 수 있었고, 1650년 공화주의자로 전향했음을 알리며 다시 세간의 이목을 끌었다.[57] 주 의회도 그를 다시 평가하게 된 것 같다. 5월에 의회는 네덤이 향후 언론 활동을 재개하게 되면 연봉 100파운드를 지급해야 한다고 결정했다. 이에 고무된 네덤은《메르쿠리우스 폴리티쿠스(Mercurius Politicus, 정치적인 헤르메스)》라는 새로운 뉴스북을 제안하기에 이르렀다. 과거 경박하고 빈정거리는 어조의 사설은 공화국의 미덕을 칭송하는 진중한 에세이로 대체되었다.

네덤은 공화국 정보국장 존 설로(John Thurloe)에게 긴밀한 협조를 받았는데, 설로가 받는 우편물들은 해외 뉴스의 훌륭한 원천이 되었다. 해외 뉴스는 잉글랜드가 네덜란드 공화국과 치른 공개 전쟁(1652~1654)에 돌입하면서 다시 중요해졌다. 이 전쟁 소식은 격분한 크롬웰이 1653년 4월 마침내 잔부 의회를 해산한 사건보다 훨씬 더 많이 보고되었다.** 1655년 크롬웰 정권은 런던의 신문 중《메르쿠리우스 폴리티쿠스》와 자매지인 주중지《퍼블릭 인텔리젠서(The Publick Intelligencer, 공공 정보원)》만 남기고 모두 폐간시켰다. 살아남은 두 신문 모두 네덤이 발행하는 신문이었다.[58] 네덤은 판매와 광고 수익을 독점하면서 차근차근 부자가 되고 있었다.

역사가들은 네덤의 잦은 지적 전향과 뻔뻔스럽게 바꾸는 충성심을

** 잔부 의회가 크롬웰의 개혁에 열의를 보이지 않자 크롬웰은 무력으로 의회를 해산하고 자신을 '호국경'으로 칭하며 국왕의 자리를 대신했다. 호국경은 잉글랜드에서 왕권이 약할 때 섭정하던 귀족에게 붙이던 호칭이다.

가혹하게 비판하곤 했다. 하지만 당시는 혼란스러운 시대였고, 인쇄물의 범람을 목도한 당대인들도 시대를 그렇게 인식했다. 당시는 잉글랜드의 뉴스업계에서 중요한 변화의 순간이었다. 연재물, 팸플릿, 공식 간행물을 비롯해 전문 기자와 그들의 대의에 호의적인 인쇄공의 채용, 뉴스의 조작, 억압, 윤색, 그리고 반체제 간행물에 대한 검열, 통제, 처벌까지, 이 모든 것은 이례적일 만큼 정치에 관심을 보이는 대중을 설득하고 회유해야 한다는 인식을 토대로 하고 있었다. 하지만 당시에 이러한 체제가 영원히 지속되리라고 생각한 사람은 없었다. 관련된 모든 사람은 대중과의 이러한 관계를 비상사태의 한 측면으로 인식했으며, 반기기보다는 우려했다.

크롬웰이 반대파를 강경하게 탄압한 것이 위선적으로 보였을 수도 있다. 왕당파를 비롯해 이제 크롬웰에게 환멸을 느끼는 이전의 협력자들은 분명 그렇게 생각했다. 그러나 사람들은 대부분 내전으로 터져나온 불만의 목소리를 잠재우지 못했다면 지금 이렇게 승리를 축하하지 못했을 수도 있었다는 사실은 마지못해 인정했다. 왕정 복고 후에는 확실히 그렇게 생각했다.

1660년, 공화국에서 해방된 왕정은 신속하게 언론을 단속하기 시작했다. 1658년 크롬웰의 죽음부터 찰스 2세의 귀환까지 혼란이 이어지는 동안 논쟁적 저술도 다시 꾸준히 늘어났는데, 당시 이러한 흐름을 이끈 이들은 군주제 지지자들이었다. 지치고 기력이 다한 군주제는 친구가 별로 없었다. 한때 스트래퍼드와 라우드를 물어뜯던 무자비한 언론들은 이제 그들의 독기를 풀고 속죄할 새로운 악당을 찾았다. 이 새로운 희생양은 이제는 성왕(聖王)으로 일컬어지는 찰스 1세의 처형에 서명한 국왕의 시해범들이었다.

1660년 가을, 새로운 국왕이 베푼 은혜로운 사면을 받지 못한 자들은 끔찍하게 처형되고 언론의 비웃음과 조롱을 받았다. 대중은 뉴스에 대한 갈망을 대변해줄 목소리를 찾았지만 아직 인간성은 찾지 못했다.

대혼란의 발행

    네덜란드 공화국은 17세기의 경이 그 자체였다. 16세기 동
안 독립 투쟁으로 황폐화된 이 조그만 나라가 국왕도 없이 유럽의 최
강대국으로 변모할 수 있었다는 사실에는 심지어 그 수많은 적조차도
감탄을 보낼 수밖에 없었다.[59] 1566년에 시작된 반란은 1648년 스페
인의 펠리페 4세가 제국의 북부 지역은 영영 되찾을 수 없다는 사실을
받아들인 후에야 비로소 공식적으로 종결되었다. 당시 이 젊은 공화국
은 끊임없이 전쟁을 겪는 상황이었음에도 유럽에서 가장 발달된 경제
체제를 갖추고 있었다. 이곳은 국제 교역의 중심지로서 주식, 은행, 보
험 분야의 가장 진보한 시장이 자리 잡고 있었으며, 유럽을 선도하는
조선소도 여기에 있었다. 또한 이곳은 당연히도, 뉴스의 주요 허브가
되었다.

  네덜란드 공화국은 정기 간행물을 적극적으로 받아들였다. 1640
년대까지 암스테르담에서는 주간 신문 10개가 4개 요일에 발행되었
다.[60] 젊은 공화국은 주변국에서 일어난 사건에도 열렬한 관심을 보
였다. 네덜란드인들은 잉글랜드의 국왕과 의회 간의 분쟁 소식을 유심
히 지켜보았으며, 공화파와 왕당파의 격론은 수없이 번역되어 네덜란
드 독자들에게 제공되었다.[61] 경제의 다른 영역과 마찬가지로 인쇄업
계도 자본 투자를 손쉽게 받을 수 있었다. 인쇄업계는 규제하기가 이
례적일 만큼 어려웠다. 한 도시에서 금지된 간행물은 보통 네덜란드의
다른 도시에서 인쇄할 수 있었기 때문이다.

  이 모든 활발한 경제 활동에는 대가가 있었다. 잉여 자본이 어디로

홀러가는지에 따라 경제는 극심하게 요동쳤다. 가장 유명한 사례는 신문의 시대가 열린 후 첫 번째 주요 경제 위기로 기록된 1632년의 튤립 파동이다.[62] 이 사건과 국제 교역에서도 볼 수 있듯이, 사업 경쟁자에게 행하는 무자비한 대우는 공적 생활의 경건한 어조와는 잘 어울리지 않았다. 보호해야 할 시장이 있는 곳에서는 종교적 연대도 거의 소용이 없었다. 네덜란드인들은 악명 높게 잔혹한 식민주의자였으며 변덕스러운 동맹이었다. 1672년 이 모든 만행은 결국 자신에게 되돌아왔다. 영리하고 부유하며, 무자비하고 독선적인 이 젊은 국가는 갑자기 자신에게 아무런 친구도 없다는 사실을 알게 되었다.

네덜란드 공화국을 집어삼킨 위기는 매우 신속하게 전개되었다. 1672년 3월 루이 14세는 네덜란드를 고립시키고 포위하기 위해 군사동맹을 맺었다.* 잉글랜드가 아군이 되어주지 않을까 기대했지만 귀환하는 레반트 국가의 함대가 잉글랜드 해군의 공격을 받은 후 그러한 희망도 물거품이 되었다. 4월에는 프랑스와 잉글랜드가 선전포고를 했다. 네덜란드 함대는 6월 7일 서퍽 해안의 솔베이에서 잉글랜드를 상대로 처절한 전투 끝에 불확실한 승리를 거두었지만, 수가 부족했던 육군은 당시 유럽의 가장 전문적인 군대인 루이 14세의 연대에게 빠르게 진압되었다. 곧 내륙 지방은 프랑스의 손에 넘어갔고, 위트레흐트는 한번 싸워보지도 않고 항복했다. 다시 한번 국가의 존립이 위태로워졌다.

네덜란드군의 붕괴와 프랑스군의 진격은 대중의 분노를 불러일으켰다. 7월에는 패배주의자들의 무리와, 계속 싸우기를 원하는 호전파

---

* 루이 14세는 당시 스페인의 영토였던 남 네덜란드(현재의 벨기에와 룩셈부르크 지역)의 계승권을 주장하며 이 지역을 침공했다. 그러나 위험을 느낀 네덜란드가 잉글랜드, 스웨덴과 삼국동맹을 맺고 프랑스와 대적했으므로 프랑스는 원하는 만큼의 땅을 얻지 못했다. 이에 루이 14세는 불만을 품고 네덜란드를 고립시키기 위해 잉글랜드와 비밀 동맹을 맺고 신성로마제국과 스웨덴까지 끌어들이는 데 성공한다.

사이에 양분되어 있던 공화국 섭정은 오라녜 공 빌럼 1세를 네덜란드의 총독인 '스타트하우더르(Stadtholder)'로 임명하라는 대중의 압박에 굴복했다. 공화국 체제는 신임을 잃었고 그 적들은 이제 복수를 했다. 홀란트 법률 고문(raadpensionaris) 얀 더 빗(Jan de Witt)은 6월 21일 칼에 맞아 부상을 입고 8월 4일 사임했다. 3주 후 더 빗과 그의 형제 코르넬리스는 헤이그 감옥에 수감된 후 구타당하고, 칼에 찔리고, 총에 맞아 사망했다.** 그 후 시민들은 더 빗 형제의 시신을 공개 처형대로 끌고 가 훼손하고 토막냈다.

네덜란드는 이런 광경을 한 번도 본 적이 없었다. 시민들이 공화국의 두 지도자를 처형한 것은 단지 그들의 정권뿐 아니라 이 풍족한 부르주아 사회를 특징짓는 고상한 가치들도 격렬히 거부한다는 것을 의미했다. 형제의 끔찍한 말로에 동정을 품은 로메인 더 호게(Romeyn de Hooghe)는 이 비극의 결정적인 순간을 일련의 극적인 판화로 재현했다.[63] 이러한 끔찍한 사건과 그 여파에 자극을 받아 팸플릿도 마구 쏟아져 나왔다. 인쇄의 역사에 대한 가장 최근의 학술 연구에서는 이 사건과 관련해 팸플릿을 1605건 기록하고 있는데 그중 996편은 원본이고, 재쇄본은 609편에 불과했다.[64] 이것들은 대부분 1672년 4월부터 8월까지 매우 짧은 기간 동안 집중적으로 발행되었다.

이 캠페인에는 놀랄 만큼 다양한 계층의 문인과 광범위한 출판업계가 참여했다. 암스테르담에서만 인쇄소 86곳이 이에 관여했다. 이 캠페인은 라이벌인 오라녜 세력과 섭정파가 조직한 것이 아니었다. 오히려 여기서 눈에 더 띄는 것은 원래부터 느슨했던 네덜란드 공화국의

2부 헤리티지의 시대

** 법률 고문은 네덜란드 공화국의 최고 지도자에 해당하는 직책으로, 1653년부터 법률 고문을 지냈던 더 빗은 결국 네덜란드를 고립 상태로 이끈 삼국 동맹을 체결한 당사자였다. 이 때문에 네덜란드 본토에서 전쟁이 벌어져 국가 전체가 크게 초토화되면서 국민의 원성을 사게 되었고, 감옥에 수감되었으나 분노한 국민이 감옥을 공격해 더 빗과 그의 형제를 살해했다.

검열이 완전히 풀린 상황에서 이례적인 사건에 대처하는, 고도로 박식하며 정치적으로 활발한 시민들이다.

시민들은 거리와 인쇄물에서 정치적 위기에 대해 논쟁을 벌였다. 그러나 이때 더 활약한 인쇄 매체는 신문이 아닌 정치 팸플릿이었다. 여기에는 몇 가지 이유가 있으며, 다른 경우와 마찬가지로 이 사례에서도 초기 신문들이 공적인 문제에 미친 실제 영향을 냉철하게 파악할 수 있다. 첫째, 신문은 처음 등장한 지 50년이 지났지만 여전히 국내 뉴스에 맞춰져 있지 않았다. 이는 부분적으로 신문이 뿌리를 둔 필사본 뉴스 서비스의 강한 전통 때문이기도 하지만, 꼭 그런 이유 때문만은 아니었다.

잉글랜드에서 1640년대에 다시 등장한 뉴스 시트는 내전 기간과 왕좌가 비어 있던 기간 동안 정치적 논쟁에서 분란을 일으키는 당파적인 역할을 했다. 유럽 대륙의 국내 정치 논쟁에서 신문의 역할이 그토록 미미했던 진짜 이유는 대체로 구조적인 것이었다. 신문은 형식이 경직되어 있어 큰 사건이 일어났을 때 적절히 대응할 수 있을 만한 유연성이 거의 없었다. 국외 보도를 일정한 순서로 나열하는 구조였으므로 논평을 쓸 자리도 없었다.

제작자는 물론 규제 당국이 이러한 형식을 선호했던 이유는 매우 많다. 국외 뉴스는 신문 독자들을 만족시키고 지면도 꽉 채울 수 있을 만큼 충분히 제공되었다. 위험도 최소화할 수 있었다. 신문 발행인들은 자연스럽게 신중하고도 형식적인 보수적 성향으로 기울었는데 이는 한편으로 그들의 최우수 고객이 당국 관계자였고, 다른 한편으로는 지나치게 대담한 논평을 실으면 보복을 당할 수 있기 때문이기도 했다.

연재물의 발행인은 항상 다음 호를 생각해야 했다. 고객층의 특성을 고려할 때 이들은 분명 기사를 매우 주의 깊게 읽었을 것이다. 만일 조금이라도 고객을 불쾌하게 만들면 발행인은 바로 그 자리에서 끌려갈 수도 있었다. 따라서 안전을 보장받을 유일한 전략은 정치적 중립을 엄격히 지키는 것이었다. 뉴스 발행인들은 이런 방식으로 언젠가 폭풍이 잦아들었을 때도 살아남아, 이제는 보복을 두려워하지 않고 계속해서 주간 연재물을 발행할 수 있길 바란 것이다.

이런 모든 이유를 볼 때, 팸플릿 발행인은 신문업자보다 훨씬 더 모험심이 강했던 것으로 보인다. 팸플릿 발행인은 기꺼이 위험을 감수하고, 재치 있는 독설을 담아 거리낌없이 글을 쓰고, 결국 대중의 호응을 얻어 돈을 벌 수 있었다. 상황이 바뀌면, 예컨대 정치적 분위기를 잘못 읽고 대세를 거스르는 행동을 했다면 다시 시류를 옮겨 타면 된다. 많은 정치 팸플릿이 익명으로 발행된 반면, 신문은 주소가 기재되어 있어야만 발행되고 보통은 인쇄소에서 판매되었으므로 잠재적 구매자들은 신문을 어디서 찾을 수 있는지, 구독료는 어디에 지불해야 하는지 알 수 있었다.

17세기 중반까지 신문은 폭넓은 독자층이 정치에 대한 교양을 쌓는 데 중요한 역할을 했다. 하지만 가령 1672년 네덜란드 공화국에서 있었던 사건과 같이 정말 이례적인 사건이 터지면 신문은 아무런 대처도 할 수 없었다. 고정된 주간 발행 일정으로는 빠르게 진행되는 사건을 따라잡기 어려울 때도 있었으며, 뉴스 시트의 제한된 지면으로는 쉽사리 담아내기 어려운 장문의 논증에 대한 갈증과 요구도 높아졌다.

같은 이유로 리슐리외가 수립한 언론 체제와 일시적으로 그의 관제 언론 노릇을 한 《가제트》는 프롱드의 난 등 당대의 반란과 정치적 시위의 대격변에서, 주간 뉴스 시트처럼 거의 아무런 역할도 하지 못했다. 네덜란드와 마찬가지로 프롱드의 난 동안 시위대의 이념을 형성하는 무거운 짐을 지운 것은 팸플릿, 그 악명 높은 《마자리나드(Mazarinades, 마자랭 풍자)》였다.[65]

신문과 같은 연속 간행물이 좀 더 적극적으로 정치적 역할을 할 수 있는 길을 제시한 것은 오직 잉글랜드의 내전이 유일했다. 그리고 다음 반세기 동안 신문은 정치 무대의 중심을 향해 큰 걸음을 내딛게 될 것이다.

11장

찻잔 속의 폭풍

이제 대니얼 디포가 《리뷰》를 써내려간 바로 그 시기로 되돌아왔다. 여러 차례의 사업 실패와 파산, 공개적인 굴욕을 겪은 디포는 이제 《리뷰》에 생사를 걸었다. 따라서 그는 돈을 주는 사람이 있다면 그게 누구든 그 사람을 위해 쓰고 또 썼다. 그리고 1688년 제임스 2세가 퇴위하고 하노버 가문이 왕위를 계승하기까지 이 뜨거운 시대에 돈을 내려는 사람은 많았다. 1707년 디포는 스코틀랜드에서 1년을 보내면서 스코틀랜드인들에게 의회를 폐지하면 장점만 있을 것이라고 설득했다.[1] 저널리즘과 옹호는 거의 구분하기 어려웠다.

20세기 후반 독일의 저명한 사회학자 위르겐 하버마스(Jurgen Habermas)도 이 격동의 시기에 관심을 가졌다.[2] 하버마스는 디포의 런던, 특히 커피숍에 주목했다. 당시 커피가 유럽에 수입된 지는 얼마되지 않았으나, 잉글랜드만큼 커피를 환영한 곳도 없었다. 커피는 엄청난 인기를 끌었다. 불과 몇 년 사이에 커피 하우스가 수십 곳 생겨났고, 그중 적절히 번창한 커피숍은 사람들을 만나고, 대화하고, 험담을 나누고, 뉴스를 나누는 곳이 되었다.[3] 하버마스는 이 유쾌하고 시끌벅적

11.1 커피 하우스.

한 상업과 소통의 장을 관찰한 후 그가 '공적 영역'이라고 묘사한 새로운 형태의 대중적 참여를 포착했다. 정치 토론에 참여할 여유 시간과 자유가 있으며 조리 있게 자신의 의견을 말할 수 있는 참여적인 정치 계층을 발견한 것이다. 앞에서도 보았듯이, 디포 또한 비슷한 생각을 가지고 있었다. 그 역시 여기서 정치적 견해가 탄생하는 결정적인 순간을 발견한 것이다.

좀 더 긴 안목으로 보면 완전히 새로운 형태의 참여 정치가 등장했다는 주장은 이치에 맞지 않는 것으로 보인다. 커피가 등장하기 훨씬 전부터 뉴스에 대한 욕구가 있었으며, 이러한 욕구를 해소할 활기찬 시장이 이전에 이미 탄생했다는 근거는 수없이 많다. 디포는 물론 새로운 손님을 끌기 위해 음식에 향신료를 뿌리는 세일즈맨의 오래된 속임수를 선보인 것일 뿐이다. 하지만 그렇다고 해도 그의 주장도 어느 정도는 옳지 않을까? 17세기 후반의 커피 문화에서 뉴스의 역사를 한 단계 끌어올린, 진정으로 새로운 무언가가 배양된 것은 아닐까?

태양왕의 창조물

이 시기 런던은 대도시로 성장하는 중이었지만 유럽의 뉴스 연결망에서 여전히 다소 변방을 차지하고 있었다. 잉글랜드에서 형성된 새로운 뉴스 환경이 다른 지역과는 어떻게 다른지 확인해 볼 필요가 있다. 예컨대 유럽에서 가장 큰 국가이자 가장 강력한 군대를 보유한 프랑스는 어떨까? 여기서는 반대로 눈에 띌 만큼 무기력하고 통제된 언론의 행태가 지속됨을 볼 수 있다. 리슐리외와 마자랭이 교묘히 구축한 관제 언론은 세기의 대반란이었던 프롱드의 난 동안에만 잠시 사라졌을 뿐이다. 반군은 공통의 대의를 찾는 데 실패했고, 그들의 요구는 확실하지 않으며 지나치게 혼란스러운 것으로 드러났다. 서서히, 아주 힘들게 왕권이 회복됐으며, 1652년 돌아온 마자랭은 당시에 아직은 대왕을 꿈꾸는 소년이었던 루이 14세를 대신해 나라를 통치했다.

태양왕의 시대가 신문의 전성기는 아닐 것이다. 질서를 회복하기 위해서는 르노도에게 독점권을 되돌려주어야 했으며 《가제트》는 발행을 재개했다.[4] 소년왕이 자라 성인이 되면서 왕국도 점차 왕실의 새로운 자화상을 받아들이는 데 익숙해졌다. 1654년, 15세가 된 루이는 랭스에서 엄숙한 대관식을 거행하며 공식적으로 성인이 되었다. 7년 후 마자랭이 사망하자 루이 14세는 자신이 수석 국무장관 없이 통치할 것임을 분명히 했다. 이제 루이 14세를 중심으로 군주를 숭배하는 문화가 형성되었다. 국왕의 권력과 위엄은 광범위한 문화적 자원을 체계적으로 활용한 데서도 확인할 수 있다.[5]

마자랭의 오른팔, 니콜라 푸케(Nicolas Fouquet)가 등용한 내로라하는 예술가와 문인, 극작가 들은 이제 루이 14세를 섬기게 되었다. 루이 14세에 대한 찬가가 산문과 운문, 프랑스어와 라틴어로 작성되었다. 극장에서는 새로운 알렉산드로스 대왕을 기리는 연극이 무대에 올랐고

교단에서는 그를 프랑스 군주제의 거룩한 창시자, 성왕 루이(루이 9세)에 비유했다. 루이 14세는 퐁텐블로 성에서, 이후에는 베르사유의 새로운 궁전에서 세심하게 꾸민 화려한 의식의 한가운데에서 살았다. 여기서는 특권층에서 가장 높은 지위에 오른 자만이 국왕과 대면하는 특권을 누릴 수 있었다.

베르사유 문화는 동시대 사람들을 매료시켰고, 당시와 이후 태양왕의 이미지를 형성하는 데 일조했다. 그러나 궁정에서 왕을 알현하고, 왕의 초상화를 보고, 궁정 시인들의 아첨과 연극 공연을 즐길 수 있는 사람은 인구에서 극히 적은 비율에 그쳤다. 파리의 문화적 위상에도 인구의 95퍼센트가 살고 있는 지방까지 국왕의 이미지를 전파하기는 매우 까다로웠고, 따라서 왕정은 지방에는 큰 관심을 두지 않았다.

루이 14세가 갓 성년이 되던 시기에 그의 군대가 파죽지세로 승리를 거두자, 온 나라가 그의 승리를 축하했다. 수도에서 일어난 경사를 기리는 공공 행사와 잔치, 볼거리 행사를 후원하기 위해 궁정의 관리들이 동원되었다. 그러나 국왕이 항상 승리를 거둔 것은 아니다. 루이 14세의 대신이 프랑스의 모든 주요 도시의 공공 광장에 국왕의 기마상을 세우라는 명령을 내렸을 때는 성공의 첫 물살은 이미 사라진 후였다. 왕국의 가장 먼 곳까지 새로운 왕권을 상징하는 웅장한 건축물을 세우려는 시도는 엇갈린 반응으로 이어졌다. 국왕에게 결코 감사할 일이 없는 몇몇 지역은 충성스러운 복종을 맹세하면서도 이것저것 핑계를 대며 교묘히 조각상 건립을 수년간 미루는 데 성공했다.[6]

보르도, 툴루즈, 리옹과 같은 도시들은 그 자체로 발달된 공동체였다. 이들을 국왕 숭배 문화에 동참시키기는 오직 인쇄물을 통해서만 가능했을 것이다. 루이 14세의 정권 후반기로 접어들면서 프랑스의 지방 도시들을 국가 언론의 영향권에 포섭하려는 의식적인 노력이 이루어졌다. 리슐리외의 주도 아래 르노도가 발전시킨 시스템인 《가제트》

의 판권이 크게 확대되어 이제 지방에서도 발행되기 시작했다.

1683년부터 1699년까지《가제트》는 리옹, 루앙, 보르도, 투르에서 창간된 지방판 외에도 16개 도시에서 발행되었다. 1701년에서 1714년 사이 스페인 왕위 계승 전쟁이 벌어진 후 도시가 12개 이상 연결망에 추가되었다.[7]《가제트》의 파리 판본은 우편 경로를 따라 각 도시의 승인된 현지 서적상에게 전달되었으며 발행일은 우편 제도의 효율에 따라 달라졌다. 즉 토요일에 파리에서《가제트》가 발행될 경우, 일요일이면 파리 분지의 일부 지역에서도《가제트》가 눈에 띄기 시작해 보르도, 리옹, 라로셸에서는 목요일쯤에나 볼 수 있었다.[8]

이 놀라운 시스템은 유럽에서 유일무이한 것이었다. 다른 어떤 국가에서도 오직 한 가지 공식 신문에만 독점권을 허용하고 30곳이 넘는 지역에서 다시 인쇄하게 하는 경우는 없었다. 이 모든 기간 동안《가제트》는 공적 정책의 충실한 대변자로 남아 있었다. 르노도의 계승자들(르노도 가문은 18세기까지 독점권을 오래도록 유지했다)은 괜히 정권의 불만을 사서 그들의 귀중한 독점권을 위태롭게 할 생각은 없었다. 따라서 당시에도 지면에서 여전히 단을 대부분 차지하던 해외 급보는 계속해서 건조하고 사실적인 어조를 유지했으며, 오직 국왕의 치적을 칭송할 때만 어조가 완전히 바뀌었다.

마자랭의 사망 후 불안이 고조된 몇 년 동안,《가제트》는 국왕이 얼마나 부지런히 직무를 수행하고 있는지 알리기 위해 온갖 노력을 기울였다. 국왕이 사냥을 나간 것도 쉴 새 없는 노동의 보답으로서 마땅히 누릴 자격이 있는 휴식으로 묘사되었다. "폐하께서 경이로운 근면함으로 국사를 돌보실 때의 그 신중함." 루이 14세가 군대를 이끌고 전장에 나설 때면《가제트》의 감탄도 새로운 경지에 이른다. 1672년 네덜란드 원정 당시《가제트》는 득의만면하게 외쳤다. "승리와 영광이 어떻게 우리의 너그러운 폐하께 적들의 왕관을 바치는 기쁨을 가져다주었는지 보라."[9]

루이 14세는 궁정의 시녀들뿐 아니라 예술가와 문인 들도 원정에 데려가 각자의 방식으로 국왕의 위대한 업적에 마땅한 찬사를 바치도록 했다. 극작가이자 루이의 궁정 역사가였던 장 라신(Jean Racine)도 종군 기자 가운데 중 한 명으로서 1687년 나무르 공성전 중 급보를 보내기도 했다. 《가제트》에서 1673년 마스트리히트 공성전을 보고한 다음 발췌문을 통해 이러한 급보의 어조를 판단할 수 있다.

세계에서 가장 위대한 군주의 발자취를 계속 따르라! 명령을 내릴 때의 지혜, 그를 필요로 하는 곳으로 달려갈 때의 정력, 밤낮으로 일할 때의 불굴의 의지, 위험에 맞설 때의 굳건한 영혼을 보라. 국왕 폐하와 함께 적의 참호로, 그의 용맹함에 가장 오만한 적들조차 두려움에 떠는 그곳으로, 그의 호전적인 외침과 함께 그를 따라 진격할 것이다.

편집인들은 이처럼 생생한 묘사 덕분에 상상력이 풍부한 일부 독자는 마치 자신이 국왕과 함께 전장에 있는 것처럼 느끼고 두려워하고 있을지도 모른다며 뿌듯해했다. 그래서 독자들을 안심시켜야만 했다. "예전에 그랬던 것처럼 위험으로부터 안전하지 않다고 두려워할 필요는 없다. 이 유명한 공성전에 대해 작금의 연재 기사 이외의 다른 곳에서는 이토록 변치 않는 존경의 대상을 찾을 수 없을 것이다."[10]

《가제트》는 주목할 만한 기획이었지만 프랑스의 여론을 형성하는데는 오직 제한적인 성공밖에 거두지 못한 것 같다. 이 장황한 사설을 읽은 이는 비교적 소수에 불과했다. 정확한 인쇄 부수는 찾기 어렵지만, 1670년 네 지방에서 발행된 판본은 모두 합쳐서 매주 2500부에 그쳤다. 1700년까지 판본이 22종 나왔으나 《가제트》의 기사가 게재되는 지역은 차차 줄어들었고, 합쳐서 대략 7천 부 정도가 발행되었다. 파리의 더 많은 판본까지 고려하면, 주간 총 인쇄 부수는 1670년에 약 4천 부, 이후에는 약 9천 부 정도로 짐작된다. 그리고 이 신문은 당시 약 2천만 명이었던, 프랑스인이 접할 수 있는 유일한 신문이었다.[11] 잉글랜드와 네덜란드, 독일에 훨씬 다변화된 뉴스 시장이 형성되어 있던 것과 비교하면 시사하는 바가 크다.

루이 14세의 정권 말기로 접어들며 전쟁의 흐름이 국왕에게 불리하게 흘러가자, 왕실 정책의 대변인으로서 《가제트》의 역할이 시험대에 올랐다. 스페인 왕위 계승 전쟁 중 프랑스군은 블렌하임(1704)과 말플라케(1709)에서 연달아 패배하면서 유럽 최고의 전문화된 군대라는 아우라도 산산이 무너졌다. 이러한 사실은 《가제트》에서는 거의 다루어지지 않았다. 이때까지 프랑스 관료 체제의 여러 부서는 이 신문을 어느 정도 주의 깊게 감시하고 있었다. 1708년, 편집자들은 카리브해 원정을 너무 자세하게 기술했다는 이유로 문책을 당했다. 전쟁 시에는 '대중이 너무 많이 아는 것도 좋을 것이 없다'는 직설적인 통보를 받았다.[12] 하지만 침묵만으로는 대중의 관심과 불안을 잠재울 수 없었다. 이에 따른 공백은 결국 흔한 필사본 소식지가 채워야 했다.

《가제트》가 점점 과묵해지면서 필사본 소식지는 군사 및 외교 뉴스의 유일한 원천이 되었다.[13] 이들 소식지는 왕실 우편국 서기에게 얻은 공신력 있는 정보를 토대로 작성되었으며 커피 하우스를 통해 배포되었으므로, 통제하기가 거의 불가능했다. 심기가 불편해진 정부는 1705년 조례를 발표하고 이러한 소식지의 제작과 배포를 금지했으며, 이후 몇 년에 걸쳐 연례적으로 명령을 갱신했다. 다시 말해 이러한 금지는 비록 '왕명에 의한 것'임에도 아무런 효력이 없었다.[14] 1706년 몇몇 '노벨레(novelle)* 작가'가 체포되어 심문을 받은 후, 파리 우편국의 서기

---

* 14세기에서 16세기에 걸쳐 이탈리아에서 유행한 단편 소설 양식. 보카치오의 《데카메론》이 대표적인 작품이다.

관들을 지목해 그중 30명이 연행되었다. 이들의 증언으로 뉴스 작성자들이 파리와 리옹 우체국 사이에 발달된 정보 교환 시스템을 구축한 사실이 확인되었다. 이들의 고객 명단에는 프랑스에서 가장 영향력 있는 사람도 일부 포함되어 있었다.

국외에서 발행되는 프랑스어 신문도 왕실의 뉴스 독점권을 위태롭게 했다. 이는 전적으로 정부가 자초한 문제였다. 왕실 대신들은 《가제트》에만 독점권을 보장한 것이 아니라 서적 출판을 허가할 때도 일관되게 파리의 대형 출판사에만 호의를 베풀었다. 이 때문에 특히 루앙과 리옹에서 이미 입지를 확고히 다진 지방의 출판업계는 큰 타격을 입고 급격히 위축되었다.[15] 그 결과 출판업자와 서적상들은 어쩔 수 없이 이 중요한 도시에서 떠나야만 했다. 더는 잃을 것이 없는 상황에서 이제 루앙은 비방문을 생산하는 거점으로 상당한 악명을 얻고, 리옹은 외국 가제트의 주요 배포지가 되었다.

가장 잘 알려진 외국 신문은 1677년에 창간된 《가제트 드 레드(Gazette de Leyde, 레이던 가제트)》였다.[16] 이 가제트를 포함해 루이 14세의 통치기 동안 레이던, 암스테르담, 헤이그에서는 프랑스어 신문이 10여 종 발행되었다. 18세기 레이던의 신문은 대륙 전역의 정치인들이 읽는 유럽의 대표 신문이 되었다.[17] 하지만 이 신문도 처음에는 좀 더 당파적인 목적을 띠고 있었으며 프랑스 독자들에게 루이 14세와 관련해 새로운 시각을 제공했다. 즉 루이 14세를 유럽의 모든 왕국이 그의 발밑에 엎드려야만 비로소 만족하는, 권력에 굶주린 독재자로 묘사한 것이다. 1672년 네덜란드 군대가 대패한 후 프랑스 국왕을 고립시키고 궁극적으로는 굴욕감을 주기 위해 삼국 동맹이 형성될 때, 외교술과 함께 인쇄 선전물이 이제 핵심적인 역할을 했다.

프랑스의 대신들은 전세를 뒤집기 위해 온갖 노력을 다했다. 하지만 국왕이 〈테 데움〉을 부르기를 요청하며 기뻐한 승전 소식은 대체로 소

규모 접전에서 들려온 결과인 반면, 침묵 속에서 전해진 패전 소식은
규모가 거의 재앙 수준이었다. 루이 14세의 적들은 더 많은 피를 바랐
다. 1709년 평화 회담이 시작되었을 때(파리《가제트》에서는 다루어지지 않았
다) 동맹국들은 루이 14세가 무력 행동에 가담한다면 그의 손자 필리
프를 스페인의 왕좌에서 끌어내리겠다고 으름장을 놓은 후에야 적대
관계를 종식할 수 있었다.* 루이 14세는 그가 속한 부르봉 왕조의 명예
와 갈가리 찢긴 국가의 평화 중에서 하나를 선택해야 했다. 상황이 점
차 절박해지자 프랑스의 대신들은 국외에서 계속된 공격에 해법이 필
요하다는 사실을 마지못해 인정했다. 프랑스군이 전장을 장악했을 때,
외무대신 시몽 아르노 드 퐁폰(Simon Arnauld de Pomponne)은 해외의 적들
에게서 터져나온 '백만 명의 고함'을 아무렇지도 않게 묵살할 수 있었
다.[18]

이제 이들에게 대답할 책임은 그 유명한 장-바티스트 콜베르(Jean-
Baptiste Colbert)의 조카 토르시(Torcy) 후작에게 떨어졌다.** 토르시는 파
리에서 '프랑스인에게 보내는 스위스인의 서신(Lettres d'un Suisse d'un
François)'(이하《스위스인의 서신》)이라는 제호로 일련의 팸플릿을 비밀리에
발행한 적이 있다. 이 팸플릿에 실린 에세이는 정치적으로 깨어 있으
면서도 중립적인 스위스인이 쓴 것으로 알려졌지만 사실은 토르시의
고객인 장 드 라 샤펠(Jean de La Chapelle)의 글이었다. 그들의 목적은 독
일 국가가 어쩌면 합스부르크 제국의 보호 아래 놓일 수 있다고 경고
함으로써 동맹에 균열을 만드는 것이었다.

---

* 펠리페 5세는 루이 14세의 장손인 그랑 도팽의 아들이다. 펠리페 5세의 할머니, 즉 루이 14
  세의 왕비인 마리-테레즈 도트리슈는 스페인 국왕 펠리페 4세의 딸이다. 1700년에는 스페
  인 국왕 카를로스 2세가 후계 없이 사망한 후 펠리페가 스페인 국왕이 되지만, 프랑스의 세
  력이 너무 확장되는 것을 막기 위해 스페인 왕위 계승 전쟁이 발발하게 된다.
** 장-바티스트 콜베르는 1665년부터 1683년까지 프랑스의 재무대신을 맡았다. 콜베르 드
  토르시는 1696년부터 1715년까지 외무대신을 맡았다.

《스위스인의 서신》은 문학적으로 큰 성공을 거두었지만 1709년이 되자 토르시조차도 더는 발행을 지속하는 것이 아무런 소용이 없다는 사실을 인정할 수밖에 없었다. 왜냐하면 토르시가 이탈리아 특파원에게 인정했듯이, "좋은 소식들로 [그대의 고통을] 달래길 간절히 바라지만, 애석하게도 우리의 적들이 퍼트린 소식 중 대부분이 사실입니다."[19] 이제 프랑스 왕실은 왜 평화에 대한 희망을 무너뜨려야 하는지 (네덜란드 신문을 수입해서 보는 독자들은 이미 틀림없이 알고 있었겠지만) 설명해야 하는 곤란한 과제에 직면했다. 왕실의 명예를 구하고 스페인의 펠리페에게 의무를 다하기 위해서는 계속해서 전쟁을 해야 한다는 것이다.

이 절박한 시기에 루이 14세는 표면상 지방 총독들에게 회람 서신을 보내는 방식으로 백성들에게 직접 의견을 전했다. 이 솔직하고 감동적인 서신은 수많은 판본으로 인쇄되어 엄청난 양이 배포되었다. 이로써 국왕의 홍보 우선순위에도 큰 변화가 일어났다. 뛰어난 팸플릿 저술가인 조아생 르그랑(Joachim Legrand)은 토르시에게 다음과 같이 말했다.

국왕의 행동은 정의와 이성이 따르는 것만으로는 충분하지 않다. 국왕의 신민은 그러한 행동을 확신할 수 있어야 하며, 특히 전쟁을 수행하는 동안에는 더욱 그러하다. 비록 정당하고 필요하다고 해도 전쟁은 거의 항상 그토록 처절한 비극만을 가져온다는 점에서.[20]

국왕의 연설은 프랑스가 마지막 항전을 벌일 때 사기를 돋우는 데 도움이 되었다. 분명 동맹군은 프랑스의 사기 회복에 당황했으며 자신들이 너무 지나치게 밀어붙인 결과, 오히려 일을 망치고 말았다는 사실을 깨달았다. 잉글랜드의 결의가 약화되었다는 첫 번째 징후가 보이자 토르시는 선전물을 퍼부으며 새롭게 맹공격을 시작했고, 르그랑이 그 뒤를 이었다. 결국 스페인의 펠리페 5세가 그에게 도전한 합스부르크 왕가에 결정적인 승리를 거두면서 전쟁도 끝날 수 있었다. 여기서 특사들이 아무 역할도 하지 않은 것은 아니다. 1713년 위트레흐트에서 체결된 평화 조약의 토대에는 세심하게 작성된 수많은 팸플릿이 있었다. 이것들 중 상당수는 경쟁하는 양 세력에 의해 은밀히 조직된 것이지만, 모든 팸플릿이 통제 아래 있었던 것은 결코 아니었다.

왕정 복고

1660년 잉글랜드의 왕정 복고 이후, 루이 14세에게는 열렬한 추종자가 한 명 생겼다. 처음에는 마음을 숨기고 있던 이 비밀스런 숭배자는 바로 잉글랜드의 국왕 찰스 2세다. 찰스 2세는 한순간에 분위기를 사로잡는 매력과 대중의 낙관적인 평가로, 잉글랜드 공화정의 엄격함과 위선에 지친 민심을 능숙하게 파고들었다. 그러나 이러한 매력 이면에는 국외에서 오랫동안 추방 생활을 한 기간 동안 생긴 박탈감과 굴욕감의 깊은 상처가 남아 있었다. 찰스 2세는 복수하고 싶은 자연스러운 본능은 어느 정도 억누를 수 있었지만, 그의 귀환에 따른 상반된 기대의 소용돌이에 맞서 여전히 지배와 승리를 갈망하고 있었다. 이를 위해서는 순종적인 언론이 필요했다. 이에 따라 앞서 크롬웰의 일방적인 원칙에 따른 냉혹한 엄숙함에서 벗어나 활발하게 의견을 나누는 시절로 돌아가길 희망하는 출판업계와, 기만적이고 완고한 왕정 사이에 흥미진진한 갈등이 시작된다.[21]

코먼웰스(Commonwealth)*에서 계승된 신문들은 곧 든든한 조력자의 손에 들어갔다. 마차몬트 네덤은 크롬웰과 너무 밀접히 관련되어 있었으므로 더는 일자리를 기대할 수 없었고, 조용히 네덜란드로 도망쳤다. 한때 학교 교장이었으나 이후 언론인으로 변신한 헨리 머디먼(Henry Muddiman)은 왕정 복고의 설계자인 조지 멍크 장군을 열렬히 추종하면서, 그의 후원에 힘입어 충성의 대상을 바꾸는 데 성공했다. 머디먼의《팰리어멘터리 인텔리젠서(Parliamentary Intelligencer, 의회 정보원)》는 왕정 복고 후 제호를《킹덤스 인텔리젠서(The Kingdom's Intelligencer, 왕국 정보원)》(이하《인텔리젠서》)로 바꿔 요령껏 계속 발행되었다.[22]

이처럼 활기차게 시작했음에도 얼마 지나지 않아 찰스 2세의 언론관이 명백히 드러났다. 1662년 6월, 의회는 모든 인쇄물이 사전 승인을 받도록 하는 검열법을 통과시켰다. 이러한 규제를 시행하는 임무는 새로 임명된 인쇄물 조사관, 로저 레스트레인지(Roger L'Estrange)경이 맡았다.[23]

레스트레인지는 조금 특이한 언론인으로서, 질서정연한 세계에는 신문이 결코 존재해서는 안 된다고 믿었다. 이처럼 단호한 관점은 1663년 뉴스 발행 독점권을 부여받는 시점에 더없이 명백하게 드러났다. 재발행된《인텔리젠서》첫 호에 실린 레스트레인지의 저널리즘 철학은 다음과 같다.

언론이 질서를 갖추고 국민은 올바른 지혜를 품고 있다면 뉴스가 있건 없건 관계없이 나는 결코 공공의 전령을 지지하지 않을 것이다. 왜냐하면 그것은 대중이 국왕의 행동과 조언에 너무 익숙해지도록 만들고, 지나치게 실리만 따지면서 대단히 비판적으로 만들며, 정부에 간섭할

---

* 1649년 영국의 청교도 혁명 때부터 1653년 크롬웰이 호국경이 될 때까지의 공화정.

다양한 권리와 허가는 물론, 이를 바라는 욕구까지 불어넣을 것이기 때문이다.

물론 당시는 평범한 시대가 아니었다. 신문은 적어도 이 시점에는, 무료로 "국민이 저지른 이전의 실수를 만회하기 위해서라기보다는 국왕 폐하를 섬기고 대중에게 더 큰 이익을 가져오기 위해" 좋은 용도로 사용될 수 있을 때만 필요했다.[24]

처음에 머디먼은 봉급을 받고 새로운 신문의 제작을 도왔지만 레스트레인지 밑에서 일하는 것이 결코 즐거운 일은 아니었다. 머디먼은 그 대신 필사본 소식지 제작에 더욱 전념하게 되었고, 몇몇 특권층과 정부 관리를 위해 기밀 서비스를 제공할 수 있었다. 이러한 목적으로 그는 국무장관의 집무실에 자주 들락거렸는데, 그곳에서 젊고 야심찬 정무장관인 조지프 윌리엄슨(Joseph Williamson)의 눈에 들게 된다. 윌리엄슨은 장관실로 흘러들어오는 공식 정보를 이용해 자신이 뉴스 운용의 중심에 설 기회를 포착하게 되었다. 하지만 그러기 위해서는 먼저 레스트레인지를 제거해야만 했다.

기회는 1665년에 찾아왔다. 당시에 역병이 창궐해 윌리엄슨과 머디먼을 비롯해 궁정 전체가 옥스퍼드의 피난처로 이동했다. 레스트레인지는 전문적인 조수를 잃은 채 혼자 런던에 남겨지자, 그가 언론인으로서 얼마나 무능한지 금방 드러났다. 윌리엄슨은 손쉽게 상관을 설득해 레스트레인지에게 후한 연금을 주는 대가로 그가 가진 출판권을 빼앗는다. 레스트레인지의 뉴스 간행물은 폐간되고 곧 이를 대신해 유일한 공식 신문인《옥스퍼드 가제트(Oxford Gazette)》, 이후에는《런던 가제트(London Gazette)》가 발행되기 시작했다.

이후 14년간 영국에서 발행된 신문은《런던 가제트》가 유일했다. 윌리엄슨은 당대 신문은 물론 과거의 여러 신문을 모델로《런던 가제트》

를 구상했다. 크롬웰의 통치 아래 네덤이 누렸던 뉴스 독점권도 그중하나였다. 물론 제호는 파리의《가제트》에서 따온 것이다. 그러나 이두 신문과는 대조적으로,《런던 가제트》는 팸플릿 형식 대신 초기 네덜란드 신문의 대판형 양식으로 되돌아갔다.《런던 가제트》는 창간호부터 단일 시트였으며, 본문은 두 단으로 구성되어 양면 모두 인쇄되었다. 또한 파리의《가제트》는 민간 기업이 독점했던 반면《런던 가제트》는 국무장관의 집무실에서 편집되었고, 본문의 내용은 정부에서 입수한 소식지와 외국 신문에서 선별했다. 실제 편집 업무는 장관의 보좌진 중에서도 가장 급이 낮은 직원들이 수행했다. 그리고 윌리엄슨과 머디먼은 그들의 진짜 상품인 기밀 필사본 소식지에 전념했다.[26]

《런던 가제트》는 조금 특이한 신문이었다. 이 신문은 곧 광범위하게 배포되었으며, 일주일에 2호씩(한 호에 1페니) 발행되어 뉴스에 굶주린 수도 주민들의 갈증을 채워주었다. 또 이 신문에는 근본적으로 공신력 있는 정보가 풍부할 수밖에 없었다. 편집자들이 정보망의 핵심에 자리잡고 있었기 때문이다. 이들은 해외의 여러 전략적 요충지에 있는 영사 등 수많은 대리인은 물론, 잉글랜드 전역의 통신원에게 정기적으로 보고를 받았다. 그러나 영국의 국내 소식이《런던 가제트》에 실리는 일은 드물었다. 윌리엄슨과 머디먼은 다분히 의식적으로 이러한 정책을 추진했는데, 대중이 공적인 문제에 반드시 정통할 필요는 없다는 레스트레인지의 편향을 어느 정도는 수긍하고 있었던 것이다.

새로운 체제가 성립된 후 처음으로 시행한 한 가지 조치는, 하원의 투표 결과를 더는 보고해서는 안 된다는 칙령을 내린 것이다. 이는 잉글랜드에서 언론의 자유를 옹호하는 측과 반대하는 측을 가르는 기준, 즉 여론에 대한 태도를 확인할 수 있는 신뢰할 만한 바로미터가 되었다. 결과적으로《런던 가제트》는 제호가 유래한 파리의《가제트》와 초기 코란토의 관행을 이어받아 대부분 국외 뉴스로 채워졌다. 국내 뉴

11.2 《런던 가제트》.

스는 기밀 소식지의 몫으로 남겨졌으며, 신중히 선정된 공무원인 주부관, 우편국장, 추밀원 의원 들에게만 배포되었다. 우편국장과 세관원은 정기적으로 내부의 소식을 써서 보내는 대가로 이러한 소식지를 무료로 받아 보았다.[27] 필사본의 제작 비용은 다른 수신자들이 낸 구독료로 충당되었다.

잉글랜드 밖의 뉴스 발행인들도 자국의 뉴스를 보내는 대가로 잉글랜드로부터 공식 필사본 소식지를 받아볼 수 있었다. 이들은 이 소식지를 토대로 자신들의 신문에 잉글랜드의 뉴스를 실었는데, 그 결과《오프레히터 하얼럼저 딩스다에흐저 카우란트(Oprechte Haerlemse트 Dingsdaegse Courant, 정통 하를럼 사건·사고 카우란트)》와 같은 네덜란드 신문의 구독자들이《런던 가제트》의 잉글랜드 구독자보다 잉글랜드의 현

11.3 《오프레히터 하얼럼저 딩스다에흐저 카우란트》. 이 호에서도 볼 수 있듯이, 이 카우란트의 독자들은 잉글랜드의 국내 정치를 매우 잘 알고 있었을 것이다.

지 소식을 더 많이 접하는 기이한 일이 벌어지기도 했다.

이에 따라《런던 가제트》는 대부분 외국의 뉴스로 채워졌으며 독자들에게 사건에 대해 극히 편협한 시각만을 제공했다. 그러나 정보의 출처는 신뢰도가 매우 높았다.《런던 가제트》에 실린 기사는 대륙의 뉴스 발행인들과 맺은 뉴스 교환 협정에 따라 입수한 다양한 대륙 신문과 필사본 뉴스북에서 발췌한 것이었다. 따라서《런던 가제트》또한 공신력이 높았고, 정부가 바라는 만큼 충분한 정보를 담고 있었다. 그러나 공식 서신이나 성명서, 궁정 기사를 다시 발행하는 경우를 제외하면 당시의 정치 상황에 대해서는 거의 언급하지 않았다.

커피

    왕정 복고를 반겼던 대중의 열정은 놀랄 만큼 빠르게 불만족으로 변했다. 잉글랜드는 또 다시 네덜란드와 두 번째 전쟁을 시작했다. 1665년부터 1667년 사이에 벌어진 2차 네덜란드 전쟁은 치욕스러운 패배로 끝났고, 1672년부터 1674년까지 3차 전쟁 동안 대중은 찰스 2세가 그들의 동지인 개신교 국가에 대항하기 위해 루이 14세와 동맹을 맺은 것에 불만을 터트렸다. 대중의 불만은 국왕의 남동생이자 왕위 계승자인 요크 공작 제임스에게 점점 더 집중되었다. 1673년 심사법*에 대해 요크 공이 어물거리며 저항하면서 온 나라가 오랫동안 가져온 의심 하나가 드디어 사실로 밝혀졌다. 즉 우리의 왕위 계승자는 가톨릭 신자였던 것이다.

    1678년 개신교를 강력히 옹호했던 의원인 에드먼드 베리 고프리 (Edmund Berry Godfrey) 경이 살해되면서, 이 모든 것이 찰스 2세를 암살하고 제임스를 대리로 앉히려는 교황의 음모라는 망측한 주장에 점점 더 무게가 실리는 등, 정치적 위기가 극에 달했다.[28] 고프리가 암살된 이후 이러한 음모를 처음 제기한 기회주의자인 사기꾼, 타이터스 오테스(Titus Oates)는 국민적 영웅이 되었다. 의회는 이제 제임스를 왕위 계승 서열에서 배제하기 위해 공식 법안을 제출했다. 그러나 찰스 2세는 이를 허락하지 않고 일단 정회한 후 의회를 해산시켰다.

    이러한 위기의 의도치 않은 희생자가 있었으니 바로 '검열법'이다. 당시 검열법은 갱신될 예정이었으나 이제는 효력이 사라졌다. 이에 따라 《런던 가제트》의 독점권도 무너지고 수많은 간행물이 쏟아져 나왔다. 이들 중 상당수는 궁정에 공공연히 적대감을 표출하고 제임스의

---

* 모든 공직자는 성공회교도여야 함을 명시한 법안.

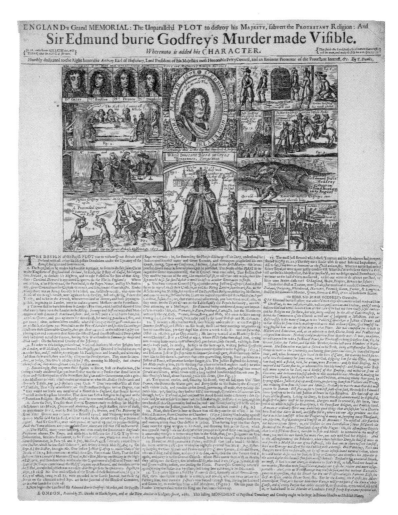

11.4 교황의 음모. 에드먼드 베리 고프리의 살해 장면.

왕위 계승권 박탈을 지지했다. 의회가 독점권 반환을 승인하지 않으리라는 것을 아는 상황에서, 국왕은 법원을 통해 반격을 시도해 "국왕 폐하는 노골적으로 평화를 침해하고 왕국을 교란하려 하는, 폐하의 권한으로 허가되지 않은 모든 뉴스북과 뉴스 팸플릿의 인쇄와 출판을 칙령에 따라 금지할 수 있다"는 판결을 얻어냈다.[29]

이 성명서가 실효성을 얻기 전까지 잠시 휴지기가 있었지만 1681년 왕위 계승 배제 위기(Exclusion Crisis)가 의회에서 절정에 달하면서, 런던의 뉴스 발행인들은 그동안 출판을 꺼리게 만든 보복당할 두려움에 더는 겁먹지 않았다. 이 해와 1682년 동안 런던에는 수없이 많은 신문이 생겨났다가 사라졌다. 그해 여름이 되어서야 마침내 국왕이 언론 통제권을 되찾으면서 반대파 신문들은 탄압을 받았다. 1685년 제임스 2세가 왕위를 계승한 후 검열법은 복원되었고,《런던 가제트》도 독점권을 되찾았다.

이 '배제의 위기'는 잉글랜드의 신문에 헛된 기대였던 것으로 나타났다. 교황의 음모에 대한 대중의 과잉 반응은 검열법과《런던 가제트》의 독점권이 여전히 유지되는 동안 가장 극심했다. 그리고 이 신문은 늘 그랬듯 담담히 외국 뉴스만 실었으며, 대중의 우려를 키울 만한 어떠한 일도 하지 않은 것으로 보인다. 하지만 분명 뭔가가 진행되고 있었다. 대중의 불안이라는 진정한 토대 위에서 이제 의회 활동으로 국왕의 의지에 저항하는 데 열중하는, 조직화된 정치 파벌에 맞먹는 정치적 국민이 출현했다. 이 몇 년 동안 명예혁명과 하노버 가의 왕위 계승 등 극적인 사건을 거치며 이처럼 조직화된 정치 파벌, 즉 휘그당과 토리당이 탄생했다.* 여기서 이에 대한 논쟁은 어떻게 진행되었을까?

런던 커피 하우스의 중요성을 알아차린 사람은 위르겐 하버마스가 처음은 아니다. 커피 하우스는 1652년 런던에서 처음 문을 연 후 1670년에는 확고히 자리를 잡아, 저마다 고유한 특성을 가진 커피숍들이 특정한 고객층을 끌고 있었다.[30] 여기서 사업가들은 커피를 마시고, 최

---

* 제임스 2세가 끝내 가톨릭을 고수하며 잉글랜드에서 가톨릭에 행한 억압을 철폐하고 의회에 가톨릭교도를 기용하려고 하자, 결국 의회는 제임스 2세를 몰아낸다. 그리고 제임스 2세의 딸이자 개신교도인 메리 2세와 그녀의 남편인 네덜란드 공화국의 오라네 공 빌럼 3세를 공동 통치자로 옹립한다. 메리 2세에게는 후사가 없었으므로 메리와 빌럼이 사망한 후에는 메리 2세의 동생 앤이 국왕이 되었으며, 앤 또한 후사 없이 사망한다. 그러면서 잉글랜드의 공주로 팔츠의 선제후 프리드리히 5세[베드르지흐]와 결혼한 엘리자베스 스튜어트의 외손자인 하노버 가문의 조지[게오르크]가 영국 국왕이 된다.

근 소식을 듣고, 대화를 나누었다. 카페 주인들은 손님들이 볼 수 있도록 카페에 항상 최신 뉴스 시트를 구비해 두었다.《런던 가제트》는 물론, 가끔씩은 시사 문제에 대한 팸플릿과 상업 필사본 소식지도 마련해 놓았다. 공식 특파원을 두고 상업 소식지를 구축해 수익을 거두는 사람이 헨리 머디먼밖에 없는 것은 아니었다. 1670년대에 야당의 작가들은 독자적인 고객 연결망을 구축했다. 대표적으로는 악명 높은 휘그당의 뉴스 발행인, 자일스 핸콕(Giles Hancock)이 있었다. 필사본 소식지는《런던 가제트》의 근엄한 원칙에 만족하지 못하는 독자들의 뉴스에 대한 갈증을 달래주었고, 나머지는 팸플릿과 소문, 사적인 서신이 채웠다.

1670년대에 저항의 목소리가 표출되기 시작할 무렵, 찰스 2세의 대신들은 정보의 유통에서 커피 하우스가 어떤 역할을 하는지 너무나 잘 알고 있었다. 3차 네덜란드 전쟁 동안 프랑스와의 동맹은 공개적으로 비난을 받았다. 국왕의 동생 제임스가 가톨릭교도인 모데나 공녀를 아내로 맞이한 후, 공녀가 잉글랜드로 향하는 동안 커피 하우스는 온갖 풍문으로 들끓었다. 조지프 윌리엄슨이 격분하며 논평했듯이 "모든 마차꾼과 짐꾼이 이제 정치인 행세를 한다. 커피 하우스는 진정 백해무익하다." 그는 약간 향수에 잠겨 덧붙였다. "모두가 술과 적포도주, 맥주와 에일에 취해 있을 때는 그렇지 않았다. 모두가 맨정신인 커피 하우스에서는 추잡스럽고 비관적인 논란 말고는 아무것도 생산하지 않는다. 이곳에서는 아무도 봐주지 않고 논란거리로 만든다."[31]

국왕도 한동안 커피숍을 주시했다. 1675년, 한 팸플릿에서 국왕이 가톨릭을 다시 들여오려 한다는 음모를 제기한 후, 팸플릿의 사본을 찾기 위해 런던의 커피 하우스들이 수색을 당했다. 12월, 결국 추밀원은 커피 하우스를 모조리 폐쇄해야 한다는 국왕의 뜻에 굽히고 말았다. 이 조치는 즉각 격렬한 항의를 불러일으켰다. 처음에는 지속적인 로비로 시행이 연기되었고, 이후 모범적인 행태를 보일 것을 서약하는 커피 하우스는 계속 영업할 수 있도록 마지못해 허가했다.[32] 하지만 이러한 서약은 잘 지켜지지 않았다. 위기가 심화되면서 여러 커피숍이 휘그당 또는 왕당파의 거점으로 알려지게 되었다.

런던에 '페니 우편국(Penny Post)'이 도입된 후 정보의 유입은 더욱 개선되었다.[33] 롤런드 힐(Rowland Hill)이 고안한 좀 더 유명한 국가 제도보다 몇 세기 전에 도입된 이 런던 우편국은 세관원 윌리엄 도크라(William Dockwra)의 아이디어였다. 국가 우편 제도는 코먼웰스 동안 다소 개선되긴 했지만 점점 커지는 도시권에 서비스를 제공하기엔 역부족이라고 인식되고 있었다. 또한 왕실 우편 제도는 민간을 위해서라기보다는 관세 정보와 첩보를 얻기 위한 수단으로 간주되는 경우가 많았고, 실제로도 그랬다(서신을 배송하기 전에 뜯어보는 것이 관례였다).[34] 바로 이때 도크라는 우편물을 매시간 수집하는 수신국 연결망을 제안했다. 우편국으로 서신을 보내면 곧장 그곳으로 배송되었다. 배송 주소가 런던인 편지들은 분류소 5곳으로 배송된 후 그곳에서 즉시 배달되었다.

이 제도는 놀라울 정도로 성공적이었다. 런던의 휘그당은 이 제도가 우편국 직원의 검문을 우회할 수 있다는 점을 알아챈 후 제도를 공개적으로 지지했다. 그리고 같은 이유로 법원은 이 제도에 불만을 표했다. 결국 '배제의 위기'가 지나가자마자 요크 공 제임스가 개입해 도크라의 우편 제도를 강제로 중단시켰다. 그러나 제임스는 민간 우편 제도의 필요성은 인식했을 만큼 충분히 기민했으므로, 불과 4일 후에 도크라의 혁신적인 우편망을 모방한 런던 지역의 새로운 우편 제도를 발표했다.

찰스 2세 또한 그렇게 둔하지는 않았으므로 결국에는 정보를 억압하는 것이 정치적 갈등을 해결하지 못한다는 사실을 깨달았다. 궁정은 자체적인 정보망을 구축해야만 했다. 로저 레스트레인지가 다시 소환되었고 무슨 일이든 할 수 있는 권한이 부여되었다. 레스트레인지는 진정한 의미의 신문은 아니지만 대화 형식으로 의견을 개진하는 연속 간행물 두 종을 발행해 놀랄 만한 성공을 거두었다. 첫 번째로,《헤라 클리투스 리덴스(Heraclitus Ridens, 웃는 헤라클레이토스)》의 창간호에서 레 스트레인지는 자신에 찬 목소리로 이 간행물의 목적을 선언했다. 그 목적이란,

오류와 거짓 뉴스를 방지하고 상황에 대한 진실한 정보를 제공하여, 자신이 추밀원 의원이나 법의 현인보다 더 현명하다고 생각하는 일반적 인 커피 하우스의 정치가들을 넘어 독자들의 이해를 증진시킨다.[35]

두 달 후엔《옵저베이터 인 퀘스천 앤서(The Observator in Question and Answer, 질의응답의 관찰자)》(이하《옵저베이터》)가 창간되어 1687년 3월까 지 지속되었다. 이 간행물은 솔직 담백했고 놀랍도록 재치 있었다. 레 스트레인지는 연이은 931호 간행물에서 휘그당과 그들의 행동에 비 판을 퍼부었다. 레스트레인지가 여론 참여에 가지고 있던 원칙은 이제 완전히 뒤바뀌었다. 그가 간결하게 표현했듯이, "언론은 여론을 광분 으로 몰아간다. 그리고 언론은 다시 여론을 바로잡아야 한다."[36]《옵저 베이터》는 비록 신문은 아니었지만 레이아웃은《런던 가제트》를 모방 해 양면에 2단으로 기사를 인쇄한 반절 2절판 형식을 취했다. 또한《런 던 가제트》와 마찬가지로 1페니에 팔렸다.

왕당파의 반격이 성공한 것을 볼 때, 빠르게 성숙해가는 정보 시장 의 그 모든 소란에도 공공 문제에 대한 논의에서는 여전히 팸플릿이 지배적인 역할을 했다는 사실을 알 수 있다. 1679년부터 1681년 사이 팸플릿의 유통량은 기록적인 수준에 이르렀다. 현재 남아 있는 인쇄 부수를 토대로 추정할 때, 이 3년 동안 5백만에서 1천만 부가 인쇄되

었음을 알 수 있다.[37] 일부 팸플릿은 제법 크기가 컸지만, 이제 팸플릿 발행인들은 팸플릿이 작으면 작을수록 더 잘 팔린다는 사실을 깨달았다. 한 동시대인의 표현대로 "어떤 이유에서든 가장 큰 출판사는 두 장(8쪽에 해당한다), 그보다 작은 출판사는 한 장이면 충분하다."[38]

이러한 소책자 팸플릿은 대부분《런던 가제트》와 같은 가격인 1페니면 살 수 있었다. 특히 식자층 비율이 높은 런던에서는 이제 광범위한 계층의 사람들이 공공 토론에 참여할 수 있게 되었다. 이는 신문 사업이 엄격히 통제되는 시대에도 마찬가지였다.

무절제한 자유

1688년의 명예혁명은 신문에 크게 실리지 않았다. 11월 5일 오라녜 공의 네덜란드 함대가 데본에 상륙한 후 몇 주 동안은 정보가 드물었다. 11월 8일 자《런던 가제트》에 오라녜 공의 상륙에 대해 간략한 기사가 실렸지만, 제임스 2세의 권위가 서서히 내려앉기 시작하면서 더는 논평이 실리지 않았다. 12월에는 결국 댐이 터지고 말았다. 기소에 대한 두려움이 사라지자 런던의 많은 출판업자가 다시 한번 팔을 걷어붙였다. 새로운《런던 코란트(London Courant)》에서 다소 공정하게 표현했듯이,

최근 새로운 소식이 전해진 후 궁금증을 해소하고 싶은 욕구가 클수록 유머는 더욱 반감되는 것으로 관찰되었다. 외국 소식지에서 뉴스를 입수하기 전까지 국왕 폐하와 오라녜 공이 어디에 있는지, 무엇을 하는지 등의 신중한 의문에 답을 얻기란 극히 까다로웠다.[39]

이러한 기회주의적 사업은 어느 것도 오래 버티지 못했다. 오라녜 공 빌럼, 즉 윌리엄 3세는 런던에 도착한 후 "매일 인쇄 및 배포되는, 전달하려는 정보에 뚜렷한 목적이 없고 오류가 있는 상관관계를 포함하는 거짓되고 추잡하며 선동적인 서적과 신문, 팸플릿"을 금지하는 신중한 선언문을 발행했다(잔뜩 신이 난《런던 가제트》에서 발표되었다). 실제로 검열법은 1695년까지 유지되었지만, 그 무렵《런던 가제트》의 독점권도 이미 명을 다했다는 조짐이 보이기 시작했다. 체제가 좀 더 확고해짐으로써 검열법을 유지할 필요가 없어지면서 다른 신문들의 손을 들어줄 수 있게 된 것이다.

결국 검열법이 철폐되면서 잉글랜드 신문의 역사에서는 새로운 시대의 막이 올랐다. 1695년 많은 신문이 창간되었으며, 그중《포스트 보이(The Post Boy, 우편 배달 소년)》,《플라잉 포스트(The Flying Post, 속달 우편)》,《포스트맨(The Post Man, 우편배달원)》이라는 신문 3종은 오랫동안 살아남을 수 있었던 것으로 판명되었다. 이들 신문의 제호에 모두 '우편(post)'이라는 단어가 모두 사용된 것은 런던 외부의 독자들에게까지 서비스를 확대하려는 열망을 보여준다. 이제 수도 밖의 독자들도 우편 마차와 전령 들을 통해 런던의 신문을 점점 더 규칙적으로 받아볼 수 있게 되었다.

1696년에는 최초의 석간신문인 이차보드 독(Ichabod Dawk)의《뉴스레터(News-Letter, 소식지)》가 창간되고, 1702년에는 런던에서 최초의 일간지《데일리 코란트(The Daily Courant, 매일 코란트)》가 등장한다. 하지만 이들은 극히 예외적인 사례다. 보통은《플라잉 포스트》등과 마찬가지로 주 3회 발행이 표준이었다(《런던 가제트》도 1709년 주 2회에서 주 3회로 발행 주기를 변경했다).《데일리 코란트》는 1735년에 폐간했다. 진정한 일간지의 시대가 시작되려면 아직 한참 더 기다려야 했다.

그럼에도 신문 산업은 진정 놀라운 성장을 보였다. 1704년까지 런던에는 신문 9종이 배포되었고 일주일에 4만 4천 부가 발행되었다. 1709년에는 주간지나 그보다 발행 주기가 짧은 정기 간행물이 최소 18종 유통되었으며, 매주 총 55호가 발행되었다. 1712년까지 매주 신문이 총 7만 부 발행된 것으로 추정된다. 당시 총 인구수인 대략 6백만 명이 이들 신문을 읽은 것이다.[40] 이는 당시 인구가 2천만 명에 달했던 프랑스에서 파리《가제트》가 고작 9천 부밖에 인쇄되지 않았던 것과 극명하게 대조를 이룬다.

이 시기에는 런던 이외의 지역에서도 최초의 신문이 창간된 것을 확인할 수 있다.[41] 1700년에서 1702년까지 엑세터, 노리치, 브리스틀에 신문사가 생겼다. 이 세 지역의 신문은 창간호가 남아 있지 않아 창간일을 정확히 알기 어렵다. 따라서 신문이 매주 정기적으로 발간되었다고 가정해 이후의 호에서 창간일을 추정해야 한다. 이들 도시는 런던에서 상당히 멀리 떨어져 있지만 주요 도로에 위치해 있었다. 신문사가 사업을 지속하려면 잠재 독자를 충분히 확보해야 하지만, 신문 지면을 채우는 뉴스는 여전히 런던으로부터 받는 소식이 압도적으로 많았기 때문이다. 그다음으로 신문사가 들어선 도시인 우스터, 스탬퍼드, 뉴캐슬, 노팅엄, 리버풀도 마찬가지였다. 이들 신문이 전하는 뉴스 대부분은 런던의 신문에서 직접 가져온 것이었다. 그 외의 소식은 구독 뉴스레터나 런던 통신원에게 얻었다.

따라서 이들 신문은 런던 신문과 마찬가지로 주로 국외 뉴스로 채워져 있었지만, 현지 독자들이 관심을 갖는 다른 사건에 대한 기사도 비중이 점차 늘어났다. 이러한 기사 중 일부는 현지 독자들에게 얻은 것으로서, 독자들은 신문의 질과 안일함에 대해 논평한 서신을 보내기도 했다. 그밖에 실을 만한 소식이 없으면 이제 편집자가 문학적 소질을 뽐냈다.《글로스터 저널(Gloucester Journal)》의 편집자는 낙관적으로 "요즘 뉴스가 상당히 부족하므로, 독자분들은 다음 시를 받아들이지 않을 수 없을 겁니다"라고 쓰기도 했다.[42] 때로는 실패를 인정할 수밖에 없을 때도 있었다.《브리티시 스파이 오어 더비 포스트맨(The British Spy or Derby Postman, 영국의 첩자 또는 더비의 우편배달원)》은 한 호에서 다음과 같이 쓰기도 했다.

　아무런 우편물도 받지 못하고, 사람들은 모두 집에서만 머물며, 위대한 사람들이 고약하게도 결혼하지도 않고, 죽지도 않고, 아이도 낳지 않을 때 우리는 '위트'라고 부르는 희귀한 상품을 찾을 수밖에 없는데, 위트란 잘 알려져 있듯이 요즘은 (특히 더비에서는) 지성만큼이나 찾기 어렵다.[43]

　이처럼 이따금 약간의 문제가 생기기도 했지만, 지방 언론은 18세기 동안 크게 번성했다. 60개 도시에서 신문이 대략 150종 창간되었다. 이들 모두가 성공하지는 못했지만 일부는 수년 동안 지속되었다. 수명의 측면에서는 런던의 언론도 마찬가지였다. 17세기 중반 연재물의 첫 번째 유행기 동안 수많은 신문이 등장했지만 대부분은 몇 호 이후 폐간되었다. 하지만 18세기 초 신문이 다시 부흥했을 때 이러한 양상은 뒤집혔다. 삐걱거리다 이내 사라진 신문도 있지만 상당수가 계속 살아남아 발행인에게 큰 부를 안겨주었다.

　이 시기는 여러 측면에서 신문 시장이 팽창하기에 알맞은 조건을 갖추고 있었다. 당시 잉글랜드는 장기간 이어지는 경제 호황의 한복판에 있었다. 경제가 번영한다는 것은 신문과 같은 사치품을 살 수 있는 가처분 소득이 있는 가구가 늘어나는 중임을 의미한다. 또한 앤 여왕의 통치기 동안 대륙에서는 긴 전쟁을 벌이고 있었으므로 이에 대한 대중의 관심도 높았고, 신문사도 일련의 군사적 승리를 보도하며 풍부한 뉴스거리에서 큰 이익을 취할 수 있었다. 1704년《데일리 코란트》는 블레넘 전장*에서 말버러 공작이 보낸 특보의 전문(全文)을 실었고, 다음으로《플라잉 포스트》가 신이 난 듯 파리《가제트》의 기사를 번역해 게재했다. 이 기사는 어쩐지 프랑스군이 승리했음을 암시하는 것처럼 보였으므로 독자들이 혼동하지 않도록 프랑스 장교에게서 가로챈, 전쟁의 진상을 고백한 편지 두 통을 함께 수록했다.[44]

이러한 예에서 알 수 있듯이, 18세기 초의 신문들도 외국의 뉴스가 여전히 주를 이루었다. 런던의 신문에 실린 국내 기사에서는 지방 사회를 낮잡아 보는 듯한 태도가 엿보이는 경우가 많았다. 이에 대한 기사는 보통 범죄나 험악한 날씨에 관한 것이거나, 세련된 런던 시민들은 다소 회의적으로 보는 일종의 '하늘의 계시'에 대한 것이었기 때문이다.[45] 신문들은 계속해서 노골적인 사설을 삼갔다.《데일리 코란트》 또한 그러했는데, 초판에서 편집자는 "독자들도 자기 자신을 성찰할 수 있을 만큼 분별력이 있다고 가정해" 자신의 논평이나 추측은 싣지 않을 것이라고 단언했다.[46]

국내의 정치 문제는 여전히 극도로 신중하게 다루어졌다. 스페인 왕위 계승 전쟁이 시작되고 앤 여왕의 서거 후 왕위 계승 문제가 복잡해지리라는 전망이 불거지는 등, 정치적 논쟁이 격화되면서 팸플릿이 다시 한번 인기를 끌었다. 디포의《리뷰》와 같은 새로운 팸플릿 연재물도 등장해 정치적 논쟁에서 큰 축을 담당했다. 이 기간 동안 정치 저술은 놀라운 수치로 팔려나갔다. 예컨대 디포의 풍자시 〈뱃속부터 진정한 잉글랜드인(The True Born Englishman)〉은 3만 부, 리처드 스틸(Richard Steele)의 〈위기(The Crisis)〉는 4만 부, 헨리 서셰버럴(Henry Sacheverell)의 유명한 설교 〈거짓된 신도들의 위험(The Perils of False Brethren)〉은 10만 부

2부 ― 에디토베르의 시대

---

* 스페인 왕위 계승 전쟁의 일환으로 신성로마제국과 영국 동맹군이 독일의 바이에른 인근 블린트하임에서 프랑스와 맞붙었다. 이 전투에서 동맹군은 결정적인 승리를 거두고 스페인 왕위 계승 전쟁에서 승기를 잡는다.

가 팔렸다.[47] 디포의 《새 리뷰(New Review)》와 같은 논평지는 비록 신문과 같이 연재 형식을 취했음에도 팸플릿 전체를 에세이 하나로만 채우는 등 신문과는 확연히 차이가 있었으므로, 신문을 좀 더 혹독한 비판으로부터 보호하는 데 기여했다.

대륙에서의 전쟁이 장기화된 것은 신문사에는 분명 좋은 일이었지만, 전쟁이 끝나갈 무렵 새로운 위기가 찾아왔다. 정부는 평화 회담이 필시 논쟁을 일으킬 것이며 야당 정치인들도 소동을 벌이리라는 사실을 알고 있었기 때문에, 언론을 입막음할 새로운 방법을 찾기 시작했다. 이때 정부는 새로운 검열법을 제정하는 대신 세금을 물리기로 했다. 그 결과 1712년에 인지법(Stamp Act)이 도입되었다. 이제 신문은 런던의 관세청에서 인지가 붙은 용지를 장당 0.5페니에 구입해야만 했다. 업계의 관찰자는 신문사 전반이 붕괴하기 않을까 걱정하기 시작했다. 특히 런던 이외 지역의 발행인들은 인지를 받기 위해 인쇄 용지를 수도로 보내야 했으므로 물류 부담이 추가되었다. 그럼에도 일부 신문만 탈락하고 대부분이 살아남았다는 사실은 신문 시장이 얼마나 성숙해 있었는지 증명한다.

일부 신문은 세금 부담을 최소화하기 위해 신문의 형태를 바꾸는 묘안을 냈다(인지법에 인쇄 용지의 크기는 명시하지 않았다. 한 장 반짜리 신문이 나오리라고는 예상하지 못한 것이다).[48] 다른 신문은 단순히 고객들에게 비용 부담을 전가했다. 다음 세대의 각료들은 이제 언론을 탄압하기보다는 좀 더 실용적으로 대처했다. 신문사를 사들인 것이다. 정부에 충성하는 편집자의 관리 아래, 이들 신문은 정권의 대변자가 될 수 있었다. 단순히 해외의 급보를 반복하는 지루하지만 공신력 있는 매체에서 시작해 디포, 스위프트, 레스트레인지가 개척한 비판적 저널리즘까지, 신문은 한숨도 쉬지 않고 숨가쁘게 달려왔다. 이윽고 월폴의 시대가 되면 신문의 이 두 가지 양상은 결합하게 될 것이다.

3부

계몽되었는가?

12장

진실을 찾아서

1561년 6월 4일 잉글랜드에서 가장 큰 성당인 세인트폴 대
성당의 첨탑에 낙뢰가 떨어졌다. 불이 붙은 첨탑은 손쓸 방도가 없이
곧 교회 지붕으로 무너졌다. 도시 한복판에서 이런 재앙이 벌어진 후
다소 보수적이었던 잉글랜드의 인쇄업계조차 행동에 나섰다. 수많은
서적상이 세인트폴 앞마당에 좌판을 깔았으므로 그들 중에는 아마 이
공포스러운 사건을 직접 목격한 사람도 많을 것이다. 며칠 지나지 않
아 거리에는 성당을 구하기 위해 시장(市長)의 주도로 런던 시민들이 벌
인 영웅적인 활동을 이야기하는 팸플릿이 떠돌았다. "500명이 넘는 사
람이 물을 나르고 채웠다. 자산가를 비롯해 다양한 계층의 시민이 마
치 일꾼처럼 고통을 감수했다."[1]

이처럼 명문가 계층까지 발벗고 나섰지만 세인트폴을 구할 수는 없
었다. 성당은 완전히 초토화되었다. 혼란에 빠진 런던 시민들은 곧 설
명을 요구하기 시작했다. "어떤 이는 배관공의 게으름 때문이라고 말
하고, 어떤 이는 누가 소이제*나 화약으로 장난을 친 건 아닌가 의심했

---

* 목표물을 불살라 없애는 데 쓰는 가연성 물질.

다. 어떤 이는 마법사와 주술사를 의심했다."《트루 리포트(True Report, 진실한 보도)》는 좀 더 냉철한 설명을 내놓았다. "진정한 원인은 추측건대 주님의 묵인에 따른 소란, 즉 [폭풍우]인 것으로 보인다."[2]

여기서 '주님의 묵인'은 중요한 의미를 지닌다. 우리 선조들은 삶의 모든 불확실성에서 신의 목적이 깃든 증거를 찾았기 때문이다. 인간에 의한 재난(화재, 전쟁, 범죄)은 물론 자연 현상(천둥, 홍수, 지진)에 대해서도 마찬가지였다. 그들은 신의 축복에는 충실히 감사를 드렸고, 신이 노여움을 비칠 때는 두려움에 떨었다. 엘리자베스 시대에 개신교가 다시 국교가 되자마자 성공회의 새로운 본산에서 이러한 재앙이 벌어진 것에 대해 자연스럽게 상반된 해석이 나왔다. 가톨릭쪽 필자에게 번개는 미사가 폐지된 것에 주님이 분노를 나타내는 증거임이 분명했다.

이 사안에 답하지 않고 넘어갈 수는 없었으며, 새로 임명된 주교 중 한 명이 이 의혹에 답하기 위해 신속히 소환되었다. 제임스 필킹턴(James Pilkington) 주교는 세인트폴의 파괴가 주님의 전능이 드러난 징조라는 데는 동의했지만, 이것은 오히려 주님의 백성들에게 회개와 신속한 개혁을 권고하려는 신호로 봐야 한다고 주장했다. "그는 청중에게 이를 일반적인 경고로 받아들여야 한다고 권고했다 […] 삶의 모든 측면을 개선하지 않으면 더 큰 재앙이 닥칠 수 있다는 경고라는 것이다."[3]

개신교든 가톨릭이든 모든 기독교 사회에서는 근본적으로 악행을 저지른 자는 처벌을 피할 수 없다는 신념을 가지고 있었다. 타인의 악행이든 자신의 악행이든 마찬가지다. 율법은 엄격히 시행되었고 잔인한 형벌조차 널리 승인되었다. 하지만 사람의 마음을 꿰뚫어 볼 수 있는 것은 오직 신뿐이었다. 초기 근대인은 율법이 실패한 곳에 주님이 손을 쓰셔서 악한 행위로 죄를 지은 자들이 반드시 책망받는 것을 보며 기뻐했다. 세인트폴 대성당의 첨탑이 번개에 맞았을 당시, 역사학자 존 폭스(John Foxe)는 잉글랜드 개신교 순교자들의 삶에 대해 방대한 연대기를 쓰고 있었다. 순교자들의 삶 자체만으로도 충분히 극적이었지만, 폭스는 이들 희생자를 비난하거나 규탄한 이들에게 닥친 수많은 불운도 연대기에 실었다. 이것은 진실한 신앙을 버린 이들에게 가해지는 보복과 마찬가지로 사람들이 좋아하는 주제였다.

16세기에 널리 유통된 팸플릿 중에는 이탈리아인 프란체스코 스피에라(Francesco Spiera)의 이야기도 있었는데, 스피에라는 처음엔 복음을 고수했으나 다시 가톨릭으로 돌아왔으며 결국 비참한 죽음을 맞이했다. 이 교훈적인 이야기는 여러 언어로 번역되어 엄청나게 전파되었으며 한 세기 후에도 계속 출판되었다.[4] 17세기 런던의 청교도인 느헤미야 월링턴(Nehemiah Wallington)도 추종자 중 한 명이었다. 그는 지인과 뉴스북에서 주님의 뜻을 거스르고 대가를 치른 사람들에게 행해진 일련의 '눈여겨봐야 할 주님의 심판'을 수집했다.

하늘이 주님의 가장 큰 집에 불을 내렸다면, 이는 필시 의미를 담고 있는 것이 분명했다. 뉴스 독자들은 단지 무슨 일이 일어났는지뿐 아니라 그것이 미래에 무엇을 암시하는지 알고 싶어했다. 이러한 방식으로 뉴스는 과거, 현재, 미래를 통합했다. 그리고 진실은 여러 겹으로 이루어져 있었다.

어두운 유리를 통해

16세기와 17세기의 뉴스는 수많은 징조로 가득했다. 혜성, 하늘의 계시, 자연의 괴물과 자연재해 등은 대형 사건의 전조로 여겨졌다. 뉴스 발행인들이 이상하고 경이로운 사건들에 대한 소식을 전하는 동안, 점성가들은 의미를 찾기 위해 하늘을 조사했다. 그중에서도 혜성은 특히 불길하게 여겨졌다. 위대한 통치자의 죽음을 예언하는 것으로 사람들이 널리 믿었기 때문이다. 당연히 유럽의 군주들은 초조해하며 관심을 유지했다. 이것은 어떤 의미에서는 대륙의 유명 우주학자들에게는 좋은 일이었다. 군주들이 그들을 항상 가까이 두고 천체 현상에 대한 해석을 직접 들으려 했기 때문이다. 티코 브라헤(Tycho Brahe)와 피터 아피안(Peter Apian)과 같은 몇몇 저명한 학자는 이러한 의무를 요령 있게 수행함으로써 본인의 과학 연구를 위해 왕실의 지원을 확보하기도 했다.

그보다 현명하지 않은 사람들도 이익을 얻었다. 미셸 드 노스트라다무스(Michel de Nostradamus)는 능청스럽고 불투명한 예언을 통해 카트린 드 메디시스의 예언자로서 안락한 입지를 구축하고 유럽 최고의 베스트셀러 작가가 되었다.[6] 불길하면서 철저히 모호한 예언의 천재인 노스트라다무스는 여러 시대에 걸쳐 계속해서 추종자를 거느렸지만, 생존 당시에 누린 인기에는 비할 바가 아니다. 1560년 노스트라다무스는 특히 성직자들이 비참과 재앙, 곤란을 겪을 것이라고 예언했고, 이 예언은 특히 잉글랜드에서 심각하게 받아들여졌다. 일부는 점성가들의 예언에 따라 엘리자베스 1세가 교회의 수장 칭호를 받은 후 20일 뒤에 세계가 종말을 맞이하리라고 확신했다.

엘리자베스 시대의 기득권층은 이상한 예감에 사로잡혀 있었다. 매슈 파커(Matthew Parker)는 윌리엄 세실에게 자신은 캔터베리 대주교가 되고 싶지 않다고 경고하면서, 그것이 예언 때문은 아니라고 강조했다. "마이클 노트르담[미셸 드 노스트라다무스] 씨의 예언이 내 머릿속을 지배하고 있다고 생각하시는 건 아니길 간절히 바랍니다."[7] 불안해진 추밀원은 점성가의 예언을 모두 금지했다. 1562년, 노스트라다무스의 저작을 판매한 서적상 20명이 벌금형을 받았다. 아직 그의 저서가 두드러진 활약을 보이는 곳은 달력과 연감을 취급하는 거대한 시장이 유일했다. 이들 달력은 축제와 박람회의 목록과 함께 천문도와 미래 사건에 대한 몇 가지 예측을 담고 있었다.[8] 18세기 신문들도 이러한 달력을 일부 발췌해 지면을 메꾸곤 했다.

천상의 계시는 뉴스 시장의 모든 부문에서 핵심적인 지위를 차지했다. 혜성과 다른 천체가 이례적으로 함께 등장하기라도 하면 이 사건은 뉴스 팸플릿을 통해 널리 보도되었다. 하지만 이 사건의 전체적인 진행 상황을 좀 더 착실하게 전달하는 매체는 도판이 들어간 대판형 뉴스였다. 독일의 시인 제바스티안 브란트가 1492년 엔시스하임 운석에 대한 극적인 (그리고 매우 정치적인) 시로 포문을 열었으며, 16세기 후반 언론의 역량이 확장되면서 이런 형태의 대판형 뉴스가 큰 인기를 끌었다.[9] 1577년에 나타난 혜성 같은 경우는 대판형 뉴스 4종 이상에서 보도했다. 그밖에 별똥별, 한낮의 암흑, 해와 달의 동시 출현 또는 여러 개의 태양이 기록되었다.[10] 이러한 관측 중 일부는 1580년과 1590년의 오로라(북극광)에 대한 설명처럼, 인식할 수 있는 자연 현상에 대한 미지의 상상력이 낳은 산물인 것으로 보인다.[11] 하지만 하늘을 가로질러 질주하는 동물이나 말을 탄 기수, 아니면 괴물을 목격했다는 사람이 그토록 많은 이유를 어떻게 설명해야 할까?

무장 군인들, 심지어 군단 전체가 이러한 천상의 불가사의를 목격하는 경우도 많았다. 독일에서 카를 5세와 슈말칼덴 동맹 사이에 벌어진 전쟁, 그리고 쾰른 전쟁(1583~1588) 등 전쟁 동안 이러한 보고가 더 빈번했던 것도 별로 놀랄 일은 아니다.[12] 이것은 16세기에만 국한된 현상이 아니었다. 1628년 발렌슈타인의 제국군이 덴마크 왕국의 영토를 대부분 점령했을 당시, 손더보리의 주민들은 하늘에 떠 있는 거대한 두 군단을 보고 꼼짝없이 얼어붙었다. 천상의 전투는 몇 시간 동안 계속되었고, 전해지는 바에 따르면 수백 명이 이러한 현상을 목격했다고 한다. 마침내 북쪽의 군대가 승리를 거둔 후, 주민들은 그들이 결국은

12.1 1577년에 나타난 혜성. 자주 등장하는 소재로, 열띤 해석이 뒤따르곤 했다.

점령국에서 해방되리라는 징조로 이를 받아들이며 마음의 위안을 얻었다.[13] 그 후 대략 20년이 흐른 뒤, 개신교도인 목재 선반공 느헤미야 월링턴도 "힐이 보장하는 믿을 만한 사람이 들려준" 매우 비슷한 현상을 기록했다. "공중에서" 두 보병 군단이 "서로를 향해 맹렬하게 돌격"하는 것을 보았다는 것이다.[14] 참으로 이상한 시대였다.

당대에 용서받을 수 없었던 단어인 '기형아'에 대한 놀라운 관심에서도 관찰과 상상력의 강력한 조합을 엿볼 수 있다.[15] 당시 사람들은 샴쌍둥이에게 크게 매료되었으며 이를 매우 정밀하게 그린 해부학도를 많이 남겼다. 신빙성은 없지만 고양이를 출산한 여성도 마찬가지로 공들여 묘사한 기록이 남아 있다. 하지만 이러한 보고는 특히 충격적이고 끔찍한 결과의 징조로 여겨졌으므로, 16세기 당국은 이들 보고를 극도로 심각하게 다루었다. 마르틴 루터 못지않게 명성을 누리던 한 권위자는 가톨릭 사제들의 부패를 나타낸 알레고리로, 이른바 '수도승 송아지'라고 불린 반인반수의 이미지를 보여줌으로써 어마어마한 성공을 거두었다.[16]

　샴쌍둥이의 출산은 일반적으로 부모의 죄를 심판하는 것으로 받아들여졌다. 1565년 한 대판형 뉴스에서는 "이 괴물 같은 아이들의 부자연스러운 형상을 유심히 관찰하고 궁금해하는 것은 우리뿐이 아니다"라고 쓰기도 했다. 이러한 아이들의 출산은 "매일, 이 기형아들의 부모에 못지않게, 아니 훨씬 더 많은 악행을 저지르는 우리 모두에 대한 교훈이자 훈계다".[17] 그리고 1569년, 잉글랜드의 추밀원은 한 여성이 고양이를 출산했다는 보고를 받은 후 의원 중 한 명인 헌팅던 백작에게 조사를 맡겼다. 헌팅던은 곧바로 그린달(Grindal) 대주교에게 고양이 그림과 함께 이 여성에 대해 상세한 심문 기록을 보낼 수 있었다.[18] 그린달은 증거를 검토한 후 왜 이런 일이 벌어졌는지는 해명하지 않았지만, 이 보고는 거짓이라고 결론 내렸다. 분명한 것은 이 사건이 단순히 공상의 산물로 다루어지지 않았다는 사실이다. 고위 관리들은 상당한 시간을 들여 진위 여부를 밝히고자 했다.

　16세기와 17세기의 뉴스업계에서 벌어진 이 모든 사건은 우리에겐 대체로 먼 나라의 이야기인 것처럼 느껴진다. 지금의 우리로서는 여성이 동물을 낳는다거나 서식스 주민이 용을 보고 기겁했다는 이야기는 믿기 어렵다. 하지만 이러한 보고는 18세기까지 계속해서 팸플릿과 신문에 실렸다.[19] 갑작스러운 재앙과 고난은 성찰의 시간이 되어주기도 했다. 이 시대의 모든 뉴스는 도덕적 양상을 띠고 있었다. 불운의 희생자, 특히 집단적인 불행의 희생자들은 항상 자신에게서 불행의 원인을 찾아야만 했다.

재앙이 주님의 뜻이 작용한 결과라는 믿음은 이 기간 내내 의심할 여지가 없는 사실로 간주되었다. 개신교도의 마그데부르크 약탈에 대한 보고에서도 이러한 믿음을 볼 수 있는데, 이 보고에서는 두려움과 함께 주님의 백성들이 겸손한 마음으로 하나님께로 돌아갈 필요성이 강조되고 있다.[20] 이 시기 동안 반복적으로 일어난 역병의 공포 또한 삶의 개선을 촉구했다. 부자와 빈자를 가리지 않고 모두를 괴롭히는 이러한 고통은 치료하거나 치유할 수 없는 것으로 보였다. 1665년 런던에 흑사병이 유행하던 당시 작성된 팸플릿에서도 한 세기 전과 마찬가지로, 아득한 무력감을 엿볼 수 있다. 네덜란드의 표현으로 역병은 의학의 설명을 거부하는, 신의 선물이다.[21]

1666년 런던이 대화재로 초토화된 후 역병도 잦아들기 시작했다. 이 사건으로 신의 무시무시한 정의로움을 새로 돌아보는 동시에 좀 더 세속적인 해석이 덧붙여졌다. 가톨릭교도가 고의로 불을 질렀다는 소문이 빠르게 퍼진 것이다.[22] 이처럼 강조점이 변한 것은 분명 뉴스 보도가 늘어난 결과로서, 자연재해와 인재(人災)의 보고가 좀 더 합리적인 방향으로 전환되는 추세를 보여준다. 이는 자연 과학에서 경험적 관찰이 점차 확산되는 경향과도 일치한다. 이제 학자들은 서로를 독려하며 경험적 증거를 수집하고 해석하도록 장려되었고, 오래된 지혜는 덜 존중하게 되었다. 결국 과학의 발전으로 신의 영역도 축소된 것이다.[23]

뉴스업계에도 이러한 강조점의 변화가 일어났지만 여기에는 확실히 부정적인 측면이 있었다. 뉴스 발행인들은 경건히 자기 자신을 성찰해야 한다고 요구하는 대신, 새로운 종류의 인과성에 초점을 맞추기 시작했다. 자기 자신을 탓하는 대신 다른 대상을 비난하기 시작한 것이다. 뉴스 언론은 마치 걸신들린 듯 희생양을 찾기에 급급했고, 정치적 논쟁에 적대적인 목소리를 높였다. 적어도 이런 점에서 뉴스 보고는 눈에 띄게 현대와 가까워졌다.

아첨하는 뉴스

뉴스 보도를 얼마나 믿을 수 있을지에 대한 질문은, 물론 뉴스 자체의 역사만큼이나 오래되었다. 중세 사회 통치자들의 모든 셈속에도 이러한 질문이 자리 잡고 있었다. 정보원이 제한되고 불완전한 상황에서 그 가치를 저울질해야 했기 때문이다. 그러나 이러한 문제는 적어도 이전 세대에 비교적 잘 정의되어 있었다. 예컨대 전령을 얼마나 신뢰할 수 있는가? 소식을 가져온 사람은 이해 당사자인가? 소문에 얼마나 무게를 실어야 할까? 물론 뉴스 수신자는 확증을 얻을 때까지 전령을 얼마나 신뢰할 수 있는지, 누가 믿을 만한 충복인지, 이전에 좋은 정보를 가져다준 소식에 밝은 정보원인지, 공정한 거래를 보증할 수 있는 정직한 통신원인지 상당히 주의를 기울여야 했다. 뉴스는 원칙적으로 특정한 사회적 계층의 사람들을 서로 연결하는 신뢰와 명예를 기반으로 삼고 있었다.[24]

이처럼 상대적으로 친밀한 무리 안에서 뉴스를 교환하는 관행은 상업 뉴스 시장이 열리면서 크게 붕괴되었다. 뉴스 시장은 업무상 정보에 접근할 필요가 있는 사람을 넘어 지식에 밝지 않고 경험도 미숙한 소비자에게까지 확산되었다. 팸플릿 발행이 확대되고 신문의 첫 세대가 등장한 시기에는 일련의 복잡한 국제 분쟁이 벌어지면서 최신 뉴스를 간절히 기다리는, 많지만 분산된 청중이 등장했다. 이처럼 뉴스에 대한 새로운 갈망과 이를 만족시키려는 상업적 압력이 생겨나면서 검증할 수 없는, 어떤 경우에는 완전히 지어낸 보고가 우후죽순으로 늘어난 것도 어쩔 수 없는 일이었다. 1624년, 젊은 극작가 제임스 셜리(James Shirley)는 전선의 근처에도 가본 적 없는 사람들이 마치 전쟁터에서 쓴 것처럼 조작한 이야기를 신문사에 판다며 신랄하게 비판했다. "이들은 유럽의 어느 지역에서 전쟁이 벌어지든 술집에서 한 발짝도 나가지 않고 바로 한 시간 만에 전투에 대해 쓸 수 있다."[25] 셜리가 암시하듯이, 신문사는 돈만 된다면 글을 실었다.

이러한 평가에는 조금 부당한 부분이 있다. 셜리의 비판은 30년 전쟁이 정점에 달했을 때 나온 것으로, 뉴스 보고가 매우 어려웠던 시기였다. 유럽 전역의 모든 사람이 최신 정보를 간절히 바라고 있었다. 하지만 전쟁으로 인한 파괴로 정보가 유통되는 과정에서도 심각한 차질이 발생했다. 또한 종파에 따른 희망과 두려움으로 정보는 또 한 번 왜곡되곤 했다. 잉글랜드 내전 당시 등장한 새로운 유형의 연재물도 국내 뉴스를 보고하는 데 마찬가지 문제에 처했다. 1644년 《킹덤스 위클리 인텔리젠서(Kingdom's Weekly Intelligencer, 왕국 주간 정보원)》의 편집자 윌리엄 콜링스(William Collings)도 마지못해 인정했듯이, "이 시대만큼 진실을 요구한 사람이 많았던 적도 없고, 진실을 얻은 사람이 적었던 적도 없다."[26]

이 예에서도 분명히 볼 수 있듯이, 뉴스 발행인들도 진실한 보고를 얻기 어렵다는 사실을 상당히 의식하고 있었다. 토머스 게인스퍼드와 같은 발행인들은 독자들에게 그렇게 초조해할 필요는 없다고 칼럼에 썼다. 실을 소식이 없으면 인쇄할 수도 없다는 것이다. 뉴스 발행인들은 시간의 압박 탓에 결국 사실이 아닌 것으로 판명나게 될 정보를 인쇄하고 싶지는 않았다. 특히 그들의 생계는 신뢰성에 대한 평판에 달려 있었기 때문이다. 윌리엄 왓츠(William Watts)는 1631년 브라이텐펠트 전투 당시 가톨릭 측의 장군 틸리의 사망을 보고하고, 심지어 정반대의 보고가 나온 후에도 이를 고수함으로써 심각한 곤란에 빠졌다. 하지만 그의 추론은 상충되는 정보 가운데 균형을 맞추려는 신중한 태도의 결과인 것으로 보인다. 그저 추측이 빗나갔을 뿐이다.

무심한 독자들이여, 우리는 (지난 아비지의 가장 앞머리에서) 틸리 경이 이미 사망한 뒤 매장되었다고 장담했으며 최근 안트베르펜에서 정반대의 소문이 나온 지금도 그렇게 주장한다. 그대들은 두 주장을 저울질하고 그에 따라 믿으시라. 모든 반박자에게는 한 가지 질문만 하겠다. 그렇다면 틸리는 어디에 있는가. 그가 동원한 어마어마한 군대는 어디에 있는가. 여기에 답할 수 있다면 우리는 모두 가톨릭 신자가 될 것이다.[27]

사실 뉴스 발행인이 확인되지 않은 소문에 위험을 무릅쓰는 사례는 드물었다(왓츠가 가톨릭 신자가 되겠다는 약속을 이행했다는 증거도 없다). 17세기의 신문은 대체로 위험을 감수하기보다는 더 신중하게 행동하는 쪽을 택했다. 많은 뉴스 발행인은 아직 검증되지 않은 외신을 실어야 할지 결정하기 위해 고심했다. 게인스퍼드의 신중한 공식은 많은 경우를 대변할 수 있다. "완전히 확신하기 어려울 때, 나중에 틀린 것으로 판명될 거짓 소식을 사실인 것처럼 쓰느니, 그저 루머가 될지라도 진실한 소식을 쓰겠다."

이러한 전문성은 뉴스 발행인을 비판하는 사람들에게 거의 인정받지 못했다. 신문에 대한 비판은 대부분 제임스 셜리와 같이 기존에 뉴스를 교류하던 무리 안의 특권층 구성원과 필사본 뉴스 서비스업체의 소유주들, 즉 자신들의 정보가 가진 우월성을 강조함으로써 경제적 이익을 얻을 수 있는 계층에서 나왔다. 신문과 독자들에게 쏟아진 조롱은 문외한들을 경멸하는 사회적 분위기가 반영되어 있었다.

런던의 연극 무대만큼 이러한 분위기를 명백히 확인할 수 있는 곳도

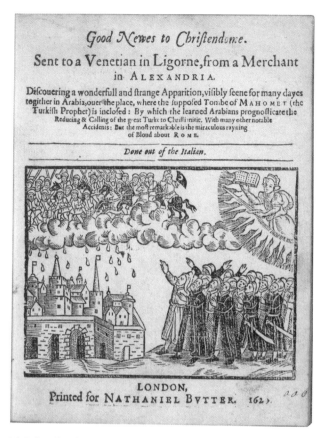

12.2 심상치 않은 하늘. 여기서 너새니얼 버터는 하늘에서 전쟁을 벌이는 두 군대와 피를 흘리는 구름을 그리고 있다. 정말 기이한 환영이다.

없었다. 극작가들은 주기적으로 신문을 유머의 소재로 삼았다. 불쌍한 인쇄업자 너새니얼 버터는 특히 조롱의 대상이 되었고, 누구든 그의 이름으로 말장난을 했다. 버터에 대한 희곡인《체스 게임(A Game of Chess)》을 쓰면서 토머스 미들턴(Thomas Middleton)은 그의 청중이 이미 버터가 뉴스업계의 얼굴이 되었다는 사실을 알고 있다고 가정한다. 에이브러햄 홀랜드(Abraham Holland)는 인상 깊은 2행시로 신문 발행인 전반에 대한 공격을 마무리했다.

매주 버터를 보기 위해

광장 게시판과 교회 문앞에 몰려든 사람들!²⁹

벤 존슨은 뉴스 발행인을 비판한 주요 인물로, 그가 쓴 《뉴스의 성전》은 신문사가 처음으로 다룬 희곡이 되었다. 여기서는 뉴스 발행인은 물론, 속이기 쉬운 신문 독자들도 공격의 대상이 되었다. 가령 존슨은 "1그로트짜리 신문"을 찾기 위해 잡화점을 돌아다니는 시골 여인을 묘사하기도 했다.³⁰ 순박한 사람들은 속이기도 쉽다는 것이다. 이런 비판은 논점을 벗어난 것으로 보인다. 원칙적으로는 수입이 극히 제한적인 사람들도 뉴스 연재물 한 호는 사서 볼 수 있을 정도였지만, 이러한 사람들이 뉴스 연재물의 일반적인 소비자는 아니었다. 뉴스 발행인은 구독자의 확보를 목표로 했고, 구독자는 좀 더 부유하고(한 달에 1실링은 상당히 큰 지출이다) 교양 있는 독자인 경우가 많았다. 독자들은 당시의 신문 스타일인, 일부 정보가 생략된 스타카토식 보도를 이해할 수 있어야 했다.

보통은 회의적인 평론가들이 비판의 날을 갈곤 하는데, 런던의 극작가들도 예외는 아니었다. 신문은 당대의 시사 문제를 비판하는 극장의 역할을 일정 부분 위협했다. 벤 존슨은 기성 문인을 대표하는 인물로, 특권층에 대한 정보와 뒷이야기에 접근할 수 있었다. 그는 교양 있고 정보에 밝은 고객들만 알아차릴 수 있도록 극단이 숨겨둔 단서도 금방 포착했다. 그는 신문의 논평도 못마땅해했으며, 30년 전쟁에 개입하려는 정책을 지지하지 않았다. 그는 신문사가 정치적 역할을 하는 것에 분개했는데, 신문들이 국외에 있는 신교도들이 겪는 곤경을 일깨움으로써 참전을 꺼리고 있는 국왕에게 압력을 가하고 있었기 때문이다.

따라서 존슨을 비롯해 많은 기성 문인은 신문에도 공평하게 해명할 기회를 주지 않았다. 그럼에도 그의 비판은 연재물이라는 형식 자체에

넓게 퍼져 있던 불만을 반영하고 있다는 점에서 상당히 적절한 비판이다.[31] 이때까지 표준적인 뉴스 인쇄물의 형식은 팸플릿이었다. 비록 뉴스 팸플릿과 연재물은 많은 점에서 서로 비슷하지만(연재물은 팸플릿을 물리적 모델로 삼았다) 각 매체가 잠재 고객과 맺는 관계는 근본적으로 달랐다.

비(非)연재 팸플릿은 매우 우수한 정보 전달 매체였다. 팸플릿은 공론화해야 할 중요한 사건이 발생했을 때만 인쇄되었으므로, 확실하지 않거나 해결되지 않은 문제는 다루지 않았다. 이미 일어난 사건만 팸플릿으로 인쇄될 수 있었던 것이다. 전반적으로 팸플릿은 지면이 상당히 넉넉했기 때문에 초기 신문과 비교했을 때 평균 4배 더 많은 기사를 실을 수 있었으며, 잡다한 정보를 다룬 신문과는 달리 한 호에서는 한 주제만 다루었다. 비연재 팸플릿은 일회성 간행물이었기에, 독자들에게 사전 지식이 있다고 전제하지 않고 충분히 지면을 들여 배경 정보와 결과를 설명했다. 팸플릿에서 기록하는 사건은 보통 한동안은 독자들의 관심을 끌었다. 많은 경우 사건이 일어난 후 한참 뒤에 인쇄 또는 재인쇄되었으므로 서두를 필요가 없었고, 따라서 충분히 시간을 들여 사건을 판단하고 숙고할 수 있었다.

반면 뉴스 연재물은 언제나 시급하고 정신이 없었다. 이것들은 현재 진행 중인, 아직 경과를 완전히 알 수 없는 사건을 다루었다. 바로 그 시점에 중대해 보이는 정보라면 가능하면 많이 실었지만 나중에 돌이켜보면 전혀 관련 없는 정보로 드러날 때도 많았다. 뉴스 발행인의 가장 큰 임무는 수많은 정보 더미에서 어떤 뉴스의 실마리를 인쇄할지 결정하는 것이었지만, 사실 이들 모두가 그러한 판단을 내릴 만큼 충분한 역량이 있었던 것은 아니었다. 이러한 편집 업무는 바삐 돌아가는 인쇄소에서 처리하는 수많은 일 가운데 하나에 불과했다. 한 호가 판매에 들어가자마자 뉴스 발행인들은 다음 호를 위한 기삿거리를 모

으기 시작했다. 신문에 논평을 남길 지면이 있었다 하더라도(신문은 필
사본 소식지의 양식을 물려받았으므로 실제로 그런 지면은 없었다) 뉴스 발행인들
에게 사건을 판단하거나 숙고할 정신적 여유는 거의 없었다.

　뉴스 팸플릿은 상당히 다른 접근법을 취할 수 있었다. 팸플릿은 대
체로 공성전이나 군사 작전이 종료되고 결과가 알려진 시점에나 등장
했으므로(주간지는 누릴 수 없는 사치였다), 알려진 결과를 바탕으로 사실을
수집하고 정리할 수 있었다. 이 혼란스러운 시대를 이해하고 싶은 사
람들에게는 팸플릿이야말로 훨씬 더 논리적인 뉴스 보고 형식으로 보
였을 것이다. 또한 팸플릿에서는 좀 더 해박하고 세련된 약속과 옹호
의 글도 제공할 수 있었다.

　결국 전문성에 대한 우위는 논외로 하더라도, 많은 사람이 신문을
단순한 유행이나 한물간 뉴스 간행물로 여긴 데는 그럴 만한 이유가
있었다. 하지만 벤 존슨이 신문을 처음으로 접한 순박한 독자들을 걱
정할 필요는 없었다. 이들은 신문의 타깃 독자층이 아니었기 때문이
다. 이 초보 소비자들은 가능하다면 한 가지 주제에 대해 좀 더 완전한
견해를 제공하는 팸플릿을 구입할 가능성이 훨씬 더 높았다. 신문 한
호를 사 보는 것은 대화 중간에 끼어드는 것과 같았다. 대화의 실마리
를 알아차리기도 힘들며 간결한 사실적 문체는 맥락을 이해하는 데 거
의 도움이 되지 않았다. 즉 신문을 한 부만 사는 것은 신문을 읽는 방
법이 아니었다. 신문은 주로 정기적으로 사건의 추세를 따라가는 좀
더 세련된 독자들의 몫이었다.

여론의 재앙

　　　비판의 물결이 거세졌다는 것은, 17세기 후반이 되면 상업

뉴스에서 정기적 간행이 확고하고 불가피한 특징이 되었음을 나타낸
다. 신문에 가장 열광적인 반응을 보인 지역은 대부분 유럽 북부의 국
가였지만 17세기 말이면 이탈리아 도시에서도 드문드문 신문이 등장
하기 시작했고, 스페인도 신문을 출판할 토대를 마련하기 시작했다.
당시 독립 관할 구역으로 얼기설기 엮여 있던 독일은 신문 보도에서는
단연 최고로 발전해 있었으며, 신문 비평가들이 크게 활약한 곳도 바
로 이곳이다.

17세기의 3분기, 많은 작가가 연재물의 폭발에 노골적으로 불안
감을 표출했다. 신문이 악인들의 손에 들어가면 사회에 큰 위험을 미
칠 수 있기 때문이다. 1676년 법원 관리인 아하스베르 프리치(Ahasver
Fritsch)는 신문의 오남용에 대해 간략한 팸플릿을 발행했다.[32] 프리치
는 군주제의 확고한 지지자로, 신문은 직업상 뉴스에 정통할 필요가
있는 공직자, 즉 기존의 아비지 독자에게만 허용해야 한다는 견해를
강력히 지지했다. 이 글이 라틴어로 발행되었다는 사실은 이 팸플릿에
서 의도하는 독자가 누군지 잘 말해준다.

프리치의 논조는 몇 년 후 루터교 목사로 수많은 글을 남긴 요한 루
트비히 하트만(Johann Ludwig Hartman)이 이어갔다. 하트만은 춤, 도박, 음
주, 게으름의 죄를 비난하는 설교를 개발했는데, 1679년에는 여기에
'신문을 읽는 죄'를 추가했다.[33] 하트만도 상인들은 신문을 읽어야 할
필요가 있다는 사실은 인정했지만 그밖에 일반 대중에게는 신문을 읽
혀서는 안 된다고 주장했다. 프리치와 하트만 때문에 이제 논쟁의 초
점은 어떤 사회적 계층이 정치적 뉴스를 접해도 안전한지 결정하는 데
집중되었다.

상상력이 뛰어난 숙련된 발행인, 대니얼 하트낵(Daniel Hartnack)도 정
보를 얻기 위한 읽기와 단순한 호기심을 구분하려고 했다. 하트낵은
평상시에는 비판적 판단을 올바로 내릴 수 있는 사람에게만 신문을 허

용해야 하며, 오직 전쟁 기간에만 모두가 신문을 읽어야 한다고 주장했다.[34]

이러한 사회적 배타성은 1세대 신문의 도달 범위를 과대평가해서는 안 된다는 경고와도 같다. 양질의 뉴스를 접할 수 있었던 권력층은 이러한 특권을 미숙한 사람들에게까지 확대하는 것이 과연 유익할지에 깊이 회의적이었다. 17세기가 거의 끝나갈 무렵이 되어서야 독일의 문인들도 논쟁에 참여해 신문 읽기를 찬성하는 입장을 분명히 했다. 카스파르 폰 슈틸러(Kaspar von Stieler)는《신문의 즐거움과 효용(Zeitungs Lust und Nutz)》에서 뉴스를 읽을 권리를 강력히 지지했다.

이 세상에 사는 우리는 지금 우리 세계에 대해 알아야 한다. 이 세계에서 지혜를 얻고자 할 때 알렉산더와 카이사르, 마호메트는 아무런 도움이 되지 않는다. 이러한 지혜를 찾고 사회에 참여하기를 원하는 사람은 누구든지 신문을 읽어야 한다. 신문을 읽고 이해해야 한다.[35]

슈틸러는 신문을 접하는 것을 제한하려는 어떠한 시도도 참지 못했다. 모든 사람은 천성적으로 배우려는 본능이 있으며, 이러한 본능은 가장 최근의 사건에도 이어진다는 것이다. 슈틸러는 언론 비평가들에게 직접 답하고자, 신문을 읽음으로써 혜택을 얻을 수 있는 계층을 열거했다.

먼저 교사와 교수는 최신 정보를 얻기 위해 뉴스를 읽을 필요가 있었다. 성직자는 신문에서 얻은 정보를 설교에서 언급함으로써 인간사에 깃든 신의 의지를 확인할 수 있다. 상인과 떠돌이 일꾼은 유럽의 위험한 도로 상황에 대해 알게 될 것이다. 시골 귀족들은 지루함을 쫓기 위해 신문을 읽을 것이다. 그들의 부인도 신문을 읽어야 한다. 헛소문에 시간을 낭비하기보다는 더 중요한 주제에 의견을 보탤 준비를 하는

12.3 〈의견에 의해 지배되고 통치되는 세상〉. 의견은 바벨탑의 왕관을 쓴 채 눈을 가린 여성으로 표현된다. 이 나무의 열매는 팸플릿이다.

것이 더 낫다. 신문이 선량한 사람들이 보기에 적절하지 않은 내용으로 가득 차 있다며 반대하는 사람들은 성경도 "살인, 간통, 절도 및 수많은 죄의 사례로 넘쳐난다"는 사실을 기억해야 한다.[36]

슈틸러의 공격은 시기적절했다. 18세기 초에는 뉴스 읽기의 장점이 보편적으로 알려진 것과는 거리가 멀었기 때문이다. 오히려 참여 정치가 강화될수록 새로운 불안감이 조성되어 연속 간행물의 가치, 그리고 가치'들'에 대한 의문도 불러일으켰다. 신문 비평가들은 세 가지 주요 문제를 내세워 언론이 공공 토론을 위태롭게 만든다고 주장했다.

먼저 이들은 정보의 과부하를 불평했다. 뉴스가 너무 많고 그중 상당수가 서로 모순적이라는 것이다. 또한 과거의 직접 보도 관행이 여론에 의해 오염되고 있다는 점을 우려했다. 마지막으로 이유가 없지는 않지만, 정치인들이 자신의 목적을 위해 뉴스를 조작할 수도 있다는 점이었다. 이 모든 요소는 진실을 왜곡하거나 모호하게 만들고 독자들에게 혼란을 가져올 수 있었다.

상식이 인쇄물의 홍수에 잠기고 있다는 불만이 완전히 처음 나타난 것은 아니다. 16세기 초반 종교 개혁과 함께 팸플릿이 급증한 후 유럽의 정세에 위기가 이어지는 동안 활발해진 팸플릿 전쟁으로, 당대인들은 경악하고 불안에 떨어야 했다. 18세기 초의 신문에도 같은 비판을 적용하는 것은 과녁을 빗나간 비판으로 보일 수도 있다. 신문은 유럽 지역 대부분에서 계속 독점적인 권한을 누렸다. 정기 간행물 여러 종이 직접 경쟁한 지역은 런던과 독일의 몇몇 도시(특히 함부르크)에 불과했다. 이들 지역에서 경쟁은 해로운 결과를 가져올 수 있었다.[37]

각 신문은 눈에 불을 켜고 경쟁사의 실수를 찾아내곤 했다. 경쟁자를 압박하는 것이 결국 신문 전체의 신뢰도를 깎아내린다는 생각은 하지 못했던 것 같다. 그 자신도 과대 포장이나 편파적으로 과장했다는 혐의에서 결코 자유로울 수 없었던 대니얼 디포도《데일리 코란트》,

《잉글리시 포스트》,《런던 가제트》,《포스트 보이》,《포스트맨》등 경쟁 신문의 진실성과 순수성을 공격하곤 했다.[38]《태틀러(The Tatler, 수다쟁이)》는 이따금 언론의 모순과 과장을 조롱하며 "스페인에 기사도에 관한 책이 해로운 만큼 멍청한 잉글랜드인에게도 신문은 해롭다"고 거만하면서도 과장된 결론을 내렸다.[39]

이러한 업계 내 분쟁은 부분적으로는 시장 경쟁이 과열된 결과였다. 런던의 신문들은 거의 모두 동일한 정보원에게 얻은 해외 뉴스로 지면 대부분을 채웠다. 독창적인 시각을 추구하다 보면 자연스럽게 이야기를 윤색하곤 했다. 이는 당연하게도, 특히 서로 다른 신문에서 같은 보도를 읽을 때 독자들에게 혼란을 야기했다. 조지프 애디슨(Joseph Addison)이 《스펙테이터(The Spectator, 구경꾼)》에서 특유의 우아한 필체로 표현했듯이,

그들 모두는 국외에서 토씨 하나까지 똑같은 보고를 받았지만 이를 요리하는 방법은 저마다 달랐다. 이들 신문을 하나씩 모두 읽고 나면 어떤 시민이라도 공공의 이익을 위해 커피 하우스에 평화를 가져올 수 없을 것이다.[40]

애디슨은 언론 허가제의 위험도 비판했다. 그러나 이와 같은 상업적 압박에 더해 종파적 의제에 따라 뉴스가 의도적으로 왜곡되고 있다는 우려 등으로 뉴스의 윤색 문제는 더욱 악화되었다. 이러한 여론의 재앙에 대한 우려는 치열한 런던 시장을 넘어 멀리까지 확산되었다.

여기서 신문이 필사본 소식지, 즉 꾸밈없는 사실에 지나칠 정도로 가치를 부여하는 뉴스 보도 형태에 연원을 두고 있다는 사실을 기억할 필요가 있다. 아비지의 구독자들과 이를 계승한 인쇄업자들은 뉴스 팸플릿의 다소 산만하고 분석적이며 노골적인 논쟁적 스타일과는 완전

12.4 《런던 가제트》에 대한 공격. 필자는 잉글랜드 신문에 대한 이러한 공격이 매체 전체의 신뢰도를 높이는 데 도움이 되지 않는다는 사실은 전혀 고려하지 않은 것으로 보인다.

히 동떨어진 뉴스를 높게 쳤다. 18세기 초에는 이러한 일련의 뉴스 보도에 뉴스 연재물이 오염될 수도 있다는 두려움이 점차 널리 퍼졌다. 실제로 잉글랜드 내전 동안 발행된 일련의 논쟁적 신문은 극단적인 경우였다. 그러나 독일 신문들조차 전쟁 동안 현지 독자들이 보여준 충성을 모른 척할 수는 없었다. 잉글랜드에서 각 신문사는 18세기 초까지 경쟁자의 부정확성만큼, 지지자들의 충성심을 들어 서로를 공개적으로 공격했다.

그럼에도 신문은 대체로 독자들의 의견을 직접적으로 끌어가려고 하지는 않았다. 1687년 함부르크에서 독일 신문으로서는 첫 번째 논설이 발행되었지만 이는 예외적 사건으로서, 치열한 연재물 시장에서 독자들의 눈에 띄기 위한 시도로 밝혀졌다.[41] 좀 더 전형적인 태도는 《데일리 코란트》의 편집자가 1702년에 나온 창간호에서 독자들에게 부친 고상한 선언에 더 잘 나타나 있다.

해당 신문은 사건이 일어난 곳에서 얻은 외국 신문을 인용할 것이다. 그러면 대중은 뉴스 기사가 어느 나라에서 정부의 허락을 얻은 후 당도한 것인지 확인한 후, 그러한 기사의 신뢰성과 공정성을 더욱 잘 판단할 수 있을 것이다. 또한 해당 신문은 자체적으로 의견을 표출하거나 추측하지 않고, 독자들이 스스로 성찰할 수 있을 만큼 충분히 분별력이 있다고 가정해 오직 사실만을 이야기할 것이다.[42]

이 모두는 아무튼 좋은 일이다. 그러나 과연 독자들은 이것이 사실이라고 어떻게 확신할 수 있었을까? 신문사주가 이런 취지에 따라 신문을 발행했다고 해도, 독자들은 어떻게 신문이 정치인들의 의제에 휘둘리지 않으리라고 장담할 수 있었을까?

권력의 혹독한 탄압

신문이 처음 발행된 그날부터 유럽의 통치자들은 이 새로운 산업을 규제할 필요성을 인식했다. 종교 개혁 당시 종교적 분쟁이 진행되는 동안 사람들은 인쇄물의 힘에 새로 눈뜨게 되었으며, 치안 판사들도 자칫 그들의 특권을 침해할 수도 있는, 공공 정책에 대한 논쟁을 통제하기를 원했다. 그러한 통제 체계는 16세기 동안 매우 신속하게 발달했다. 개신교와 가톨릭 정권 모두 검열을 시행했지만 강조점을 둔 부분은 조금 달랐다. 가톨릭 국가는 일반적으로 로마의 전례를 따라 금서와 위험 작가의 긴 목록 또는 '색인'을 발행했다. 반면 개신교 관할 영토에서는 해당 지역에서 발행하려는 문건을 인쇄소에 보내기 전에 조사를 받도록 요구하는 일이 더 흔했다.

뉴스 간행물에 대한 규제는 그중 개신교의 제도를 모델로 삼았다. 그러나 이 제도는 서적과 팸플릿에는 그럭저럭 적용할 수 있었지만 연재물을 감사하기에는 그리 적합하지 않았다. 간행물 사전 심사를 맡도록 지명된 사람들은 대체로 매우 바빴다. 발행인들은 심사가 오래 지연되는 것과 비교적 논란의 여지가 없는 서적에도 부과되는 과도한 요금을 성토했다. 특히 뉴스 연재물은 반드시 정해진 요일에 인쇄에 들어가야 하므로 어떠한 지연도 허용되지 않았다. 따라서 발행 전 검열이 실제로 이루어지는 경우는 거의 없었다.

결국 신문이 확고하게 자리 잡은 지역에서는 대체로 세 번째 형태의 통제 방식, 즉 발행 후 처벌하는 방식이 적용되었다. 당국이 모욕적으로 간주하는 문건을 인쇄한 업자를 처벌하는 것이다. 이러한 개입은 드물었기 때문에 더욱 효과적이었다. 신문 발행인들은 모든 호에 신문사의 생사가 걸려 있다는 사실을 잘 알고 있었다. 팸플릿은 특히 익명성의 망토 아래 도발적인 기사를 인쇄하는 위험을 감수할 수 있었던 반면, 신문 발행인의 경우 이는 감히 생각조차 할 수 없었다. 구독자들이 구독료를 어디에 내야 하는지 찾고, 신문을 사려는 고객도 신문사를 방문할 수 있도록 하기 위해서는 호마다 눈에 띄는 자리에 신문사의 주소를 실어야만 했기 때문이다.

따라서 신문은 당국의 비위를 거스르지 않도록 극도로 주의했다. 늘 그렇듯이, 자기 검열은 그 어떤 제도적 규제보다 훨씬 효과적이다. 신문이 지역 독점권을 가지고 있는 곳에서는 이처럼 순응하라는 압박이 더욱 강했다. 이는 신문이 발행되는 유럽 지역 대부분에서 적용되는 사항이었다. 프랑스에서 《가제트》는 아무 부끄러움도 없이 왕권의 치어리더 역할을 했지만, 이는 유럽 전반에서 나타난 현상의 가장 극단적인 사례일 뿐이었다. 이탈리아의 밀라노와 피에몬테의 신문 소유주들은 기꺼이 관영 인쇄소에서 신문을 발행했으며, 피에몬테의 발행인들은 정부에서 주는 연금도 받았다.[43] 관용의 안식처로 명성이 높았던 네덜란드 공화국조차 17세기 중반에 발생한 불협화음을 1690년까지 조용히 진압했다. 이제 도시마다 신문사가 하나씩 자리 잡고 독점권을 누리며 큰돈을 벌 수 있게 되었다.

당시의 신문들은 정치적으로 민감한 사안에 대해서는 전반적으로 논평을 삼가는 것으로 알려졌다. 이는 국내 정치 뉴스 간행물에 대한 오랜 편견을 설명한다. 그러나 국내 뉴스를 넘어서까지 정치적 압박이 가해지는 경우도 있었으며, 외신 보도마저 현지 권력자의 정책 우선순위를 반영해야만 했다. 심지어 신문의 독자층을 더욱 확대해야 한다고 가장 열렬히 주장했던 카스파르 폰 슈틸러조차 국왕의 명예를 해치는 것은 무엇이든 결코 출판해서는 안 된다고 믿었다. "발행인은 자신이 누구인지, 어디에 살고 있는지, 자신의 군주이자 주인이 누구인지 기억해야 한다."[44] 당국이 요구하면 신문은 거짓임을 이미 알고 있는 뉴스라도 기꺼이 배포해야만 했다. 슈틸러가 독자들에게 보도의 출처가 개신교 지역인지 가톨릭 지역인지 면밀하게 살펴보고 날카로운 비판적 감각을 유지하기를 촉구한 것도 당연하다.

뉴스 발행인만큼 타락하고 부패한 정보원이 초래할 수 있는 문제를 잘 알고 있는 사람도 없었다. 신문 편집자들은 계속해서 원래의 주제로 돌아가 최선의 공정한 보도를 약속했다. 파리《가제트》에서 테오프라스트 르노도가 주장했듯이, "오직 한 가지, 진실을 찾을 때 나는 누구에게도 굴복하지 않는다." 1688년《런던 코란트》는 기사를 쓸 때 "실제로 그러했듯이 사건을 대변할 때 모든 당사자를 공정하게 다루는 한편, 편견 없는 역사학자의 진실함을 담을 것"을 선언했다.

이 시대의 언론이 가장 격렬한 논란을 불러일으킨 본거지인 런던만큼, 이러한 주장이 끈질기게 반복되고 집요한 저항에 직면했던 곳도 없었다. 그러나 시장에 가하는 엄격한 규제가 풀리면 진실을 요구하는 시민들의 담론도 거세지리라는 희망은, 마치 한 세기 후의 프랑스 혁명 때처럼 아무런 보답도 받지 못했다.[46] 런던은 한 신문이 모든 시장을 독점하는 억압적 체제에서 풀려났을지도 모르지만, 그것만으로 정치적 압력을 모두 떨쳐내지는 못했다.

오히려 잉글랜드의 정치가들은 자신들의 주장을 펴기 위해서는 신문을 길들여야 한다는 사실을 즉시 깨달았다. 곧 신문들은 휘그파 또는 토리파로 갈라졌고, 당대의 주요 문인들은 당의 관심사에 부합하는 기사를 쓰는 대가로 연금을 받았다. 1726년 토리당의 볼링브로크(Bolingbroke) 경은 월폴 행정부에 반대하는 정치적 여론을 동원하기 위해 《크래프츠맨(The Craftsman, 장인(匠人))》을 창간했다. 이에 로버트 월폴은 독자적인 언론을 장악하는 것으로 충분히 합당하게 대응했다. 총리로 재직한 마지막 10년 동안 월폴은 신문 5종을 손에 쥐고 있었으며, 순종적인 뉴스 발행인들에게 무려 5만 파운드에 상당하는 연금을 지불했다.

자유 언론은 어떤 대가를 치러야 했는가? 있는 그대로의 진실에 헌신한다는 끈질긴 주장은 어떤 가치가 있는가? 신문이 처음 등장하고 100년이 끝나갈 무렵, 연재 간행물은 난감한 역설에 직면했다. 신문 독자가 늘어나고 영향력이 커질수록 신문의 신뢰도는 더 낮아진 것이다. 이 골치 아픈 유산은 계몽주의 시대로 계속 이어진다.

13장

저널의 시대

진실에 대한 논쟁이 있었다는 것은 뉴스 보도의 권위가 위기를 맞이했음을 나타낸다. 정치적 환경이 점차 적대적으로 변하면서 뉴스 보도도 어떤 면에서는 퇴보한 것으로 보였다. 진실을 추구하려는 의지는 혼미한 여론, 당파적인 정치가 행한 조작과 남용에 짓눌렸다. 정치는 뉴스를 오염시켰다. 이는 물론 결코 완전히 해결될 수 없는 문제다. 뉴스 인쇄물을 설득의 매개체로 이용하려는 시도는 현대까지도 계속해서 독자들의 비판적 능력을 시험하고 있다. 그러나 18세기에는 시끄럽고 왜곡된 신문과는 동떨어진 새로운 형태의 정기 간행물이 대두하는 첫 징조가 나타났다. '저널(journal)'의 시대가 시작된 것이다.

18세기에는 정기 간행물의 눈부신 부상이 목격되었다. 시간이 지나면서 신문이 언론 매체에서 차지하는 비율은 줄어들었다. 그 대신 18세기에는 주간 또는 월간 단위로 배포되는 문학, 문화, 과학, 학술 저널 등 정기 구독자를 위한 연재물 형태의 출판물이 무수히 등장했다. 새로운 정기 간행물은 엄청난 인기를 끌었다. 당시는 번영의 시기였고 식자층도 점차 늘어나고 있었다. 전문 엘리트층이 확대됨과 동시에 과학 지식과 전문 지식에 대한 신뢰가 높아지면서, 이러한 전문가 계층은 새로운 정기 간행물의 필자이자 구독자가 되었다. 이들 정기 간행물은 신문과는 달리 권위, 전문 작가, 담론 분석의 전통적인 원천에 기반을 둔다. 이 시기는 상당한 가처분 소득을 보유한 부르주아 계층이 등장한 시기이기도 하다.[1] 활발한 소비 사회의 새 구성원들은 문학, 음악, 연극 등 고상한 취미 생활에 쓸 수 있는 돈도 충분했다. 그들은 사교계에 조심스럽게 첫발을 내딛으면서 어떤 지침이든 고분고분 따랐다. 세련된 문화를 처음 향유하게 된 이 신참들은 취향과 옷차림에 도움이 될 만하다면 무엇이든 반겼다.

출판사들도 저널 시장의 발전을 반겼다. 많은 저널이 당국의 반감을 살 수도 있는 위험을 최소화하기 위해 동시대 사건에 직접적인 언급을 피했지만, 그러한 정책을 엄격하게 고수하기보다는 지지하는 편이었다. 이들은 분명 상류 사회와 국왕의 스타일을 강박적인 관심의 대상으로 간주했다. 당대의 유행을 포착하는 것이 저널의 주요 역할이었다. 사회 특권층과 그들의 사업은 보통 당대 최고의 유행이 되었다.

저널의 부상은 사회 현상으로서, 그리고 뉴스 시장에 미친 영향으로서 중요한 의미를 지닌다. 좀 더 사적인 논조의 장문의 기사를 특징으로 하는 저널이 성장하면서 지금까지 뉴스 보도에서 피해왔던 저널리즘 전통의 발전이 촉진되었다. 사실 오늘날 저널리즘의 본질로 여겨지는 비판적이고 양식적인 특징들 중 상당수가 이 18세기 저널에서 가장 먼저 나타난다. 저널은 대중에게 전장이나 궁정 알현식의 중요한 소식을 나열하면서 그때까지 신문이 놓치고 있던 것을 보여주었다.

저널은 위협조의 정치 평론 신문보다는 좀 더 가벼운 어조로 비판과 취향, 판단을 제공했다. 저널은 독자들에게 직접 말을 걸었다. 시간을 들여 논쟁이 되는 사건을 설명하고 논변을 전개했다. 재미있고 즐길 거리로 삼기 좋았다. 무엇보다도 저널은 18세기의 《스펙테이터》에서 선보인 기분 전환용 잡문(雜文)처럼 독자들이 이전에 경험하지 못한, 완전히 새로운 무언가를 제공했다. 매주 독특한 목소리로, 독자들의 거실에 친숙한 인물과 새로운 패션을 소개하는 것이다. 그것은 매혹적이고 중독성 있는 혼합물이었다.

계몽의 도구

1665년, 유서 깊은 《가제트》와 함께 고도로 통제된 프랑스 뉴스 시장에 완전히 새로운 정기 간행물이 등장했다. 바로 《주르날 데 사방(Journal des sçavans, 지식인의 저널)》이다. 이는 유럽 서적 시장에 대대적인 변혁을 일으켰다. 예술과 과학에서 이루어진 발견에 주로 전념하는 저널이 탄생한 것이다. 여기에는 법조계 고객들을 위해 민사 및 교회 법원에서 내린 판결에 대해 약간의 부가 설명도 곁들여지곤 했다. 《주르날 데 사방》은 월간 또는 연간 간행물로 묵혀두면 참신성이 사라진다고 간주되었기 때문에 매주 발행되었다. 그러나 한 해 동안 권호별로 쪽수는 계속 이어지므로 연말에 한 권으로 엮을 수도 있었다. 이 저널에서는 표, 주석, 색인, 참고문헌과 같이 완전히 학술적인 장치도 제공되었다.

《가제트》처럼 《주르날 데 사방》도 특권을 부여받은 사업으로서 시장의 해당 부문에서 독점권을 보호받았다. 수익성도 좋을 것으로 기대되었다. 프랑스의 지식인 사회에서 《주르날 데 사방》은 영감의 원천이자 필수적인 소품으로서, 감히 혼자서는 탐구할 수 없는 방대한 문헌을 지속적으로 파악할 방편이 되었다.

《주르날 데 사방》은 새로운 학술지의 원형으로서 막강한 영향력을 행사했다.[2] 그 영향력은 런던 해협의 건너편까지 즉각적으로 전해

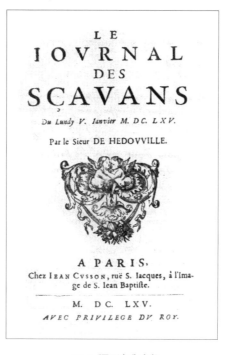

13.1 《주르날 데 사방》.

질 정도였다. 런던에서는 몇 달 뒤 유사한 저널,《철학 회보(Philosophical Transactions)》가 등장했다. 이름에서도 알 수 있듯이, 이 저널은 과학에 좀 더 헌신했다. 편집자들은 당시 설립된 왕립 학회와 가까이 지냈으며 학회의 회원들이 기사의 상당수를 제공했다.[3] 그러나 저널이 왕립 학회의 공식적인 통제 아래 있었던 것은 아니다. 런던과 옥스포드에 있는 지부가 학회에서 탈퇴해《철학 회보》의 지면을 통해 상대방의 학문적 역량을 저격하기도 하는 등 곤란한 상황에 빠지기도 했다.

《주르날 데 사방》이 프랑스어로 출판된 것처럼,《철학 회보》도 영어로 발행되었다. 이는 당시로서는 당연한 일이 아니었다. 교양인이라면 라틴어를 구사하리라 예상되었고, 라틴어는 여전히 국제적인 학술 담론의 언어였다. 실제로 학자들은 라틴어에서 멀어짐으로써 삶이 더 어려워졌다며 불평했다. 이제 더 많은 언어를 구사해야만 했기 때문이다.

그러나 《철학 회보》의 첫 편집자, 헨리 올덴버그(Henry Oldenburg)는 단호하게 그래야만 한다고 답했다. "왜냐하면 《철학 회보》는 호기심이 있지만 어쩌면 라틴어를 모를 수도 있는 영국인들의 편의를 돌보기 위한 것이기 때문이다."[4] 여기서 왕립 학회는 향후 유럽 문화의 향방을 결정지을 중대한 성명을 발표했다. 즉 유럽의 문화, 서신, 훌륭한 교육으로 대변되는 사회적 계층의 모든 기존 질서에 반하여, 학문의 언어로 자국어인 영어를 제안한 것이다. 그것은 인문주의 전통의 긴 그림자에서 해방되는 과정에서 거치는, 상징적으로 중요한 단계였다.

그럼에도 《철학 회보》는 《주르날 데 사방》보다 훨씬 더 엘리트주의적이었다. 회원 모두에게 배포하기에 300부면 충분했고, 학회는 전문가 사회 밖으로 《철학 회보》의 범위를 넓히려는 노력은 거의 하지 않았다. 그러나 두 정기 간행물은 그 자체가 배움과 발견을 고취하는 국제 공동체의 일부라는 사실을 인식하고 있었다. '편지 공화국(Respublica literaria)'** 은 피에르 벨(Pierre Bayle)의 기념비적 리뷰 저널로서 오랫동안 발행된 《누벨 드 라 레퓌블리크 데 레트르(Nouvelles de la république des lettres, 편지 공화국 소식)》(1684~1718)에 글을 싣기도 했다. 《철학 회보》의 창간호에는 프랑스와 이탈리아 각각에서 기고한 글이 실렸으며, 그다음 호부터는 《주르날 데 사방》의 기사를 번역해 게재하는 일이 잦았다.

종합 백과전서를 편찬함으로써 광범위한 분야의 지식을 집대성하려는 학자들도 과학 저널의 고객들이었다. 이제 많은 학자가 저널을 지식의 보존과 검색을 위한 참고 도구로 인식하게 되었다. 18세기 독자들은 신문도 정확히 이런 방식으로 대우하기 시작했다.[5] 저널 또는 논문은 주제별 정보지로서, 그리고 지식 아카이브의 한 부분으로서 이

---

* 16~18세기 유럽의 지식인들이 편지를 보내며 지적 교류를 나눈 지식 공동체.

중의 가치를 지니게 되었다. 저널은 과학의 역할이 점차 강화되는 지식의 보고였던 것이다.

《철학 회보》와 《주르날 데 사방》은 진중한 전문 저널 시장이 결국 다방면의 주제를 다루기까지 더욱 성장할 토대를 마련했다. 저널은 당시 19세기 서적 시장에서 가장 번창한, 수익성 높은 분야 중 하나가 되었다. 이 사실은 특히 프랑스에서 중요한 의미를 지니는데, 이곳은 《가제트》의 엄격한 독점으로 뉴스 시장과 시사 출판 시장이 상당한 제약을 받고 있었기 때문이다.[6] 그 결과 프랑스에서는 17세기 말까지 학술지가 약 200여 종 등장했으며 1700년부터 1789년 프랑스 혁명이 발발할 때까지 그 수는 800종까지 늘어났다. 가히 전문 저널의 시대라고 할 수 있었다. 그중 유명한 저널로는 《주르날 에코노미크(Journal économique, 경제 저널)》(1751~1772), 《옵제르바시옹 드 라 피지크(Observations de la physique, 물리학 저널)》(1752~1823), 《주르날 드 메드신(Journal de médecine, 의학 저널)》(1754~1793)가 있었다.

18세기 중반에 창간된 저널은 특히 더 큰 성공을 거두었는데, 이는 이들 저널이 상당히 오랜 기간 존속했다는 점에서 입증된다. 예컨대 1750년에서 1759년 사이에 창간된 정기 간행물 115종 중 63종은 1년, 21종은 10년 이상 지속되었다. 그밖에도 의학, 농업, 상업, 음악, 예술 등 특정 공동체의 관심사가 반영된 저널도 있었다.

진지한 학술 매체의 발전으로, 앞서 신문이 개척한 정기 간행물에 깊이와 무게가 더해졌다. 연재물 모델은 백과전서의 출판에 따르는 위험을 분산시키고 현금의 흐름을 개선하며, 시장이 판의 크기를 결정할 수 있도록 하는 매우 효과적인 메커니즘인 것으로 입증되었다. 발행인들은 기존의 서적 출판과는 달리, 판매되지 않은 책으로 창고가 가득 차는 상황은 면할 수 있었다. 또한 새로운 정기 간행물은 경험적 데이터로 뒷받침된 진지한 조사를 바탕으로, 다양한 분야의 전문 연구로 시장을 점차 넓혀갔다. 이는 시사 보도에도 불가피하게 영향을 미쳤으며, 설명의 범위를 벗어난 경이로운 이야기를 분석하고 이에 회의적으로 접근하기를 장려했다. 기이하거나 초자연적인 사건들의 보도가 특히 대도시 언론에서 '시골 사람들의 쉬운 믿음을 드러내려는 목적으로 활용되지 않는 한' 쇠퇴한 것도 바로 이 시기이다.[7]

과학 시장 또한 눈에 띄게 확대된 것으로 나타났다. 이는 1691년 런던의 노련한 서적상이자 출판가인 존 던튼(John Dunton)이 이 혼란스러운 시대에 가장 혁신적인 연재물 간행에 착수하기 시작하면서 입증되었다. 《어시니언 머큐리(The Athenian Mercury, 아테네의 헤르메스)》는 과학, 종교, 예절, 교제, 역사 등 전 분야에서 독자들의 질문에 전념하는 정기 간행물이었다.[8] 독자들은 페니 우편을 통해 스톡스 마켓*의 던튼 상점 옆에 있던 스미스 씨의 커피 하우스로 질문을 보냈다. 그러면 사실상 던튼과 그의 시형제로 이루어진 '아테네 협회(the Athenian Society)'에서 질문에 답했다. 질문자의 신원은 절대 밝히지 않았으므로 독자들은 자신의 무지를 드러낼 염려 없이 질문을 보낼 수 있었다. 이는 꽤 좋은 방법으로 입증되었다. 《어시니언 머큐리》는 일주일에 두 번 1페니에 팔렸고, 던튼과 그의 동료들에게는 질문 편지가 물밀듯이 쏟아졌다. 어쩔 수 없이 편집진은 독자들에게 같은 질문에는 두 번 답하지 않는다고 경고했고, 물론 열정적인 독자들은 과거에 어떤 질문이 나왔는지 확인하기 위해 과월호를 모아야 했다.

《어시니언 머큐리》는 잉글랜드 대중의 가장 큰 관심사 중 하나가 놀랍게도 과학이라는 사실을 보여주었다.[9] 넓게 정의했을 때 과학은 질문의 대략 20퍼센트를 차지한 것이다. 여기서 과학은 《철학 회보》의 과학과는 상당히 달랐지만 뉴스북에서 소개되는 '기형아' 같은 내용

---

* 현재 런던의 맨션 하우스 동쪽에 위치했던 시장. 1282년부터 1737년까지 운영되었다.

과도 전혀 달랐다. 독자들은 일상생활에서 관찰한 현상과 사물에 대해 단순하고 실용적인 답변을 원했다. '왜 배스(Bath)**의 지하수는 샘이나 강보다 더 따뜻한가?', '바람에는 왜 힘이 있으며 왜 변하는가?', '불이 꺼지면 어디로 가는가?' 등등[10] 모두 좋은 질문이었다.

던튼은 1697년에 《어시니언 머큐리》를 폐간했다. 1695년 검열법의 소멸과 함께 정치 저널이 다시 발행되면서 이용 가능한 연재물의 범위가 넓어졌고, 《어시니언 머큐리》의 판매량은 감소했다. 하지만 던튼은 사업의 반환점은 이미 지났다고 느낀 것 같다. 연재물이 한 개인의 개성과 카리스마에 전적으로 의존하는 경우, 매주 또는 격주로 발행하기 위해서 발행인은 끊임없이 압박을 느끼게 된다. 던튼과 그의 독자들은 이제 다음 단계로 넘어가고자 했다. 그럼에도 《어시니언 머큐리》는 연재물 분야의 발전에 지대한 역할을 했다.

던튼은 '독자와의 대화'라는 독창적인 형식을 고안했을 뿐 아니라, 답변할 수 있는 학자들의 단체를 구성한 점에서도 큰 성공을 거두었다. 던튼은 이러한 단체를 구성하고 독자들도 회원이 된 것 같은 대리 만족을 느끼도록 함으로써, 독자는 물론 향후 연재물의 필자에게도 지속적인 반향을 일으킬 수 있었다는 자부심을 가질 수 있었다.[11] 구독료 1페니로 박식하고 유쾌한 동료들의 모임에 초대받은 독자들은, 이제 가상의 이웃이나 가족 친지를 대체하는 정기적인 교류망에 속할 수 있었다. 특히 고향을 떠나 도시에 자리 잡은 새로운 모임과 경험에 열려 있는 사람들이 이러한 교류망에 매력을 느꼈다. 여기에 던튼은 이후 가장 창의적인 영문 서신 중 하나로 꽃피게 될 토양에 씨앗을 뿌린 것이다.

** 영국 잉글랜드 서머싯 주의 북동부에 위치한 도시로, 로마 시대부터 온천 목욕탕으로 유명했던 곳이다.

미스터 스펙테이터

　　1672년, 프랑스에서는 이후 몇 년에 걸쳐 고상한《주르날 데 사방》위로 높이 솟아오른 또 다른 '헤르메스'가 등장했다. 바로《메르퀴르 갈랑(Mercure galant, 대담한 헤르메스)》으로, 이름에서도 알 수 있듯이 이 저널은 기존과는 다른 독자층을 대상으로 하고 있었다.《메르퀴르 갈랑》은 당대의 문화와 문학 뉴스에 대해 생생한 소식을 제공했다. 궁정의 가십이 운문과 가곡, 문학 비평, 부고, 결혼, 출생 발표와 뒤범벅되었다. 초대 편집장인 장 도노 드 비제(Jean Donneau de Visé)는 사회 저널의 창시자로 간주할 수 있다.[12]

　《메르퀴르 갈랑》은 특별히 품격 있는 저널을 지향하지는 않았다. 드 비제는 진중한 사람으로, 몰리에르 희곡의 비평가였다.《메르퀴르 갈랑》 또한 프랑스에서 당시 그랬듯 왕실로부터 독점권을 보호받았으며 드 비제도 상당한 왕실 연금을 받았다. 결과적으로《메르퀴르 갈랑》은 당연히 궁정에 우호적이었다. 루이 14세를 칭송하고 그의 정복 전쟁에 찬사를 보내는 기사로 넘쳐나는 양상은《가제트》와 크게 다를 바 없었다.《메르퀴르 갈랑》은 결코 풍자를 위한 저널은 아니었다. 그보다는 사교술과 예법에 대한 저널이라는 새로운 장르를 개척했다는 데 진정한 의미가 있다. 그것은 18세기 매체의 가장 특징적인 결과물이었다.

　잉글랜드 언론이《메르퀴르 갈랑》의 성공에 대응하기까지는 시간이 걸렸다. 다양한 리뷰 신문이 나왔다 사라졌다. 일부는 너무 고상했고, 일부는 피에르 앙투안 모퇴(Pierre Antoine Motteux)의 월간지《젠틀맨스 저널(Gentleman's Journal, 신사들의 저널)》과 같이 당대의 열정을 따라잡기엔 너무 드물게 발행되는 경우도 있었다. 그러나《젠틀맨스 저널》은 뉴스, 문화, 오락 등 풍부한 기사를 통해 교양인에게 시사 사건에 대해 신선한 관점을 소개하는 간행물의 새로운 전형을 제시했다. 여기에 위트와

13.2 '아테네 협회'. 전문 위원단은 자신과 두 시형제로 이루어져 있었다.

아이러니를 가미하면 큰 인기를 끌 수 있었다. 바로 1709년 리처드 스틸이 2절판 한 장의 반절을 양면 인쇄해 주 3회 발행한 잡지, 《태틀러》가 그러한 예다.[13]

스틸은 전부터 이미 노련한 뉴스 발행인이었다. 스틸은 1707년부터 《가제트》의 편집장을 맡으며 큰돈을 벌었지만 일 자체는 따분했다.[14] 《가제트》의 묵직하고 무심한 어투와는 반대로 《태틀러》는 재치있고 개인적인 어조를 유지했다. 스틸이 구상했듯이, 《태틀러》는 국내외의 뉴스와 함께 신간 서적과 새로운 연극에 대한 논평, 가십, 시사 문제에 대한 해설을 제공했다. 여기에는 창작 소설과 시도 포함되었으며, 늘 마감에 쫓기는 간행물에 안정적인 예비 원고 역할을 했다.

《태틀러》는 자리 잡기까지 시간이 약간 걸렸다. 뉴스 보도는 창간 후 몇 달 만에 지면에서 내려왔다. 나머지 기사의 익살스러운 어조와는 도무지 어울리지 않았기 때문이다. 그리고 《태틀러》는 항상, 어떤 경우든, 신문을 정기적으로 읽는 독자들이 추가로 구매하는 잡지일 때가 많았다. 이 같은 변화는 《태틀러》 창간 직후 파트너로서 스틸과 동업한 조지프 애디슨에게도 영향을 주었다. 애디슨 아래서 《태틀러》에서는 잡문이 줄고 에세이의 비중이 더 높아졌으며, 각 권호는 하나에 주제에 폭넓은 성찰을 제공했다.

또한 《태틀러》는 광고를 싣는 데 열성적이었으며 많은 지면을 할당했다. 광고 개수는 권호당 14개에서 18개, 한 달에 150개에 달했으며 가발, 휠체어, 새장, 복권, 화장품, 의약품 등을 홍보했다. 광고는 잡지의 중요한 수입원이었을 뿐 아니라 항상 변하는 런던 사교계의 취향도 잘 반영하고 있었다. 독자들은 광고에서 올바른 예의범절은 물론, 싸고 질 좋은 상품에 대한 조언을 찾을 수 있었다.[15]

1711년 애디슨과 스틸은 창간 후 2년이 지나 271호까지 발행한 시점에 《태틀러》를 폐간하고, 두 달 뒤 《스펙테이터》를 창간했다.[16] 《스

13.3 《태틀러》와 《스펙테이터》.

펙테이터》야말로 이들의 진정한 걸작으로 밝혀졌다. '미스터 스펙테이터'는 "냉철하게 성찰하는 초연한 관찰자"로 홍보되었지만 실제로는 전혀 그렇지 않았으며, 오히려 런던 생활의 기벽과 특이함을 꿰뚫어보는 풍자적인, 때로는 신랄한 관찰자였다. 이 저널의 동력은 오로지 탁월한 글솜씨에 있었다.

애디슨과 스틸은 표면적으로는 뉴스 보도를 피했지만, 무엇이 뉴스인지는 실제적이기보다는 수사(修辭)적 차원에서 답할 수밖에 없었다. 예컨대 《태틀러》는 복권과 결투에 관한 에세이를 실은 반면, 《스펙테이터》는 영란 은행(Bank of England)*, 신용의 사회적 지위, 돈의 도덕

---

* 영국의 중앙 은행. 1694년에 민간 은행으로 처음 설립되었다.

적 가치에 관한 에세이를 실었다. 결투에 관한 에세이는 사회적 문제를 다루는 글일까, 아니면 예법의 희극성을 비웃는 글일까? 스틸로서는 답하기 어려웠다. 하지만 정치에 대해서는 언급하기를 명시적으로 금지하는 대신, 필자들은 적어도 커피 하우스의 문화와 뉴스에 대한 열광은 무자비하게 풍자할 수 있었다. 뉴스에 반쯤 미쳐 있는 따분한 신흥 상인을 풍자하는 것만큼 재미있는 일도 없었다. 한 뉴스 애독자의 경우,

> 그는 우리 4절판 잡지의 가장 열렬한 팬인 것으로 나타났다. 그는《포스트맨》을 읽기 위해 동이 트기 전에 일어나, 이웃들이 일어나기 전에 마을의 이쪽 끝에서 저쪽 끝까지 두세 바퀴 돌며, 네덜란드에서 온 우편물이 없는지 알아보았다. 그는 아내와 아이들도 있었지만 가족보다는 폴란드에서 무슨 일이 일어나는지 훨씬 더 궁금해했다 […] 뉴스가 없을 때 그는 몹시 핼쑥해졌고 서풍이 부는 것을 전혀 반기지 않았다. [역풍 때문에 속보가 영국 해협을 건너지 못하기 때문이다.] 이러한 끈질긴 집착의 결과, 그의 상점은 파산해 버렸다.
> 나는 한동안 이 남자를 잊고 지냈지만 3일 전 세인트 제임스 공원을 걷고 있는 동안 누군가 나를 쫓아오는 소리를 들었다. 그는 내 오래된 이웃, 뉴스 중독자가 아니면 누구겠는가? 초라한 행색을 볼 때 그는 극빈층으로 전락한 것으로 보였다 […] 그러나 그가 말하길, 간절히 바라건대 스웨덴의 국왕에 대해 어떻게 생각하시는지 말해주실 수 없나요? 그의 아내와 아이들은 굶주리고 있었지만, 지금 그의 주된 관심사는 오직 스웨덴의 위대한 군주뿐이었다.[17]

여기서 묘사된 인물은 애디슨이《태틀러》에서 소개한 가상의 인물 '아이작 비커스타프 씨'로, 필자들은 이러한 장치를 통해 마음껏 풍자

를 펼칠 수 있었다. 애디슨이나 스틸이 이러한 견해를 직접적으로 표현한 적은 없다. 야심에 가득 찬 상인이나 머리에 든 것 없이 겉만 번듯한 남성에 대해 이처럼 불편하고, 때로는 잔인하기까지 한 풍자는 보통 제3자의 입을 빌려 표현되었다. 미스터 스펙테이터는 취향을 개선하기 위한 처방, 극장과 영란 은행에 대해, 대체 이치에 맞는 소리인지 숙고할 틈도 주지 않고 맹렬히 쏟아냈다.

이 모든 것에는 위트와 농담이 곁들어졌다. 그 어조는 디포가 《리뷰》에서 보여준 열정적인 비평과는 정반대였지만 그에 못지않게 효과적이었던 것으로 보인다. 비록 미스터 스펙테이터는 진지한 정치적 의도는 없다고 말했지만, 《스펙테이터》는 분명 휘그당의 매체로서 휘그당과 정치적 이해관계가 일치하는 살롱 및 커피 하우스에 깊숙이 자리 잡았다. 조너선 스위프트가 1710년 《이그재미너(The Examiner, 조사관)》에 필자로 등록한 것은 특히 선도적인 에세이 정기 간행물들이 휘그당에 기울어 있는 현실에 대항하여 토리당에 좀 더 무게를 실어주기 위함이었다.

《태틀러》가 그랬던 것처럼, 스틸과 애디슨은 《스펙테이터》도 2년 만에 폐간했다. 이는 매체가 방향을 잃었기 때문이 아니라, 제작의 압박이 너무 커졌기 때문이다. 성공을 거둔 여러 시사 정기 간행물은 놀라울 정도로 수명이 짧았다. 디포의 《리뷰》가 10년간 발행된 것이 오히려 예외적인 상황이었다. 간행물이 이토록 단명했다는 사실은 단 한 명의 필자에게 의존해야 했던 잡지의 약점을 보여준다. 아무리 재능 있는 작가라 하더라도, 독자들이 흥미를 느끼도록 다양한 주제에 대해 매번 열정과 재치를 담아 주기적으로 글을 써야 하는 압박을 받으면 결국 한계를 드러내기 마련이다. 즉 독자가 줄어서가 아니라 창작자들이 먼저 지쳐버려 폐간되는 것이었다.

잡지가 장기간 지속되려면 창의적인 천재 한 명에게만 의존하지 않는 제작 모델을 개발할 필요가 있었다. 잉글랜드에서는 에드워드 케이브(Edward Cave)의 《젠틀맨스 매거진(Gentleman's Magazine, 신사들의 잡지)》(1731)가 길을 보여주었다. 이 잡지는 여전히 다양한 기사를 실었지만 에세이 정기 간행물의 매우 개인적인 특성은 버렸다. 이 잡지는 다른 간행물을 요약하는 것으로 시작해 전문 필자들이 작성한 정통 기사를 싣는 독립적인 정기 간행물로 점차 발전했다. 이들 필자는 오로지 이 잡지의 기사를 쓰기 위해 고용된 사람들이었다. 하지만 신문사는 아직 이러한 집단 제작 모델을 따를 준비가 되어 있지 않았다.

이 순간 사람들의 상상을 사로잡은 잡지는 《스펙테이터》였다. 《스펙테이터》는 독자들이 푹 빠져드는 에세이의 완벽한 전형을 보여주었다. 미스터 스펙테이터는 독자들을 도시에서 가장 번화한 거리로 향하는 산책에 초대하는 재치 있고 도회적인 안내자이며, 런던 최고 상류층의 살롱과 가장 고상한 문학계를 드나들며 소식을 전하는 세상사에 정통한 교양 있는 신사였다. 잉글랜드뿐 아니라 국외에서도 《스펙테이터》를 모방한 많은 잡지가 생겨났다. 《스펙테이터》 폐간 이후 빈자리를 대신하려 했던 새로운 잡지들은 대부분 실패로 끝나고 말았다. 이미 다른 업계로 떠나버린 원래의 창조자를 대체할 필자는 아무도 없었다.

그러나 해외에서는 '스펙테이터'들이 크게 번성했다. 네덜란드에서는 치안 판사들이 각 도시의 정기 간행물을 하나로 제한하는 판결을 내리면서 큰 제약을 받고 있던 간행물 시장은 이러한 《스펙테이터》유의 잡지로 다시 부흥할 수 있었다. 에세이 간행물에 대해서는 그러한 제약이 없었으므로 독자들은 잡지를 여러 종 사 볼 수도 있었다.[20] 프랑스에서는 1720년부터 1789년까지 이러한 저널이 무려 100종이나 생겨났다.[21] 프랑스 독자들은 이러한 잡지의 문학 비평, 위트, 그리고 취향에 대한 조언을 특히 마음에 들어 했다. 《스펙테이터》는 친숙하고 접근하기 쉬웠으며, 프랑스의 정기 간행물에서는 처음으로 대중과 직접 나누는 대화를 제공했다.

이 저널은 당시까지 고도로 통제되고 고상한 프랑스 매체 시장의 저널리즘에 결여되어 있던 모든 특징을 대변했다. 프랑스의 문학계와 서적 시장은 마치 전기 충격이라도 받은 듯했다. 당연히 이러한 혁신이 마음에 들지 않는 사람도 있었다. 고상한 독자들은 일부 정기 간행물의 경박스러움에 짜증을 냈지만 발행인들은 전혀 미안한 기색을 보이지 않았다. 결국 한 편집자도 썼듯이,

학자들을 위한 것인가, 배우고자 하는 사람들을 위한 것인가? 완전한 무지와 심오한 학식 사이에는 뭔가가 있다. 대중은 배우고 학습할 여력이 없으므로 우리 시대에는 소책자와 정기 간행물이 꼭 필요하다.[22]

프랑스의 초기 스펙테이터들은 대부분 익명성이라는 조심스러운 전통을 계속 유지했지만, 점차 필자의 정체성이 명확히 드러나기 시작했다. 1720년에서 1739년 사이에 마리보, 다르장, 아베 프레보와 같은 작가들과 데퐁텐, 라 바렌, 보마르셰 같은 비평가들은 모두 자신만의 매체를 구축했다.[23] 이들 중 일부는 좀 더 진중한 어조를 유지했지만, 특히 18세기 전반의 좀 더 엄격한 정치 환경 속에서 문화 비평은 모든 영역에 걸쳐 정기 간행물의 4분의 3을 차지했다. 이 모든 것을 볼 때 이들 잡지는 수익성이 있었던 것으로 보인다.

1730년 이후 프랑스의 모든 주요 출판사는 저널을 발행했다. 정기 간행물은 검열로 금지된 외설적인 소설과 '철학적' 문헌을 대체하며, 해외에서 출판된 후 다시 프랑스로 수입되었다. 이러한 거래는 18세기 후반이 되자 엄청난 규모에 이르렀다.[24] 운 좋게도 파리의 출판사들은 정기 간행물을 거래하기 위해 여러 통로를 열어놓았다. 그럼에도 이 세기의 마지막 몇 년 동안 일어난 혁명적인 사건에 따라 뉴스 간행물

이 이례적으로 급증한 현상에는 대비하지 못했다.

'달콤한 사소함'

존 던튼은 1691년 5월 5일 자《어시니언 머큐리》에서 대담하고 극적인 발표를 했다.

> 이번 주에 국내의 한 여성에게 매우 독창적인 질문을 받았습니다. 이 여성은 남성들처럼 질문을 보내서는 안 되는지 알고 싶어했지요. 우리 대답은, 보내셔도 됩니다. 우리 저널은 보낸 사람이 여성이든 남성이든, 공공 또는 특정인에게 유용할 수 있는 모든 종류의 질문에 답변하도록 설계되어 있습니다.[25]

던튼은 자신의 논점을 입증하기 위해 논설에서 결혼에 대한 질문 15개를 다루었다. 이는 경솔한 대처는 아니었다.《어시니언 머큐리》는 창간한 지 이제 두 달이 되었고, 던튼은 독자층의 열정을 확인했다. 이는 당시에 할 수 있었던 가장 인상적인 선언이었다. 여성은 독서 공동체의 일원으로 환영받았으며 던튼은 선구자로서의 역할을 충실히 해냈다. 5월 22일 자 권호는 완전히 여성들이 보낸 질문으로만 이루어졌으며, 당시 던튼은 매달 첫째 주 화요일에는 여성들의 질문에 답하는 권호를 따로 발행할 것이라고 발표했다.

비록 17세기 정기 간행물 시장에서 가장 큰 혁신을 이룬 나라는 프랑스였지만, 여성 독자층까지 아우를 가능성에 가장 적극적으로 대응한 것은 잉글랜드의 출판사였다.《태틀러》와《스펙테이터》모두 여성 독자들에게 적극적으로 어필했다. 1709년 리처드 스틸은《태틀러》의 계획을 설정하면서 '공공 의식이 투철한' 남성에게 호소했는데, 꼭 남성에게만 국한된 것은 아니었다. "이 신문의 제호에 영감을 주신 여성분들께 영광을 돌리며 그분들이 즐길 수 있는 내용도 반드시 다루고자 합니다." 하지만 이는 칭찬이 아니다. 당시 여성들이 특히 관심을 가진 다고 생각했던 하찮은 가십을 싣겠다는 의미인 것이다. 에세이 정기 간행물들은 여성 독자들의 참여를 유도하기 위해 세련되고 정중한 겸양의 어조를 유지했다.[26]

《스펙테이터》도 "여성계만큼 이 신문이 더 유용한 곳도 없을 것"이라는 애디슨의 주장을 이어받았으며, 《스펙테이터》유의 잡지가 성공하면서 여성 독자들을 대상으로 한 여러 정기 간행물이 곧 생겨났다. 그러나 이들 잡지는 그리 성공하지 못했다. '스펙테이터' 브랜드의 성공을 이용해 아이작 비커스타프의 이복 여동생인 '제니 디스타프'라는 페르소나를 설정한 잡지 《피메일 태틀러(The Female Tatler, 여성 수다쟁이)》와 《위스퍼러(The Whisperer, 속삭이는 사람)》는 모두 실패했다.[27] 투지 넘치고 진정한 여성의 목소리를 담은 정기 간행물은 앞으로 30년은 더 기다려야 한다. 바로 엘리자베스 헤이우드(Elizabeth Haywood)가 창간한 《피메일 스펙테이터(Female Spectator, 여성 구경꾼)》다.

초기의 시사 간행물과 여성 독자 사이의 관계는 복잡했다. 편집진은 윤리와 예법에 관한 에세이는 특히 여성에게 적합하다고 강조했지만 한편으로는 여성을 놀리고 거들먹거리기도 했다. 이 에세이들은 보통 복잡한 사회적 예법에 구속되어 있거나 부적절한 연애 관계에 휘말려 곤경에 빠진 여성 독자들의 애처롭고 구슬픈 호소에 답변의 형태로 제시되었다. 이러한 편지 중 대다수는 편집자들이 직접 작성한 것으로 보인다. 편지 작성자가 구구절절하게 풀어 쓴 이야기는 처음으로 펜을 잡아본 초보 필자들의 인생이라기보다, 당대 희곡 작품의 플롯과 분명히 더 비슷해 보였다. 이러한 투명한 장치는 에세이 작가들에게 두 가지 장점을 제공한다. 즉 독자들의 감정을 마구 휘저으면서도 그들의 답변에 도덕적 토대를 마련할 수 있는 것이다. 이 장치는 물론 오늘날까지도 진중한 신문에서 스캔들이나 유명 인사에 대해 보도할 때 널리 활용되고 있다.

여성 독자를 위한 에세이는 거슬릴 정도로 가정, 예법, 사회적 에티켓, 연애 문제에만 국한되곤 했다. 이러한 선입견은 1759년 프랑스에서 창간된 《주르날 데 담(Journal des dames, 부인들의 잡지)》이 독자들에게 '리앵 델리시외(riens delicieux)', 즉 '사소함의 맛'이라는 식단을 제공하겠다고 선언할 때도 노골적으로 표출된다. 그러나 이 이야기는 이제 시작되었을 뿐이다. 놀랍게도 《주르날 데 담》은 곧 오락지 이상의 역할을 하며 계몽주의를 지지하고, 국가로부터 특권을 부여받는 문화 기관과 각료 정책을 활발히 비판하기 시작했다. 이러한 변혁의 원동력은 강인한 여성 세 명에게서 나왔다. 이들은 차례로 저널을 관리하며 독창적인 목소리를 내기 시작했다.[28] 《주르날 데 담》은 1769년과 1776년, 두 차례에 걸쳐 성난 목사들의 공격을 받기도 했다.[29]

정기 간행물에서는 《주르날 데 담》처럼 형식을 바꾸는 일이 드물지 않았다. 잡지들이 우후죽순으로 생겨났지만 이들 대부분은 독자를 확보하는 데 실패했다. 독자들의 우선순위를 면밀히 반영하지 못하는 저널은 살아남지 못한 것이다. 이러한 우선순위는 독자이면서도 매체에 적극적으로 관여한 여성들에 의해 일부 결정되었다. 여성들은 사실상 인쇄업이 시작될 때부터 이 분야에서 활발한 역할을 해왔으며, 분명 다른 공예 산업에서보다 더 적극적인 참여를 보였다.[30]

많은 여성이 남편을 대신해, 또는 남편이 사망한 후 사업을 이어받아 매우 효율적으로 매체를 관리했다. 존 던튼이 여성 독자의 중요성을 파악한 것도 그의 아내가 책임질 때는 사업이 크게 번창했지만, 아내의 사망 이후 급격히 쇠퇴했다는 사실과 일정 부분 관련이 있을 것이다. 레온하르트 폰 탁시스 2세의 아내 알렉상드린 드 리 백작 부인은 남편이 사망한 후 18년 동안 효과적으로 탁시스의 우편망을 운영했으며, 30년 전쟁 후반기의 지독한 격동 속에서 수십 년 동안 기업을 이끌었다.[31] 그녀의 명성에 버금가는 인물로 함부르크의 여성 신문 소유주인 일사베 마이어도 있다.[32] 사회적 계층의 다른 쪽 끝에서 독자들에게 간행물을 배달하고 거리에서 판매하는 역할을 담당했던 '여성 헤르메스 군단(Mercury women)' 또한 런던 언론업계의 운영에 없어서는 안 될 사람들이었다.[33]

《피메일 스펙테이터》의 필자이자 소유주인 엘리자베스 헤이우드도 출판계에 확고히 자리 잡은 여성 사업가 중 한 명이었다.[34] 헤이우드는 성공적인 소설가로서 오랜 명성을 쌓은 후, 잠시 극단 배우로서 소소하게 일하다 이 정기 간행물을 발행하기 시작했다. 헤이우드는 자신을 드러내지 않았다. 창간호에는 필자가 "결코 미인은 아니며 젊지도 않다"고만 쓰고 있다. 그러나 차(茶)의 남용부터 군인들의 나쁜 행실까지 다방면의 주제에 대한 위트 넘치는 에세이는 많은 독자의 사랑을 받았다. 출간이 중단된 후 《피메일 스펙테이터》는 한 권의 책으로 묶여 여러 번 다시 출판되었으며, 프랑스어와 네덜란드어로도 번역되었다.[35]

심지어 헤이우드는 여성은 정치를 혐오한다는 속설마저 풍자할 만큼 자신감이 넘쳤다. '편집장의 선택'란에서 약속한 만큼의 정치 기사를 쓰지 않았다는 이유로 자신을 책망한 한 불만투성이 애독자(아마도 창조된 인물로 보이지만)에게 헤이우드는 다음과 같이 답변했다.

군대가 행군하고, 전투를 벌이고, 마을이 파괴되고, 강을 건너는 등 신문에서 매일 볼 수 있는 이러한 사건들로 나와 내 독자들의 시간을 빼앗는 건 내 본성에 맞지 않는 일이라고 생각합니다.[36]

이것이 핵심이다. 이러한 문제를 집중적으로 논의하는 매체는 다른 곳에도 얼마든지 있으며, 《피메일 스펙테이터》가 다른 신문에서 무료로 이용할 수 있는 정보를 다시 실을 필요는 없다는 것이다. 수많은 남성 독자 또한 사회 신문에서 전쟁 소식 대신 다른 기분 전환용 뉴스거리를 읽으면 전쟁이나 공성전에 대해 관심을 덜 가지게 되는 것으로 나타났다. 하지만 독자들이 항상 이런 선택을 하지는 않았다. 사회 관습상 여성은 서신에서 정치를 지나치게 언급하는 것이 금지되었지만 영민한 여성 독자들은 시사 뉴스를 면밀히 따라갔다.[37]

1653년 도러시 오즈번(Dorothy Osborne)*은 자신이 뉴스 간행물을 읽는다는 사실을 에둘러 인정할 수밖에 없었다. "이번 주에 어쩌다 뉴스북을 펴보게 되었는지 정확히 기억나지는 않지만 그것밖에 읽을 것이 없는 상황이었죠."[38] 이는 구혼자인 윌리엄 템플 경에게 보낸 편지 속 구절로, 여기서 오즈번은 템플 경이 신부가 될 여성에게 뉴스에 대한 관심은 그다지 어울리지 않는다고 여기리라 생각한 것으로 보인다. 기혼 여성이 자신의 가족에게 영향을 미치는 정치에 관심을 보이는 것에는 상대적으로 제약이 덜했다.

결정적으로 도러시 오즈번이 편지를 쓰던 시대부터 엘리자베스 헤이우드의 《피메일 스펙테이터》가 출판되기까지 100년 동안 여성의 문맹률은 크게 줄었으며, 여성 독자의 수도 3~4배 늘어났다. 이는 출판업자들이 무시할 수 없는 큰 시장이다. 소비자이자 유행을 결정하는 주체로서 여성은 중요한 경제 주자이며, 따라서 정기 간행물 시장의 중요한 원동력이 되었다. 프랑스 최초의 일간지 《주르날 드 파리(Journal de Paris, 파리 저널)》(1777)는 연극 공연과 문학계 소식에 대한 최신 기사를

뉴스의 탄생

---

* 영국의 서신 작가. 윌리엄 템플 경과 사랑했으나 양 가문의 반대로 결혼하지 못한 채 7년간 비밀리에 편지를 주고받았다. 이때 오즈번이 보낸 재기 넘치는 서신 79통은 현재까지 남아 영국도서관(British Library)에 보관되어 있다. 둘은 결국 1654년에 결혼한다.

실은 문화지였다.

18세기 후반,《피메일 스펙테이터》와 같은 에세이 저널은 점차 새로운 유형의 월간지로 대체되었다.《레이디스 매거진(The Lady's Magazine, 숙녀들의 잡지)》(1759)과《레이디스 뮤지엄(The Lady's Museum, 숙녀들의 박물관)》(1760)은 편집인 한 명 대신 다양한 사람이 기사를 작성해 당시 정기 간행물 제작의 전반적인 동향을 보여준다.[40] 이 두 잡지는 지리, 역사, 대중 과학에 대한 기사에 소설과 시를 곁들인, 교육적 특색이 강한 기사를 제공했다.

여성 독자들은 당대의 어두운 면면에서도 시선을 돌리지 않았다. 1749년에 창간된 격주간지《레이디스 매거진》의 창간호에서 공언했듯이, 독자들은 악명 높은 범죄자의 재판, 자백, 처형에 대한 기사도 매월 접할 수 있었다. 이러한 범죄자가 여성인 경우도 있었다. "타이번에서 처형된 불행한 여성 세 명에 관한 이야기", "아버지를 독살한 메리 블랜디의 재판" 등이 그런 예다.[41] 고상한 거실 너머 소란스러운 대도시로 향하는 창문이 완전히 닫힌 적은 한 번도 없었다.

정치 저널

정기 간행물이 정치를 무시한 것은 아니며 그럴 수도 없었다. 당시엔《스펙테이터》유의 기발하고 날카로운 풍자, 또는 일부 신문업계에서 점차 대담해진 편집 동향을 거쳐, 오늘날 인쇄 뉴스 매체에서 없어서는 안 될 특성으로 간주되는 '논평'이 뉴스와 통합되기 시작했다. 여기서는 새로운 유형의 정치 분석 저널이 이러한 변화의 기폭제가 되었다. 저널은 신문이 뉴스 보도에 보수적인 관점을 고수하며, 정치적 논평에 지면을 거의 할애하지 않는 지역에서 특히 중요한 역할을 했다. 저지대 국가들과 독일에서도 마찬가지였는데 이들 지역에서는 대부분 현지 출판사가 신문을 독점하고 있었고, 치안 판사의 심기를 거스르지 않기 위해 강박적으로 주의를 기울였다.

이러한 부자연스러운 중립에서 벗어날 탈출구를 제공한 것은 당대의 가장 성공적인 정기 간행물 중 하나인, 고틀로프 베네딕트 폰 시라흐(Gottlob Benedikt von Shirach)의 《폴리티셰 주르날(Politische Journal, 정치 저널)》이었다. 1781년에 창간된 《폴리티셰 주르날》은 독일 도시의 소상인을 초월해 한 국가의 군주까지 독자를 보유한, 독일어권에서 가장 널리 읽히는 정기 간행물이 되었다.

1780년대까지 독일에서는 신문이 183종 발행되었다. 드물게 함부르크 신문처럼 폭넓은 독자층을 보유한 신문도 있었지만, 대부분은 완전히 현지 고객만을 대상으로 했다. 이들 신문의 형식이나 기사의 배열 순서는 한 세기 전의 신문에서 크게 달라지지 않았다. 즉 지면은 대부분 외신이 차지했으며 남은 부분은 광고와 궁정의 회람용 서신, 예컨대 베르사유에서 받은 파리 《가제트》 급보의 축약본이 채웠다. 이러한 궁정 회람문에 대해 폰 시라흐는 《폴리티셰 주르날》 창간호에서 "연회, 항해, 의식, 성찬 등 궁정이 베푼 모든 명예와 호의, 그리고 불손함, 소문, 억측, 모순, 비사(秘事)의 끝없는 목록"으로 기술한 바 있다.[43]

폰 시라흐는 또한 신문 자체도 단편적인 보도를 쏟아내는 형식이 독자의 이해를 가로막고 있다고 여겼다. 신문이 아무리 최고의 소식을 전달한다고 해도, 아무런 배경 정보나 냉철한 분석 없이 그 주의 가장 긴박한 소식만 싣는 것만으로는 부분을 넘어 그림 전체를 제공하기는 어려웠다. 폰 시라흐는 《폴리티셰 주르날》을 만들면서 과거 팸플릿의 분석 기능과 신문의 동시성을 결합하고자 했다. 즉 이 저널은 매월 발행함으로써 사건의 명확한 윤곽을 보여주면서도, 신문에서 발견되던 오해의 소지가 있는 보도나 허위 사실, 또는 무의미한 보도는 배제해야 했다.

계몽주의의 진정한 계승자였던 폰 시라흐는 명확하고 합리적인 계획을 마련했다. 월간지의 각 권은 세 부분으로 구성되었다. 첫 번째 섹션에서는 통계와 공문서 발췌문 등 그날그날의 이슈를 이해하는 데 필요한 배경 정보를 제시했다. 이어지는 다음 섹션에는 유럽 각지의 사건을 분석한 기사를 폰 시라흐가 직접 요약하여 실었다. 마지막 섹션은 인쇄에 들어가기 바로 직전까지 함부르크에 도착한,《폴리티셰 주르날》의 독자들이 보낸 편지로 구성되었다.

대중도 이러한 혁신적인 구성을 받아들일 준비가 되어 있었다. 구독자는 꾸준히 늘어나 거의 8천 명에 이르렀다. 그러나《폴리티셰 주르날》에 대한 비판도 있었으며, 특히 폰 시라흐의 고유한 편집 스타일이 비판을 받았다. 폰 시라흐는 자신이 기술한 사건들에 숨은 중요성을 결코 과소평가하지 않았다. 유럽의 흔들리는 세력 균형은 혁명을 예고하고 있었고 폰 시라흐는 전쟁이 다가옴을 분명히 느낄 수 있었다. 폰 시라흐는 자신의 견해를 강하게 고수하면서도 미국과 프랑스 혁명을 신랄하게 비판했던 것처럼, 때로는 역사에서 잘못된 편에 서기도 했다.

1782년 프랑스-스페인 연합 함대의 지브롤터 포위전* 보도에서 실패한 예언자로서의 불운한 재능이 이미 드러났다. 구독자들은 각 신문이 영국군의 압승 소식을 전한 바로 그날, 포위군의 군사력에 대한 세심한 분석과 이들이 승리하리라는 확신에 찬 폰 시라흐의 예측을 받아

3부 계몽되었는가?

---

* 미국 독립 전쟁의 일환으로, 미국의 독립 운동가들은 유럽으로 건너가 영국과의 전쟁에서 미국을 지원해주기를 요청했다. 이에 스페인, 프랑스, 네덜란드 등은 영국을 견제하기 위해 참전했다. 그중 스페인은 1704년 영국에 빼앗긴 지브롤터를 탈환하기 위해 1779년 영국에 선전 포고했지만, 오히려 영국 해군에게 참패를 당했다. 이에 프랑스와 스페인의 연합 함대가 지브롤터를 포위했으나 영국 함대는 수적 열세에도 섬을 지켜냈으며, 결국 1783년 프랑스와 스페인은 포위를 풀고 물러나게 된다.

보았을 것이다. 급속도로 전개되는 사건을 월간지에서 다룰 때 부딪힐 위험이 바로 이것이다. 그럼에도 《폴리티셰 주르날》은 적어도 독일의 현지 뉴스에 관심을 기울였다는 측면에서도 신중하게 구성된 혁신적인 간행물이었다. 이 저널은 그동안 외신에만 집중해온 신문의 관행과도 결별하고, 독일과 오스트리아에서 일어난 사건의 소식과 분석에 지면의 절반 이상을 할애했다. 이러한 편집 방식은 《폴리티셰 주르날》의 독자층을 점점 더 넓히면서 범(汎)독일적 정치의식이 성장하는 데 중요한 역할을 했다.

프랑스에서는 혁명 이전에 정치적 통제가 다소 느슨해진 상황에서 정치 저널이 간행되기 시작했다. 이때는 다소 고전적인 유의 정치적 위기 사건이 기폭제가 되었다. 1770년 루이 15세는 파리 고등 법원과의 오랜 마찰에 격분하여 전쟁국무경 슈아죌 공작을 해임하고 대법관 모푸가 이끄는 정부 관료들의 삼두 정치를 성립함으로써 지도력을 확립하고자 했다. 삼두정은 현직 판사를 교체하고 사법 개혁을 시행함으로써 고등 법원의 반발을 잠재우려 했다. 이 노골적인 도발은 100년 전 《마자리나드》 이후 가장 거센 팸플릿의 물결을 일으켰다.[44] 양측에서 간행물이 쏟아져 나오자 평소 보수적이던 파리의 출판계조차 시사 문제에 대한 대중의 엄청난 관심을 활용할 방안을 모색하게 되었다.

프랑스에서는 큰 정치적 분란이 일어난 후에는 으레 검열이 약화되곤 했고, 이에 고무된 출판사들은 반(半)정기적으로 팸플릿을 발행하기 시작했으며, 이때 각 팸플릿에 출간 순서대로 일련번호를 매겼다. 이처럼 연재 간행물로의 이동은 초기의 위기가 진정된 후에도 계속되었으며, 그중에서도 가십과 일화를 모은 36권짜리 팸플릿 《메부아르 스크레(Mémoires secrets, 비밀 회고록)》가 특히 유명했다. 《옵제르바퇴르 앙글루아(Observateur anglois, 영국의 관찰자)》도 잘 알려진 팸플릿이었으며 시몽-니콜라-앙리 링게(Simon-Nicolas-Henri Linguet)의 《아날 폴리티크

(Annales politiques, 정치 연보)》는 그중 가장 악명이 높았다.

링게는 출판인이자 사업가인 샤를-조제프 팡쿠크(Charles-Joseph Panckoucke) 밑에서 일하는 동안 언론인으로서 명성을 얻었다. 《필로조프(Philosophes, 철학자들)》를 향해 도를 넘은 공격으로 해고된 링게는 런던으로 물러난 후 그곳의 출판계에서 즉시 센세이션을 일으켰다. 당대 《아날 폴리티크》의 인기 비결은 이미 저명한 변호사이자 자신을 비판적 저널리즘의 선구자라고 밝힌 링게의 뛰어난 글솜씨에 있었다. 링게에게 더욱 주목할 만한 점은 프랑스 밖에서 독립 편집인으로 활동하면서도 프랑스에서 《아날 폴리티크》의 인쇄와 배포에 성공했다는 점이다. 본국에 있는 링게의 대리인은 묘연한 방식으로 저널을 배포할 수는 있었지만 저널이 즉각적으로 인기를 얻으면서 무허가로 다시 배포되는 새로운 문제가 발생했다. 이 문제는 링게도 막을 방도가 없었다. 《아날 폴리티크》는 파리로 유인된 링게가 바스티유 감옥에 갇혔을 때 잠시 발행이 중단된 후, 1783년 다시 발간되었다.

링게의 여정은 프랑스의 정치 언론이 지속적으로 감내해야 했던 문제를 생생하게 보여준다. 정치적 정기 간행물이 널리 유통된 후에도 검열이 공식적으로 사라진 적은 없었다. 다시 말해 정치 저널은 시장에서 공개적으로 팔거나 광고할 수 없었다. 저널을 배포하려면 언제든지 파기할 수 있는 합의와 사적인 용인이 이루어져야만 했다. 바로 이런 이유로 프랑스의 정기 간행물은 다른 국가들이 도달한 것과 같은 수준으로 정확한 발행 주기와 정기성에는 도달하지 못했다. 그러나 이들 잡지는 언론의 오랜 통제와 복속 이후 오로지 재기와 열정만으로, 정치적 논쟁을 갈구하는 독자들을 매료시키며 이 모든 한계를 극복해냈다.

링게의 《아날 폴리티크》는 비공식적인 재쇄에 힘입어 여러 국가에서 발행 부수를 호당 2만 부 이상 유지했다. 링게는 해적 출판사를 공개적으로 맹렬히 비난했지만, 그럼에도 《아날 폴리티크》에서 연간 8만

리브르에 달하는 큰돈을 번 것으로 알려졌다.[45]

재산가

　　부상하는 정치 저널리즘 시장의 최대 잠재력은 궁극적으로 링게의 전 후원자인 샤를-조제프 팡쿠크에 의해 확인되었다. 팡쿠케는 유럽 최초의 미디어 거물이다.[46] 그는 릴에 있는 지방 서적상의 아들로, 출판계 집안에서 태어났다.《필로조프》를 읽으며 자란 그는 학자나 군대 기술자가 되는 것도 고려했지만(그는 특히 수학적 재능이 뛰어났다고 한다) 결국 가업을 이어가는 것이 자신의 운명임을 받아들였다.[47] 1760년대 초반, 팡쿠크는 두 누이와 협업하여 서점을 파리로 옮겼다.

　　수도의 지적 문화에 흠뻑 빠진 팡쿠크는 계속해서 책을 썼다. 그가 출판한 책 중에는 본인이 직접 쓴 책도 여럿 포함되어 있었다. 무엇보다도 팡쿠크는 친구의 운을 타고났다. 그는 젊은 시절부터 볼테르와 가까웠고, 이후에는 장-자크 루소와도 절친했다. 저명한 박물학자 조르주-루이 르클레르 드 뷔퐁 또한 믿음직한 친구였다.[48]

　　팡쿠크는 이들 무리를 이끌며 백과전서 운동에 중대한 기여를 하고 싶다는 바람을 품게 되었다. 1769년, 그는 《백과전서(Encyclopédie)》의 부록을 출판할 계획을 가지고 디드로를 만났다.* 디드로는 처음에는 거절했지만 팡쿠크의 끈질긴 요청에 결국 허락할 수밖에 없었다. 10년 후 팡쿠크는 자신의 주요 업적이 될 《체계적 백과전서(Encyclopédie

---

* 《백과전서》의 정식 명칭은 '백과전서 혹은 과학, 예술, 기술에 관한 체계적인 사전'으로, 볼테르, 몽테스키외, 루소 등의 계몽주의 철학자가 집필에 참여하고 디드로와 달랑베르가 편집인을 맡았다. 이 책은 계몽주의 운동의 사상적 토대가 되었다. 1751년에 제1권이 출판되었으며 1772년까지 35권이 출판되었다.

13.4 샤를-조제프 팡쿠크. 미디어의 거물이자 계몽주의자이다.

méthodique)》의 편찬에 착수했다. 여기서는 항목을 철자 대신 주제별로 정렬했다. 팡쿠크는 프랑스의 주요 사상가들에게 존경받게 된 것으로 만족했을 수도 있다. 하지만 그에게는 다른 계획도 있었다. 인간뿐 아니라 시장도 기민하게 읽었던 팡쿠크는 수년에 걸쳐 정기 간행물의 풍부한 잠재력을 숙고했다.

팡쿠크는 1760년 파리의 서적상 미셸 랑베르의 가게와 주식을 사들이면서 랑베르의 인쇄 계약도 가져왔는데, 여기에는《아네 리테레르 (Année littéraire, 문학 연보)》와《주르날 데 사방》도 포함되어 있었다. 특히 《주르날 데 사방》은 명망 있는 잡지였지만, 팡쿠크가 이 잡지를 사들였을 때는 적자 상태였다.[49] 그러나 수익성 여부와는 관계없이《주르날 데 사방》은 팡쿠크가 정기 간행물 사업을 확장하는 토대가 되었다.

적절한 때가 오자 팡쿠크는 정치 언론에도 손을 대기 시작했으며, 이후《주르날 폴리티크 드 브뤼셀(Journal politique de Bruxelles, 브뤼셀 정치 저널)》,《주르날 데 담》,《주르날 데 스펙타클(Journal des spectacles, 공연 저널)》,

《주르날 데 자페르 당글레테르 에 다메리크(Journal des affaires d'Angleterre et d'Amérique, 영미 사건 저널)》,《가제트 데 트리뷔노(Gazette des tribunaux, 법정 가제트)》등을 출간하며 안정적인 기반을 마련했다. 팡쿠크는《주르날 폴리티크 드 브뤼셀》과《주르날 드 주네브(Journal de Genève, 주네브 저널)》을 통해, 공식《가제트》를 제외한 모든 정치 신문은 프랑스 밖에서 발행되어야 한다는 관행에도 작별을 고했다. 사실 이 두 정기 간행물은 그 제호에도 불구하고, 각 부처의 허가를 얻어 프랑스에서 출판되었다.

1778년 팡쿠크가《메르퀴르 갈랑》의 뒤를 이은 명망 있는 저널이었지만 당시에는 기반이 흔들리고 있던《메르퀴르 드 프랑스(Mercure de France, 프랑스의 헤르메스)》를 인수하면서 결정적 시기가 찾아왔다.《메르퀴르 드 프랑스》는 1672년 창간된 이래《가제트》의 자매품으로 매월 발행되었으나, 18세기 번영하는 잡지 시장에서 지위를 유지하는 데 실패했다. 팡쿠크는《메르퀴르 드 프랑스》를 주간지로 바꾸었고, 그 과정에서 발행 부수를 2천 부에서 1만 5천 부로 늘렸다. 이러한 변혁은 세심한 정치로 이루어질 수 있었다. 1774년부터 외무국무경을 역임한 베르겐 백작과 친분을 쌓은 팡쿠크는 정치 뉴스를 발행할 독점권을 얻었다. 외무국무경이 관보인《가제트》에 이처럼 중대한 타격을 가할 계약을 맺었다는 것은 앙시앵 레짐(Ancien Régime)* 정권의 무자비함과 더불어 본질적인 경박함을 잘 보여준다.

이제 다른 신문들은《메르퀴르 드 프랑스》에 실린 정보를 다시 발행하기 위해 사용료를 지불해야 했다. 파리의 중신과 계몽주의 지도자 모두의 신임을 얻은 팡쿠크는 나날이 번성했으며 1788년에는 노동자와 종업원 800명을 포함한 대제국을 거느렸다. 그의 작업장과 사무실

---

* 프랑스 혁명 이전의 제도.

은 파리의 명소 중 한 곳이었다고 한다.

1789년 팡쿠크는 이전이라면 가장 훌륭한 상으로 여겨졌을 상을 거머쥐었다. 드디어 《가제트》의 발행인이 된 것이다. 하지만 당시 프랑스는 시사 사건을 보도하기엔 매우 이상한 시기였다. 구체제의 철학자들로서는 상상도 할 수 없던 사건들이 벌어지기 시작한 것이다. 이 사건들은 앙시앵 레짐 시대에 번성한 낡은 인쇄업계를 시험대에 올리고 낱낱이 파괴했다. 이례적일 만큼 다양한 지적 문화를 갖추었지만 정치 체계는 기이할 정도로 억압된 상황에서도 큰 수익을 거둔 팡쿠크 같은 인물들은 이제 생존이 걸린 싸움에 직면하게 된다.

저널의 시대에는 폭넓은 학문 영역에 걸쳐 지적 교류를 촉진하는 신실하고 자신감에 찬 산업이 출현하고 있음이 목격되었다. 이제 출판업자들은 한편에는 확립된 도서 출판업계가 자리 잡고 다른 편에는 금방 잊히는 인쇄물과 팸플릿이 요동치는 가운데, 그 중간의 어느 지점에서 새로운 사업을 시작하고 혁신을 도모할 좋은 기회를 확보할 수 있었다.

가장 유명한 보수적인 출판사에조차 저널은 경제적으로 매력적인 선택지였다. 저널의 구독 제도는 정기적이고 예측 가능한 수익을 보장했다. 신생 출판사는 대부분 구독자 목록을 마련함으로써 수익성 높은 광고를 확보할 뿐 아니라, 인쇄가 시작되기 전 시장의 반응을 미리 가늠해볼 수도 있었다. 이러한 정보는 '편지 공화국'의 광범위한 교류 및 통신망으로 자연스럽게 유통되었고 이 통신망에 속한 편집자와 발행인 모두 혜택을 누릴 수 있었다. 심지어 상당히 학술적인 저작이라도 일련번호를 붙여 발행하면 미판매본을 창고에 쌓아두고 썩힐 위험(이는 인쇄가 시작된 후 첫 세기 동안 지나치게 큰 꿈을 품었던 학술 저작 상당수가 겪었던 문제다)을 덜 수 있었다.[50]

정기 간행물의 경우 독자들은 구독료를 미리 지불하고 출판사는 이

전에 가능성을 보인 간행물에 다음 호를 붙이면 되는 구조인 반면, 서적 출판은 성공을 예측할 수 없는, 위험한 개별 사건이었기 때문이다. 정기 간행물이 18세기 출판업계에서 가장 빠르게 성장한 분야가 된 것도 놀랄 일이 아니다.

14장

신문, 사업에 뛰어들다

1637년 6월, 한스 바트는 곤란한 상황에 빠졌다. 하를럼의 부유한 상인인 바트는 튤립 거래량을 크게 늘렸다.[1] 한동안은 번창했다. 구근의 가격은 꾸준히 상승했으며 특히 당시에는 놀랄 만한 속도로 증가했다. 그러나 이 해 2월 가격은 바닥으로 떨어졌고, 바트에게 더 높은 가격에 구근을 사들인 사람 중에 빚을 갚으려는 사람은 없었을 것이다.

튤립 거래가 매우 특이한 형태의 상품 거래였다는 점은 인정해야 한다. 이 이국적인 식물은 봄에 1~2주 동안만 꽃을 피우고 나면 구근을 파내어 건조한 뒤 9월에 다시 심어야 한다. 즉 거래가 이루어지는 해의 기간 대부분은 아무것도 볼 수 없었으며, 그 상태로 새로운 소유주에게 전달되곤 했다. 하지만 오랜 장거리 항해를 통해 선물(先物) 시장을 관리하는 데 익숙했던 대담한 네덜란드인에게 이러한 단점은 거의 문제가 되지 않았다. 하지만 한스 바트에게는 좋지 않은 소식이었다. 튤립 가격은 구근이 아직 땅속 깊이 파묻혀 있었던 1637년 2월 최정점에 달했다. 이제 6월이 되어 구근을 파내야 할 때가 되었다. 구근은 질 낮은 품종으로 바꿔치기하는 것을 막기 위해 새로운 소유주가 보는 자리에서 파내야 했다. 하지만 고객은 아무도 오지 않았다. 바트는 모든 돈을 잃게 될 것이었다.

튤립 파동은 역사상 최초의 대규모 거품 경제로 기록되었다. 과열된 거품이 수그러든 후에는 폐허만이 남았다. 사실 이 파동에 대해 알려진 사실 중 상당수가 근거 없는 속설인 것으로 드러났다. 이 거래에 관여한 사람은 대부분 피해를 흡수할 만큼 부유한 시민들이었다. 파산한 사람은 거의 없었고 네덜란드 경제도 거의 영향을 받지 않았다. 튤립 파동 동안 순진한 장인들이 큰돈을 벌 욕심으로 시장에 뛰어들었다가 낭패를 본 경우는 많지 않았다. 목수나 직공이 극빈자로 전락했다는 이야기는 지나치게 과장된 것으로, 튤립 시장이 붕괴된 후 설계조의 팸플릿에서 나온 것이다.[2] 구근 가격이 급격히 치솟는 동안에는 이에 부정적인 언급은 거의 없었다.

실제로 네덜란드 국가 자체는 이 호황에서 이익을 얻기 위해 거래에 세금을 부과하는 것에 더 관심을 쏟았다. 사실 이 화려한 소동에서 가장 기이한 점은 당대의 뉴스 매체들은 이 사건에 거의 관심을 가지지 않았다는 것이다. 구근 1파운드가 목수의 3년치 임금에 해당하는 1,000길더에 거래되었으나 이에 부정적인 논평은 없었다. 어쩌면 사건이 너무 빨리 진행된 것일 수도 있다. 가장 인기 있는 구근 중 하나였던 '스위처'의 파운드당 가격은 5주 동안 125길더에서 1,500길더까지 치솟았다. 한 달여 만에 1200퍼센트 폭등한 것이다.[3]

같은 해 암스테르담에서는 신문 두 종이 발행되고 있었지만 이 중 어느 것도 튤립 가격의 폭등에 큰 관심을 기울이지 않았다. 뉴스 시장이 그토록 발달했음에도 튤립 선물 붐은 그저 입에서 입으로만 떠도는 현상이었던 것이다. 비공개 모임에서, 사적인 저녁 식사 자리에서, 술집에서, 그리고 튤립을 재배하는 정원에서 열린 원유회에서, 거래가 성사된 이야기와 '블로에미스트(bloemist, 원예가)' 간의 회의에서 가격이 오른 이야기, 이 거래에 관여된 사람들에 대한 이야기가 오갔다.

인쇄 매체에서는 튤립 가격이 폭락한 후에야 튤립 파동을 파악했으며 팸플릿에서도 이제서야 상인들의 탐욕과 경솔함, 지상에서 부의 덧없음을 말하기 시작했다. 이 사건으로 손가락을 덴 사람들은 조롱의 대상이 되었다. 1637년 좌절한 판매자와 반항적인 구매자 사이의 분란은 공공 질서를 해칠 수준이 되었다. 이는 사업의 원활한 운영이 국가의 평판과 밀접하게 맞물려 있는 나라에서는 달갑지 않은 일이었다. 3월, 홀란트 시장은 '서적상들이 일일 판매하는 튤립 거래에 관한 소곡과 운문'을 금지했다. 의회는 집행관을 보내 인쇄본을 압수하기도 했다.[4] 관련된 모든 사업을 은폐하고 모르는 일인양 넘어가야 하는 시기였던 것이다.

비즈니스 언론

튤립 파동은 이 시기 사업 심리의 흥미로운 단면을 보여주지만 비즈니스 언론의 발전에 관해서는 거의 아무런 단서도 제공하지 않는다. 상인들이 국제 뉴스 시장을 구축하는 데 얼마나 중요한 역할을 했는지 생각해보면 더욱 놀라운 일로 보인다. 상인들은 중세 후기부터 사업 관련 서신을 나누고 최초의 전령 서비스를 구축했으며 최초의 상업 필사본 소식지를 만들었다.[5] 그러나 뉴스가 상품이 되는 순간, 비즈니스 뉴스 보도는 성격이 완전히 바뀌게 된다. 아비지와 이를 계승한 신문 인쇄물은 거의 전적으로 정치, 외교, 군사 뉴스만을 제공했다. 이러한 뉴스는 육로로 상품을 수송하는 상인들에게는 매우 중요한 가치를 가지지만, 상품에 얼마를 지불하고 얼마를 청구해야 할지 등

14.1 튤립 파동에 대한 풍자. 소작농들이 이제 가치가 없어진 구근을 수레 째 버리는 동안 광대 모자를 쓴 블로에미스트들이 흥정을 마무리한다.

상인들의 일상적인 고민과는 큰 관련이 없었다. 상인들은 유럽의 다양한 통화 간 환율도 예의 주시해야 했다. 수세기 동안 부채 탕감과 장거리 송금을 위해 환어음*이 효율적으로 유통되었지만, 여전히 외환 시장에서 거래하는 동안에는 이익은 물론 손실이 발생할 위험이 있었다.

이와 같이 좀 더 일상적인 상업적 관심사를 반영해 이전과는 다른, 고도로 전문화된 비즈니스 인쇄물이 등장했다. 상품 가격과 환율의 목록을 출판하기 시작한 것이다. 이러한 목록은 모든 유형의 인쇄물 중 가장 수명이 짧은 것으로, 대부분 소실되고 현재까지 남은 것은 거의 없다. 경제지의 초기 역사를 다시 구성하기 위해서는 상업 서신 묶음에 간혹 숨어 있는, 조악한 인쇄물 스크랩의 단편적인 증거에 의존할

---

* 발행자가 소지자에게 일정한 날짜에 일정한 금액을 지불할 것을 제3자에게 위탁하는 어음.

수밖에 없다.[6]

따라서 이르면 1540년대부터 베네치아와 안트베르펜에서 상품 가격의 목록이 인쇄되었다는 증거가 있지만, 현존하는 가장 오래된 사본은 그보다 40년 후의 것이다. 이러한 가격 일람표는 가장 단순한 형태의 인쇄물로서 보통 가로 14센티미터, 세로 48센티미터 정도 크기의 한 장짜리 긴 종잇조각이다. 아마도 대형 2절판 시트 전면에 동일한 텍스트가 두세 판 올라오도록 인쇄한 후 자른 것으로 보인다. 이 양식은 중세 유럽의 주요 교역 중심지에서 중개인과 대리인이 손으로 쓴 가격 일람표를 본뜬 것이다. 이들 초기 필사본과 비교해보면 상당히 비슷하다는 것을 확인할 수 있다. 런던과 다마스쿠스처럼 서로 멀리 떨어져 있는 도시에서 서로 다른 날짜에 작성된 목록들을 보면 거의 동일한 상품들이 대체로 같은 순서로 기록되어 있다.

상품의 이름은 이탈리아어로 지어졌는데, 이러한 관행은 인쇄 시대에 베네치아, 프랑크푸르트, 안트베르펜 등에서 인쇄된 가격 일람표에도 이어졌다.[8] 암스테르담은 예외적으로 상품의 이름을 네덜란드어로 기재했으며, 함부르크도 초기 목록에는 네덜란드어를 썼다. 이 도시들은 모두 16세기 말까지 정기적으로 주간 상품 목록을 발행했다. 런던, 단치히, 리스본이 곧 뒤를 이었다. 지금까지 남아 있는 가장 초기의 목록에서는 실제 양식만 인쇄되었고 날짜와 현재 가격은 손으로 직접 기입했다.

암스테르담에서는 가격 결정을 중개인 5명으로 이루어진 위원회에 위임했다.[9] 가격이 확정되면 필경사의 작업장에 이 정보를 전달했고 여기서 필경사들은 미리 인쇄된 양식에 가격을 기입했다. 17세기 중반쯤 되자 암스테르담은 완전히 인쇄 형식으로 옮겨갔지만 가격 일람표는 여전히 공식적인 감독 아래 제작되었다. 시장(市長)령에 의한 규정에도 판매 조건이 명시되었으며, 이에 따라 구독자들은 한 부당 1.5스투

14.2 안트베르펜 증권 거래소. 이곳은 상업의 중심지였을 뿐 아니라 소문과 허위 정보의 온상이기도 했다.

이버씩 1년에 4길더를 지불해야 했다. 이 목록은 한 부에 2스투이버씩 개별적으로 구매할 수도 있었으므로 암스테르담에서 비정기적으로 거래하는 상인들도 이용할 수 있었다.

상품은 편의에 따라 범주별로 분류되었으며 향신료, 식료품, 의류와 직물 등 다양한 원자재와 완제품이 포함되었다. 물론 실제로 흥정을 하려는 상인들은 늘 최신 가격을 확인하려 했는데, 가격은 한 주 동안에도 상당히 크게 변할 수 있었다. 다시 말해 이 목록은 주로 상인들이 주간 목록을 작성하고 전체 기간 동안 가격이 어떻게 변동했는지 확인할 때 참고용으로 활용한 것으로 보인다. 암스테르담 목록이 이런 방식으로 사용되고 네덜란드는 물론 해외에서도 널리 배포되었다는 사실은, 구독자들이 두 부 이상 구입하면 할인받을 수 있다는 조항에서도 확인할 수 있다. 아마도 구독자들은 다른 한 부는 도시 밖 수신자에게 보낸 것으로 보인다.

환율 목록도 이와 거의 동일한 방식으로 당국의 관리 아래 매주 발행되었다. 이 목록에는 유럽 각 도시의 목록이 포함되었으며 우세 환율이 추가될 수도 있었다. 베네치아에서는 통화와 환율을 종이에 인쇄했지만 이는 예외적인 경우였다.[10] 다른 곳에서는 환율을 손으로 적어 추가했다. 각 도시에서는 상품의 가격을 기재한 단일한 공식 목록을 발행했는데, 이 업무를 신뢰할 수 있는 공무원에게 맡겼다. 베네치아에서는 출판사에 위탁했다. 17세기 후반에는 이처럼 정부의 독점 원칙에 가해지는 압박이 점점 더 강해졌다. 암스테르담 당국은 무면허 상인들에게서 당국이 임명한 환율 중개인들의 특권을 지키기 위해 1670년과 1683년 두 차례에 걸쳐 개입해야 했다. 세 번째 중요한 금융 수치가 도입된 후 중대한 변화가 일어난 것으로 보인다. 바로 주식 시세다.

이전에 소수에 불과했던 주식회사(공동 출자 회사)는 17세기 후반에 이르러 급격히 늘어났다. 주식 거래가 활발해지면서 주가와 함께 상품 가격, 환율, 출하 정보 등의 목록을 실은 전문 경제 간행물도 발전하기 시작했다. 북부의 신흥 상업 중심지인 런던만큼 이러한 발전이 크게 눈에 띄는 곳도 없었다.

거품

비즈니스 간행물 출판에서 영국은 거의 처음부터 독자적인 노선을 걸었다. 특이하게도 영국에서는 당국이 상품 목록의 출판을 독점하지 않은 것으로 보인다. 그 대신 상인과 중개인들은 다양한 간행물을 구할 수 있었다. 1667년 런던 최초의 가격표인《런던 상품 가격 (Prices of Merchandise in London)》이 발행되었으며 이를 계승해 1680년 제

임스 휘스턴(James Whiston)의《주간 비망록(Weekly Remembrancer)》, 1694
년 새뮤얼 프록터(Samuel Proctor)의《가격 코란트(Price Courant)》가 출간
되었다.[11] 몇 년 후 존 캐스탱(John Castaing)은《환율 시세표(Course of the
Exchange)》를 발행하기 시작했다.

런던에서는 한 번도 독자적인 환율 목록이 발행된 적이 없었다. 바
로 여기서 캐스탱은 새로운 기회를 확인했으며, 이 목록에 주가를 추
가함으로써 이를 더욱 개선했다. 캐스탱은 루이 14세 시절 프랑스에서
추방된 후 런던에 자리 잡은 위그노 가문 출신의 활발한 주식 매매업
자로서, 주식 거래와 경제 저널리즘을 통합할 기회를 모색했다. 1697
년 3월, 캐스팅은 자신의 간행물에 대한 광고를 냈다. "조너선 커피 하
우스의 J. 캐스탱이 발간하는《환율 시세표》, 백지 어음, 주식 자본금,
동인도 주식 가격 수록, 1년에 10회 우편 발신일마다 발송.*"[12]

이 광고는 또 다른 혁신적인 경제지인 존 호턴(John Houghton)의《농
업 및 거래 개선을 위한 모음집(A Collection for the Improvement of Husbandry
and Trade)》(이하《모음집》)에 실렸다. 호턴의《모음집》은 통상적인 가격 일
람표와는 달리 경제 뉴스나 금융계 뉴스에 대한 기사도 매주 발행했
다. 이후에는 선별된 상품 가격 일람표와 증권 목록도 발행되었다. 처
음에는 목록에 등재된 주식이 상당히 많아서 1694년 중반에는 64개
주에 달했다. 하지만 이 목록은 오래 유지될 수 없었다. 회사의 목록은
급속히 줄어들었으며 1703년에는 발행이 중지되었다.[13]

호턴의《모음집》에는 선적의 출발과 도착, 거래 정보에 대한 세부

뉴스의 탄생

---

* 런던에서 주식은 원래 왕립 증권 거래소에서 거래되었으나 1697년 주식 중개인의 수를
100명으로 제한하고 면허를 부여하는 법이 통과되면서 주식 매매업자들은 커피 하우스에
서 주식을 거래하기 시작했다. 커피 하우스에서 주식 거래가 점차 활발해지면서 주식 매매
업자들은 1773년 커피 하우스에서 나와 독자적인 기관을 설립했고, 1801년 근대적 형태의
런던 증권 거래소가 공식적으로 출범했다. 조너선 커피 하우스는 초창기에 주식 거래가 가
장 활발히 이루어진 곳이다.

사항도 수록했으며, 1694년에는 이에 대해서만 전문적으로 다루는 간행물인 에드워드 로이드(Edward Lloyd)의《영국의 여러 항구 및 외국 항구에 입출항한 선적(Ships Arrived at and Departing from the Several Ports of England and Foreign Ports)》도 출간했다.《로이즈 리스트(Lloyd's list, 로이드의 목록)》로 이름을 바꾼 이 잡지는 오늘날에도 계속 발행되고 있다.

그러나 이러한 기술 전문지는 일반적인 신문과는 다른 것으로 여겨졌다. 1695년 영국에서 검열법이 소멸된 후 신문의 수가 급격히 늘어났지만, 이러한 신문은 런던의 경제 상황에 대해서는 매우 제한적으로만 다루었다.《런던 가제트》는 1694년 영란 은행의 출자 진행 과정을 보도했지만, 일단 출자가 완료된 이후에는 이에 대해 거의 언급하지 않았다. 1699년《포스트 보이》는 동인도 회사와 영국 회사의 합병을 논의하는 회의를 이야기했지만, 합병의 가능성이나 예상되는 문제와 결과에 대해서는 아무런 의견도 내놓지 않았다.[14]

《포스트 보이》는 1697년부터 주요 주가의 추이를 간략히 실었으나 산업 뉴스가 본격적으로 신문에 등장하게 된 것은 유료 광고를 통해서였다. 기업들은 주주 총회를 홍보하기 위해 신문에 광고를 게재했다. 회사 설립이나 프로젝트 출범은 특히 뉴스 인쇄물에서 많은 지면을 차지했다. 당시는 신사업의 위대한 시대였다. 토지 간척 계획, 잠수종 특허, 새로운 발명품과 거래 제도 등 수많은 사업가가 희망에 찬 미래를 약속하며 투자를 호소했다.

1695년부터 1699년까지 이용 가능한 광고 지면은 거의 모두 복권 제도가 차지했다.[15] '밀리언 어드벤처(Million Adventure)', '언패러럴드 어드벤처(Unparalleled Adventure)', '어너러블 언더테이킹(Honorable Undertaking)' 등 복권이 우후죽순 쏟아져 나왔다는 것은 새로운 계층의 잠재적 투자자가 출현했다는 신호였다. 이제 막 시장에 뛰어든 이 투자자들은 또 다른 투자 기회를 모색하고 있었다. 화약을 안고 불로 뛰어들고 있었던 것이다.

1688년 명예혁명 이후 20년 동안 런던의 경제는 지속적으로 성장했다. 정치 상황이 차츰 안정되면서 기반 제도의 혁신도 가능해져 영란 은행이 설립되고 국가 부채가 통합되었으며, 1696년에는 화폐 개혁이 일어났다.[16] 이러한 모든 놀랄 만한 발전과 벤처 기업 및 신사업의 이례적인 호황에 자극을 받아 당시 진행 중이던 변화를 이해하려는 노력도 지속되었다. 거래에 대한 논설은 대부분 기존의 팸플릿에 실렸으며, 정기 간행물 또한 독자들에게 새로운 시장에 대한 정보를 제공했다. 1694년 6월부터 7월까지 존 호턴은 《모음집》에서 연재 기사 7건으로 구독자들에게 새로운 금융 시장을 설명했다. 이 기사에서는 주식회사의 간략한 역사를 비롯해, 옵션과 정기 거래 등 비교적 복잡한 개념을 포함해 증권 거래가 이루어지는 방식을 설명했다.[17]

디포의 《리뷰》에서도 경제 문제를 빈번히 논의했으며, 다른 언론에서보다 경제 전반에 대해 좀 더 숙고하는 편이었다. 물론 디포는 사업을 벌이다 파산하기도 하는 등 사업의 위험성을 몸소 겪은 바 있다. 하지만 과거의 성향을 완전히 버리지는 못했다. 《리뷰》는 주로 정치적 주제를 다루었지만 고별호에서는 다소 아쉬운 듯 "거래에 관해 쓰는 일이야말로 내가 진정으로 빠진 악취미였다"고 썼다.[18] 언어의 선택은 중요하다. 당대의 팸플릿은 금융 거래에서 돈을 버는 일의 도덕적 애매함을 인식하고 신사업에 깊이 회의적인 태도를 고수했다. 《어시니언 머큐리》도 독자의 편지에서 제기된 질문을 통해 복권 제도의 도덕적 해이에 초점을 맞췄다. 1694년 한 독자도 질문했듯이, 복권 번호도 신의 섭리를 따른다면, 과연 양심적이고 경건한 사람은 복권을 사도 되는 것일까?[19]

경제를 이야기하는 데 상당한 지면이 할애되었으며 비즈니스지(紙)를 통해 수많은 금융 정보가 발행되었다. 하지만 특히 가격이 급격히 변동하던 시기에 이러한 정보가 시장에 진입하려는 사람들에게 도움이 될 만큼 충분한지, 적절한 유형의 정보가 제공되고 있는지는 여전히 의문이었다. 런던은 매우 특이한 금융 시장이었다. 모든 국가의 정치 권력과 경제력이 이례적일 정도로 수도에 집중되어 있었다. 물론 런던은 유럽의 모든 주요 시장과 지속적으로 연결되는 항구이기도 했다.

무수히 촉수를 뻗고 있는 이 대도시의 금융가는 매우 좁은 지역에 집중되어 있었다. 금융의 주요 중심지, 왕립 증권 거래소, 동인도 회사와 거래소 골목(1698년 증권 거래소에서 쫓겨난 주식 매매업자들이 머물던 곳)이 모두 수백 걸음 이내에 있었다. 거래 시간 동안 이 아수라장에 들어선 방문객들은 소음의 불협화음이라는 게 무엇인지 알 수 있었다. 노련한 비즈니스 전문가들이 외부인들은 갸우뚱할 수밖에 없는 전문 용어를 남발하며 정보를 교환하고 눈깜짝할 새 거래를 진행했다.

디포의 《사업 계획에 대한 에세이(Essay on Projects)》와 《주식 거래업자들의 악행 발각(The Villainy of Stock-Jobbers detected)》은 당대를 지배한 회의주의의 양상을 포착하고 있으며, 《리뷰》에서도 금융 시장에 퍼진 양심의 결여에 대해 놀라울 만큼 독창적인 비난을 맹렬히 퍼부었다. 다음 가상의 대화는 소문과 군중 심리가 합리적인 분석을 이기는 시장 거래의 불합리성을 포착한다.

한 명이 외쳤다. 여기 우편국이 있나요? 누군가 답했다. 아니, 하지만 거래소 골목에는 있지.

정부에 속달 우편이 있나요? 아니, 하지만 거래소 골목에서는 모두의 입에 오르지.

비서실에는 그에 대한 설명이 있나요? 아니, 하지만 거래소 골목에서는 모두 뉴스가 있지.

왜죠? 어떻게 된 건가요? 글세, 아무도 몰라. 하지만 거래소 골목은 매우 뜨겁지.[20]

이 세계에서 성공한 사람들은 정보와 첩보의 연결망을 독자적으로 구축할 수 있었기 때문에 성공할 수 있었다.[21] 특히 누군가 이익을 얻기 위해 고의로 허위 정보를 퍼뜨린다는 사실이 널리 알려진 상황에서 소문, 보도, 조언의 불협화음에서 진정으로 시장을 움직이는 뉴스를 걸러내려면 경험이 필요했다. 권력과 돈이 만든 사다리의 가장 정점에 있는 사람들은 상업적으로 민감한 정보도 극도로 비밀스럽게 다루었는데, 특히 동인도 회사와 은행의 지점장들이 이런 점에서 악명이 높았다.

그 결과 시장이 급격히 움직이는 동안, 특히 악명 높은 '남해 거품 사건'의 경우 인쇄물은 아무런 실질적인 정보를 주지 못했다. 주간 가격 일람표는 시장을 따라잡기에는 발행 간격이 너무 길었고 투기와 소문의 거미줄은 비(非)경제지에는 거의 영향을 미치지 않았다. 이 사건은 생각만큼 심각한 사건은 아니었다. 시민들은 대부분 이 최초의 강세장을 지켜보며 그저 놀라는 데 그쳤다. 거래의 거의 대부분은 튤립 파동 때처럼 기득권층의 폐쇄적인 집단 내에서 일어났다. 남해 거품 사건의 가장 흡족한 부분은 이 사건이 특권층이 그들 자신에게 자행한 사기극이었다는 점이다.

《리뷰》는 남해 거품 사건 직전에 발행이 중단되었지만, 설령 《리뷰》가 계속 발행되었다 해도 디포가 이 사건을 비판했을 것 같지는 않다. 1720년 금융계에서 기적이 펼쳐지는 동안 이에 대해 비판의 목소리는 거의 나오지 않았다. 남해 회사는 제대로 된 무역 회사가 아니었다.[22] 남아메리카와 무역을 진행하기 위해서는 이미 닫힌 시장을 다시 여는, 있음 직하지 않은 정치적 상황이 전개되어야 하는데, 이런 가능성조차

1718년 완전히 사라져 버렸다.* 이 회사는 휘그당이 장악한 동인도 회사와 영란 은행 사이에서 균형추 역할을 하며 성공의 가닥을 잡고, 곧 잉여 유동성을 흡수함으로써 막대한 자본을 조달하게 되었다. 이제 임원들은 아무런 거래도 이루어지지 않는다는 사실은 전혀 염두에 두지 않고 국가 부채를 모두 떠안겠다고 과감히 제안하면서 영란 은행에 공격을 가했다. 치열한 협상 기간 동안 영란 은행의 역입찰이 받아들여지면서 남해 회사는 승리를 거두었다.

그러나 그처럼 막대한 부채를 감당하기 위해서는 주식 자본을 크게 늘려야 했다. 주가가 상승하면 주주 총회에서 회사의 의무 이행 전망도 크게 개선할 수 있다. 남해 회사는 시장을 교묘히 관리함으로써 한동안은 이러한 목적을 달성할 수 있었다. 1720년 1월부터 4월까지 남해 회사의 주가는 130에서 300으로 상승했고, 이후 두 달 동안 추가로 300퍼센트 더 증가했다. 이 미친 듯한 주가 상승의 수혜자가 남해 회사만은 아니었다. 영란 은행과 동인도 회사의 주식 또한 큰 폭으로 상승해, 그해 8월까지 사업 계획 190안이 추가로 발표되었으며 대부분 주식회사였다. 모두가 무에서 돈을 만들어내는 희망찬 조류에 편승하고자 했다.

거품이 한창일 때 금융가의 중심부에서 벌어지는 경악할 만한 사건에 신문에서는 놀랄 만큼 아무런 언급도 하지 않았다. 1702년 창간된 한 쪽짜리 일간지 《데일리 코란트》는 매일의 시세를 도표화할 수 있는 유일한 신문이었는데, 당시 주식을 가진 축복받은 사람들은 매일 기적적일 정도로 부가 늘어나는 것처럼 보였다. 남해 회사의 주식은 5월 31일 590에서 610으로, 6월 1일 610에서 760으로 상승해 6월 2일 최고

---

* 남해 회사는 영국이 남아메리카와 노예 무역을 진행하기 위해 1711년에 세운 회사였다. 하지만 당시 남아메리카를 점령하고 있던 스페인과 영국의 관계 악화로 거래는 잘 이루어지지 않았고, 급기야 1718년에는 영국과 스페인 간에 전쟁이 시작되었다.

치인 870에 도달한 후 다시 770으로 떨어졌다. 6월 23일 750파운드에 거래된 후 6월 24일 《데일리 코란트》는 이상할 정도로 무심하게 이 중대한 순간을 기록했다. "어제 남해 회사의 주식은 1천 파운드에 팔렸다."[23]

우편으로 주간지나 격주간지를 받아 보는 도시 외곽의 구독자들은 이처럼 이례적인 사건의 속도를 도무지 따라잡을 수 없었다. 《데일리 코란트》를 구독하지 않는 지방 사람들은 보통 런던의 친지들이 보내온 편지에서 사태의 진행 상황을 전해 들었다. 또한 여름에 남해 회사가 자본을 더욱 강화하는 조치를 취하는 동안 신문은 주주 총회를 공지하고 회의에서 내린 결정을 실었다. 사업을 제한하기 위해 의회가 개입하기 전 분위기가 한창 고조된 동안 수도에는 다른 종류의 요청이 쇄도했다.[24] 희망에 찬 사업가들이 광고를 실어주길 요청했고 런던의 신문들은 기꺼이 충분한 지면을 제공했다. 주식을 현금화하고 그 수익을 부동산이나 자산에 투자하려는 사람들이 내는 광고도 증가했다. 이 시점까지 주식에 대해 부정적인 언급은 없었다.

이후 남해 회사의 주가가 비틀거리다가 갑자기 폭락한 후 희생양을 찾을 수밖에 없게 되자, 급격히 비판이 빗발치기 시작했다. "모든 것이 유동적이고, 모두 추락하고, 임원들에게는 저주가 쏟아졌고, 최고의 모험가들은 파산했다."[25]

거품의 사회적 결과를 과장해서는 안 된다. 투자자는 대부분 돈이 많은 사람이었고 그중 극소수만 극빈층으로 전락했다.[26] 남해 회사의 파산은 매우 관대한 조건으로 수많은 의원에게 주식을 제공한 회사 임원들에게 가장 치명적이었다. 의원들은 개인적인 손실에 직면하자 가능한 한 도덕적이고 비판적인 태도를 보였다. 하원에 소환된 임원들은 개인 재산의 상당 부분을 몰수당했다.

이렇게 희생 제의를 치르고 나자 좀 더 근본적인 조사를 해보려는 욕구도 식어버렸다. 이 사건에서 가장 괘씸한 부분은 특권층에게 주어진 주식 거래 조건이다. 그들에게는 아무런 수수료 없이 주식을 고정된 금액으로 살 수 있는 선택권이 있었다. 이 거래에는 위험 요소가 없었다. 즉 주식이 오르면 이들은 수익을 얻고, 그렇지 않으면 선택권은 소멸되었다.[27]

이 변칙적인 절차와 뇌물을 받은 사람의 이름은 남해 회사의 회계사 로버트 나이트(Robert Knight)의 그 유명한 '그린 북(Green Book)'에 모두 기록되어 있었다. 나이트가 해외로 도피하면서 이 신비로운 장부도 사라졌지만, 여기에는 놀랄 만한 이름이 무수히 기록되어 있었고 심지어 국왕인 조지 1세도 포함되어 있었다. 나이트가 오스트리아령 네덜란드에서 체포된 후, 내각은 그가 영국으로 돌아와 재판을 받을 수 있도록 활발한 대중 활동을 펼쳤다. 그러면서 합스부르크 당국에 긴급 진정서를 내고 이러한 공식 요청을 확실히 거부했다.

놀랍게도 이 복잡한 작전은 성공적이었다. 더 놀라운 사실은 이 모든 작업이 비밀에 부쳐졌다는 것이다. 내각의 이중 작전은 오랫동안 의심을 받기는 했지만 20년 후 빈의 황실 기록 보관소에서 문서가 발견된 이후에야 비로소 전모가 완전히 드러났다.[28] 그 유명한 그린 북은 다시는 찾을 수 없었다.

1720년까지 런던의 언론계는 더욱 넓고 활발해졌다. 신문이 20종 이상이 경쟁하며 매주 수천 부 넘게 판매되었다. 영광으로 가득 찬 시대라고 말하기는 어려웠다. 거품 경제의 폭락을 예상하지 못한 것을 너무 가혹하게 비판해서는 안 된다. 거품은 터질 때만 알아볼 수 있다. 그 시점까지 주가의 꾸준한 상승 행진은 그냥 원래 그래야만 하는 것으로 보일 수 있다. 너무 일찍 주가의 하락을 알아차리고 손쉽게 얻을 수익을 놓친 사람들이 결국 가장 큰 패배자가 되었을 수도 있다.[29]

군중이 몰려들 때는 그들 사이에 섞이는 것이 가장 안전한 법이다.

이 거품 사건에서도 언론은 최선을 다했다. 뜻밖의 횡재가 마치 마법처럼 쉽게 사라질 수 있다는 사실을 받아들이지 못한 채 너무 많은 것을 베푼, 너무 너그러운 사람들에게 쏟아진 고매한 분노의 물살에 동참했다.

1720년 가을, 주가 폭락에 대한 기억도 거의 잊힌 후, 마차용 말이나 고급 주택을 홍보하던《데일리 코란트》의 광고란은 이 전례 없는 사건을 해명하는 최신 팸플릿의 홍보로 대체되었다. 10월 31일 자《데일리 코란트》에 따르면 이날은《거품 전쟁: 최초의 급상승부터 마지막 급격한 폭락까지(The Battle of the Bubbles from their first sudden rise to their late speedy decay)》가 출판된 날이다. 이 팸플릿은 큰 인기를 얻었으며 일주일 만에 2쇄가 발행되었다.[30] 이 팸플릿 또한 주간지나 일간지에 비해 특히 유려한 필체로 작성되었으며 기존의 팸플릿처럼 중대한 사건에 분석을 제공했다.[31] 물론 조롱을 덧붙여 카타르시스를 주는 것도 잊지 않았다.

10월 22일 자《포스트 보이》는 6펜스에 새로운 희곡《파산한 주식 중개인 또는 토지 관리인 밑에서 일하기: 최근 거래소 골목에서 벌어진 새로운 익살극(The Broken Stockbroker: or work for the bailiffs: a new farce as it was lately acted in Exchange alley)》을 판매했다. 그러고도 시간의 여유가 있는 사람들은 적어도 "각 카드에 표시된 풍자적인 경구와 함께 여러 거품이 그려진" 새로운 트럼프 카드 묶음을 살 수도 있었다.《포스트 보이》에 광고를 내고 이 트럼프 카드를 단돈 3실링에 살 수 있는 곳을 길게 나열한 것을 보면, 이 진취적인 사업가는 카드 판매가 잘 되리라고 예상했던 듯하다.[32]

한편 실물 경제는 남해 회사의 교훈을 겸허히 받아들였다. 은행은 다시 전성기를 맞이했다. 어려운 시기 동안 마차 제작자와 영민한 런던 재단사는 큰 수익을 얻었다. 무엇보다도 상업이 발전하면서 신흥 부르주아 계층의 부는 꾸준히 증가했다. 1727년, 런던은 유럽 북부의 금융 수도 암스테르담과 거의 동등한 지위에 올랐다. 이는 지난 세기에 영국이 네덜란드의 해군에게 줄곧 지기만 할 때는 상상도 할 수 없던 결과였다.[33]

광고

초기의 비즈니스 언론은 당시 새로운 투자 기회를 모색하는 사람들을 위한 조언은 거의 제공하지 않은 것으로 보인다. 하물며 아무 지식은 없지만 돈은 있는 사람들에게 투자의 함정을 피할 조언 같은 것도 전혀 찾아볼 수 없었다. 비즈니스 언론은 예언의 신이나 점술의 달인에는 관심이 없었다. 경제 저널리즘은 초기의 경험에서 사건은 일어난 후에야 더 명확히 보인다는 사실을 배웠다. 미래를 보는 예지력이 필요한 사람들은 연감 인쇄물에서 조언을 얻을 수 있었다. 연감은 모호하고 아리송한 한 해의 예언을 싣고 있었다. 연감은 계속해서 대량으로 팔렸으며, 신문도 기사가 부족하면 연감의 내용을 발췌해서 빈자리를 메우곤 했다.

상업계는 고위급 인사들의 정책 논의나 투자 전략이 아니라 상품과 서비스를 거래하면서 생긴 부가물로 신문에 가장 중요한 영향을 미쳤다. 바로 유료 광고다. 18세기의 정기 간행물 시장에서는 어디서나 광고를 볼 수 있게 되었다. 점차 발전하는 뉴스 시장에서 광고는 한 줄기 빛을 비추었고, 뉴스업계의 재정을 뒷받침하는 데 점점 더 중요한 역할을 하게 되었다.

광고는 상업이 가장 발달한 네덜란드 공화국의 신문에서 처음 등장했다. 암스테르담에서는 1620년대부터 신문에 광고를 실었다. 첫 번째 광고는 1624년 8월 10일 서로 경쟁하는 암스테르담의 두 신문에 동시에 실렸으며 신간을 홍보하기 위한 것이었다.[35] 어느 쪽도 책의 가격은 싣지 않았다. 책 광고는 네덜란드 신문의 초기 광고에서 큰 비중을 차지했으며, 이는 영국에서도 마찬가지였다. 영국에서 광고는 공위 시대(Interregnum)* 동안 뉴스 정기 간행물에 처음 실렸다.[36] 노점이나 가게에서 신문을 팔곤 했던 서적상들은 이러한 정기 간행물에서 다른 흥미로운 신간은 없는지 찾아보려는 구매자들의 관심을 끌 수 있는 기회를 확인했다.

네덜란드 신문에서 광고의 범위는 급속히 확대되었다. 이러한 광고는 크게 판매나 서비스의 공지, 공공 서비스의 공지, 그리고 개인 물품이라는 세 가지 범주로 분류할 수 있다. 네덜란드 공화국은 회화와 서적이 거래되는 공공 경매의 초기 중심지였고, 신문에서는 이러한 예정된 경매에 대한 광고를 게재했다. 가정 교사와 학교 선생도 신문에 구직 광고를 냈다. 심지어 위트레흐트 시에서는 1636년에 새로운 대학의 개교를 알리는 일련의 광고가 실리기도 했다. 시장이 서는 날, 새로운 우편 경로, 수배 전단 등의 다른 공고를 내건 적도 있었다.

가장 오래된 수배 전단은 위스프 시장을 살해했다고 의심된 제화공에 대한 범죄 공보다. 또한 암스테르담은 유럽 다이아몬드 거래의 중심지로서, 장물을 돌려주면 중개인들이 기꺼이 보상하겠다는 공고를 게시하기도 했다. 시민들은 잃어버린 물건을 돌려달라고 요청하거나 도망친 하인에게 돌아오라는 내용의 광고를 냈다. 한 어머니가 자신의 어린 자녀들을 다시 보고 싶다는 가슴 아픈 광고도 있었다.[37]

네덜란드는 신문 산업에서 일찍 발전을 이루었다. 1650년대까지 광고는 보통 마지막 세로단의 절반, 즉 전체 지면의 8분의 1을 차지하곤 했다. 반면 독일에서 초기 신문들은 책 광고 이상은 받아들이기 꺼렸

---

* '권력 공백기'로, 군주가 일시적으로 부재하는 기간을 말한다.

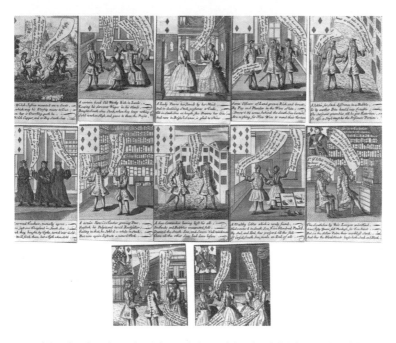

14.3 거품 트럼프 카드. 한 묶음당 3실링으로, 이 카드로 재산 손실은 잊어버리고 무료함을 달랠 수 있었다.

고 유료 광고 시장은 좀 더 느리게 발전했다. 영국에서는 1650년대에 들어서야 비로소 광고가 등장했지만 이후에는 매우 빠르게 확산되었다. 이곳에서도 가장 흔한 광고는 신간 도서의 홍보였는데 곧 유실물과 도망친 하인을 찾고, 특허 약품을 홍보하는 자리도 마련되었다. 영국에서는 약물 처방법에 대한 광고가 주류를 이루었으며 이는 부분적으로 당시 서적상들은 책과 함께 특허받은 물약 몇 가지를 비축해두곤 했기 때문이다.[38]

《가제트》는 기록지로서 1671년까지 6년간 광고를 거부했으나 결국에는 민간 광고를 받아들이기 시작했다. 하지만 이 광고들은 다소 '격'이 높았다는 점은 인정할 수 있다. 1671년 9월 21일 자에서는 여왕이 발이 털로 덮이고 다갈색 점이 있는, 사라진 스패니얼 강아지를 찾는 광고문을 냈다. 그리고 제임스 2세의 대관식 후 1685년 5월 4일 자《가제트》에 실린 것보다 더 대단한 유실물 공지는 아마 상상하기 어려울 것이다.

　国王 폐하의 대관식에서 왕홀*의 손잡이와 폐하의 가운에 달려 있던 진주 펜던트 분실. 왕홀의 손잡이는 작은 다이아몬드 24개, 루비 3개, 에메랄드 3개로 장식되어 있음. 진주 펜던트는 9캐럿짜리 진주알 30개와 커다란 고리 모양의 금사슬 16개로 이루어짐. 누구든지 국왕 폐하의 보석 창고 관리에게 관련 정보를 알리는 자는 충분한 보상을 받을 것이다.[39]

　광고는 매우 다른 두 가지 측면에서 뉴스 산업의 발전에 중요한 역할을 했다. 첫째, 여전히 기사의 내용이 대부분 외신, 군대, 외교 급보에 의존하는 상황에서 광고는 신문에 일반적인 행정 교구 단위의 지역적 요소를 도입하는 데 중요한 단초를 제공했다. 신문 전체에서 유일한 지역 뉴스나 국내 뉴스가 광고밖에 없을 때도 있었다. 둘째, 신문업계의 재정을 지탱하는 데 광고의 역할이 점점 더 중요해졌다. 17세기 중반 영국의 광고주는 관행적으로 한 공지당 6펜스를 지불했으나, 크롬웰의 통치 아래 마차몬트 네덤이 독점권을 차지한 후에는 2실링 6펜스로 인상되었고, 이로써 네덤은 큰 부를 얻을 수 있었다.

　1657년, 시장에 대한 확신으로 가득 차 있던 네덤은 광고 전문지 《퍼블릭 애드버타이저(The Public Advertiser, 공공 광고주)》를 창간했다.[40] 이 잡지는 수송과 역마차 일정, 부동산과 말의 판매, 하인을 비롯해 초콜릿, 커피 따위의 상품 광고 등 대중에게 유용한 정보를 다양하게 제공했다. 존 호턴은 상업 정보지 《농업 및 거래 개선을 위한 모음집》을 선

뉴스의 탄생

---

* 군주들이 왕의 상징으로 들고 다니는 지팡이 또는 지휘봉.

보였으나, 창간호가 실패하자 잡지를 되살리기 위해 세심한 광고 전략을 고안했다. 일단 관심 있는 구독자들에게 받은 현금을 투입해 잡지를 되살린 호턴은 다음 호를 만들면서 다양한 유형의 서비스에서 시장의 반응을 시험했다. 그 일환으로 1694년 4월 호턴은 독자들에게 "런던의 학교 또는 집과 숙소의 광고가 유용한지 담당자에게 제출"하기를 요청했다. 그리고 6월이 되자 제공할 서비스의 전체 목록이 마련되었다.

초콜릿을 판매합니다. 초콜릿은 배탈에 큰 도움이 되며 병자의 원기를 회복시켜 줍니다. 이 제품의 효과는 제가 보장합니다.

진품 독일 온천수와 사고(sago)**도 판매합니다.

필요하다면 점원, 견습생, 그리고 다른 귀중한 하인을 찾을 수 있도록 도움을 드립니다. 또한 선주(船主)와 외과 의사를 돕습니다.

학교 또는 세를 놓으려는 집과 숙소의 광고는 유용한 것으로 나타났습니다.

판매되기를 기다리는 값진 부동산을 알고 있습니다.

큰 부를 거둔 상인들이 견습생을 구하고 있습니다.

크고 작은 장서를 구입할 자금 마련도 도울 수 있습니다.[41]

이 기간에는 완전히 광고로만 이루어진 무료 전단지도 많이 발행되었다. 주로 왕립 증권 거래소 부근에서 배포된 《시티 머큐리(City Mercury, 도시 헤르메스)》는 파란만장한 역사를 거쳤다.[42] 보통 한 장짜리 전단으로 구성된 《시티 머큐리》는 완전히 정기적인 일정을 따르지는 않고 수익이 발생할 만큼 충분한 광고가 쌓일 때까지 기다린 후 인쇄

3부 계몽되었는가?

** 야자나무에서 나오는 쌀알 모양의 흰 전분.

및 배포되었다. 그럼에도 《시티 머큐리》는 《가제트》가 뉴스를 독점하던 시대에만 독자적으로 생존할 수 있었으며, 독점권이 소멸한 후에는 뉴스와 광고를 통합한 신문으로 곧 대체되었다.

이 무료 전단은 소비의 역사에 그다지 크게 기여하지는 않았지만 그 기원은 독보적인 인물에서 비롯되었다. 바로 프랑스의 사상가 미셸 드 몽테뉴(Michel de Montaigne)다. 1591년 몽테뉴는 판매할 제품이 있는 사람들과 구매자를 연결하는 상업 거래소를 사상 처음 제안했다. 이 제안은 보기 드물 정도로 큰 영향력을 미쳤다. 영국에서는 몽테뉴의 사업 제안서를 직접 인용하며 이러한 거래소를 최초로 설립하려 했다.[43] 이 계획은 1611년 국왕이 독점권 제안에 대한 대가로 너무 높은 연차료를 요구한 나머지 좌절되었지만, 그 후에도 비슷한 계획이 반복되었다. 결국 마차몬트 네덤이 광고 전문지 《퍼블릭 애드버타이저》를 창간했으나 그리 오래가지 못했다. 그러한 계획 중 가장 성공한 것은 후에 파리 《가제트》의 편집자인 테오프라스트 르노도가 설립한 파리 사무국이다.

빈자를 위한 치안 총감이었던 르노도는 이 상업 거래소의 서비스를, 의료인으로서 그가 진 의무를 지원하는 수단으로 여겼다. 이러한 이타적 행동은 상당한 의심을 불러일으켰고 1644년, 결국 르노도는 사무국을 폐쇄해야만 했다. 이후 르노도와 그의 후계자들은 프랑스의 뉴스 간행물을 독점함으로써 얻은 광고 수입에 만족해야 했다. 광고 전단지 개념에 가장 충실했던 매체는 1731년 런던에서 설립된 《데일리 애드버타이저(The Daily Advertiser, 매일 광고주)》였지만 이 또한 곧 흔들렸다. 한 달 만에 이 잡지는 더는 자립하기가 불가능하다는 사실이 명백해졌다. 이제는 광고와 뉴스를 통합한 매체가 확고하게 자리 잡은 것이다. 결국 《데일리 애드버타이저》는 "매일 국내외 모든 사건에 대해 가장 신선한 최신 기사를 발행"하기로 약속함으로써 종합 신문의 대열에 합

류했다.[44]

　이처럼 간혹 헛발질도 있었지만, 17세기 후반 영국의 신문들은 견고한 광고 수입이 없었다면 그토록 급증하지는 못했을 것이다. 18세기 초에는 새로운 잡지들도 광고에 크게 의존했다. 《태틀러》는 발행 막바지에 이르자 광고를 호당 18쪽까지 실었으며 《스펙테이터》는 전체 지면의 절반을 할애했다.[45] 잡지의 수익은 모두 광고에서 나왔다. 이러한 고급 정기 간행물들은 당시 런던 상업계의 활기를 반영하듯 가발, 노예, 새장, 구두약, 화장품, 의약품 등 다양한 이국적인 상품의 광고를 실었다.

　광고는 지방 신문의 발전에서 더 중대한 역할을 했다. 지방은 주간지에 매주 2펜스를 지불할 수 있는 잠재 고객의 수가 더욱 제한되어 있으므로 구독료만으로 수익을 일으키기는 상상하기 어려웠다. 신문 판매자에게 돌아갈 이익과 널리 흩어져 있는 독자들에게 신문을 배송하는 비용도 감안해야 했다. 이 가망 없는 사업은 《버밍엄 가제트(The Birmingham Gazette)》의 편집자 토머스 에이비스(Thomas Avis)가 겪어야 했던 치열한 재정 상황에서 잘 드러난다. 에이비스는 지역 내 경쟁 때문에 신문을 3.5펜스에 팔려고 했으나 이는 극히 고된 분투였다.

　　출판은 본성상 극히 짧은 기간 동안 엄청난 돈을 잡아먹는 일인데 전혀 이상한 일은 아닌 것이, 신문 한 부를 팔면 인지국에 1.5페니, 판매상에게 1.5페니, 종이값 1파딩*을 지불한다. 그러면 이제 1파딩밖에 남지 않는데, 이 돈으로 식자공과 인쇄공, 런던 신문, 멀게는 다벤트리 우편국에서 열리는 회의 비용을 지불해야 한다. 최신 기사는 비용이 더 많이 든다. 런던 통신원에게 주는 보수는 말할 것도 없다.[46]

---

* 0.25페니에 해당하는 영국의 옛 화폐 단위.

신문 한 부를 팔면 1파딩밖에 남지 않고 이 1파딩으로 다른 막대한 비용을 충당해야만 했으므로, 이 신문은 광고 수입이 없었다면 한 부 팔릴 때마다 손해를 봤을 것이다. 여기서 《웨스턴 플라잉 포스트(Western Flying Post, 서부 속달 우편)》라는 좀 더 건전한 재정 모델을 살펴보자. 이 신문은 18세기 중반 즈음에는 4쪽에 많으면 광고 40건을 구겨 넣을 수 있다. 한 광고당 1실링 6펜스씩 받는다고 할 때 세후 총 수익은 3파운드 4실링 6페니로, 이는 신문 1500부를 판매한 수익을 초과한다(서머싯이나 도싯과 같은 외곽 지역에서는 1500부는 꿈도 못 꿀 인쇄 부수다).[47] 에이비스의 주장대로 신문 한 부가 1파딩의 수익만 남겼다면 광고는 신문을 3천 부 이상 판매하는 것보다 더 큰 수익을 가져온 셈이 된다. 즉 광고는 생명줄이었다.

신문사주는 원활한 광고 수익원을 확보하기 위해 그들 신문에 실리는 광고가 더 넓은 계층의 잠재 독자에게 가닿을 수 있다고 독자들을 설득해야 했다. 각 주의 신문들은 주변의 마을과 시내에 시장을 형성하기 위해 상당한 노력을 기울였다. 신문은 대부분 서점이나 식료품점과 판매망을 유지하며 다음 신문에 게재할 광고를 모집한다는 공고도 실었다. 이러한 주소는 보통 신문의 제일 마지막 면에 기재되어 있었다.

1725년 《글로스터 저널》은 그중에서도 가장 독보적인 유통망을 구축하고 있었으며, 13개 지국을 통해 잉글랜드 및 웨일스의 11,000제곱미터를 아우르는 12개 주에 신문을 배송했다.[48] 《글로스터 저널》은 글러모건, 슈롭셔의 루드로, 멀리는 버크셔까지 독자를 확보하고 있었다. 이처럼 멀리 떨어진 지역에서 《글로스터 저널》은 다른 도시, 가장 명백하게는 브리스틀과 버밍엄에서 인쇄된 신문과 부딪혔을 것이며, 광고 수익을 두고도 치열한 경쟁이 벌어졌음은 두말할 필요가 없다. 수많은 신문과 저널이 횡행한 런던만큼 경쟁이 치열했던 곳도 없었다. 18세

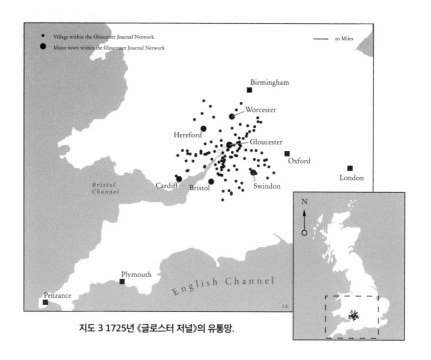

지도 3 1725년 《글로스터 저널》의 유통망.

기 중반에는 광고 시장 자체가 세분화되기 시작하면서 영약(靈藥), 극단
(劇團)의 소식 등 특정 시장을 전문으로 하는 다양한 신문이 등장했다.[49]
모든 신문은 높은 판매 부수와 양질의 독자층을 홍보하며 잠재적인 광
고주들에게 강렬한 인상을 심어주려고 했다.

이런 맥락에서 애디슨과 스틸이 《스펙테이터》는 매호가 나올 때 독
자가 20명씩 늘어난다고 기세등등하게 자랑했다는 유명한 사실을 떠
올려볼 필요가 있다.[50] 이 주장은 실제로는 그보다 이른 1694년, 런던
의 광고 신문 중 하나였던 《시티 머큐리》에서 나온 것으로[51] 언론학자
들이 18세기 신문의 영향력과 도달 범위를 계산할 때마다 자주 인용
되는 문구이지만, 본래 애디슨이 의도한 바와는 달랐다. 이 낙관적인
평가는 체계적인 데이터를 기반으로 한 것이 아니며, 단지 복잡다단
한 시장에서 운영한 광고 사업을 대략적으로 추정한 것에 지나지 않는
다.[52] 독자층을 계산하기 위한 일반화로서는 거의 가치가 없다.

그럼에도 이러한 주장들은 신문 발행인들이 광고를 확보하는 데 얼마나 열의를 쏟았는지 보여준다. 광고는 최소한의 운영을 가능하게 한다는 가장 명백한 이유 외에도 뉴스업계의 발전에서 결정적인 역할을 했다. 여기서는 장기적 중요성을 지니는 세 가지 결과를 확인할 수 있다.

먼저, 광고를 게재함으로써 인쇄 신문은 이제 필사본 소식지와는 완전히 차별화될 수 있었다.[53] 지금까지 이 두 매체는 개념적으로 완전히 뒤섞여 있었으며, 서로 정보와 사본을 주고받았고 독자층도 겹쳤다. 그러나 필사본 뉴스 서비스는 광고를 전혀 싣지 않았다. 필사본 소식지는 18세기까지 존속했지만(특히 신문 발행에 제약이 많았던 프랑스 같은 곳에서는 여전히 굳건히 자리를 지켰다)[54] 이제 신문과 필사본은 더욱 극적으로 갈라지기 시작했다. 18세기에 신문은 훨씬 더 폭넓고 더 깊은 고객층을 보유했으며 마침내 스스로 독립된 장르로 의식하는 수준까지 발전했다. 이 과정에서 광고가 얼마나 중요한 역할을 했는지는 신문의 제일 마지막 쪽 대신 1면의 전체를 광고에 할애하는 관행이 확립된 것에서도 알 수 있다. 18세기 말에 이것은 런던 신문의 상습적인 관행이 되었다(비교적 최근에야 이러한 관행을 버린 신문도 있다).[55]

둘째, 광고는 탄탄한 수입원을 제공함으로써 신문사가 자기 자금을 확충하고 편집자들에게 충분한 소득을 보장하는 날을 앞당겼다. 이제는 추가 직원을 고용할 자금도 마련되었다. 지금까지 신문 발행은 1인 사업인 경우가 대부분이었으며, 편집에 창의성을 충분히 발휘할 만큼의 시간이나 지면은 거의 없었다. 원칙적으로 광고 수익으로 확보된 재정이 늘어날수록, 편집권의 참된 독립을 주장하는 목소리도 목소리도 높아지게 된다. 단기적으로 정부는 언론에 대한 통제권을 잃게 될까 봐 경계했다. 1712년에 인지법을 시행해 신문에 인지를 붙일 의무와 더불어 각 광고에 엄청난 수수료를 부과한 것도 분명 언론 통제와 관련이 있다. 그에 따른 불가피한 광고 수익의 급감은 인지 자체보다 신문의 실패에 더 결정적인 영향을 미친 것으로 보인다.[56]

마지막으로, 광고는 언론을 인간적으로 만드는 데 중요한 역할을 했다. 앞에서도 보았듯이 최초의 신문은 다소 거리감 있는 냉담한 어조를 보였으며 외신 보도가 압도적인 분량을 차지했다. 이전에는 독자들이 특권층 무리에게만 허용된 정보에 접근하게 된 것에 우쭐함을 느낄 수도 있었지만 그런 기분은 오래가지 않았다. 반면에 광고는 고객들이 접할 수 있는 정보에 자신이 사는 지역 주민들의 일상을 직접 끌어들였다. 사람들은 동료 시민들이 어쩌다 잃어버린 값비싼 가구와 옷에 경탄했고, 신뢰할 수 없는 하인에 대한 경험에 공감했으며, 치욕을 입고 격분한 남성이 더는 아내의 빚에 책임을 지지 않겠다고 공개적으로 선언한 것을 남몰래 즐겼다.[57]

독자들은 이처럼 혼란스럽고 무질서한 일상적 소동을 한껏 즐겼다. 화재로 전 재산을 잃은 이들에게 동정을 느꼈고, 특허 의약품 광고를 보며 생겨난 희망과 불신의 양가 감정과 씨름했다. 세세하게 묘사된 범죄 행위를 읽고 탈주범의 악행에 경악했으며, 지명 수배범의 신체적 특징을 꼼꼼히 읽고 그러한 악당이 근처에 숨어 있을 수 있다는 두려움을 이웃들과 나누었다.

이러한 범죄 기사는 현지 당국이 실은 것으로, 아직 치안이 제대로 발달하지 못해 시민들이 공공 질서 유지에 참여해야 했던 당시의 법 집행에 크게 기여한 것으로 보인다.[58] 아직 신문 논평이 등장하기 전 뉴스를 대부분 외신 급보로 채우는 신성한 전통이 계속 이어지는 가운데, 신문은 이러한 광고를 수용함으로써 이전에 팸플릿과 대판형 소식지가 가진 생동감과 유쾌함을 얻을 수 있었다. 18세기 초 대도시 뉴스 시장이 처음으로 광고 문화를 받아들인 당시, 건조한 공식 통보 양식을 고수할 수밖에 없었던 《런던 가제트》의 발행 부수가 급감한 것도

3부 계몽되었는가?

우연이 아니다.[59] 이러한 일상의 풍경, 사회의 어두운 단면이 주는 자극은 뉴스에 활기와 다양성, 위험의 징조를 가미했다. 이제 광고는 언론업계의 중요한 기반이 되었다.

15장

자체 특파원이 보내온 소식

18세기에 이르자 독서 대중의 뉴스에 대한 열망이 상당한 산업을 일으켰다는 사실에 더는 의심의 여지가 없었다. 독일에서는 저지대 국가와 특히 영국의 신문이 대중의 관심을 사로잡았다. 런던에서는 수많은 신문이 경쟁하며 당대의 정치적 혼란을 더욱 악화시켰다. 이제 권력층은 뉴스의 관리라는 생소한 문제에 부딪혔다. 주간지와 일간지가 폭발적으로 늘어난 배후에는 정확히 누가 있는가? 이들 신문을 위한 뉴스를 꾸준히 제공하는 사람들은 누구인가?

여기까지 이 책을 읽은 사람이라면 실제로 기사를 쓰는 데 관여한 사람을 놀랄 만큼 적게 만났다는 사실을 눈치챘을 것이다. 지금까지 등장한 뉴스 발행인은 대부분 필사본 뉴스 서비스업체의 소유주이거나, 마차몬트 네덤이나 대니얼 디포처럼 본질적으로 비판적인 팸플릿을 출판해 유명해진 문인들이다. 18세기의 위대한 언론인은 대체로 팸플릿 작가(디포와 스위프트)이거나 재치 있는 글꾼(애디슨과 스틸)이었다. 이제 막 '저널리스트'라는 단어가 등장하긴 했지만 이 단어가 어떤 독립된 전문인을 묘사하지는 않았다.

'journalist(저널리스트)'라는 영어 단어는 17세기 말에 최초로 도입되었으며 1693년 처음 사용했다는 사실이 보고되었다.[1] 그러나 200년 전부터 사용된 독일어 'zeitung(차이퉁)'과 마찬가지로, 저널리스트도 아직 현대와 같은 의미로 사용되지는 않았다. 저널리스트는 글쓰기로 생계를 꾸리는 사람을 말했지만, 여기서 말하는 글이 꼭 신문일 필요는 없었다. 이 단어는 일반적으로 폄하의 뜻을 담고 있었다.

1710년 에세이 작가 존 톨랜드(John Toland)는 지금은 거의 알려지지 않은 레슬리라는 '저널리스트'를 언급하면서, 보통 당파적 팸플릿에서 (이따금 신문에서) 의뢰를 받아 글을 쓰는, 새로 등장한 글쟁이 계층이라고 이들을 경멸적으로 묘사했다. "토리당이 런던에 둔 저널리스트는 레슬리 한 명뿐인데 레슬리는 7, 8년 전부터 일주일에 세 번씩 반란을 보도했다." 이 단어는 모욕적이고 불안정했다. 1712년 《스펙테이터》에서 애디슨이 한 여성 통신원을 저널리스트로 지칭했을 때 그가 의미한 것은 "요즘 유행하는 가볍고 한가로운 내용의" 저널이나 일기를 쓰는 사람이었다.

이 신조어는 자주 사용되지는 않았다. 조너선 스위프트(Jonathan Swift)는 이 단어를 변형한 'journalier(저널리어)'라는 용어로 신문 기자를 일컫기도 했지만 이 단어는 인기를 끌지 못했다. 적어도 이 용어는 어원이 프랑스어 'journal(주르날, 신문)', 궁극적으로는 'jour(주르, 날(日))'에서 파생된 것에서도 볼 수 있듯이 시사 보도에서 적시성이 강조되기 시작했음을 보여준다. 그러나 세기가 바뀌는 동안 정치적 긴장이 한껏 고조되자, 이제 런던의 야심 찬 문인들은 아무 거리낌없이 내키는 만큼 풍부한 글을 쓸 기회를 만나게 된다.

삼류 문인들의 거리

최초의 진정한 뉴스 전문직은 필사본 뉴스 작성자였다. 이 들은 사업 전반을 관리하며 뉴스를 수집 및 편집하고 직접 마스터 카 피(master copy)를 작성함으로써 명성을 쌓았다. 1세대 신문사주들도 대 체로 마찬가지였는데, 이들은 보통 편집 과정 전반을 혼자서 관리했 다. 18세기 직전까지는 경쟁이 치열했던 런던만이 유일한 예외였다.

런던의 주간지나 격주간지 중 일부는 기자 한두 명을 고용할 수 있 는 여유가 있었다. 이 일만으로는 생계를 이어갈 수 없었으므로 기자 들은 종종 신문사 두 곳 이상에서 일하곤 했다. 기자직은 박봉이었다. 정규직으로 고용되어도 일주일에 1파운드 이상 받지 못했는데, 이 봉 급은 인쇄업자가 숙련된 식자공에게 지불하는 봉급과 같았다. 식자공 은 신문 제작 과정에서 필수적이었지만, 기자는 아직 그렇지 않았다.

이 한량들이 뉴스업계에서 얼굴을 알리기는 거의 불가능했다. 경쟁 자를 조롱하는 적대적인 캐리커처에서나 이들의 얼굴을 볼 수 있을 정 도였다. 따라서 《리즈 저널(Read's Journal, 리드의 저널)》은 《미스츠 위클리 저널(Mist's Weekly Journal, 미스트의 주간 저널)》의 뉴스 취재원들에 대해 다 음과 같이 썼다.

[한 명은] 수수료를 받고 미들섹스(Middlesex)와 서리(Surrey)를 전담하 며 이곳 감옥을 취재하고, 다른 한 명은 과도한 음주로 인한 사망을 수 사하기 위해 선술집과 술집을 수색할 허가증을 가지고 있다. 사보이아 에는 탈영병들을 조사하기 위해 한 사람이 배치되어 있고, 공원에서 또 한 명이 경비병의 움직임과 군사 제재를 감시하고 있다.[2]

커피 하우스에서 발행된 한 팸플릿에서는 뉴스 취재원들을 "빈집

털이처럼 관공서 주변을 어슬렁거리며 말단 직원들을 취재할 기회를 노린다"며 공격했다.[3] 이 묘사는 적어도 그럴듯하게 들리긴 한다.《플라잉 포스트》가 신이 난 듯 거칠게《유니버설 스펙테이터(The Universal Spectator, 보통의 구경꾼)》를 공격하며 이 신문이 국내 뉴스 보도를 늘리기 위해 "오래된 약초를 파는 여성을 상당수 고용한 후 하루에 2펜스씩 고정 급여를 지불"한다고 주장했지만 이는 그리 신빙성이 높아 보이

뉴스의 탄생

15.1 〈세 투사〉. 작가 리처드 스틸, 대니얼 디포, 조지 리드패스(George Lidpath)는 편파성과 정치적 인맥 때문에 비판받았다.

지 않는다.[4] 이는 업계의 경쟁자를 향한 저속한 비아냥에 불과하지만 근저에 일말의 진실을 품고 있기는 하다. 18세기 뉴스 산업에서 여성은 기자로서는 물론, 이후에는 신문의 유통 과정에서 없어서는 안 될 존재가 되었던 것이다.

사실 18세기 뉴스업계의 전문가들과 이 업계에서 봉급을 받는 정규직 직원들은 신문의 제작보다는 배포에 훨씬 더 관심이 있었다. 일단 원고가 신문사의 손을 떠난 후 신문의 형태로 독자에게 전달되기 위해서는 정규직 직원과 사업 관계자로 이루어진 꽤 큰 규모의 회사가 있어야 했다. 원고는 먼저 인쇄소로 보내져 조판 및 인쇄되고, 그런 후 서적상이나 도매상에게 전달되어 노점상 네트워크를 통해 배포된다. 이들 판매 조직은 신문을 구독자에게 배송하거나 길거리에서 판매한다.

18세기 초 런던에서는 '여성 헤르메스 군단'으로 알려진 여성 발행인이 신문의 도매를 거의 전적으로 담당했다. 엘리자베스 넛(Elizabeth Nutt)과 그녀의 딸들은 1720년대 런던의 중심부에 서점 여러 곳을 소유하고 있었다. 이들은 행상인 네트워크를 통해《데일리 포스트(The Daily Post, 매일 우편)》,《런던 저널(The London Journal)》,《런던 이브닝 포스트(The London Evening Post, 런던 저녁 우편)》의 배포를 담당했다.[5] 여성 헤르메스들은 저명한 인쇄업자의 아내나 과부인 경우가 많았으므로 폭넓은 인맥을 활용할 수 있었다.

행상인도 많은 수가 여성이었다. 거의 빈곤층에 가까운 이 소박한 일용직 노동자들은 정부 당국에 끊임없는 근심거리가 되었다. 이들은 선동 자료나 야당 편의 신문을 배포하는 것으로 여겨졌기 때문이다.[6] 1728년 정부가《미스츠 위클리 저널》을 진압하는 동안 여성 헤르메스 두 명과 행상인 주디스 샐먼 등 24명이 체포되었다. 35년 후 급진파 정치인 존 윌크스(John Wilkes)의 입을 막기 위해 통제 활동을 벌이는 동안 체포된 사람은 49명에 달했다.[7]

이처럼 언론을 통해 생계를 이어가는 사람은 상당히 많았다. 또한 이들 기업에서는 각각 본질적으로 한 개인이 그 모든 기사를 책임져야 했다는 사실을 기억하자. 이 시대를 신문 산업이 시작된 시대로 볼 수 있다면 그 시작은 새로 출현한 직업인 기자보다는 거래의 장인들에게 훨씬 더 크게 의존했다.

서적상은 행상인과는 다소 복잡한 관계에 있었는데, 서점 운영에 필요한 통상적인 고정 비용은 전혀 부담하지 않는 경쟁자라고 행상인들을 비난하면서도, 때로는 재고를 유통하기 위해 행상인들의 손을 빌리기도 한 것이다. 18세기의 마지막 수십 년 동안,《암스테르담쉬 카우란트(Amsterdamsche courant, 암스테르담 카우란트)》한 호를 마을에 배포하려면 행상인 50명이 필요했다. 행상인들은 비록 좋은 대우는 받지 못했지만 업계에서 없어서는 안 될 중요한 부분이었던 것이다.[8]

이처럼 미천한 대우를 받았음에도 행상인들은 신문의 스타일과 시장의 위상이 진보하는 데 중요한 역할을 했다. 행상인들은 특히 시장의 가장 밑바닥에서 평소 어떤 종류의 뉴스가 더 잘 팔리는지 누구보다도 잘 알고 있었다. 홍보를 얼마나 잘하는지에 따라 그날 배불리 먹게 될지 혹은 굶어야 할지 결정되었기 때문이다. 행상인들은 어떤 뉴스가 잘 팔리는지 보고함으로써 영민한 발행인들이 출판 전략을 세우는 데 도움을 주기도 했다.《플라잉 포스트》가《유니버설 스펙테이터》의 약초팔이 여성을 언급하면서 염두에 둔 것은 이런 종류의 관계였을지도 모른다.

18세기 초 신문 간의 경쟁이 처음으로 격화되면서 이런 종류의 심술궂은 험담이 나오기도 했다. 사업 모델이 더욱 확고해지고 국내 뉴스의 비중도 증가하면서 이제 신문은 뉴스 취재에 좀 더 투자할 수 있게 되었다. 1770년대에《가제티어(The Gazetteer, 가제트 편찬자)》의 편집자는 시청, 법원, 그리고 선적 소식 등을 취재한 대가로 급료를 받는 통신원 14명을 열거했다.[9] 이들은 신문사에 정식으로 고용된 것은 아니며, 비정규직 노동자로서 둘 이상의 신문에서 자유롭게 일할 수 있었다. 한 세기 전 윌리엄슨의 '통신원'이 통상적인 업무의 부가 업무로서 '무상으로' 뉴스를 제공했던 세관 직원과 우편국장이었음을 생각하면 분명 많은 것이 달라졌다.[10]

또한 이들 정보원은 대체로 대도시에서 활동하는 현지 비상근 통신원이었다는 점도 기억해야 한다. 해외에 통신원을 둔 신문은 거의 없었으며, 외신은 예전과 마찬가지로 필사본 소식지와 해외 신문을 활용하는 것이 더 효율적이었다. 이러한 서비스에 구독료를 지불하는 것은, 물론 상당한 재정 지출을 초래할 수도 있었다.

전체적으로 볼 때 18세기 신문 사업에서 필자들에게 지출하는 비용은 놀랄 만큼 적은 비중을 차지했다. 자신들의 신문에만 독점적으로 기사를 쓰는 필자를 확보할 필요성을 느끼는 신문사는 거의 없었다. 법원 주변을 어슬렁거리며 특종 냄새를 맡는 기술은 분명 인정받았지만, 이러한 기술은 비천하게 여겨졌으므로 공개적으로 인정받기는 기대할 수 없었다. 시사에 정통한 관찰자로서 저널리스트의 개념은 아직 생겨나지 않았다. 이름 있는 저널리스트들이라도 신문 기사의 바이라인(byline)*에 자신의 이름을 싣기는 어려웠다. 필사본 소식지에서 이어진 익명의 관행은 여전히 긴 그림자를 드리우고 있었고, 언론이 급성장하는 동안 자신의 이름을 알리고 싶었던 작가는 좌절할 수밖에 없었다.

1758년,《먼슬리 리뷰(Monthly Review, 월간 리뷰)》의 창간인인 랠프 그리피스(Ralph Griffith)는 고용된 작가의 서글픈 삶을 묘사했다. "다락방의 작가는 광산의 노예와 크게 다르지 않다. 둘 다 업무를 할당받아 일

---

* 기사의 앞이나 끝에 기자의 이름을 기재하는 관행.

하고, 둘 다 고되게 일하지만, 둘 다 굶주리며 어떠한 구원을 기대할 수 없다."[11] 그리피스는 만일 작가들이 모두 기사 쓰기를 멈추고 신문과 저널이 갑자기 사라지게 되면, 그제야 독자들도 작가들의 전문성에 감사하게 되리라고 생각했다. 두말할 필요없이 이 요구는 묵살되었다.

흥미롭게도 'journalist'라는 영어 단어는 17세기 말에야 머뭇거리며 처음 등장했지만 기사의 거래를 의미하는 'journalism(저널리즘)'이라는 단어는 그 후로 140년이 지나 1833년까지 등장하지 않았다.[12]

신사답지 않은

런던의 신문은 비록 마지못해 뉴스 취재원을 고용한 것이긴 해도 여전히 다른 지역 신문과는 큰 차이를 보였다. 유럽의 다른 지역과 영국의 다른 지역에서는 18세기 말까지 많은 신문이 기본적으로 한 사람의 손에서 제작되었다. 발행인이나 편집인은 필사본 소식지나 다른 신문의 뉴스를 취합한 후 인쇄공에게 전달한다. 독자들에게 신문을 배달하는 행상과 짐마차꾼의 연결망을 관리하기도 한다. 구독자를 유지 및 발굴하고 광고도 모집한다.

이러한 엄청난 업무량에도 신문이 이들의 완전한 전유물이 아닌 경우도 있었다. 영국의 몇몇 도시에서는 지역 인쇄업자가 신문을 발행했고, 서적상이 신문도 동시에 발행하는 지역도 있었다. 독일에서, 그리고 이후 식민지 미국에서는 지역 우편국장이 현지 신문사를 소유한 경우도 많았다. 이들 우편국장은 외신에 가장 먼저 접근할 특권을 가지고 있었으며, 잠재 고객이 우편국에 정기적으로 방문한다는 사실도 활용할 수 있었다.

이처럼 신문 발행인들은 극도로 바빴으므로 기삿거리를 찾거나 취재하고 기사를 작성하는 등 지금 우리가 저널리즘과 관련시키는 활동을 할 시간은 거의 없었다. 주간지 작성은 막판의 막판까지 이어졌지만, 한 호를 판 하나에 조판하여 1천 부씩 인쇄하려면 지난 호가 발행되자마자 새로운 호를 준비하기 시작해야 했다. 지난 호에서 보류된 광고나 독자의 편지를 먼저 인쇄할 수도 있지만 발행인들은 독자들이 신문을 사는 이유가 뉴스 때문이라는 사실을 잘 알고 있었으며, 독자들도 신문이 너무 얇다고 구독을 취소하지는 않았다. "구독자 명단에서 제 이름을 지워주십시오", 1728년 12월 《브리티시 스파이 오어 더 비 포스트맨》의 한 독자가 썼다. "기사가 이리도 부족한 이유를 다음 호에서 설명하지 않을 거라면."[13]

따라서 신문사주들은 광고를 몇 줄 더 넣어 수익을 늘리길 바랐지만 실을 수 있는 광고의 양에는 한계가 있었다. 독자의 편지나 다른 기고문도 뉴스 지면을 독차지할 수는 없었다. 새뮤얼 존슨(Samuel Johnson)* 이 1751년 1월 《런던 크로니클(The London Chronicle, 런던 연대기)》 창간호에서 쓴 것처럼, "독자들이 저널에 바라는 첫 번째 사항은 해외에서 이루어지는 상거래와 국내의 사건·사고에 대해 정확한 기사를 공급받는 것이다."[14]

여전히 모든 신문의 1면을 차지하는 외신의 경우, 발행인들은 기존의 정보원에 완전히 의존했다. 해외에 유급 통신원을 둘 여유가 있는 신문사는 거의 없었다. 정기 주간지는 한정된 자원과 엄격한 시간의 제약 속에서 제작되면서도 독창성을 유지하는 것은 물론 리옹에서 베를린으로, 빈에서 버밍엄으로 이어지는 뉴스 연결망을 촘촘히 형성한 것만으로도 놀라운 창조물이었다. 그러나 촉박한 마감 때문에 신문 전반을 숙고할 시간은 거의 없었다.

---

* 영국의 시인이자 평론가.

디자인 측면에서 18세기 신문에 눈에 띄는 혁신은 없었다. 백면(白面)*의 창의적인 활용과 서로 다른 기사의 분리 등과 같은 진전은 느리고 점진적으로 일어났다. 헤드라인이나 삽화는 사실상 거의 활용하지 않았으며 선적 소식을 구분하기 위해 작은 배의 목판화를 넣는 것 이상의 작업은 거의 하지 않았다. 뉴스의 배치 순서는 주로 외부의 요인, 즉 신문사가 보고를 받은 순서에 따라 결정되었다. 가장 중요한 뉴스가 먼저, 심지어 제일 첫 면에 나온다는 보장은 없었다.

신문은 가급적이면 사설과 논평을 계속 피하려 했다. 특히 그 신문이 마을에서 발행되는 유일한 신문이라면 더욱 그러했다. 18세기, 신문의 출현을 자랑한 유럽 지역에서는 대부분 논평을 꺼렸지만, 논쟁을 좋아하는 런던에서만큼은 예외였다. 때때로 기자들은 익명성 뒤에 숨지 않고 당당히 대의를 옹호하기도 했다. 그중 한 사람이 《브라이시스 위클리 저널(Brice's Weekly Journal, 브라이스의 주간 저널)》의 편집인, 엑세터의 앤드루 브라이스(Andrew Brice)였다.

1726년 브라이스는 웨스트컨트리 감옥의 지독한 수감 환경에 항의하는 조치를 취했다. 《정의에 대한 호소(Appeal for Justice)》라는 팸플릿으로 처음 문제를 제기한 브라이스는 엑세터 감옥에 수감된 여러 죄수에게 연락을 받았고, 자신의 신문 칼럼으로 죄수들이 겪고 있는 곤경을 알렸다. 구속된 한 상인이 엑세터 감옥의 간수 조지 글랜빌에게 특정 혐의를 제기하면서 상황이 급박하게 흘러갔다. 글랜빌이 브라이스를 고소했고 비록 브라이스는 《브라이시스 위클리 저널》에서 대의를 주장했지만 판결은 그에게 불리하게 내려졌다. 벌금 103파운드를 낼 수 없었던 브라이스는 종적을 감췄다.

이 이야기는 결말이 좋지 않다. 데본의 충직한 시민들이 마치 돈키

---

* 그림이나 텍스트가 없는 흰 지면.

호테처럼 흉악범의 권리를 옹호하는 사람보다는 법 집행관을 강하게 지지했으리라는 점에는 의심의 여지가 없다. 그러나 시대를 앞서간 언론인 브라이스는 후세 사람들에게는 존경받는 언론인의 드문 전형을 보여준다. 바로 '저널리스트 활동가'다.[15]

18세기 언론인 중 브라이스의 용감함을 모방한 저널리스트는 거의 없었다. 신문 발행인은 대부분 지역의 정치 현안에 엄격한 중립을 지켰다. 여기서도 런던은 예외였다. 18세기 후반 런던에서 정치 저널리즘의 부흥은 중대한 변화를 가져왔지만, 그러한 변화가 신문 기자들에게 꼭 유리했던 것은 아니다.

영국에서는 그때까지도 이름이 알려진 전문 작가는 대부분 정부에서 급여를 받는 대리인이었다. 이들은 특정한 직함을 부여받은 것은 아니지만 당국에 우호적인 신문사가 요청하면 최대한 외신처럼 보이도록 기사를 쓰거나, 반대편 정치인의 동기를 비방하거나, 그의 이름에 먹칠하는 내용의 기사를 제공했다. 이들은 팸플릿도 썼다. 반세기 전 디포와 마찬가지로, 논설문이 연속 간행물에 실렸는지, 아니면 독립적인 팸플릿에 실렸는지는 대체로 중요하지 않았다. 이들의 글이 여전히 남아 있는 이유는 필자들의 재능이 특별히 뛰어나서가 아니라 재무부의 급여 목록에 이름이 기록되어 있기 때문이다. 정부의 신문은 최고의 인재를 끌어들이기 위해 상당한 보수를 기꺼이 지불했지만, 이들의 경력은 대체로 별 볼 일 없고 불명예스러웠다.

심지어 꼬장꼬장한 성격을 가진 새뮤얼 존슨조차 조지 3세의 총애를 받는 장관인 뷰트 백작에게 기꺼이 연금을 받을 준비가 되어 있었다. 반대편의 대의를 옹호했던 존 윌크스는 심술궂게도 그를 '연금 수급자 존슨'이라고 불렀다. 존슨은 《영어사전(A Dictionary of the English Language)》(1755)으로 이름을 떨치기 몇 년 전 당시의 냉소를 반영해 'Gazetteer(가제티어)'를 "최근 궁정을 옹호하기 위해 고용된 딱한 이들에게 일반적으로 적용되는 극도의 오명"이라고 정의했다.[16] 분명 존슨은 향후 자신이 어용 작가로서 큰 수익을 얻게 되리라고는 상상하지 못했던 것 같다.

신문 기자가 기껏해야 정치인에게 돈을 받고 일하는 하수인에 불과한 것으로 간주되었다는 사실은 19세기에 '저널리스트'가 불명예스러운 명칭이 된 데서도 확실히 알 수 있다. 신문에 글을 쓰는 것은 존경할 만한 직업으로 여겨지지 않았다. 장점이라고 할 수 있을지도 모르겠지만, 신문 기자에게 결투를 신청하는 것은 약간 명예롭지 못한 일로 생각되었다. 1807년 규정에 따르면 신문사에 유급으로 고용된 적이 있는 사람은 영국의 법조계에 들어갈 수 없었다. 분명 1860년까지도 《타임스(The Times, 시대)》의 전속 기자로 일한 적 있는 한 남성에게서 치안 판사의 후보 자격을 박탈해야 할지에 대해 진지한 논의가 이루어졌다.[17]

정치인들은 언론인에 대해 복잡한 시각을 가지고 있었다. 언론을 관리해야 한다는 사실은 분명했지만 이러한 일로 생계를 유지하는 사람들은 계속해서 경멸했다. 월터 스콧(Walter Scott) 경과 같은 전문 작가조차 저널리즘을 불명예스러운 일로 격하하는 데 영향을 미쳤다. "아무 일도 일어나지 않는 시골이 아닌 다음에야 일간지를 만들려는 사람은 빈틈없는 불한당 외에는 없을 것이다"라는 것이 당시의 솔직한 견해였다.

스콧은 자신의 친구 존 깁슨 록하트가 런던에서 새로운 신문의 편집인 자리를 권유받았을 때 이에 반대하는 충고를 했다. "어떠한 재능이 있든, 젊은 남성이 현재 당연하게 받아들여지는 통념에서 예외가 되려는 바람으로 사회에서의 평판을, 적어도 명목상으로, 상당 부분 희생하려는 것은 무모한 일 같네." 다른 친구도 동의했다. "그것이 내 재능에 대한 칭찬일지라도, 신문 편집자 제안을 변호사이자 신사로서의 내

의견에 대한 찬사로 받아들여서는 안 되네." 신문이 중요한 역할을 했던 1832년에 개정된 선거법이 통과된 후에도 언론인의 오명은 지속되었다. 1835년 《런던 리뷰(The London Review)》는 이 점을 명확히 지적했다. "일반적으로 언론과 관련된 사람은 넓은 범위에서 '좋은 사회'라고 불리는 대상에서 대체로 제외되어 있다."

흥미롭게도 이러한 혹평은 유독 신문에만 쏟아졌다. 새로 등장한 정치 저널에는 적용되지 않았다. 정치 저널에서는 신사가 자신의 재능을 제공함으로써 실제로 명성을 얻을 수 있었다. 중요한 점은, 저널 기고가는 자신의 이름으로 글을 쓰는 반면 신문 기자는 익명성 뒤에 숨었다는 것이다. 기자들은 상황이 바뀔 때마다 편을 바꾼다는 비난과 함께 이러한 익명성에 대해서도 큰 비난을 받았다.

> 남몰래 해를 끼칠 힘이 있고, 이러한 힘을 사회 구성원에게 사용하는 습성이 있다고 알려진 사람은 어떻게 피할 수 있을까. […] 자기 자신은 물론 다른 사람에게도 전혀 존경을 보이지 않는 사람이 어떻게 사회에서 존중받을 수 있는가. 자신의 이익이 위협받았을 때 재능과 진실함이 이 나라 언론의 고상한 특성이라고 감히 말할 수 있는 사람은 누구인가. 선술집의 저급한 언어로 총체적인 부정직과 깊은 무지를 비방하며 서로 옥신각신하는 데 여념이 없는 사람은 대체로 누구인가.[18]

이상하게도 정치 저널뿐 아니라 팸플릿은 신문과는 달리 높은 평가를 받았다. 18세기 말, 팸플릿은 정치적 논의를 위한 공신력 있는 매체로 여겨졌다. 인쇄 초기 시절과 비교했을 때 지위가 눈에 띄게 향상된 것이다. 뉴스의 역사를 필사본에서 인쇄물로, 팸플릿에서 신문으로 이어지는 일련의 진화 단계로 보는 것은 현실을 왜곡할 수 있는 너무 단순한 견해라는 사실을 상기할 필요가 있다. 19세기까지 위대한 개혁가와 정치 철학자들은 팸플릿을 통해 대중에게 의견을 피력했다.

신문 기자들은 이러한 대의에 별 도움이 되지 않았는데, 이 위대한 사람들의 사생활에 대한 기사를 싣지 않는 대가로 수수료를 받은 것이다('단락 매매'로 알려져 있다). 일부 질 나쁜 신문들은 오로지 이 목적으로 만들어지기도 했다.[19] 위대한 운동가 윌리엄 코벳(William Cobbett)에 따르면 그의 신문이 늘 단명할 수밖에 없었던 이유는, 그는 그러한 관행을 따르지 않았기 때문이라고 강변할 수 있다.

그것은 재능의 문제가 아니라 속임수의 결과인 것으로 나타났다. 나는 지면을 판매할 수 없었다. 침묵의 대가로 돈을 받기 위해 한 남성이나 여성의 명성에 누가 될 만한 암시를 던질 수는 없었다. 그처럼 비열한 짓은 어떠한 일도 할 수 없었다. 그 때문에 상당히 많은 일간지가 후원을 받고 신문사주들은 마차를 부리기 위해 아랫사람들은 실제로 행 단위, 인치 단위로 거짓말을 팔고 있었다.[20]

나중에 도착한 편지

여기서 우리는 18세기 뉴스계의 위대한 역설 하나를 보게 된다. 전문 뉴스 발행인이 뉴스 제작에 더욱 적극적으로 참여할수록 뉴스의 신뢰성이 높아지기보다는 오히려 떨어진다는 것이다. 이것이 그토록 많은 신문이 공식 전언을 문자 그대로 발행한 이유다. 편집에 관여하지 않았다는 것은 소식의 진실성을 보증하는 증거로 간주된 것이다. 전선에서 장군이 쓴 급보나 어떤 큰 사건 및 재난에 대한 목격자의 진술 등, 기고자들의 보도에서도 같은 조건이 요구되었다.[21]

이처럼 개인적인 편지나 반(半)공식적인 서신을 뉴스 보도의 초석으로 삼는 관행이 굳어지면서 보도의 권위와 뉴스 기자의 지위는 밀접한 관련을 가지게 되었다. 이러한 관행은 과거 로마 제국에서 믿을 수 있는 전령이 우편로를 따라 전달한 급보에서, 그리고 중세 유럽의 서신 교환에서도 본 바 있다. 전해 받은 정보의 신뢰성은 정보를 작성한 사람의 신용, 그리고 '명예'에서 나왔으므로, 오랫동안 고위층 사람들은 개인적인 서신을 통해 교환하는 정보야말로 믿을 만한 정보로 여겼다. 그러나 하류층 사람들이 영리를 위해 팸플릿의 형태로 제작한 뉴스에서는 이러한 신뢰성이 명백히 훼손된다.[22]

뉴스 발행인들은 상용 뉴스 시장에 사적인 서신의 양식과 관행을 도입함으로써 이런 교묘한 암시에 대응하려 했다. 16세기에 나온 뉴스 팸플릿 수천 종은 스스로 '서신(프랑스어 'lettre(레트르)', 독일어 'Brief(브리프)', 이탈리아어 'lettera(레테라)')', '진짜 급보' 등으로 칭하고 있다. 때로는 실제로 신문 첫머리의 안부글과 끝맺는 인사말과 함께 말 그대로 급보의 전문을 싣기도 했다.

이러한 관행은 남용되기도 했다. 16세기 후반 요란했던 국제 서신 분쟁에서 음흉한 적의 서신을 가로채 인쇄함으로써 모략을 폭로한 사건만큼 서신의 힘을 잘 보여주는 사건은 없었다. 서신의 작성자는 인쇄된 편지들은 위조되거나 조작된 것이라고 허둥거리며 불평하는 수밖에 없었다. 실제로 위조될 때도 있었다. 그러한 서신은 어조의 진실성이 매우 떨어졌지만 말이다.

17세기에 서신은 정치적 풍자에 흔히 활용되었으며 특히 프롱드의 난 시기에 프랑스에서 절정에 달했다. 마자랭 추기경의 통치에 격렬한 항의가 이어지는 동안, 팸플릿 500여 종이 '서신'을 자처했다. 일부는 완전히 운문으로 이루어진 것으로 볼 때 이것들이 진짜 편지였던 것은 아닌 듯하다.[23] 그러나 진짜 편지를 가로채 인쇄하는 관행은 18세기 말까지도 이어졌으며, 크게 파장을 일으키곤 했다. 미국에서 독립 전쟁 중 영국군은 조지 워싱턴(George Washington) 장군이 보낸 급보를 입수하는 대로 정기적으로 인쇄했고, 이것이 적의 사기에 미치는 영향을 주의 깊게 관찰했다.[24]

16세기 말까지 서신은 권력자와 고위층의 전유물로 간주되었으므로 이례적인 지위를 누렸다. 올바른 형식을 준수하며 서신을 쓸 수 있으면 배운 사람으로 여겨졌다. 서신이 목적지에 안전하게 도착하려면 필자가 우편망을 이용하거나 전령을 고용할 수 있는 경우에만 가능했다. 이 모든 일에는 상당한 비용이 들었으므로, 결국 서신은 사회 엘리트 계층의 특권이 될 수밖에 없었다. 학자는 예외로 하고, 이들 엘리트 계층은 보통 사회적 지위에 따라 정치적으로 활발히 활동했으며 정보에 정통했다. 이 상류층 사이의 사적인 서신 교환은 자연히 그들 공직 생활의 연장이 되기도 했다. 이들은 가족에 대한 소식과 더불어 그들의 미래와 입지에 영향을 줄 수 있는 사업 거래나 정치적 사건을 논의했으리라고 추측된다.

이러한 서신의 좋은 예로, 찰스 1세의 파리 대사로도 몇 년간 일했던 치안 판사이자 의회 의원인 스쿠다모어 자작의 서신이 있다.[25] 격동의 시기를 살아낸 스쿠다모어는 헤레퍼드셔에 있는 가족과 이러한 사건들에 관해 계속 연락을 주고받을 필요성을 느꼈다. 그렇게 할 수 있는 수단도 있었다. 스쿠다모어의 정기 통신원 4명은 뉴스 전문 기자로, 주간 소식지에 연간 20파운드를 청구했다(시골 대리인들에게는 적절한 임금이었다).

또한 스쿠다모어는 런던 주재 토스카나 대사, 그리고 평생 친구인 헨리 허버트 경 등 여러 정부 관계자에게 정기적으로 소식을 전해 들었다. 스쿠다모어의 형제들은 군사 뉴스를 보내왔고 다른 친척들은 인쇄된 팸플릿을 보내주었다. 이러한 편지는 대부분 개인적인 것이었지만 완전히 사적인 소식만 전하는 것은 아니었다. 이 소식은 더 많은 가족, 이웃, 그밖의 지역 사회 수장과 공유할 것으로 간주되었다. 이러한 방식으로 지역의 지배층은 국제 상인들이 수세기 동안 운영한 것과 동등한 뉴스 공유망을 구축했다.

그러나 이러한 뉴스 연결망은 수세기 동안 사회층 엘리트의 전유물로만 남아 있었다. 더 넓은 범위의 시민에게 서신을 보낼 역량이 확대된 것은 18세기가 되어서였다. 이때 유럽의 뉴스 연결망은 잠재적으로 심대한 영향을 끼쳤다.

서신의 시대

조지 워싱턴은 자신의 서신이 도둑맞은 후 인쇄되기도 하는 일에 대단히 낙관적이었다. 그는 엄청나게 많은 편지를 썼고(여전히 남아 있는 편지만 해도 약 1만 2천 장이다), 그중 일부는 잃어버리는 것도 당연했기 때문이다. 이때쯤이면 친구, 가족, 사업 상대와의 서신 교환은 일상적인 일이 되었으므로 워싱턴과 같은 사회 지도층만 서신 연락망에 포함되는 특권을 누린 것은 아니었다. 18세기에 편지 쓰기는 엘리트 계층을 넘어 유럽과 북미에서 수백만 명이 이용하는 친숙한 사회적 관행이 되었다.

18세기는 서신의 시대였다. 교육과 우편망의 발전, 그리고 필기구의 가격 하락은 편지 쓰기 유행을 더욱 촉진했다. 또한 편지는 남성과 여성에게 거의 동등한 수준으로 영향을 미친 최초의 통신 혁명이었다. 18세기에는 남녀 간의 엄청난 교육 격차가 드디어 조금씩 좁아지기 시작했다. 암스테르담에서 1780년에 약혼 계약에 서명하는 비율은 남성이 85퍼센트, 여성이 64퍼센트였지만 1630년에는 남성이 57퍼센트, 여성은 30퍼센트에 불과했다. 프랑스에서는 1690년에 남성 29퍼센트와 여성 14퍼센트만이 서명했지만 100년 후에는 각각 48퍼센트와 27퍼센트가 된다. 프랑스의 경우는 외딴 농촌 지역의 비율이 매우 높으므로 수치가 더 낮지만(도시, 특히 파리에서는 식자층의 비율이 훨씬 높았다) 이러한 시골 지역에서도 큰 진보가 일어났음을 볼 수 있다. 이탈리아 북부의 토리노 시가 통치하는 농촌 지역에서 80년 동안 식자층의 비율은 남성의 경우 21퍼센트에서 65퍼센트로, 여성의 경우 6퍼센트에서 30퍼센트로 증가했다. 토리노 시 단독으로는 혼인 계약서에 서명하는 비율이 1780년에 남성은 83퍼센트, 여성은 63퍼센트였다.[26]

여성은 세계 경제가 팽창하는 동안 약간의 잉여 소득이 생기면서 등장한 새로운 사회 계층을 대변하기도 했다. 가족에 대한 책임에 얽매이지 않는 젊은 미혼 여성들은 가족과 친구, 잠재적인 구혼자들과 정기적으로 소통할 기회를 각별히 열성적으로 반겼다.

편지 쓰기라는 새로운 열풍은 탄탄한 기반 시설로 뒷받침되었다. 학교(특히 여학교) 교육의 확대는 특히 중요한 역할을 했다. 그 후 서간문 편람 등으로 서신 작성에 관해 정교한 기술과 관행이 확립되었다. 에라스뮈스가 서신을 인문주의 유행의 핵심에 둔 이래로 편지 쓰기는 상류층 사람들이 즐기는 고상한 취미가 되었다. 에라스뮈스가 쓴 서신 작성 지침서 두 권은 나오자마자 바로 베스트셀러가 되었다.[27] 편지 양식의 표본 중 하나는 에라스뮈스 자신이 만들고 다른 표본은 키케로의 양식을 본보기로 삼은 것이었다. 그러나 편지 쓰기가 엘리트층을 넘어 확산된 후에는 글쓰기에 자신이 없는 구매자들에게 맞춰 양식과 내용을 수정한 서신 작성 교본이 등장했다. 이 과정은 점진적으로 일어났다. 중세의 '베껴 쓰기(dictamen)' 관행, 즉 개성을 억누르는 중세의 편지 쓰기 문화는 여전히 매우 강력했던 듯하다. 1649년 조지 스넬(George Snell)은 《올바른 가르침(Right Teaching)》에서 이러한 중세의 지침을 본뜬 편지 쓰기 형식을 옹호했으며 프랑스의 '서한집(Secrétaire)'도 마찬가지

15.2 에버트 콜리어(Evert Collier)가 그린 〈서신 걸이〉. 17세기 후반 필기구와 통신 수단을 그린 정물화.

였다.[28]

1789년 1월과 2월 프랑스 혁명이 일어나기 직전, 프랑스 북부 도시 트루아의 서적상 에티엔 가르니에(Estienne Garnier)가 사망한 후 그의 상품 재고 목록이 작성되었다. 방대한 분량의 재고 중에는 서신 작성 교본 세 권, 즉《최신 모범 서한집(Secrétaire à la mode)》,《새 프랑스 모범 서한집(Nouveau Secrétaire Français)》,《여성을 위한 모범 서한집(Secrétaire des dames)》이 포함되어 있었다.[29] 여기에는 다양한 사회적 상황을 위한 서신의 예문이 실려 있었다.《최신 모범 서한집》은 독자의 편의를 위해 사업용 서신(통보, 불평 또는 변명의 편지)과 안부 서신(축하, 감사, 위로 또는 방문을 알리는 편지)의 두 범주로 구분되어 있었다.

가르니에는 주로 저소득층을 고객으로 삼았지만(그는 일명 '파란색 총서(Bibliothèque bleue)'라고 부른 저렴하고 조잡한 책들을 주로 다루었다) 이 모범 서한집은 특히 인기가 높았다.[30] 가르니에는 이 책 세 권을 모두 합쳐 약

5832부를 보유하고 있었다. 보통의 고객들은 아마도 호기심에 이러한 책을 구매했을 것이다. 시민 계급과 사회 지도층 사이에 오고 간 서신의 예문은 '파란색 총서'에 길들여진 장인이나 상인에게는 실질적으로 큰 쓸모가 없었을 것이다. 이들 서한집 중 많은 수가 한 세기 넘게 내내 인쇄되었다. 그러나 시간이 흐르면서 진취적인 출판업자들은 새로 등장한 계층의 실질적 요구에 맞춰 더욱 신중히 서신 교본을 만들기 시작했다. 그러한 서한집 중 하나가《각별한 벗을 위한 서신(Letters Written to and for Particular Friends)》으로, 런던의 출판업자 새뮤얼 리처드슨(Samuel Richardson)이 수집한 서신 표본 272편을 인쇄한 것이다.

이 책은 충분히 성공을 거두었지만 그해 리처드슨이 출판한 다른 책에 비하면 그 성공은 아무것도 아니다.《패멀라, 또는 정숙의 보답(Pamela, or Virtue Rewarded)》은 일련의 개인적 편지글로만 이야기 전체가 진행되는 소설이다. 편지 쓰기라는 새로운 유행을 집약적으로 보여주는 이 서간체 소설은 18세기에 선풍적인 인기를 누렸다. 리처드슨은 진실을 담고 있는 매개체로서 편지의 명성을 이용해 주인공의 내밀한 삶을 가까이서 들여다볼 수 있는 창(窓)을 제공했다.

18세기의 편지 열풍은 통신망의 새로운 가능성을 열었다. 따라서 오늘날까지 민간 및 공공 기록 보관소에 남아 있는 서신 수십만 통이 뉴스 보도의 풍부한 보고(寶庫)가 될 수 있으리라고 생각하는 것도 당연하다. 하지만 실제로는 그렇지 않은 것으로 나타났다. 이 시기에 서신의 세계에 발을 들여놓은 신진 작가들이 편지 전체에 걸쳐 시사 문제를 토론했던 것은 아니다. 이러한 편지 수백 통을 조사해보면 거의 대부분이 가족 문제나 사업 거래에 관한 개인적인 내용이며, 뉴스를 언급하는 서신은 극히 드물었다.[31] 왜 그런지에 대해 적절하고도 실질적인 이유가 있다.

먼저 우편 제도는 비록 이용하기가 훨씬 간편하고 안정화되었지만 여전히 비쌌다. 우편 비용은 꾸러미의 무게와 이동 거리에 따라 세분화되어 차등 계산되었다. 우편료를 선불로 지불하는 경우는 일부에 그쳤다. 따라서 편지 수신인은 편지를 받았다는 기쁨도 잠시, 우편료를 내기 위해 현금을 준비해야 했고, 이러한 요금도 합하면 상당한 금액이 되었다. 우편 경로를 통한 편지의 배송은 문제없이 이루어졌지만 도착 지역의 우편국에 다다른 후 목적지로 배송하는 경로는 아직 초보 단계에 머물렀다. 편지를 자주 받는 경우(대부분 기업 고객)에만 우편물을 가지러 정기적으로 우편국을 방문했다.

따라서 이 기간 동안 편지 작성자는 대부분 우편 제도를 이용하는 데 드는 비용을 신중하게 고려해야 했다. 식민지 시절, 필라델피아의 벤저민 프랭클린(Benjamin Franklin)은 아내가 비용을 이유로 최근 남편을 여읜 여동생에게 위로 편지를 쓰기를 삼가는 것도 완전히 이치에 맞다고 생각했다.[32] 예전보다 훨씬 더 많은 사람이 우편 제도를 이용하고 있었지만 그중 대부분은 상인과 기업 고객이었다. 1830년부터 1865년 사이에 파리에서 발송된 편지 608통을 조사한 결과(요금 납부인(稅)을 근거로, 파리 우편 박물관에 보관 중인 편지다), 그중 15퍼센트만이 사적인 편지인 것으로 나타났다. 나머지는 상업 거래나 은행 거래(47퍼센트)에 관한 서신이거나 공증인과 변호인의 서신(38퍼센트)이었다.[33] 물론 이들은 우편 서비스의 주 고객이다.

18세기에 정부가 주도한 우편 제도의 개선은 대부분 상업적인 이유에 의한 것이었다.[34] 이러한 사업 고객들은 특히 편지 작성 교본에 실린 관행과 모범 서한을 주의 깊게 따르는 경향이 있었다. 이는 이제 처음으로 서신을 작성하기 시작한 초보자들의 낮은 사회적 자신감을 드러낸다. 기교를 부리거나, 의견을 내거나, 소문을 전달할 여지는 거의 없었다.

18세기에는 서한문 양식에 중대한 변화가 일어났다. 16세기에는 공식적으로 수사학적 훈련을 받았음을 드러내는 데 중점을 두었다면 18세기가 되자 친밀하고 가족적인, 좀 더 편안한 양식으로 넘어간 것이다. 이제 편지는 "마음의 진실된 그림"을 보여줄 수 있어야 했다.[35] 이러한 경향은 편지를 쓰는 여성이 늘어나면서, 특히 여성 독자를 대상으로 한 서한 작성 교본이 등장하고 여성이 주인공인 서한체 소설이 유행하면서 더욱 강화되었다. 그러나 이렇게 새로 등장한 대담하고 교양 있는, 교육받은 여성 작가들이 정치 영역에 발을 들이는 경우는 거의 없었다.

어찌 되었든 이들이 소속된 교양인 사회는 뉴스 집단 밖에 있을 가능성이 높았다. 사회적 관습 또한 여성들이 자신의 의견을 표현하는 것을 장려하지 않았다. 이들의 편지는 대부분 안전하게 가족 문제, 소소한 가정 내 소동, 하인과 지방 여행, 날씨, 혹은 다른 편지들의 수신 등만 다루고 있다.

그럼에도 여성이 뉴스 연결망에 아무런 기여를 하지 않은 것은 아니다. 그중 가장 중요한 부분은 18세기에 이 새로운 서한체 작가들이 새로운 형태의 뉴스 정기 간행물, 즉 저널과 잡지, 신문에 보낸 열의였다. 모든 신문은 공식 급보 전문이든 구독자가 보낸 편지든, 편지에서 발췌한 문구를 실었다. 독자들은 편지의 형식으로 편집국에 논평, 불만, 제안 등을 쏟아냈다. 이러한 편지는 사람이 직접 전달할 수 있었으므로 가장 적은 비용만 들었다.

1761년《런던 가제트》는 4개월 동안 편지를 861통 받았다.[36] 특히 편집자는 다른 일로도 매우 바빴음을 고려할 때 이 서신들이 편집부에 주는 부담은 매우 컸을 것이다. 하지만 독자들을 무시할 수는 없었다. 때로는 이러한 서신을 뉴스의 일부분으로 포함하기도 했다. 특히 주요 뉴스 연결망에서 벗어나 있는 마을에서는 독자들이 보낸 편지가 특히 유용했다.

하지만 발행인들도 잘 알고 있었듯이, 자발적인 팬들에게 의지하는 것은 위험할 수 있었다. 1749년 5월 《버밍엄 가제트》의 편집자는 다음과 같이 썼다. "슈루즈베리에서 확인한 바에 따르면, 그곳에서 벌어진 불꽃놀이와 관련해 해당 도시의 주민에게 받아 실은 설명은 완전히 거짓이었다."[37] 명백히 물의를 일으키는 사건을 보도하는 가장 안전한 방법은 제보자의 이름을 밝힘으로써 비전문적이라거나 경솔하다는 비난을 차단하는 것이다. 따라서 1727년 《브리티시 스파이 오어 더비 포스트맨》은 다음과 같이 썼다.

라임 아래 뉴캐슬 근교의 부즐럼에 사는 토머스 보스톡은 다음과 같은 이야기를 들려준다. 월른하우스에 사는 한 유명한 농부에게는 […] 대여섯 살 정도 먹은 딸이 있었는데 이 소녀는 몇 주 전부터 지금까지 악마와 유령을, 가끔씩은 사람처럼 보이는 텅빈 형체를 본다고 한다. 이 아이 외에는 아무도 이런 형체를 감지할 수 없다고 한다.[38]

구독자를 만족시키기란 말처럼 쉬운 일이 아니다. 일부 편집자들은 조급함을 내비치기도 했다. 독자들은 특히 끈질기게 자신의 문학적 소양을 쏟아낸 글들이 신문 지면에서 한 자리 차지하기를 바랐다. 일반적으로 신문은 지면을 채울 뉴스가 부족한 절망적인 상황에만 독자 기고문에 눈을 돌렸지만, 이러한 기고문은 독자들에게 정말 인기가 높았던 것으로 보인다.

이처럼 독자들의 참여 덕분에 신문은 오로지 뉴스에만 집중하는 형식에서 벗어나 더욱 다양한 기사와 가벼운 주제를 다루며 잡지와 좀 더 비슷해졌다. 이러한 특성은 향후 수세기 동안 신문의 주요 흥행 요소가 되며, 신문이 뉴스와 오락을 모두 아우르는 데 중요한 역할을 하게 된다.

시사 극장

결국 사적인 편지들은 전반적으로 뉴스의 역사를 추적하거나 18세기에 새로 부흥한 시민 계층이 시사 사건의 흥망성쇠에 어떻게 반응했는지 규명하는 데, 실망스럽게도 큰 도움이 되지 않는다. 그렇다면 이제 상류층 사회에서 오고 간 편지에서 정치에 대한 관심을 기대할 수밖에 없다. 이들은 16세기 이후 서신을 통해 최근 사건에 대한 뉴스를 나눈 사람들과 바로 동일한 계층에 속한다. 때때로 이들 서신은 뉴스와 가십, 그리고 개인적인 정보가 혼재되어 있어서 약간 혼란스러울 수 있다. 폭동, 기근 또는 악명 높은 범죄자의 처형에 대한 언급에는 상류 사회의 추문이나 꽉 죄는 구두에 대한 불만이 섞여 있었다.

범죄와 처벌은 공개 처형을 구경하러 가는 것이 상류층 사회의 유행이었던 파리에서 특히 자주 언급되었다. 이 때문에 죄수의 이동 경로나 심지어 실제 처형 장소가 내려다보이는 창문을 두고 치열한 경쟁이 벌어지기도 했다.[39] 사형수가 상류층 출신일 때는 더욱 관심이 높았다. 1699년 파리 의회 고문의 아내인 마담 티케(Madame Ticquet)는 남편을 청부 살인한 혐의로 기소되었고, 결국 죄를 자백했다. 티케의 처형일이 되자 파리의 상류 사회는 티케의 처형 장면을 보기 위해 악명 높은 그레브 광장에 몰려들었다. 티케의 지인이었던 안 마르그리트 뒤 노이에(Anne Marguerite du Noyer)에 따르면, "온 궁정과 도시가 이 광경을 보기 위해 몰려갔다." 전망이 좋은 몇몇 집은 "방을 빌려주고 지금까지 그 어느 때보다도 큰돈을 벌었다."

뒤 노이에는 마치 극장에서 일등석에 앉아 있는 것처럼 사건을 보도했다. 다행히도 주연 배우는 최고의 공연을 보여줄 준비가 되어 있었다.

나는 시청사 창가에 앉아 저녁 5시쯤 하얀 옷을 입은 가련한 티케 부인이 도착하는 것을 보았다. [⋯] 티케 부인은 자신의 역할을 미리 연습해본 것처럼 보였다. 마치 이 모든 것이 단순히 연극이기라도 한듯 처형대에 입을 맞추고 구석구석에 눈길을 주었다. 마지막 순간까지 이러한 초연함을 보여준 사형수는 아무도 없을 것이다. 생쉴피스의 사제는 티케가 진정한 기독교인으로 죽었다고 말했다. 마음이 크게 흔들린 교수형 집행인은 티케의 머리를 제대로 내리치지 못하고 다섯 번이나 반복해서야 겨우 목을 칠 수 있었다. [⋯] 이렇게 파리 전체를 빛나게 하던 아름다운 티케 부인도 유명을 달리했다.[40]

20년 후, 파리는 대규모 범죄 조직을 운영한 혐의로 기소된 악명 높은 범죄자 '카르투슈(Cartouche)'의 처형을 목격한다. 그가 저지른 범죄의 규모와 선정성, 그리고 거열형에 처한 상황에서 보여준 그의 침착함("끔찍한 15분은 빨리 지나간다")은 언론에 광풍을 일으켰다. 카르투슈가 재판을 받기 전부터 코메디 프랑세즈(Comédie française)*의 배우들은 그의 삶과 범죄를 바탕으로 한 연극을 상연하고자 했다. 악취미라고 생각한 사람도 있었지만 어쨌든 연극은 진행되었다. 앞서 이 계획을 비판했던《메르퀴르 드 프랑스》는 이 연극이 "매우 재미있다"고 평가했다.

카르투슈에게 유죄 선고가 내려진 후 그는 공범의 이름을 밝히라고 심문받게 되었다. 그럼에도 그레브 광장에는 이 극적인 대단원을 놓치지 않으려는 군중이 몰려들었다. 처형 후에도 카르투슈에 대한 열기는 식지 않았다. 코마르탱 드 부아시(Caumartin de Boissy)가 여형제에게 숨가쁘게 말했듯이 "며칠 동안 모두가 카르투슈에 대해서만 말했어요." 오

3부 — 왜 폭동이 일어나는가?

---

* 프랑스 파리에 있는 국립 극장으로, 1680년 루이 14세의 칙령에 따라 몰리에르가 설립했다.

를레앙 공작 부인(루이 15세의 섭정이었던 오를레앙 공 필리프 2세의 어머니)은 이렇게 기록했다. "우연히 도임 공작과 샤우브 후작과 마주쳤다. 이들은 어제 카르투슈가 처형되었다고 말해주었다. 나는 잠시 동안 얼어붙어 아무 말도 할 수 없었다."[41]

이들 사건과 그에 대한 보도가 생생히 보여주듯이, 18세기에도 뉴스는 새로운 인쇄 매체를 끼고 목격담, 편지, 입소문이 뒤섞인 상태로 전파되음을 알 수 있다. 이 사건들은 계몽주의 유럽의 감정적인 기질도 냉철하게 보여준다. 물론 프랑스에서만 처형 광경이 대중의 오락거리가 된 것은 아니다. 처형이 더 주기적으로 이루어진 런던의 타이번*에는 좀 더 소란스러운, 더 넓은 계층의 관중이 몰리곤 했다.[42] 그러나 이것은 공동체 사람들을 모아서 범죄자가 처벌되는 것을 보여주고 정의를 실현하겠다는 당초의 의도와는 동떨어진 것이었다. 즉 공개 처형은 공동체를 치유하기 위한 일종의 추방 의례였던 것이다.[43] 18세기, 합리적 감수성을 자랑하던 이 시기에 피도 눈물도 없이 인간의 고통을 유흥거리로 삼았다는 사실은 다소 어울리지 않는 것처럼 보인다.

루이 14세는 궁정의 몇몇 숙녀가 마담 티케의 처형식에 참석한 것을 나무랐다. 인간에게 동정심이 있다면 여성이야말로 이러한 감정의 전형을 보여주어야 한다는 것이다. 그러나 루이 15세를 살해하려 한 혐의로 기소된 로베르-프랑수아 다미앵(Robert-François Damiens)이 처형되면서 이러한 상황은 극적인 전환점을 맞이했다. 그는 국왕의 시해죄에 내리는 전통적인 처벌에 처해졌다. 불에 달군 집게로 살을 비틀고 상처 틈새를 녹인 납과 기름으로 채운 후 네 마리 말에 묶여 네 갈래로 찢겼다.[44]

이 광경을 보려고 광장에는 전날 저녁부터 군중이 모여들었다. 자리

---

* 런던의 사형 집행장. 현재의 마블 아치 인근.

를 잡지 못한 사람들은 다미앵이 마지막 고해성사를 하는 노트르담 앞에 줄지어 섰다. 고문은 수 시간 동안 계속되었다. 한 시간 반 동안 말들을 달리게 한 후에야 겨우 사지를 절단할 수 있었다. 이 끔찍한 광경에 마침내 철학자와 형법학자 들은 이러한 응징의 축제를 멈춰야 한다고 마음을 돌리게 되었다. 정의를 구현하기 위해 좀 더 합리적이고 간소한, 여전히 공공 장소에서 이루어지지만 이상야릇한 의식을 배제한 방식도 모색하기 시작했다. 이전 집행에 도입되었던 범죄와 신분에 따른 형벌의 세심한 구분도 배제하고자 했다.

35년간의 논쟁 끝에 1792년, 새로운 참수 기계가 등장했다. 이 기계는 신분의 구별 없이 모든 사형수에게 똑같은 형벌을 가하는 것으로, 이전의 사형 집행에 동반된 섬뜩한 의식을 모두 제거하고, 단순하고 제작도 간편한 기기에 정의의 구현을 맡길 수 있다. 가히 이성의 시대에 걸맞은 살인 장치인 이 기계는 곧 시제품을 처음 설계한 저명한 의사의 이름을 따서 '기요틴(guillotine)'이라고 불리게 된다. 이 기계를 처음 사용한 사형 집행일에도 많은 군중이 모였으나 이들은 다소 실망할 수밖에 없었다. 행사가 너무 빨리 진행되어서 볼거리가 거의 없었던 것이다. 이윽고 군중들은 "나무 교수대를 돌려줘, 내 교수대를 돌려줘"라고 외치기 시작했다.[45]

이 실망한 청중은 자신들이 이 시대를 마무리하는 뉴스 사건의 주인공 중 한 명의 데뷔를 목격하고 있다는 사실은 알아차리지 못했다. 바로 프랑스 혁명이다. 이 사건은 1세대 유명 저널리스트와 정치인의 탄생을 이끌고 뉴스 보도에 변혁을 가져왔으며, 뉴스 시장을 미지의 세계로 이끌었다.

16장

자유를 부르짖다

18세기 중반은 유럽 언론의 통합이 일어난 시기였다. 주간 저널과 월간지가 등장하면서 정치적 주제에 대한 논평과 성찰은 범위가 더욱 넓어졌다. 새로운 신문이 창간되고 기존 신문은 폐간되면서 신문의 수도 차츰 늘어났다. 신문 시장 또한 꾸준히 유입되는 새로운 독자들로 유지될 수 있었다. 신문사는 구독자들에게 매주 1회나 3회 뉴스를 제공함으로써 상당한 수입을 올릴 수 있었다. 그러나 이 시기는 뉴스 시장에 엄청난 혁신이 일어난 시기는 아니었다. 영국에서는 의회 정치가 이제 연례 정기 회기로 확립되었으며, 파벌이나 정치에 간간이 위기가 찾아오면 갑작스러운 언론의 분노를 촉발하게 되었다. 1737년 소비세 확대에 따른 위기 동안 정부가 굴욕적으로 물러서고 로버트 월폴에게 격렬한 반발을 불러일으키는 데 신문이 기여한 것은 의심할 여지가 없다. 하지만 1742년, 월폴이 사임한 후에는 거품도 사그라들고 말았다.

프랑스에서는 《가제트》가 경쟁에서 보호받은 채 평온하게 항해했다. 언론 활동이 가장 급격히 성장한 곳은 주요 인구 밀집 지역에서 멀리 떨어진 곳, 즉 영국과 프랑스의 지방 도시(프랑스의 경우는 사실 비정치적 광고지였다)와 미국 식민지였다.[1] 점점 더 많은 중소 도시가 대도시의 신문을 충실히 모방한 신문을 하나씩 가지게 되었다. 이들 신문은 대도시 신문의 양식을 도입해 이러한 신문의 문구에 크게 의존하는 등 의식적으로 혁신하지 않고도 성공했다. 현지의 진정한 목소리를 담는 신문은 아직 등장하지 않았다.

한동안 뉴스업계는 까다로운 일 없이 적절한 수익을 보장하며 바쁘게 유지되다가 18세기의 마지막 수십 년 동안 완전히 급격한 재편을 겪었다. 프랑스, 영국, 미국 식민지에서 일어난 새로운 정치적 논쟁은 언론의 역할을 바꿔버렸으며 신문의 수와 발행 부수에 엄청난 증가를 가져왔다. 신문이 정치적 사건을 기록하는 것을 넘어 형성하는 데 중요한 역할을 한 것은 이번이 처음이다. 진정한 현대의 신문 산업으로 향하는 길에 중요한 이정표가 마련된 것이다.

윌크스와 리버티

계몽주의 철학자에게 존 윌크스는 투사로는 별로 어울리지 않는 인물로 보였다.[2] 무원칙적이고 기만적이며 노골적으로 야망을 드러내던 윌크스는, 공공의 문제에는 무심한 태도를 유지한 채 요란한 사생활을 이어갔다. 그는 끊임없이 빚에 허덕이고 우정과 의무는 저버린 채 별 볼 일 없는 경력만 쌓아오다가, 중년이 된 후에야 대의명분과 함께 선전과 관련된 재능을 발견했다. 여기서 대의명분이란 '언론의 자유'를 말한다. 윌크스가 오랜 투쟁을 끝냈을 시점에 대중 토론을 수용할 수 있는 경계와 정치적 절차에서, 신문의 역할에 대한 논의에 근본적인 변화가 일어났다.

새로운 국왕 조지 3세가 왕위에 오르면서 정당 정치가 부활한 순간 윌크스는 운 좋게도 공직자로서의 길을 모색하고 있었다. 군주의 변화는 지배 계층에게 피할 수 없는 동요를 일으켰다. 국왕이 국정의 모든 업무에 자신의 인장을 찍으려 한 것이다. 국정에 좀 더 적극적으로 개입하기로 결심한 조지 3세는 뷰트 경에게 자문을 구했다. 연약하고 예민한 스코틀랜드인인 뷰트는 자신의 친구들에게 보상하고 적들을 처벌하기 위해 정부의 권력을 남용하는 데 거리낌이 없었다. 쫓겨난 휘그당원들은 1763년 7년 전쟁*이 아무도 바라지 않은 평화 협정으로 종결된 후 분노의 정치적 명분을 찾았다. 윌크스는 기꺼이 휘그당의 독설가를 자처했다.

윌크스의 유명한 정치 전문지 《노스 브리튼(The North Briton, 스코틀랜드인)》은 당시 뷰트가 여론을 형성하려 창간한 기관지 《브리튼(The Briton, 영국인)》에 직접 대응하기 위한 것이었다.[3] 윌크스는 창간호의 첫머리부터 "이 나라의 자유를 위한 가장 굳건한 방벽"이자 "사악한 장관들의 공포의 대상"인 '언론의 자유' 수호라는 고매한 원칙을 내세웠다. 그가 고상한 정치 철학을 천명하는 것처럼 보이는가? 사실 언론인으로서 윌크스의 원칙은 그의 재정적 후원자인 템플 경에게 남긴 솔직한 고백에 더 잘 표현되어 있다. "특정인에 대한 풍자로 양념을 치지 않는 한 어떠한 정치 신문도 대중에게 즐거움을 줄 수 없습니다."[4]

《노스 브리튼》은 끈질기게도 무례하고 사적이며 대담할 만큼 노골적이었다. 휘그당 동료들에게 계속 정보를 공급받던 윌크스는 탄탄한 정보를 바탕으로 군 횡령 사건을 폭로했고, 이는 결국 국무장관에 대

---

* 오스트리아의 합스부르크 가가 독일 동부의 슐레지엔을 되찾기 위해 프로이센과 벌인 전쟁으로 프랑스, 스페인, 영국 등 유럽 열강이 대부분 참여했다. 영국이 지원한 프로이센은 결국 승리를 거두었으며 영국은 북아메리카와 인도에서 프랑스를 몰아내고 영토를 확보했지만, 전쟁 비용으로 엄청난 빚을 지게 되어 식민지에 세금을 물리기 시작했다. 이에 식민지 개척민들이 불만을 가졌고 미국 독립 전쟁이 시작되었다.

한 광기 어린 비난으로 마무리되었다. "그는 장관 자리에 오른 이들 중 가장 기만적이고, 저열하며, 이기적이고, 상스러우며, 비굴하고, 비열하며, 추잡한 인간이다."

윌크스는 이를 그리 심각하게 생각하지 않았다. 이탈리아의 중립 지대에서 윌크스와 마주친 제임스 보스웰(James Boswell)**은 그가 새뮤얼 존슨에게 독설을 퍼부은 것을 비판했는데, 이때 윌크스 자신은 개인적으로 존슨을 높게 평가한다고 기꺼이 인정했다. 하지만 윌크스는 "나와 내 친구들에게 맞서는 자는 누구라도 공격하는 것을 원칙으로 삼고 있다"고 답했다.⁵ 여기서 저널리즘은 단순히 뉴스만 전달하는 것이 아니라 당파적 독설의 매개체로도 기능했다.

《노스 브리튼》은 "한 개인의 가슴에 비수를 꽂기 위해" 존재했다. 그에게 피해를 입은 모든 이가 그와 마찬가지로 아무렇지 않았던 것은 아니지만 윌크스가 배짱이 없는 사람은 아니었고, 격분한 피해자 중 한 명인 윌리엄 탤벗(William Talbot) 백작과의 유명한 결투는 윌크스의 명성만 더 높였을 뿐이었다. 내각은 공직을 주겠다고 회유하며 그의 입을 닫게 만들려 했지만 윌크스는 이 사실마저도 사방에 알렸다.

이러한 소동 중 상당수는 월폴에 대한 언론의 혹독한 비판에서도 이미 볼 수 있었던 것이다. 윌크스가 진정으로 새롭게 개척한 영역이 있다면 그것은 이러한 비판에 국왕을 끌어들인 것이다. 악명 높은 《노스 브리튼》 45호에서 윌크스는 의회의 개회식 때 왕실을 대신해 발표된 국왕의 연설을 유례없이 자유롭게 비판했다.

이 나라의 모든 벗은 그토록 위대하며 훌륭한 성품을 가지신, 잉글랜드가 진정으로 존경하는 국왕께서 그의 성스러운 이름으로 이토록 끔찍

** 스코틀랜드 출신의 전기 작가.

한 조약을 승인했다는 것을 한탄해야 한다. […] 나는 이 왕국의 그 누구 못지않게 왕실의 명예가 진정한 존귀함을 유지하길 바란다. 왕실의 타락을 보게 되었다는 사실이 진정으로 개탄스럽다.[6]

여기에 아무 대응도 하지 않고 지나갈 수는 없었다. 내각은 이 잡지와 관련된 모든 사람을 체포하라는 일반 영장을 발급했다. 이로써 윌크스의 위상은 더 높아졌다. 이 시점까지 《노스 브리튼》은 본질적으로 정치 엘리트 집단 내부에서 분쟁의 도구였다. 그러나 출판업자, 인쇄업자, 직공, 행상인까지 모두 49명이 체포되면서 이제 윌크스는 그동안 알아보고자 했던 정말로 중요한 문제를 시험해볼 기회를 얻게 되었다. 바로 언론의 자유가 가진 한계는 어디까지인가다.

이 법적 조치는 윌크스가 의회 의원으로서 (비록 극악무도한 짓이긴 하나) 명예 훼손에 대한 체포 면책 특권을 누렸는지와 일반 영장(범죄 용의자의 이름 대신 죄목을 나열함)의 유효성, 이 두 가지 쟁점을 중심으로 전개되었다. 두 쟁점에서 모두 《노스 브리튼》은 의기양양하게 무죄를 입증받았다. 윌크스의 인쇄업자들도 풀려났고 부당 체포에 대해 상당한 손해 배상을 받았다. 윌크스는 유명 인사가 되었다. 재판을 받기 전 윌크스는 일반 대중에게 자신의 얼굴을 알리지 못해 안달이 나 있었다. 이러한 결핍은 먼저 토리당, 즉 적인 윌리엄 호가스(William Hogarth)*의 적대적인 판화 인쇄물이 널리 배포되면서 채워질 수 있었다. 곧 그의 얼굴은 석방을 축하하는 대판형 신문의 발라드에서, 도자기 접시에 새겨진 각인, 찻주전자, 담배 종이 등 모든 곳에서 볼 수 있게 되었다.[7]

바로 이런 것들이 18세기 런던에서 기대할 수 있었던 인기의 결실이다. 비록 음란죄와 해외 도피로 유죄 판결을 받으면서 파문을 일으

---

* 영국의 풍자화가.

16.1 유명세의 결실. 존 윌크스는 유약을 칠한 그림으로 영원한 생을 얻게 되었다.

키기도 했으나 윌크스는 계속해서 상당한 충성 팬을 끌어들일 수 있었다. 1768년과 1769년, 미들섹스의 하원 의원 자리를 지키려는 투쟁은 국가적 문제가 되기도 했다.**

　대담해진 언론은 이제 또 다른 전선을 향해 나아갔다. 광고 전문지였던《런던 데일리 포스트 앤드 제너럴 애드버타이저(The London Daily Post and General Advertiser, 런던 매일 우편 및 일반 광고주)》는 헨리 우드폴(Henry Woodfall)과 그의 아들 헨리 샘슨 우드폴(Henry Sampson Woodfall)을 편집자로 들이면서 완전히 새로운 모습으로 변모하게 되었다. 이후《퍼블릭 애드버타이저(The Public Advertiser, 공공 광고주)》로 명칭을 바꾼 이 잡지는 국내 정치 기사를 보강하면서 '주니어스의 편지(Letters of Junius)'라는 이름으로 익명 발행된 예리한 정치 에세이 시리즈를 게재하는 등 주요 혁신을 이끌었다. 1769년 내각을 강하게 비판하는 어조의, 국왕에게

** 윌크스는 1768년 미들섹스에서 하원 의원에 당선되었지만 국왕 비방 혐의로 수감되고 1769년 의회에서도 추방되었다. 그해 다시 미들섹스 선거에 나서 재선에 성공하지만 또 다시 의회에서 쫓겨났다.

보낸 서한 때문에 아들 우드폴과 편집자 몇 명이 체포되었다. 실로 놀랄 만큼 직접적이고 공격적인 내용의 서한을 실은 것이다. 주니어스가 국왕에게 고하기를 "국민의 불평으로 듣기 전까지는 진실한 말을 결코 들을 수 없다니 인생의 불운입니다"라고 한 것이다.[8]

편집자 세 명이 재판에 회부되었다. 맨스필드 최고 법관은 판사만이 선동적인 명예 훼손이 일어났는지를 판단할 수 있다는 근거로 배심원들에게 유죄 판결을 내리도록 지시했다. 배심원들은 피고가 간행물에 대한 책임이 있는지만 밝히면 된다는 것이었다. 그러나 배심원들은 이 지시를 따르기를 완강히 거부했고, 이에 따라 명예 훼손법을 대대적으로 개정하는 바람에 언론 통제 수단으로서 이 법안의 유용성도 크게 약화되었다. 선동적 명예 훼손에 대한 유죄 판결은 여전히 언론의 목을 죄고 있었지만, 이제 영국의 정권은 순종적인 판사뿐 아니라 좀 더 동정심이 많은 배심원단도 확보해야 했으므로 이를 기소하기는 더욱 까다로워졌다.

지금까지 신문은 정치 엘리트 계층에 불만을 품은 파벌의 지원을 토대로 국정의 운영을 공격하는 데 집중해왔다. 이제 공격의 대상은 의회 자체의 특혜로 옮겨갔다. 의회의 의사록을 출판할 권리는 1640년 찰스 1세에게 저항해 의회에서 의사록 작성을 장려한 이래로, 한 세기 동안 논쟁의 대상이 되었다. 이 권리는 왕정 복고 당시 찰스 2세에 의해 철회되었고, 그 후 다시 인가받았다가 철회되기를 주기적으로 반복했다. 주로 야당 측에서 발의했다가 야당이 권력을 쥐면 이를 바로 취소하는 식이었다. 신문은 실제로 이루어진 연설의 내용보다는 작가의 상상력에 좀 더 기댄 '연설 발췌문'을 단편적으로 조금씩 발행했다. 의회 기자로서 상당한 명성을 쌓은 새뮤얼 존슨이 친구에게 고백했듯이 큰 박수를 받은 윌리엄 피트의 연설은 완전히 존슨의 작품으로서, "엑세터 가(街)의 다락방에서 쓴 연설"이었다.[9]

이 문제는 1771년, 유명 저널인《미들섹스 저널 오어 크로니클 오브 리버티(Middlesex Journal or Chronicle of Liberty, 미들섹스 저널 또는 자유의 연대기)》(이하《미들섹스 저널》)의 인쇄업자 등이 규정을 위반하고 하원에서 이루어진 토론을 인쇄했다는 혐의로 소환되어 심문을 받았을 때 최고조에 달했다. 당시 런던의 취임 판사 자리에 있었던 윌크스는, 기소된 위반 행위는 어떠한 법령도 위반하지 않았으며 양도할 수 있는 권리를 위반한 선언에 불과하다는 근거를 들어, 몰염치하게도 법적 절차를 조작해 이 사건을 기각시켰다. 의회도 런던의 여론에 정면으로 대립하는 위험을 감수하는 대신 한발 물러섰다. 이후 의회 토론의 보도를 방해하려는 시도는 더는 이루어지지 않았다. 그러나 의회 중 필기는 금지되었으므로 저널리스트들은 불완전한 기억과 상상력에 의존할 수밖에 없었다.[10]

이 세 번의 위대한 세트 플레이 대결은 언론의 자유, 즉 누구든지 뉴스를 보도하고 의견(실제로는 신랄한 비판)을 제시할 권리를 누릴 수 있다는 원칙을 확립하는 과정의 돌파구를 마련했다. 18세기 초, 존 홀트(John Holt) 대법원장은 "국민이 자신의 정부에 대해 긍정적인 의견을 가지는 것은 모든 정부에 필수불가결하므로" 정부에 대한 비판은 범죄라고 주장할 수 있었다.[11] 하지만 60년 후 이러한 견해는 더는 설 자리가 없어졌다. 언론이야말로 "정치인들의 실수에서 그들을 바로잡고 그들의 일탈을 훈계할 수 있다"는 사실이 자명해진 것이다.[12] 존 윌크스와 같은 사람은 이러한 변화에 맞춰 태도를 바꿀 수 있었기 때문에 살아남고 번성할 수 있었다. 그처럼 무모하고 몰염치한 사람은 이전이라면 틀림없이 몰락했을 터다.

언론이 이러한 새로운 자유를 어떻게 행사할지는 두고 볼 일이었다. 그저 신문이 엄청나게 저속해질 권리를 얻었다고 보는 사람도 있었다. 1772년《미들섹스 저널》이 왕실 개혁안에 대해 다음과 같은 논평을

실었을 때 존경과 예의의 경계가 무너졌다고 느낀 사람이 많았던 듯
하다.

들은 바로는 국왕 폐하께서 잉글랜드를 순방할 예정이라고 한다. 폐
하께서는 약하지만 지혜는 더욱 깊어졌다. 그는 당신이 왕국의 모든 지
역에서 경멸과 혐오의 대상이 되고 있음을 너무나 잘 알고 있으므로, 어
디를 가든 무시와 모욕을 받게 될 것이라는 사실도 알고 있다. 그는 잉
글랜드를 순방하는 대신 큐에 묻힐 것이다.*13

정치인들이 바랄 수 있는 최선은 이 걷잡을 수 없이 퍼져가는 언론
이 다른 근사한 사냥감의 냄새에 현혹되어 주의를 돌리는 것뿐이었
다.** 예를 들어 1776년 여름, 미국 식민지에서 여러 불길한 사건이 전
개되는 동안 신문들은 긴장된 상태로 자기 성찰에 빠져 있던 것으로
보인다. 사실 런던은 몇 달 동안 기이한 (그리고 서로 관련된) 재판 두 건에
사로잡혀 있었다. 킹스턴 공작 부인이 중혼으로 기소되고, 이어서 부
인을 가혹하게 비판했던 희극 작가 새뮤얼 푸트(Samuel Foote)가 남색 혐
의로 재판에 넘겨진 것이다.

공작 부인에게는 대단한 법적 문제가 없었다. 재판 결과에 따라 공
작 부인의 지위를 계속 유지하거나, 만일 첫 번째 혼인이 입증되면 브
리스틀 백작 부인이 될 뿐이었다. 그러나 상원 전체가 여성 귀족에게

---

* 조지 3세는 어린 시절을 큐 궁전에서 보냈으며, 이후에도 큐 궁전과 윈저 성을 오가며 거주
　했다고 한다.
** 엘리자베스 처들리는 훗날 브리스틀 백작이 되는 헐베이라는 남자와 사랑에 빠져 몰래
　결혼식을 올렸지만 이내 사이가 멀어진다. 그 후 처들리는 피에르퐁 공작과 결혼하기 위
　해 이혼을 하려고 했지만, 법원은 헐베이와 결혼했다는 증거가 없어 이혼도 불가하다는
　판결을 내린다. 이에 따라 처들리는 피에르퐁과 결혼식을 올렸지만, 이후 피에르퐁이 사
　망하면서 전 재산을 처들리에게 남기자 피에르퐁의 가족이 처들리에게 중혼 혐의를 제기
　하며 소송을 걸었다.

16.2 악명 높은 새뮤얼 푸트. 그는 정치적 풍자 때문에 영향력 있는 적을 너무 많이 만들었다.

판결을 내리는 날 웨스트민스터 홀은 관중으로 가득 찼고, 하원의 회기가 중단되었다. 반면 사회 명사들을 흉내냄으로써 큰돈을 벌고 적도 많았던 푸트는 비록 관심을 덜 끌었지만 (이례적으로 국왕이 개인적으로 관여함으로써) 적어도 무죄 판결을 받을 수 있었다.[14] 런던에서는 당대의 파리와 마찬가지로 극장이 유명인 문화가 발전하는 데 중요한 역할을 했을 뿐 아니라 게걸스러운 신문의 발행 부수를 높여주었다.

독자들이 언론의 활력과 선정성에 이끌렸다는 데는 의심의 여지가 없다. 18세기의 마지막 수십 년 동안 정치는 국민 스포츠가 되었다. 가령 1760년대와 1770년대에 윌크스의 하원 입성에 대해 장기간 일어난 논란은 지방 신문에서 지면을 꽤 차지했으며 1780년대부터는 전국의 언론이 의회를 개혁하기 위해 강력한 캠페인을 옹호하기 시작했다.[15] 지방 신문들은 대체로 주 1회 발행이라는 틀을 계속 유지했다. 반면 런던에서는 일간지의 비중이 점차 높아지고 있었다. 신문은 정치판에서 큰 성공을 거두었다. 정치적 논평에 광고와 사교계 가십, 외신을 능란하게 통합하는 데서도 점차 전문성이 강해졌다. 대도시 정치와 상업의 혼돈 속에서 점차 성숙한 신문의 윤곽이 드러나기 시작했다.

갈라진 가족

영국 언론에서 이루어진 이러한 혁신은 특히 미국 식민지에서 위기 상황이 장기화되면서 정치에 대한 관심이 다시 활발해진 것에 힘입은 바가 크다. 그러나 영국의 무결한 지배력에 처음으로 제기된 이 충격적인 시련에도 제국에 대한 충성심은 전혀 퇴색하지 않았다는 점에는 분명 의미가 있으며, 언론의 발전 과정에서 진정한 이정표가 되었다. 미국의 정체성 위기는 잉글랜드에서 실제로 논쟁을 불러일으켰으며, 이때 영국에서 많은 이가 식민지 개척자들이 주장하는 권리와 특권을 옹호했다.

언론의 역사라는 창으로 미국의 독립 혁명을 보면 결국 이 사건은 집안 싸움이었으며, 그래서 더욱 고통스러웠다. 뿌리 깊이 흐르는 친족이라는 감각 때문에 1760년대를 거치며 곪아 터진 상처는 더욱 쓰라리고 혼란스럽게 느껴졌다. 초기 미국 신문의 탯줄은 런던에 완전히 연결되어 있었다. 런던은 뉴스의 원천이었으며 런던의 신문은 모방해야 할 전형이었다.

미국 식민지에서 신문은 매우 느리게 발전했다.[16] 이르게는 1634년에도 보스턴에 인쇄소가 있었지만, 뉴스 정기 간행물이 처음 등장한 것은 1690년에 이르러서였다. 이 간행물, 벤저민 해리스(Benjamin Harris)의 《퍼블릭 어커런시즈 보스 포린 앤드 도메스틱(Publick Occurrences Both Forreign and Domestick, 해외 및 국내 사건)》은 단 한 호만 발간된 후 금지되었다. 그 후 1704년이 되어서야 당국의 지원으로 지역의 우편국장 존 캠벨(John Campbell)이 《보스턴 뉴스레터(The Boston News-Letter, 보스턴 소식지)》를 배포하기 시작했다.

유럽 최초의 신문처럼, 캠벨도 기존의 서비스를 기계화할 방법을 모색했다. 그 또한 우편국장으로서 급보를 배송받아 단골 고객에게 필사본 소식지를 발송하는 등 특권적 지위를 활용하는 방법을 이미 알고 있었기 때문이다. 캠벨이 발행한 주간 신문도 이 틀에서 크게 벗어나지 않았다. 캠벨이 관리하는 동안 《보스턴 뉴스레터》는 본질적으로 유럽을 비롯해 주로 런던의 뉴스를 요약해 보도했다.

캠벨은 신문 발행인으로 그리 적합하지는 않았다. 성미가 고약한 캠벨은 독자들이 자신의 노력을 높이 평가하지 않는다고 생각할 때마다 연민에 빠져 자기를 합리화하는 긴 기사를 썼다. 그러나 신문이 어떤 모습을 갖추어야 하는지에 대한 그의 선견지명은 신문에 매우 깊은 영향을 미친 것으로 나타났다. 1690년에 창간한 신문이 곧 발행 금지되는 등 과거의 상처가 있는 런던의 논객 벤저민 해리스는 보스턴 차 사건과 관련된 논쟁에 지역 사회를 참여시키고자 했다.

반면 캠벨은 지역의 뉴스를 거의 싣지 않았다. 《보스턴 뉴스레터》는 런던의 신문에서 발췌한 급보를 엄격히 있는 그대로, 보통은 철저히 지루하게 옮겼다. 캠벨은 이러한 방식을 고수하기로 작정했으므로 유럽 뉴스에 대한 보도는 꾸준히 뒤처졌다. 1719년이 되자 《보스턴 뉴스레터》는 유럽에서 1년 전에 일어난 사건들을 꼼꼼히 보고하고 있었다.

이는 기록 저널의 원칙을 기이한 극단까지 몰고 간 결과로, 다행히도 미국의 다른 뉴스 발행인들은 이러한 강박을 느끼지 않았다. 1719년 보스턴에 캠벨의 경쟁자가 등장했고, 그 후 필라델피아, 뉴욕, 뉴포트, 찰스턴에서 신문이 곧 창간되었다. 그러나 어떤 신문도 유럽의 사건을 다루어야 한다는 강박에서 벗어나지 못했다. 1723년과 1765년 사이에 발간된 《펜실베이니아 가제트(The Pennsylvania Gazette)》의 내용을 분석한 결과, 이 오랜 기간 동안 뉴스 기사 중 70퍼센트가 유럽 대륙과 영국에 관한 것으로 밝혀졌다.

그럼에도 지리와 물류 요인 때문에 결국 미국의 신문은 유럽인(人) 선조들과는 다른 길을 걸을 수밖에 없었다. 바위투성이 해안선을 따라 길게 늘어선 각 지역 사회는 정착 방식도 각기 다를뿐더러 서로 멀리 떨어져 있었기에, 마을에는 대부분 일련의 자급자족적인 시장이 들어서게 되었다. 또한 비록 유럽에 편향되어 있기는 했지만 긴 겨울 동안에는 대서양 횡단이 중단되었으므로 런던의 신문을 통해 들어오던 뉴스도 몇 달 동안 갑작스럽게 끊기게 된다. 이 기간 동안 신문들은 지면을 채우기 위해 광고, 독자의 편지, 재치 있고 가벼운 읽을거리 등 창의적인 해결책을 찾아야만 했다. 1730년대에는 일종의 문학 신문이 유행하기도 했다. 1720년대에는 보스턴을 떠들썩하게 했던 면역 대논쟁 등, 현지의 정치적 논쟁에 대한 기사도 증가했다.[18]

1740년 이전에는 다른 식민지에서 받은 뉴스 보도도 느리지만 변화가 느껴질 만큼 늘어났다. 이와 같은 방식으로 신문은 아메리카 식민지 내 공동체 의식이 성장하는 데 중요한 역할을 했다. 그러나 공동체가 공유하는 가치는 본질적으로 대서양의 건너편에 뿌리를 두고 있었다. 초기 아메리카 대륙의 독자들이 가지고 있던 사회적 전제인 청교도주의, 인과응보, 가족의 미덕, 근면, 다른 모든 국가와 비교했을 때 월등한 영국의 우월성에 대한 강한 믿음은 영국에서 (몇 달 일찍) 대체로 동일한 뉴스를 접한 독자들과 크게 다르지 않았다.

이런 상황에서 영국과 미국 사이에 분쟁이 발생하면 더욱 격렬한 양상을 띠게 된다. 1756년부터 1763년까지 벌어진 7년 전쟁은 아메리카 대륙에서 일어난 유럽 분쟁의 직접적인 원인이 되었다. 이 분쟁은 본국에서 벌어졌으므로 현지 신문이 국내 사건을 다루는 비중도 크게 늘

16.3 〈뭉치지 않으면 죽는다〉. 친영국 프로파간다에 영감을 받은 벤저민 프랭클린의 그림.

어났다. 당시의 위기 상황은 식민지 시대의 가장 상징적인 이미지에도 영감을 주었다. 식민지를 끊어진 뱀으로 묘사한, '뭉치지 않으면 죽는다(Join, or Die)'라는 표제가 적힌 벤저민 프랭클린의 삽화가 그것이다.

아이러니하게도 처음에 이 만화(아마도 아메리카 대륙 최초의 만화일 것이다)는 친(親)영국적인 것이었다. 식민지 국가가 한데 뭉쳐 프랑스에 대항하지 않으면 파멸에 직면하리라는 경고였던 것이다. 프랭클린의 《펜실베이니아 가제트》 2면에 작게 실린 이 그림은 처음에는 그다지 눈에 띄지 않았으나,[19] 곧 독자들의 관심을 끌기 시작해 뉴욕과 보스턴의 신문에 다시 인쇄되었다.[20] 이후 인지세법 위기 때 다시 발견되어 가장 강력한 애국적 구호 중 하나로 역사에 남게 된다.

7년 전쟁에서 영국은 승전국이 되었으나 금고는 텅텅 비어버렸다. 아메리카 대륙에서 얻은 영토를 지키려면 군대를 영구적으로 주둔시켜야 했다. 영국 의회는 이 비용을 지불하기 위해 새로운 세입을 마련하기로 결정하고, 일부는 식민지에 부과했다. 이를 위한 한 가지 방법은 영국 신문에 세금을 매긴 것과 마찬가지로 식민지 신문에도 세금을 물리는 것이었다. 이로써 신문은 특별 허가와 인증을 받은, 인지가 찍힌 종이를 사용해야 했다.

1765년 인지세법이 한 가지 보여준 것이 있다면 언론은 그 자체의 경제적 이해관계와 관련된 것인 한 언론 자유의 수호를 위해 더욱 목소리를 높이고, 독선적이며 활발해진다는 것이다. 아마도 영국 행정부는 1712년 영국에서 인지세를 부과한 경험 때문에 크게 걱정하지는 않았던 것 같다. 당시 최악의 결과를 예측했음에도 영국 언론은 거의 동요하지 않고 세금의 의무를 받아들였다.[21] 그러나 미국 언론은 영국 언론만큼 뿌리가 깊지 않았으며, 런던에서 인지가 찍힌 종이를 들여오는 데 추가적인 물류 문제가 발생했다. 결국 인지세법은 1년 만에 폐지되었지만, 미국의 여론은 언론의 능란한 솜씨로 회유되어 처음으로 성공을 맛보게 된다.[22]

인지세법 위기는 다른 측면에서도 결정적인 영향을 미쳤다. 짧지만 격렬한 소요로 비록 처음에는 일말의 거부감을 느끼는 사람도 있었지만, 이제 신문은 입지를 확고히 하고 충성 독자를 얻었다. 이러한 소요의 당파적 어조는 미국 언론의 기존 전통에 완전히 반하는 것으로, 다음 10년간 미국의 독립 혁명에 대한 논쟁으로 계속 이어지게 된다. 한 지역 사회가 공급받는 신문은 미국의 신문이 유일한 경우가 많았으므로, 신문 발행인들은 무엇보다도 독자들의 심기를 거스르지 않으려고 애썼다.[23] 이를 위해 신문들은 현지의 정치 뉴스를 비교적 제한적으로 실으면서 국내의 정치적 논쟁에서 중립성과 평판을 유지할 수 있었다. 이는 1731년 벤저민 프랭클린이 〈인쇄업자에 대한 사과(Apology for printers)〉에서 원칙의 문제로 제시한 것으로 유명하다. "인쇄업자들은 사람 사이에 의견이 다르면 대중에게 양쪽의 의견을 똑같이 알려야 한다는 신념을 교육받는다."[24]

그러나 당대의 새로운 풍조에서는 그러한 대화합적인 감수성이(감성이) 차지할 여지는 거의 없었다. 자유라는 명분에 충분한 열의를 보이지 않은 인쇄업자들은 구독자를 잃었고, 예전의 동료들에게 냉담한 반응을 얻었다. 찰스턴의 피터 티모시는 한때 그 주에서 "가장 인기 있는 사람"이었으나 어느 날 "가장 인기 없는 사람"이 되었다.[25] 다른 곳과 마찬가지로 찰스턴에서도 현지의 애국자들은 경쟁하는 신문들 가운데 자유의 이상에 더 우호적인 신문을 지지했다. 많은 인쇄업자가 애국주의적 태도를 보이기 주저했다. 그러나 여론의 열기는 그 어느 때보다 강했다.

이런 의미에서 독립 혁명 기간에 언론이 취한 지나친 애국주의적 논조가 꼭 언론이 원해서 선택한 결과였던 것은 아니다. 언론의 자유는 혁명 운동의 기본 원칙으로서 열렬한 비호를 받았지만 그것이 공공의 이익을 해치는 출판물에까지 확대되어서는 안 된다고 널리 받아들여졌다.[26] 대중은 애국주의자들이 마련한 세심한 기준을 거칠게 강요하며 자체적으로 검열을 실시했고, 혁명 정치에 충분히 열의를 보이지 않는 인쇄업자들을 괴롭혔다. 인쇄소에 쳐들어가 조판을 부수기도 했다.

인지세법 반란에서 묘할 정도로 손쉽게 승리를 거둔 후, 이러한 결과는 한 가지 측면에서 오해를 불러일으킨 것으로 보인다. 미국에서 여론이 이처럼 명백하게 통합된 경우는 이후에도 다시는 없었다. 느리고 오랜 대립으로 미국은 심하게 분열되었다. 괴롭힘을 당한 뉴스 발행인들은 그날의 사안과 근본적으로 의견이 맞지 않은 독자를 만족시키기 어려움을 깨달았다. 다행히도 이 몇 년 동안 정치적 의제를 형성하는 부담을 신문만 모두 짊어져야 했던 것은 아니다. 가장 중대한. 영향력 있는 정치적 발언은 전부 팸플릿으로 출판되었다.

토머스 페인(Thomas Paine)의 《상식(Common Sense)》은 12만 부가 판매되는 등 팸플릿은 엄청난 부수가 팔렸다. 《상식》은 미국의 독립 전쟁에 대해 지금까지 진행된 논쟁 대부분에서 법적인 부분을 요리조리 파헤치며 기발한 설명을 제공함으로써 미국의 13개 도시에서 25판까지 인쇄되었다.[27]《상식》은 팸플릿의 유행에서 눈에 띄는 한 사례일 뿐이다. 팸플릿 발행은 인지세법 위기 동안 처음으로 절정에 달했다가 1775년부터 1776년 사이 교전이 시작되면서 두 번째 전성기를 맞이했다.[28] 그 후 뉴스 발행인과 팸플릿 제작자는 이러한 유행이 지속되기 어렵다는 사실을 깨달았다. 전투로 유통망이 붕괴되면서 많은 인쇄업자가 다른 지역으로 이동해야 했다. 군사적 목적에 따라 자원을 다시 배치해야 했으므로, 군대의 이동에 관해 민감한 정보를 널리 보도할 수 없는 것도 당연했다.

혁명의 속도는 매우 느렸다. 미국 독립 전쟁이 시작된 콩코드 전투(1775)부터 미국의 독립이 승인된 조약인 파리 조약(1783)까지, 전쟁은 8년 동안 지속되었다. 처음 인지세법이 도입된 후 장장 24년이 흐른 뒤에야 조지 워싱턴이 초대 대통령으로 취임했다. 1760년대 당시 혈기에 찬 청년들은 미국이 독립 국가로 부상하기 전에 이미 늙어버렸다.

다소 평화로운 시기가 오랫동안 이어진 가운데 가끔씩 극적인 위기의 순간이 찾아오곤 했다. 대서양의 그 먼 거리를 가로질러 제안과 충성 연설, 고통스러운 항의를 주고받으며, 반란이 전면적으로 재개되기까지 계속해서 주춤거림이 반복되었다. 심지어 전쟁이 끝난 후에도 여러 입법 및 헌법 제정 기관은 끔찍할 정도로 느릿느릿 앞으로 나아갔다. 뉴스를 배포하는 측면에서, 반란을 일으킨 지방은 매우 특이한 상황에 처해 있었다. 드넓게 펼쳐진 연안 지역과 거의 개척되지 않은 내륙 지역에 걸쳐 서로 다른 문화적 유산을 가진 정착민들이 공동의 대의를 구축하고자 했기 때문이다. 당시의 신문을 연달아 쭉 읽어보면 예상치 못하게 평온한 인상을 받을 수도 있다. 사회에서는 일상이 계속 유지되면서도 간간이 엄청난 사건들이 불쑥 끼어들었던 것이다.

1775년 발행된《버지니아 가제트(The Virginia Gazette)》는 매주 4쪽씩 세로단 3개로 구성된 2절판 신문으로, 필요한 경우 부록도 첨부되었다. 4월 28일 자 신문은 콘스탄티노플에서 온 뉴스로 시작되었다.[29] 2월 2일 런던에서 열린 의회 토론에서는 상원 의원 채텀 경이 긴 연설을 했다. 광고는 두 번째 쪽의 가운데 세로단에서 시작해 신문의 나머지 지면을 모두 차지했으며, 말 번식장의 말을 홍보하고 도망친 노예들의 귀환을 호소하는 등의 내용이었다. 렉싱턴과 콩코드 전투에 관한 첫 번째 뉴스는 교전 5일 후인 4월 24일 필라델피아에서 보내온 것으로, 반쪽짜리 부록에 실려 있었다.

종종 광고는 지역 사회에서 혼란이 번져가고 있음을 암시하기도 했다. 미국을 떠나는 사람들이 물건을 팔려고 광고를 낸 것이다. 하지만 삶은 계속된다. "항상 자유와 공공선을 추구"하는《버지니아 가제트》는 계속해서 도망간 하인과 노예를 되찾는 광고를 실었고, 때로는 가정 불화를 넌지시 암시하기도 했다.

제 아내 프랜시스가 최근 매우 심상치 않은 방식으로 행동했습니다. 이에 따라 모든 분께 제 신용으로 아내와 어떠한 거래도 하지 말 것을 경고합니다. 이 날짜 이후로 아내와 맺은 계약으로 생긴 어떠한 부채에 대해서도 책임을 지지 않을 것입니다.[30]

혁명 때문에 신문들이 자신의 역할을 너무 진지하게 받아들이게 되었다는 주장도 일면 타당하다. 인구 밀도가 높은 항구 도시, 즉 신문 대부분이 탄생한 바로 그곳의 주민들은 가족, 직장, 상업적 연결망을 통해 신문에서 읽는 것보다 훨씬 새롭고 관련성 높은 뉴스를 상당히 많이 접할 수 있었다.[31] 신문은 대부분 여전히 일주일에 1회, 많아야 2회 정도 발행될 뿐이었다. 먼 곳에서 온, 한 달이 지난 뉴스에는 흥미가 덜

하기 마련이며, 광고 면에 실린 상업적 안내문은 시골 구독자에게는 거의 쓸모가 없었다. 전쟁 기간에 여행자, 선장, 귀환병들이 특히 구두로 전달하는 소식은 당시 사람들이 불확실한 사건의 흐름을 파악하는 데 결정적인 역할을 했다.

언론이 혁명에 어떤 영향을 끼쳤는지는 알 수 없으나, 혁명이 언론에 지대한 영향을 끼친 것은 분명하다. 1763년과 1775년 사이에 발행된 신문의 수는 2배가 되었고, 1790년에 다시 2배 더 늘어났다. 그해에 미국의 주들은 대략 62개 지역에서 신문 99종을 출판했다. 신문은 이제 미국 출판업계의 가장 중요한 버팀목이 되었다.[32] 여전히 상당한 양의 문학책과 역사서 및 학술서가 수입되고 있던 시대에, 인쇄업자가 사업을 계속하기 위해서는 신문을 보유하는 것이 거의 필수가 되었다.

이런 식으로 새로 부상하는 국가의 대의와 언론을 결부한 데는 단지 애국심에서뿐 아니라 경제적 이익도 큰 역할을 했다. 혁명 운동 동안 시작된 투철한 애국주의 논조는 영국이 패한 후 헌법 논쟁이 벌어진 기간에도 계속되었다. 언론은 압도적으로 연방을 지지했다. 연방 헌법의 첫 시행령 중 하나가 회의를 비밀리에 부치기로 한 것임을 고려하면 언론의 이러한 헌신은 상당히 주목할 만하다. 그 의도는 대표들을 대중의 압박에서 떼어놓으려는 것이었지만, 덕분에 신문들은 오랜 숙의 기간 동안 더는 좋은 기사를 지속적으로 제공받을 수 없게 되었다.

몇 년 후 프랑스 혁명가들은 이에 반대하는 견해를 명시적으로 채택하면서 저널리스트들이 후속 헌법 회의에 참석해 토론 내용을 보도하도록 장려했다. 언론은 비준 과정 동안 진가를 발휘했고, 이는 이미 정해진 결론과는 상당히 거리가 있었다. 버지니아가 마지못해 비준에 동의하고 뉴욕에서 과반수를 차지하는 반(反)연방주의자들이 아주 적은 차이로 패배하면서 비로소 새로운 헌법이 발효될 수 있었다.

새로운 국가의 수립에 열렬히 헌신한 언론에 아무런 보상도 하지 않을 수는 없었다. 1790년 제임스 매디슨(James Madison)의 주도 아래 발효된 '권리 장전*'은 그것의 수정 제1조에서 의회는 "언론의 자유 또는 발언의 자유를 침해하는 […] 어떠한 법도 제정해서는 안 된다"고 기술한다. 그러나 이러한 자유는 여전히 지배적인 윤리, 사회적 관습, 파벌 정치의 검증을 거쳐야만 했다. 당대의 여론은 버지니아 권리 장전의 "언론의 자유는 자유의 가장 위대한 방벽으로 전제적인 정부가 결코 제한할 수 없다"는 주장과, 1792년 버지니아 주에서 시행된 "가짜 뉴스 유포자에 대한 법령"을 아무런 모순 없이 수용했다.[33] 인지되지 않은 긴장은 공개 토론의 장에 생동감과 악의, 그리고 고도로 당파적인 문화를 형성했고, 이는 새로운 국가의 정치를 빛내는 장식이자 저주가 되었다.

빈 감옥

1789년 7월 14일, 당시 무기고로 사용된 파리의 오래된 감옥 건물인 바스티유 감옥 밖에 군중이 900여 명 집결했다. 재판 없이 죄수들을 감금할 수 있는 낡은 전제적 제도인 '봉인장(lettres de cachet)'의 흔적은 거의 남아 있지 않았다. 그럼에도 바스티유 감옥은 강력한 상징적 건물이었다. 군중은 바스티유를 해방시키기로 결정했고 이제 감금되어 있는 죄수는 얼마 없지만 적어도 화약 재고는 확보할 수 있으리라 기대했다.

오전 내내 반군은 바스티유에 주둔 중인 소대 지휘관인 로네 후작과 긴장된 협상을 진행했다. 그러나 협상은 별 성과를 거두지 못했고

---

* 1776년 6월 12일 버지니아 의회에서 채택된 법안으로 이후 미국의 권리 장전에 큰 영향을 준다.

오후가 되면서 점점 더 혼란스러운 상황이 이어지는 가운데 총격이 오 갔다. 훈련된 병사를 포함해 혁명군이 속속 도착하면서 주둔군은 결국 항복할 수밖에 없었다. 로네와 그의 병사들 중 일부는 끌려 나와 목이 잘렸으며 나머지는 군중이 대포를 포획한 후 호송되었다.

이처럼 정치적으로 중대한 격동의 시기에, 이 날이 프랑스 역사에서 상징적인 날 중 하나가 되어야만 하는 이유는 거의 없었다. 사실 이 날 이 프랑스의 중요 기념일이 된 것도 1880년 이후부터였다. 풀려난 죄 수 7명의 면면도 초라했다. 여기에는 위조범 4명과 정신 병동에 재수 감되어야 하는 죄수 2명이 포함되었을 뿐, 무시무시한 전설의 바스티 유 정치범은 아니었다. 프랑스는 물론 해외에서도 기성 언론들은 즉각 적인 대응을 자제했다.《가제트 드 프랑스(Gazette de France, 프랑스의 가제 트)》는 당연히 이 소동을 완전히 무시했다. 외국 언론은 이 사건에 더 큰 의미를 부여하기보다는 하나의 반란 폭동으로 보도했다.

진정한 정치적 의미에서 이 사건이 삼부회 소집, 테니스 코트 서약 또는 베르사유에서 국왕을 강제로 귀환시킨 사건보다 더 중요하게 간 주될 이유는 거의 없다. 혁명적인 사건으로는 1788년 그르노블에서 일 어난 반란이 앙시앵 레짐에 훨씬 더 강력한 도전이었지만 현재 이 사 건은 혁명 연표에 거의 포함되지 않는다.

바스티유 습격이 그르노블 반란과 같은 운명을 겪지 않을 수 있었던 것은 파리에 새로 등장한 대담한 언론인들 덕분이었다. 텅 빈 감옥의 몰락을 억압된 민중의 상징적인 각성으로 선포하는 축하 팸플릿과 삽 화가 실린 대판형 신문이 쏟아져 나왔다.[35] 자리를 잡아가는 중인 신 문사들도 재빨리 이에 대해 다루기 시작했다. 앙투안-루이 고르다스 (Antoine-Louis Gordas)가 자신의《쿠리에 드 베르사유 아 파리(Courier de Versailles à Paris, 베르사유에서 파리로 전하는 편지)》에 썼듯이 "어제는 우리 역 사의 기록에서 영원히 기억될 것이다. 이 날은 가장 위대한, 어쩌면 가장 운이 좋은 혁명의 길을 열어주었다."[36]

1789년에서 1794년 사이 프랑스에서 일어난 이 이례적인 사건들은 팸플릿, 저널, 대판형 이미지, 정치 가요 등 모든 매체에서 뉴스 간행물의 급증을 수반했다.[37] 혁명 이전의 정치적 위기와 삼부회 소집은 정치 팸플릿의 꾸준한 증가를 촉진해 1788년 1500여 종에서 1789년 삼부회 대표 선거가 열리던 첫 4개월 동안에는 2600종 이상으로 증가했다. 1787년 이전 12년간 발행된 팸플릿이 400종에 불과했던 것에 비하면 엄청난 고속 성장이다.[38] 앙시앵 레짐 동안 세심하게 구축된 후 150년 이상 지속된 언론 통제 체계는 이제 완전히 증발해 버렸다. 국민 의회*가 언론의 자유를 놓고 길고 진지한 논쟁을 벌이는 동안에도 사건과 서적의 거래는 계속 이어졌다.

1789년 이후 파리의 책 길드에서 응석받이 특권층 회원들은 자신들의 세계가 뒤집히는 것을 목격했다.[39] 이전 2세기 동안 프랑스 궁정은 의도적으로 인쇄 산업을 수도에 집중시키고 소수의 대기업을 우대하는 정책을 펼쳤다. 예측할 수 있겠지만, 수많은 부유층 인구를 위한 서적의 제작을 몇몇 기업이 독점하게 되면 혁신이 저해된다. 파리 출판사들이 17세기의 정본들을 다시 인쇄하는 등 시대에 뒤떨어진 책만 쌓아가자, 독자들은 해외로 눈을 돌려 반쯤 묵인된 불법 서적을 수입해 활기찬 시장을 개척했다.[40]

이제는 전례 없는 사건의 압력으로 기성 출판 시장의 큰손은 그냥 그렇게 사라져 버렸다. 궁정은 비밀리에 상당한 보조금을 지급하는 등 자신들에게 동조하는 언론을 지원하기 위해 노력했지만, 1789년에서

---

* 1789년 삼부회가 의결권을 둘러싸고 파행이 장기화되자 제3신분인 평민들이 별도로 구성한 의회. 이에 루이 16세가 분노하여 회의장을 폐쇄하자 평민 대표들은 테니스 코트에 집결하여 해산 불가를 서약했다. 소요 사태를 두려워한 루이 16세는 결국 국민 의회를 승인했고 이후에는 '국민 제헌 의회'로 개정한다.

1793년 사이 파리 인쇄업계의 거물들 중 여럿이 파산을 신청했다. 그리고 그들의 자리는 완전히 새로운 세대가 차지하게 되어 이들 중 많은 수가 서적상으로서 정치 서적에 대한 당대의 갈망을 감지하고 있었다.

이러한 갈망을 채워주기 위해 이제 이들은 자체적으로 출판사를 설립하게 된다. 이들 뉴스 발행인과 서적상은 1789년 이후, 기존에 출판하던 팸플릿 대신 이제 정기 연재물을 출판하기 시작했다. 이러한 전환이 즉각적으로 성공을 가져온 것은 아니며 모두 성공했던 것도 아니다. 바스티유의 함락을 축하하는 팸플릿 중 오직 하나만이 연재물로 발표되고 있었다. 새로 창간된 신문 중 대다수가 마찬가지로 빠르게 사라졌다. 대신 저널이 매일, 일주일에 3회 또는 매주 발행되면서 1789년부터 1790년까지 혁명 논쟁의 중심으로 자리매김했다.

앙시앵 레짐 동안 정기 간행물에 관해서는 선택의 여지를 의도적으로 없앤 국가에게 이는 중대한 변화였다. 혁명 기간의 팸플릿 급증은 어떤 면에서는 꽤 전통적인 현상이었다. 예를 들어 17세기 중반에 일어난 프롱드의 난 당시 왕권이 붕괴하는 동안에도 팸플릿이 쇄도했다.[41]

그러나 이때 파리에서 폭발적으로 저널이 발간된 현상은 유럽의 어느 국가에서도 볼 수 없는 규모였다. 1788년 파리에서 발행된 저널은 4종에 그쳤으나 1789년에는 184종, 1790년에는 335종으로 급증했다. 혁명이 절정에 달했을 때는 이러한 다양한 간행물이 많게는 하루에 30만 부씩 거리에서 판매되기도 했다.[42] 파리는 갑자기 활기차고 열정적이며 헌신적인 신문으로 넘쳐나게 되었다. 그리고 이러한 간행물들은 곧 정치적 의제를 지배하게 되었다.

이 새로운 연재 간행물은 대부분 다소 촌스러운 작은 부클릿(booklet, 소책자)에 가까웠으며 인쇄업자와 독자 들에게 이미 익숙한 지저분하고 값싼 팸플릿과 거의 차이가 없었다. 영국에서 신문은 50년간 꾸준히 성장하고 발전하며 고유한 특징을 가지게 되었지만, 그러한 역사가 없는 프랑스의 인쇄업자들은 이처럼 갑자기 쇄도하는 신문의 물결 속에서 디자인을 고민할 시간이나 자원이 거의 없었다. 초기의 뉴스 연재물은 대부분 익숙한 팸플릿에 가까운 형식을 유지하며 기존 팸플릿과 유사한 작은 8절판 형태로 출판되었다. 보통은 정치와 관련된 기사가 8쪽을 빼곡히 채웠다.

정치적 변화의 물결을 따르는 데 능했던 샤를-조제프 팡쿠크는 런던 언론의 3단 2절판 형식을 모방해《모니퇴르(Moniteur, 조언자)》를 구상했다.[43] 하지만 이는 극히 이례적인 경우였다. 혁명기 동안 신문은 대부분 아직 자리가 잡히지 않은 인쇄소에서 출판되었다. 사태의 시급성 때문에 정교한 디자인보다는 신속한 작업이 필요했던 것이다.

다시 말해 이들 신문은 유럽의 다른 지역 신문들이 보인 우아함이나 균형감은 없었으며, 내용이나 주제가 다양하지도 않았다. 혁명기의 파리 신문은 오로지 정치에만 몰두했다. 당시 정치에 관해서라면 기삿거리를 거의 무제한으로 공급받을 수 있었다. 국민 의회와 이를 계승한 국민 제헌 의회가 거의 연속적으로 회기를 이어가는 동안 이루어진 토론과 연설은 많은 신문의 안정적인 기사 공급처가 되었고 때로는 지나칠 정도였다.

이 고상한 신문들은 최후의 헛기침과 야유까지 토론의 모든 내용을 있는 그대로 보고하려 했으나, 몇 달 지나지 않아 이러한 형식은 독자들에게 정보를 주기보다는 혼란스럽게 만들 뿐인 불만족스러운 저널리즘 양식이라는 사실을 깨닫게 된다. 그러나 보도의 정확성에 대한 헌신은 인상적이었다. 1792년 9월 감옥에서 벌어진 대학살 등 잔혹한 사건들까지 혁명 시대의 모든 주요 사건은 완전히, 비교적 정확하게 보고되고 해석되었다.

철저한 사실 보도의 실험 외에도 혁명기 프랑스 신문의 중요한 특징 중 하나는 '비판적 저널리즘'이다. 마라, 당통, 로베스피에르 등 혁명기의 주요 인물은 모두 어느 시점에는 저널리스트였다. 마라, 카미유 데물랭(Camille Desmoulins), 자크-르네 에베르(Jacques-René Hébert)를 포함해 많은 이가 거의 전적으로 글을 통해 정치적 인지도를 쌓았다. 여기서 마라는 중추적인 역할을 했다. 그는 거친 산문과 폭력을 공개적으로 옹호함으로써 혁명적 수사(修辭)에 어두운 색조를 더하며, 혁명이 스스로 소진되는 동안 공포 정치의 끔찍한 폭력을 예견했다. 상퀼로트(sans-culotte)*의 재치 있고 상스러운 대변인인 에베르의 《페르 뒤셴(Père Duchêne, 뒤셴 영감)》 또한 온건한 의회를 지지하지 않은 대신, 혁명적 명분의 잔혹함을 열렬히 옹호했다.

하지만 혁명기 저널리스트에게 무엇보다 필요한 기술은 빠른 속도로, 마감일에 맞춰 글을 써내는 것이었다. 뱅자맹 콩스탕(Benjamin Constant)에 따르면 "매일 글을 쓰는 것은 재능의 무덤이다."[45] 많은 저널리스트가 이에 동의할 것이다. 혁명기에 가장 성공적이며 가장 유명한 신문은 보통 매주, 또는 일주일에 3회 발행되었다. 이 시기에 성공한 모든 저널리스트는 혁명기 동안 혹은 이후에도 놀랄 만한 생산량을 유지했다. 롤랑 부인은 자신의 친구 자크-피에르 브리소(Jacques-Pierre Brissot)가 그처럼 위대한 성공을 거둘 수 있었던 것은 그가 "매우 수월하게 글을 쓰며 다른 사람이 노래를 쓰는 것처럼 기사를 써내려가는 사람"이었기 때문이라고 썼다.[46] 이처럼 글을 빠르게 쓰면 깊이 숙고할 여지는 거의 남지 않게 되지만 사실 그럴 필요는 거의 없었다.

혁명기 저널리즘의 힘은 정치적 옹호를 끊임없이 거르는 데서 나왔다. "어쩌면 이토록 하찮은 개인이 공공 복지에 그처럼 큰 해를 끼

---

* 프랑스 혁명 때 혁명적인 민중 세력. 이들이 귀족이 입던 퀼로트(cullotte, 반바지)를 입지 않고 긴 바지를 입은 데서 유래한다.

칠 수 있는가." 1792년 자코뱅파 의원이 브리소를 비판하며 이렇게 물었다. "그것은 그가 신문을 소유하고 있기 때문이다. […] 브리소와 그의 동료들은 언제든지 원할 때마다 승리의 나팔을 불 수 있기 때문이다."[47]

승리의 나팔은 수익성도 매우 좋았다. 뉴스에 대한 수요는 어마어마했으며 경쟁 신문이 들어올 여지도 충분했다. 그중 가장 성공적인 신문은 빠른 속도로 두터운 독자층을 구축할 수 있었다.《주르날 뒤 수아 (Journal du soir, 저녁 신문)》는 인쇄공 5명과 직원 60명을 고용했고, 노점상 200곳을 통해 매일 신문 1만 부를 배포했다. 그러나 이 정도의 산업 규모를 운영해야만 수익을 얻을 수 있었던 것은 아니었다. 단순한 뉴스 팸플릿은 인쇄 한 번만으로 하루에 대략 3천 부를 찍을 수 있었으며 이 정도면 돈을 충분히 벌고도 남았다. 이러한 간행물의 경우 손익 분기점은 호당 대략 400부 정도밖에 되지 않았다.

인쇄업자들은 비공식적인 가격 담합을 통해 투자를 보호했다. 신문 발행인들은 비록 경쟁 신문의 논조는 맹렬히 비난할지라도 경쟁자보다 우위를 차지하기 위해 가격을 낮추려고 하지는 않았다. 거의 모든 신문은 구독료를 혁명 이전 수입 신문의 통상적인 요금과 비슷하게 1년에 36리브르** 정도로 책정했다.

이들이 기록하는 정치적 사건의 비범함을 감안할 때, 이 업계의 보수성은 다소 기묘해 보인다. 그러나 인쇄업자들은 이러한 상황을 이용해 정치적 격동을 이겨내고, 이런 형식의 간행물에 반드시 따르기 마련인 위험을 보상할 수 있었다. 혁명기 동안 신문에서 일어난 유일한 주요 기술적 혁신은 논평지에서 1면의 가장 위쪽에 있는 제호 바로 아래에 내용이나 주장의 간략한 요약을 제공한 것이다. 이는 길거리에서

** 참고로 당시 하급 군인의 연봉이 300리브르였다.

뉴스의 내용을 외치며 신문을 파는 행상인들을 돕기 위한 것이었다.[49]

혁명기 뉴스 시장은 주요 저널리스트는 물론 인쇄업자들에게 상당한 금전적 보상을 안겨주었다. 브리소는 신문 편집자로 일하며 봉급으로 1년에 6천 리브르를 받았으며(정부 관료가 받은 것과 동일한 봉급이다) 이것이 예외적인 경우는 아니었다.[50] 사실 혁명기의 주요 인물에게 봉급은 부차적인 관심사였다. 그들에게 저널리즘은 혁명의 무기로, 빠르게 변화하는 사건의 향방을 결정하는 수단이었다. 영향력에는 위험이 따랐다. 유명세의 대가로 목숨을 걸어야 했던 것이다.

공포 정치로 1789년 혁명이 일어난 지 불과 1년이 된 1790년부터 1791년까지, 주요 언론-정치인을 포함해 저널리스트 중 6분의 1 이상이 목숨을 잃었다. 마라는 목욕 중 욕조에서 살해되고, 브리소는 지롱드파와 함께 몰락해 당통과 함께 죽었다.《페르 뒤셴》에서 그토록 많은 희생자가 기요틴에서 맞이한 마지막 순간을 기쁜 어조로 기록한 에베르 또한 많은 군중이 지켜보는 가운데 단두대에서 죽었다. 카미유 데물랭은 막내아들의 대부인 로베스피에르의 마지막 희생자 중 한 명이었다.

공포 정치가 최악에 달한 기간 동안, 혁명가들은 결국 국민 의회 초기에 많은 논쟁을 불러일으켰던 언론의 자유를 버리고 말았다.[51] 1789년부터 1793년까지 이 원칙을 일관되게 옹호해온 로베스피에르는 이제 이러한 방식에는 문제가 있다는 것을 깨닫게 되었다. 1793년 6월 16일, 그는 '자유의 가장 위험한 적인 반역적 저널리스트'들을 처벌하기 위해 공안 위원회를 소집했다.[52] 로베스피에르는 위원장직의 승계를 마무리하기 직전에 비범한 정치적 문답을 제시했다. 이 문답에서도 볼 수 있듯이, 로베스피에르는 이제 검열 없는 자유는 혁명 운동을 집어삼킨 불화의 핵심이라고 보고 있다.

우리가 목표하는 바는 무엇인가? 민중의 이익을 위해 헌법을 사용하는 것이다.

누가 우리에게 반대할 것인가? 부유한 자와 부패한 자들이다.

그들이 어떤 방법을 쓸 것 같은가? 중상모략과 위선을 쓸 것이다.

왜 그러한 방법을 쓸 수 있는가? 상퀼로트의 무지함 때문이다.

따라서 민중은 가르침을 받아야 한다.

이들을 계몽하는 데 어떤 장애물이 있는가? 파렴치한 왜곡으로 매일 민중을 오도하는 부르주아 저널리스트들이 장애물이다.

어떤 결론을 내릴 수 있는가? 이러한 저널리스트들을 국가의 가장 위험한 적으로 간주하고, 훌륭한 글을 충분히 퍼뜨려야 한다.[53]

희망에 가득 차 있던 혁명 초기, 미라보와 브리소는 언론이 여론을 하나로 통합할 것이라고 믿었다. 이런 점에서 그들은 계속 실망할 수밖에 없었다. 쿠데타로 로베스피에르가 실각하고 언론을 통제하기 위해 엄격한 조치가 시행되었다. 총재 정부와 이후의 나폴레옹 정권은 모두 통제되지 않은 신랄한 정치적 비판의 위험을 인식하고 있었다. 나폴레옹 정권의 언론 통제 아래서 유지하기로 결정한 파리 인쇄소 80곳 중 오직 19곳만 저널과 정기 간행물을 전문적으로 출판했다.[54]

혁명의 소요가 절정에 달했을 때 관심 있는 독자들은 연재 간행물 100여 종 중에 선택할 수 있었다. 앙시앵 레짐의 고루한, 통제된 세계에 거대한 변화가 일어난 것은 명백하지만, 그렇다고 신문이 혁명 지도부로부터 얻은 영향력을 모두 행사했다고 말할 수는 없다. 연재 간행물은 다른 전통적인 형태의 논설문 작품과 영향력을 두고 경쟁했으며 발행 부수가 엄청난 비연재 정치 팸플릿 또한 경쟁자였다.[55] 파리는 '남성과 여성 모두' 사회 구성원의 식자율이 높았지만 전국의 2천 8백만 인구 중 뉴스 독자는 모두 합쳐 3백만 명을 넘지 않았다. 리옹과 툴루즈 같은 지방 도시에서도 새로운 지방 신문이 창간되고 급속하게 확장되었지만, 정치적 용광로인 수도 파리와 지방 도시 사이에서는 여전히 극명한 괴리를 보였다.[56]

파리 그 자체에서 정치적 활동은 대부분 대면으로, 자코뱅 클럽에서 구두로, 연속해서 열린 국민 의회의 대표들 사이에서, 가정의 응접실이나 토론실 바닥에서 이루어졌다. 사회적 지위에 관계없이 행동에 나서기를 요구받은 광범위한 시민들은 즉석 거리 집회나 선술집에서 하는 연설이나 대화에 고취되어 무기를 들었을 것이다. 프랑스 혁명 동안에는 유독 정치 가요가 풍부하게 작곡되던 시기로, 〈라 마르세예즈〉는 그중 가장 유명하며 오래 기억되는 노래 중 하나일 뿐이다.[57]

보편적 참정권을 옹호하는 그 모든 유려한 글에도 정기 간행물은 여전히 교육받은 엘리트의 목소리를 대변했다. 마라의 장황하고 맹렬한 연설에는 굉장히 고전적인 어휘가 사용되곤 했다. 그는 보통 사람들의 말투에 맞추려는 어떠한 시도도 하지 않았으며 오히려 의식적으로 거리를 두고자 했다. 마라의 《아미 뒤 푀플(Ami du people, 인민의 벗)》은 일주일에 몇 번씩 '시민에게 고하는 글'로 마무리했는데, 여기서 그는 구약성서의 격노한 예언자의 목소리로 만일 독자들이 그의 경고를 무시하면 처하게 될 미래를 불길하게 예언한다.

적어도 파리의 독자들은 이러한 혁명기 신문에서 논의하는 사건의 정황을 분명히 인지하고 있었다. 지난 두 세기 동안 유럽의 상업 신문을 채웠던, 이해하기 어려운 외국의 외교 및 군사 사건들을 반복하는 일은 이제 훨씬 줄어들었다. 또한 '페르 뒤셴'이라는 제호로 발행된 신문에서는 혁명기에 교육 수준이 다소 낮았던 보병의 성격과 말투를 도입하려는 급진적이고 창의적인 시도를 볼 수 있다. 페르 뒤셴은 음탕하고 늙은 호색한으로, 거칠고 거리낌없으며 자신의 사회적 지위에 도전하기를 두려워하지 않았다. 에르베는 가장 잘 알려지고 성공한 캐릭

터이긴 했지만 문인 10여 명이 어느 시점에서는 이 인물의 목소리를 빌려야 했다.

이는 정치 활동가들이 대규모 군중을 동원할 필요성은 인지했으나, 이러한 시민들에게 정치적 목표를 설명할 정치적 어휘가 없음을 깨달았을 때 직면한 어려움을 충분히 보여준다. 혁명기의 신문 시장이 크긴 했지만 경쟁이 매우 치열했음도 알 수 있다. 뻔뻔하게도 성공한 신문의 제호를 훔친 새로운 신문이 나오기도 하고, 정치계에 부는 바람이 바뀌면 옷을 갈아입기도 했다. 수많은 신문이 처음 등장할 때 그랬던 것처럼 금방 사라졌다. 당시 유럽의 많은 국가에서 신문이 수년간 지속되며 자리를 잡은 반면(이전부터 발행된 일부 신문은 100년 넘게 지속되기도 했다), 혁명기 신문은 대부분 기껏해야 3~4년밖에 유지되지 못했다.

돌이켜보면 혁명기 신문은 뉴스 제작에 주의해야 했던 두 차례의 안정된 언론 통제 시기 사이에 비교적 잠깐 등장한 간주곡으로 볼 수 있다. 그럼에도 이 모든 신문은 유럽 저널리즘의 역사에서 진정한 이정표를 나타낸다. 의심할 바 없이 프랑스 혁명은 정기 간행물이 진정 필수 불가결한 역할을 했던 유럽 최초의 사건이었다. 비록 잠깐일지라도 신문은 그들의 훨씬 귀족적인 선조인 서적은 물론, 정치 담론에 좀 더 특화된 매체인 팸플릿을 대체해 처음으로 지배적인 인쇄 매체가 되었다. 이런 점에서 프랑스는 시대를 앞서갔다. 예를 들어 아일랜드와 같은 유럽의 다른 지역에서는 여전히 정치 팸플릿이 정치적 시위를 위한 지배적인 매체였으며 미국의 혁명 기간에도 그러했다.[58]

프랑스, 그리고 이번 장에서 살펴본 다른 국가에서도, 정도는 다소 덜하지만 유럽의 뉴스 문화에서 일어난 근본적인 재편성의 첫 번째 사례를 보게 된다. 시사 사건의 윤곽을 파악하는 대중의 인식을 결정짓게 된 일간 신문의 위대한 시대가 눈앞에 다가온 것이다.

17장

새뮤얼 슈얼이 신문을 읽는 법

1704년 4월 24일, 보스턴 시민 새뮤얼 슈얼(Samuel Sewall)은 찰스 강을 건너 케임브리지로 향했다. 그는 존 캠벨의 주간 뉴스 시트 《보스턴 뉴스레터》의 창간호를 가지고 있었다. 슈얼은 이 신문을 친구인 하버드 대학의 부총장인 새뮤얼 윌러드에게 선물할 예정이었다. 선물을 받은 윌러드는 매우 기뻐하며 즉시 다른 동료들과 공유했다. 새뮤얼 슈얼은 당시 미국 식민지에서 가장 큰 도시의 명사 중 한 명이었다. 50년을 살아오면서 상업과 행정의 핵심적인 위치에 올랐고, 1691년에는 총독 자문 위원회에 임명되었으며, 1725년 은퇴할 때까지 매년 새로 선출되었다. 새뮤얼 슈얼은 치안 판사이자 아버지, 이웃으로서 새로 형성되고 있는 이 사회의 모범 시민이었다.

슈얼은 일기도 썼다. 이 책에서 슈얼에게 특별히 주목하는 이유도 다른 모든 업적보다도 그가 일기를 썼다는 사실 때문이다. 슈얼은 매일의 업무와 대화, 참석한 설교 내용, 뉴스를 전해 듣는 방법까지 정기적으로 기록했다.[1]

뉴스를 연구하는 사람들에게 이 일기는 매우 소중한 증거다. 슈얼의 일기를 따라가보면 뉴스의 제공과 배포에서 일어난 진정한 혁신을 목격할 수 있다. 18세기에는 정기적으로 뉴스를 접할 수 있는 사람의 수가 크게 증가했다. 신문은 이제 삶의 한 부분이 되었다. 표준이 된 것은 아니지만 일간지를 받아볼 수 있는 지역도 점차 늘어났다. 이때 제작의 측면에서 신문의 역사를 파악하기는 쉽지만, 실제로 당시 독자들이 신문을 어떻게 소화했는지 첫눈에 파악하기는 훨씬 까다롭다. 그날그날 경험한 뉴스와 관련된 분위기를 꾸준히 명료하게 기록하는 독자는 비교적 드물다.

실제로 열람 가능한 사료에서 찾아볼 수 있는 뉴스 소비자도 범위가 비교적 불명확하다. 이 책에서도 간혹 다룬 법정 기록이나 사법 절차와 같은 중요한 사료들이 그러한 예다. 이 사료들은 유럽 통치자들의 입장에서 공공 문제에 대한 논의가 공공의 이익에 해로운 것으로 간주된 사건을 상세히 기록하고 있다. 특히 놀라운 점은 이러한 여론 규제가 인쇄물뿐 아니라 입소문에도 꽤 영향을 미쳤다는 점이다. 가령 아우크스부르크 시의회는 입소문을 "위험한 잡담"이라고 묘사하기도 했다.[2] 뉴스는 어떠한 경계도 없기 때문이다. 한 도시에서 인쇄된 뉴스는 다른 도시에서도 팔릴 수 있었다. 일단 뉴스가 공공의 영역에 들어선 이후에는 흐름을 막기가 극도로 어려웠다. 뉴스는 필사본에서 인쇄물로, 그리고 인쇄물에서 발언으로 쉽게 옮아갔다.

다양한 매체가 서로 어떻게 연결되는지에 대한 미묘한 정황은 1640년 카탈루냐 반란 당시 발표된 칙령에 잘 드러나 있다.

이 공국에서 반란과 전쟁의 지속을 정당화하고, 경고하고, 충고하고, 장려하는 어떠한 서적이나 신문을 누구도 소유하거나, 읽거나, 듣지 못하게 하고 인쇄하거나, 작성하지 못하게 하라. 그러한 책이나 신문의 일부를 '암기하는 사람은 누구든' 그것과 관련되거나 누구에게도 들려주

어서는 안 된다.[3]

학자들은 인쇄된 진술에 더 큰 권위를 부여하는 경향이 있다. 과거 사건에 대해 방대한 양의 증거를 남길 수 있기 때문이다. 그러나 그러한 자료가 부족했던 치안 판사들은 발언의 힘을 결코 과소평가하지 않았다. 그들은 성경을 읽었으니 "죽고 사는 것은 혀의 권세에 달려 있다"는 것을 안다. "악인은 입술의 허물 때문에 그물에 걸린다"는 것도 알고 있었으며 실제로 그렇게 믿고 있었다.[4] 이웃과 다닥다닥 붙어 살아야 하는 유럽의 번잡한 도시에서는 사생활을 숨기기 어려우며 독한 술은 어디에나 있으니 소문은 들불처럼 퍼졌다. 시 당국이 선동적인 말을 한 사람을 잡아 독촉해도 이 악당이 애초에 어디서 그 소문을 들었는지, 그 후에 누구에게 말을 전했는지 재구성하느라 애를 써야 했다.

신세계가 발흥하고 있었지만 구세계가 사라진 것은 아니었다. 뉴스를 가져오는 사람과 그것을 듣는 사람 간의 미묘한 연쇄 상호 작용으로 이루어진, 다양한 매체가 공존하는 세계는 정기 간행물이 쇄도하는 데도 무너지지 않았다. 법정 녹취록은 전근대 시대에 뉴스가 어떻게 퍼졌는지를 보여주는 훌륭한 증거 중 하나로 고함 소리, 모욕, 소문, 노래로 이루어진 사납고 긴장으로 가득 찬 당대 사회를 잘 보여준다. 그중에서도 노래는 이러한 기간 전체에 걸쳐 강력한 비판 수단이 되었다. 프랑스 혁명 전야, 파리 경찰 당국은 풍자 가요가 널리 퍼져나가는 것을 크게 염려했는데 그럴 만한 이유는 충분했다.[5] 이처럼 풍부하고 다채로운 정보 교환의 세계에서 다양한 형태와 양식의 상업 뉴스 시트가 등장했음에도, 여전히 많은 시민은 모든 뉴스를 무료로 얻었던 것으로 보인다.

뉴스를 사는 사람들은 어떤 의미에서 특별한 범주에 속했다. 하물며 당시 일어난 사건들에 관해 자신의 생각을 기록하는 일은 더욱 드물었다. 따라서 자신만의 방식으로 자신의 생각을 기록한 세 남성을 알아보는 과정도 유용할 것이다. 우리가 살펴볼 인물은 영국의 장인, 네덜란드의 점원, 마지막으로 북미의 치안 판사 새뮤얼 슈얼로, 각자 다른 배경을 가지고 있다. 이들은 어떤 측면에서는 특이한 구석이 있는 사람들인데, 단지 일기를 꼼꼼하게 썼다는 사실 때문만은 아니다. 하지만 이들의 삶을 따라가보면 이 책에서 다룬 시기의 다(多)매체 세계에 대해 많은 사실을 파악할 수 있다. 접할 수 있는 뉴스 매체는 점차 고도화되고 있었지만, 많은 부분은 놀랄 만큼 변하지 않았다.

형세 역전

느헤미야 월링턴은 겸손하고 자신을 내세우지 않는 사람이었다. 그는 런던 목재 선반공의 아들로서 일생을 가업을 잇는 데 바쳤으며, 런던 브리지에서 북쪽으로 얼마 떨어지지 않은 마을에서 태어나 그곳에서 한평생을 살았다. 월링턴에게 공직에 복무하고 싶다는 열망은 없었다. 하지만 그는 혼란한 시대를 살았고 이 시기를 꼼꼼히 기록함으로써 후세에 명성을 얻게 된다.[6] 상당히 특이한 사람이었기에 가능한 일이었다. 그는 1618년 터너스 컴퍼니에 독립 장인으로 입사하기 직전 첫 번째 노트를 쓰기 시작해 노트를 여러 권 남겼다. 이 노트들은 종교적인 성찰, 시사 문제에 대한 메모, 편지, 인쇄된 뉴스북을 필사한 내용으로 채워져 있다.[7] 1654년 월링턴이 은퇴를 결심했을 때 그는 총 2만 쪽이 넘는 책을 50권 썼고, 당대 최고의 연대기 작가 중 한 명으로 이름을 알리게 된다.

극도로 내성적이었던 월링턴은 자신의 영적 여정에서 매일의 일들을 기록하려는 이러한 강박이 오히려 건전하지 못한 것은 아닌지 염려할 때도 있었다. 모든 상인이 그렇듯 가끔 금전 문제에 부딪힐 때도 있었지만 월링턴은 책에 쓰는 돈은 아끼지 않았다. 잉글랜드 내전 초기의 혼란스러운 몇 년 동안 그는 뉴스 팸플릿을 수백 부 사들였다. 집의 이곳저곳에 팸플릿 더미가 쌓여가는 모습을 보며, 1642년 마침내 이 모든 것이 사치에 불과하다는 사실을 깨달았다. "매주 뉴스를 전달하는 이 작은 팸플릿들은 […] 눈치챌 틈도 없이 내 돈을 훔쳐가는 도둑이었다."[8]

당시는 뉴스 환경이 매우 빠르게 변화하는 시기였으므로 월링턴의 노트는 특별히 중요한 가치를 지닌다. 월링턴이 처음으로 일기를 작성하기 시작한 1620년대와 1630년대에 잉글랜드에서는 뉴스 연재물의 출판이 이따금 금지되곤 했으며 항상 엄격한 통제를 받았다. 그러나 월링턴은 런던의 시민이자 신실한 청교도인으로서 수도에서 펼쳐지는 정치적 격동을 열정적으로 관찰했으며 때로는 직접 행동하기도 했다. 1638년 느헤미야는 선동적인 책을 배포한 혐의로 성실청(Star Chamber)*에서 심문을 받았다. 윌리엄 프리네(William Prynne)에게 가해진 야만적인 처벌을 고려할 때, 월링턴이 겁을 먹은 것도 당연했다.[9] 3년 후 그는 런던 시민 1만 5천여 명과 함께 웨스트민스터를 습격해 스트래퍼드 백작을 처형하도록 상원에서 시위를 벌였다. 월링턴이 회고하기를, "나는 평생 이렇게 많은 사람이 모인 것을 본 적이 없다. 주님이 오시는 것을 보았을 때 이들은 모두 한 목소리로 정의, 정의를 외쳤다."[10]

월링턴은 자신이 여러 사건의 중심에 살고 있음을 잘 알고 있었으며, 이 모든 것을 그의 내밀한 종교적 신념의 프리즘을 통해 해석했다. 그는 거의 모든 뉴스 사건을 신성한 목적의 증거로서 보고 기록했다.

---

* 영국 웨스트민스터 궁전의 성실(室室)에 설치된 특별 재판소로, 제임스 1세 때 설립된 후 1641년까지 유지되었다. 고문과 불공평한 심의로 악명이 높았다.

17.1 느헤미야 월링턴의 노트.

이 모든 사건은 죄인을 벌하고 주님 자녀들의 믿음에 대한 시험이라는 것이다. 그는 노트 한 권에서 안식일을 모독하는 자들에게 닥친 나쁜 결과를 다루고 있다. 이런 사례는 혼잡한 대도시에서는 흔하게 일어난다. 1632년 월링턴은 어느 일요일에 화이트채플에서 두 청년이 배의 로프를 가지고 장난치다 한 명이 사망했다는 교훈적인 이야기를 기록했다.[11] 월링턴은 벌을 받고도 살아남은 청년에게 이 이야기를 들었다. 마찬가지로 월링턴은 이런 이야기 대부분을 어머니가 월(月) 세탁을 하는 동안 불 속에 빠진 아이에게, 안식일 동안 외출했다가 집이 불에 타 버린 가족에게 말로 전해 들었다.

내전이 시작된 후, 월링턴은 원두당(Roundheads)**을 주님을 거역하는 자라고 말한 왕의 군대에게 갑작스럽게 닥친 여러 재앙의 사례를 마찬

** 내전 당시 의회파를 일컫는 말.

가지로 꼼꼼히 수집했다. 월링턴의 주님은 올곧고 좁은 길을 고집스럽게 따르는 이들을 향한 편애를 재빨리 표현했다. 에지힐 전투에 대한 월링턴의 기이한 해석에서 이러한 점을 잘 확인할 수 있다. "탄환의 방향을 인도하는 주님의 놀라운 업적."[12]

신의 섭리가 작용했다는 증거를 찾으면서 월링턴은 1626년 대폭풍, 1628년 버크셔에서 목격된 유성 등 수많은 기이하고 위협적인 징조를 아무 의심 없이 기록했다. 70년 후 런던의 교양 있는 기자가 그러한 보도를 한다면 그것은 시골 사람들의 경솔함을 암묵적으로 논평하는 것이겠지만, 월링턴 시대에 그러한 의심을 품는 사람은 없었다.[13] 1643년 노리치 인근에서 끔찍한 폭풍으로 까마귀 111마리가 죽자 월링턴은 이를 독창적으로 해석했다. "우리는 이 사건을 정직한 사람들의 이마에 맺힌 땀에 기대어 살며, 마치 까마귀들처럼 소란스럽게 약탈하고 강탈하는 왕당파 반군에 대한 신의 결단을 의미한다고 추측할 수 있다."[14]

월링턴은 대형 사건에 대도시 사람들이 미치는 영향력이 점점 커져가는 모습도 꼼꼼히 기록하고 있다. 느헤미야가 태어나기 몇 년 전, 토머스 스미스(Thomas Smith) 경은 영국 연방을 "직분이 있는 자와 그밖에 아무런 직분도 없는 자들"로 나누며 매우 정확하게 규정했다. 장인과 상인은 후자에 속하며 "우리 연방에서 아무런 발언권이나 권한을 가지지 못한다."[15] 월링턴이 속한 세대는 이러한 편리한 전제를 뒤엎는다. 월링턴은 뉴스 간행물이 보급된 이후로 여기에 많은 돈을 썼지만 그가 정보를 얻는 출처는 대부분 친구, 가까운 지인, 그리고 동료 신자 간의 긴밀한 네트워크였다. 런던 브리지 화재와 같은 몇몇 대형 사건에서는 그 자신이 목격자이기도 했다. 1618년 제임스 1세를 그토록 놀라게 한 혜성 출현 등 또 다른 사건에 대한 설명은 팸플릿을 보고 베껴 쓴 것이었다.[16]

그가 그렇게 마구잡이로 사들인 1640년대의 뉴스 연재물들은 뉴스에 대한 그의 생각이 발전하는 데 어떤 방식으로 영향을 미쳤을까? 분명 윌링턴은 내전의 결과를 좌지우지하는 광범위한 전략적 문제를 노련하게 파악할 수 감각을 습득했다. 그는 자신의 가문의 발원지인 아일랜드가 내전에서 결정적 역할을 하리라고 예상했으며, 내전 후반기에 잉글랜드와 스코틀랜드의 신자 사이에 벌어진 분열을 한탄했다.

뉴잉글랜드에 있는 친구 제임스 콜에게 보낸 편지에서 윌링턴은 이 전쟁을 1639년에서 1640년까지는 '고위 성직자들의 전쟁', 1642년의 '신성 모독적인 전쟁', 1648년의 '위선적인 전쟁'으로 분류하며 전쟁의 다양한 국면을 통찰력 있게 분석했다. 역사학자들은 이 비판적인 명칭을 다양하게 변형하곤 했지만 연대 구분은 크게 바꾸지 않았다.[17] 윌링턴의 관심사는 영국 내전에만 국한된 것은 아니었다. 1638년 독일 기독교인들의 비참한 처지를 낱낱이 드러낸 책을 입수한 그는, 1628년 라로셸 공방전 당시 위그노 신자들의 고난을 애도했다.[18]

윌링턴은 특별한 목적, 즉 "온 세대에 주님이 하신 일을 알린다"는 역사적 서사를 창조하려고 팸플릿을 작성했다. 이 저널은 후세에 주님의 자녀들이 겪은 시련을 알릴 것이다. 그리고 윌링턴은 이러한 시련을 강렬하게 체험했다. 내전으로 견습생이 사망하고 가까운 친지들을 잃었던 것이다. 한 개인이 정치적 혼란에 휘말린 곳에서 뉴스 연결망이 항상 원활하게 작동했던 것은 아니다. 윌링턴은 1643년이 되어서야 아일랜드에서 일어난 가톨릭교도의 잔혹 행위를 다루며 2년 전에 살해된 매형의 죽음을 기록할 수 있었다.* 아마도 이때가 되어서야 이 우울한 소식을 듣게 된 것으로 보인다.

---

* 1641년 아일랜드에서 민중 봉기가 일어나 잉글랜드와 스코틀랜드에서 온 개신교도들을 학살하고 아일랜드 가톨릭 연맹을 결성했다. 이후 1649년 올리버 크롬웰이 이끄는 의회군에 의해 무자비하게 진압되었다.

월링턴은 교양 있는 독자였다. 때로는 자신이 그 자리에 있었던 사건에 대한 뉴스북 기사를 베껴 기록으로 남기기도 했다. 이때 기억을 다시 떠올리고 정리하기 위해 자신의 노트를 참고했다. 직접 수집한 팸플릿을 비롯해 자신의 경험을 토대로 작성한 전쟁 시기에 대한 상세한 서술은 당대의 역사를 생생하게 전해준다. 우리의 선반공 장인만큼 당대의 사건·사고를 엮는 데 헌신한 사람은 얼마 되지 않는다. 월링턴의 노트는 경건한 세계관을 바탕으로 인류에 대한 주님의 형언할 수 없는 신성한 목적을 기록하는 수단으로서 제 역할을 다했다.

동등한 자 가운데
가장 먼저 온 자

느헤미야 월링턴과 마찬가지로, 새뮤얼 슈얼도 독실한 교인이었다. 결혼 전에 슈얼은 하버드에서 교육을 받고 원래는 서품을 받을 예정이었다. 이러한 신학 훈련의 흔적은 평생 동안 남게 된다. 슈얼은 일요일에는 보통 두 번씩 규칙적으로 설교에 참여했으며 안식일을 엄격히 지켰다. 그는 보스턴의 주요 사제들과도 가깝게 지냈다. 지방 법원의 치안 판사로서 슈얼의 첫 번째 임무 중 하나는 그 유명한 세일럼 마녀재판에서 피고인들에게 선고를 내리는 일이었다. 그는 이 끔찍한 사건에 휘말리게 된 것을 곧 후회하게 되었다. 슈얼은 목사가 공식적인 참회문을 읽는 동안 회중 앞에 모자를 벗고 서서 자신의 역할을 공개적으로 부인한 유일한 판사였다.[19]

슈얼은 21세에 일기를 쓰기 시작해 남은 평생 동안 50년이 넘게 일기 쓰기를 이어갔다. 그동안 보스턴은 고립된 변두리 도시에서 번화한 조지 왕조풍의 도시로 변모했다. 슈얼은 옛 학풍의 가치를 충실히 따

17.2 《보스턴 뉴스레터》. 부제목과 날짜 표기 스타일에 이르기까지 《런던 가제트》를 그대로 따라 했다.

랐지만, 허영심이라고는 없는 진정성 덕분에 오랫동안 공동체의 존경
을 받았다.

　슈얼은 보스턴의 상업 및 정치 엘리트로서 최고의 정보에 접근할 수
있었다. 그는 우편 소식지의 열렬한 독자였으며, 앞에서도 보았듯이
보스턴에서 최초로 창간된 주간 신문을 열렬히 환영했다. 그는 평생
동안 이 신문을 구독했고 각 호를 순서대로 엮어 책으로 만든 후 서재
에 보관했다. 슈얼은 이 세련된 유럽 양식의 정제된 표본에 크게 만족
했으나, 그럼에도 그가 《보스턴 뉴스레터》에서 읽은 것은 그의 뉴스 세
계에 미미한 영향만 끼친 것으로 보인다. 그의 일기에서도 볼 수 있듯
이, 신문이 등장하기 훨씬 전부터 슈얼은 가문, 상업계, 법조계, 그리고
식민지 정부로 복잡하게 얽힌 뉴스 연결망의 한가운데에 있었다.

슈얼은 결혼하고 장인의 집으로 들어간 후, 곧바로 주요 뉴스 허브의 일원이 되었다. 방문객과 전령 들은 메사추세츠 만 주변의 농장과 정착지에 자리 잡은 가족에게서 정보를 가져왔다. 위기의 시대에 슈얼은 개척자 사회가 처한 위협을 가장 먼저 전해 들은 사람 중 하나였다. 1690년 한 전령이 인디언 습격 소식을 전하자, 슈얼은 즉시 아버지와 형제에게 편지를 썼다. 심지어 슈얼의 아들과 주지사 딸의 결혼식 파티도 잠시 중단되었으며, 주지사는 자신의 아들인 식민지 법무장관에게 그동안 자신이 멀리해왔던 일, 즉 해적 소탕에 대해 쓴 편지를 큰 소리로 읽어주었다.[20]

해적과 그들의 운명은 슈얼의 일기에 정기적으로 등장했다. 슈얼은 판사로서 해적의 재판에 자주 관여했으며, 수출품을 교역하는 상인으로서 해적들이 식민지 경제에 미치는 위협을 예리하게 파악하고 있었다. 그럼에도 그는 자비로운 편에 서곤 했다. 부러울 만큼 강건한 체질을 타고난 슈얼은 사업이나 순회 재판을 위해 보스턴을 떠나 쉴 새 없이 여행했다. 비교적 이른 시기 일기에 작성된 내용을 보면 그가 지인 무리와 깊이 교류하며 이들에게 뉴스를 얻었다는 사실을 알 수 있다.

나는 조슈아 무디와 함께 입스위치를 향해 출발했다. 우리는 스파크스 여관에서 머물렀다. 다음 날인 2월 12일, 무디 씨의 설교를 들었으며 코벳 씨와 식사한 후 뉴버리로 향했다. 복통에 시달리고 있는 리처드슨 씨를 방문했다. 2월 16일 월요일, 필립스 씨와 페이슨 씨를 시내로 모셔다 드리며 하루를 바삐 보냈다. 오전에는 무디 씨 설교, 오후에는 필립 씨 설교, 기도 중 우드브리지 씨와 페이슨 씨 보조 등 종일 모임이 있었다. 무디 씨는 안식일에 하루 내내 설교한다고 통지했다. 웬햄과 입스위치에 도착한 후 이 지역과 2월 8일 세일럼에서 오후 설교가 끝날 무렵 지진이 일어났다는 소식을 들었다. 대부분은 그 가공할 만한 엄청난 소

리로 지진이 일어났음을 알아챘지만 진동을 느낀 사람도 많았다.[21]

슈얼도 윌링턴처럼 자연 현상이나 천상의 유령을 아무런 의심 없이 기록했다. 이러한 초창기의 기록자 중 독실한 청교도인이 유난히 사건을 가차 없으리만치 솔직하게 기록한 데는 그럴 만한 이유가 있었다. 모든 것을 보는 주님의 눈에 위선은 아무 소용이 없었던 것이다. 1717년 아내가 사망한 후 슈얼은 노년을 함께 보낼 과부를 찾는 겸허한 과정을 낱낱이, 그리고 고통스럽게 기록했다. 말년 동안 슈얼이 뉴스를 얻는 데 대중 인쇄 매체는 점점 더 중요한 역할을 차지했다.

신문 자체가 개선되었기 때문은 아니다. 앞에서도 보았듯이 존 캠벨은 아무 거리낌없이 낡은 뉴스 제작 방식을 고수했다. 슈얼이 공적 책무에서 차츰 물러나면서 간접 정보에 의존하는 경향이 더욱 높아진 것이다. 말년에는 젊은 여성 친지들에게 뉴스를 얻기도 했다. "사촌인 제인 그린 부인이 버닛 주지사가 곧 임기를 시작할 것이라고 말해주었다. 나는 그에 대해 한 번도 들어본 적이 없으나 이미 전날 저녁에 이 소식은 다 퍼져 있었다."[22]

슈얼의 일기에서 가장 생생히 드러나는 점은 18세기의 첫 10년 동안 뉴스 수집과 전파에 본질적으로 계층적인 구조가 남아 있다는 점이다. 당시 대중 인쇄물은 이제 사회 문화의 일부가 되었으며, 보스턴 인쇄소에서 간행된 팸플릿으로 지역적 논쟁이 일기도 했다. 그러나 가장 중요한 소식은 먼저 식민지의 지배층 시민에게 흘러들어 갔으며, 이후 그들의 판단에 적절하다고 생각되는 다른 친지, 동료, 시민 들에게 전달되었다. 충분히 중요한 뉴스는 보스턴의 11개 교회에서 설교를 진행하는 동안 대중에게 전했다.

그러나 슈얼과 동료들이 판단하기에, 괜히 사회 하층민에게 알릴 필요는 없는 뉴스도 많았다. 즉 조지 왕조 시대에 보스턴에서 가장 중요한 뉴스는 여전히 서로 믿는 무리 안에서만 전달되었다. 신이 부여하기도 전에 평등이라는 영적 민주주의 원칙 위에 세워진 사회에서도 가장 귀중한 소비재인 '정보'는, 그 사회의 자체적인 거름망을 피할 수 없었던 것이다.

보스턴만 그런 것은 아니다. 슈얼이 말년에 이르러서야 (그리고 그의 승인 없이) 이 도시는 뉴스에 가하는 엄격한 통제를 완화하기 시작했다. 다른 도시에서라면 집이나 술집에서 이루어졌을 법한 일들이 예배당, 법정 주변, 심지어 장례식 등 공공 집회에서 행해지곤 했다. 물론 보스턴도 다른 도시들만큼이나 유럽에서 벌어진 중대하고도 극적인 사건에 대해 통제되지 않은 소문에 쉽게 노출되곤 했다.

1685년 9월 22일, 슈얼은 자신의 통상적인 '무리'에 속하지 않는 평범한 시민인 '이웃 피필드'에게 몬머스 공작의 처형*에 관해 다소 왜곡된 이야기를 들었다(이 사건은 런던에서 7월 15일에 일어났다). 피필드는 이 소식을 '물고기 전령'에게 들었는데, 이 '물고기 전령'은 분명 선장에게 소식을 전해 들은 것으로 보인다.[23] 그 후 몇 주 뒤, 슈얼은 좀 더 신뢰할 만한 정보원에게 얻은 소식으로 이 이야기를 수정해 기록했다. 여기서 비록 정확하지 않더라도 루머는, 일반적으로 소식이 전파되는 경로를 통해서보다 엘리트 계층에서 더 빠르게 움직인다는 것을 볼 수 있다.

보스턴에서는 인구가 더욱 밀집한 유럽 지역에서보다 훨씬 더 제한적인 거름망을 통해 뉴스가 전달되었다는 점에서 독특한 실험실이었다. 여기서 신문은 뉴스의 최초 정보원으로서 2차적인 역할을 했다. 슈얼은 젊을 때 3년간 보스턴 언론을 감독하고 직접 기사를 써서 발행하기도 하는 등 인쇄에 헌신했으며 부지런히 신문을 수집했다. 그러나 슈얼은 자신이 세심하게 수집한 신문을 주로 이름과 일자, 또는 다시

---

* 1685년 잉글랜드 국왕 제임스 2세의 형인 찰스 2세의 사생아인 몬머스 공작이 왕위를 요구하며 난을 일으켰고, 결국 공작이 사형에 처해진 일을 말한다.

인쇄된 정치적 텍스트 전문, 연설문, 선언문 등에 대한 자료의 원천으로 활용했다.[24] 또한 보스턴 신문은 선박의 입항 일자처럼 유용한 상업적 참고 자료를 제공했다. 보스턴의 두 번째 신문인 《가제트》는 상품의 가격을 기재하려는 혁신을 시도하기도 했지만, 코네티컷과 로드아일랜드의 경쟁자들에게 상업적 우위를 잃고 싶지 않았던 보스턴 상인들의 요청으로 중단되었다.[25]

슈얼은 여러 해에 걸쳐 주요 사건과 관련된 색인을 책으로 엮고, 필요하다면 약간의 주석을 추가했다. 이 모든 것에도 지역 신문은 슈얼의 정보망에 크게 도움이 되지 않았다. 사실 런던과 암스테르담에서 선박을 통해 들여온 수입 신문들이 더 중요한 기여를 했다. 하지만 슈얼만큼 연결망을 잘 갖추지 못한 사람들은 달랐을 것이다. 캠벨의 신문은 보스턴 주변의 외딴 소규모 정착지에 뉴스를 전달하는 데 더 중요한 역할을 했다. 경쟁 신문이 등장한 곳에서는 사람들이 새로운 관점을 얻고, 엘리트층의 뉴스 독점도 다소 완화되었다. 그러나 보스턴과 같은 곳에서 뉴스는 여전히 전달자의 신용과 평판에 밀접히 연관되어 있었으며, 식민지 시절 내내 구두로 전해진 소문이 뉴스 교류의 핵심으로 남아 있었다.

아마추어 뉴스 기자

18세기 중반이 되자 네덜란드 공화국은 처음의 광채를 많이 잃어버렸다. 최초의 유럽 강대국으로 갑작스럽게 부상한 이후 국제 무역의 무자비한 지휘관으로서 자아내던 두려움이나 경외심은 더는 없었다. 그러나 네덜란드는 여전히 놀랍도록 세련되면서도 독창적인 사회로, 유럽에서 가장 발달된 뉴스 시장 중 한 곳도 여전히 네덜란드에 있었다. 대도시는 저마다 정규 신문 서비스를 제공했고 그중 일부는 꽤 오랜 역사를 자랑하기도 했다.

《오프레히터 하를럼쉬 카우란트(Oprechte Haerlemsche Courant, 진실한 하를럼의 카우란트)》(이하《하를럼쉬 카우란트》)는 17세기 중반에 창간된 신문의 직계 후손이었다. 1650년부터 1750년까지 발행 부수는 10배로 증가했으며 매주 세 권씩 간행되었고, 권당 구독자 수는 대략 4300명이었다. 《암스테르담쉬 카우란트》는 6천 부가량 팔렸다.[26] 이러한 수치는 출판사에는 상당히 인상적이지만 당시의 인구 규모를 보거나 지역 신문에는 경쟁사가 없었다는 점을 고려하면 그렇게 놀라운 것은 아니다. 18세기 중반 네덜란드에서는 지역 신문이 10종 발행되었으며 각각은 지역 당국의 보호와 규제를 받으며 독점권을 누렸다. 그러나 시장이 겹치면서 경쟁이 생겨났다. 예컨대《하를럼쉬 카우란트》의 발행 부수 절반은 암스테르담의 배급사를 통해 팔렸다.

네덜란드에서 뉴스 문화가 활기를 띤 것은 팸플릿 제작의 오랜 전통에서 나왔다. 이처럼 가장 도시화되고 식자율이 높으며, 부르주아적인 유럽 사회에서 팸플릿 제작자들은 큰 제약 없이 사회 문제에 접근하곤 했다. 뉴스의 '아마추어' 애호가가 되기에 이곳만큼 좋은 곳도 없었다. 또한 얀 더 부어(Jan de Boer)만큼 열성적인 뉴스 애호가도 없었다.

얀 더 부어는 사무원으로,[27] 일주일에 3일을 포도주 제조인의 사무실에서 일했다. 다른 일을 하기에 시간이 넉넉한 직업이었다. 얀은 비교적 풍족했던 것으로 보인다. 그는 상당한 세금을 냈고, 하를럼에 작은 집을 소유했으며 '극빈층 사람들'에게 무료로 세를 줄 수 있었다. 더 부어는 또한 소수 종교인 가톨릭의 교인으로, 이 종교의 일부 관행은 못마땅하게 여겨지곤 했지만 구성원들은 대체로 평화롭게 종교 의식을 진행할 수 있었다. 그러나 더 부어는 자신들이 지역 치안 판사의 보호를 받아야 한다는 사실을 매우 잘 알고 있었다. 특정 집단은 이러한 보호가 아무 소용이 없기를 바랐다.

더 부어의 뉴스 일기는 매우 독특했다. 윌링턴이나 슈얼이 남긴 기록과는 달리 더 부어의 기록에 자전적 요소는 거의 담겨 있지 않았다. 더 부어는 매일의 일과를 쓰는 일이 거의 없었다. 오직 뉴스를 연대기화하는 데 모든 에너지를 쏟았다. 그는 빌럼 4세가 네덜란드 총독으로 임명되고 1748년 조세 폭동으로 빌럼이 권력을 굳히기 시작한 정치적 위기의 순간에 일기를 쓰기 시작했다. 더 부어는 12년간 일기를 계속 썼으며 이를 엮어 아름다운 책으로 만들었다. 이를 위해 섬세하게 장식된 표제면도 준비했다. 그는 책을 만드는 데 모든 전문적인 기술을 동원했지만 널리 배포하려는 것은 아니었다. 곧 더 부어는 이 책을 다른 원고와 함께 찬장에 보관하기로 결정했다. 그의 소원은 이루어졌다. 그의 뉴스 연대기는 오늘날까지 출판되지 않고 원고 상태로 남아 있다.[28]

더 부어는 거의 매일 연대기를 썼다. 입소문으로 전해 들은 뉴스 외에도 서면 기록에서 가져온 보고서도 기록했으며, 그중 많은 보고서를 잘라서 책의 적절한 위치에 스크랩했다. 더 부어는 타고난 뉴스 수집가로서, 진정한 기자의 자질을 갖추었다. 조세 폭동이 좌절되고 주모자 두 명이 처형되는 날, 더 부어는 처형장의 정확한 배치 상태를 확인하기 위해 일찍 담(Dam) 광장에 도착했다. 그는 좁은 출입구 등 군중을 통제하는 조치에 문제가 있으리라 확신했고, 실제로도 그러한 것으로 증명되었다. 엄청난 군중을 통제하기 어려워지자 총이 발사되었고, 많은 사람이 도망치느라 혼란한 통에 압사로 사망하는 사람까지 나왔다. 이 비극적 상황에서도 더 부어는 자신의 보도 품질을 자축할 수 있었다. "나만큼 사건을 면밀히, 꼼꼼하게 관찰하고 즉시 그것을 기록한 사람은 없을 것이다."[29]

더 부어는 열렬한 신문 애독자이기도 했다. 그는 《암스테르담쉬 카우란트》의 정기 구독자였으나 그의 일기에는 상당히 자주 언급되곤 했다. 두 신문은 격일로 발행되었으므로 《암스테르담쉬 카우란트》는 화요일, 목요일, 토요일에, 《덴하흐저 카우란트》는 월요일, 수요일, 금요일에 발행) 이를 모두 구독하는 사람은 사실상 일간지를 보는 것과 다름없었다. 특히 열성적으로 수집할 때는 《레이저 카우란트(Leydse Courant, 레이던 신문)》를 비롯해 하를럼, 로테르담, 흐로닝언에서 간행된 신문까지 손에 넣을 수 있었다. 대부분은 암스테르담의 서점에서 구할 수 있었다. 더 부어는 팸플릿도 읽고 수집했다. 도엘인들의 폭동 이후 현재의 경제적 병폐에 대한 희생양 찾기가 이어졌고, 수많은 팸플릿에서 가톨릭교도들이 충성스러운 네덜란드 시민이 될 수 있는지에 공개적으로 의문을 제기했다.

더 부어는 이 논쟁을 관찰했을 뿐 아니라 직접 참여하기도 했다. 크게 자부심을 느끼며 기록했듯이, 그의 시 〈조국(De Patria)〉은 여러 판본으로 인쇄되었다. 더 부어는 주로 노점상에서 팸플릿을 구매했지만, 치안 판사의 승인을 받지 못한 팸플릿을 친구들에게 입수하기도 했다. 더 부어는 대체로 준법정신이 투철한 편이었으나, 특별히 위험한 경우가 아니면 반쯤은 은밀하게 도서를 거래하며 스릴을 즐기기도 했다.

더 부어는 뉴스를 어디서 얻었는지 매우 세심하게 기록해 두었으므로 이를 통해 18세기 암스테르담의 평범한 시민에게 허용된 뉴스 네트워크를 어느 정도 정확하게 분석할 수 있다. 결과는 상당히 흥미롭다. 예를 들어 1748년 더 부어는 연대기에 뉴스 기사 179편의 출처를 작성해 두었다. 이 중 5분의 1은 더 부어가 직접 목격한 사건이며 40퍼센트는 제3자에게 들은 내용이었다. 간행물에서 접한 뉴스는 40퍼센트가 채 되지 않았다.

1748년은 암스테르담의 정치에서 특히 혼란스러운 해였지만 1755년 리스본 지진과 같이 특기할 만한 사건이 대부분 다른 지역에서 일어났던 시기에도, 그의 연대기 중 인쇄물을 참조한 보고는 절반이 되지 않았다.[30] 참조한 인쇄물 중에서도 신문은 뉴스의 주요한 출처가 아니었다. 더 부어가 뉴스 연대기에 기록한 보고 중 대부분은 팸플릿이나 정부 간행물 또는 목판화 몇 점 등 다른 유형의 인쇄 매체에서 가져온 것으로 나타났다.

암스테르담은 17세기 신문 거래의 첫 중심지로서 유산을 간직하고 있었지만(한때는 이 도시에서 신문 9종이 경쟁하기도 했다), 그럼에도 18세기 뉴스업계에서 신문의 역할은 다소 미미했던 것으로 보인다.

스네크의 혐오

어째서 18세기 중반, 얀 더 부어처럼 열성적인 뉴스 추종자들조차 뉴스의 출처로서 신문에 그다지 만족하지 못했던 것일까? 17세기 네덜란드 공화국의 활기 넘치고 혁신적이었던 신문업계는 18세기가 되면서 좀 더 많은 제한을 받았다. 각 도시에는 오직 한 가지 신문만 허용되었다. 신문은 이러한 독점의 대가로 상당한 수수료를 지불했으며 편집자들은 괜히 치안 판사의 심기를 거스를 만한 뉴스를 실어 투자금을 위태롭게 하지 않도록 주의했다.

세기말에 벌어진 프랑스 혁명 후에도 신문 기사를 자체적으로 검열하는 관행은 사라지지 않았다. 19세기 이후에는 프랑스와 저지대 국가 모두에서 기존의 보수적인 보도 관행이 후퇴하는 것으로 보였다. 이런 측면에서 영국과 미국의 활발한 정치 논쟁 문화는 매우 예외적이었다. 이 시기의 좀 더 전형적인 태도는 네덜란드 공화국의 지적 중심지에서 1785년에 간행된 신문《라이쉬 카우란트(Leidsche Courant, 레이던 카우란트)》에 실린 다음의 편집 공지에서 확인할 수 있다.

신문은 뉴스 사건을 발행하는 공식 인쇄 문서로서 논쟁적 기사의 모음집을 의도한 것이 아니므로, 우리는 기고자들이 이런 종류의 기사로 우리를 번거롭게 하지 않기를 간곡히 당부하는 바이다.[31]

네덜란드 독자들은 정치적 논쟁에 참여하기를 원했다. 그러나 이러한 논쟁은 대체로 팸플릿이나 다른 새로운 유형의 정치 저널에 국한되었다. 독점적이고 신중하며 수익성이 좋은 신문에는 이러한 논쟁이 끼어들 틈이 없었다. 19세기에는 국내 뉴스 보도가 확대되어 신문의 핵심 사업이 된다. 그러나 18세기는 아직 이런 단계에 도달하지 못했다.

네덜란드의 신문들은 지역 정치 논쟁의 출판을 단호히 거부했다. 1786년, 프리슬란트 애국자들의 서신은 프리슬란트의 지역 신문인 《레이우아르더르 카우란트(Leeuwarder Courant)》를 제외한 다른 모든 네덜란드 신문에 실렸다. 이 신문은 지역 정부의 허가를 받지 못해 독점적 수익을 잃을 것을 염려했고, 그 대신 지방 조례를 다시 인쇄하는 것으로 만족했다. 가령 스네크 마을에서 온 과일 바구니의 금지와 같은 조례가 있다(분명 이 지역의 신문은 프리슬란트 나머지 지역의 것보다 더 얇았고, 고객들이 받아 보는 뉴스도 충분치 않았을 수 있다).[32]

지역 신문 대다수가 여전히 흔하고 편협한 관행을 유지하고 있긴 했지만, 그럼에도 이러한 현상은 터무니없이 진부해 보인다. 그러나 신문 기사의 상당 부분은 여전히 정부에서 얻었다는 점은 관심을 끈다. 공식 간행물은 18세기 말까지도 뉴스와 정보의 중요한 출처로 남아 있었다. 이 내용은 이 책의 마지막 부분에서 16세기 뉴스 시장이 확대된 요인으로 논의되었다. 당시 유럽 전역의 정부는 선언문과 조례를 대판형 뉴스와 팸플릿의 형태로 쏟아내기 시작했다.[33]

그러나 새로운 상용 뉴스 간행물이 등장했음에도 과거의 관행은 사라지지 않았다. 17세기 이후 공식 간행물은 뉴스 연재물에 발췌문이나 전문의 형태로 흡수되었다. 또한 정부는 조례를 계속해서 공공 장소에 게시하고 시장에서 발표하는 등 과거의 방식도 유지했다. 전반적인 식자율이 높아지기 이전, 이러한 구두 발표는 뉴스 보급에 지속적으로 중요한 역할을 했다.

새로운 독자층에게 신문은 다른 면에서 만족스럽지 못했다. 18세기 말까지만 해도 신문에는 삽화가 전혀 없었다. 얀 더 부어 등 대형 사건이 시각적으로 재현된 것을 얻고자 하는 사람들은 별도의 시트로 제작된 판화나 목판화를 구입해야 했다. 시장이 이따금 활기를 띠면 대형 사건의 이미지가 제작되기도 했다.[34] 그러면 소비자들은 이러한 이미지 시트를 신문이나 팸플릿의 서술과 직접 결합해야 했다. 그림과 설명을 나란히 배치하여 뉴스를 설명하는 매력적이고 극적인 구성은 아직 먼 미래의 일이다.

독자들은 신문의 정확성도 염려했다. 1757년, 더 부어는 프로이센과 오스트리아 사이에 일어난 전쟁에 대한 보고를 얻으려고 노력했다. 더 부어는 뉴스를 면밀히 따라갔지만 서로 모순된 보도를 읽고 혼란에 빠질 수밖에 없었다. "어떻게 한 사람이 이 다양한 보도를 모두 조화시킬 수 있을까. 이것은 내 역량을 벗어난 일이다. 따라서 나보다 더 현명한 이들에게 이 일을 맡기고자 한다."[35] 진짜 문제는 신문 지면 대부분을 차지하는 외신 뉴스들이 여전히 너무 늦게 도착했다는 것이다. 이런 측면에서 17세기부터 19세기까지 뉴스를 제공하는 속도는 크게 개선되지 않았다. 실제로 흐로닝언의 신문들은 1800년대보다 1750년대에 좀 더 최신 뉴스를 다루었다.[36]

사실 17세기 중반에 유럽의 우편망이 완성된 이후 뉴스의 전달 속도를 높이기 위해 할 수 있는 일은 아무것도 없었다. 대대적인 변화를 위해서는 전신(電信)과 철도 등 주요한 기술 혁신이 일어나는 19세기까지 기다려야 했다. 이러한 혁신의 결과는 엄청났다. 1823년,《레이우아르더르 카우란트》가 해외 뉴스를 받기까지는 평균 18일이 걸렸다. 50년 후 이 기간은 4일로 단축되었다.[37]

여기에 중대한 의미가 있을까? 어떤 의미에서 뉴스는 처음 듣거나 읽는 사람이라면 누구에게나 새롭다. 여흥이나 교훈을 주려는 글은 배포되는 동안 시간이 흐른다고 해서 가치가 사라지지 않는다. 가령 오래된 동화는 교훈을 전하기 위해 이야기가 새로울 필요는 없다. 이는 이 책에서 소개한 많은 뉴스 소비자에게는 사실이다. 하지만 뉴스의 전달 속도가 무엇보다도 중요했던 여론 형성자에게는 전혀 그렇지 않았다. 400년 전과 마찬가지로 이들에게 안정적인 뉴스 정보원에 접근하는 것은 권력의 핵심적인 속성이었으며, 이러한 접근성을 확보하기 위해 신문 이상의 것을 계속 추구하게 되었다.

긁어 부스럼

14세기에서 18세기까지 뉴스를 정기적으로 접할 수 있게 된 사람의 수는 엄청나게 늘어났다. 뉴스 미디어는 특히 어조와 양식에서 대중의 이러한 변화를 천천히 받아들였다. 전문 뉴스 서비스는 '고객(client)'이라는 단어가 잠재적 구매자가 아닌 생산자를 지칭하는 시대에 처음 등장했다는 사실을 기억할 필요가 있다. 시인이 소네트를, 화가가 초상화를 바치며 보상을 바라듯, 뉴스 발행인도 같은 이유로 대귀족과 군주를 섬겼다. 이러한 서비스가 수익을 거둘 때도 뉴스 작성자는 마치 소매상이 상품을 다루듯 어조를 관행에 맞추었다.[38] 이러한 예속 관계는 18세기 내내 이어졌다. 가령 대니얼 디포와 새뮤얼 존슨과 같은 유급 작가들은 연금이나 봉급을 대가로 글을 썼다. 실제로 존슨은《파리 가제티어스(Paris Gazetteers, 파리의 가제트 편찬자들)》오랜 기간 경력을 맥없이 이어갔고, 자신에게 독점권을 부여하며 경쟁에서 지켜준 왕실의 특혜에 경의를 표하는 찬가를 아무 어려움 없이 써내려 갔다.

비슷한 방식으로 뉴스 작성 양식 또한 유럽의 지배층에 정보를 제공할 목적으로 발전한 바로 그 양식을 완강히 고수했다. 뉴스는 기밀 정보를 요약한 것에서 시작해 상업적 소식지로 진화했으며, 양식이나 구성에 큰 변화 없이 최초의 신문이 등장하는 기반을 형성했다. 이러한 신문을 구입한 새로운 독자층은 이전에는 통치 계층의 비밀 회의에서나 전달되었던 정보를 직접 취급할 수 있게 된 것에 우쭐해졌을 수도 있다. 아마도 그랬을 것이다. 그러나 이들이 그 정보를 이해했다고 말하기는 어렵다. 신문 발행인은 자신에게 해설의 의무는 없다는 사실을 인지하고 있었다. 독자들이 외국의 정치 보도에 대한 설명을 원하거나 자신들의 삶과 관련된 영역에서 무슨 일이 일어나고 있는지 알고 싶다면, 주로 대화와 같은 전통적인 뉴스 배포 방식에 의존해야만 했다.

그토록 많은 뉴스와 해설 및 분석은 입소문을 타고 전해졌다. 독자의 실제 경험 또는 가상 독자의 해석에 대한 이러한 무관심은 프랑스혁명의 장-폴 마라에 대해 오만한 고전적 암시로까지 이어졌다. 이 시대가 끝날 때까지 뉴스 발행인들은 돈에 쪼들리는 독자보다는 사회 지도층이나 동료 작가들의 인정을 받는 데 관심이 더 많았음을 명백히 알 수 있다. 기사는 대중보다는 작가 중심적이었다. 독자는 이러한 사실을 받아들이든지 말든지 해야 했다. 그들은 분발해서 뉴스를 따라가야 했다.

한 가지 놀라운 점은 그토록 많은 유럽 시민이 이 난해한 뉴스의 세계로 들어가길 기꺼이 선택했다는 것이다. 1667년 존 쿠퍼(John Cooper)가 썼듯이, "가려움증에 불과했던 뉴스가 이처럼 큰 질병이 되었음을 상상할 수 없을 거요." 뉴스를 질병에 비유한 이유는 명백하다. 많은 이에게 뉴스는 이제 삶의 필수적인 일부가 된 것이다.[39] 대형 사건이 터질 때마다 팸플릿이 불티나게 팔린 것도 놀라운 일은 아니다. 이 시기에 큰 사건이 벌어질 때마다 팸플릿이 폭증한 것은 사건에 대한 해석, 권고, 또는 충실함의 징표가 필요했다는 사실로 충분히 설명할 수 있다. 더 놀라운 사실은 신문들이 때때로 솔직히 드러내듯, 아무런 사건이 없는 평화로운 시기에도 사람들은 일상적으로 뉴스를 섭취하고자 했다는 것이다.

이에 대한 답으로 신문은 적어도 그것이 표현하는 것에 의존할 뿐, 그것에 담긴 내용은 부분적으로 평가받는 듯하다. 신문은 독자들에게 일상의 경험을 넘어 세상을 엿볼 기회를 제공했다. 실제로 독자들은 평생 가보지 못할 나라를 엿보고, 감사하게도 그들이 참전하지 않아도 되는 전투를 엿보고, 살면서 결코 만나보지 못할, 실제로 만난다고 해도 자신들에게 눈길도 주지 않을 권력자와 군주 들을 엿볼 수 있었다. 과거에는 역사책이나 여행기에서 잠시 맛볼 수 있던 그러한 세상을 이제는 신문을 통해 복잡한 서사 없이, 예측할 수 없는 갖가지 사건 속에서 헤엄칠 수 있었다. 이 모든 것을 단지 파이 한 조각이나 맥주 한 잔 값으로 누리게 되었다. 신문이 없어도 사는 데는 아무 지장이 없었지만 일단 등장한 이후 신문은 고상한 삶의 상징이자, 한 시민이 특정한 사회적 지위에 도달했다는 증표가 되었다.

이제 이러한 지위를 잃는 것은 그들에게 고통스러운 일이 될 것이다. 신문은 유럽 사회에 활기를 불어넣는 생명선이 되었다. 이제 더는 과거로 돌아갈 수 없을 터다.

에필로그

18세기 말 온 사회가 격동에 휘말린 동안 통신의 역사에 극적인 전환이 일어난 이유는 쉽게 이해할 수 있을 것이다. 신문은 이제 완전한 성숙기에 접어들었다. 이에 대해 프랑스 혁명기의 저널리스트 피에르-루이 뢰데레(Pierre-Louis Roederer)는 《사회에서 남성들이 의견을 교환하는 다양한 방법에 관한 분석적 에세이(Essai analytique sur les divers moyens établis pour la communication des pensées entre les hommes en société)》에서 감탄스러울 만큼 명료하게 묘사했다. 그에 따르면 신문은

가장 최근의, 가장 긴급한 뉴스만을 담고 있다. 신문은 책이나 여타 고객들이 서점에서 찾을 수 있는 그 어떤 인쇄물보다 훨씬 많은 독자를 보유했다. 모든 것은 행상인과 우편배달원 덕택으로, 신문은 쉽게 잠재 독자를 발견할 수 있었다. 저널은 그 어떤 미디어보다 사회적 영향력이 강했다. 모든 계층의 사람이 매일 같은 시간에 읽고 […] 공공 장소 어디에서든 독자들의 손에 닿

는 곳에 있으며, 일상적인 대화를 따라잡기 위해서는 필수적으로 읽어야 했기 때문이다.[1]

16세기 초 뉴스가 처음 상품이 된 이후로, 뉴스 발행인들은 3세기 동안 수많은 역경을 헤쳐왔다. 이제 뉴스 발행은 단지 사회적 영향력뿐 아니라 존경을 얻는 수단이 되었다. 이제 뉴스 발행인들은 적어도 자신들이 보기에 더는 장사꾼으로 업신여김이나 경멸당하지 않았다. 이제 그들은 '민중의 목소리'를 대변했다. 다음은 카미유 데물랭(Camille Desmoulins)이 《프랑스와 브라방*의 혁명(Révolutions de France et de Brabant)》에 쓴 글이다.

> 나는 저널리스트이다. 저널리스트는 상당히 훌륭한 직업이다. 더는 정부에 예속된, 가련한 용병이 아니다. 오늘날 프랑스에서 검열집 서판을 들고 상원, 영사, 독재자를 사찰하는 사람은 저널리스트다.[2]

이 글에서는 19세기까지 계속될 논의의 가닥을 엿볼 수 있다. 무한한 가능성이 열려 있었다. 19세기는 신문 승리주의의 위대한 세기가 될 것이다. 1835년, 미국의 한 해설가(즉 저널리스트)는 다음과 같이 물었다. "일간지가 사회생활의 가장 위대한 기관(器官)이 되지 못할 이유는 무엇인가?" "한때는 서적의 시대였다. 한때는 극장의 시대였다. 한때는 종교의 시대였다. […] 신문은 인류 사상사의 모든 위대한 순간을 선도할 수 있다."[3]

이제 저널리스트의 앞을 가로막는 것은 없었다. 프랑스 혁명

---

* 브라반트 지역을 프랑스어로는 '브라방'이라고 발음한다.

이 당대의 언론에 왜 그토록 지대한 영향을 미쳤는지 알 수 있을 것이다. 당시는 갑작스럽게 출현한 언론인들이 거칠 것 없는 행보를 이어가던 시기였다. 프랑스 혁명 당시 언론계가 누리던 자유는 앙시앵 레짐의 언론 통제와는 극명히 대조되었다. 그러나 언론인들이 그들 나름대로 하는 주장에는 다소 과장된 부분이 있었다. 언론이 거리에서 일어난 소요, 입법 의회에서 벌어진 논쟁, 또는 예컨대 당통의 운명을 결정지은 자코뱅 모임에서 발생한 격론보다 정말로 더 중요했을까? 공포 정치는 로베스피에르가 고작 10여 명 정도로 이루어진 공안 위원회를 장악함으로써 시작되었다.

정기 간행물에 대한 득의만면한 찬사 속에서, 우리는 15세기 중엽 인쇄술이 처음 탄생한 후 종종 들려온 경의의 표현이 반복되는 것을 볼 수 있다. 학자와 인쇄업자 들은 인쇄술을 널리 칭송했으며, 자신이 이 새로운 산업에 크게 기여하고 사회에 혁신을 가져온 것을 자랑스러워했다. 돌이켜 보면 저 순진한 찬사가 거짓 예언과 자기 이익의 합리화로 이루어진 경우를 상당히 많이 찾아볼 수 있다. 당시 혼란한 시기에 이루어진 모든 기술적 혁신 중 인쇄술만이 유일하게 자기 선전이 가능했다는 점을 생각해보자. 총포, 범선, 항해술의 발전 등은 모두 유럽이 비유럽 세계를 지배하는 데 크게 기여했지만, 그 어떤 것도 인쇄술과 같은 방식으로 자신의 업적에 찬사를 보내지는 못했다.

이 모든 것은 뉴스의 역사가 처음 쓰이기 시작한 이후, 신문의 발전이 전통적으로 서술의 중심을 차지하게 된 이유를 설명해준다. 뉴스의 역사에 대한 초창기의 체계적 서술은 신문이 뉴스 전달을 주도하던 시기, 그리고 계속해서 그러한 역할을 할 것으로 여겨지던 시기에 모두 쓰였다. 뉴스의 역사는 거의 대체로, 상당 부분, 적어도 텔레비전이 등장하기 전까지는, 신문의 역사였다. 신문이 발명되기 이전은 선사 시대쯤으로 간주된다.

이제 다양한 매체가 공존하는 환경으로 다시 진입해 신문의 미래도 불투명해지면서, 우리도 다소 새로운 관점을 취할 수 있게 되었다. 이 책의 첫 장에서도 설명했듯이 신문 이전에도, 그리고 인쇄술이 발명되기 이전에도 뉴스를 배포할 방법은 풍부했다. 신문이 등장하자 다른 뉴스 전달 방식들은 발전을 멈추었고 미래도 불투명해졌다. 17세기 초 정기 간행물에 대한 최초의 실험이 이루어지고 널리 수용된 이후, 18세기 말에 결정적인 돌파구가 마련되기까지 꼬박 200년이 걸렸다. 이 기간 동안 유럽 경제가 급격히 팽창하면서 뉴스 시장도 한결 정교하게 발전할 수 있었으나, 정기 간행물은 여전히 일부 지역에만 듬성듬성 배포되었다.

스페인의 뉴스 시장은 다른 나라에 비해 한참 뒤처져 있었고, 16세기 말까지 세계 뉴스 시장의 심장부였던 이탈리아도 마찬가지였다. 로마는 아예 18세기 이전까지 신문이 없었다. 여기서는 여전히 필사본 소식지가 뉴스 시장의 중심을 차지하며 도시에 활기를 불어넣었다.[4] 스페인에서는 심지어 전통적인 사회 지도층 인사들도 권력 투쟁 중 대판형 비방문을 인쇄해 거리에 배포하곤 했다.[5] 신문이 서유럽의 구석구석까지 비교적 완전히 퍼지게 된 것은 19세기 중반이 되어서야 가능했다.

신문이 더 신속하게 발전하지 못한 이유는 무엇일까? 한 가지 이유는 분명하다. 정기 간행물은 이미 입말, 서신, 비정기 인쇄물, 선언문, 팸플릿 등 다양한 방식으로 다소 효과적으로 뉴스가 전파될 수 있었던 복잡한 통신 환경에서 활로를 개척해야 했기 때문이다. 많은 소비자가 보기에 기존의 뉴스 전달 방식이

18.1 스페인에서 발행된 초창기 신문. 독일에서 최초의 신문이 나온 지 거의 100년이 지났음에도 스페인의 신문은 여전히 매우 초보적인 양식을 따르고 있었다.

이처럼 단단히 자리 잡고 있는 상황에서, 신문은 기존의 방식보다 그다지 나아진 것 같아 보이지 않았다. 어떤 면에서 신문은 퇴보를 나타내기도 했다. 이 점을 확인하려면 기존에 정기적 뉴스의 특징으로 간주된 것이 무엇인지 살펴보면 된다. 바로 주기성과 규칙성, 동시성, 다각성(뉴스의 다양한 측면을 다룸) 그리고 가격 적정성이다. 그러나 학자들이 중대한 진보로 묘사한 특징은 모두는 당대 소비자들의 눈에는 단점으로 보였다.

첫 번째는 '주기성'이다. 신문의 개념, 즉 유럽 각지에서 한 주간의 뉴스를 모아 경제적으로 구독자들에게 전달한다는 개념은 처음에는 매우 근사한 것으로 보였다. 신문은 예전에는 일부 계층을 제외한 모든 이에게 닫혀 있던 세련된 정치계와 상류 사회를 엿볼 창을 제공했다. 처음에는 왕실과 국제 외교의 복잡하고 이색적인 세계를 접하게 된 것이 다소 만족스러웠지만, 그러한 흥분도 이내 사그라들었다. 계속되는 외교 술책, 법정 출두, 그리고 군사 작전이 반복되었고 점차 지루해졌다. 특히 이러한 사건이 어떤 의미를 가지는지에 대해서도 즉각적으로 명백하지 않는 한 결코 설명되지 않았다. 신문의 분명한 장점인 주기성은 일종의 짐이 되었다.

신문은 단지 뉴스를 읽는 새로운 방식은 아니었다. 많은 면에서 신문은 뉴스의 개념을 완전히 다시 정의했다. 이전까지는 뉴스를 얻으려 해도 대부분 비정기적으로 받아 볼 수밖에 없었다. 관심 있는 뉴스가 있으면 팸플릿을 사서 볼 수 있었다. 어떤 이유로든 개인적으로 큰 감동을 불러일으키는 사건이 발생하면 특히 팸플릿을 사는 경향이 강했다. 그러나 이제는 신문을 통해 자신과는 거의 상관이 없어 보이는 잡다한 소식을, 정리되지 않은 상태로 아무런 설명도 없이 제공받게 되었다. 독자들은 기사 대부분을 완전히 이해할 수 없었던 것으로 보인다.

인쇄 초창기 동안 동시대 사건을 보도하는 주된 임무를 짊어진 팸플릿을 면밀히 살펴보면 이러한 변화를 좀 더 극명히 확인할 수 있다. 이들 팸플릿을 읽어보면 우리 선조들이 특이한 사건에 얼마나 매료되었는지 생생하게 느낄 수 있다. 뉴스 팸플릿은 재난, 기상재해, 천상의 유령, 기이한 동물, 승전 소식, 끔찍한 범죄의 적발과 처벌 등의 소식으로 가득 차 있다. 이와는 대조적으로 신문에서 보도하는 내용은 선박의 입항, 고위 관리의 법정 출두, 주가의 상승과 하락, 장군의 임명과 해임 등 대부분 일상적이고 해소되지 않은 사건들이었다. 이것은 재계의 권력층에게는 중요한 정보였을 수도 있지만, 이따금 뉴스를 접하는

사람들에게는 서식스에서 용이 목격된 사건에 비하면 아무것도 아니었다.[6]

특정 뉴스에 관심을 가진 독자들은 사건을 다루는 팸플릿과 대판형 뉴스 시트를 통해 더 깊이 파고들 수 있었다. 또한 여기엔 정기 간행물에는 불리한 한 가지 중대한 사실이 정확히 반영되어 있었다. 바로 뉴스는 어떤 경우에 더 시급하다는 사실이다. 지난 두 세기 동안 정기 일간지와 뉴스 속보는 이러한 점을 여러 차례에 걸쳐 일깨워준 바 있다. 지금도 뉴스 속보를 켰을 때 처음 나오는 보도가 정부의 일부 활동이 약간 더 나아질 수 있다고 말하는 국회의원들의 소식이라면, 우리 선조들이 그렇게 생각한 것도 일리가 있다고 결론 내리게 될 것이다.

결국 이것이 신문이 가져온 또 다른 위대한 '진보'다. 신문은 '동시성'을 획득하기 위해, 즉 유럽의 9개 또는 10개 수도에서 최근 발송된 급보를 반복해 실으면서 기존의 뉴스 서술 구조는 포기해야 했다. 팸플릿은 거의 항상 한 사건을 시작부터 종료 시점까지 설명한다. 사건의 중요성은 누가 전쟁에서 이겼는지 또는 지진으로 얼마나 많은 사람이 사망했는지 등 사건이 어떻게 마무리되었는지에 따라 결정되었다. 따라서 팸플릿에서는 사건의 직접적인 원인과 설명을 제공하고 교훈도 끌어낼 수 있었다.

반면에 신문에서 제공하는 기사는 조각 그림에서 무작위로 고른 조각 하나처럼 보였고, 전체적으로 완전한 그림은 그릴 수 없었다. 정기 구독자인들 다음 신문에서 사건의 결과를 알 수 있으리라고 전혀 확신할 수 없었다. 편집자들도 쾰른이나 빈에서 보도된 정보 중 어떤 것이 중요한 정보로 판명될지 알아낼 방법은 없었다. 필사본 소식지나 외국 신문에 의존하지 않고 기사를 쓸 방법도 없었다. 외국에 자체적으로 통신원을 두고 연락을 받을 수 없었다. 아직 통신원이 없었기 때문이다.

유럽의 뉴스 중심지에서 보내온 잡다한 단신들은 뉴스 독자들이 그중 어떤 뉴스가 가장 중요한지 파악하는 데 아무런 도움이 되지 않았다. 신문은 디자인이나 편집도 아직 미흡한 수준이었으므로 가장 중요한 기사를 강조하거나 독자들의 이해를 돕기는 어려웠다. 본질적으로 보도와 급보를 문자 그대로 반복한 기사가 더 진실한 기사로 여겨졌기에, 신문은 독자들이 실질적으로 뉴스를 파악하는 데 도움이 될 만한 문구를 추가하는 일도 꺼렸다. 오히려 이러한 편집 지침은 팸플릿에서 더 자주 찾아볼 수 있었다.

마지막으로 '가격 적정성'을 살펴보자. 정기 간행물은 겉보기에 저렴해 보여도 실제로는 그렇지 않은 경우가 많았다. 신문 한 부는 몇 펜스밖에 들지 않지만 신문을 정기적으로 구독하려면 꽤 큰돈을 지불해야 했다. 발행인 측에서도 독자들에게 신문을 배달하려면 상당한 기반 시설을 마련해야 했다.

이 모든 것은 신문의 개념에 대한 뚜렷한 관심에도 왜 그토록 많은 뉴스 간행물이 실패할 수밖에 없었는지 보여준다. 오직 정부 보조금을 받는 신문만이 성공할 수 있었다. 정치적 긴장이 특히 고조된 시기에 정기 간행물이 가장 번성했던 것도 놀랄 일은 아니다(물론 이 시기에는 팸플릿 제작도 크게 증가했다).

이 모든 것을 고려할 때 신문이 새로운 독자들에게 그토록 어려웠음에도, 어떻게 뉴스 기반 시설에 확고하게 자리 잡을 수 있었는지(그리고 결국은 지배적 위치에 올랐는지) 의문이 생길 수 있다. 내용을 이해하기 어렵다는 점을 감안하면, 신문은 부분적으로 그것이 담은 내용보다는 표상한 것 때문에 성공했다고 결론

지을 수 있다. 처음으로 평범한 대중이 이전에는 권력층 사람들만 접할 수 있었던 뉴스를 인쇄된 형태로 정식 제공받은 것이다.

신문은 일종의 요지경 상자였다. 그것도 의기양양한 기분을 느끼게 만드는 기분 좋은 쇼였다. 모스크바 대공국의 위기에 특별히 관심이 없던 서머싯의 시골 지주나 몽펠리에의 의사도 이제는 그러한 정보를 얻을 수 있는 지위에 올랐다. 어느 정도 가처분 소득이 있는 사람들에게 신문은 비필수 소비재였으며, 당시는 그러한 지위에 오른 사람이 급격히 늘어나는 중이었다. 소비 사회는 효용만큼이나 유행에 따라 움직이며, 18세기에 신문은 상류 사회의 중요한 장신구가 되었다.

이 시기가 끝나갈 즈음, 신문은 첫 세기를 특징짓던 여러 소박한 장점을 버림으로써 앞으로 나아갈 동력을 얻었다. 이 기간에는 국내 뉴스 보도가 점진적으로 확대된 것이 결정적인 역할을 했다. 국내 뉴스의 비중이 확대된 시기는 유럽의 각 지역마다 서로 달랐다. 경쟁이 치열하고 활기찬 런던의 뉴스 시장은 18세기 초에 대담하게 당파 간 논쟁에 뛰어들 만큼 유난히 일찍 성숙했다. 다른 지역에서는 18세기 말엽에야 국내 뉴스 보도가 근본적으로 발전하기 시작했고, 심지어 이후에야 비로소 발전하게 된 지역도 있다.

국내 뉴스를 계기로 신문에 관심을 가지게 된 대중이 늘어난 것도 분명했다. 자신도 정치적 담론에서 정보를 바탕으로 어떤 기여를 할 수 있다고 믿게 된 것이다. 또한 18세기 후반의 대(大) 위기와 함께 옹호 저널리즘이 시작되면서 마침내 뉴스와 의견, 신문과 시사 문제에 관한 다른 형태의 간행물, 즉 팸플릿을 비롯해 큰 존경을 받고 있던 새로운 정치 저널 사이의 구분이 사라졌다. 이러한 변화가 보편적이었던 것은 아니다. 현지에 한 가지 신문만 배포되던 많은 지역에서는 정치적 중립이라는 관행이 계속 유지되었으며 소외되는 독자는 없었다. 그럼에도 이러한 효과는 심층적이고 지속적이었다.

이러한 변화에는 대가가 따랐다. 신문이 여론 형성에 직접적인 역할을 하게 된 이후, 정치인은 신문을 통제하고자 했다. 남부럽지 않은 삶을 영위할 수 있기만을 간절히 바랐던 저널리스트들도 통제를 항상 불쾌하게 여기지만은 않았다. 영국 정부는 1792년까지 신문의 절반을 사들였다.[7] 《다이어리 오어 우드폴스 레지스터(Diary or Woodfall's Register, 일기 또는 우드폴의 기록부)》는 재무부에서 연간 400파운드를 보조받았다. 좀 더 확고히 자리 잡은 《모닝 헤럴드(Morning Herald, 아침 전령)》의 편집자는 1790년 감옥에 수감될지 아니면 연간 600파운드를 받고 정부에 직함을 빌려주어야 할지 선택해야 했다. 그는 후자를 택했다. 600파운드는 현행 요율이었던 것으로 보이며, 1795년 《타임스》의 지지를 얻기에도 충분했다.

재무부의 보조금을 받을 만큼 정치적 영향력이 있는 것으로 여겨지지 않는 다른 신문들은 그 대신 협박을 선택했고, 불온한 소문을 덮는 대가로 공인들에게 현금을 받았다. 런던 언론의 예는 극단적인 사례였지만 유일한 경우는 아니었다. 혁명기에 자유의 보루로 널리 칭송받았던 미국의 언론은 얼마 지나지 않아 불명예스러운 평판을 얻게 되었다.[8] "이전의 100년보다도 지난 10년 동안 언론을 통해 더 많은 오류가 전파되었다." 미국의 제2대 대통령으로 자주 언론의 혹평과 조롱의 대상이 되었던 존 애덤스(John Adarms)가 냉소적으로 남긴 말이다.[9]

한때 친구였으나 최후의 적이 된 토머스 제퍼슨(Thomas Jeffer-

18.2 〈영국인의 기쁨 또는 온갖 뉴스〉. 이 남성이 두르고 있는 시트에는 서로 다른 신문 10종의 제호가 열거되어 있다.

son)은 당연히 동의하지 않았다. 이 문제에 대한 제퍼슨의 유명한 선언 "신문 없는 정부와 정부 없는 신문 중에 하나를 선택해야 한다면 나는 한 치의 망설임 없이 후자를 선택할 것이다"는 행동에 대한 제안이라기보다는 수사적 장치에 가깝다. 그러나 그 정신은 미국 건국의 아버지들의 업적에 생기를 불어넣고, 미국 최초의 수정 헌법이라는 기념비적 업적의 발판이 되어 언론의 자유를 보장했다.

이 시기에 뉴스 매체와 뉴스 시장 모두 새로운 발전 단계에 접어들었다는 것은 거의 의심의 여지가 없다. 마지막으로, 이 새로운 세상을 준비하는 데 지난 4세기는 어떻게 기여했을까? 18세기 후반에 급격한 변화가 일어나기 전, 1750년대의 뉴스업계는 1400년대나 1500년대와도 확연히 달랐다. 이러한 변화는 유럽 사회의 세 가지 중요한 발전으로 뒷받침되었다.

첫 번째는 당대 사고방식의 변화에 있다. 어떤 사건을 설명할 때 신성(神性)에 방점을 두던 경향이, 이제는 인간의 행위를 강조하게 된 것이다. 이러한 변화가 결코 완전하지는 않았다. 서구 사회에는 여전히 사건에서 신의 섭리를 찾으려 하는 신자의 수가 압도적으로 많았다. 1776년 대륙군이 영국에 승리를 거두었을 때 뉴욕의 한 병사는 "이 모든 것은 신이 이룬 일인데 내가 무슨 말을 더 할 수 있겠는가?"라고 답했다.[10] 그러나 사실상 모든 사건을 신의 섭리가 투영된 우화로 본 16세기의 팸플릿과, 좀 더 공평무사한 논조로 보도하는 18세기 신문의 통상적인 급보 사이에는 명백한 차이가 있다.

두 번째로, 이와 무관하지 않은 또 다른 변화는 뉴스 보도와 수신에서 적시성이 강조되기 시작했다는 것이다. 이전에 영원한 진리를 구하기 위해 뉴스를 찾을 때는 동시성이 그다지 급박한 관심사는 아니었다. 홍수, 살인 또는 귀신 들림에 대한 설명은 사건이 지난주에 발생했든 한참 전에 발생했든, 현지에서 일어났든 먼 지역에서 일어났든 관계없이 사람들의 이목을 끌었다. 이런 점에서 이들 사건의 도덕적 힘은 시기와 무관했다. 그러나 뉴스가 신의 목적을 해명하는 열쇠라기보다는 행위의 촉매제로 여겨지기 시작하면서 적시성은 특히 중요해졌다.

18세기에 제국 간 충돌로 신문 발행 부수가 엄청나게 증가한 가운데 이러한 긴급성은 더욱 명백해졌다. 이로써 더 촘촘해진 뉴스 연결망을 뒷받침하는 기반 시설도 점차 개선되기 시작했다. 이 기간 동안 우편망에도 일련의 거대한 도약이 일어나 유럽 대륙 횡단 우편 시설이 최초로 완공되었고, 새로운 지선이 추가되었다. 유럽 북부의 무역 제국이 부상하면서 영국과 프랑스는 공동으로 우편망의 만성적인 결함을 복구하는 작업을 시작했고, 궁극적으로 이러한 개선 작업은 대서양 너머에까지 확대되었다.[11]

정부는 정보가 권력이라는 사실을 잊어버린 적이 없었다. 미국 독립 전쟁이 발발한 이후 매사추세츠 의회가 최초로 제안한 법안 중 하나는 북부의 주에 신설 우편국의 전체 연결망을 구축하는 것이었다. 통신망의 장악은 반군이 이 전쟁에서 완전히 우위를 차지할 수 있었던 한 가지 이유로, 긴 방어전에서 결정적으로 작용했다.[12]

마지막으로, 엄청난 양의 뉴스가 유통되었다는 사실의 의미를 과소평가해서는 안 된다. 유럽에서는 대형 사건이 잇달아 벌어지면서 뉴스의 유통량도 폭발했다. 처음에는 종교 개혁으로 팸플릿이 쏟아져 나왔고, 이후 파리 신성 동맹, 영국 내전, 프롱드의 난 등 정치적 격변이 이어졌다. 뉴스 간행물이 신고식을 치른 30년 전쟁에 이어 잉글랜드에서 정당 정치가 탄생하고, 미국과 프랑스에서 혁명이 일어났다. 이러한 일련의 사건으로 유럽 사회는 새로운 시장에 접근성을 확대했으며, 뉴스가 더 많이 보도되고 반복될수록 설득력도 높아진다는 사실을 경험했다. 당대 뉴스 보도의 힘을 목도한 가장 통찰력 있고 분석적인 지성 중 한 명인 벤저민 프랭클린은 조직화된 언론 캠페인의 가능성을 공개적으로 회고했다.

똑같은 진실이라도 모든 곳에서 볼 수 있는 신문에서 매일,

서로 다른 측면에서, 반복적으로 제공할 능력이 있다면 진실을 만들 기회도 생긴다. [⋯] 쇠는 뜨거울 때 쳐야 한다. 하지만 계속 치면서 뜨겁게 만드는 것도 매우 실용적일 수 있다.[13]

이 세 가지 발전과 함께 19세기 뉴스 시장이 극적으로 발전할 기본 발판이 마련되었다. 바로 19세기에 접어들면서 일간 신문은 비로소 뉴스를 배포하는 주요 수단이 되었다. 북미에서 신문은 1790년에 99종에서 1800년에는 230종으로 크게 증가했다. 이것은 독서 대중의 출현은 물론, 시민의 정보 수준을 높이려는 건국의 아버지들이 취한 사려 깊은 조치를 반영한다. 여기서 연방 정부는 신문이 경제적으로, 제때 배포될 수 있도록 우편망에 접근할 수 있는 특권을 신문사에 부여하는 등 강력한 재정적 장려책을 제공했다.[14] 유럽 대륙에서 신문의 발전은 들쑥날쑥했다. 그러나 19세기 중반에 이르러서는 대체로 일간 신문이 격주 또는 주 2회 발행되는 신문을 압도하고 주도적인 형태가 되었다.

19세기에는 두 가지 중요한 기술적 혁신도 이러한 발전을 뒷받침했다. 바로 증기 기관을 이용한 인쇄 기법이 발명되고, 신문지의 원료로 넝마 대신 목재 펄프를 사용하게 된 것이다. 수동 인쇄 시절 3천 부에 불과했던 일간 인쇄 부수는 '증기로 추동된 지식'을 통해 몇 배나 늘어났다.[15] 또한 종이의 재료로 목재 펄프를 사용하면서 새롭고 풍부한 자원을 사용할 수 있게 되었다.

이러한 기술 발전이 끼친 영향은 뉴스의 가장 중요한 소비자인 도시 인구를 비롯해 일반 대중의 문해력을 높이려는 움직임으로 더욱 강화되었다. 이는 결국 이전에는 선거권이 없었던 사람들의 정치적 활동을 촉구했으며, 신문 수요의 큰 원동력이 되었다. 또한 신문이 정보에 대한 욕구를 충족하고 문화 및 여가 활동의 모든 범위를 다루기 시작하면서 주제와 내용 면에서 심층적인 다각화가 이루어졌다. 그 결과 신문은 이전에 비해 훨씬 길어지고 질적으로도 이전과는 큰 차이를 보이게 되었다.

신문의 위대한 시대는 유럽의 국가 간 세력 경쟁이 민주주의를 위한 오랜 투쟁을 일으키고, 강대국의 경쟁으로 재앙적인 전쟁의 불씨를 지핀 20세기까지 한 세기 반 동안 지속되었다. 이러한 갈등에서 신문은 제 역할을 다했지만, 더는 유일한 뉴스 제공자가 아니었다. 유럽이 창의력을 발휘해 훨씬 파괴적인 무기와 이데올로기를 설계한 가운데, 과학의 발전은 뉴스 간행물의 새로운 경쟁자를 만들어냈다. 첫 번째는 라디오, 그다음은 텔레비전이다. 이러한 새로운 미디어는 사회에 뿌리내리면서 뉴스를 배포하는 데 그들의 잠재력을 보여주었다. 또한 이러한 뉴스는 정보의 통제가 그들 권력의 핵심 속성인 이들에 의해 형성되고 조작될 수 있었다. 그러나 디지털 미디어의 도래와 함께 변화하는 뉴스 생태계에서 인쇄 간행물의 역할에 중대한 의문이 제기되었다.

뉴스가 신속하게 정기적으로 배송됨으로써 그동안 인쇄물이 담당했던 주도적 역할은 더는 당연하게 여겨지지 않았다. 이런 맥락에서 신문의 시대는 자연스러운 순리라기보다는, 마치 뉴스의 첫 역사가 쓰였을 때 그랬던 것처럼 다소 짧고 허망한 것으로 보인다. 더군다나 신문은 한때 추종자들이 그렇게 믿었던 것처럼, 계몽의 정점을 대표하는 권력 강화와 해방의 도구로 덜 간주되곤 했다.[16]

지금 우리가 사는 21세기는 불확실성이 특징인, 변화하고 불안정한 '멀티미디어' 세계다. 이제 이 책에서 주로 다룬 지난 4

세기 동안 비슷한 종류의 뉴스를 전달하는 것도 왜 그토록 당연해 보였는지 이해할 수 있을 것이다. 15세기 중반 인쇄물이 출현하면서 새로운 기회가 수없이 생겨났다. 하지만 인쇄물이 비로소 성공의 길로 나아가게 된 시점은 뉴스를 배포하는 연결망, 즉 권력층 인사들에게는 이미 친숙한 표준과 관행, 사회적 관례를 갖춘 연결망이 확립된 이후였다. 수세기 뒤 인쇄는 중단되고 이러한 기반 시설은 재구성되었으며, 이제 뉴스는 새로운 고객을 끌어들이고 있다. 그럼에도 기존의 규범이 완전히 대체된 것은 아니다. 당시의 뉴스 미디어는 모든 면에서 지금 우리 시대 못지않게 다양한 매체가 경쟁하는 현상을 보여주었다. 이 시대가 그토록 매력적인 것도 바로 이런 이유에서다.

주

프롤로그 : 뉴스가 될 수 있는 모든 뉴스

1. *Weekly Review of the Affairs of France* (17 February 1704). 존 맥비(John McVeagh)가 편집한 훌륭한 판본은 다음과 같다. *Defoe's Review* (London: Pickering & Chatto, 2003-11). 전반적인 분위기는 다음에서 확인할 수 있다. William L. Payne, *The Best of Defoe's Review: An Anthology* (New York: Columbia University Press, 1951).
2. *Review* (fasc. edn, New York, 1938), viii, 708, book 21. 다음에서 인용. Harold Love, *The Culture and Commerce of Texts* (Amherst, MA: University of Massachusetts Press, 1998), p. 3. 최근의 판본은 다음을 참고할 것. Dror Wahrman, *Mr. Collier's Letter Rack: A Tale of Art and Illusion at the Threshold of the Modern Information Age* (Oxford: Oxford University Press, 2012), pp. 19-29.
3. 예를 들어 셰익스피어의 희곡 중 적어도 10편에서 이러한 예를 찾을 수 있다. 《헨리 4세》 2부 4막 4장, 《헨리 4세》 3부 2막 1장, 《리처드 3세》 4막 2장 및 4장, 《말괄량이 길들이기》 5막 2장, 《베니스의 상인》 1막 2장, 《십이야》 1막 1장, 《햄릿》 4막 7장, 《아테네의 타이먼》 1막 2장, 《리어왕》 1막 2장, 《맥베스》 1막 7장. 폴 아블래스터(Paul Arblaster)가 사례 제공.
4. Claude Holyband, *The French Littelton* (London: Richard Field, 1593). 아래 6장 참조.
5. 애버콘위와 스트랫 플로리다 사이에서 정기적으로 일어난 교환은 다음에서 보고되었다. *The historie of Cambria, now called Wales* (1584), sig. vr. 이 참고문헌에 대해서는 동료 알렉스 울프(Alex Woolf)에게 감사를 전한다.
6. Jürg Zulliger, ' "Ohne Kommunikation würde Chaos herrschen". Zur Bedeutung von Informationsaustausch, Briefverkehr und Boten bei Bernhard von Clairvaux', *Archiv für Kulturgeschichte,* 78 (1996), pp. 251-76. 아래 1장 참조.
7. 아래 2장 참조.
8. 아래 7장 참조.
9. Nate Silver, *The Signal and the Noise: Why So Many Predictions Fail but Some Don't* (New York: Penguin, 2012).
10. Ulinka Rublack, *The Crimes of Women in Early Modern Germany* (Oxford: Oxford University Press, 1999), pp. 16-19.
11. Matthew Lundin, *Paper Memory: A Sixteenth-Century Townsman Writes his World* (Cambridge, MA: Harvard University Press, 2012).
12. 같은 책, p. 243.
13. 아래 5장 참조.
14. Andrew Pettegree, *The Book in the Renaissance* (New Haven, CT, and London: Yale University Press, 2010).

15. 아래 4장 참조.

16. 아래 7장 참조.

17. Allyson Creasman, *Censorship and Civic Order in Reformation Germany, 1517-648* (Aldershot: Ashgate, 2012).

18. Jan Bloemendal, Peter G. F. Eversmann and Else Strietman (eds), *Drama, Performance and Debate: Theatre and Public Opinion in the Early Modern Period*(Leiden: Brill, 2013); 또한 아래 12장에서 런던 극단과 신문 간의 경쟁에 관한 논평을 참고할 것.

19. 프랑스어 'publier(발행하다)'에서도 동일하다. 다음을 참고할 것. Kate van Orden, 'Cheap Print and Street Song Following the Saint Bartholomew's Massacres of 1572'. van Orden (ed.), *Music and the Cultures of Print* (New York: Garland Publishing, 2000)에 수록, pp. 271-323.

20. Maximilian Novak, Daniel *Defoe, Master of Fictions: His Life and Ideas*(Oxford: Oxford University Press, 2001).

21. 아래 15장 참조.

1장 권력과 상상력

1. Larry Silver, *Marketing Maximilian: The Visual Ideology of a Holy Roman Emperor* (Princeton, NJ: Princeton University Press, 2008).

2. Wolfgang Behringer,*Thurn und Taxis: Die Geschichte ihrer Post und ihrer Unternehmen*(Munich:Piper,1990); 같은 저자, *Im Zeichen des Merkur: Reichspost und Kommunikationsrevolution in der Frühen Neuzeit* (Göttingen: Vandenhoeck & Ruprecht, 2003).

3. A. M. Ramsay, 'A Roman Postal Service under the Republic'. *Journal of Roman Studies,* 10 (1920), pp. 79-86.

4. Alan K. Bowman, *Life and Letters on the Roman Frontier: Vindolanda and its People,* 2nd edn (London: British Museum, 2003); Anthony Birley, Garrison Life at Vindolanda (Stroud: History Press, 2007).

5. Alan K. Bowman and Greg Woolf, *Literacy and Power in the Ancient World* (Cambridge: Cambridge University Press, 1994); Greg Woolf, 'Monumental Writing and the Expansion of Roman Society in the Early Empire', *Journal of Roman Studies, 86* (1996), pp. 22-39.

6. M. T. Clanchy, *From Memory to Written Record: England 1066-1307* (Oxford: Blackwell, 1979).

7. 같은 책, p. 261.

8. Jürg Zulliger,'"Ohne Kommunikation würde Chaos herrschen": Zur Bedeutung von Informationsaustauch, Briefverkehr und Boten bei Bernhard von Clairvaux', *Archiv für Kulturgeschichte,* 78 (1996), pp. 251-76.

9. Chris Given-Wilson, Chronicles: *The Writing of History in Medieval England* (London: Hambledon, 2004), p. 21.

10. 같은 책, p. 13.

11. J. K. Hyde, 'Italian Pilgrim Literature in the Late Middle Ages'. *Literacy and its Uses: Studies on Late Medieval Italy* (Manchester: Manchester University Press, 1993)에 수록, pp. 136-61.

12. Sophia Menache, *The Vox Dei: Communication in the Middle Ages* (New York: Oxford

University Press, 1990), p. 116.

13. Lorraine Daston and Katharine Park, *Wonders and the Order of Nature, 1150-1750* (New York: Zone, 2001).

14. Hyde, 'Ethnographers in Search of an Audience'. 같은 저자의 *Literacy and its Uses*에 수록, pp. 162-216.

15. Jonathan Sumption, *Pilgrimage: An Image of Medieval Religion* (London: Faber, 1975), p. 257; Debra Birch, 'Jacques de Vitry and the Ideology of Pilgrimage'. J. Stopford (ed.), *Pilgrimage Explored* (Woodbridge: York Medieval Press, 1999)에 수록.

16. Dianna Webb, *Pilgrims and Pilgrimage in the Medieval West* (London: I. B. Tauris, 2001); Sumption, *Pilgrimage*.

17. Albert Kapr, *Johann Gutenberg: The Man and his Invention* (London: Scolar Press, 1996), pp. 71-5.

18. Debra Birch, *Pilgrimage to Rome in the Middle Ages* (Woodbridge: Boydell, 1998).

19. 다음 문헌에 묘사되어 있다. Peter Spufford, *Power and Profit: The Merchant in Medieval Europe* (London: Thames and Hudson, 2002), p. 23.

20. 대사들의 서신은 아래 5장에서 논의된다.

21. Yves Renouard, 'Comment les papes d'Avignon expédiaient leur courrier', Revue historique, 180 (1937), pp. 1-9; 같은 저자, *The Avignon Papacy, 1305-1403* (London: Faber, 1970); Anne-Marie Hayez, 'Les courriers des papes d'Avignon sous Innocent VI et Urbain V (1352-1370)'. *La circulation des nouvelles au moyen âge* (Paris: Sorbonne, 1994)에 수록, pp. 37-46.

22. Renouard, 'Les papes d'Avignon', pp. 20-3.

23. 1321년 3월 3일에 작성해 로마로 보낸 편지는 4월 18일까지 아비뇽을 떠나지 않았다. 1321년 10월 6일에 작성해 베네치아에 보낸 편지는 10월 31일 출발했다. 1360년 푸아티에에 보낸 편지는 두 달 늦게 도착했다. Renouard, 'Les papes d'Avignon', p. 28.

24. Suzanne Budelot, *Messageries universitaires et messageries royales* (Paris: Domat, 1934).

25. 파리에서는 다소 느슨하게 프랑스, 피카르디, 노르망디, 잉글랜드로 4개 '국가'가 정의되었다. 잉글랜드 '국가'에는 중부 유럽과 유럽 북부에서 온 학생들이 포함되었다. Hilde de Rodder-Symoens (ed.), *A History of the University in Europe. Volume I: Universities in the Middle Ages* (Cambridge: Cambridge University Press, 1992)에 수록, p. 114.

26. C. H. Haskins, 'The Lives of Mediaeval Students as Illustrated in their Letters'. 같은 저자의 *Studies in Mediaeval Culture* (Oxford: Oxford University Press, 1929)에 수록, pp. 1-35.

27. Alain Boureau, 'The Letter-Writing Norm, a Mediaeval Invention'. Roger Chartier (ed.), *Correspondence: Models of Letter-Writing from the Middle Ages to the Nineteenth Century* (Cambridge: Polity, 1997)에 수록, pp. 24-58.

28. Haskins, 'Lives of Medieval Students', p. 10.

29. 같은 책, pp. 15-16.

30. 아래 15장 참조.

31. Philip O. Beale, *A History of the Post in England from the Romans to the Stuarts* (Aldershot: Ashgate, 1998), p. 22.

32. 같은 책, pp. 24-7.

33. J. K. Hyde, 'The Role of Diplomatic Correspondence and Reporting'. 같은 저자의 *Literacy and its Uses*에 수록, pp. 217-59. 같은 책 pp. 224-6.

34. 같은 책, p. 244.

35. 아래 15장 참조.

36. Beale, *History of the Post, pp*. 30-39.

37. Given-Wilson, *Chronicles*, p. 109.

38. Beale, *History of the Post, pp*. 84-6.

39. *La circulation des nouvelles.*

40. C. A. J. Armstrong, 'Some Examples of the Distribution and Speed of News in England at the Time of the Wars of the Roses'. 같은 저자의 *England, France and Burgundy in the Fifteenth Century* (London: Hambledon, 1983)에 수록, pp. 97-122.

41. 다음을 참고할 것. Armstrong, 'Some Examples', p. 100; James Gairdner (ed.), *Three Fifteenth-Century Chronicles* (London: Camden Society, 1880), pp. 156 ff.

42. 아래 4장 참조.

43. B. Guenée, 'Les campagnes de lettres qui ont suivi le meurtre de Jean sans Peur, duc de Bourgogne (septembre 1419-février 1420)', *Annuaire-Bulletin de la Société de l'Histoire de France* (1993), pp. 45-65.

44. Craig Taylor, 'War, Propaganda and Diplomacy in Fifteenth-Century France and England', in Christopher Allmand (ed.), *War, Government and Power in Late Medieval France* (Liverpool: Liverpool University Press, 2000), pp. 70-91.

45. Armstrong, 'Some Examples', p. 99.

46. Budelot, *Messageries universitaires et messageries royales* E. John B. Allen, 'The Royal Posts of France in the Fifteenth and Sixteenth Centuries', *Postal History Journal*, 15 (January 1971).

47. Armstrong, 'Some Examples', p. 107.

48. Menache, *Vox Dei.*

49. Armstrong, 'Some Examples', p. 101.

2장 상업의 바퀴

1. Iris Origo, *The Merchant of Prato: Francesco di Marco Datini* (London: Jonathan Cape, 1957), p. 90.

2. 게다가 다티니는 아내와 편지 1만 통을 교환했다. 아내는 다티니가 피렌체로 거처를 옮긴 후 프라토에 남아 가계를 관리했다. 이는 오리고(Origo)가 자신의 연구에서 초점을 맞춘다.

3. David Nicholas, *Medieval Flanders* (London: Longman, 1992). James M. Murray, Bruges, *Cradle of Capitalism, 1280-1390* (Cambridge: Cambridge University Press, 2005).

4. *Edwin S. Hunt, The Medieval Super- Companies: A Study of the Peruzzi Company of Florence* (Cambridge: Cambridge University Press, 1994).

5. Raymond de Roover, *Money, Banking and Credit in Medieval Bruges* (Cambridge, MA: 1948).

6. 다음을 참조한다. The fourteenth-century 'Itineraire de Bruges', ed. E.-T. Hamy. Gilles le Bouvier, *Le livre de la description des pays* (Paris: Leroux, 1908)에 수록, pp. 157-216.

7. Peter Spufford, *Power and Profit: The Merchant in Medieval Europe* (London: Thames and Hudson, 2002), pp. 143-52.

8. Frederic C. Lane, *Andrea Barbarigo, Merchant of Venice, 1418-1449* (Baltimore, MD: Johns

Hopkins University Press, 1944), p. 20.

9. Spufford, *Power and Profit*, pp. 25-8.

10. Lane, *Andrea Barbarigo*, pp. 199-200. 발렌시아에서 보낸 바르바리고의 편지는 30일 이내 에는 거의 도착하지 않았고 평균 40일 가까이 걸려서야 받을 수 있었다.

11. Federigo Melis, 'Intensita e regolarita nella diffusione dell'informazione economica generale nel Mediterraneo e in Occidente alla fine del Medioevo'. *Mélanges en l'honneur de Fernand Braudel, 2 vols* (Toulouse: Privat, 1973)에 수록, I, 389-424. Spufford, *Power and Profit*, p. 27.

12. Philip O. Beale, A *History of the Post in England from the Romans to the Stuarts* (Aldershot: Ashgate, 1998), p. 33.

13. C. A. J. Armstrong, 'Some Examples of the Distribution and Speed of News in England at the Time of the Wars of the Roses'. 같은 저자의 *England, France and Burgundy in the Fifteenth Century* (London: Hambledon, 1983)에 수록, pp. 97-122. 같은 책 p. 109.

14. A. Grunzweig, *Correspondence de la filiale de Bruges de Medici* (Brussels: Lamertin, 1931), I, 130-45.

15. 아래 5장 참조.

16. Hunt, *Medieval Super-Companies*, p. 73.

17. 밀라노 대사는 상인 우편 제도를 이용할 것을 권하며 이 점에 대해 다음과 같이 지적했다. "제노바의 서신책도 유용하겠지만 기밀 유지를 위해 피렌체의 상인을 더 많이 확보하시 오. 이들의 통신원은 프랑스를 통과할 때 거의 수색당하지 않으므로 더 자유롭게 왕래할 수 있습니다." 다음 문헌에서 인용했다. Beale, *A History of the Post in England*, p. 160.

18. E. John B. Allen, Post and Courier *Service in the Diplomacy of Early Modern Europe*, vol. 3 (The Hague: Nijhoff, International Archive of the History of Ideas, 1972).

19. Richard Goldthwaite, *The Economy of Renaissance Florence,* (Baltimore, MD: Johns Hopkins University Press), p. 94.

20. Origo, Datini, pp. 85-6.

21. 같은 책, p. 86.

22. Robert S. Lopez and Irving W. Raymond, *Medieval Trade in the Mediterranean World: Illustrative Documents* (Oxford: Oxford University Press, 1955), no. 193; Gunnar Dahl, Trade, *Trust and Networks: Commercial Cultures in Late Medieval Italy* (Lund: Nordic Academic Press, 1998), p. 82.

23. Lopez and Raymond, *Medieval Trade,* no. 194; Dahl, *Trade,* p. 82.

24. Dahl, *Trade*, p. 83.

25. Gertrude R. B. Richards (ed.), *Florentine Merchants in the Age of the Medici: Letters and Documents from the Selfridge Collection of Medici Manuscripts* (Cambridge, MA: Harvard University Press, 1932), p. 109; Dahl, *Trade*, p. 83.

26. Paolo da Certaldo, *Libro di buoni costumi,* ed. Alfredo Schiaffini (Florence, 1946), pp. 149-50.

27. Goldthwaite, *Economy of Renaissance Florence,* p. 95.

28. Theodor Gustav Werner, 'Das käufmannische Nachrichtenwesen im späten Mittelalter und in der frühen Neuzeit und sein Einfluss auf die Entstehung der handschriftlichen Zeitung', *Scripta Mercaturae* (1975), pp. 3-51.

29. Goldthwaite, Economy *of Renaissance Florence*, p. 94.

30. George Christ, 'A Newsletter in 1419? Antonio Morosini's Chronicle in the Light of Commercial Correspondence between Venice and Alexandria', Mediterranean Historical *Review*, 20 (2005), pp. 35-66. 같은 책 pp. 41-2.

31. Richards, *Florentine Merchants*, 263; Dahl, *Trade*, p. 116.

32. Dahl, *Trade*, p. 104. 그럼에도 이들은 긴 저녁 시간 동안 체스를 둘 수 있었다.

33. Dahl, *Trade*, p. 119.

34. Lane, *Andrea Barbarigo*, pp. 127-8.

35. Marin Sanudo, *I diarii, 58 vols* (Venice: Visentini, 1879-1903); Pierre Sardella, *Nouvelles et speculations a Venise au debut du XVIe siecle* (Paris: Colin, 1949). 사누도가 수집한 문헌 선집 의 유려한 영어 번역본은 다음에서 찾을 수 있다. Patricia H. Labalme and Laura Sanguieti White (eds), *Cita Excelentissima: Selections from the Renaissance Diaries of Marin Sanudo* (Baltimore, MD: Johns Hopkins University Press, 2008).

36. Sardella, *Nouvelles*, p. 21.

37. 같은 책, p. 32.

38. G. Priuli, *I diarii*, 4 vols (Bologna: Zanichelli, 1912-39), I, 153. 다음에서 인용. Mario Infelise, 'From Merchants' Letters to Handwritten Political Avvisi: Notes on the Origins of Public Information'. Francisco Bethercourt and Florike Egmond (eds), *Correspondence and Cultural Exchange in Europe, 1400-700* (Cambridge: Cambridge University Press, 2007)에 수록, pp. 33-52.

39. Sardella, *Nouvelles*, p. 42.

40. 같은 책, p. 50.

41. 수수료는 1538년의 예를 인용한 것이다. Sardella, *Nouvelles*, p. 50.

42. Wolfgang Behringer, *Im Zeichen des Merkur: Reichspost und Kommunikationsrevolution in der Frühen Neuzeit* (Göttingen: Vandenhoeck & Ruprecht, 2003), p. 51.

43. Sardella, *Nouvelles*, pp. 56-71.

44. Philippe Dollinger, *The German Hansa* (London: Macmillan, 1970); Tom Scott, *The City State in Europe, 1000-1600* (Oxford: Oxford University Press, 2012).

45. Lore Sporhan-Krempel, *Nürnberg als Nachrichtenzentrum zwischen 1400 und 1700* (Nuremberg: Vereins für Geschichte der Stadt Nurnberg, 1968), p. 19.

46. Steven Ozment, *Three Behaim Boys: Growing up in Early Modern Germany* (New Haven, CT: Yale University Press, 1990).

47. Sporhan-Krempel, *Nürnberg als Nachrichtenzentrum*, p. 21; 아래 3장 참조.

48. Werner, 'Das käufmannische Nachrichtenwesen', p. 11.

49. Sporhan-Krempel, *Nürnberg als Nachrichtenzentrum*, p. 23.

50. Werner, 'Das käufmannische Nachrichtenwesen', p. 7; Sporhan-Krempel, *Nürnberg als Nachrichtenzentrum*, p. 21.

51. Sporhan-Krempel, *Nürnberg als Nachrichtenzentrum*, p. 23.

3장 최초의 뉴스 인쇄물

1. Phyllis Goodhart Gordan, *Two Renaissance Book Hunters: The Letters of Poggius Bracciolini to Nicolaus de Niccolis* (New York: Columbia University Press, 1974).

2. Albert Kapr, *Johann Gutenberg: The Man and his Invention* (Aldershot: Scolar Press, 1996).

3. 이 사건에 대한 자세한 정보는 다음을 참고한다. Andrew Pettegree, *The Book in the Renais-*

sance (New Haven, CT, and London: Yale University Press, 2010).

4. Margaret Meserve, 'News from Negroponte: Politics, Popular Opinion and Information Exchange in the First Decade of the Italian Press', *Renaissance Quarterly,* 59 (2006), pp. 440-80. 로도스에 관해서는 다음을 참고할 것. The Universal Short Title Catalogue (USTC) (검색어 Rhodes-1480).

5. Victor Scholderer, 'The Petition of Sweynheim and Pannartz to Sixtus IV', *The Library,* 3rd ser., 6 (1915), pp. 186-90. 같은 저자의 *Fifty Essays in Fifteenth- and Sixteenth-Century Bibliography* (Amsterdam: Hertzberger, 1966)에서 재판(再版), pp. 72-3.

6. 아래 4장 참조.

7. 특히 다음을 참고한다.Falk Eisermann, *Verzeichnis der typographischen Einblattdrucke des 15. Jahrhunderts im Heiligen Römischen Reich Deutscher Nation: VE 15* (Wiesbaden: Reichert, 2004).

8. R. N. Swanson, *Indulgences in Late Mediaeval England: Passport to Paradise?* (Cambridge: Cambridge University Press, 2007).

9. Pettegree, *Book in the Renaissance,* pp. 93-4; Paul Needham, *The Printer and the Pardoner* (Washington, DC: Library of Congress, 1986), p. 31.

10. 일례로 USTC 743954, 1454년 투르크와 벌인 전쟁에서 거둔 공적에 주어진 면죄부를 참고한다.

11. *Eyn Manung der Christenheit Widder die Durken* (1454). ISTC it00503500. GW M19909; Kapr, *Gutenberg,* pp. 212-14.

12. Calixtus III, Bulla Turcorum (1456). ISTC ic00060000. GW 0591610N. Die *Bulla widder die Turcken.* ISTC ic00060100. GW 05916.

13. Robert Schwoebel, *The Shadow of the Crescent: The Renaissance Image of the Turk* (1453-1517) (Nieuwkoop: De Graaf, 1967).

14. 같은 책, pp. 157-60, 166-71.

15. Janus Moller Jensen, *Denmark and the Crusades, 1400-1650* (Leiden: Brill, 2007), pp. 131-2; Schwoebel, *Shadow of the Crescent,* pp. 157-60, 166-71.

16. 독일에서 페로에게 또는 페로를 위해 출판된 항목은 ISTC에서 179개 항목이 식별된다. 그중 상당수인 170개가 대판형이다. 다음도 참고한다. Nikolaus Paulus, 'Raimund Peraudi als Ablasskommissar', *Historisches Jahrbuch,* 21 (1900), pp. 645-82.

17. Falk Eisermann, 'The Indulgence as a Media Event'. R. N. Swanson (ed.), *Promissory Notes on the Treasury of Merits: Indulgences in Late Mediaeval Europe* (Leiden: Brill, 2006)에 수록, pp. 309-30. 같은 책 pp. 315-16.

18. Jensen, *Denmark and the Crusades,* p. 138.

19. Ingrid D. Rowland, 'A Contemporary Account of the Ensisheim Meteorite, 1492', *Meteoritics,* 25 (1990), pp. 19-22.

20. Martin Davies, *Columbus in Italy* (London: British Library, 1991).

21. Renate Pieper, *Die Vermittlung einer Neuen Welt: Amerika im Nachrichtennetz des Habsburgischen Imperiums,* 1493-1598 (Mainz: Von Zabern, 2000), pp. 86, 287.

22. 위의 2장 참조.

23. USTC는 서로 다른 14개 지역에서 라틴어, 이탈리아어, 프랑스어, 독일어로 출판된《신대륙(Mundus novus)》판본을 열거하고 있다.

24. Pieper, *Die Vermittlung einer Neuen Welt.*

25. Meserve, 'News from Negroponte'.

26. 알려진 세 인쇄본은 다음에 열거되어 있다. Josef Benzing, *Lutherbibliographie. Verzeichnis der gedruckten Schriften Martin Luthers bis zu dessen Tod*, 2nd edn (Baden-Baden: Heitz, 1989), nos 87-9. 두 대판형 판본은 이 참고문헌 항목에서 제외되었으므로 VD16에 포함되어 있지 않다.

27. Theodor Gustav, Werner, 'Das kaufmännische Nachrichtenwesen im späten Mittelalter und in der frühen Neuzeit und sein Einfluss auf die Entstehung der handschriftlichen Zeitung', *Scripta Mercaturae* (1975), p. 32.

28. Léon- E. Halkin, *Erasmus: A Critical Biography* (Oxford: Blackwell, 1993), pp. 146-59.

29. *Ein Sermon von Ablass und gnade* Benzing, *Lutherbibliographie*, nos 90-112.

30. Mark U. Edwards, *Printing, Propaganda and Martin Luther* (Berkeley, CA: University of California Press, 1994), p. 21. 이후 USTC에서 작업을 수행할 것을 고려해 수정되었다. http://www.ustc.ac.uk/.

31. USTC는 1601년 이전에 비텐베르크에서 인쇄된 책 9469권을 나열하고 있으며, 그중 123권만이 1517년 이전에 출판되었다.

32. 크라나흐에 관해 가장 최근 연구로는 다음을 참고한다. Steven Ozment, *The Serpent and the Lamb* (New Haven, CT, and London: Yale University Press, 2011).

33. Max J. Friedländer and Jakob Rosenberg, The *Paintings of Lucas Cranach (New York: Tabard Press, 1978); Werner Hofmann, Köpfe der Lutherzeit* (Munich: Prestel, 1983).

34. *Cranach im Detail. Buchschmuck Lucas Cranachs des Älteren und seiner Werkstatt (exhibition, Lutherhalle Wittenberg, 1994).* 속표지의 발전 사항에 대해서는 다음도 참고한다. *Margaret Smith, The Title Page: Its Early Development, 1460-1510* (London: British Library, 2000).

35. Paul Roth, *Die Neuen Zeitungen in Deutschland im 15. und 16. Jahrhundert* (Leipzig: B. G. Teubner, 1914).

36. 1526년 모하치 전투에서 러요시 2세가 패배한 이후 이어진 오랜 역사가 그 예이다. Carl Göllner, *Turcica. Die europäischen Türkendrucke des 16. Jahrhundert*, 3 vols (Bucharest: Academiei, 1961-78).

37. William Layher, 'Horrors of the East: Printing Dracole Wayda in 15th-Century Germany', Daphnis, 37 (2008), pp. 11-32.

38. 아래 5장 참조.

39. '노이에 차이퉁'이라는 용어는 1502년 양면 대판형 뉴스 《노이에 차이퉁 폰 오리엔트 운트 아우프 강에(Newe zeytung von orient und auff gange, 동쪽 먼 곳에서 전해온 새 소식)》에서 처음 사용되었지만 여기서는 보조 뉴스 기사의 부제목으로 사용되었다. 다음에서 복제본을 확인할 수 있다. Hans H. Bockwitz, *Newe zeytung von orient und auff gange. Facsimileabdruck eines zeitungsgeschichtlichen Dokuments vom Jahre 1502 mit Begleitwort* (Leipzig: Deutsches Museum fur Buch und Schrift, 1920).

40. 이 계산은 USTC의 데이터 분석에 기초한다.

41. *Newe Tzeittug von Padua und von vil anderen Stetten in welschen landen gelegen kurtzlich ergangen* (Nuremberg, s.n., 1509); USTC 677285. *Neutzeytung ausz welschen landen eyns handels fryde czu machen czwischen Bebstlicher Heyligkeit unnd dem Koenige von Franckreich durch mittel der oratores Kayserlichen Majestat der Koenige von Hyspanien und Engelant* (Nuremberg: Johann Weißenburger, 1510); USTC 677019.

42. 칼 괼너(Carl Göllner)의 《터키(Turcica)》는 유용하지만 현재로서는 다소 오래된 조사 결과를 제공한다.

43. 아래 4장(대판형) 및 6장(발라드) 참고.

44. USTC 705457: 'Von Rom geschriben an einen guten freund in Deudtschlandt'; USTC 705584: 'Von einer glaubwirdigen person auß Bibrach einem guten freunde zugeschrieben'; USTC 705464: 'auß der statt Achen an einen guten freundt geschriben'; USTC 705068: 'Von einer glaubwirdigen person entpfangen: an seinen guten freund einen geschrieben und erklehret'.

45. USTC 659718: 'Aus gewissen Zeitungen so ausser dem feldlager uberschickt worden'.

46. Lisa Ferraro Parmelee, *Good Newes from Fraunce: French Anti-League Propaganda in Late Elizabethan England* (Rochester, NY: University of Rochester Press, 1996).

4장 도시 국가와 민족 국가

1. 아우크스부르크, 마그데부르크, 마인츠, 파사우, 슈트라스부르크, 슈투트가르트 및 울름. 안 트베르펜 판본도 있다. USTC (검색어 Maximilian -1486).

2. *Gefangenschaft des Römischen Königs Maximilian in Brügge* (Augsburg: Erhard Ratdolt, 1488). USTC 747013. 이후 아우크르부르크 판본 (Augsburg: Peter Berger, 1488), USTC 747014. 뉘른 베르크 판본 (Nuremberg: Marx Ayrer, 1488), USTC 747015.

3. 위의 1장 참조.

4. Jean-Pierre Seguin, 'L'information à la fin du XVe siècle en France. Pièces d'actualité sous le règne de Charles VIII', Arts et traditions populaires, 4 (1956), pp. 309-30, 1-2; (1957), pp. 46-74; David Potter, *Renaissance France at War: Armies, Culture and Society, c. 1480-560* (Woodbridge: Boydell, 2008), pp. 255-84.

5. 세 판본이 있다. ISTC it00421850; ISTC it00421880; ISTC it00421860.

6. David Potter, 'War, Propaganda, Literature and National Identity in Renaissance France, c. 1490-1560'. Robert Stein and Judith Pollmann (eds), *Networks, Regions and Nations: Shaping Identity in the Low Countries, 1300-1650* (Leiden: Brill, 2010)에 수록, pp. 173-93, 같은 책 p. 188.

7. Jean-Pierre Seguin, *L'information en France de Louis XII à Henri II* (Geneva: Droz, 1961).

8. Frederic J. Baumgartner, *Louis XII* (London: Macmillan, 1996), p. 216; Michael Sherman, 'Political Propaganda and Renaissance Culture: French Reactions to the League of Cambrai, 1509-1510', *Sixteenth Century Journal, 8* (1977), pp. 97-128.

9. Seguin, *L'information en France*. 현재 USTC에서 개정되었다.

10. Lauro Martines, *Strong Words: Writing and Social Strain in the Italian Renaissance* (Baltimore, MD: Johns Hopkins University Press, 2001), Chapter 11, 'Crisis in the Generation of 1494'.

11. USTC; Stefano Dall'Aglio, *Savonarola and Savonarolism* (Toronto: Center for Reformation and Renaissance Studies, 2010).

12. USTC (검색어 'Antwerp + news'). Steven Gunn, David Grummitt and Hans Cool, *War, State and Society in England and the Netherlands, 1477-1559* (Oxford: Oxford University Press, 2007).

13. Seguin, L'information en France, nos 167-70.

14. Andrew Pettegree, 'A Provincial News Community in Sixteenth-Century France'. 같은 저자 의 *The French Book and the European Book World* (Leiden: Brill, 2007)에 수록, pp. 19-42.

15. Potter, *Renaissance France at War*, p. 267.

16. 같은 책, p. 277.

17. Gunn, Grummitt and Cool, *War, State and Society,* p. 263.

18. Steven Gunn, 'War and Identity in the Habsburg Netherlands'. Stein and Pollman (eds), *Networks, Regions and Nations*에 수록, p. 160.

19. Alastair Duke, 'From King and Country to King or Country? Loyalty and Treason in the Revolt of the Netherlands'. 같은 저자의 *Reformation and Revolt in the Low Countries* (Lon -don: Hambledon, 1990)에 수록, pp. 175-97.

20. Potter, *Renaissance France at War,* pp. 267-8.

21. Lauren Jee-Su Kim, 'French Royal Acts Printed before 1601: A Bibliographical Study' (University of St Andrews PhD dissertation, 2007); Potter, *Renaissance France at War*, p. 262.

22. Paul L. Hughes and James F. Larkin, *Tudor Royal Proclamations,* 3 vols (New Haven, CT: Yale University Press, 1969), no. 390.

23. Adam Fox, *Oral and Literate Culture in England, 1500-1700* (Oxford: Oxford University Press, 2000), p. 367.

24. Wallace T. MacCaffrey, 'The Newhaven Expedition, 1562-1563', *Historical Journal,* 40 (1997), pp. 1-21.

25. Hughes and Larkin, *Tudor Royal Proclamations*, no. 510.

26. G. R. Elton, *Policy and Police: The Enforcement of the Reformation in the Age of Thomas Cromwell* (Cambridge: Cambridge University Press, 1972), p. 134.

27. 다음에서 목록을 찾을 수 있다. Leon Voet, *The Plantin Press (1555-1589): A Bibliography of the Works Printed and Published by Christopher Plantin at Antwerp and Leiden*, 6 vols (Amsterdam: Van Hoeve, 1980-3).

28. 가금류 거래를 규제하는 조례는 다음에서 찾을 수 있다. Voet, *The Plantin Press*, nos 144, 169, 438, 528.

29. Pieter Spierenburg, *The Spectacle of Suffering* (Cambridge: Cambridge University Press, 1984).

30. Matthias Senn, *Die Wickiana. Johann Jakob Wicks Nachrichtensammlung aus dem 16 Jahrhundert* (Zurich: Raggi, 1975); Franz Mauelshagen, *Wunderkammer auf Papier. Die "Wickiana" zwischen Reformation und Volksglaube* (Zurich: Bibliotheca academica, 2011).

31. Zurich ZB, Pas II 12:76, 다음에서 재인용. Walter L. Strauss, *The German Single-Leaf Woodcut, 1550-1600*, 3 vols (New York: Abaris, 1975), p. 842. 빅은 이 악명 높은 범죄에 대해 별도의 대판형 뉴스를 네 종 보유하고 있었다.

32. Strauss, *German Single-Leaf Woodcut*, pp. 246, 700, 701, 831.

33. 같은 책, p. 1086 (목판화), Zurich ZB Pas II 27:7; 같은 책, 848 (묘사), Zurich ZB, Pas II 22:10.

34. A most straunge, rare, and horrible murther committed by a Frenchman of the age of too or three and twentie yeares who hath slaine and most cruelly murthered three severall persons (London: Purfoot, 1586); STC 11377.

35. Joseph H. Marshburn, *Murder and Witchcraft in England, 1550-1640, as Recounted in Pamphlets, Ballads, Broadsides, and Plays* (Norman, OK: University of Oklahoma Press, 1971); Peter Lake and Michael Questier, The Antichrist's Lewd Hat: Protestants, Papists and Players in Post-Reformation England (New Haven, CT: Yale University Press, 2002), pp. 3-53.

36. J. A. Sharpe, 'Last Dying Speeches: Religion, Ideology and Public Execution in Seven-teenth-Century England', *Past and Present*, 107 (1985), pp. 144-67.

37. Senn, *Wickiana*, p. 149.

뉴스의 탄생

38. Strauss, *German Single-Leaf Woodcut*, p. 488.

39. Jennifer Spinks, *Monstrous Births and Visual Culture in Sixteenth-Century Germany* (London: Chatto & Pickering, 2009); Aaron W. Kitch, 'Printing Bastards: Monstrous Birth Broadsides in Early Modern England'. Douglas A. Brooks (ed.), *Printing and Parenting in Early Modern England* (Aldershot: Ashgate, 2005)에 수록, pp. 221-36.

40. Zurich ZB, PAS II 15:17, Strauss, German Single-Leaf Woodcut, p. 481.

41. Senn, *Wickiana*, pp. 216-17.

42. Ulinka Rublack, *The Crimes of Women in Early Modern Germany* (Oxford: Oxford University Press, 1999).

43. Strauss, *German* Single-Leaf *Woodcut*, p. 936.

44. 같은 책, p. 395, Zurich ZB PAS II 2:23; Zurich ZB PAS II 12:78. 팸플릿과 동일한 사건은 다음을 참고한다. USTC 699843: 'Shower of Wheat that Fell in Wiltshire'. J. Paul Hunter, *Before Novels: The Cultural Contexts of Eighteenth-Century English Fiction* (New York: Norton, 1990)에 수록, p. 186.

45. Burkard Waldis, *Eyne warhafftige und gantz erschreckliche historien* (Marburg, 1551). 다음에서 인용. Joy Wiltenburg, 'Crime and Christianity in Early Sensationalism', in Marjorie Plummer and Robin Barnes (eds), Ideas and Cultural Margins in Early Modern Germany (Aldershot: Ashgate, 2009), pp. 131-45. 같은 책 p. 135.

46. Wiltenburg, 'Crime and Christianity', p. 140.

47. Joy Wiltenburg, 'True Crime: The Origins of Modern Sensationalism', *American Historical Review*, 109 (2004), pp. 1377-1404.

48. 다음에서 이 유창한 논변을 확인할 수 있다. Wolfgang Behringer, 'Witchcraft and the Media'. Marjorie Plummer and Robin Barnes (eds), *Ideas and Cultural Margins in Early Modern Germany* (Aldershot: Ashgate, 2009)에 수록, pp. 217-36.

49. USTC에서는 1600년 이전에 이미 26쇄가 발행되었다고 기록하고 있다.

50. *De lamiis et phitonicis mulieribus*, 라틴어와 독일어 번역본이 25종 있다.

51. Max Geisberg, *The German Single-Leaf Woodcut, 1500-1550* (New York: Hacker, 1974), vol. 1206.

52. Behringer, 'Witchcraft and the Media', pp. 221-2.

53. 비록 프랑스 학자 장 보댕(Jean Bodin)이 중요한 견제 세력의 역할을 했지만, 그 자신은 사악한 마녀의 존재를 확고히 믿고 있었다. Johannes Weyer, *Cinq livres de l'imposture et tromperie des diables, des enchantements et sorcelleries* (Paris: Jacques du Puys, 1567); USTC 1465; Jean Bodin, *De la demonomanie des sorciers* (Paris: Jacques du Puys, 1580); USTC 1660.

54. *Zwo Newe Zeittung, was man fur Hexen und Unholden verbrendt hat* (Basel, 1580); USTC 707209; Behringer, 'Witchcraft and the Media', p. 227.

5장 기밀 통신원

1. 다음 출처에서 이를 지적했다. David Randall, *Credibility in Elizabethan and Early Stuart Military News* (London: Pickering & Chatto, 2008).

2. M. S. Anderson, *The Rise of Modern Diplomacy, 1450-1919* (London: Longman, 1993), p. 9.

주요 문헌은 다음과 같다. Garrett Mattingly, *Renaissance Diplomacy* (London: Jonathan Cape, 1955)와 Donald E. Queller, *The Office of Ambassador in the Middle Ages* (Princeton, NJ: Princeton University Press, 1967).

3. 다음에서 인용. Mattingly, Renaissance Diplomacy, p. 45.

4. J. K. Hyde, 'The Role of Diplomatic Correspondence and Reporting: News and Chronicles'. 같은 저자의 *Literacy and its Uses: Studies on Late Medieval Italy* (Manchester: Manchester University Press, 1993)에 수록, pp. 217-59.

5. Donald E. Queller, *Early Venetian Legislation on Ambassadors* (Geneva: Droz, 1967), p. 82 (no. 43).

6. Donald E. Queller, 'The Development of Ambassadorial Relazioni'. J. R. Hale (ed.), *Renaissance Venice* (London: Faber & Faber, 1973)에 수록, pp. 174-96.

7. Queller, 'Development', pp. 177-8.

8. *Traité du gouvernement de la cité et seigneurie de Venise*. P.-M. Perret, *Relations de la France avec Venise,* 2 vols (Paris, 1896)에 수록, II, 292.

9. Mattingly, *Renaissance Diplomacy*, pp. 135-6.

10. 1935년 개럿 매팅리(Garrett Mattingly)의 미발표 박사 학위 논문 이후 샤푸이에게만 완전히 집중한 연구는 없었다. 다음을 참고한다. Mattingly, *Renaissance Diplomacy,* pp. 232-5; Richard Lundell, 'Renaissance Diplomacy and the Limits of Empire: Eustace Chapuys, Habsburg Imperialisms, and Dissimulation as Method'. Tonio Andrade and William Reger (eds), *The Limits of Empire: European Imperial Formations in Early Modern World History: Essays in Honour of Geoffrey Parker* (Farnham: Ashgate, 2012)에 수록, pp. 205-22.

11. Michael J. Levin, *Agents of Empire: Spanish Ambassadors in Sixteenth-Century Italy* (Ithaca, NY: Cornell University Press, 2005), p. 44.

12. Mai to Charles V, 31 July 1530; 다음에서 인용. Levin, Agents of Empire, p. 52.

13. Catherine Fletcher, Our Man in Rome: Henry VIII and his Italian Ambassador (London: Bodley Head, 2012); 같은 저자, 'War, Diplomacy and Social Mobility: The Casali Family in the Service of Henry VIII'. *Journal of Early Modern History,* 14 (2010), pp. 559-78.

14. Levin, *Agents of Empire*, pp. 18-23.

15. 같은 책, p. 167.

16. Frederic J. Baumgartner, 'Henry II and the Papal Conclave of 1549', *Sixteenth Century Journal,* 16 (1985), pp. 301-14.

17. Levin, *Agents of Empire,* p. 65.

18. Ermolao Barbaro, *Epistolae, Orationes et Carmina,* ed. V. Branca, 2 vols (Florence: Bibliopolis, 1943).

19. 다음에서 인용. Mattingly, *Renaissance Diplomacy*, p. 188.

20. Geoffrey Parker, *The Grand Strategy of Philip II* (New Haven, CT, and London: Yale University Press, 1998), p. 214; Katy Gibbons, *English Catholic Exiles in Late Sixteenth-Century Paris* (Woodbridge: Boydell & Brewer, 2011).

21. Parker, *Grand Strategy,* pp. 209-23; M. Leimon and Geoffrey Parker, 'Treason and Plot in Elizabethan England: The Fame of Sir Edward Stafford Reconsidered', *English Historical Review,* 106 (1996), pp. 1,134-58.

22. 스페인이 외교에 사용한 암호에 대한 유익한 해설과 몇 가지 예는 데 라마르 옌센(De Lamar Jensen)의 부록에서 찾아볼 수 있다. *Diplomacy and Dogmatism: Bernardino de Mendoza and the French Catholic League* (Cambridge, MA: Harvard University Press, 1964), pp.

231-8.

23. John Bossy, *Under the Molehill: An Elizabethan Spy Story* (New Haven, CT: Yale University Press, 2001).

24. René Ancel, Étude critique sur quelques recueils d'avvisi', *Mélanges d'archeologie et d'histoire*, 28 (1908), pp. 115-39, 같은 책 p. 130.

25. Philip Beale, *A History of the Post in England from the Romans to the Stuarts* (Aldershot: Ashgate, 1988), p. 148. 아마도 영국의 가톨릭 망명자들 가운데 가장 악명 높은 사람 중 한 명인 프랜시스 잉글필드(Francis Englefield) 경이었을 것으로 추정된다.

26. Jensen, *Diplomacy and Dogmatism*, pp. 171-89.

27. Wolfgang Behringer, *Im Zeichen des Merkur: Reichspost und Kommunikationsrevolution in der Frühen Neuzeit* (Göttingen: Vandenhoeck & Ruprecht, 2003), p. 340.

28. 핵심 출처는 마리오 인펠리세(Mario Infelise)의 연구다. Mario Infelise, *Prima dei giornali: alle origini della pubblica informazione (secoli XVI-XVII)* (Rome: Laterza, 2002). 동일 저자의 다음 문헌도 참조한다. 'From Merchants' Letters to Handwritten Political Avvisi: Notes on the Origins of Public Information'. Francisco Bethercourt and Florike Egmond (eds), *Correspondence and Cultural Exchange in Europe, 1400-1700* (Cambridge: Cambridge University Press, 2007)에 수록, pp. 33-52. 그리고 'Roman Avvisi: Information and Politics in the Seventeenth Century', Gianvittorio Signorotto and Maria Antonietta Visceglia (eds), *Court and Politics in Papal Rome, 1400-1800* (Cambridge: Cambridge University Press, 2002)에 수록.

29. George Holmes, 'A Letter from Lucca to London in 1303'. Peter Denley and Caroline Elam (eds), *Florence and Italy: Renaissance Studies in Honour of Nicolai Rubinstein* (London: University of London, 1988)에 수록, pp. 227-33.

30. 위의 2장 참조.

31. Carolyn James (ed.), *The Letters of Giovanni Sabadino degli Arienti (1481-1510)* (Florence: Olschki, 2001); Bernard Chandler, 'A Renaissance News Correspondent', *Italica*, 29 (1952), pp. 158-63.

32. C. Marzi, 'Degli antecessori dei giornali', *Rivista delle biblioteche e degli archivi*, 24 (1913), 181-5. 번역문은 다음에서 발췌했다. Infelise, 'Merchants' Letters', p. 39.

33. James, *Letters of Giovanni Sabadino degli Arienti*, pp. 48-50.

34. Infelise, 'Merchants' Letters', pp. 39-40.

35. Jean Delumeau, *Vie économique et sociale de Rome dans la seconde moitié du XVIe siècle* (Paris: Boccard, 1957-9), pp. 26-79, 같은 책 p. 28.

36. 《베니스의 상인》의 3막 1장. 1막 3장에서도 샤일록이 바사노에게 같은 질문을 한다.

37. Delumeau, *Vie économique et sociale de Rome*, pp. 877-8.

38. Infelise, 'Roman Avvisi', p. 216.

39. Brian Richardson, *Manuscript Culture in Renaissance Italy* (Cambridge: Cambridge University Press, 2009), p. 159.

40. 같은 책, pp. 117-21.

41. 아래 7장 참조.

42. Delumeau, *Vie économique et sociale de Rome*, p. 31.

43. Richardson, *Manuscript Culture*, p. 159.

44. Delumeau, *Vie économique et sociale de Rome*, p. 64.

45. 아래 8장 참조.

46. Mark Häberlein, *The Fuggers of Augsburg: Pursuing Wealth and Honor in Renaissance Germany* (Charlottesville, VA: University of Virginia Press, 2012); Jacob Strieder, *Jakob Fugger the Rich: Merchant and Banker of Augsburg, 1459-1525* (Westport, CT: Greenwood Press, 1984); Götz von Pölnitz, *Die Fugger* (Frankfurt: Scheffler, 1960); Richard Ehrenberg, *Das Zeitalter der Fugger: Geldkapital und Creditverkehr im 16. Jahrhundert* (Jena: Fischer, 1922).

47. Vienna, ONB, Cod. 8949-8975; Mathilde A. H. Fitzler, *Die Entstehung der sogenannten Fuggerzeitungen in der Wiener Nationalbibliothek* (Baden bei Wien: Rohrer, 1937); Oswald Bauer, *Zeitungen vor der Zeitung. Die Fuggerzeitungen (1568-1605) und das frühmoderne Nachrichtensystem* (Berlin: Akademie Verlag, 2011).

48. Ancel, 'Étude critique', pp. 115-39.

49. Behringer, *Im Zeichen des Merkur*, p. 327.

50. Fitzler, *Entstehung*, p. 22.

51. Behringer, *Im Zeichen des Merkur*, p. 328.

52. Fitzler, *Entstehung*, p. 78. 이는 다음 문헌으로 출판되었다. *Warhafftige Abconterfectur und eigentlicher bericht der gewaltigen Schiffbrucken, Blochheusser und unerhörter wundergebew die der Printz von Barma vor der Statt Antorff auf dem Wasser hat bawen lassen.* 사본은 독일 뮌헨의 바이에른 주립 도서관(Bayerische Staatsbibliothek)에 보관되어 있다. Cod. Germ. 5864/2 f. 38.

53. Albert Ganado and Maurice *Agius-aladà, A Study in Depth of 143 Maps Representing the Great Siege of Malta of 1565* (Valetta: Bank of Valetta, 1994).

54. Behringer, *Im Zeichen des Merkur*, pp. 330-1.

55. William S. Powell, *John Pory, 1572-1636: The Life and Letters of a Man of Many Parts* (Chapel Hill, NC: University of North Carolina Press, 1976).

6장 장터와 선술집

1. G. R. Elton, *Policy and Police: The Enforcement of the Reformation in the Age of Thomas Cromwell* (Cambridge: Cambridge University Press, 1972).

2. Adam Fox, *Oral and Literate Culture in England, 1500-1700* (Oxford: Oxford University Press, 2000), pp. 346, 349.

3. Peter Clark (ed.), *Small Towns in Early Modern Europe* (Cambridge: Cambridge UniversityPress, 1995).

4. Adam Fox, 'Rumour, News and Popular Political Opinion in Elizabethan and Early Stuart England', *Historical Journal*, 40 (1997), p. 604.

5. 같은 책, p. 605.

6. 같은 책, p. 609.

7. Pieter Spierenburg, *The Spectacle of Suffering* (Cambridge: Cambridge University Press, 1984); Paul Friedland, *Seeing Justice Done: The Age of Spectacular Capital Punishment in France* (Oxford: Oxford University Press, 2012); David Nicholls, 'The Theatre of Martyrdom in the French Reformation', *Past and Present*, 121 (188), pp. 49-73; J. A. Sharpe, 'Last Dying Speeches: Religion, Ideology and Public Execution in Seventeenth-Century England', *Past*

and Present, 107 (1985), pp. 144-67.

8. 4장을 볼 것.

9. 좀 더 현실적인 연대표는 1633년 8월 20일 슈루즈베리에서 처형된 악명 높은 도끼 살인범 에녹 압 에반(Enoch ap Evan)의 사건을 참고한다. 그해 말까지 짧은 팸플릿 소식지가 두 가지 발행되었는데, 첫 번째 소식지는 9월 20일 스테이셔너스 컴퍼니(Stationers' Company)에 등록되었다. Peter Lake and Michael Questier, *The Antichrist's Lewd Hat: Protestants, Papists and Players in Post-Reformation England* (New Haven, CT: Yale University Press, 2002), pp. 6-7.

10. Laurence Fontaine, *History of Pedlars in Europe* (Durham, NC: Duke University Press, 1996).

11. Clive Griffin, 'Itinerant Booksellers, Printers and Pedlars in Sixteenth-Century Spain and Portugal'. Robin Myers, Michael Harris and Giles Mandelbrote, *Fairs, Markets and the Itinerant Book Trade* (London: British Library, 2007)에 수록, pp. 43-59.

12. E. M. Wilson, 'Samuel Pepys's Spanish Chapbooks', *Transactions of the Cambridge Bibliographical Society*, 2 (1955-7), pp. 127-54, 229-68, 305-22.

13. Clive Griffin, *Journeymen Printers, Heresy and the Inquisition in Sixteenth-Century Spain* (Oxford: Oxford University Press, 2005).

14. Alastair Duke, 'Posters, Pamphlets and Prints'. *Dissident Identities in the Early Modern Low Countries* (Aldershot: Ashgate, 2009)에 수록, pp. 157-77.

15. F. Madan, 'The Daily Ledger of John Dorne, 1520'. C. R. L. Fletcher (ed.), *Collectanea* (Oxford: Oxford Historical Society, 1885)에 수록, pp. 71-177. 또한 그는 크리스마스 캐럴을 시트 한 장에 다시 인쇄해 같은 가격에 팔았다.

16. Rosa Salzberg and Massimo Rospocher, 'Street Singers in Italian Renaissance Urban Culture and Communication', *Cultural and Social History*, 9 (2012), pp. 9-6.

17. Giancarlo Petrella, 'Ippolito Ferrarese, a Travelling "Cerratano" and Publisher in Sixteenth-Century Italy'. Benito Rial Costas (ed.), *Print Culture and Peripheries in Early Modern Europe* (Leiden: Brill, 2013)에 수록, pp. 201-6.

18. Salzberg and Rospocher, 'Street Singers'.

19. Massimo Rospocher, 'Print and Political Propaganda under Pope Julius II (1503-1513)'. Pollie Bromilow (ed.), *Authority in European Book Culture* (New York: Ashgate, 2013)에 수록.

20. Salzberg and Rospocher, 'Street Singers'.

21. *Cantique de victoire pour l'Eglise de Lyon. A Lyon, Le jour de la victoire, dernier du mois d'Avril. 1562* (Lyon: Jean Saugrain, 1562). USTC 37138.

22. Rosa Salzberg, Salzberg and Rospocher, 'Street Singers'의 결론부 및 박력 있는 문구.

23. 위의 5장 참조.

24. Tommaso Garzoni, *La piazza universale di tutte le professionini del mondo* (1585).

25. Andrew Pettegree, *Reformation and the Culture of Persuasion* (Cambridge: Cambridge University Press, 2005), Chapter 3.

26. Nathan Rein, *The Chancery of God: Protestant Print, Polemic and Propaganda against the Emperor, Magdeburg 1546-1551* (Aldershot: Ashgate, 2008).

27. 다음 문헌의 부록에 열거되어 있다. Thomas Kaufmann, *Das Ende der Reformation: Magdeburgs "Herrgotts Kanzlei" (1548-1551/2)* (Tübingen: Mohr Siebeck, 2003).

28. Rebecca Wagner Oettinger, *Music as Propaganda in the German Reformation* (Aldershot: Ashgate, 2001), p. 137 및 'Popular Song as Resistance' 장.

29. Wagner Oettinger, Music as Propaganda, pp. 118-19. 외팅어는 표 4.2(p. 113)에서 '유다곡(Judaslied)'의 콘트라팍타 목록을 제시한다.

30. Jane Finucane, 'Rebuking the Princes: Erasmus Alber in Magdeburg, 1548-1552'. Bromilow (ed.), *Authority in European Book Culture*에 수록. 알베르의 저작에 관해서는 다음을 참고할 것. Kaufmann, *Ende der Reformation*, appendix I 및 pp. 371-97.

31. Allyson Creasman, *Censorship and Civic Order in Reformation Germany, 1517-1648* (Aldershot: Ashgate, 2012), pp. 27-30, 73.

32. 같은 책, p. 106.

33. 같은 책, pp. 147-84. 그레고리오력 논쟁에 관해서는 다음 문헌도 참고한다. C. Scott Dixon, 'Urban Order and Religious Coexistence in the German Imperial City: Augsburg and Donäuworth, 1548-1608', *Central European History* (2007), 40, pp. 1-33.

34. Alexander J. Fisher, 'Song, Confession and Criminality: Trial Records as Sources for Popular Music Culture in Early Modern Europe', *Journal of Musicology*, 18 (2001), pp. 616-57.

35. Creasman, *Censorship and Civic Order*.

36. Allyson F. Creasman, 'Lies as Truth: Policing Print and Oral Culture in the Early Modern City', in Marjorie Plummer and Robin Barnes (eds), *Ideas and Cultural Margins in Early Modern Germany* (Aldershot: Ashgate, 2009), pp. 255-70.

37. Tessa Watt, *Cheap Print and Popular Piety, 1550-1640* (Cambridge: Cambridge University Press, 1991); Natasha Würzbach, *The Rise of the English Street Ballad, 1550-1650* (Cambridge: Cambridge University Press, 1990); Christopher Marsh, *Music and Society in Early Modern England* (Cambridge: Cambridge University Press, 2010).

38. Marsh, *Music and Society*, p. 255.

39. 같은 책, p. 251.

40. Nancy Lyman Roelker, The Paris of Henry of Navarre as Seen by Pierre de L'Estoile (Cambridge, MA: Harvard University Press, 1958).

41. Patricia Fumerton and Anit Guerrini, 'Introduction: Straws in the Wind'. 같은 저자의 *Ballads and Broadsides in Britain, 1500-1800* (Aldershot: Ashgate, 2010)에 수록, p. 1.

42. Marsh, *Music and Society*, pp. 245-6.

43. 같은 책, p. 246.

44. Alan Everitt, 'The English Urban Inn, 1560-1760', 같은 책, *Perspectives in English Urban History* (London: Macmillan, 1973), pp. 91-137. 같은 책 p. 93. 다음도 참고한다. Peter Clark, *The English Alehouse: A Social History, 1200-1830* (London: Longman, 1983).

45. Peter Spufford, *Power and Profit: The Merchant in Medieval Europe* (London: Thames and Hudson, 2002), pp. 205-6.

46. Everitt, 'English Urban Inn', pp. 104-5.

47. Beat Kümin, *Drinking Matters: Public Houses and Social Exchange in Early Modern Central Europe* (London: Palgrave Macmillan, 2007), p. 121.

48. 같은 책.

49. 같은 책, pp. 134-5.

50. 유명한 선술집으로 케임브리지의 '화이트 호스 터번(White Horse Tavern)'이 있다. Elisabeth Leedham-Green, *A Concise History of the University of Cambridge* (Cambridge: Cambridge University Press, 1996), p. 44.

51. M. Kobelt-Groch, 'Unter Zechern, Spielern und Häschern. Täufer im Wirtshaus'. N. Fischer and M. Kobelt-Groch (eds), *Aussenseiter zwischen Mittelalter und Neuzeit* (Leiden: Brill, 1997)에 수록, pp. 111-26.

52. 여기서 특히 다음을 참고한다. Tom Scott, *Freiburg and the Breisgau: Town-Country Relations in the Age of Reformation and Peasants' War* (Oxford: Oxford University Press, 1986).

53. Hans-Christoph Rublack (ed.), 'The Song of Contz Anahans: Communication and Revolt in Nördlingen, 1525'. R. Po-Chia Hsia (ed.), *The German People and the Reformation* (Ithaca, NY: Cornell University Press, 1988)에 수록, pp. 108-9.

54. 오래 지속된 종교 재판의 심문은 특히 다음을 참고한다. Clive Griffin, Journeymen-Printers, *Heresy and the Inquisition in Sixteenth-Century Spain* (Oxford: Oxford University Press, 2005).

55. 과리노니우스(Guarinonius)의 문구로, 다음에서 인용했다. Kümin, *Drinking Matters*, p. 129.

56. Michael Frank, 'Satan's Servants or Authorities' Agent? Publicans in Eighteenth-Century Germany'. Beat Kümin and B. Ann Tlusty (eds), *The World of the Tavern: Public Houses in Early Modern Europe* (Aldershot: Ashgate, 2002)에 수록, p. 32. 다음도 참고한다. B. Ann Tlusty, *Bacchus and Civic Order: The Culture of Drink in Early Modern Germany* (Charlottesville, VA: University of Virginia Press, 2001).

57. Fox, *Oral and Literate Culture*, p. 364.

58. 같은 책, p. 369.

59. Adam Fox, 'Rumour, News and Popular Political Opinion in Elizabethan and Early Stuart England', *Historical Journal*, 40 (1997), pp. 597-620; Rebecca Lemon, *Treason by Words: Literature, Law, and Rebellion in Shakespeare's England* (Ithaca, NY: Cornell University Press, 2006).

60. Fox, 'Rumour', p. 599.

61. Fox, *Oral and Literate Culture*, p. 341.

62. Claude Holyband, *The French Littelton* (London: Richard Field, 1593), pp. 46-7. STC 6742. USTC 75635.

63. Fox, 'Rumour', p. 601.

64. Carolyn Muessig (ed.), *Preacher, Sermon and Audience in the Middle Ages* (Leiden: Brill, 2002).

65. 위의 3장 참조.

66. 특히 다음을 참고한다. Larissa Taylor (ed.), *Preachers and People in the Reformations and Early Modern Period* (Leiden: Brill, 2001); Pettegree, *Reformation and the Culture of Persuasion*, Chapter 2.

67. Pettegree, *Reformation and the Culture of Persuasion*, p. 18.

68. 같은 책, pp. 24-5. 이러한 설교 여행에 뒤따르곤 하는 놀라운 결과에 대한 설명은 다음 문헌에서 플로리몽 드 레몽(Florimond de Raemond)의 설명을 참고한다. Alastair Duke, Gillian Lewis and Andrew Pettegree (eds), *Calvinism in Europe: A Collection of Do-cuments* (Manchester: Manchester University Press, 1992), pp. 37-8.

69. 좋은 예가 미카에서 이루어진 설교로, 다음 문헌에 기록되어 있다. Duke, Lewis and Pettegree (eds), *Calvinism in Europe, pp.* 30-34.

70. William G. Naphy, *Calvin and the Consolidation of the Genevan Reformation* (Manchester: Manchester University Press, 1994), pp. 159, 161.

71. Heiko Oberman, *Luther: Man between God and the Devil* (New Haven, CT: Yale University Press, 1992), pp. 3-12.

72. Arnold Hunt, *The Art of Hearing: English Preachers and their Audiences, 1590-1640* (Cambridge: Cambridge University Press, 2010), p. 106. 뉴스에서 사건으로 다룬 원정에 관해서

는 9장을 참고한다.

73. 이 점에 대해서는 헌트의《심리의 기술(The Art of Hearing)》, 150~154쪽에서 설득력 있게 설명한다. 17세기 잉글랜드의 고도로 정치화된 설교에 관해서는 다음을 참조한다. Tony Clayton, 'The Sermon, the "Public Sphere" and the Political Culture of Late Seventeenth-Century England'. L.A. Ferrell and P. McCullough (eds), *The English Sermon Revised: Religious Literature and History, 1600-1750* (Manchester: Manchester University Press, 2001)에 수록, pp. 208-34.

74. Millar MacLure, *The Paul's Cross Sermons, 1534-1642* (Toronto: University of Toronto Press, 1958); 같은 저자, *Register of Sermons Preached at Paul's Cross, 1534-1642* (Ottawa: Dovehouse editions, 1989).

75. Hunt, The Art of Hearing, p. 212. 세인트폴에서 이루어진 설교의 매우 정치적이고 시사적인 특성에 관해서는 다음 문헌을 참고한다. Lake and Questier, *Antichrist's Lewd Hat*, pp. 335-76.

76. Emily Michelson, 'An Italian Explains the English Reformation'. Michelson et al. (eds), A Linking of Heaven and Earth (Aldershot: Ashgate, 2012)에 수록, pp. 33-48.

77. Hunt, *The Art of Hearing*, Chapter 1.

78. 같은 책, p. 64.

79. Margo Todd, *The Culture of Protestantism in Early Modern Scotland* (London: Yale University Press, 2002), pp. 28-48.

7장 승리와 비극

1. Iain Fenlon, *The Ceremonial City: History, Memory and Myth in Renaissance Venice* (New Haven, CT, and London: Yale University Press, 2007).

2. Margaret Meserve, 'News from Negroponte: Politics, Popular Opinion and Information Exchange in the First Decade of the Italian Press', *Renaissance Quarterly*, 59 (2006), pp. 440-80; Robert Schwoebel, *The Shadow of the Crescent: The Renaissance Image of the Turk (1453-1517)* (Nieuwkoop: De Graaf, 1967); Carl Göllner, *Turcica. Die europäischen Türkendrucke des XVI Jahrhunderts*, 3 vols (Bucharest: Academiei, 1961-78).

3. 위의 3장 참조.

4. Margaret Meserve, *Empires of Islam in Renaissance Historical Thought* (Cambridge, MA: Harvard University Press, 2008).

5. Albert Ganado and Maurice Agius-Vadalà, *A Study in Depth of 143 Maps Representing the Great Siege of Malta of 1565* (Valetta: Bank of Valetta, 1994).

6. Henry Kamen, *Philip of Spain* (New Haven, CT, and London: Yale University Press, 1997), p. 139.

7. Geoffrey Parker, *The Grand Strategy of Philip II* (New Haven, CT, and London: Yale University Press, 1998), p. 19. 펠리페의 업무 패턴에 관해서는 아래를 참고한다.

8. Fenlon, *Ceremonial City*.

9. Barbarics Zsuzsa and Renate Pieper, 'Handwritten Newsletters as a Means of Communication in Early Modern Europe'. Francisco Bethercourt and Florike Egmond, *Correspondence and Cultural Exchange in Europe, 1400-1700* (Cambridge: Cambridge University Press, 2007)에 수

록, pp. 75-6.

10. Göllner, *Turcica,* vol. 2, no. 1396.

11. 같은 책에서 열거한다. vol. 2.

12. 같은 책, nos 1435-1439.

13. 흥미롭게도 필너가 열거한 두 작품 모두 소실된 원본에 기초하고 있다.

14. Basel, Ulm, Nuremberg, Leipzig and Breslau. Göllner, *Turcica,* nos 1398-1404, 1448, 1477-1496.

15. Zurich ZB: PAS II 24/17.

16. Barbara Diefendorf, *Beneath the Cross: Catholics and Huguenots in* Sixteenth-Century *Paris* (New York: Oxford University Press, 1991). 지방에서 일어난 학살과 철회에 관해서는 다음을 참고한다. Philip Benedict, *Rouen during the Wars of Religion* (Cambridge: Cambridge University Press, 1981).

17. Robert M. Kingdon, *Myths about the St Bartholomew's Day Massacre* (Cambridge, MA: Harvard University Press, 1988).

18. *Correspondance de Théodore de Bèze, 13 (1572),* ed. Hippolyte Aubert (Geneva: Droz, 1988), no. 938, p. 179; Scott M. Manetsch, *Theodore Beza and the Quest for Peace in France, 1572-1598* (Leiden: Brill, 2000), p. 34.

19. Manetsch, *Theodore Beza and the Quest for Peace,* p. 34.

20. *Correspondance de Théodore de Bèze,* no. 939.

21. Donald Kelley, *François Hotman: A Revolutionary's Ordeal* (Princeton, NJ: Princeton University Press, 1973), p. 219.

22. John Cooper, *The Queen's Agent: Francis Walsingham at the Court of Elizabeth I* (London: Faber & Faber, 2011); Conyers Read, *Mr. Secretary Walsingham and the Policy of Queen Elizabeth,* 3 vols (Oxford: Clarendon Press, 1925).

23. Bertrand de Salignac de La Mothe Fénélon, *Correspondance diplomatique,* ed. T. H. A. Teulet, 7 vols (Paris, 1838-40), V, 21; Conyers Read, *Lord Burghley and Queen Elizabeth* (London: Jonathan Cape, 1960), p. 87.

24. Read, *Lord Burghley and Queen Elizabeth,* p. 91.

25. Pierre Hurtubise, 'Comment Rome apprit la nouvelle du massacre de la Saint-Barthélemy', *Archivum Historiae Pontificiae,* 10 (1972), pp. 187-209.

26. 같은 책, pp. 198-9.

27. Kamen, *Philip of Spain,* p. 141.

28. Parker, *Grand Strategy,* p. 101.

29. Paula Sutter Fichtner, *Emperor Maximilian II* (New Haven, CT: Yale University Press, 2001), pp. 183-4.

30. *Declaration de la cause et occasion de la mort de l'admiral* (Paris: Jean Dallier, 1572); FB 12209-12217, 12230-12231.

31. Hurtubise, 'Comment Rome apprit la nouvelle', p. 202.

32. *Le stratagem ou la ruse de Charles IX* (Geneva: Jacob Stoer, 1574); FB 8814. 이탈리아 원본 (Rome, 1572)은 다음과 같다. USTC 818499.

33. Kingdon, *Myths about the St Bartholomew's Day Massacre.* 이 문헌에 대한 고전적인 해석은 다음과 같다. Quentin Skinner, *The Foundations of Modern Political Thought* (Cambridge: Cambridge University Press, 1978).

34. Kingdon, *Myths about the St Bartholomew's Day Massacre,* pp. 28-50. 당대의 가장 중요

한 출판 문서 대다수가 다음에서 수집되었다. Simon Goulart, *Mémoires de l'estat de France sous Charles neufiesme* (Geneva: Vigon, 1576).

35. 다음에서 가장 잘 설명하고 있다. Colin Martin and Geoffrey Parker, *The Spanish Armada*, 2nd edn (Manchester: Manchester University Press, 1999). 이 연구를 뒷받침하는 획기적인 고고학적 조사는 다음을 참고한다. Colin Martin, *Full Fathom Five: The Wrecks of the Spanish Armada* (London: Chatto & Windus, 1975).

36. Jean Delumeau, *Vie économique et sociale de Rome dans la seconde moitié du XVIe siècle* (Paris: Boccard, 1957-9), p. 60.

37. 같은 책, p. 35.

38. De Lamar Jensen, *Diplomacy and Dogmatism: Bernardino de Mendoza and the French Catholic League* (Cambridge, MA: Harvard University Press, 1964), pp. 156-7.

39. *Copie d'une lettre envoyée de Dieppe, sur la rencontre des armées d'Espaigne & d'Angleterre* (Paris: Guillaume Chaudiere, 1588); USTC 8949. 1588년 판본은 리옹(USTC 12721) 및 툴루즈 (USTC 53285)의 재쇄본을 포함해 총 네 가지 판본이 있다.

40. *Discours veritable de ce qui s'est passé entre les deux armées de Mer d'Angleterre & d'Espaigne* (s.l., s.n. 1588). 그럼에도 강경한 개신교 도시인 라로셸에서 재출간되었으며, 그밖의 지역에서는 익명으로 재출간되었다. 라로셸 판본은 USTC 19491이다.

41. Bertrand T. Whitehead, *Brags and Boasts: Propaganda in the Year of the Armada* (Stroud: Alan Sutton, 1994), p. 109.

42. Parker, Grand Strategy, pp. 223-4. 엘리자베스 시대의 정보 수집 활동은 다음 문헌을 참고한다. Alan Haynes, *Invisible Power: The Elizabethan Secret Service, 1570-1603* (Stroud: Sutton, 1992); Stephen Alford, *The Watchers: A Secret History of the Reign of Elizabeth I* (London: Allen Lane, 2012).

43. Parker, *Grand Strategy*, p. 270.

44. Stuart Carroll, *Martyrs and Murderers: The Guise Family and the Making of Europe* (Oxford: Oxford University Press, 2009), pp. 281-92.

45. Delumeau, *Vie économique et sociale de Rome*, p. 54.

46. 같은 책, p. 59.

47. 같은 책, p. 61.

48. 이 협상의 맥락은 다음을 참고한다. Michael Wolfe, *The Conversion of Henry IV* (Cambridge, MA: Harvard University Press, 1993).

49. Delumeau, *Vie économique et sociale de Rome*, p. 58.

50. *Corte verhael vande groote victorie die Godt almachtich de conincklijcke mayesteyt van Enghelant verleent heft, over de Spaensche armada* (Amsterdam: Barent Adriaesnz, 1588); USTC 422639.

51. *Le discourse de la deffette des Anglois par l'armée espagnolle conduicte par le marquis de Saincte Croix espagnol, aux Illes Orcades* (Paris: Francois Le Fèvre, 1588); USTC 9650.

52. 9월 3일 자 소식지에 보도된 바와 같다. Brendan Dooley, 'Sources and Methods in Information History: The Case of Medici Florence, the Armada and the Siege of Ostende'. Joop W. Koopmans (ed.), *News and Politics in Early Modern Europe (1500-1800)* (Louvain: Peeters, 2005)에 수록, p. 39.

53. 스테이셔너스 컴퍼니의 발행 목록에 오른 발라드는 다음 문헌에 나열되어 있다. Whitehead, Brags and Boasts, pp. 209-11. John J. McAleer, 'Ballads on the Spanish Armada', *Texas Studies in Literature and Language*, 4 (1963), pp. 602-12.

뉴스의 탄생

54. STC 6558. 삽화는 다음 문헌에서 찾을 수 있다. Whitehead, *Brags and Boasts*, p. 126.

55. *A true discourse of the Armie which the kinge of Spaine caused to be assembled in the haven of Lisbon* (London: John Wolfe, 1588); STC 22999, USTC 510911.

56. *Le vray discours de l'armee, que le roy catholique a faict assembler ay port de la ville de Lisbone* (Paris: Chaudière, 1588); USTC 19534. 네덜란드어로 된 축약본도 있다. *De wonderlijcke groote Armade die den Coninck van Spaengien heft toegherust op Enghelandt* (Gent: Jan van Salenson, 1588); USTC 413911.

57. *A pack of Spanish lyes sent abroad in the world* (London: Christopher Barker, 1588); STC 23011, USTC 510912; Whitehead, *Brags and Boasts*, pp. 197-8. 아이러니하게도 잉글랜드는 인쇄물에 로마체를 더 선호하며 구식인 고딕체를 버린 마지막 국가 중 한 곳이다. 이 점에서는 스페인이 훨씬 앞서 있었다.

58. Christina Borreguero Beltran, 'Philip of Spain: The Spider's Web of News and Information'. Brendan Dooley (ed.), *The Dissemination of News and the Emergence of Contemporaneity in Early Modern Europe* (Aldershot: Ashgate, 2010)에 수록, pp. 23-49. 같은 책 p. 31.

59. Beltrán, 'Philip of Spain', p. 33.

60. 아래 8장 참조.

61. Parker, *Grand Strategy,* p. 244.

62. 서유럽 국가 외에 적어도 이탈리아 공국 10개가 스페인에 주재 대사를 두었다. Parker, *Grand Strategy*, p. 218.

63. 같은 책, p. 20.

64. 같은 책.

65. 같은 책, p. 65.

66. Geoffrey Parker, *The Dutch Revolt* (London: Allan Lane, 1977).

8장 질주하는 우편 마차

1. Johannes Weber, 'Strassburg 1605: The Origins of the Newspaper in Europe', German History, 24 (2006), pp. 387-412.

2. 아래 및 위의 2장 참고.

3. Wolfgang Behringer, *Thurn und Taxis. Die Geschichte ihrer Post und ihrer Unternehmen* (Munich: Piper, 1990); 같은 저자, *Im Zeichen des Merkur. Reichspost und Kommunicationsrevolution in der Frühen Neuzeit* (Göttingen: Vandenhoeck & Ruprecht, 2003). 이 논쟁은 다음에 요약되어 있다. Wolfgang Behringer, 'Communications Revolutions'. *German History,* 24 (2006)에 수록. pp. 333-74.

4. Behringer, *Thurn und Taxis*, p. 18.

5. 같은 책, pp. 41-6; 같은 저자, *Im Zeichen des Merkur,* p. 63.

6. Behringer, *Im Zeichen des Merkur,* pp. 80-82.

7. Behringer, *Thurn und Taxis,* pp. 52-4, 79-83.

8. E. John B. Allen, 'The Royal Posts of France in the Fifteenth and Sixteenth Centuries', *Postal History Journal*, 15 (1971), pp. 13-17.

9. Philip Beale, *A History of the Post in England from the Romans to the Stuarts* (Aldershot:

Ashgate, 1988).

10. 같은 책, p. 119.

11. 같은 책, p. 122.

12. 같은 책, p. 142.

13. Philip Beale, Adrian Almond and Mike Scott Archer, *The Corsini Letters* (Stroud: Amberley, 2011).

14. Behringer, *Thurn und Taxis,* pp. 49–50.

15. Wolfgang Behringer, 'Fugger und Taxis. Der Anteil Augsburger Kaufleute an der Entstehung des europuäischen Kommunikationssystems'. Johannes Burkhardt (ed.), *Augsburger Handelshäuser im Wandel des historischen Urteils* (Berlin: Akademie Verlag, 1996) 에 수록, pp. 241–8.

16. 한스와 마르크스 푸거는 1572년 옥타비아 폰 탁시스의 대부가 되었고, 한스 푸거는 1582 년 아우크스부르크의 우편국장 세라핀의 유언 집행인이 되었다. Behringer, 'Fugger und Taxis'. Burkhardt (ed.), *Augsburger Handelshäuser*에 수록, pp. 241–8.

17. Von Sautter, 'Auffindung einer grossen Anzahl verschlossener Briefe aus dem Jahre 1585', *Archiv für Post und Telegraphie,* 4 (1909), pp. 97–115.

18. Von Sautter, 'Briefe aus dem Jahre 1585', pp. 107–9.

19. A. L. E. Verheyden, 'Une correspondance ineditée addressée par des familles protestantes des Pays-Bas à leurs coreligionnaires d'Angleterre (11 novembre 1569-25 février 1570)', *Bulletin de la Commission Royale d'Histoire,* 120 (1955), pp. 95–257.

20. 이 편지들은 다음에서 논의된다. Andrew Pettegree, *Foreign Protestant Communities in Sixteenth-Century London* (Oxford: Oxford University Press, 1986), pp. 221–5.

21. 위의 7장 참조.

22. M. A. H. Fitzler, *Die Entstehung der sogenannten Fuggerzeitungen in der Wiener National-bibliothek* (Vienna: Rohrer, 1937), p. 61.

23. Behringer, *Thurn und Taxis,* p. 52.

24. 같은 책, p. 56.

25. Behringer, *Im Zeichen des Merkur,* pp. 132–6.

26. Erich Kuhlmann, 'Aus Hamburgs älterer Postgeschichte', *Archiv für deutsche Postges-chichte, Sonderheft* (1984), pp. 36–68.

27. Behringer, *Thurn und Taxis,* p. 58.

28. 같은 책에서 재인용. pp. 70–1.

29. Behringer, *Im Zeichen des Merkur,* pp. 177–88.

30. 같은 책, p. 178.

31. 같은 책, pp. 205–11.

32. 1936년 스톡홀름에 있는 스웨덴 왕립 도서관(Kungliga biblioteket) 서고에 현존하는 가장 방 대한 규모의 17세기 신문들이 발견되면서 이 당시 국제 외교에 스웨덴이 개입했음을 생 생하게 입증할 수 있었다. 다음을 참조할 것. Folke Dahl, *The Birth of the European Press as Reflected in the Newspaper Collection of the Royal Library* (Stockholm: Rundqvists Boktryckeri, 1960).

33. 아래 10장 참조.

34. Klaus Beyrer, *Die Postkutschenreise* (Tübingen: Ludwig-Uhland-Instituts, 1985); 같은 저자, 'The Mail-Coach Revolution: Landmarks in Travel in Germany between the Seventeenth and Nineteenth Centuries', *German History,* 24 (2006), pp. 375–86.

1. Johannes Weber, 'Strassburg 1605: The Origins of the Newspaper in Europe', *German History*, 24 (2006), pp. 387-412.

2. Elizabeth Armstrong, *Before Copyright: The French Book-Privilege System*, 1498-1526 (Cambridge: Cambridge University Press, 1990).

3. 하이델베르크 대학교는 그해에 나온 거의 모든 신문을 소장하고 있으며 현재 디지털화했다. http://digi.ub.uni-heidelberg.de/diglit/relation1609.

4. Johannes Weber, ' "Unterthenige Supplication Johann Caroli, Buchtruckers." Der Beginn gedruckter politischer Wochenzeitungen im Jahre 1605', *Archiv für Geschichte des Buchwesens*, 38 (1992), pp. 257-65.

5. 초기 독일 신문의 표준 안내서는 엘제 보겔(Else Bogel)과 엘거 블룸(Elger Bülhm)이 마련했다. *Die deutschen Zeitungen des 17. Jahrhunderts. Ein Bestandverzeichnis*, 2 vols (Bremen: Schunemann, 1971); Nachtrag (Munich: Saur, 1985). 다음도 참고한다. Holger Böning, *Deutsche Presse. Biobibliographische Handbücher zur Geschichte der deutschsprachigen periodischen Presse von den Anfängen bis 1815*, 6 vols (Stuttgart-Bad Cannstatt: Frommann-Holzboog, 1996-2003).

6. Paul Ries, 'The Anatomy of a Seventeenth-Century Newspaper', *Daphnis*, 6 (1977), pp. 171-232; 같은 저자, 'Der Inhalt der Wochenzeitungen von 1609 im Computer', *Deutsche Presseforschung*, 26 (1987), pp. 113-25.

7. Weber, 'Strassburg 1605', p. 398.

8. Karl Heinz Kremer, *Johann von den Birghden, 1582-1645. Kaiserlicher und koniglich-schwedischer Postmeister zu Frankfurt am Main* (Bremen: Lumière, 2005); 같은 저자, 'Johann von den Birghden, 1582-1645', *Archiv für deutsche Postgeschichte* (1984), pp. 7-43.

9. 다음에 열거되어 있다 Bogel and Blühm, *Deutschen Zeitungen*, no. 5.

10. 같은 책, no. 15.

11. 같은 책, no. 16.

12. 이 점에서 마이어가 1630년에 창간한 두 번째 주간지를 '포스트차이퉁'으로 부르기로 한 것은 확실히 불필요한 도발이었다.

13. 따라서 마이어의 《뵈헨틀리에 차이퉁 아우스 메레르라이 외르테르》의 경우, 화요일 판에 는 '프리마(Prima)'라는 제목이 붙었고 목요일 판에는 '뵈헨틀리에 차이퉁'이라는 제목이 붙었다. 다음을 참고한다. Bogel and Blühm, *Deutschen Zeitungen*, no. 15.

14. Folke Dahl, *Dutch Corantos, 1618-1650: A Bibliography* (The Hague: Koninklijke Bibliotheek, 1946); Folke Dahl, *The Birth of the European Press as Reflected in the Newspaper Collection of the Royal Library* (Stockholm: Rundqvists Boktryckeri, 1960).

15. Folke Dahl, 'Amsterdam, Earliest Newspaper Centre of Western Europe: New Contributions to the History of the first Dutch and French Corantos', *Het Boek*, XXV (1939), III, pp. 161-97. 스웨덴 왕립 도서관에서 이 호의 재출간본을 소장하고 있다. 다음도 참고한다. D. H. Couvée, 'The First Couranteers-The Flow of the News in the 1620s', *Gazette*, 8 (1962), pp. 22-36.

16. 즉 두 인쇄본이 모두 남아 있는 경우 조판에 약간의 차이가 있을 수 있다. Dahl, *Dutch Corantos*, pp. 20-23. 사본의 재출간분이 스웨덴 왕립 도서관과 파리 마자랭 도서관에 남아 있다.

17. Dahl, *Dutch Corantos,* pp. 23-6.

18. Dahl, 'Amsterdam, Earliest Newspaper Centre', pp. 190-91.

19. 같은 책, pp. 185-6.

20. 광고에 대해서는 같은 책, pp. 161-8 및 아래 14장 참고.

21. Michiel van Groesen, 'A Week to Remember: Dutch Publishers and the Competition for News from Brazil, 26 August-2 September 1624', *Quaerendo,* 40 (2010), pp. 26-49.

22. Paul Arblaster, 'Current Affairs Publishing in the Habsburg Netherlands, 1620-1660' (Oxford University DPhil dissertation, 1999): Leon Voet, 'Abraham Verhoeven en de Antwerpse pers', *De Gulden Passer,* 31 (1953), pp. 1-37. 가장 최근의 문헌으로 다음도 참고한다. Stéphane Brabant, *L'imprimeur Abraham Verhoeven (1575-1652) et les débuts de la presse 'belge'* (Paris: A.E.E.F, 2009).

23. 다음을 참고한다. Christiaan Schuckman, *Hollstein's Dutch and Flemish Etchings, Engravings and Woodcuts, ca. 1450-1700,* vol. XXXV (Roosendaal: van Poll, 1990), pp. 217-26, nos 2-5.

24. 이 특권에 대한 문구는 다음 문헌에서 찾을 수 있다. Brabant, *Verhoeven*, p. 281.

25. 다음에서 삽화를 찾을 수 있다. Dahl, *The Birth of the European Press,* p. 18.

26. Augustus, 1621, 112. *Tijdinghe wt Weenen, ende hoe dat het doodt lichaem... van Bucquoy, binnen... Weenen op chrijschmaniere... is ghebrocht, ende in baren ghestelt, inde kercke vande minimen.* 사본은 다음을 참고한다. Antwerp, Heritage Library: B 17885: II, 112 및 London, British Library: PP. 3444 af (269).

27. Paul Arblaster, *Antwerp and the World: Richard Verstegen and the International Culture of Catholic Reformation* (Louvain: Louvain University Press, 2004).

28. 다음에서도 설명한다. Andrew Pettegree, 'Tabloid Values: On the Trail of Europe's First News Hound'. Richard Kirwan and Sophie Mullins (eds), *Specialist Markets in the Early Modern Book World* (Leiden: Brill, 2014)에 수록.

29. 다음에서 인용. Paul Arblaster, 'Policy and Publishing in the Habsburg Netherlands, 1585-1690'. Brendan Dooley and Sabrina Baron (eds), *The Politics of Information in Early Modern Europe* (London: Routledge, 2001)에 수록, p. 185.

30. Lisa Ferraro Parmelee, *Good Newes from Fraunce: French Anti-League Propaganda in Late Elizabethan England* (Rochester, NY: University of Rochester Press, 1996).

31. I. Atherton, 'The Itch Grown a Disease: Manuscript Transmission of News in the Seventeenth Century'. Joad Raymond, *News, Newspapers, and Society in Early Modern Britain* (London: Cass, 1999) 에 수록. 한 소식지 통신원의 경력에 대해서는 다음을 참고한다. William S. Powell, *John Pory, 1572-1636: The Life and Letters of a Man of Many Parts* (Chapel Hill, NC: University of North Carolina Press, 1976).

32. Folke Dahl, *A Bibliography of English Corantos and Periodical Newsbooks, 1620-1642* (London: Bibliographical Society, 1952), nos 1-16(삽화 포함). 이 인쇄업자는 조리스 베셀러(Joris Veseler)로, 반 힐턴의 네덜란드 판본을 인쇄한 사람과 동일 인물이다. Dahl, *Birth of the European Press,* p. 29. 다음도 참고한다. STC 18507.1-17.

33. Dahl, *Birth of the European Press* STC 18507.18-25 (Amsterdam: Jansz.: or London for Thomas Archer). STC 18507.29-35 (London: N. Butter).

34. STC 18507.35-81.

35. Dahl, *Bibliography,* nos 80 ff.

36. 삽화는 다음을 참고한다. Dahl, *Birth of the European Press,* p. 30.

뉴스의 탄생

37. Nicholas Brownlees, *Corantos and Newsbooks: Language and Discourse in the First English Newspapers (1620-1641)* (Pisa: Ets, 1999); Nicholas Brownlees, *The Language of Periodical News in Seventeenth-Century England* (Newcastle: Cambridge Scholars, 2011).

38. C. John Sommerville, *The News Revolution in England: Cultural Dynamics of Daily Information* (Oxford: Oxford University Press, 1996), p. 26.

39. 같은 책.

40. 다음에서 사례를 찾아볼 수 있다. Jason Peacey and Chris R. Kyle, *Breaking News: Renaissance Journalism and the Birth of the Newspaper* (Baltimore, MD: Johns Hopkins University Press, 2009), p. 55: 'I send you here enclosed the Currantos that are come out since my last letter, which is in effect all our present foreign news.'

41. Michael Frearson, 'The Distribution and Readership of London Corantos in the 1620s'. Robin Myers and Michael Harris (eds), *Serials and their Readers, 1620-1914* (Winchester: St Paul's Bibliographies, 1993)에 수록, p. 17.

42. Thomas Cogswell, '"Published by Authoritie": Newsbooks and the Duke of Buckingham's Expedition to the Ile de Ré', *Huntington Library Quarterly*, 67 (2004), pp. 1-26. 같은 책 p. 4.

43. 원문은 다음과 같다. '1. 속인들 사이에서 소문과 함께 더 확대되곤 하는 종교나 복종의 문제에서 반란이나 퇴보가 일어날 때, 그들이 끌어낸 문제에 관해 최선을 다해 보고를 제작하여 퍼트림으로써 이들이 도출한 것과 동일한 문구로 끌어들일 길을 터주는 것. 2. 가능한 한 문제를 완화하도록 국가 전체의 혈관을 따라 확산되고, 수뇌부와 주요 구성원의 배치에 가장 적합한 방식으로 신속하고 준비된 길을 확립하는 것. 3. 정신을 고양하고 사상을 촉진할 수단을 고안하는 것… 그것은 올바른 이성 규칙 개념으로 점차 분별력을 확장해, 그들이 따라야 할 규칙에 쉽게 복종하도록 만든다.' Powell, *Pory* (1976), p. 52.

44. 다음에서 훌륭한 글을 확인할 수 있다. Thomas Cogswell, '"Published by Authoritie"'.

45. 같은 책, p. 14.

46. Frearson, 'London Corantos', p. 3.

47. Jayne E. E. Boys, *London's News Press and the Thirty Years War* (Woodbridge: Boydell, 2011).

48. Jeffrey K. Sawyer, *Printed Poison: Pamphlet Propaganda, Faction Politics, and the Public Sphere in Early Seventeenth-Century France* (Berkeley, CA: University of California Press, 1990).

49. Christian Jouhaud, 'Printing the Event: From La Rochelle to Paris'. Roger Chartier (ed.), *The Culture of Print: Power and Uses of Print in Early Modern Europe* (Princeton, NJ: Princeton University Press, 1989)에 수록, pp. 290-333.

50. Dahl, *Birth of the European Press*, pp. 23-4.

51. 다음에서 질 페옐(Gilles Feyel)의 글을 참고한다. Jean Sgard, *Dictionnaire des Journaux 1600-1789* (Paris: Universitas, and Oxford: Voltaire Foundation, 1991), pp. 967-70.

52. Howard M. Solomon, *Public Welfare, Science, and Propaganda in Seventeenth-Century France: The Innovations of Théophraste Renaudot* (Princeton, NJ: Princeton University Press, 1972); Christian Bailly, *Théophraste Renaudot: un homme d'influence au temps de Louis XIII et de la Fronde* (Paris: Le Pre aux Clercs, 1987).

53. Gilles Feyel, *L'annonce et la nouvelle. La presse d'information en France sous l'ancien régime (1630-1788)* (Oxford: Voltaire Foundation, 2000), pp. 131-90.

54. Solomon, *Public Welfare*, p. 126.

55. 같은 책, p. 129; 다음도 참고한다. 같은 저자, 'The *Gazette* and Antistatist Propaganda: The Medium of Print in the First Half of the Seventeenth Century', *Canadian Journal of History*, 9 (1974), pp. 1-17.

56. Feyel, *L'annonce et la nouvelle,* pp. 476-503.

57. 표준적인 연구는 다음과 같다. C. Moreau, *Bibliographie des Mazarinades* (Paris: Société de l'histoire de France, 1850-51). 단, 이것은 동일한 제목의 여러 판본을 구분하려는 가장 초기의 시도일 뿐이다.

58. *Remerciment des imprimeurs a monseigneur le Cardinal Mazarin* (N. Boisset, 1649), p. 4; Moreau, *Mazarinades,* no. 3280.

59. *Avis burlesque du cheval de Mazarin à son maître* (Paris: veuve Musnier, 1649); Moreau, *Mazarinades,* no. 494.

60. Moreau, *Mazarinades,* nos 811-835 (*Courier*), 1466-1472 (*Gazette*), 1740-1764 (*Journal*), 2451-2457 (*Mercury*).

61. *Le gazettier des-interressé* (Paris: Jean Brunet, 1649), sig. B2r; Moreau, *Mazarinades*, no. 1466.

62. Moreau, *Mazarinades*, no. 830.

63. 같은 책, I, pp. 249-50. 《쿠리에》의 발행인인 유제브 르노도(Eusèbe Renaudot) 및 이삭 르노도(Isaac Renaudot)를 확인할 수 있다. 다음도 참고한다. H. Carrier, *La Presse de la Fronde* (1648-1653): *les Mazarinades* (Paris: Droz, 1989), I, 188 - 189 및 605번 주(註).

64. Moreau, *Mazarinades*, no. 718.

65. 아래 11장 참조; Stephane Haffemayer, *L'information dans la France du XVIIe siècle: La Gazette de Renaudot de 1647 à 1663* (Paris: Champion, 2002).

66. Filippo de Vivo, *Information and Communication in Venice: Rethinking Early Modern Politics* (Oxford: Oxford University Press, 2007).

67. 다음에서 인용. Brendan Dooley, *The Social History of Skepticism: Experience and Doubt in Early Modern Culture* (Baltimore, MD: Johns Hopkins University Press, 1999), p. 34.

68. 같은 책, Filippo de Vivo, 'Paolo Sarpi and the Uses of Information in Seventeenth-Century Venice', *Media History*, 11 (2005), pp. 37-51.

69. Dooley, *Skepticism*, p. 54.

70. 이익의 사례는 다음을 참고한다. 같은 책, p. 42.

71. 같은 책, p. 46.

10장 전쟁과 반란

1. Johannes Weber, 'Der grosse Krieg und die frühe Zeitung. Gestalt und Entwicklung der deutschen Nachrichtenpresse in der ersten Hälfte des 17. Jahrhunderts', *Jahrbuch für Kommunikationsgeschichte,* 1 (1999), pp. 23-61. 같은 책 p. 25.

2. Karl Heinz Kremer, *Johann von den Birghden, 1582-1645. Kaiserlicher und koniglichschwedischer Postmeister zu Frankfurt am Main* (Bremen: Lumière, 2005); 같은 저자, 'Johann von den Birghden, 1582-1645', *Archiv für deutsche Postgeschichte* (1984), pp. 7-43.

3. Esther-Beate Körber, 'Deutschsprachige Flugschriften des Dreissigjährigen Krieges 1618 bis 1629', *Jahrbuch für Kommunikationsgeschichte,* 3 (2001), pp. 1-37.

4. Weber, 'Der grosse Krieg und die frühe Zeitung', p. 25: 희생자는 Herr Slawata, Herr Schmozonsky, 그리고 Herr Philip P, Secretarius로 표기되었다.

5. 같은 책, p. 29.

6. Else Bogel and Elgar Blühm, *Die deutschen Zeitungen des 17. Jahrhunderts. Ein Bestandverzeichnis*, 2 vols (Bremen: Schünemann, 1971); Else Bogel and Elgar Blühm, *Nachtrag* (Munich: Saur, 1985), vol. I, pp. 48–51; II, pp. 50–51.

7. Johannes Weber, 'Kontrollmechanismen im deutschen Zeitungswesen des 17. Jahrhunderts', *Jahrbuch für Kommunikationsgeschichte*, 6 (2004), pp. 56–73.

8. 특히 다음 문헌을 참조한다. John Roger Paas, *The German Political Broadsheet, 1600-1700*, 11 vols (Wiesbaden: Harrassowitz, 1985-2012); 여기서는 일부 대판형 신문을 비롯해, 그에 딸린 텍스트의 영문 번역본도 제공한다. Elmer A. Beller, *Propaganda during the Thirty Years War* (Princeton, NJ: Princeton University Press, 1940).

9. 위의 4장 참조.

10. 고전적 연구는 다음과 같다. Robert W. Scribner, *For the Sake of Simple Folk: Popular Propaganda for the German Reformation* (Cambridge: Cambridge University Press, 1981). 대판형 뉴스의 고객이 일반적으로 팸플릿 구매자보다 사회적 계층이 낮았다는 암묵적인 주장에 대한 비판은 본인의 다음 저작을 참조한다. *Reformation: The Culture of Persuasion* (Cambridge: Cambridge University Press, 2005), Chapter 5. 16세기 후반 가톨릭이 효과적으로 사용한 논쟁적 이미지의 예는 다음과 같다. Andrew Pettegree, 'Catholic Pamphleteering'. Alexandra Bamji et al. (eds), The Ashgate Research Companion to the Counter-Reformation (Aldershot: Ashgate, 2013)에 수록. pp. 109–26.

11. Paas, *German Political Broadsheet*, vol. 2, P272–337.

12. William A. Coupe, *The German Illustrated Broadsheet in the Seventeenth Century: Historical and Iconographical Studies*, 2 vols (Baden Baden: Heintz, 1966).

13. Beller, *Propaganda,* plate II, pp. 18–20.

14. Paas, *German Political Broadsheet*, vol. 2, P452–6.

15. 같은 책, vol. 3, P652–9. 이 만평을 비롯해 그밖에 베드르지흐를 찾는 내용의 삽화들을 볼 수 있다. 프랑스어판과 네덜란드어판도 있다. vol. 3, PA133–9.

16. 같은 책, P784–90.

17. 같은 책, P708–13.

18. 같은 책, P675–6.

19. 같은 책, vol. 1, P23.

20. W. Lahne, *Magdeburgs Zerstoring in der zeitgenossischen Publizistik* (Magdeburg: Verlag des Magdeburger Geschichtsvereins, 1931). 영어로 된 좀 더 짧은 논의는 다음을 참고한다. Andrew Cunningham and Ole Peter Grell, *The Four Horsemen of the Apocalypse: Religion, War, Famine and Death in Reformation Europe* (Cambridge: Cambridge University Press, 2000), pp. 170–99.

21. Weber, 'Der grosse Krieg und die frühe Zeitung', pp. 36–7.

22. 같은 책, pp. 38–9.

23. Paas, *German Political Broadsheet*, vol. 5, P1336–47.

24. Lahne, *Magdeburgs Zerstörung*, pp. 147–55; Cunningham and Grell, *Four Horsemen*, p. 182.

25. 스웨덴의 프로파간다에 관해서는 특히 다음을 참고한다. G. Rystad, *Kriegsnachrichten und Propaganda während des Dreissigjährigen Krieges* (Lund: Gleerup, 1960).

26. Paas, German Political Broadsheet, vol. 5, P1430–52; 이러한 여러 글 중 하나를 번역한 문헌은 다음과 같다. Beller, *Propaganda*, plate XI, pp. 30–1.

27. Paas, *German Political Broadsheet*, vol. 6, P1585, 1587.

28. Kremer, 'Johann von den Birghden', pp. 31-4.

29. 같은 책, pp. 34-9.

30. Paas, *German Political Broadsheet,* vol. 6, P1770-8.

31. 같은 책, P1554-5, 1614-15.

32. 같은 책, P1635-6, 1812.

33. 예를 들어 영국도서관에 보관된 1750. b. 29 2절판은 신문을 100건 이상 모은 것이다.

34. Weber, 'Der grosse Krieg und die frühe Zeitung', pp. 39-40.

35. Paas, German Political Broadsheet, vol. 7, P2174-5.

36. Nadine Akkerman, 'The Postmistress, the Diplomat and a Black Chamber?': Alexandrine of Taxis, Sir Balthazar Gerbier and the Power of Postal Control'. Robyn Adams and Rosanna Cox (eds), Diplomacy and Early Modern Culture (Basingstoke: Palgrave, 2011)에 수록, pp. 172-88.

37. 위의 9장 참조.

38. 당시에는 특히 상당한 학문적 관심이 쏟아졌다. 다음을 참조할 것. Joad Raymond, *Pamphlets and Pamphleteering in Early Modern Britain* (Cambridge: Cambridge University Press, 2003); Jason Peacey, *Politicians and Pamphleteers: Propaganda during the English Civil Wars and Interregnum* (Aldershot: Ashgate, 2004). 조지프 프랭크(Joseph Frank)의 이전 연구도 여전히 유용하다. Joseph Frank, *The Beginnings of the English Newspaper, 1620-1660* (Cambridge, MA: Harvard University Press, 1961).

39. Caroline Nelson and Matthew Seccombe, *British Newspapers and Periodicals, 1641-1700: A Short-Title Catalogue* (New York: Modern Language Association of America, 1987).

40. 그림은 다음에 실려 있다. John Barnard and Maureen Bell, 'Statistical Tables'. Barnard and D. F. McKenzie (eds), *The Cambridge History of the Book in Britain. Volume IV, 1557-1695* (Cambridge: Cambridge University Press, 2002), pp. 779-84; Raymond, *Pamphlets and Pamphleteering*, pp. 202-75.

41. Jason McElligott, '1641'. Joad Raymond (ed.), *The Oxford History of Popular Print Culture. I: Cheap Print in Britain and Ireland to 1660* (Oxford: Oxford University Press)에 수록, pp. 599-608.

42. Ethan Shagan, 'Constructing Discord: Ideology, Propaganda and the English Responses to the Irish Rebellion of 1641', *Journal of British Studies,* 36 (1997), pp. 4-34.

43. 다이어널의 발췌문은 다음을 참조한다. Joad Raymond, Making the News: *An Anthology of the Newsbooks of Revolutionary England 1641-1660* (Moreton-in-Marsh: Windrush Press, 1993), pp. 35-52.

44. 매우 큰 판형으로 인쇄되기도 했다. 1649년 잉글랜드의 모든 교구에 배포된 대판형 선언문의 경우, 인쇄소들은 9천~1만 2천 부 정도 주문을 받았다. Angela McShane, 'Ballads and Broadsides'. Raymond (ed), *Popular Print Culture*에 수록. p. 348.

45. C. John Sommerville, *The News Revolution in England: Cultural Dynamics of Daily Information* (Oxford: Oxford University Press, 1996).

46. 같은 책, p. 35.

47. Raymond, *Making the News,* pp. 92-9. 주요 편집인은 다음을 참고한다. P. W. Thomas, *Sir John Berkenhead, 1617-1679: A Royalist Career in Politics and Polemics* (Oxford: Oxford University Press, 1969).

48. Sommerville, *News Revolution,* p. 51.

49. Jason Peacey, 'The Struggle for Mercurius Britanicus: Factional Politics and the Parliamen-

tarian Press, 1643-6', *Huntington Library Quarterly,* 68 (2005), pp. 517-43.

50. Joseph Frank, *Cromwell's Press Agent: A Critical Biography of Marchamont Nedham, 1620-1678* (Lanham, MD: University Press of America, 1980). 《메르쿠리우스 브리타니쿠스》의 발췌문은 다음을 참고한다. Raymond, *Making the News,* pp. 332-50.

51. Sommerville, *News Revolution,* p. 40.

52. Raymond, *Making the News,* pp. 350-74.

53. Helmer J. Helmers, 'The Royalist Republic: Literature, Politics and Religion in the Anglo-Dutch Public Sphere (1639-1660)' (Doctoral Dissertation, Leiden, 2011).

54. Paas, *German Political Broadsheet,* vol. 8, P2225-36.

55. Peacey, *Politicians and Pamphleteers,* pp. 132-54.

56. Francis F. Madan, *A New Bibliography of the Eikon Basilike* (Oxford: Oxford Bibliographical Society Publications, III, 1949).

57. Blair Worden, *Literature and Politics in Cromwellian England: John Milton, Andrew Marvell, Marchamont Nedham* (Oxford: Oxford University Press, 2007); 같은 저자, 'Marchamont Nedham and the Beginnings of English Republicanism, 1649-1656'. David Wootton (ed.), *Republicanism, Liberty and Commercial Society,* 1649-1776 (Stanford, CA: Stanford University Press, 1994)에 수록, pp. 45-81.

58. Jason Peacey, 'Cromwellian England: A Propaganda State?', *History,* 91 (2006), pp. 176-99; Raymond, *Making the News*, pp. 364-79.

59. 최근의 가장 훌륭한 연구는 다음과 같다. Jonathan Israel, *The Dutch Republic: Its Rise, Greatness and Fall, 1477-1806* (Oxford: Oxford University Press, 1995).

60. Folke Dahl, 'Amsterdam, Earliest Newspaper Centre of Western Europe: New Contributions to the History of the First Dutch and French Corantos', *Het Boek,* XXV (1939), 3, pp. 185-6.

61. Helmers, 'Royalist Republic'.

62. 아래 14장 참조.

63. Meredith Hale, 'Political Martyrs and Popular Prints in the Netherlands in 1672'. Martin Gosman (ed.), *Selling and Rejecting Politics in Early Modern Europe* (Louvain: Peeters, 2007) 에 수록, pp. 119-34.

64. Michel Reinders, *Printed Pandemonium: Popular Print and Politics in the Netherlands 1650-72* (Leiden: Brill, 2013).

65. 위의 9장 참조. Hubert Carrier, *La presse et la Fronde, 1648-1653: Les Mazarinades. I. La conquête de l'opinion. II. Les hommes du livre,* 2 vols (Geneva: Droz, 1989-91).

11장 찻잔 속의 폭풍

1. Maximillian E. Novak, *Daniel Defoe, Master of Fictions* (Oxford: Oxford University Press, 2001), pp. 289-328.

2. Craig Calhoun (ed.), *Habermas and the Public Sphere* (Cambridge, MA: Harvard University Press, 1992); Nick Crossley and John Michael Roberts, *After Habermas: New Perspectives on the Public Sphere* (Oxford: Blackwell, 2004).

3. Aytoun Ellis, *The Penny Universities: A History of the Coffee-House* (London: Secker & Warburg, 1956); Heinrich Jacob, *Coffee: The Epic of a Commodity* (London, 1935; 재판 Short Hills, NJ: Burford Books, 1998); Brian Cowan, *The Social Life of Coffee: The Emergence of the British Coffeehouse* (New Haven, CT: Yale University Press, 2005); Steve Pincus, 'Coffee Politicians Does Create: Coffeehouses and Restoration Political Culture', *Journal of Modern History*, 67 (1995), pp. 807-34; Mark Knights, *Representation and Misrepresentation in Later Stuart Britain: Partisanship and Political Culture* (Oxford: Oxford University Press, 2005).

4. Gilles Feyel, *L'annonce et la nouvelle. La presse d'information en France sous l'ancien régime (1630-1788)* (Oxford: Voltaire Foundation, 2000).

5. Peter Burke, *The Fabrication of Louis XIV* (New Haven, CT: Yale University Press, 1992).

6. Roger Mettam, 'Power, Status and Precedence: Rivalries among the Provincial Elites of Louis XIV's France', *Transactions of the Royal Historical Society* (5th series), 38 (1988), pp. 43-62.

7. Feyel, *L'annonce et la nouvelle*, pp. 476-92.

8. 이 일정은 재구성된 것이다. 같은 책, pp. 486-92.

9. Burke, *Fabrication*, p. 76.

10. *Gazette extraordinaire*, 77, July 1673. 다음에서 인용. Feyel, *L'annonce et la nouvelle*, p. 435.

11. Feyel, *L'annonce et la nouvelle*, p. 501.

12. 같은 책, p. 466.

13. Francois Moureau, *Répertoire des Nouvelles à la Main. Dictionnaire de la presse manuscrite clandestine XVIe-VIIIe siècle* (Oxford: Voltaire Foundation, 1999); Moreau (ed.), *De bonne main. La communication manuscrite au XVIII siècle* (Paris: Universitas, and Oxford: Voltaire Foundation, 1993).

14. Joseph Klaits, *Printed Propaganda under Louis XIV: Absolute Monarchy and Public Opinion* (Princeton, NJ: Princeton University Press, 1976), pp. 50-6.

15. Jane McLeod, *Licensing Loyalty: Printers, Patrons and the State in Early Modern France* (University Park, PA: Pennsylvania State University Press, 2011).

16. 일반적으로는 '누벨 엑스트라오르디네르 드 디베르 앙두아(Nouvelles extraordinaires de divers endroits, 여러 곳에서 전해온 이례적인 소식)'라는 좀 더 장황한 제호로 출판되었다.

17. Jeremy D. Popkin, *News and Politics in the Age of Revolution: Jean Luzac's Gazette de Leyde* (Ithaca, NY: Cornell University Press, 1989).

18. Klaits, *Propaganda*, p. 91.

19. 다음에서 인용. 같은 책, p. 169.

20. 다음에서 인용. p. 248.

21. James Sutherland, *The Restoration Newspaper and its Development* (Cambridge: Cambridge University Press, 1986); Harold Weber, *Paper Bullets: Print and Kingship under Charles II* (Lexington, KY: University Press of Kentucky, 1996); Knights, *Representation and Misrepresentation*.

22. J. G. Muddiman, *The King's Journalist* (London: Bodley Head, 1923).

23. Anne Dunan-Page and Beth Lynch (eds), *Roger L'Estrange and the Making of Restoration Culture* (Aldershot: Ashgate, 2008).

24. *The Intelligencer*, 31 August 1663.

25. P. M. Handover, *A History of the London Gazette, 1665-1965* (London: HMSO, 1965).

뉴스의 탄생

26. 같은 책; Peter Fraser, *The Intelligence of the Secretaries of State & their Monopoly of Licensed News, 1660-1688* (Cambridge: Cambridge University Press, 1956), pp. 43-56; Alan Marshall, *Intelligence and Espionage in the Reign of Charles II* (Cambridge: Cambridge University Press, 1994).

27. Fraser, *Intelligence*, pp. 30-32.

28. Alan Marshall, *The Strange Death of Edmund Godfrey: Plots and Politics in Restoration London* (Stroud: Sutton, 1999); Peter Hinds, *The Horrid Popish Plot: Roger L'Estrange and the Circulation of Political Discourse in Late Seventeenth-Century London* (Oxford: Oxford University Press, 2010). 과거의 논의는 다음과 같다. John Kenyon, *The Popish Plot* (London: Heinemann, 1972).

29. Sutherland, *Restoration Newspaper*, p. 15.

30. 고전적 연구는 다음과 같다. Bryant Lillywhite, *London Coffee Houses: A Reference Book of the Coffee Houses of the Seventeenth, Eighteenth and Nineteenth Centuries* (London: George Allen & Unwin, 1963).

31. 다음에서 인용. Fraser, *Intelligence*, p. 119.

32. Cowan, *The Social Life of Coffee*, pp. 196-8.

33. Frank Staff, *The Penny Post, 1680-1918* (London: Lutterworth, 1964), pp. 34-51; Thomas Todd, *William Dockwra and the Rest of the Undertakers: The Story of the London Penny Post, 1680-2* (Edinburgh: Cousland, 1952); Duncan Campbell-Smith, *Masters of the Post: The Authorised History of the Royal Mail* (London: Allen Lane, 2011), pp. 59-61.

34. Fraser, *Intelligence*; Marshall, *Intelligence and Espionage*, pp. 78-95.

35. Sutherland, *Restoration Newspaper*, p. 18.

36. Mark Goldie, 'Roger L'Estrange's Observator and the Exorcism of the Plot'. Dunan-Page and Lynch (eds), *Roger L'Estrange*에 수록, pp. 67-88.

37. Mark Knights, *Politics and Opinion in the Exclusion Crisis, 1678-1681* (Cambridge: Cambridge University Press, 1994), p. 168. 인쇄 활동의 전체 수준은 존 버나드(John Barnard)와 모린 벨(Maureen Bell)의 '통계 표'에 차트로 나타나 있다. Barnard and D. F. McKenzie (eds), *The Cambridge History of the Book in Britain. Volume IV, 1557-1695* (Cambridge: Cambridge University Press, 2002)에 수록, pp. 779-84.

38. Knights, *Politics and Opinion*, p. 169.

39. Sutherland, *Restoration Newspaper*, p. 23.

40. William B. Ewald, *The Newsmen of Queen Anne* (Oxford: Basil Blackwell, 1956), p. 7; Julian Hoppit, *A Land of Liberty? England 1689-1727* (Oxford: Oxford University Press, 2000), p. 178.

41. G. A. Cranfield, *The Development of the Provincial Newspaper, 1700-1760* (Oxford: Oxford University Press, 1962); R. M. Wiles, *Freshest Advices: Early Provincial Newspapers in England* (Columbus, OH: Ohio State University Press, 1965).

42. Wiles, *Freshest Advices*, p. 192.

43. 같은 책.

44. *Daily Courant*, 15 August 1704; *Flying Post*, 2 September 1704; Ewald, *Newsmen of Queen Anne*, pp. 34-5, 38-40.

45. Sutherland, *Restoration Newspaper*, pp. 91-122.

46. *Daily Courant*, 11 March 1702. 다음에서 인용. Wiles, *Freshest Advices*, p. 269.

47. Hoppit, *Land of Liberty?*, p. 181; Geoffrey Holmes, *The Trial of Doctor Sacheverell* (London:

Eyre Methuen, 1973); Mark Knights (ed.), *Faction Displayed: Reconsidering the Trial of Dr Henry Sacheverell* (London: Parliamentary Yearbook Trust, 2012).

48. Wiles, *Freshest Advices,* pp. 46 ff.

12장 진실을 찾아서

1. *The true report of the burning of the steeple and church of Paul's in London* (London: William Seres, 1561). 20세기 들어 재판되었다. A. F. Pollard, Tudor Tracts, 1532-1588 (Westminster: Constable 1903). 같은 책 p. 405. STC 19930. USTC 505897. 프랑스어 번역도 있다. *Récit veritable du grand temple et clocher de la cité de Londres, en Angleterre, nommé saint Paul, ruiné et destruit par la foudre du tonnerre* (Lyon: Jean Saugrain, 1561). USTC 37109.

2. Pollard, *Tudor Tracts,* p. 406.

3. 같은 책, p. 407. 세인트폴 대성당의 화재는 다음에서도 논의된다. Alexandra Walsham, *Providence in Early Modern England* (Oxford: Oxford University Press, 1999), pp. 232-4.

4. M. A. Overall, 'The Exploitation of Francesco Spiera', *Sixteenth Century Journal,* 26 (1995), pp. 619-37. 심지어 1690년대에 회개한 어떤 무신론자의 임종 고백에서도 스피에라의 명성이 계속 이어지고 있음을 확인할 수 있다. 소위 〈제2의 스피라(Second Spira)〉라고 불리는 이 글은 가짜로 밝혀지기 전까지 3만 부가 팔렸다. J. Paul Hunter, *Before Novels: The Cultural Contexts of Eighteenth-Century English Fiction* (New York: Norton, 1990), pp. 182-4.

5. 느헤미야 월링턴은 1638년 너새니얼 베이컨이 출판한 스피에라에 대한 설명을 적은 필사본의 사본을 가지고 있었다. David Booy, *The Notebooks of Nehemiah Wallington, 1618-1654* (Aldershot: Ashgate, 2007), pp. 154, 274-5. 월링턴에 관해서는 아래 16장도 참고한다.

6. Michel Chomarat and Jean-Paul Laroche, *Bibliographie Nostradamus* (Baden Baden: Koerner, 1989).

7. Norman Jones, *The Birth of the Elizabethan Age: England in the 1560s* (Oxford: Blackwell, 1993), p. 40.

8. B. S. Capp, *Astrology and the Popular Press: English Almanacs, 1500-1800* (London: Faber and Faber, 1979).

9. 브란트에 대해서는 3장을 참조한다. USTC 데이터베이스의 기록물 중, 삽화가 실린 독일의 대판형 뉴스 400여 종 중 130종이 넘는 신문이 이러한 천상의 유령을 다루고 있다. 삽화가 실린 다른 대판형 뉴스는 위의 4장을 참고한다.

10. Walter L. Strauss, *The German Single-Leaf Woodcut, 1550-1600,* 3 vols (New York: Abaris, 1975), pp. 163, 480, 648, 939 (1577년에 나타난 혜성), 399, 656 (여러 태양).

11. 같은 책, pp. 481, 949.

12. 같은 책, pp. 350, 396, 860.

13. Andrew Cunningham and Ole Peter Grell, *The Four Horsemen of the Apocalypse: Religion, War, Famine and Death in Reformation Europe* (Cambridge: Cambridge University Press, 2000), p. 174.

14. Nehemiah Wallington, *Historical notices of events occurring chiefly in the reign of Charles I,* ed. R. Webb (London: Bentley, 1869), pp. 150-1.

15. Jennifer Spinks, *Monstrous Births and Visual Culture in Sixteenth-Century Germany* (London: Chatto & Pickering, 2009); Julie Crawford, *Marvelous Protestantism: Monstrous Births in Post-Reformation England* (Baltimore, MD: Johns Hopkins University Press, 2005).

16. Spinks, *Monstrous Births*, pp. 59-79.

17. *The true description of two monstrous children born at Herne in Kent* (London, 1565). STC 6774. 이 시기에 나온 같은 장르에 속한 다른 대판형 뉴스는 다음에서 설명한다. Crawford, *Marvelous Protestantism*.

18. David Cressy, *Agnes Bowker's Cat: Travesties and Transgressions in Tudor and Stuart England* (Oxford: Oxford University Press, 2000); Jones, Birth of the Elizabethan Age, pp. 45-7.

19. Andrew Hadfield, 'News of the Sussex Dragon', *Reformation*, 17 (2012), pp. 99-113.

20. 위의 10장 참조.

21. Leo Noordegraaf and Gerrit Valk, *De Gave Gods: De pest in Holland vanaf de late Middeleeuwen*, 2nd edn (Amsterdam: Bakker, 1996); Cunningham and Grell, *Four Horsemen*, 5장.

22. Claire Tomalin, *Samuel Pepys* (London: Viking, 2002), pp. 227-35.

23. Steven Shapin, *A Social History of Truth: Civility and Science in Seventeenth-Century England* (Chicago, IL: University of Chicago Press, 1994).

24. 1장 참고. 뉴스에서 명예라는 개념은 특히 다음 문헌에서 잘 다루고 있다. David Randall, *Credibility in Elizabethan and Early Stuart Military News* (London: Pickering & Chatto, 2008). C.f. Shapin, *Social History of Truth*, pp. 65-125.

25. James Shirley, *Love Tricks or the School of Complement*, quoted Jayne E. E. Boys, *London's News Press and the Thirty Years War* (Woodbridge: Boydell, 2011), p. 170.

26. Quoted Stephen J. A. Ward, *The Invention of Journalism Ethics* (Montreal: McGill University Press, 2004), p. 119.

27. 20 October 1631, STC 18507. 227; 다음에서 인용. Boys, *London News Press*, p. 175.

28. 다음에서 인용. Boys, *London News Press*, p. 171.

29. 같은 책, p. 170.

30. Ben Jonson, *A Staple of News*, Act I, scene 4, lines 10-11. 1그로트는 4펜스의 가치가 있었다.

31. 이에 대해 세련되고 통찰력 있는 설명은 다음을 참고한다. Massimo Petta, 'Wild Nature and Religious Readings of Events: Natural Disaster in Milanese Printed Reports (16th-17th Century)'. Bo-Jan Borstner et al. (eds), *Historicizing Religion: Critical Approaches to Contemporary Concerns* (Pisa: PLUS- Pisa University Press, 2010)에 수록, pp. 199-231.

32. Ahasver Fritsch, *Discursus de Novellarum, quas vocant Neue Zeitungen, hodierno usu et abusu* (1676); Otto Groth, *Die Geschichte der Deutschen Zeitungswissenschaft* (Munich: Weinmayer, 1948), p. 15. 독일 신문 논쟁에 참여한 다양한 논객이 쓴 글의 발췌문은 다음에 수집되어 있다. Elger Blühm and Rolf Engelsing (eds), *Die Zeitung. Deutsche Urteile und Dokumente von den Anfängen bis zur Gegenwart* (Bremen: Schünemann, 1967).

33. Johann Ludwig Hartman, *Unzeitige Neue Zeitungs-sucht* (Rotenburg: Lipß, 1679).

34. Daniel Hartnack, *Erachten von Einrichtung der Alten Teutsch und Neuen Europäischen Historien* (Hamburg: Zelle, 1688).

35. Kaspar Stieler, *Zeitungs Lust und Nutz* (Hamburg: Schiller, 1695). 다음에서 인용. Groth, *Geschichte*, p. 19.

36. 다음으로 예레미야에 대한 슈틸러의 훌륭한 논변이 이어진다. Jeremy Popkin, 'New Perspectives on the Early Modern European Press'. Joop W. Koopmans, *News and Politics*

in Early Modern Europe (*1500-1800*) (Louvain: Peeters, 2005)에 수록, pp. 127. 같은 책 p. 10.

37. 활발한 정치 문화와 격렬한 언론의 결과는 다음에서 통찰력 있게 탐구한다. Mark Knights, *Representation and Misrepresentation in Later Stuart Britain: Partisanship and Political Culture* (Oxford: Oxford University Press, 2005).

38. William B. Ewald, *The Newsmen of Queen Anne* (Oxford: Basil Blackwell, 1956), pp. 14-15.

39. *Tatler,* no. 178. 다음에서 인용. Ewald, *Newsmen,* p. 15.

40. *The Spectator,* no. 452. 다음에서 인용. Ewald, *Newsmen,* p. 15.

41. Johannes Weber, 'Strassburg 1605: The Origins of the Newspaper in Europe', *German History,* 24 (2006), p. 393.

42. *Daily Courant,* 11 March 1702. 다음에서 인용. Ewald, *Newsmen,* p. 14.

43. Brendan Dooley, *The Social History of Skepticism: Experience and Doubt in Early Modern Culture* (Baltimore, MD: Johns Hopkins University Press, 1999), p. 129.

44. Stieler, *Zeitungs Lust und Nutz.* 다음에서 인용. Popkin, 'New Perspectives', p. 11.

45. Ward, *The Invention of Journalism Ethics,* p. 124.

46. 아래 16장 참조.

47. C. John Sommerville, *The News Revolution in England: Cultural Dynamics of Daily Information* (Oxford: Oxford University Press, 1996), pp. 132-3.

13장 저널의 시대

1. John Brewer and Roy Porter, *Consumption and the World of Goods* (London: Routledge, 1993).

2. David A. Kronick, *A History of Scientific and Technical Periodicals* (Methuen, NJ: Scarecrow, 1976).

3. Margery Purver, *The Royal Society: Concept and Creation* (Cambridge, MA: MIT University Press, 1967); Steven Shapin, *A Social History of Truth: Civility and Science in Seventeenth-Century England* (Chicago, IL: University of Chicago Press, 1994).

4. David A. Kronick, 'Notes on the Printing History of the Early *Philosophical Transactions.*' 'Devant le deluge' and Other Essays on Early Modern Scientific Communication (Oxford: Scarecrow, 2004)에 수록, pp. 153-79. 같은 책 p. 164.

5. 아래 18장 참조.

6. Jack R. Censer, *The French Press in the Age of Enlightenment* (London: Routledge, 1994).

7. James Sutherland, *The Restoration Newspaper and its Development* (Cambridge: Cambridge University Press, 1986), Chapter 3: 'Country News'.

8. Gilbert D. McEwen, *The Oracle of the Coffee House: John Dunton's Athenian Mercury* (San Marino, CA: Huntington Library, 1972); Helen Berry, *Gender, Society and Print Culture in Late Stuart England: The Cultural World of the 'Athenian Mercury'* (Aldershot: Ashgate, 2003); C. John Sommerville, *The News Revolution in England: Cultural Dynamics of Daily Information* (Oxford: Oxford University Press, 1996), pp. 103-9.

9. McEwen, *Oracle,* pp. 113-40.

10. 각각 《어시니언 머큐리》 1690년 6월 9일, 4월 18일, 4월 14일 자. Sommerville, *News*

Revolution, pp. 106-7.

11. Robert J. Allen, *The Clubs of Augustan London* (Hamden, CT: Archon, 1967), pp. 189-229.

12. Monique Vincent, *Mercure galant. Extraordinaire affaires du temps. Table analytique* (Paris: Champion, 1998); Jean Sgard, 'La multiplication des périodiques'. *Histoire de l'édition française. II: Le livre triomphant, 1660-1830* (Paris: Promodis, 1984)에 수록, pp. 198-205.

13. Richmond P. Bond, *Tatler: The Making of a Literary Journal* (Cambridge, MA: Harvard University Press, 1972). Alvin Sullivan (ed.), *British Literary Magazines: The Augustan Age and the Age of Johnson, 1698-1788* (Westport, CT: Greenwood Press, 1983). 이들 문헌은 훌륭한 개요와 참고 자료를 제공한다.

14. Charles A. Knight, *A Political Biography of Richard Steele* (London: Pickering & Chatto, 2009).

15. 광고의 경우 아래 14장을 참조한다.

16. Erin Mackie (ed.), *The Commerce of Everyday Life: Selections from the Tatler and the Spectator* (Boston, MA: Bedford/St. Martin's, 1998).

17. *Tatler*, 6 April 1710; Mackie, *Commerce of Everyday Life*, pp. 58-9.

18. Sullivan, *British Literary Magazines*, pp. 113-19; J. A. Downie, *Jonathan Swift, Political Writer* (London: Routledge, 1985).

19. C. Lennart Carlson, *The First Magazine: A History of the Gentleman's Magazine* (Providence, RI: Brown, 1938); Sullivan, *British Literary Magazines*, pp. 136-40.

20. P. J. Buijnsters, *Spectoriale geschriften* (Utrecht: HES, 1991); 같은 저자, 'Bibliographie des périodiques rédigés selon le modèle des Spectateurs'. Marianne Couperus (ed.), *L'étude des périodiques anciens. Colloque d'Utrecht* (Paris: Nizet, 1972)에 수록, pp. 111-20; Dorothée Sturkenboom, *Spectators van de hartstocht: sekte en emotionele cultuur in de achttiende eeuw* (Hilversum: Veloren, 1998).

21. Sgard, 'Multiplication des périodiques', p. 204.

22. 다음에서 인용. Jeremy D. Popkin, 'The Business of Political Enlightenment in France, 1770-1800'. John Brewer and Roy Porter (eds), *Consumption and the World of Goods* (London: Routledge, 1993)에 수록, p. 413.

23. Sgard, 'Multiplication des périodiques', p. 200.

24. Robert Darnton, *The Forbidden Bestsellers of Pre-Revolutionary France* (New York: Norton, 1995).

25. Berry, *Gender, Society and Print Culture* Bertha-Monica Stearns, 'The First English Periodical for Women', *Modern Philology*, 28 (1930-1), pp. 45-59; Sommerville, *News Revolution*, p. 105.

26. Kathryn Shevelow, *Women and Print Culture: The Construction of Femininity in the Early Periodical* (London: Routledge, 1989).

27. 같은 책, p. 149.

28. Owen Hufton, *The Prospect before Her: A History of Women in Western Europe, 1500-1800* (London: HarperCollins, 1995), p. 455.

29. Censer, *French Press in the Age of Enlightenment*, pp. 88, 99.

30. Susan Broomhall, *Women and the Print Trade in Sixteenth-Century France* (Aldershot: Ashgate, 2002); Jef Tombeur, *Femmes & metiers du livre* (Soignies: Talus d'approche, 2004); Maureen Bell, 'Women in the English Book Trade, 1557-1700', *Leipziger Jahrbuch*, 6 (1996); Helen Smith, *'Grossly Material Things': Women and Book Production in Early Modern England* (Oxford: Oxford University Press, 2012).

31. Wolfgang Behringer, *Thurn und Taxis. Die Geschichte ihrer Post und ihrer Unternehmen* (Munich: Piper, 1990), pp. 87–90; Nadine Akkerman, 'The Postmistress, the Diplomat and a Black Chamber?: Alexandrine of Taxis, Sir Balthazar Gerbier and the Power of Postal Control'. Robyn Adams and Rosanna Cox (eds), *Diplomacy and Early Modern Culture* (Basingstoke: Palgrave, 2011)에 수록, pp. 172–88.

32. 마이어에 대해서는 위의 9장을 참고할 것.

33. 아래 15장 참조.

34. Eliza Haywood, *The Female Spectator*, ed. Gabrielle M. Firmager (Melksham: Bristol Classical Press, 1993); Sullivan, *British Literary Magazines*, pp. 120–3; 다음에도 참고한다. Alison Adburgham, *Women in Print: Writing Women and Women's Magazines from the Restoration to the Accession of Victoria* (London: George Allen & Unwin, 1972); J. Hodges, 'The Female Spectator'. Richmond P. Bond (ed.), *Studies in the Early English Periodical* (Westwood, CT: Greenwood Press, 1957)에 수록, pp. 151–82.

35. 프랑스어판에 관해서는 다음을 참고한다. *Female Spectator*, p. 10. Finny Bottinga, 'Eliza Haywood's Female Spectator and its Dutch Translation *De Engelsche Spectatrice*'. Suzan van Dijk et al. (eds), *'I have heard of you': Foreign Women's Writing Crossing the Dutch Border* (Hilversum: Verloren, 2004), pp. 217–24.

36. *Female Spectator*, November 1744; Firmager, *Female Spectator*, p. 98.

37. Ian Atherton, 'The Itch Grown a Disease: Manuscript Transmission of News in the Seventeenth Century', *Prose Studies*, 21 (1998), pp. 39–65. 같은 책 p. 49.

38. D. Osborne, *Letters to Sir William Temple*, ed. K. Parker (Harmondsworth: Penguin, 1987), p. 116.

39. Jacqueline Eales, *Puritans and Roundheads: The Harleys of Brampton Bryan and the Outbreak of the English Civil War* (Cambridge: Cambridge University Press, 1990), pp. 92–5.

40. Bertha-Monica Stearns, 'Early English Periodicals for Ladies (1700-1760)', *Proceedings of the Modern Languages Association*, 48 (1933), pp. 38–60.

41. 같은 책, p. 57.

42. Jeremy D. Popkin, 'Political Communication in the German Enlightenment: Gottlob Benedikt von Shirach's *Politische Journal*', *Eighteenth-Century Life*, 20, no. 1 (February 1996), pp. 24–41.

43. 같은 책, p. 28.

44. Popkin, 'The Business of Political Enlightenment', pp. 414 ff.

45. 같은 책, p. 420.

46. Suzanne Tucoo-Chala, *Charles-Joseph Panckoucke et la libraire française* (Paris: Éditions Marr impouey jeune, 1977).

47. David I. Kulstine, 'The Ideas of Charles-Joseph Panckoucke', *French Historical Studies*, 4 (1966), pp. 304–19.

48. George B. Watts, 'The Comte de Buffon and his Friend and Publisher Charles-Joseph Panckoucke', *Modern Language Quarterly*, 18 (1957), pp. 313–22.

49. 같은 책, p. 314.

50. 주요 학술 출판사의 재고에 대한 흥미로운 분석은 다음을 참고할 것. Ian Maclean, 'Murder, Debt and Retribution in the Italico-Franco-Spanish Book Trade'. *Learning and the Market Place* (Leiden: Brill, 2009)에 수록, pp. 227–72.

뉴스의 탄생

14장 신문, 사업에 뛰어들다

1. 바트에 대한 이야기는 다음에 설명되어 있다. Anne Goldger, *Tulipmania: Money, Honor and Knowledge in the Dutch Golden Age* (Chicago, IL: University of Chicago Press, 2007), p. 168.
2. Simon Schama, *The Embarrassment of Riches* (London: Collins, 1997), pp. 350-70. 튤립 파동에 대한 대중의 인식은 1841년 런던에서 처음 출판되어 이례적인 성공을 거둔 후, 여전히 막강한 영향력을 끼치고 있는 찰스 맥케이(Charles Mackay)의 저서《대중의 미망과 광기(Extraordinary Popular Delusions and the Madness of Crowds)》에 크게 빚지고 있다.
3. Goldger, *Tulipmania,* pp. 202, 235.
4. 같은 책, p. 238.
5. 위의 2장, 5장 참조.
6. John J. McCusker and Cora Gravesteijn, *The Beginnings of Commercial and Financial Journalism: The Commodity Price Currents, Exchange Rate Currents, and Money Currents of Early Modern Europe* (Amsterdam: NEHA, 1991).
7. 같은 책, pp. 22-3.
8. John J. McCusker, 'The Role of Antwerp in the Emergence of Commercial and Financial Newspapers in Early Modern Europe'. *La ville et la transmission des valeurs culturelles au bas moyen âge et aux temps modernes* (Brussels: Credit communal, Collection histoire, 96, 1996)에 수록, pp. 303-32.
9. McCusker and Gravesteijn, *Beginnings,* pp. 44-5.
10. 같은 책, pp. 399-404.
11. 같은 책, pp. 291-300; Anne Murphy, *The Origins of English Financial Markets: Investment and Speculation before the South Sea Bubble* (Cambridge: Cambridge University Press, 2009).
12. McCusker and Gravesteijn, *Beginnings,* p. 313. 캐스탱은 도시는 물론, 런던 외곽 또는 해외의 고객을 고려하여 우편 발착일에 발행했다.
13. Murphy, *Origins of English Financial Markets,* p. 99; Blanche B. Elliott, *A History of English Advertising* (London: Batsford, 1962), pp. 313-44.
14. 같은 책, p. 91.
15. 같은 책, pp. 94-5.
16. Julian Hoppit, *A Land of Liberty? England 1689-1727* (Oxford: Oxford University Press, 2000), pp. 313-44.
17. Murphy, *Origins of English Financial Markets,* p. 109.
18. Grant Hannis, 'Daniel Defoe's Pioneering Consumer Journalism in the *Review*', *British Journal for Eighteenth-Century Studies,* 30 (2007), pp. 13-26. 같은 책 p. 16.
19. Murphy, *Origins of English Financial Markets,* pp. 107-8.
20. Hannis, 'Defoe's Pioneering Consumer Journalism', p. 22.
21. Murphy, *Origins of English Financial Markets*, pp. 114-36.
22. 남해 회사에 대한 최고의 연구는 여전히 다음과 같다. John Carswell, *The South Sea Bubble,* 2nd edn (Stroud: Alan Sutton, 1993).
23. 1720년 6월 1, 2, 3, 24일 자《데일리 코란트》. 런던 길드홀 도서관(Guildhall Library)에서 열람 가능.
24. 1720년 6월 8일 자《데일리 코란트》를 참고한다.
25. 다음에서 인용. Hoppit, *A Land of Liberty?*, p. 335.

607

26. Julian Hoppit, 'The Myths of the South Sea Bubble', *Transactions of the Royal Historical Society,* 6th ser., 12 (2002), pp. 141-65.

27. Carswell, *South Sea Bubble,* pp. 95-6.

28. 위 문헌의 13장 및 14장(제2판에 새로운 자료가 추가됨)을 참조한다.

29. 이러한 논점은 1990년대 닷컴 거품을 가장 먼저 예언한 사람들을 다룬 서적에서 논의되었다. John Cassidy, *dot.con* (New York: HarperCollins, 2002).

30. 1720년 10월 31일, 11월 7일 자《데일리 코란트》(제2판).

31. 홍보된 다른 팸플릿은 다음을 포함한다. *The South-Sea scheme examined* (10월 18일 자《데일리 코란트》), *The case of contracts for South Sea Stock* (11월 9일 자). 칼라일 주교가 작성한 냉철한 팸플릿도 들어갔다. *The honest and dishonest ways of getting wealth* (12월 2일 자).

32. 《포스트 보이》, 1720년 10월 18~20일 및 11월 8~10일 권호. 런던 길드홀 도서관에서 열람 가능하다. 전체 카드 묶음은 하버드 경영 대학원 웹사이트에 등록된 베이커 도서관 (Baker Library)의 크레스 컬렉션(Kress Collection) 묶음에서 확인할 수 있다. http://www.library.hbs.edu/hc/ssb/recreationandarts/cards.html.

33. Hoppit, *A Land of Liberty?,* p. 344.

34. William B. Ewald, *The Newsmen of Queen Anne* (Oxford: Basil Blackwell, 1956), pp. 30-1.

35. Folke Dahl, 'Amsterdam, Earliest Newspaper Centre of Western Europe: New Contributions to the History of the First Dutch and French Corantos', *Het Boek*, XXV (1939), III, pp. 161-98. 같은 책 p. 179.

36. Elliott, *A History of English Advertising,* pp. 22-9. 1620년대의 가장 초기의 예에 대해 논의한다.

37. Dahl, 'Amsterdam, Earliest Newspaper Centre', pp. 179-82.

38. Maura Ratia and Carla Suhr, 'Medical Pamphlets: Controversy and Advertising'. Irma Taavitsainen and Paivi Pahta (eds), *Medical Writings in Early Modern English* (Cambridge: Cambridge University Press, 2011)에 수록, p. 183.

39. C. John Sommerville, *The News Revolution in England: Cultural Dynamics of Daily Information* (Oxford: Oxford University Press, 1996), p. 70.

40. Elliott, *History of English Advertising*, pp. 37-45.

41. Michael Harris, 'Timely Notices: The Uses of Advertising and its Relationship to News during the Late Seventeenth Century', *Prose Studies,* 21 (1998), p. 152.

42. R. B. Walker, 'Advertising in London Newspapers, 1650-1750', *Business History*, 15 (1973), pp. 114-15; Elliott, *History of English Advertising,* pp. 57-73.

43. Elliott, *History of English Advertising*, pp. 30-6.

44. 같은 책, pp. 94-5.

45. Sommerville, *News Revolution,* pp. 147-8; Lawrence Lewis, *The Advertisements of the Spectator* (London: Houghton Mifflin, 1909).

46. R. M. Wiles, *Freshest Advices: Early Provincial Newspapers in England* (Columbus, OH: Ohio State University Press, 1965), p. 101.

47. 같은 책, p. 142.

48. 같은 책, pp. 367-72.

49. Walker, 'Advertising', pp. 112-30.

50. *The Spectator,* no. 10, Monday 12 March 1711.

51. Sommerville, *News Revolution,* p. 43.

52. 정치적 영향력에 관한 한 1732년 로버트 월폴 총리를 비판한 주간지 《크래프츠맨》에 대

한 필자들의 경고와 더불어 신문사주들은 좀 더 과장된 주장을 펼치기도 했다. 즉 이 신문의 독자가 "40만 명 이상이며 […] 신문이 한 번 나올 때마다 독자가 대략 40명 정도 늘어난다"는 것이다. Michael Harris, *London Newspapers in the Age of Walpole: A Study of the Origins of the Modern English Press* (London: Associated University Presses, 1987), p. 48.

53. Harris, 'Timely Notices', p. 144.

54. François Moureau (ed.), *De bonne main. La communication manuscrite au XVIIIe siècle* (Paris, Universitas, and Oxford: Voltaire Foundation, 1993).

55. Lucyle Werkmeister, *A Newspaper History of England, 1792-1793* (Lincoln, NB: University of Nebraska Press, 1967), p. 19. 《타임스》는 1966년이 되어서야 첫 페이지에 뉴스를 싣기 시작했다.

56. 다음을 참고한다. Walker, 'Advertising', p. 119.

57. 다음 16장에서 버지니아 식민지에서의 사례를 참고한다.

58. John Styles, 'Print and Policing: Crime Advertising in Eighteenth-Century Provincial England'. Douglas Hay and Francis Snyder (eds), *Policing and Prosecution in Britain, 1750-1850* (Oxford: Oxford University Press, 1989), pp. 55-111.

59. 1705년 1만 1천 부에서 1717년 2500부 미만으로 감소했다. Walker, 'Advertising', pp. 116-17.

15장 자체 특파원이 보내온 소식

1. http://www.oed.com/view/Entry/101740. J. Paul Hunter, *Before Novels: The Cultural Contexts of Eighteenth-Century English Fiction* (New York: Norton, 1990), pp. 167-72.

2. *Weekly Journal or British Gazeteer,* 12 September 1724. 다음에서 인용. Michael Harris, 'Journalism as a Profession or Trade in the Eighteenth Century'. Robin Myers and Michael Harris (eds), *Author/Publisher Relations during the Eighteenth and Nineteenth Centuries* (Oxford: Oxford Polytechnic Press, 1983)에 수록, p. 42.

3. *The case of the coffee-men of London and Westminster* (London, 1729), p. 5.

4. *Flying Post or Weekly Medley,* 21 December 1728; Harris, 'Journalism', p. 41.

5. Paula McDowell, *The Women of Grubstreet: Press, Politics and Gender in the London Literary Marketplace, 1678-1730* (Oxford: Oxford University Press, 1998), pp. 55-7, 101-2.

6. Jeroen Salman, *Pedlars and the Popular Press: Itinerant Distribution Networks in England and the Netherlands, 1600-1850* (Leiden: Brill, 2014).

7. 아래 16장 참조.

8. Salman, *Pedlars and the Popular Press,* Chapter 4.

9. Hannah Barker, *Newspapers, Politics and Public Opinion in Late Eighteenth-Century England* (Oxford: Oxford University Press, 1998), p. 101; Robert L. Haig, *The Gazetteer, 1735-1797: A Study in the Eighteenth-Century Newspaper* (Carbondale, IL: Southern Illinois University Press, 1960), pp. 178-80.

10. Peter Fraser, *The Intelligence of the Secretaries of State and their Monopoly of Licensed News, 1660-1688* (Cambridge: Cambridge University Press, 1956), pp. 30-2.

11. James Ralph, *The case of authors by profession or trade stated* (London, 1758), pp. 22, 61-7;

Harris, 'Journalism', pp. 37-8.

12. http://www.oed.com/view/Entry/101739.

13. R. M. Wiles, *Freshest Advices: Early Provincial Newspapers in England* (Columbus, OH: Ohio State University Press, 1965), p. 192.

14. 같은 책.

15. 같은 책, pp. 290-1.

16. P. M. Handover, *A History of the London Gazette, 1665-1965* (London: HMSO, 1965), p. 53.

17. 이 단락과 다음 단락은 다음 문헌을 상당 부분 참고했다. A. Aspinall, 'The Social Status of Journalists at the Beginning of the Nineteenth Century', *Review of English Studies,* 21 (1945), pp. 216-32.

18. J. A. 로벅(Robuck)이 자신의 팸플릿에 기고한 글. *The London Review and the Periodical Press* (London, 1835). 다음에서 인용. Aspinall, 'Social Status of Journalists', pp. 222-3.

19. Lucyle Werkmeister, *A Newspaper History of England, 1792-1793* (Lincoln, NB: University of Nebraska Press, 1967), pp. 21, 35.

20. Cobbett, *The Political Register,* 4 January 1817. 다음에 포함된《포르큐핀(Porcupine, 호저)》 (1801년 폐간) 참조. Aspinall, 'Social Status of Journalists', p. 225.

21. 그 예로 위의 11장에서 앤 여왕의 통치 당시를 참조할 것.

22. Steven Shapin, *A Social History of Truth: Civility and Science in Seventeenth-Century England* (Chicago, IL: University of Chicago Press, 1994), pp. 65-125. 여기에는 상류층과 진실성의 관계에 대해 흥미로운 고찰이 담겨 있다.

23. C. Moreau, *Bibliographie des Mazarinades,* 3 vols (Paris: Renouard, 1850-1), nos 1809-2294.

24. Konstantin Dierks, *In My Power: Letter Writing and Communications in Early America* (Philadelphia, PA: University of Pennsylvania, 2009), pp. 206-14.

25. I. Atherton, 'The Itch Grown a Disease: Manuscript Transmission of News in the Seventeenth Century', *Prose Studies,* 21 (1998), pp. 39-65. 다음 문헌도 참고할 수 있다. Joad Raymond (ed.), *News, Newspapers, and Society in Early Modern Britain* (London: Frank Cass, 1999).

26. 다음에서 데이터를 수집했다. Roger Chartier, 'The Practical Impact of Writing'. *A History of Private Life. III. Passions of the Renaissance,* ed. R. Chartier (Cambridge, MA: Harvard University Press, 1989)에 수록, pp. 112-15.

27. Judith Rice Henderson, 'Erasmian Ciceronians: Reformation Teachers of Letter-Writing', Rhetorica, 10 (1992), pp. 273-302; 같은 저자, 'Humanism and the Humanities'. *Letter-Writing Manuals,* pp. 141-9; *De conscribendis epistolis,* ed. Charles Fantazzi, *Collected Works of Erasmus,* vol. 25 (Toronto: University of Toronto Press, 1985)에 수록.

28. Linda C. Mitchell, 'Letter-Writing Instruction Manuals in Seventeenth- and Eighteenth-Century England'. Carol Poster and Linda C. Mitchell, *Letter-Writing Manuals* (Columbia, SC: University of South Carolina Press, 2007)에 수록, pp. 179-80.

29. Roger Chartier, 'Secretaires for the People'. Roger Chartier, Alain Boureau and Celine Dauphin, *Correspondence: Models of Letter-Writing from the Middle Ages to the Nineteenth Century* (London: Polity Press, 1997)에 수록, pp. 59-111.

30. Alfred Morin, *Catalogue descriptive de la bibliothèque bleue de Troyes* (Geneva: Droz, 1974).

31. Clare Brant, *Eighteenth-Century Letters and British Culture* (Basingstoke: Palgrave Macmillan, 2008).

뉴스의 탄생

32. *The Letters of Benjamin Franklin and Jane Mecom*, ed. Carl van Doren (Princeton, NJ: Princeton University Press, 1950), p. 81; David M. Henkin, *The Postal Age: The Emergence of Modern Communications in Nineteenth-Century America* (Chicago, IL: University of Chicago Press, 2006), p. 180, n. 10.

33. Roger Chartier, 'An Ordinary Kind of Writing', *Correspondence*에 수록, p. 17.

34. Dierks, *In My Power*, pp. 25-32.

35. 같은 책; Brant, *Eighteenth-Century Letters*, Chapter 4: 'Writing as a Lover'.

36. Brant, *Eighteenth-Century Letters*, p. 172.

37. Wiles, *Freshest Advices*, p. 194.

38. 같은 책, pp. 194-5.

39. 이 절은 다음 출처를 상당 부분 참조했다. Paul Friedland, *Seeing Justice Done: The Age of Spectacular Capital Punishment in France* (Oxford: Oxford University Press, 2012).

40. 같은 책, p. 156.

41. 같은 책, pp. 168-72, 231.

42. V. A. C. Gatrell, *The Hanging Tree: Execution and the English People, 177-1778* (Oxford: Oxford University Press, 1994).

43. 위의 6장 참조.

44. Michel Foucault, *Discipline and Punish: The Birth of the Prison* (London: Allen Lane, 1977).

45. Friedland, *Seeing Justice Done*, pp. 247-8.

16장 자유를 부르짖다

1. G. A. Cranfield, *The Development of the Provincial Newspaper, 1700-1760* (Oxford: Oxford University Press, 1962); Charles C. Clark, *The Public Prints: The Newspaper in Anglo-American Culture, 1665-1740* (New York: Oxford University Press, 1994). 프랑스의 광고지(affiche)는 다음을 참고한다. Gilles Feyel, *L'annonce et la nouvelle. La presse d'information en France sous l'ancien régime (1630-1788)* (Oxford: Voltaire Foundation, 2000), pp. 929-1274.

2. Arthur H. Cash, *John Wilkes: The Scandalous Father of Civil Liberties* (New Haven, CT: Yale University Press, 2006); Peter D. G. Thomas, *John Wilkes: A Friend to Liberty* (Oxford: Oxford University Press, 1996).

3. 스코틀랜드의 저명한 소설가 토비아스 스몰렛(Tobias Smollett)은 뷰트를 위해 1762년 5월 29일부터 1763년 2월 12일까지 《브리튼》의 편집을 맡아 38호까지 발행했다. http://www.oxforddnb.com/view/article/25947.

4. 다음에서 인용. Cash, *Wilkes*, p. 79.

5. 같은 책, p. 85.

6. *The North Briton*, 45, 23 April 1763. 다음에서 인용. Bob Clarke, *From Grub Street to Fleet Street: An Illustrated History of English Newspapers to 1899* (Aldershot: Ashgate, 2004), p. 88.

7. Cash, *Wilkes*, p. 119.

8. *Public Advertiser*, 17 December 1769. 다음에서 인용. Clarke, *Grub Street*, p. 90.

9. Clarke, *Grub Street*, p. 92.

10. 1972년에야 의회는 공식적으로 토론 보고 금지 조항을 폐기했다.

11. Robert R. Rea, *The English Press in Politics, 1760-1774* (Lincoln, NB: University of Nebraska Press, 1963), p. 5; Stephen J. A. Ward, *The Invention of Journalism Ethics* (Montreal: McGill University Press, 2004), p. 155.

12. *The political beacon: or the life of Oliver Cromwell, impartially illustrated* (London, 1770), p. 3. 다음에서 인용. Clare Brant, *Eighteenth-Century Letters and British Culture* (Basingstoke: Palgrave Macmillan, 2006), p. 176.

13. Clarke, *Grub Street*, p. 95.

14. 이 이야기는 다음 문헌에 잘 설명되어 있다. Ian Kelly, *Mr Foote's Other Leg: Comedy, Tragedy and Murder in Georgian London* (Basingstoke: Picador, 2012).

15. Hannah Barker, *Newspapers, Politics and Public Opinion in Late Eighteenth-Century England* (Oxford: Oxford University Press, 1998).

16. 심층 조사는 다음을 참고한다. Clark, *Public Prints*.

17. 같은 책, p. 216.

18. John B. Blake, 'The Inoculation Controversy in Boston: 1721-1722', *New England Quarterly,* 25 (1952), pp. 489-506.

19. *Pennsylvania Gazette*, no. 1324, 9 May 1754. 필라델피아 도서관 조합(Library Company of Philadelphia)의 도서관에서 열람했다.

20. 《뉴욕 가제트(New York Gazette)》, 《뉴욕 머큐리(New York Mercury)》, 《보스턴 가제트(Boston Gazette)》, 《보스턴 뉴스레터(Boston Newsletter)》.

21. 위의 11장 참조.

22. Arthur M. Schlesinger, *Prelude to Independence: The Newspaper War on Britain, 1764-1776* (New York: Knopf, 1958).

23. Clarence S. Brigham, *History and Bibliography of American Newspapers, 1690-1820*, 2 vols (London: Archon Books, 1962).

24. Stephen Botein, 'Printers and the American Revolution'. Bernard Bailyn and John B. Hench (eds), *The Press and the American Revolution* (Worcester, MA: American Antiquarian Society, 1980)에 수록, p. 20.

25. Botein, 'Printers', p. 26.

26. Richard D. Brown, 'Shifting Freedoms of the Press'. High Amory and David D. Hall, *A History of the Book in America. Volume 1: The Colonial Book in the Atlantic World* (Cambridge: Cambridge University Press, 2000)에 수록, pp. 366-76.

27. Philip Davidson, *Propaganda and the American Revolution, 1763-1783* (Chapel Hill, NC: 1941).

28. G. Thomas Tanselle, 'Some Statistics on American Printing, 1764-1783'. Amory and Hall, *Book in America*에 수록, pp. 349-57.

29. 버지니아 주의 윌리엄스버그에 있는 윌리엄 앤 메리 칼리지(College of William and Mary)의 특별 컬렉션(Special Collection)을 참고했다.

30. 1775년 6월 9일 자 《버지니아 가제트》.

31. 다음 문헌에서 지적되었다. Richard D. Brown, *Knowledge is Power: The Diffusion of Information in Early America, 1700-1865* (New York: Oxford University Press, 1989), p. 128.

32. Clarke, 'Early American Journalism'. Amory and Hall, *Book in America*에 수록, p. 361.

33. Brown, 'Shifting Freedoms', p. 375.

34. 현재 권위 있는 설명은 다음을 참고한다. Hans-Jürgen Lüsebrink and Rolf Reichardt, *The Bastille: A History of a Symbol of Despotism and Freedom* (Durham, NC: Duke University

뉴스의 탄생

Press, 1997).

35. 같은 책; 대판형 신문은 다음을 참고한다. Rolf Reichardt, 'Prints: Images of the Bastille', in Robert Darnton and Daniel Roche (eds), *Revolution in Print: The Press in France, 1775-1800* (Berkeley, CA: University of California Press, 1989), pp. 235-51.

36. *Courier de Versailles à Paris,* 15 July 1789. 다음에서 인용. Jeremy D. Popkin, *Revolutionary News: The Press in France, 1789-1799* (Durham, NC: Duke University Press, 1990), pp. 127-8.

37. 정치 가요는 다음을 참고한다. Laura Mason, *Singing the French Revolution: Popular Culture and Politics,* 1787-1799 (Ithaca, NY: Cornell University Press, 1996); 같은 저자, 'Songs: Mixing Media', in Darnton and Roche, *Revolution in Print,* pp. 252-69.

38. Popkin, Revolutionary News, pp. 25-6; Antoine de Baecque, 'Pamphlets: Libels and Political Mythology'. Darnton and Roche, *Revolution in Print*에 수록, pp. 165-76.

39. Carla Hesse, 'Economic Upheavals in Publishing'. Darnton and Roche, *Revolution in Print*에 수록, pp. 69-97.

40. Robert Darnton, *The Forbidden Bestsellers of Pre-Revolutionary France* (New York: Norton, 1995).

41. 당시에는 대략 5천여 판본이 나온 반면, 혁명 초기 5년 동안에는 적어도 판본이 1만여 종 등장했다. Christian Jouhaud, *Mazarinades: la Fronde des mots* (Paris: Aubier, 1985).

42. Pierre Rétat, *Les Journaux de 1789. Bibliographie critique* (Paris: CNRS, 1988); Hesse, 'Economic Upheavals', p. 92; Popkin, *Revolutionary News,* p. 84.

43. 팡쿠크는 혁명 전 인쇄업계의 거물이었지만 1793년부터 1794년까지도 인쇄소 27개를 운영했고 노동자 100명을 고용했다. Robert Darnton, 'L'imprimerie de Panckoucke en l'an II', *Revue française d'histoire du livre,* 23 (1979), pp. 359-69.

44. Jack R. Censer, 'Robespierre the Journalist'. Harvey Chisick (ed.), *The Press in the French Revolution* (Oxford: Voltaire Foundation, 1991)에 수록, pp. 189-96.

45. Popkin, *Revolutionary News,* p. 57.

46. 같은 책.

47. 같은 책, p. 55.

48. Jeremy D. Popkin, 'Journals: The New Face of the News'. Darnton and Roche, *Revolution in Print*에 수록, pp. 145-7.

49. Popkin, *Revolutionary News,* p. 8.

50. W. J. Murray, 'Journalism as a Career Choice in 1789'. Chisick (ed.), *Press in the French Revolution*에 수록, pp. 161-88. 같은 책 p. 180.

51. 특히 다음을 참고한다. Charles Walton, *Policing Public Opinion in the French Revolution: The Culture of Calumny and the Problem of Free Speech* (Oxford: Oxford University Press, 2011).

52. Hugh Gough, *The Newspaper Press in the French Revolution* (London: Routledge, 1988), p. 98.

53. 다음에서 인용. Ruth Scurr, *Fatal Purity: Robespierre and the French Revolution* (London: Chatto & Windus, 2006), p. 255.

54. Hesse, 'Economic Upheavals', p. 93.

55. 프랑스 국립 도서관(Bibliothèque nationale de France)의 소장본만 보아도 1789년부터 1793년까지 발행된 팸플릿이 1만 판에 달하며, 이는 발행 부수로 최소 1천만 부에 해당된다.

56. Gilles Feyel, 'La presse provincial au XVIIIe siècle', *Revue historique,* 272 (1984), pp. 353-74. 리옹은 다음을 참고한다. Gough, *Newspaper Press,* p. 65.

57. Mason, *Singing the French Revolution.*

58. R. E. Foster, *Modern Ireland, 1600-1972* (London: Allen Lane, 1988), p. 282; Bernard Bailyn, *The Ideological Origins of the American Revolution* (Cambridge, MA: Belknap Press, 1967).

17장 새뮤얼 슈얼이 신문을 읽는 법

1. M. Halsey Thomas (ed.), *The Diary of Samuel Sewall*, 2 vols (New York: Farrar, Straus & Giroux, 1973). 하버드 방문은 제1권, 501~502쪽에 실려 있다. 슈얼의 뉴스 세계는 다음에 설명 되어 있다. Richard D. Brown, *Knowledge is Power: The Diffusion of Information in Early America, 1700-1865* (New York: Oxford University Press 1989), pp. 16-41.

2. Adam Fox, *Oral and Literate Culture in England, 1500-1700* (Oxford: Oxford University Press, 2000); Allyson Creasman, *Censorship and Civic Order in Reformation Germany, 1517-648* (Aldershot: Ashgate, 2012); 위의 6장 참조.

3. 강조가 추가되었다. Antonio Castillo Gómez, ' "There are lots of papers going around and it'd be better if there weren't". Broadsides and Public Opinion in the Spanish Monarchy in the Seventeenth Century'. Massimo Rospocher (ed.), *Beyond the Public Sphere: Opinions, Publics, Spaces in Early Modern Europe* (Bologna: Mulino, 2012)에 수록, p. 244.

4. 잠언 18장 21절 및 12장 13절.

5. R. Reichardt and H. Schneider, 'Chanson et musique populaires devant l'histoire à la fin de l'Ancien Régime', *Dix-huitième siècle*, 18 (1986), pp. 117-36; Robert Darnton, *Poetry and the Police: Communications Networks in Eighteenth-Century France* (Cambridge, MA: Belknap Press, 2010).

6. 대부분은 폴 시버(Paul Seaver)의 획기적인 연구를 참고했다. Paul Seaver, *Wallington's World: A Puritan Artisan in Seventeenth-Century London* (Stanford, CA: Stanford University Press, 1985); 다음의 문헌은 출판되지 않은 월링턴의 저널에서 엄선한 것이다. David Booy, *The Notebooks of Nehemiah Wallington, 1618-1654* (Aldershot: Ashgate, 2007).

7. 특히 R. 웨브(R. Webb)의 편집본에서는 뉴스북이 큰 비중을 차지하고 있다. *Nehemiah Wallington, Historical notices of events occurring chiefly in the reign of Charles I* (London: Bentley, 1869).

8. Booy, *Notebooks*, p. 156.

9. 월링턴이 받은 조사는 다음에 재구성되어 있다. Nehemiah Wallington, *Historical notices*, pp. xxxviii-xlv.

10. 같은 책, p. 242.

11. 같은 책, pp. 52-3.

12. 같은 책, pp. 152-3.

13. James Sutherland, *The Restoration Newspaper and it's Development* (Cambridge: Cambridge University Press, 1986), pp. 98-9.

14. Booy, *Notebooks*, p. 101; *Historical notices*, pp. 148-9.

15. Sir Thomas Smith, *De Republicana Anglorum*. 다음에서 인용. Seaver, *Wallington's World*, pp. 145-6.

16. *Historical notices*, pp. 11-12.

17. 같은 책, pp. 1–li.

18. Seaver, *Wallington's World,* pp. 104, 156.

19. Brown, *Knowledge*, p. 20.

20. *Diary of Samuel Sewall,* I, 256 (15 April 1690); 474–5 (15 September 1702).

21. 같은 책, 58 (11 February 1685).

22. 같은 책, 1061–2 (23 June 1728).

23. 같은 책, I, 78.

24. 슈얼이 수집한 《보스턴 뉴스레터》의 초기 권호는 현재 뉴욕 역사 학회(New York Historical Society) 도서관에서 보관하고 있다.

25. Brown, *Knowledge*, p. 38.

26. Joop K. Koopmans, 'Supply and Speed of Foreign News in the Netherlands'. *News and Politics in Early Modern Europe (1500-1800)* (Louvain: Peeters, 2005), pp. 185–201.

27. 더 부어의 뉴스 연대기는 다음에서 검토한다. Jeroen Blaak, *Literacy in Everyday Life: Reading and Writing in early Modern Dutch Diaries* (Leiden: Brill, 2009), pp. 189–264.

28. 헤이그에 있는 네덜란드 왕립 도서관(Koninklijke Bibliotheek) 소장. Mss 71 A 8–12.

29. Blaak, *Literacy*, p. 211.

30. 같은 책, p. 351 (table 5 및 table 6).

31. 다음에서 인용. Marcel Broersman, 'Constructing Public Opinion: Dutch Newspapers on the Eve of a Revolution (1780-1795)'. Joop W. Koopmans, *News and Politics in Early Modern Europe (1500-800)* (Louvain: Peeters, 2005)에 수록, p. 227.

32. Broersman, 'Constructing Public Opinion', pp. 229–30.

33. 위의 4장 참조.

34. 다음을 참고한다. Roger Paas, *The German Political Broadsheet, 1600-1700*, 11 vols (Wiesbaden: O. Harrassowitz, 1985–2012).

35. Blaak, *Literacy*, p. 231.

36. Koopmans, 'Supply and Speed of Foreign News', pp. 200–1.

37. 같은 책, p. 193.

38. 위의 5장 참조.

39. I. Atherton, 'The Itch Grown a Disease: Manuscript Transmission of News in the Seventeenth Century', *Prose Studies,* 21 (1998), p. 39; 다음에서 재출간되었다. Joad Raymond, *News, Newspapers, and Society in Early Modern Britain* (London: Frank Cass, 1999), pp. 39–65.

에필로그

1. 다음에서 인용. Elizabeth L. Eisenstein, *Divine Art, Infernal Machine: The Reception of Printing in the West from First Impressions to the Sense of an Ending* (Philadelphia, PA: University of Pennsylvania Press, 2011), p. 199.

2. 같은 책, p. 204.

3. 출처는 *New York Herald,* 31 August 1835; Eisenstein, *Divine Art,* p. 208.

4. Stéphane Haffemayer, *L'information dans la France du XVIIe siècle: La Gazette de Renaudot*

de 1647 à 1663 (Paris: Champion, 2002), pp. 68-124. 파리 《가제트》에 실린 이탈리아 기사의 출처를 여기서 찾을 수 있다.

5. Antonio Castillo Gómez, ' "There are lots of papers going around and it'd be better if there weren't": Broadsides and Public Opinion in the Spanish Monarchy in the Seventeenth Century'. Massimo Rospocher (ed.), *Beyond the Public Sphere: Opinions, Publics, Spaces in Early Modern Europe (XVI-VIII)* (Bologna: Mulino, 2012)에 수록, pp. 230-4.

6. Andrew Hadfield, 'News of the Sussex Dragon', *Reformation,* 17 (2012), pp. 99-113.

7. Lucyle Werkmeister, *A Newspaper History of England, 1792-1793* (Lincoln, NB: University of Nebraska Press, 1967).

8. Marcus Daniel, *Scandal and Civility: Journalism and the Birth of American Democracy* (Oxford: Oxford University Press, 2009).

9. Eisenstein, *Divine Art,* p. 151.

10. Konstantin Dierks, *In My Power: Letter Writing and Communications in Early America* (Philadelphia, PA: University of Pennsylvania Press, 2009), p. 225.

11. 같은 책; Ian K. Steele, *The English Atlantic, 1675-1740: An Exploration of Communication and Community* (New York: Oxford University Press, 1986), pp. 113-31, 168-88.

12. Dierks, *In My Power*, pp. 189-234.

13. Eisenstein, *Divine Art,* p. 140.

14. Richard R. John, *Spreading the News: The American Postal System from Franklin to Morse* (Cambridge, MA: Harvard University Press, 1995).

15. Aileen Fyfe, *Steam-Powered Knowledge: William Chambers and the Business of Publishing, 1820-1860* (Chicago, IL: University of Chicago Press, 2012).

16. Eisenstein, *Divine Art,* Chapter 4.

참고문헌

Adema, Kees, *Netherlands Mail in Times of Turmoil. Vol. I: 1568-1795* (London: Stuart Rossiter Trust, 2010)

Akkerman, Nadine, 'The Postmistress, the Diplomat and a Black Chamber?': Alexandrine of Taxis, Sir Balthazar Gerbier and the Power of Postal Control', in Robyn Adams and Rosanna Cox (eds), *Diplomacy and Early Modern Culture* (Basingstoke: Palgrave, 2011), pp. 172-88

Albrecht, Peter and Holger Böning, *Historische Presse und ihre Leser: Studien zu Zeitungen und Zeitschriften, Intelligenzblattern und Kalendern in Nordwestdeutschland* (Bremen: Lumière, 2005)

Alford, Stephen, *The Watchers: A Secret History of the Reign of Elizabeth I* (London: Allen Lane, 2012)

Allen, E. John B., *Post and Courier Service in the Diplomacy of Early Modern Europe*, vol. 3 (The Hague: Nijhoff, International Archive of the History of Ideas, 1972)

Allen, Robert J., *The Clubs of Augustan London* (Hamden, CT: Archon, 1967)

Ancel, Rene, 'Étude critique sur quelques recueils d'avvisi', *Mélanges d'archeologie et d'histoire*, 28 (1908), pp. 115-39

Arblaster, Paul, *Antwerp and the World: Richard Verstegen and the International Culture of Catholic Reformation* (Louvain: Louvain University Press, 2004)

Arblaster, Paul, 'Posts, Newsletters, Newspapers: England in a European System of Communications', *Media History*, 11 (2005), pp. 21-36

Arblaster, Paul, 'Dat de boecken vrij sullen wesen: Private Profit, Public Utility and Secrets of State in the Seventeenth-Century Habsburg Netherlands', in Joop W. Koopmans (ed.), *News and Politics in Early Modern Europe (1500-1800)* (Louvain: Peeters, 2005)

Armstrong, C. A. J., 'Some Examples of the Distribution and Speed of News in England at the Time of the Wars of the Roses', in R. W. Hunt et al. (eds), *Studies in Medieval History Presented to Frederick Maurice Powicke* (Oxford: Oxford University Press, 1948), pp. 429-54, and his *England, France and Burgundy in the Fifteenth Century* (London: Hambledon, 1983), pp. 97-122

Aspinall, A., 'The Social Status of Journalists at the Beginning of the Nineteenth Century', *Review of English Studies*, 21 (1945), pp. 216-32

Aspinall, A., 'Statistical Accounts of the London Newspapers in the Eighteenth Century', *English Historical Review*, 62 (1948), pp. 201-32

Atherton, I., 'The Itch Grown a Disease: Manuscript Transmission of News in the Seventeenth Century', in Joad Raymond (ed.), *News, Newspapers, and Society in Early Modern Britain* (London: Frank Cass, 1999)

Bailly, Christian, *Théophraste Renaudot: un homme d'influence au temps de Louis XIII et de la Fronde* (Paris: Le Pré aux Clercs, 1987)

Bailyn, Bernard (ed.), *Pamphlets of the American Revolution, 1750-1776. Vol. 1: 1750-1765* (Cambridge, MA: Harvard University Press, 1965)

Bailyn, Bernard and John B. Hench (eds), *The Press and the American Revolution* (Worcester, MA: American Antiquarian Society, 1980)

Baker, K. M., *The French Revolution and the Creation of Modern Political Culture* (Oxford: Pergamon, 1984)

Baker, K. M., Inventing the French Revolution (Cambridge: Cambridge University Press, 1990)

Balsamo, Jean, 'Les origines parisiennes du Tesoro politico, 1589', *Bibliothèque d'Humanisme et Renaissance,* 57 (1995), pp. 7-23

Barbarics, Zsuzsa and Renate Pieper, 'Handwritten Newsletters as a Means of Communication in Early Modern Europe', in Francisco Bethercourt and Florike Egmond (eds), *Correspondence and Cultural Exchange in Europe, 1400-1700* (Cambridge: Cambridge University Press, 2007), pp. 53-79

Barker, Hannah, *Newspapers, Politics and Public Opinion in Late Eighteenth-Century England* (Oxford: Oxford University Press, 1998)

Barker, Hannah and Simon Burrows, *Press, Politics and the Public Sphere in Europe and North America, 1760-1820* (Cambridge: Cambridge University Press, 2002).

Bauer, Martin, 'Die 'gemain sag' in späteren Mittelalter. Studien zu eine Faktor mittel-alterlicher öffentlichkeit und seinem historischen Auskunftwert' (Diss., Erlangen-Nuremberg, 1981)

Bauer, Oswald, *Zeitungen vor der Zeitung. Die Fuggerzeitungen (1568-1605) und das früh-moderne Nachrichtensystem* (Berlin: Akademie Verlag, 2011)

Baumgartner, Frederic J., 'Henry II and the Papal Conclave of 1549', *Sixteenth Century Journal,* 16 (1985), pp. 301-14

Beale, Philip, *A History of the Post in England from the Romans to the Stuarts* (Aldershot: Ashgate, 1998)

Beale, Philip, Adrian Almond and Mike Scott Archer, *The Corsini Letters* (Stroud: Amberley, 2011)

Bec, Christian, *Les marchands écrivains. Affaires et humanisme à Florence, 1375-1434* (Paris: Mouton, 1967)

Becker, Marvin B., *The Emergence of Civil Society in the Eighteenth Century* (Bloomington, IN: Indiana University Press, 1994)

Behringer, Wolfgang, *Thurn und Taxis: Die Geschichte ihrer Post und ihrer Unternehmen* (Munich: Piper, 1990)

Behringer, Wolfgang, 'Brussel, Centrum van het internationale postnet', in *De Post van Thurn und Taxis. La poste des Tour et Tassis, 1489-1794* (Brussels: Archives Générales, 1992), pp. 21-42.

Behringer, Wolfgang, *Im Zeichen des Merkur: Reichspost und Kommunikationsrevolution in der Frühen Neuzeit* (Göttingen: Vandenhoeck & Ruprecht, 2003)

Behringer, Wolfgang, 'Communications Revolutions', *German History,* 24 (2006), pp. 333-74

Behringer, Wolfgang, 'Witchcraft and the Media', in Marjorie Plummer and Robin Barnes (eds), *Ideas and Cultural Margins in Early Modern Germany* (Aldershot: Ashgate, 2009), pp. 217-36

Beik, William, *Urban Protest in Seventeenth-Century France* (Cambridge: Cambridge University

Press, 1997)

Beller, Elmer A., *Propaganda during the Thirty Years War* (Princeton, NJ: Princeton University Press, 1940)

Bennett, H. S., *The Pastons and their England: Studies in an Age of Transition* (Cambridge: Cambridge University Press, 1951)

Berry, Helen, *Gender, Society and Print Culture in Late Stuart England: The Cultural World of the 'Athenian Mercury'* (Aldershot: Ashgate, 2003)

Bertaud, Jean-Paul, 'An Open File: The Press under the Terror', in K. M. Baker (ed.), *The French Revolution and the Creation of Modern Political Culture. Vol. IV: The Terror* (Oxford: Pergamon, 1994), pp. 297-308

Bertaud, Jean-Paul, *La presse et le pouvoir de Louis XIII à Napoléon Ier* (Paris: Perrin, 2000)

Beyrer, Klaus and Martin Dallmeier, *Als die Post noch Zeitung machte. Eine Pressegeschichte* (Frankfurt am Main: Deutschen Postmuseums)

Bibliography of Studies of Eighteenth-Century Journalism and the Periodical Press, 1986-2009: *http://www.bibsocamer.org/BibSite/May/May-C18-jour.pdf*

Blaak, Jeroen, *Literacy in Everyday Life: Reading and Writing in Early Modern Dutch Diaries* (Leiden: Brill, 2009)

Black, Jeremy, *The English Press in the Eighteenth Century* (London: Croom Helm, 1987)

Bloemendal, Jan Peter, G. F. Eversmann and Else Strietman (eds), *Drama, Performance and Debate*: Theatre and Public Opinion in the Early Modern Period (Leiden: Brill, 2013)

Bluhm, Elger, 'Deutscher Furstenstaat und Presse im 17. Jahrhundert', *Hof, Staat und Gesellschaft in der Literatur des 17. Jahrhundert, in Daphnis*, 11 (1982), pp. 287-313

Blühm, Elger and Rolf Engelsing (eds), *Die Zeitung. Deutsche Urteile und Dokumente von den Anfängen bis zur Gegenwart* (Bremen: Schunemann, 1967)

Blum, A., *L'estampe satirique en France pendant les guerres de religion* (Paris: M. Giard and E. Briere, 1916)

Bödeker, Hans Erich, 'Journals and Public Opinion: The Politicization of the German Enlightenment in the Second Half of the Eighteenth Century', in Eckhart Hellmuth (ed.), *The Transformation of Political Culture: England and Germany in the Late Eighteenth Century* (Oxford: Oxford University Press, 1990), pp. 423-46

Bogel, Else, *Schweizer Zeitungen des 17. Jahrhunderts. Beiträge zur frühen Pressegeschichte von Zürich, Basel, Bern, Schaffhausen, St. Gallen und Solothurn* (Bremen: Schünemann, 1973)

Bogel, Else and Elgar Blühm, *Die deutschen Zeitungen des 17. Jahrhunderts. Ein Bestand-verzeichnis*, 2 vols (Bremen: Schünemann, 1971); *Nachtrag* (Munich: Saur, 1985)

Bond, Richmond P. (ed.), *Studies in the Early English Periodical* (Westport, CT: Greenwood Press, 1957)

Bond, Richmond P., *Tatler: The Making of a Literary Journal* (Cambridge, MA: Harvard University Press, 1972)

Böning, Holger, *Deutsche Presse. Biobibliographische Handbücher zur Geschichte der deutschsprachigen periodischen Presse von den Anfängen bis 1815*, 6 vols (Stuttgart-Bad Cannstatt: Frommann-Holzboog, 1996-2003)

Booy, David, *The Notebooks of Nehemiah Wallington, 1618-1654* (Aldershot: Ashgate, 2007)

Borreguero Beltrán, Christina, 'Philip of Spain: The Spider's Web of News and Information', in Brendan Dooley (ed.), *The Dissemination of News and the Emergence of Contemporaneity*

참고문헌 |

Early Modern Europe (Aldershot: Ashgate, 2010), pp. 23-49

Botein, Stephen, Jack R. Censer and Harriet Ritvo, 'The Periodical Press in Eighteenth-Century English and French Society: A Cross-Cultural Approach', *Comparative Studies in Society and History*, 23 (1981), pp. 464-90

Boys, Jayne E. E., *London's News Press and the Thirty Years War* (Woodbridge: Boydell, 2011)

Brant, Clare, *Eighteenth-Century Letters and British Culture* (Basingstoke: Palgrave Macmillan, 2006)

Brayshay, Mark, 'Royal Post-Horse Routes in England and Wales: The Evolution of the Network in the Later Sixteenth and Early Seventeenth Century', *Journal of Historical Geography*, 17, 4 (1991), pp. 373-89

Brennan, Thomas, *Public Drinking and Popular Culture in Eighteenth-Century Paris* (Princeton, NJ: Princeton University Press, 1988)

Brewer, John, 'The Commercialization of Politics', in Neil McKendrick and John Brewer (eds), *The Birth of a Consumer Society* (London: Hutchinson, 1982)

Brewer, John, *The Pleasures of the Imagination: English Culture in the Eighteenth Century* (London: HarperCollins, 1997)

Brigham, Clarence S., *History and Bibliography of American Newspapers, 1690-1820*, 2 vols (London: Archon Books, 1962)

Broersman, Marcel, 'Constructing Public Opinion: Dutch Newspapers on the Eve of a Revolution (1780-1795)', in Joop W. Koopmans, *News and Politics in Early Modern Europe (1500-1800)* (Louvain: Peeters, 2005)

Brown, James R., 'Drinking houses and the politics of surveillance in pre-industrial Southampton', in Beat Kümin (ed.), *Political Space in Pre-Industrial Europe* (Aldershot: Ashgate, 2009)

Brown, Richard D., *Knowledge is Power: The Diffusion of Information in Early America, 1700-1865* (New York: Oxford University Press, 1989)

Brownlees, Nicholas, *Corantos and Newsbooks: Language and Discourse in the First English Newspapers (1620-1641)* (Pisa: Ets, 1999)

Brownlees, Nicholas, *The Language of Periodical News in Seventeenth-Century England* (Newcastle: Cambridge Scholars, 2011)

Brun, Robert A., 'A Fourteenth-Century Merchant of Italy: Francesco Datini of Prato', *Journal of Economic and Business History*, 2 (1930), pp. 451-66

Budelot, Suzanne, *Messageries universitaires et messageries royales* (Paris: Domat 1934)

Burke, Peter, *The Fabrication of Louis XIV* (New Haven, CT: Yale University Press, 1992)

Burke, Peter, 'Early Modern Venice as a Centre of Information and Communication', in John Martin and Dennis Romano (eds), *Venice Reconsidered: The History and Civilization of an Italian City-State, 1297-1797* (Baltimore, MD: Johns Hopkins University Press, 2000), pp. 389-419

Burn, Jacob Henry, *A Descriptive Catalogue of the London Traders, Tavern, and Coffee-House Tokens, Current in the Seventeenth Century* (London: Arthur Taylor, 1855)

Burrows, Simon, 'Police and Political Pamphleteering in Pre-Revolutionary France', in David Adams and Adrian Armstrong (eds), *Print and Power in France and England, 1500-1800* (Aldershot: Ashgate, 2006), pp. 99-112

Calhoun, Craig (ed.), *Habermas and the Public Sphere* (Cambridge, MA: Harvard University Press, 1992)

Campbell, Peter R., *Power and Politics in Old Regime France, 1720-1745* (London: Routledge, 1996)

Campbell–Smith, Duncan, *Masters of the Post: The Authorised History of the Royal Mail* (London: Allen Lane, 2011)

Capp, B. S., *Astrology and the Popular Press: English Almanacs, 1500-1800* (London: Faber and Faber, 1979)

Carey, James, *Communication as Culture: Essays on Media and Society* (Cambridge, MA: Harvard University Press, 1988)

Carlson, C. Lennart, *The First Magazine: A History of the Gentleman's Magazine* (Providence, RI: Brown, 1938)

Carrier, Hubert, *La presse et la Fronde, 1648-1653: Les Mazarinades. I. La conquête de l'opinion* (Geneva: Droz, 1989)

Carrier, Hubert, *La presse et la Fronde: Les Mazarinades, II. Les hommes du livre* (Geneva: Droz, 1991)

Carswell, John, *The South Sea Bubble*, 2nd edn (Stroud: Alan Sutton, 1993)

Cash, Arthur H., *John Wilkes: The Scandalous Father of Civil Liberties* (New Haven, CT: Yale University Press, 2006)

Censer, Jack R., 'Recent Approaches to the Eighteenth–Century Press', *Comparative Studies in Society and History,* 31 (1989), pp. 775–83

Censer, Jack R., *The French Press in the Age of Enlightenment* (London: Routledge, 1994)

Chandler, Bernard, 'A Renaissance News Correspondent', *Italica,* 29 (1952), pp. 158–63

Chisick, Harvey, 'The Pamphlet Literature of the French Revolution: An Overview', in *History of European Ideas,* 17 (1993), pp. 149–66

Chisick, Harvey (ed.), *The Press in the French Revolution* (Oxford: Voltaire Foundation, 1991)

Christ, George, 'A Newsletter in 1419? Antonio Morosini's Chronicle in the Light of Commercial Correspondence between Venice and Alexandria', *Mediterranean Historical Review,* 20 (2005), pp. 35–66

La Circulation des nouvelles au moyen âge (Paris: Sorbonne, 1994)

Clark, Charles C., *The Public Prints: The Newspaper in Anglo-American Culture, 1665-1740* (New York: Oxford University Press, 1994)

Clark, Charles E. and Charles Wetherall, 'The Measure of Maturity: *The Pennsylvania Gazette,* 1728-1765', William & Mary Quarterly, 3rd ser., 61 (1989), pp. 279–303

Clark, Charles E. and Richard D. Brown, 'Periodicals and Politics', in Hugh Amory and David A. Hall (eds), *A History of the Book in America. Vol. 1: The Colonial Book in the Atlantic World* (Cambridge: Cambridge University Press, 2000), pp. 347–76

Clark, Peter, *The English Alehouse: A Social History, 1200-1830* (London: Longman, 1983)

Clark, Peter (ed.), *Small Towns in Early Modern Europe* (Cambridge: Cambridge University Press, 1995)

Clarke, Bob, *From Grub Street to Fleet Street: An Illustrated History of English Newspapers to 1899* (Aldershot: Ashgate, 2004)

Clayton, Tony, 'The Sermon, the "Public Sphere" and the Political Culture of Late Seventeenth–Century England', in L. A. Ferrell and P. McCullough (eds), *The English Sermon Revised: Religious Literature and History, 1600-1750* (Manchester: Manchester University Press, 2001), pp. 208–34

Clegg, Cyndia, *Press Censorship in Elizabethan England* (Cambridge: Cambridge University Press, 1997)

Cegg, Cyndia, *Press Censorship in Jacobean England* (Cambridge: Cambridge University Press, 2001)

Clegg, Cyndia, *Press Censorship in Caroline England* (Cambridge: Cambridge University Press, 2008)

Cogswell, Thomas, ' "Published by Authoritie": Newsbooks and the Duke of Buckingham's Expedition to the île dé Re', Huntington Library Quarterly, 67 (2004), pp. 1-26

Corvisier, André, *Louvois* (Paris: Fayard, 1983), pp. 222-40

Couvée, D. H., 'The Administration of the *Oprechte Haarlemse Courant,* 1738-42', *Gazette,* 4 (1958), pp. 91-110

Couvée, D. H., 'The First Couranteers-The Flow of the News in the 1620s', *Gazette,* 8 (1962), pp. 22-36

Cowan, Brian, *The Social Life of Coffee: The Emergence of the British Coffeehouse* (New Haven, CT, and London: Yale University Press, 2005)

Cranfield, G. A., *The Development of the Provincial Newspaper, 1700-1760* (Oxford: Oxford University Press, 1962)

Cranfield, G. A., 'The London Evening Post, 1727-1744: A Study in the Development of the Political Press', *Historical Journal,* 6 (1963), pp. 20-37

Crawford, Julie, *Marvelous Protestantism: Monstrous Births in Post-Reformation England* (Baltimore, MD: Johns Hopkins University Press, 2005)

Creasman, Allyson F., 'Lies as Truth: Policing Print and Oral Culture in the Early Modern City', in Marjorie Plummer and Robin Barnes (eds), *Ideas and Cultural Margins in Early Modern Germany* (Aldershot: Ashgate, 2009), pp. 255-70

Creasman, Allyson, *Censorship and Civic Order in Reformation Germany, 1517-1648* (Aldershot: Ashgate, 2012)

Cressy, David, *Agnes Bowker's Cat: Travesties and Transgressions in Tudor and Stuart England* (Oxford: Oxford University Press, 2000)

Crossley, Nick and John Michael Roberts, *After Habermas: New Perspectives on the Public Sphere* (Oxford: Blackwell, 2004)

Cunningham, Andrew and Ole Peter Grell, *The Four Horsemen of the Apocalypse: Religion, War, Famine and Death in Reformation Europe* (Cambridge: Cambridge University Press, 2000), pp. 170-99

Curth, Louise, *English Almanacs, Astrology and Popular Medicine, 1550-1700* (Manchester: Manchester University Press, 2007)

Cust, R., 'News and Politics in Early Seventeenth-Century England', *Past and Present,* 112 (1986), pp. 60-90

Damme, K. van and J. Deploige, ' "Slecht nieuws geen nieuws," Abraham Verhoeven (1575-1652) en de *Nieuwe Tijdinghen: periodieke pers en propaganda in de Zuidelijke Nederlanden tijdens de vroege zeventiende eeuw,'* Bijdragen en mededelinghen betreffende de geschiedenis der Nederlanden, 113 (1998), pp. 1-22

Dahl, Folke, 'Amsterdam, Earliest Newspaper Centre of Western Europe: New Contributions to the History of the First Dutch and French Corantos', *Het Boek,* XXV (1939), III, pp. 161-97

Dahl, Folke, *Dutch Corantos, 1618-1650: A Bibliography Illustrated with 334 Facsimile Reproductions of Corantos Printed 1618-1625, and an Introductory Essay on 17th-Century*

뉴스의 탄생

Stop Press News (The Hague: Koninklijke Bibliotheek, 1946)

Dahl, Folke, *A Bibliography of English Corantos and Periodical Newsbooks, 1620-1642* (London: Bibliographical Society, 1952)

Dahl, Folke, *The Birth of the European Press as Reflected in the Newspaper Collection of the Royal Library* (Stockholm: Rundqvists Boktryckeri, 1960)

Dahl, Folke, Fanny Petibon and Marguerite Boulet, *Les débuts de la presse française. Nouveaux aperçus* (Acta Bibliothecae Gotoburgensis, 4; Paris: Raymann, 1951)

Dahl, Gunnar, *Trade, Trust and Networks: Commercial Cultures in Late Medieval Italy* (Lund: Nordic Academic Press, 1998)

Dallmeier, Martin, 'Die Funktion der Reichspost für den Hof und die Öffentlichkeit', *Daphnis,* 11 (1982), pp. 399–431

Daniel, Marcus, Scandal and Civility: *Journalism and the Birth of American Democracy* (Oxford: Oxford University Press, 2009)

Darnton, Robert, 'L'imprimerie de Panckoucke en l'an II', *Revue française d'histoire du livre,* 23 (1979), pp. 359–69

Darnton, Robert, 'The High Enlightenment and the Low-Life of Literature', in *The Literary Underground of the Old Regime* (Cambridge, MA: Harvard University Press, 1982), pp. 1–40

Darnton, Robert, 'The Facts of Literary Life in Eighteenth-Century France', in Keith Michael Baker (ed.), *The French Revolution and the Creation of Modern Political Culture. Vol. I: The Political Culture of the Old Regime* (Oxford: Oxford University Press, 1987), pp. 261–92

Darnton, Robert, *Poetry and the Police: Communications Networks in Eighteenth-Century France* (Cambridge, MA: Belknap Press, 2010)

Darnton, Robert and Daniel Roche (eds), *Revolution in Print: The Press in France, 1775-1800* (Berkeley, CA: University of California Press, 1989)

Daston, Lorraine and Katharine Park, *Wonders and the Order of Nature, 1150-1750* (New York: Zone, 2001)

Dauser, Regina, *Informationskultur und Beziehungswissen: Das Korrespondenznetz Hans Fuggers (1531-1598)* (Tübingen: Max Niemeyer Verlag, 2008)

Davidson, Philip, *Propaganda and the American Revolution, 1763-1783* (Chapel Hill, NC: University of North Carolina Press, 1941)

Davies, Norman, *Paston Letters* (Oxford: Oxford University Press, 1958)

Deazley, Ronan, Martin Kretschmer and Lionel Bently, *Privilege and Property: Essays on the History of Copyright* (Cambridge: Openbooks, 2010)

Deen, Femke, David Onnekink and Michel Reinders (eds), *Pamphlets and Politics in the Dutch Republic* (Leiden: Brill, 2011)

Delumeau, Jean, *Vie économique et sociale de Rome dans la seconde moitié du XVIe siècle* (Paris: Boccard, 1957–9), pp. 37–53

Dickinson, H. T., *Caricatures and the Constitution, 1760-1832* (Cambridge: Chadwyck-Healey, 1986)

Dierks, Konstantin, *In My Power: Letter Writing and Communications in Early America* (Philadelphia, PA: University of Pennsylvania Press, 2009)

Doherty, Francis, *A Study in Eighteenth-Century Advertising Methods* (Leviston: Mellen, 1992)

Doig, J. A., 'Political Propaganda and Royal Proclamations in Late Medieval England', *Historical Research,* 71 (1998), pp. 253–80

Dooley, Brendan, *The Social History of Skepticism: Experience and Doubt in Early Modern Culture* (Baltimore, MD: Johns Hopkins University Press, 1999)

Dooley, Brendan, 'The Public Sphere and the Organisation of Knowledge', in John A. Marino, *Early Modern Italy, 1550-1796* (Oxford: Oxford University Press, 2002), pp. 209-28

Dooley, Brendan (ed.), *The Dissemination of News and the Emergence of Contemporaneity in Early Modern Europe* (Aldershot: Ashgate, 2010)

Dooley, Brendan and Sabrina Baron (eds), *The Politics of Information in Early Modern Europe* (London: Routledge, 2001)

Dover, Paul M., 'Philip II, Information Overload and the Early Modern Moment', in Tonio Andrade and William Reger (eds), *The Limits of Empire: European Imperial Formations in Early Modern World History: Essays in Honour of Geoffrey Parker* (Farnham: Ashgate, 2012), pp. 99-120

Downie, J. A., *Robert Harley and the Press: Propaganda and Public Opinion in the Age of Swift and Defoe* (Cambridge: Cambridge University Press, 1979)

Downie, J. A., *Jonathan Swift, Political Writer* (London: Routledge, 1985)

Downie, J. A., 'Periodicals and Politics in the Reign of Queen Anne', in Robin Myers and Michael Harris (eds), *Serials and their Readers, 1620-1914* (Winchester: St Paul's Bibliographies, 1993), pp. 63-81

Downie, J. A. and T. N. Corns (eds), *Telling People What to Think: Early Eighteenth-Century Periodicals from the Review to the Rambler* (London: Frank Cass, 1993)

Dresler, Adolf, 'Die Neue Zeitung des Postmeisters Pelegrin de Tassis aus Rom von 1527', *Archiv für Postgeschichte in Bayern*, nf 1 (1954), p. 29

Droste, Heiko, 'Degrees of Publicity: Handwritten Newspapers in the Seventeenth and Eighteenth Centuries', *LIR Journal* (2012), pp. 68-83

Droste, Heiko (ed.), *Connecting the Baltic Area: The Swedish Postal System in the Seventeenth Century* (Huddinge: Södertorns högskola, 2011)

Duccini, Hélène, *Faire voir, faire croire: l'opinion publique sous Louis XIII* (Seyssel: Champ Vallon, 2003)

Duke, A. C. and C. A. Tamse, *Too Mighty to Be Free: Censorship and the Press in Britain and the Netherlands* (Zutphen: Walburg Pers, 1987) Earle, Peter, *The World of Defoe* (London: Weidenfeld & Nicolson, 1976)

Eeghen, I. H. van, 'De Amsterdamse Courant in de achttiende eeuw', *Jaarboek Amstelodamum*, 44 (1950), pp. 31-58

Eisenstein, Elizabeth L., *Grub Street Abroad: Aspects of the French Cosmopolitan Press from the Age of Louis XIV to the French Revolution* (Oxford: Clarendon Press, 1992)

Eisenstein, Elizabeth L., *Divine Art, Infernal Machine: The Reception of Printing in the West from First Impressions to the Sense of an Ending* (Philadelphia, PA: University of Pennsylvania Press, 2011)

Elliott, Blanche B., *A History of English Advertising* (London: Batsford, 1962)

Ellis, Aytoun, *The Penny Universities: A History of the Coffee-House* (London: Secker & Warburg, 1956)

Elton, G. R., *Policy and Police: The Enforcement of the Reformation in the Age of Thomas Cromwell* (Cambridge: Cambridge University Press, 1972)

Emery, Edwin, *The Press and America: An Interpretative History of the Mass Media* (Englewood

뉴스의 탄생

Cliffs, NJ: Prentice- Hall, 1972)

Ettinghausen, Henry, 'The Illustrated Spanish News: Text and Image in the Seventeenth-Century Press', in Charles Davis and Paul Julian Smith (eds), *Art and Literature in Spain, 1600-1800: Studies in Honour of Nigel Glendinning* (London: Tamesis, 1993), pp. 117–33

Everitt, Alan, 'The English Urban Inn, 1560-1760', in idem, *Perspectives in English Urban History* (London: Macmillan, 1973), pp. 91–137

Ewald, William B., *The Newsmen of Queen Anne* (Oxford: Basil Blackwell, 1956) Farge, Arlette, *Subversive Words: Public Opinion in Eighteenth-Century France* (London: Polity Press, 1994)

Faulstich, Werner, Medien und Öffentlichkeiten im Mittelalter (Göttingen: Vandenhoek & Ruprecht, 1996)

Feather, John, *The Provincial Book Trade in Eighteenth-Century England* (Cambridge: Cambridge University Press, 1985)

Feather, John P., 'From Censorship to Copyright: Aspects of the Government's Role in the English Book Trade, 1695-1775', in Kenneth E. Carpenter (ed.), *Books and Society in History* (New York: Bowker, 1983)

Fenlon, Iain, *The Ceremonial City: History, Memory and Myth in Renaissance Venice* (New Haven, CT, and London: Yale University Press, 2007)

Ferdinand, Christine, *Benjamin Collins and the Provincial Newspaper Trade in the Eighteenth Century* (Oxford: Oxford University Press, 1997)

Fett, Denice, 'Information, Gossip and Rumor: The Limits of Intelligence at the Early Modern Court', in Tonio Andrade and William Reger (eds), *The Limits of Empire: European Imperial Formations in Early Modern World History: Essays in Honour of Geoffrey Parker* (Farnham: Ashgate, 2012), pp. 79–98

Feyel, Gilles, *L'annonce et la nouvelle. La presse d'information en France sous l'ancien régime (1630-1788)* (Oxford: Voltaire Foundation, 2000)

Fischer, Ernst, Wilhelm Haefs and York-Gthart Mix (eds), *Von Almanach bis Zeitung. Ein Handbuch der Medien in Deutschland 1700-1800* (Munich: Beck, 1999)

Fischer, Heinz Dietrich, *Deutsche Zeitungen des 17. bis 20. Jahrhunderts* (Pullach bei Munchen: Verlag Dokumentation, 1972)

Fisher, Alexander J., 'Song, Confession and Criminality: Trial Records as Sources for Popular Music Culture in Early Modern Europe', *Journal of Musicology*, 18 (2001), pp. 616–57

Fitzler, Mathilde A. H., *Die Entstehung der sogennanten Fuggerzeitungen in der Wiener Nationalbibliothek* (Baden bei Wien: Rohrer, 1937)

Fletcher, Catherine, 'War, Diplomacy and Social Mobility: The Casali Family in the Service of Henry VIII', *Journal of Early Modern History*, 14 (2010), pp. 559–78

Fowler, K. A., 'News from the Front: Letters and Despatches of the Fourteenth Century', in Pierre Contamine (ed.), *Guerre et société en France, en Angleterre et en Bourgogne* (Lille: Villeneuve d'Ascq: Université Charles de Gaulle Lille III, 1991), pp. 63–92

Fox, Adam, 'Rumour, News and Popular Political Opinion in Elizabethan and Early Stuart England', *Historical Journal*, 40 (1997), pp. 597–620

Fox, Adam, *Oral and Literate Culture in England, 1500-1700* (Oxford: Oxford University Press, 2000)

Fragnito, Gigliola, *Church, Censorship and Culture in Early Modern Italy* (Cambridge: Cambridge University Press, 2001)

Frank, Joseph, *The Beginnings of the English Newspaper, 1620-1660* (Cambridge, MA: Harvard University Press, 1961)

Fraser, Peter, *The Intelligence of the Secretaries of State and their Monopoly of Licensed News, 1660-1688* (Cambridge: Cambridge University Press, 1956)

Frearson, Michael, 'The Distribution and Readership of London Corantos in the 1620s', in Robin Myers and Michael Harris (eds), *Serials and their Readers, 1620-1914* (Winchester: St Paul's Bibliographies, 1993), pp. 1-25

Freist, Dagmar, *Governed by Opinion: Politics, Religion, and the Dynamics of Communication in Stuart London, 1637-1645* (London: I.B. Tauris, 1997)

Friedland, Paul, *Seeing Justice Done: The Age of Spectacular Capital Punishment in France* (Oxford: Oxford University Press, 2012)

Geisberg, Max, *The German Single-Leaf Woodcut, 1500-1550,* 4 vols (New York: Hacker, 1974)

Given-Wilson, Chris, *Chronicles: The Writing of History in Medieval England* (London: Hambledon, 2004)

Goldgar, Anne, 'The Absolutism of Taste: Journalists as Censors in 18th-Century Paris', in Robin Myers and Michael Harris (eds), *Censorship and the Control of Print in England and France, 1600-1910* (Winchester: St Paul's, 1992)

Goldie, Mark, 'Roger L'Estrange's Observator and the Exorcism of the Plot', in Anne Dunan-Page and Beth Lynch (eds), *Roger L'Estrange and the Making of Restoration Culture* (Aldershot: Ashgate, 2008), pp. 67-88

Göllner, Carl, *Turcica. Die europäischen Türkendrucke des XVI Jahrhunderts,* 3 vols (Bucharest: Academiei, 1961-78)

Gómez, Antonio Castillo, ' "There are lots of papers going around and it'd be better if there weren't": Broadsides and Public Opinion in the Spanish Monarchy in the Seventeenth Century', in Massimo Rospocher (ed.), *Beyond the Public Sphere: Opinions, Publics, Spaces in Early Modern Europe (XVI-VIII)* (Bologna: Mulino, 2012), pp. 227-48

Gough, Hugh, *The Newspaper Press in the French Revolution* (London: Routledge, 1988)

Gough, Hugh, 'The French Revolutionary Press', in Hannah Barker and Simon Burrows (eds), *Press, Politics and the Public Sphere in Europe and North America, 1760-1820* (Cambridge: Cambridge University Press, 2002), pp. 182-200

Greenlaw, Ralph M., 'Pamphlet Literature in France during the Period of the Aristocratic Revolt (1787-1788)', *Journal of Modern History,* 29 (1957), pp. 349-54

Greenspan, Nicole, *Selling Cromwell's Wars: Media, Empire and Godly Warfare, 1650-1658* (London: Pickering & Chatto, 2012)

Grendler, Paul, *The Roman Inquisition and the Venetian Press, 1540-1605* (Princeton, NJ: Princeton University Press, 1977)

Grendler, Paul, *Culture and Censorship in Late Renaissance Italy and France* (London: Variorum, 1981)

Griffin, Clive, *Journeymen Printers, Heresy and the Inquisition in Sixteenth-Century Spain* (Oxford: Oxford University Press, 2005)

Griffiths, Denis, *Fleet Street: Five Hundred Years of the Press* (London: British Library, 2006)

Groesen, Michiel van, 'A Week to Remember: Dutch Publishers and the Competition for News from Brazil, 26 August-2 September 1624', *Quaerendo,* 40 (2010), pp. 26-49

Grunzweig, A., *Correspondance de la filiale de Bruges de Medici* (Brussels: Lamertin, 1931)

뉴스의 탄생

Gunn, J. A. W., *Queen of the World: Opinion in the Public Life of France from the Renaissance to the Revolution* (Oxford: Studies on Voltaire and the Eighteenth Century, 328, 1995)

Gunn, Steven J., David Grummitt and Hans Cool, *War, State, and Society in England and the Netherlands 1477-1559* (Oxford: Oxford University Press, 2007)

Habel, Thomas, *Gelehrte Journale und Zeitungen der Aufklärung. Zur Entstehung, Entwicklung und Erschliessung deutschsprachiger Rezensionszeitungen des 18. Jahrhunderts* (Bremen: Édition Lumière, 2007)

Häberlein, Mark, *The Fuggers of Augsburg: Pursuing Wealth and Honor in Renaissance Germany* (Charlottesville, VA: University of Virginia Press, 2012)

Hadfield, Andrew, 'News of the Sussex Dragon', *Reformation,* 17 (2012), pp. 99-113

Haffemayer, Stephane, *L'information dans la France du XVIIe siècle: La Gazette de Renaudot de 1647 à 1663* (Paris: Champion, 2002)

Haks, Donald, 'War, Government and the News: The Dutch Republic and the War of the Spanish Succession, 1702-1713' in Joop W. Koopmans, *News and Politics in Early Modern Europe (1500-1800)* (Louvain: Peeters, 2005)

Halasz, Alexandra, *The Marketplace of Print: Pamphlets and the Public Sphere in Early Modern England* (Cambridge: Cambridge University Press, 1997)

Hamy, E.-T. (ed.), 'Itineraire de Bruges', in Gilles le Bouvier, *Le livre de la description des pays* (Paris: Leroux, 1908), pp. 157-216

Handover, P. M., *A History of the London Gazette, 1665-1965* (London: HMSO, 1965)

Hannis, Grant, 'Daniel Defoe's Pioneering Consumer Journalism in the *Review*', *British Journal for Eighteenth-Century Studies,* 30 (2007), pp. 13-26

Hanson, Laurence, *Government and the Press, 1695-1763* (Oxford: Oxford University Press, 1936; 1967)

Harline, Craig E., *Pamphlets, Printing, and Political Culture in the Early Dutch Republic* (Dordrecht: M. Nijhoff, 1987)

Harris, Bob, *Politics and the Rise of the Press: Britain and France, 1620-1800* (London: Routledge, 1996)

Harris, Michael, *London Newspapers in the Age of Walpole: A Study of the Origins of the Modern English Press* (London: Associated University Presses, 1987)

Harris, Michael, 'Timely Notices: The Uses of Advertising and its Relationship to News during the Late Seventeenth Century', *Prose Studies,* 21 (1998), pp. 141-56

Harris, Robert, *A Patriot Press: National Politics and the London Press in the 1740s* (Oxford: Oxford University Press, 1993)

Harris, Tim, *London Crowds in the Reign of Charles II: Propaganda and Politics from the Restoration until the Exclusion Crisis* (Cambridge: Cambridge University Press, 1987)

Haskins, C. H., 'The Lives of Medieval Students as Illustrated in their Letters', in his *Studies in Mediaeval Culture* (1929), pp. 1-35

Haynes, Alan, *Invisible Power: The Elizabethan Secret Services, c.1570-1603* (Stroud: Sutton, 1992) Haywood, Eliza, *The Female Spectator,* ed. Gabrielle M. Firmager (Melksham: Bristol Classical Press, 1993)

Heise, Ulla, *Kaffee und Kaffeehaus. Eine Kulturgeschichte* (Hildesheim: Olms, 1987)

Helmers, Helmer, *The Royalist Republic: Literature, Politics and Religion in the Anglo-Dutch Public Sphere (1639-1660)* (Leiden: Leiden University Institute for Cultural Disciplines, 2011)

Hinds, Peter, 'Tales and Romantick Stories: Impostures, Trustworthiness and the Credibility of Information in the Late Seventeenth Century', in Anne Dunan-Page and Beth Lynch (eds), *Roger L'Estrange and the Making of Restoration Culture* (Aldershot: Ashgate, 2008), pp. 89–107

Hinds, Peter, *The Horrid Popish Plot: Roger L'Estrange and the Circulation of Political Discourse in Late Seventeenth-Century London* (Oxford: Oxford University Press, 2010)

Holmes, George, 'A Letter from Lucca to London in 1303', in Peter Denley and Caroline Elam (eds), *Florence and Italy: Renaissance Studies in Honour of Nicolai Rubinstein* (London: University of London Press, 1988), pp. 227–33

Hoppit, Julian, 'The Myths of the South Sea Bubble', *Transactions of the Royal Historical Society*, 6th ser., 12 (2002), pp. 141–65

Hunt, Edwin S., *The Medieval Super-Companies: A Study of the Peruzzi Company of Florence* (Cambridge: Cambridge University Press, 1994)

Hunt, Tamara L., *Defining John Bull: Political Caricature and National Identity in Late Georgian England* (Aldershot: Ashgate, 2003)

Hunter, J. Paul, *Before Novels: The Cultural Contexts of Eighteenth-Century English Fiction* (New York: Norton, 1990)

Hyde, J. Kenneth, 'The Role of Diplomatic Correspondence and Reporting: News and Chronicles', in his *Literacy and its Uses: Studies on Late Medieval Italy* (Manchester: Manchester University Press, 1993), pp. 217–59

Infelise, Mario, 'Le marché des informations a Venise au XVIIe siècle', in H. Duraton and P. Rétat (eds), *Gazettes et information politique sous l'Ancien Régime* (Saint-Etienne: Université de Saint-Etienne, 1999)

Infelise, Mario, 'The War, the News and the Curious: Military Gazettes in Italy', in B. Dooley and S. Baron (eds), *The Politics of Information in Early Modern Europe* (London: Routledge, 2001)

Infelise, Mario, *Prima dei giornali: alle origini della pubblica informazione (secoli XVI e XVII)* (Rome: Laterza, 2002)

Infelise, Mario, 'Roman Avvisi: Information and Politics in the Seventeenth Century', in Gianvittorio Signorotto and Maria Antonietta Visceglia (eds), *Court and Politics in Papal Rome, 1400-1800* (Cambridge: Cambridge University Press, 2002)

Infelise, Mario, 'From Merchants' Letters to Handwritten Political Avvisi: Notes on the Origins of Public Information', in Francisco Bethercourt and Florike Egmond (eds), *Correspondence and Cultural Exchange in Europe, 1400-1700* (Cambridge: Cambridge University Press, 2007), pp. 33–52

Infelise, Mario, 'Gazettes et information politique en Italie du XVIe au XVIIe siècle', in V. Millot, P. Minard and M. Porret (eds), *La grande chevauchée: faire de l'histoire avec Daniel Roche* (Geneva: Droz, 2011)

Jacob, Heinrich, *Coffee: The Epic of a Commodity* (London, 1935; reprinted Short Hills, NJ: Burford Books, 1998)

James, Carolyn (ed.), *The Letters of Giovanni Sabadino degli Arienti (1481-1510)* (Florence: Olschki, 2001)

Jensen, De Lamar, *Diplomacy and Dogmatism: Bernardino de Mendoza and the French Catholic League* (Cambridge, MA: Harvard University Press, 1964)

뉴스의 탄생

Jensen, Janus Møller, *Denmark and the Crusades, 1400-1650* (Leiden: Brill, 2007)

John, Richard R., *Spreading the News: The American Postal System from Franklin to Morse* (Cambridge, MA: Harvard University Press, 1975)

Jones, Colin, 'The Great Chain of Buying: Medical Advertisement, the Bourgeois Public Sphere, and the Origins of the French Revolution', *American Historical Review,* 101 (1996), pp. 13–40

Jones, Colin, *Contre Retz: sept pamphlets du temps de la Fronde* (Exeter: University of Exeter Press, 1982)

Jones, Norman, *The Birth of the Elizabethan Age: England in the 1560s* (Oxford: Blackwell, 1993)

Jouhaud, Christian, *Mazarinades: la Fronde des mots* (Paris: Aubier, 1985)

Jouhaud, Christian, 'Printing the Event: From La Rochelle to Paris', in Roger Chartier (ed.), *The Culture of Print: Power and Uses of Print in Early Modern Europe* (Princeton, NJ: Princeton University Press, 1989), pp. 290–333

Jouhaud, Christian, 'Readability and Persuasion: Political Handbills', in Roger Chartier (ed.), *The Culture of Print: Power and Uses of Print in Early Modern Europe* (Princeton, NJ: Princeton University Press, 1989), pp. 235–60

Jusserand, J. J., *English Wayfaring Life in the Middle Ages* (London: Unwin, 1901)

Kelly, Ian, Mr *Foote's Other Leg: Comedy, Tragedy and Murder in Georgian London* (Basingstoke: Picador, 2012)

Kemp, Peter, 'L'Estrange and the Publishing Sphere', in Jason McElligott (ed.), *Fear, Exclusion and Revolution* (Aldershot: Ashgate, 2006), pp. 67–90

Kingdon, Robert, *Myths about the St. Bartholomew's Day Massacres, 1572-1576* (Cambridge, MA: Harvard University Press, 1988)

Kirchner, Joachim, *Das Deutsche Zeitschriftenwesen. Seine Geschichte und seine Probleme. I: Von den Anfängen bis zum Zeitalter der Romantik* (Wiesbaden: Harrassowitz, 1958)

Kitch, Aaron W., 'Printing Bastards: Monstrous Birth Broadsides in Early Modern England', in Douglas A. Brooks (ed.), *Printing and Parenting in Early Modern England* (Aldershot: Ashgate, 2005), pp. 221–36

Klaits, Joseph, *Printed Propaganda under Louis XIV: Absolute Monarchy and Public Opinion* (Princeton, NJ: Princeton University Press, 1976)

Knight, Charles A., *A Political Biography of Richard Steele* (London: Pickering & Chatto, 2009)

Knights, Mark, *Politics and Opinion in the Exclusion Crisis, 1678-1681* (Cambridge: Cambridge University Press, 1994)

Knights, Mark, *Representation and Misrepresentation in Later Stuart Britain: Partisanship and Political Culture* (Oxford: Oxford University Press, 2005)

Knights, Mark, 'Judging Partisan News and the Language of Interest', in Jason McElligott (ed.), *Fear, Exclusion and Revolution* (Aldershot: Ashgate, 2006), pp. 204–20

Knights, Mark (ed.), *Faction Displayed: Reconsidering the Trial of Dr Henry Sacheverell* (London: Parliamentary Yearbook Trust, 2012)

Kobelt-Groch, M., 'Unter Zechern, Spielern und Häschern. Täufer im Wirtshaus', in N. Fischer and M. Kobelt-Groch (eds), *Aussenseiter zwischen Mittelalter und Neuzeit* (Leiden: Brill, 1997), pp. 111–26

Koopmans, Joop W., 'Supply and Speed of Foreign News in the Netherlands', in his *News and Politics in Early Modern Europe (1500-1800)* (Louvain: Peeters, 2005)

Koopmans, Joop W., *News and Politics in Early Modern Europe (1500-1800)* (Louvain: Peeters, 2005)

Kremer, Karl Heinz, 'Johann von den Birghden, 1582–1645', *Archiv für deutsche Postgeschichte* (1984), pp. 7–43

Kremer, Karl Heinz, *Johann von den Birghden, 1582-1645. Kaiserlicher und königlich-schwedischer Postmeister zu Frankfurt am Main* (Bremen: Lumière, 2005)

Kronick, David A., *'Devant le deluge' and Other Essays on Early Modern Scientific Communication* (Oxford: Scarecrow, 2004)

Kuhlmann, Erich, 'Aus Hamburgs älterer Postgeschichte', *Archiv für deutsche Postgeschichte, Sonderheft* (1984), pp. 36–68

Kümin, Beat, *Drinking Matters: Public Houses and Social Exchange in Early Modern Central Europe* (London: Palgrave Macmillan, 2007)

Kümin, Beat (ed.), *Political Space in Pre-Industrial Europe* (Aldershot: Ashgate, 2009).

Kümin, Beat and B. Ann Tlusty (eds), *The World of the Tavern: Public Houses in Early Modern Europe* (Aldershot: Ashgate, 2002)

Kutsch, Arnulf and Johannes Weber (eds), *350 Jahre Tageszeitung: Forschung und Dokumente* (Bremen: Lumière, 2010)

Labalme, Patricia H. and Laura Sanguieti White (eds), *Città Excelentissima: Selections from the Renaissance Diaries of Marin Sanudo* (Baltimore, MD: Johns Hopkins University Press, 2008)

Lake, Peter and Michael Questier, *The Antichrist's Lewd Hat: Protestants, Papists and Players in Post-Reformation England* (New Haven, CT, and London: Yale University Press, 2002)

Lambert, B. W., *The Croix de Gastines Affair (1568-1572): An Essay in Religious Controversy and Pamphlet Warfare* (Durham, NC: Duke University Press, 1971)

Lambert, B. W., *Pamphleteering in France during the Wars of Religion: Aspects of Ephemeral and Occasional Publications, 1562-1598* (Durham, NC: Duke University Press, 1975)

Lander, Jesse M., *Inventing Polemic: Religion, Print, and Literary Culture in Early Modern England* (Cambridge: Cambridge University Press, 2006)

Lane, Frederic C., *Andrea Barbarigo, Merchant of Venice, 1418-1449* (Baltimore, MD: Johns Hopkins University Press, 1944)

Lesger, Cle, 'Amsterdam as a Centre of Information Supply' in *The Rise of the Amsterdam Market and Information Exchange* (Aldershot: Ashgate, 2006)

Levin, Michael J., *Agents of Empire: Spanish Ambassadors in Sixteenth-Century Italy* (Ithaca, NY: Cornell University Press, 2005)

Levy, F. J., 'How Information Spread among the Gentry, 1550-1640', *Journal of British Studies*, 21 (1982), pp. 11–34

Levy, F. J., 'The Decorum of News', in Joad Raymond, *News, Newspapers, and Society in Early Modern Britain* (London: Frank Cass, 1999)

Levy, F. J., 'Staging the News', in Arthur F. Marotti and Michael D. Bristol (eds), *Print, Manuscript, & Performance: The Changing Relations of the Media in Early Modern England* (Columbus, OH: Ohio State University Press, 2001)

Levy, Leonard, *Emergence of a Free Press* (New York: Oxford University Press, 1985)

Lewis, Lawrence, *The Advertisements of the Spectator* (London: Houghton Mifflin, 1909)

Liemandt, Frank, *Die zeitgenössische literarische Reaktion auf den Tod des Königs Gustav II Adolf von Schweden* (Bern: Peter Lang, 1998)

뉴스의 탄생

Lopez, Robert S. and Irving W. Raymond, *Medieval Trade in the Mediterranean World: Illustrative Documents* (Oxford: Oxford University Press, 1955)

Lotz, Wolfgang, *Deutsche Postgeschichte. Essays und Bilder* (Berlin: Nicolai, 1989)

Love, Harold, *Scribal Publication in Seventeenth-Century England* (Oxford: Oxford University Press, 1993)

Lundell, Richard, 'Renaissance Diplomacy and the Limits of Empire: Eustace Chapuys, Habsburg Imperialisms, and Dissimulation as Method', in Tonio Andrade and William Reger (eds), *The Limits of Empire: European Imperial Formations in Early Modern World History: Essays in Honour of Geoffrey Parker* (Farnham: Ashgate, 2012), pp. 205-22

Lundin, Matthew, *Paper Memory: A Sixteenth-Century Townsman Writes his World* (Cambridge, MA: Harvard University Press, 2012)

Lunitz, Martin, *Diplomatie und Diplomaten im 16. Jahrhundert* (Constance: Hartung-Gorre Verlag, 1988)

Lüsebrink, Hans-Jürgen and Jeremy D. Popkin, *Enlightenment, Revolution, and the Periodical Press* (Oxford: Voltaire Foundation, 2004)

Lüsebrink, Hans-Jürgen and Rolf Reichardt, *The Bastille: A History of a Symbol of Despotism and Freedom* (Durham, NC: Duke University Press, 1997)

McAleer, John J., 'Ballads on the Spanish Armada', *Texas Studies in Literature and Language*, 4 (1963), pp. 602-12

McCusker, John J., 'The Business Press in England before 1775', *The Library*, 8 (1986), pp. 205-31

McCusker, John J., 'The Role of Antwerp in the Emergence of Commercial and Financial Newspapers in Early Modern Europe', in *La ville et la transmission des valeurs culturelles au bas moyen âge et aux temps modernes* (Brussels: Credit communal, Collection histoire, 96, 1996), pp. 303-32

McCusker, John J., *Essays in the Economic History of the Atlantic World* (London: Routledge, 1997)

McCusker, John J. and Cora Gravesteijn, *The Beginnings of Commercial and Financial Journalism: The Commodity Price Currents, Exchange Rate Currents, and Money Currents of Early Modern Europe* (Amsterdam: NEHA, 1991)

McDowell, Paula, *The Women of Grub Street: Press, Politics and Gender in the London Literary Marketplace, 1678-1730* (Oxford: Oxford University Press, 1998)

McElligott, Jason, *Royalism, Print and Censorship in Revolutionary England* (Woodbridge: Boydell, 2007)

McEwen, Gilbert D., *The Oracle of the Coffee House: John Dunton's Athenian Mercury* (San Marino, CA: Huntington Library, 1972)

McHardy, A. K., 'Some Reflections on Edward III's Use of Propaganda', in James Bothwell (ed.), *The Age of Edward III* (Woodbridge: Boydell & Brewer, 2001), pp. 171-92

McKenzie, D. F., 'Speech-Manuscript-Print', in Peter D. McDonald and Michael F. Suarez (eds), *Making Meaning: Printers of the Mind* (Amherst, MA: University of Massachusetts Press, 2002), pp. 237-58

Mackie, Erin (ed.), *The Commerce of Everyday Life: Selections from the Tatler and the Spectator* (Boston, MA: Bedford, 1998)

McLeod, Jane, *Licensing Loyalty: Printers, Patrons and the State in Early Modern France*

(University Park, PA: Pennsylvania State University Press, 2011)

McRae, Andrew, 'The Literary Culture of Early Stuart Libeling', *Modern Philology*, vol. 97 (2000), pp. 364-92

Madan, F., 'The Daily Ledger of John Dorne, 1520', in C. R. L. Fletcher (ed), *Collectanea* (Oxford: Oxford Historical Society, 1885), pp. 71-177

Madan, Francis F., *A New Bibliography of the Eikon Basilike* (Oxford: Oxford Bibliographical Society Publications, III, 1949)

Mareel, Samuel, 'Theatre and Politics in Brussels at the Time of Philip the Fair', in Hanno Wijsman (ed.), *Books in Transition at the Time of Philip the Fair, in Burgundia*, 15 (Turnhout: Brepols, 2010), pp. 213-30

Marotti, Arthur F. and Michael D. Bristol, *Print, Manuscript, & Performance: The Changing Relations of the Media in Early Modern England* (Columbus, OH: Ohio State University Press, 2001)

Marsh, Christopher, *Music and Society in Early Modern England* (Cambridge: Cambridge University Press, 2010)

Marshall, Alan, *Intelligence and Espionage in the Reign of Charles II* (Cambridge: Cambridge University Press, 1994)

Marshall, Alan, *The Strange Death of Edmund Godfrey: Plots and Politics in Restoration London* (Stroud: Sutton, 1999)

Marzi, C., 'Degli antecessori dei giornali', *Rivista delle biblioteche e degli archivi*, 24 (1913), pp. 181-5

Mason, Laura, 'Songs: Mixing Media', in Robert Darnton and Daniel Roche (eds), *Revolution in Print: The Press in France, 1775-1800* (Berkeley, CA: University of California Press, 1989), pp. 252-69

Mason, Laura, *Singing the French Revolution: Popular Culture and Politics, 1787-1799* (Ithaca, NY: Cornell University Press, 1996)

Matthews, George T. (ed.), *News and Rumor in Renaissance Europe: The Fugger Newsletters* (New York: Capricorn, 1959)

Mattingly, Garrett, *Renaissance Diplomacy* (London: Jonathan Cape, 1955)

Mauelshagen, Franz, *Wunderkammer auf Papier. Die 'Wickiana' zwischen Reformation und Volksglaube* (Zurich: Bibliotheca academica, 2011)

Melis, Federigo, 'Intensità e regolarità nella diffusione dell'informazione economica generale nel Mediterraneo e in Occidente alla fine del Medioevo', in *Mélanges en l'honneur de Fernand Braudel*, 2 vols (Toulouse: Privat, 1973), I, pp. 389-424

Melton, James van Horn, *The Rise of the Public in Enlightenment Europe* (Cambridge: Cambridge University Press, 2001)

Meserve, Margaret, 'News from Negroponte: Politics, Popular Opinion and Information Exchange in the First Decade of the Italian Press', *Renaissance Quarterly*, 59 (2006), pp. 440-80

Miller, John, *Religion in the Popular Prints, 1600-1832* (Cambridge: Chadwyck-Healey, 1986)

Mirowski, Philip, 'The Rise (and Retreat) of a Market: English Joint Stock Shares in the Eighteenth Century', *Journal of Economic Hisory*, 41 (1981), pp. 559-77

Moran, Daniel, *Toward the Century of Words: Johann Cotta and the Politics of the Public Realm in Germany, 1795-1832* (Berkeley, CA: University of California Press, 1990)

뉴스의 탄생

Moureau, Francois, *Répertoire des nouvelles à la main. Dictionnaire de la presse manuscrite clandestine XVIe-XVIIIe siècle* (Oxford: Voltaire Foundation, 1999)

Moureau, Francois (ed.), *De bonne main. La communication manuscrite au XVIIIe siècle* (Paris: Universitas, and Oxford: Voltaire Foundation, 1993)

Muddiman, J. G., *The King's Journalist* (London: Bodley Head, 1923)

Murphy, Anne, *The Origins of English Financial Markets: Investment and Speculation before the South Sea Bubble* (Cambridge: Cambridge University Press, 2009)

Myers, Robin and Michael Harris (eds), *Censorship and the Control of Print in England and France, 1600-1900* (Winchester: St Paul's Bibliographies, 1992) Neal, L., 'The Rise of a Financial Press: London and Amsterdam, 1681-1810', *Business History,* 30 (1988), pp. 163-78

Neal, L., *The Rise of Financial Capitalism: International Capital Markets in the Age of Reason* (Cambridge: Cambridge University Press, 1990)

Nelson, Caroline and Matthew Seccombe, *British Newspapers and Periodicals, 1641-1700: A Short-Title Catalogue* (New York: Modern Language Association of America, 1987)

Nicholls, David, 'The Theatre of Martyrdom in the French Reformation', *Past and Present,* 121 (188), pp. 49-73

Nord, David Paul, 'Teleology and News: The Religious Roots of American Journalism, 1630-1730', *Journal of American History,* 77 (1990), pp. 9-38

North, Michael, *Kommunikation, Handel, Geld und Banken in der Frühen Neuzeit* (Munich: Oldenbourg, 2000)

Novak, Maximillian E., *Daniel Defoe, Master of Fictions* (Oxford: Oxford University Press, 2001)

O'Connell, Sheila, *The Popular Print in England* (London: British Museum Press, 1999)

Oettinger, Rebecca Wagner, *Music as Propaganda in the German Reformation* (Aldershot: Ashgate, 2001)

Orden, Kate van, 'Cheap Print and Street Song Following the Saint Bartholomew's Massacres of 1572', in van Orden (ed.), *Music and the Cultures of Print* (New York: Garland, 2000), pp. 271-323

Origo, Iris, *The Merchant of Prato: Francesco di Marco Datini* (London: Jonathan Cape, 1957)

Ozouf, Mona, 'Public Opinion at the End of the Old Regime', *Journal of Modern History,* 60 (1988), pp. 9-13

Paas, Roger, *The German Political Broadsheet, 1600-1700*, 11 vols (Wiesbaden: O. Harrassowitz, 1985-2012)

Paas, Roger, 'The Use of the Popular Press to Influence Domestic and Foreign Opinion: Dutch Broadsheets from the Year of Disaster, 1672', in Heidrun Alzheimer et al. (eds), *Bilder-Sachen-Mentalitäten* (Regensburg: Schnell & Steiner, 2010), pp. 287-92

Palmer, J. J. N., *Froissart: Historian* (Woodbridge: Boydell & Brewer, 1981)

Parker, Geoffrey, *The Grand Strategy of Philip II* (New Haven, CT, and London: Yale University Press, 1998)

Parmelee, Lisa Ferraro, *Good Newes from Fraunce: French Anti-League Propaganda in Late Elizabethan England* (Rochester, NY: University of Rochester Press, 1996)

Paulus, Nikolaus, 'Raimund Peraudi als Ablasskommissar', *Historisches Jahrbuch,* 21 (1900), pp. 645-82

Payne, William L., *Mr Review: Daniel Defoe as Author of the Review* (New York: Crown Press, 1947)

Payne, William L., *The Best of Defoe's Review* (Freeport, NY: Books for Libraries Press, 1951)

Peacey, Jason, *Politicians and Pamphleteers: Propaganda during the English Civil Wars and Interregnum* (Aldershot: Ashgate, 2004)

Peacey, Jason, 'The Struggle for Mercurius Britanicus: Factional Politics and the Parliamentarian Press, 1643–6', *Huntington Library Quarterly,* 68 (2005), pp. 517–43

Peacey, Jason, 'Cromwellian England: A Propaganda State?', *History,* 91 (2006), pp. 176–99

Peacey, Jason and Chris R. Kyle, *Breaking News: Renaissance Journalism and the Birth of the Newspaper* (Baltimore, MD: Johns Hopkins University Press, 2009)

Pegolotti, F. Balducci (Francesco Balducci), *La pratica della mercatura,* ed. Allan Evans (Cambridge, MA: Mediaeval Academy of America, 1936)

Pettegree, Andrew, *Reformation and the Culture of Persuasion* (Cambridge: Cambridge University Press, 2005)

Pettegree, Andrew, *The Book in the Renaissance* (New Haven, CT, and London: Yale University Press, 2010)

Pettegree, Andrew, 'Catholic Pamphleteering', in Alexandra Bamji et al. (eds), *The Ashgate Research Companion to the Counter-Reformation* (Aldershot: Ashgate, 2013)

Picot, E. and H. Stein, *Recueil de pièces historiques imprimées sous le règne de Louis XI* (Paris: Société des bibliophiles français, F. Lefrançois, 1923)

Pieper, Renate, *Die Vermittlung einer neuen Welt: Amerika im Nachrichtennetz des Habsburgischen Imperium, 1493-1598* (Mainz: Von Zabern, 2000; 2009)

Pincus, Steve, 'Coffee Politicians Does Create: Coffeehouses and Restoration Political Culture', *Journal of Modern History,* 67 (1995), pp. 807–34

Plumb, J. H., *The Commercialisation of Leisure in Eighteenth-Century England* (Reading: University of Reading Press, 1973)

Popkin, Jeremy D., 'The Pre-Revolutionary Origins of Political Journalism', in Keith Michael Baker (ed.), *The French Revolution and the Creation of Modern Political Culture. Vol. I: The Political Culture of the Old Regime* (Oxford: Pergamon, 1987), pp. 203–323

Popkin, Jeremy D., *News and Politics in the Age of Revolution: Jean Luzac's Gazette de Leyde* (Ithaca, NY: Cornell University Press, 1989)

Popkin, Jeremy D., *Revolutionary News: The Press in France, 1789-1799* (Durham, NC: Duke University Press, 1990)

Popkin, Jeremy D., 'The Press and the French Revolution after Two Hundred Years', *French Historical Studies,* 16 (1990), pp. 664–83

Popkin, Jeremy D., 'Print Culture in the Netherlands on the Eve of the Revolution', in Margaret C. Jacob and Wijnand W. Mijnhardt (eds), *The Dutch Republic in the Eighteenth Century: Decline, Enlightenment, and Revolution* (Ithaca, NY: Cornell University Press, 1992), pp. 273–91

Popkin, Jeremy D., *Media and Revolution: Comparative Perspectives* (Lexington, KY: University Press of Kentucky, 1995)

Popkin, Jeremy D., 'Political Communication in the German Enlightenment: Gottlob Benedikt von Schirach's *Politische Journal*', *Eighteenth-Century Life*, 20, no. 1 (February 1996), pp. 24–41

Popkin, Jeremy D. and Jack Censer, *Press and Politics in Pre-Revolutionary France* (Berkeley, CA: University of California Press, 1987)

Porter, Roy, *Health for Sale: Quackery in England, 1660-1850* (Manchester: Manchester University Press, 1989)

Potter, David, *Renaissance France at War: Armies, Culture and Society*, c. 1480-1560 (Woodbridge: Boydell, 2008)

Potter, David, 'War, Propaganda, Literature and National Identity in Renaissance France, c. 1490-1560', in Robert Stein and Judith Pollmann (eds), *Networks, Regions and Nations: Shaping Identity in the Low Countries, 1300-1650* (Leiden: Brill, 2010), pp. 173-93

Powell, William S., *John Pory, 1572-1636: The Life and Letters of a Man of Many Parts* (Chapel Hill, NC: University of North Carolina Press, 1976)

Price, Jacob M., 'Notes on Some London Price-Currents, 1667-1715', *Economic History Review*, 2nd ser., 7 (1954), pp. 240-50

Queller, Donald E., *Early Venetian Legislation on Ambassadors* (Geneva: Droz, 1967)

Queller, Donald E., *The Office of Ambassador in the Middle Ages* (Princeton, NJ: Princeton University Press, 1967)

Queller, Donald E., 'The Development of Ambassadorial Relazioni', in J. R. Hale (ed.), *Renaissance Venice* (London: Faber & Faber, 1973), pp. 174-96

Queller, Donald E., 'How to Succeed as an Ambassador', *Studia Gratiana*, 15 (1982), pp. 665-71

Racault, Luc, *Hatred in Print: Catholic Propaganda and Protestant Identity during the French Wars of Religion* (Aldershot: Ashgate, 2002)

Randall, David, *Credibility in Elizabethan and Early Stuart Military News* (London: Pickering & Chatto, 2008)

Randall, David, *English Military News Pamphlets, 1513-1637* (Tempe, AZ: ACMRS, 2011)

Ratia, Maura and Carla Suhr, 'Medical Pamphlets: Controversy and Advertising', in Irma Taavitsainen and Paivi Pahta (eds), *Medical Writings in Early Modern English* (Cambridge: Cambridge University Press, 2011), pp. 180-203

Raven, James, 'Serial Advertisement in 18th-Century Britain and Ireland', in Robin Myers and Michael Harris (eds), *Serials and their Readers, 1620-1914* (Winchester: St Paul's Bibliographies, 1993), pp. 103-22

Raymond, Joad, *Making the News: An Anthology of the Newsbooks of Revolutionary England 1641-1660* (Moreton-in-Marsh: Windrush Press, 1993)

Raymond, Joad, *The Invention of the Newspaper: English Newsbooks, 1641-1649* (Oxford: Oxford University Press, 1996)

Raymond, Joad, 'The Newspaper, Public Opinion and the Public Sphere in the Seventeenth Century', *Prose Studies*, 21 (1998), pp. 109-36

Raymond, Joad, News, *Newspapers, and Society in Early Modern Britain* (London: Frank Cass, 1999)

Raymond, Joad, *Pamphlets and Pamphleteering in Early Modern Britain* (Cambridge: Cambridge University Press, 2003)

Raymond, Joad (ed.), *News Networks in Seventeenth-Century Britain and Europe* (London: Routledge, 2006)

Rea, Robert R., *The English Press in Politics, 1760-1774* (Lincoln, NB: University of Nebraska Press, 1963)

Reichardt, Rolf, 'Prints: Images of the Bastille', in Robert Darnton and Daniel Roche (eds),

Revolution in Print: The Press in France, 1775-1800 (Berkeley, CA: University of California Press, 1989), pp. 235-51

Reichardt, R. and H. Schneider, 'Chanson et musique populaires devant l'histoire à la fin de l'Ancien Régime', Dix-huitième siècle, 18 (1986), pp. 117-36

Rein, Nathan, The Chancery of God: Protestant Print, Polemic and Propaganda against the Emperor, Magdeburg 1546-1551 (Aldershot: Ashgate, 2008)

Reinders, Michel, Printed Pandemonium: Popular Print and Politics in the Netherlands 1650-72 (Leiden: Brill, 2013)

Renouard, Yves, 'Comment les papes d'Avignon expediaient leur courrier', Revue historique, 180 (1937), pp. 1-29

Renouard, Yves, 'Information et transmission des nouvelles', in Charles Samaran (ed.), L'histoire et ses méthodes (Paris: NRF, 1961)

Renouard, Yves, The Avignon Papacy, 1305-1403 (London: Faber and Faber, 1970)

Rétat, Pierre, Les Journaux de 1789. Bibliographie critique (Paris: CNRS, 1988)

Rétat, Pierre, 'The Revolutionary World in the Newspaper in 1789', in Jeremy D. Popkin, Media and Revolution: Comparative Perspectives (Lexington, KY: University Press of Kentucky, 1995)

Richards, Gertrude R. B. (ed.), Florentine Merchants in the Age of the Medici: Letters and Documents from the Selfridge Collection of Medici Manuscripts (Cambridge, MA: Harvard University Press, 1932)

Richardson, Brian, Manuscript Culture in Renaissance Italy (Cambridge: Cambridge University Press, 2009)

Ries, Paul, 'The Anatomy of a Seventeenth-Century Newspaper', Daphnis, 6 (1977), pp. 171-132

Ries, Paul, 'Der Inhalt der Wochenzeitungen von 1609 im Computer', Deutsche Presse-forschung, 26 (1987), pp. 113-25

Rivers, Isabel (ed.), Books and their Readers in Eighteenth-Century England (Leicester: Leicester University Press, 1982)

Rogers, C., 'Edward III and the Dialectics of Strategy, 1327-1360', Transactions of the Royal Historical Society, 6th ser., 4 (1994), pp. 83-102

Ross, Charles, 'Rumour, Propaganda and Popular Opinion during the Wars of the Roses', in R. A. Griffiths (ed.), Patronage, the Crown and the Provinces in Late Medieval England (Gloucester: Sutton, 1981)

Rosseaux, Ulrich, 'Die Entstehung der Messrelationen. Zur Entwicklung eines frühneuzeitlichen Nachrichtenmediums aus der Zeitgeschichtsschreibung des 16. Jahrhunderts', Historisches Jahrbuch, 124 (2004), pp. 97-123

Roth, Paul, Die Neuen Zeitungen in Deutschland im 15. und 16. Jahrhundert (Leipzig: B. G. Teubner, 1914)

Rublack, Ulinka, The Crimes of Women in Early Modern Germany (Oxford: Oxford University Press, 1999)

Rude, George, The Crowd in the French Revolution (Oxford: Oxford University Press, 1959)

Salman, Jeroen, Pedlars and the Popular Press: Itinerant Distribution Networks in England and the Netherlands, 1600-1850 (Leiden: Brill, 2014)

Salzberg, Rosa, 'The Lyre, the Pen and the Press: Performers and Cheap Print in Cinquecento

Venice', in *The Books of Venice*, special issue of *Miscellanea Marciana*, ed. Craig Kallendorf
and Lisa Pon (New Castle, DE: Oak Knoll Press, 2008)

Salzberg, Rosa, 'In the Mouths of Charlatans: Street Performers and the Dissemination of
Pamphlets in Renaissance Italy', *Renaissance Studies*, (2010), pp. 1-16

Salzberg, Rosa and Massimo Rospocher, 'Street Singers in Italian Renaissance Urban Culture
and Communication', *Cultural and Social History*, (2012), pp. 9-26

Salzberg, Rosa, 'An Evanescent Public Sphere: Voices, Spaces, and Publics in Venice during
the Italian Wars', in Massimo Rospocher (ed.), *Beyond the Public Sphere: Opinions, Publics,*
Spaces in Early Modern Europe (XVI-VIII) (Bologna: Mulino, 2012)

Sapori, Armando, *Le marchand italien au Moyen Age: conférences et bibliographie* (Paris: Colin,
1952)

Sardella, Pierre, *Nouvelles et spéculations à Venise au début du XVIe siècle* (Paris: Colin, 1949)

Von Sautter, 'Auffindung einer grossen Anzahl verschlossener Briefe aus dem Jahre 1585',
Archiv für Post und Telegraphie, 4 (1909), pp. 97-115

Sawyer, Jeffrey K., *Printed Poison: Pamphlet Propaganda, Faction Politics, and the Public Sphere*
in Early Seventeenth-Century France (Berkeley, CA: University of California Press, 1990)

Schama, Simon, *Patriots and Liberators: Revolution in the Netherlands, 1780-1813* (London:
Collins, 1977)

Scherbacher-Posé, Bridget, 'Die Entstehung einer weiblichen Öffentlichkeit im 18. Jahr-
hundert: Sophie von La Roche als Journalistin', *Jahrbuch für Kommunikationsgeschichte*, 2
(2000), pp. 24-51

Schilling, Michael, *Bildpublizistik der frühen Neuzeit. Aufgaben und Leistungen des illustrierten*
Flugblatts in Deutschland bis um 1700 (Tübingen: Niemeyer, 1990)

Schittenloher, Karl and J. Binkowshi, *Flugblatt und Zeitung*, 2nd edn (Munich: Klinkhardt &
Biermann, 1985)

Schlesinger, Arthur M., *Prelude to Independence: The Newspaper War on Britain, 1764-1776*
(New York: Knopf, 1958)

Schneider, Maarten, *De Nederlandse Krant. Van Nieuwstydinghe tot dagblad* (Amsterdam: Van
Kampen, 1949)

Schock, Flemming, 'Zur Kommunikation von Wunderzeichen in der ersten populärwissen-
schaftlichen Zeitschriften Deutschlands, 1681-1691', *Jahrbuch für Kommunikationsgeschichte*,
9 (2007), pp. 76-100

Schöne, Walter, *Zeitungswesen und Statistik. Eine Untersuchung über den Einfluss der*
periodischen Presse auf die Entstehung und Entwicklung der staatswissenschaftlichen Literatur,
speziell der Statistik (Jena: Fischer, 1924)

Schöne, Walter, *Der Aviso des Jahres 1609. in Faksimiledruck* (Leipzig: O. Harrassowitz, 1939)

Schöne, Walter, *Die Relation des Jahres 1609. in Faksimiledruk* (Leipzig: O. Harrassowitz, 1940)

Schöne, Walter, *Die deutsche Zeitung des siebzehnten Jahrhunderts in Abbildungen, 400*
Faksimiledrucke (Leipzig: O. Harrassowitz, 1940)

Schroeder, E., *Das historisches Volkslied des dreissigjährige Krieges* (Marburg: Friedrich, 1916)

Schröder, Thomas, *Die ersten Zeitungen: Textgestaltung und Nachrichtenauswahl* (Tübingen:
Gunter Narr Verlag, 1995)

Schwoebel, Robert, *The Shadow of the Crescent: The Renaissance Image of the Turk* (1453-1517)
(Nieuwkoop: De Graaf, 1967)

Schwoerer, Lois G., *The Ingenious Mr Henry Care, Restoration Publicist* (Baltimore, MD: Johns Hopkins University Press, 2001)

Scott-Warren, Jason, 'Reconstructing Manuscript Networks: The Textual Transactions of Sir Stephen Powle', in Alexandra Shepard and Phil Withington (eds), *Communities in Early Modern Europe* (Manchester: Manchester University Press, 2000), pp. 18-37

Scribner, Robert, *For the Sake of Simple Folk: Popular Propaganda for the German Reformation* (Cambridge: Cambridge University Press, 1981)

Scurr, Ruth, *Fatal Purity: Robespierre and the French Revolution* (London: Chatto & Windus, 2006)

Seaver, Paul, *Wallington's World: A Puritan Artisan in Seventeenth-Century London* (Stanford, CA: Stanford University Press, 1985)

Seguin, Jean-Pierre, 'L'information à la fin du XVe siècle en France. Pièces d'actualité sous le règne de Charles VIII', *Arts et traditions populaires,* 4 (1956), pp. 309-30, 1-2; (1957), pp. 46-74

Seguin, Jean-Pierre, *L'information en France de Louis XII à Henri II* (Geneva: Droz, 1961)

Sgard, Jean, *Dictionnaire des Journaux 1600-1789* (Paris: Universitas, and Oxford: Voltaire Foundation, 1991)

Shaaber, Mathias A., *Some Forerunners of the Newspaper in England, 1476-1622* (Philadelphia, PA: Pennsylvania University Press, 1926)

Shagan, Ethan, 'Constructing Discord: Ideology, Propaganda and the English Responses to the Irish Rebellion of 1641', *Journal of British Studies,* 36 (1997), pp. 4-34

Shapin, Steven, *A Social History of Truth: Civility and Science in Seventeenth-Century England* (Chicago, IL: University of Chicago Press, 1994)

Sharpe, J. A., 'Last Dying Speeches: Religion, Ideology and Public Execution in Seventeenth-Century England', *Past and Present,* 107 (1985), pp. 144-67

Sharpe, Kevin, 'Thomas Witherings and the Reform of the Foreign Posts, 1632-1640', *Historical Research*, 57 (1984), pp. 149-63

Shepard, Alexandra and Phil Withington (eds), *Communities in Early Modern Europe* (Manchester: Manchester University Press, 2000), pp. 18-37

Sherman, Michael, 'Political Propaganda and Renaissance Culture: French Reactions to the League of Cambrai, 1509-1510', *Sixteenth Century Journal,* 8 (1977), pp. 97-128

Shevelow, Kathryn, *Women and Print Culture: The Construction of Femininity in the Early Periodical* (London: Routledge, 1989)

Shuger, Debora, *Censorship and Cultural Sensibility: The Regulation of Language in Tudor-Stuart England* (Philadelphia, PA: University of Pennsylvania Press, 2006)

Silver, Larry, *Marketing Maximilian: The Visual Ideology of a Holy Roman Emperor* (Princeton, NJ: Princeton University Press, 2008)

Simoni, Anna, 'Poems, Pictures and the Press: Observations on some Abraham Verhoeven Newsletters (1620-1621)', in Francine de Nave (ed.), *Liber amicorum Leon Voet* (Antwerp: Vereeniging der Antwerpsche Bibliophielen, 1985), pp. 353-73

Simpson, W. Sparrow, *Documents Illustrating the History of St. Paul's Cathedral* (London: Camden Society, 1880)

Smith, Helen, 'Grossly Material Things': *Women and Book Production in Early Modern England* (Oxford: Oxford University Press, 2012)

뉴스의 탄생

Smith, Norman R., 'Portentous Births and the Monstrous Imagination in Renaissance Culture', in Timothy S. Jones and David A. Sprunger (eds), *Marvels, Monsters and Miracles* (Kalamazoo: Medieval Institute Publications, 2002), pp. 267-83

Smith, Woodruff D., 'The Function of Commercial Centers in the Modernization of European Capitalism: Amsterdam as an Information Exchange in the Seventeenth Century', *Journal of Economic History*, 44 (1984), pp. 985-1005

Solomon, Howard M., *Public Welfare, Science, and Propaganda in Seventeenth-Century France: The Innovations of Théophraste Renaudot* (Princeton, NJ: Princeton University Press, 1972)

Solomon, Howard M., 'The *Gazette* and Antistatist Propaganda: The Medium of Print in the First Half of the Seventeenth Century', *Canadian Journal of History*, 9 (1974), pp. 1-17

Sommerville, C. John, *The News Revolution in England: Cultural Dynamics of Daily Information* (Oxford: Oxford University Press, 1996)

Spaans, Joke, *Graphic Satire and Religious Change: The Dutch Republic, 1676-1707* (Leiden: Brill, 2011)

Speakman Sutch, Susie, 'Politics and Print at the Time of Philip the Fair', in Hanno Wijsman (ed.), *Books in Transition at the Time of Philip the Fair*, in *Burgundia*, 15 (Turnhout: Brepols, 2010), pp. 231-55

Spiegel, Gabrielle M., *The Chronicle Tradition of Saint-Denis* (Brookline: Classical Folia, 1978)

Spiegel, Gabrielle M., *Romancing the Past: The Rise of Vernacular Prose Historiography in Thirteenth-Century France* (Berkeley, CA: University of California Press, 1993)

Spierenburg, Pieter, *The Spectacle of Suffering* (Cambridge: Cambridge University Press, 1984)

Spierenburg, Pieter, 'The Body and the State', in Norval Morris and David J. Rothman (eds), *The Oxford History of the Prison* (Oxford: Oxford University Press, 1998)

Spinks, Jennifer, *Monstrous Births and Visual Culture in Sixteenth-Century Germany* (London: Chatto & Pickering, 2009)

Spooner, Frank C., *The International Economy and Monetary Movements in France*, 1493-1725 (Cambridge, MA: Harvard University Press, 1972)

Sporhan-Krempel, Lore, Nürnberg *als Nachrichtenzentrum zwischen 1400 und 1700* (Nuremberg: Vereins für Geschichte der Stadt Nürnberg, 1968)

Spufford, Peter, *Power and Profit: The Merchant in Medieval Europe* (London: Thames and Hudson, 2002)

Staff, Frank, *The Penny Post, 1680-1918* (London: Lutterworth, 1964)

Stearns, Bertha-Monica, 'The First English Periodical for Women', *Modern Philology*, 28 (1930-31), pp. 45-59

Stearns, Bertha-Monica, 'Early English Periodicals for Ladies (1700-1760)', *Proceedings of the Modern Languages Association*, 48 (1933), pp. 38-60

Steele, Ian K., *The English Atlantic, 1675-1740: An Exploration of Communication and Community* (New York: Oxford University Press, 1986)

Strauss, Walter L., *The German Single-Leaf Woodcut, 1550-1600,* 3 vols (New York: Abaris, 1975)

Stumpo, Enrico, *La gazzetta de l'anno 1588* (Florence: Giunti, 1988)

Styles, John, 'Print and Policing: Crime Advertising in Eighteenth-Century Provincial England', in Douglas Hay and Francis Snyder (eds), *Policing and Prosecution in Britain, 1750-1850* (Oxford: Oxford University Press, 1989), pp. 55-111

Sutherland, James, *The Restoration Newspaper and its Development* (Cambridge: Cambridge University Press, 1986)

Sutherland, James R., 'The Circulation of Newspapers and Literary Periodicals, 1700-1730', *The Library*, 4th series, XV (1934), pp. 110-24 Targett, S., 'Government and Ideology during the Age of Whig Supremacy: The Political Argument of Walpole's Newspaper Propagandists', *Historical Journal*, 37 (1994), pp. 289-318

Taylor, John, *English Historical Literature in the Fourteenth Century* (Oxford: Oxford University Press, 1987)

Thomas, Keith, 'The Meaning of Literacy', in G. Baumann (ed.), *The Written Word: Literacy in Transition* (Oxford: Oxford University Press, 1986)

Thomas, M. Halsey (ed.), *The Diary of Samuel Sewall*, 2 vols (New York: Farrar, Straus and Giroux, 1973)

Thomas, Peter D. G., 'The Beginnings of Parliamentary Reporting in Newspapers, 1768-1774', *English Historical Review*, 74 (1959), pp. 623-36

Thomas, Peter D. G., *John Wilkes: A Friend to Liberty* (Oxford: Oxford University Press, 1996)

Thomas, P. W., *Sir John Berkenhead, 1617-1679: A Royalist Career in Politics and Polemics* (Oxford: Oxford University Press, 1969)

Thompson, Peter, *Rum, Punch & Revolution: Tavern-Going & Public Life in Eighteenth-Century Philadelphia* (Philadelphia, PA: University of Pennsylvania Press, 1999)

Thomson, Elizabeth McClure, *The Chamberlain Letters* (London: John Murray, 1965)

Thornton, Tim, 'Propaganda, Political Communication and the Problem of English Responses to the Introduction of Printing', in Bertrand Taithe and Tim Thornton (eds), *Propaganda* (Stroud: Sutton, 1999), pp. 41-60

Tlusty, B. Ann, *Bacchus and Civic Order: The Culture of Drink in Early Modern Germany* (Charlottesville, VA: University of Virginia Press, 2001)

Todd, Christopher, *Political Bias, Censorship, and the Dissolution of the Official Press in Eighteenth-Century France* (Lampeter: Edwin Mellen Press, 1991)

Todd, Thomas, *William Dockwra and the Rest of the Undertakers: The Story of the London Penny Post, 1680-2* (Edinburgh: Cousland, 1952)

Tombeur, Jef, *Femmes & métiers du livre* (Soignies: Talus d'approche, 2004)

Tortarola, Eduardo, 'Censorship and the Conception of the Public in Late Eighteenth-Century Germany: or, Are Censorship and Public Opinion Mutually Exclusive?', in Dario Castiglione and Lesley Sharpe (eds), *Shifting the Boundaries: Transformation of the Languages of the Public and Private in the Eighteenth Century* (Exeter: University of Exeter Press, 1995), pp. 131-50

Trivellato, Francesca, 'Merchants' Letters across Geographical and Social Boundaries', in Francisco Bethercourt and Florike Egmond, *Correspondence and Cultural Exchange in Europe, 1400-1700* (Cambridge: Cambridge University Press, 2007), pp. 80-103

Tuchman, Gaye, 'Objectivity as a Strategic Ritual: An Examination of Newsmen's Notions of Objectivity', *American Journal of Sociology*, 77 (1972), pp. 660-79

Tucoo-Chala, Suzanne, *Charles-Joseph Panckoucke & la Librairie française, 1736-1798* (Paris: Éditions Marrimpouey jeune, 1977)

Varey, S. (ed.), *Lord Bolingbroke: Contributions to the Craftsman* (Oxford: Oxford University Press, 1982)

Venturi, Franco, *The End of the Old Regime in Europe, 1776-1789* (Princeton, NJ: Princeton

뉴스의 탄생

University Press, 1991)

Vincent, Monique, *Mercure galant. Extraordinaire affaires du temps. Table analytique* (Paris: Champion, 1998).

Vivo, Filippo de, 'Paolo Sarpi and the Uses of Information in Seventeenth-Century Venice', *Media History*, 11 (2005), pp. 37–51

Vivo, Filippo de, *Information and Communication in Venice: Rethinking Early Modern Politics* (Oxford: Oxford University Press, 2007)

Voss, Paul J., *Elizabethan News Pamphlets: Shakespeare, Spenser, Marlowe and the Birth of Journalism* (Pittsburgh, NJ: Duquesne University Press, 2001)

Wahrman, Dror, *Mr. Collier's Letter Rack: A Tale of Art and Illusion at the Threshold of the Modern Information Age* (Oxford: Oxford University Press, 2012)

Walker, R. B., 'Advertising in London Newspapers, 1650–1750', *Business History*, 15 (1973), pp. 112–30

Walker, R. B., 'The Newspaper Press in the Reign of William III', *Historical Journal*, 17 (1974), pp. 691–709

Walker, Simon, 'Rumour, Sedition and Popular Protest in the Reign of Henry IV', *Past and Present*, 166 (2000), pp. 31–65

Walsham, Alexandra, *Providence in Early Modern England* (Oxford: Oxford University Press, 1999)

Walton, Charles, *Policing Public Opinion in the French Revolution: The Culture of Calumny and the Problem of Free Speech* (Oxford: Oxford University Press, 2011)

Ward, Stephen J. A., *The Invention of Journalism Ethics* (Montreal: McGill University Press, 2004)

Warner, Michael, *The Letters of the Republic: Publication and the Public Sphere in Eighteenth-Century America* (Cambridge, MA: Harvard University Press, 1990)

Watt, Tessa, 'Publisher, Pedlar, Pot-Poet: The Changing Character of the Broadside Trade, 1550-1640', in Robin Myers and Michael Harris (eds), *Spreading the Word: The Distribution Networks of Print, 1550-1850* (Winchester: St Paul's, 1990)

Watt, Tessa, *Cheap Print and Popular Piety, 1550-1640* (Cambridge: Cambridge University Press, 1991)

Watts, John, 'The Pressure of the Public on Later Medieval Politics', in Linda Clark and Christine Carpenter (eds), *The Fifteenth Century. Vol. IV. Political Culture in Late Medieval Britain* (Woodbridge: Boydell & Brewer, 2004), pp. 159–80

Weber, Harold, *Paper Bullets: Print and Kingship under Charles II* (Lexington, KY: University Press of Kentucky, 1996)

Weber, Johannes, ' "Unterthenige Supplication Johann Caroli, Buchtruckers." Der Beginn gedruckter politischer Wochenzeitungen im Jahre 1605', *Archiv für Geschichte des Buchwesens*, 38 (1992), pp. 257–65

Weber, Johannes, 'Daniel Hartnack: ein gelehrter Streithahn und Avisen Schreiber am Ende des 17. Jahrhunders. Zum Beginn politisch kommentierenden Zeitungspresse', *Gutenberg Jahrbuch* (1993), pp. 140–58

Weber, Johannes, 'Neue Funde aus der Frühgeschichte des deutschen Zeitungswesen', *Archiv für Geschichte des Buchwesens*, 39 (1993), pp. 312–60

Weber, Johannes, *Götter-Both Mercurius: Die Urgeschichte der politischen Zeitschrift in Deutschland* (Bremen: Temen, 1994)

Weber, Johannes, 'Der grosse Krieg und die frühe Zeitung. Gestalt und Entwicklung der deutschen Nachrichtenpresse in der ersten Hälfte des 17. Jahrhunderts', *Jahrbuch für Kommunikationsgeschichte,* 1 (1999), pp. 23-61

Weber, Johannes, 'Kontrollmechanismen im deutschen Zeitungswesen des 17. Jahrhunderts: Ein kleiner Beitrag zur Geschichte der Zensur', *Jahrbuch für Kommunikationsgeschichte,* 6 (2005), pp. 56-73

Weber, Johannes, 'Strassburg 1605: The Origins of the Newspaper in Europe', *German History,* 24 (2006), pp. 387-412

Weller, Emil, *Die ersten deutschen Zeitungen* (Tübingen: Laupp, 1872)

Werkmeister, Lucyle, *A Newspaper History of England, 1792-1793* (Lincoln, NB: University of Nebraska Press, 1967)

Werner, Theodor Gustav, 'Regesten und Texte von Fuggerzeitungen der Öesterreichischen Nationalbibliothek in Wien', *Scripta Mercaturae* (1967), pp. 57-70

Werner, Theodor Gustav, 'Das käufmannische Nachrichtenwesen im späten Mittelalter und in der frühen Neuzeit und sein Einfluss auf die Entstehung der handschriftlichen Zeitung', *Scripta Mercaturae* (1975), pp. 3-51

Wheale, Nigel, *Writing and Society: Literacy, Print and Politics in Britain, 1590-1660* (London: Routledge, 1999)

Whitehead, B. T., *Brags and Boasts: Propaganda in the Year of the Armada* (Stroud: Sutton, 1994)

Whyman, Susan E., *The Pen and the People: English Letter Writers 1660-1800* (Oxford: Oxford University Press, 2010)

Wiles, R. M., *Freshest Advices: Early Provincial Newspapers in England* (Columbus, OH: Ohio State University Press, 1965)

Williams, Gerhild Scholz and William Layher (eds), *Consuming News: Newspapers and Print Culture in Early Modern Europe (1500-1800),* in *Daphnis,* 37 (2008)

Wilson, Dudley, *Signs and Portents: Monstrous Births from the Middle Ages to the Enlightenment* (London: Routledge, 1993)

Wiltenburg, Joy, *Disorderly Women and Female Power in the Street Literature of Early Modern England and Germany* (Charlottesville, VA: University Press of Virginia, 1992)

Wiltenburg, Joy, 'True Crime: The Origins of Modern Sensationalism', *American Historical Review,* 109 (2004), pp. 1377-1404

Wiltenburg, Joy, 'Crime and Christianity in Early Sensationalism', in Marjorie Plummer and Robin Barnes (eds), *Ideas and Cultural Margins in Early Modern Germany* (Aldershot: Ashgate, 2009), pp. 131-45

Woloch, Isser, 'The Contraction and Expansion of Democratic Space during the Period of the Terror', in K. M. Baker, *The French Revolution and the Creation of Modern Political Culture. Vol. IV: The Terror* (Oxford: Pergamon, 1994), pp. 309-25

Worden, Blair, *Literature and Politics in Cromwellian England: John Milton, Andrew Marvell, Marchamont Nedham* (Oxford: Oxford University Press, 2007)

Worden, Blair, 'Marchamont Nedham and the Beginnings of English Republicanism, 1649-1656', in David Wootton (ed.), *Republicanism, Liberty and Commercial Society, 1649-1776* (Stanford, CA: Stanford University Press, 1994), pp. 45-81

Wrightson, Keith, 'Alehouses, Order and Reformation in Rural England, 1590-1660', in Eileen Yeo and Stephen Yeo (eds), *Popular Culture and Class Conflict, 1590-1914* (Brighton: Harvester, 1981), pp. 1-27

Würzbach, Natasha, *The Rise of the English Street Ballad, 1550-1650* (Cambridge: Cambridge University Press, 1990)

Zilliacus, *Laurin, From Pillar to Post: The Troubled History of the Mail* (London: Heinemann, 1956)

Zuilen, Vincent van, 'The Politics of Dividing the Nation? News Pamphlets as a Vehicle of Ideology and National Consciousness in the Habsburg Netherlands (1585-1609)', in Joop W. Koopmans, *News and Politics in Early Modern Europe (1500-1800)* (Louvain: Peeters, 2005), pp. 61-78

Zulliger, Jurg, '"Ohne Kommunikation würde Chaos herrschen". Zur Bedeutung von Informationsaustauch, Briefverkehr und Boten bei Bernhard von Clairvaux', *Archiv für Kulturgeschichte*, 78 (1996), pp. 251-76

찾아보기

573, 591
로마 제국 033~038, 062, 122, 488
로메인 드 호게 357
로버트 나이트 461
로베르 가갱 127, 661
로베스피에르, 막시밀리앙 드 526, 528, 529,
    557
로스토크 293
로저 레스트레인지 372, 381
로테르담 548
로텐부르크 092
론 강 041
롤랑 부인 526
롤런드 힐 381
루덩 317
루돌프 그발터 144
루돌프 2세, 황제 279
루드로 470
루머 008, 009, 211, 212, 401, 544
루앙 074, 132, 146, 229, 232, 272, 319, 365,
    368
루이 6세, 프랑스 왕 039
루이 9세, 프랑스 왕 364
루이 11세, 프랑스 왕 061, 062, 126, 268
루이 12세, 프랑스 왕 127
루이 13세, 프랑스 왕 220, 315, 318
루이 14세, 프랑스 왕 320, 322, 356, 363~
    365, 366~371, 377, 424, 454, 499, 500
루이 15세, 프랑스 왕 440, 499, 500
루이스 데 레퀘센스 166
루이스 엡스틴 316
루카 071, 113, 114, 172, 173
루카스 크라나흐 113, 114
룩셈부르크 031, 134, 256, 356
뤼베크 089
뤼첸 전투(1632) 340
르아브르 140
리딩 189
리모주 045
리버풀 385
리슐리외, 아르망 드, 추기경 340
리스본 104, 105, 184, 243, 251, 254, 276,
    451, 548
리알토 081, 178

리에주 274
리옹 070, 087, 088, 126, 132, 175, 177, 178,
    198, 227, 229, 232, 233, 235, 237, 240,
    244, 249, 250, 255, 268, 272, 319, 364,
    365, 368, 483, 529, 590, 614
리처드 베르스테건 303
리처드 스틸 387, 426, 432, 478
리처드 2세, 잉글랜드 국왕 076
리처드 코벳 207
리치아디 173
린다우 146
린츠 342
릴(Lille) 009, 023, 035, 040, 051, 077, 092,
    109, 122, 153, 157, 169, 181, 209, 220,
    235, 243, 245, 250, 258, 316, 332, 335,
    337, 343, 364, 365, 366, 403, 404~406,
    434, 442, 445, 470, 502, 509, 529, 533,
    539, 543, 548, 561
링컨 270

마

마그데부르크 110, 201, 202, 335~338, 398,
    579
마녀 151, 152, 153, 540, 581
마니니 076
마드리드 133, 171, 184, 227, 237, 238, 245
    ~247, 253, 254, 256
마라, 장-폴 553
마르가레타, 파르마 공녀 259
마르세유 268
마르코 폴로 044
마르틴 루터 091, 109, 200, 218, 219, 333,
    397
마르틴 판 로섬 135
마르틴 핀손 104
마리, 부르고뉴 공작 부인 032, 123
마리 드 메디시스 315
마린 사누도 086
마스턴 무어 전투(1644) 349
마스트리히트 366
마요르카 067
마인츠 110, 579

뉴스의 탄생

찾아보기

이미지 출처

0.1, 3.1: Deutches Historisches Museum, Berlin

3.2, 3.3, 4.2, 7.5, 7.6, 10.5, 11.4, 12.2, 13.3, 16.2, 17.1: Folger Shakespeare Library, Washington

16.3: Library Company of Philadelphia, Philadelphia

8.2, 9.3: Museum Plantin Moretus, Antwerp

2.1, 2.2: National Gallery of Art, Washington

0.2, 6.3, 8.1, 9.1, 9.2, 9.4, 9.5, 9.6, 10.3, 11.2, 11.3, 12.4, 18.1: Princeton University Library, Folke Dahl collection, Princeton

4.1: Staatsbibliothek, Berlin

1.1, 1.2, 5.1, 5.2, 6.1, 6.2, 7.1, 7.2, 7.4, 8.3, 10.1, 10.2, 10.4, 11.1, 12.3, 13.2, 14.1, 14.2, 14.3, 15.1, 16.1, 18.2: Trustees of the British Museum, London

5.3, 13.1, 13.4, 15.2, 17.2: Wikipedia Commons

1.3, 4.3, 4.4, 7.3, 12.1: Zentralbibliothek, Zurich

뉴스의 탄생

초판 1쇄 발행 2022년 12월 30일

지은이 | 앤드루 페티그리
옮긴이 | 박선진
펴낸곳 | (주)태학사
등록 | 제406-2020-000008호
주소 | 경기도 파주시 광인사길 217
전화 | 031-955-7580
전송 | 031-955-0910
전자우편 | thspub@daum.net
홈페이지 | www.thaehaksa.com

편집 | 조윤형 여미숙 김선정
디자인 | 이영아
마케팅 | 김일신
경영지원 | 김영지

값 35,000원
ISBN 979-11-6810-107-4 (03920)

책임편집 | 고여림
디자인 | 이영아